DICIONÁRIO TÉCNICO DE
PSICOLOGIA

ÁLVARO CABRAL
e
EVA NICK

DICIONÁRIO TÉCNICO DE
PSICOLOGIA

Editora
Cultrix
SÃO PAULO

Copyright © Álvaro Cabral e Eva Nick.

14ª edição 2006.

3ª reimpressão 2014.

Dados Internacionais de Catalogação na Publicação (CIP)
(Câmara Brasileira do Livro, SP, Brasil)

Cabral, Álvaro
  Dicionário técnico de psicologia / Álvaro Cabral e Eva Nick. – 14ª ed. – São Paulo : Cultrix, 2006.

ISBN 978-85-316-0131-6

1. Psicologia - Dicionários I. Nick, Eva. II. Título.

06-2887 CDD-150.3

Índices para catálogo sistemático:
1. Dicionários : Psicologia 150.3
2. Psicologia : Dicionários 150.3

Direitos reservados
EDITORA PENSAMENTO-CULTRIX LTDA.
Rua Dr. Mário Vicente, 368 – 04270-000 – São Paulo, SP
Fone: (11) 2066-9000 – Fax: (11) 2066-9008
E-mail: atendimento@editoracultrix.com.br
http://www.editoracultrix.com.br
Foi feito o depósito legal.

Para Minha Mulher
JÚLIA

Professora Eva Nick

1927-1990

Rendo homenagem à memória de uma inestimável colaboradora que, graças à sua sólida experiência docente e a um seguro domínio da arte de expor com simplicidade e clareza os tópicos que lhe foram propostos, contribuiu de forma efetiva para a aceitação pelo público desta obra.

Álvaro Cabral

*Os autores agradecem à psicóloga
Maria da Glória Schwab
a colaboração gentilmente prestada na elaboração
de verbetes para o presente trabalho.*

*A.C. agradece à psicanalista
Maria Tereza Marques Fazzio
a solícita colaboração de sua
especialidade para esta
edição.*

ABASIA — Incapacidade para andar, em virtude de uma incoordenação motora, geralmente provocada por uma disfunção psíquica.

ABCLUÇÃO — Termo usado por R. B. Cattell para designar a rejeição da aculturação.

ABERRAÇÃO — No sentido geral, todo o desvio de um padrão de normalidade. Em Psicologia, refere-se a qualquer perturbação mental sem que se especifique um tipo determinado.

ABNEY, LEI DE — O princípio de que a luminância de uma dada luz monocromática é proporcional à luminosidade, V, da luz e da radiância, E. A forma matemática da lei é assim expressa:

$$B = K \beta V \lambda E \lambda d \lambda$$

sendo:

B = luminância
Vλ = relativa luminosidade no comprimento de onda
Eλ = distribuição de energia da luz, de acordo com uma medida física especificada
K = uma constante permitindo diferenças na magnitude de B e E

ABORAL — Termo empregado na Psicologia Animal para indicar a região do corpo que se encontra mais distante da boca.

ABORDAGEM-ABORDAGEM, CONFLITOS DE — Uma situação em que o indivíduo é atraído para objetivos igualmente atraentes mas incompatíveis.

ABORDAGEM-EVITAÇÃO, CONFLITOS DE — Uma situação em que existem aspectos atraentes e indesejáveis no mesmo objetivo. Por exemplo, uma mulher deseja casar mas teme as relações sexuais.

ABORDAGEM, GRADIENTE DE — A força variável do desejo de abordar um determinado objetivo, a qual depende de fatores tais como a distância a que a pessoa se encontra desse objetivo.

ABRAHAM, KARL — Neurologista e psicólogo alemão (n. Bremen, 3-5-1877; m. Berlim, 8-12-1925) que, através de sua associação com Bleuler e Jung, travou conhecimento com Freud e tornou-se, subseqüentemente, o primeiro psicanalista da Alemanha. Fundou em 1910, auxiliado por Koerber e Max Eitington, a Sociedade Psicanalítica de Berlim. Os seus estudos dos estados maníaco-depressivos e dos níveis pré-genitais da libido são hoje considerados clássicos da literatura psicanalítica. Os inúmeros trabalhos (mais de 40 comunicações) que escreveu sobre a sexualidade infantil, caracterizados por um estilo conciso e preocupação didática, exerceram grande influência no desenvolvimento da análise infantil de Melanie Klein, Anna Freud e outros. Bibliografia principal: *Selected Papers on Psychoanalysis* (coletânea inglesa dos principais ensaios de K. Abraham, Londres, 1927. Destacam-se: *The Psycho-Sexual Differences Between Hysteria and Dementia Praecox,* 1908; *A Short Study of the Development of the Libido viewed in the Light of Mental Disorders,* 1924; *Character-Formation on the Genital Level of the Libido,* 1925). Título da edição brasileira: *Teoria Psicanalítica da Libido,* Imago Editora, 1970.

AB-REAÇÃO — Tradução da palavra alemã *abreagieren,* freqüentemente empregada por Freud como sinônimo de catarse. É uma remoção de obstáculos emocionais à livre expressão de idéias e sentimentos reprimidos, mediante a revivência do material reprimido através de atos e conversas que se desenrolam num quadro exclusivamente terapêutico. De acordo com o seu esquema intelectual, o analista prepara um ambiente propício à *descarga* emocional do paciente pela *reprodução* (*Wegerzählen*) dos eventos originais. (Ver: CATARSE)

ABSOLUTISTA, ATITUDE — Tendência para crer na existência de uma realidade completa em si mesma, independentemente de qualquer outra coisa, psicologicamente incondicional e imutável com o tempo e as circunstâncias.

ABSTINÊNCIA — Privação voluntária da satisfação de um apetite ou de um desejo. No caso de bebidas alcoólicas e de outras substâncias tóxicas, a abstinência corresponde à total recusa das substâncias em questão.

ABSTINÊNCIA, PRINCÍPIO DE — No tratamento psicanalítico, propõe-se que certas condições, como a histeria de ansiedade e a neurose obsessiva, sejam tratadas em estado de abstinência. Freud, em *Observações sobre o amor transferencial* (1914, S.E., XII), recomenda que as regras de abstinência sejam aplicadas às substituições de sintomas, com a finalidade de manter vivo o elemento de frustração, necessário para obtenção de uma ótima resposta do paciente ao tratamento. E acrescenta: "[...] fixarei como princípio fundamental que devemos permitir que a necessidade e a ansiedade do paciente nele persistam, para poderem servir como forças que o incitem a trabalhar e a realizar mudanças, e que devemos cuidar de apaziguar essas forças por meio de substitutos."

ABSORÇÃO — O elevado nível de atenção concentrada num objeto, com inatenção a todos os demais. Distingue-se da *abstração* na medida em que esta destaca a retirada de atenção *do outro* objeto, ao passo que a absorção realça a atenção focalizada *no* objeto. Quando essa atenção exclui a realidade, recebe o nome de *absorção autística.* (Ver: ABSTRAÇÃO)

ABSTRAÇÃO — Ato de extrair ou separar um conteúdo (uma característica geral, um significado, etc.) de uma conexão que contém ainda outros elementos cuja combinação constitui, em conjunto, algo único ou individual e, portanto, incomparável. Ora, o singular (único, incomparável) constitui um obstáculo ao conhecimento, pelo que, ao intuito de conhecer, parecerão inconvenientes os demais elementos combinados com o essencial. Portanto, a abstração é aquela atividade mental que liberta o conteúdo essencial da sua vinculação com os elementos inconvenientes, *diferenciando-os* desse conteúdo. A abstração, segundo Jung, é uma atividade própria de qualquer das quatro funções psicológicas: pensar, sentir, perceber e intuir.

ABSTRAÇÃO, FATOR DE — Um dos fatores do processo intelectual vinculado diretamente com a função seletiva da atenção, uma vez que permite destacar uma qualidade ou relação objetiva determinada de um todo integrado. O Fator de Abstração possibilita ao raciocínio ultrapassar um plano meramente concreto, criando objetos mentais próprios de um nível abstrato. Foi definido por W. C. Halstead como "a unidade hipotética da capacidade que está subentendida na capacidade total de abranger similaridades, comparar, classificar, selecionar e isolar certos aspectos de um todo concreto".

ABSURDIDADE, TESTE DE — Teste individual de capacidade mental construído de modo que o examinando possa identificar ou não aspectos absurdos de imagens ou frases.

ABULIA — Incapacidade patológica para formular ou concretizar ações.

AÇÃO — Movimento do organismo correlacionado a processos conscientes; seqüência unificada ou complexa de *atos* ou *comportamentos*; o resultado de um comportamento com volição ou intento. (Ver: ATO)

AÇÃO DETERMINADA, LEI DA — Teorema gestaltista segundo o qual um objeto só se movimenta dentro dos limites prescritos pelo *campo* de que ele faz parte. (Ver: GESTALT)

AÇÃO, MECANISMO DE — O sistema de nervos eferentes, músculos e glândulas que participam numa reação específica. O conjunto de estruturas orgânicas ou pessoais envolvidas na obtenção de certo resultado comportamental — por exemplo, os receptores visuais e sinestésicos, os nervos e músculos, e as estruturas cerebrais, envolvidos na ação de chutar uma bola. Este conceito dá maior realce ao aspecto executivo, mas não significa que estejam excluídos os fatores cognitivos que guiam a execução.

AÇÃO MÍNIMA, LEI DA — Princípio gestaltista segundo o qual, em termos de campo fenomenal, uma ação adotará sempre aquele curso que requeira o menor investimento de energia para se obter o resultado desejado.

AÇÃO PSICOMOTORA — Ação que resulta diretamente de uma idéia ou de uma percepção.

AÇÃO, SISTEMA DE — O mesmo que REAÇÃO, SISTEMA DE.

AÇÃO, UNIDADE DE — Unidade de comportamento; episódio que começa com uma *necessidade* específica e termina na realização de uma *finalidade*.

ACELERAÇÃO — Aumento de velocidade por unidade de tempo, maior rapidez de execução. No campo da Psicologia interessam principalmente dois conceitos: os de *aceleração funcional* e *aceleração educacional*. Por aceleração funcional entende-se o crescimento ou desenvolvimento de qualquer função mental em ritmo mais rápido do que o normal; ou atingir-se um determinado nível de desenvolvimento, em certas funções, mais depressa do que outros indivíduos da mesma idade e cultura. Por aceleração educacional entende-se qualquer processo mediante o qual um aluno progride mais rapidamente do que o usual ou atinge mais depressa um nível de educação. Ao indivíduo que realiza essa aceleração dá-se o nome de *acelerado* (em oposição ao *retardado* funcional ou mental). Exemplo: uma criança com *idade mental* dois anos acima de sua idade *cronológica* é um *acelerado*. (Ver: IDADE; QUOCIENTE DE INTELIGÊNCIA)

ACERTOS POR PALPITE, CORREÇÃO DOS — Correção aplicável aos escores brutos de um teste com questões de múltipla escolha ou certo-errado, para eliminar a vantagem obtida pelos examinandos que respondem por palpite a certos itens. Consiste no emprego da fórmula:

$$R = C - \frac{E}{N-1}$$

onde R é o resultado corrigido, C o número de questões corretamente respondidas, E o número de questões erroneamente respondidas, exclusive as omitidas, e N é o número de alternativas apresentadas para resposta em cada questão.

ACESSÍVEL — Qualificação dada por Kurt Lewin a uma região que, no *espaço vital*, está aberta à liberdade psicológica de movimentos, ou que pode ser alcançada por comunicação física ou mental. Considera-se *acessível* o indivíduo capaz de responder abertamente a um estímulo social. *Inacessível* é o indivíduo que não reage de nenhum modo explícito a palavras, interrogações ou outros estímulos sociais. (Ver: ESPAÇO VITAL)

ACESSO — Precipitação violenta de uma doença, incluindo por vezes convulsões e crises de inconsciência.

ACETILCOLINA — Substância libertada durante a ativação de alguns ou todos os nervos e que se sabe estar relacionada com a excitação dos músculos somáticos e alguns tipos de glândulas.

ACIDENTAL, ERRO — Desvio das medidas de seu valor real, causado por um grande número de fatores, de tal modo que, quanto maior for o seu número, mais a sua soma algébrica tende a compensar-se e o seu conjunto a sujeitar-se a uma determinada lei de distribuição. São erros inevitáveis e ocorrem de maneira não sistemática.

ACLIMATAÇÃO — Literalmente, adaptação ao clima. Figurativamente, o termo emprega-se em duas acepções psicológicas: (a) adaptação a um estímulo contínuo; (b) adaptação mental e social a um novo meio.

ACOMODAÇÃO — Na Psicologia Sensorial, é o nome dado aos movimentos que preparam um órgão sensorial para receber nitidamente as impressões exteriores. Na Psicologia Social, é uma forma de adaptação que implica conciliação e transigência. Na Psicologia Individual, é um estado relativamente estável e moderado de reação emocional. (Psic. Sens.: Ver: ACOMODAÇÃO, TEORIA HIDRÁULICA DE; Psi. Soc.: Ver: ACOMODAÇÃO SOCIAL)

ACOMODAÇÃO SOCIAL — Um dos fatores preponderantes no processo de aprendizagem e desenvolvimento cognitivo. Quando os estímulos ambientes exigem novas reações em situações conhecidas, isto é, quando as reações anteriormente aprendidas deixam de ser adequadas e o indivíduo tem de modificar seu comportamento para ajustar-se à situação, a bem da harmonia social, diz-se que houve acomodação. Ceder, contemporizar, transigir, conciliar são formas de acomodação social. (Ver: ASSIMILAÇÃO E DESENVOLVIMENTO COGNITIVO, TEORIA DO)

ACOMODAÇÃO, TEORIA HIDRÁULICA DE — Teoria segundo a qual a adaptação do foco visual para diferentes distâncias é realizada, através de uma transferência rigorosamente equilibrada, do humor aquoso da região fronteira para as periféricas do cristalino.

ACONSELHAMENTO — Técnica psicopedagógica de ajustamento superficial que pretende auxiliar o paciente a resolver seus próprios conflitos através de conselhos e sugestões.

ACROFOBIA — Pavor patológico das grandes altitudes.

ACROMATOPSIA — Incapacidade relativa de distinguir as cores ou tonalidades cromáticas, numa pessoa capaz de distinguir formas e contornos.

ACROMEGALIA — Forma de *gigantismo* provocado por hiperatividade da pituitária, caracterizando-se ainda pelo desenvolvimento desproporcionado das mãos, pés, rosto e alguns órgãos internos.

ACROMICRIA — Subdesenvolvimento das extremidades e do crânio, em comparação com o desenvolvimento de outros órgãos. Quando é *congênita*, tem o nome de *mongolismo*.

ACTING OUT (ingl.) — Ver: PASSAGEM AO ATO.

ACULTURAÇÃO — Processos pelos quais as crianças aprendem os padrões de comportamento característicos do seu grupo social, especialmente do grupo social mais vasto ou *cultura*. Tem ainda o nome de aculturação o processo de aquisição, por contato, dos elementos *culturais* de um povo de certa cultura pelo povo de outra cultura. (Ver: CULTURA)

ADAPTAÇÃO — Todo processo que for adequado, de modo geral, à manutenção e defesa dos processos vitais do organismo, em face de uma determinada situação e das exigências do meio circundante. Muitos psicólogos consideram adaptação e ajustamento meros sinônimos. Contudo, é possível distinguir entre o conceito de *adaptação*, que confere maior importância às modificações que se efetuem para fazer face às circunstâncias e implica flexibilidade na sua efetivação, e *ajustamento*, como capacidade de discernimento e realização dessas modificações. (Ver: AJUSTAMENTO)

ADAPTAÇÃO GERAL, SÍNDROME DE — Nome dado por Hans Selye à seqüência de eventos envolvidos num estresse prolongado: o alarme ou choque inicial, o período de recuperação ou de resistência e, por último, exaustão e morte.

ADAPTAÇÃO SENSORIAL — Existem duas classes: *adaptação positiva*, quando se verifica a manutenção da eficácia sensorial, sob condições variáveis de estimulação (por exemplo: a adaptação ao escuro, quando a visão conserva acuidade parcial, sob condições mínimas de iluminação), e *adaptação negativa*, quando se registra certa redução de sensibilidade da função, em resultado de estimulação contínua, e conseqüente elevação do limiar sensorial.

ADERÊNCIA, PROVA DE — Entende-se aderência como a propriedade que tem os pontos de uma curva ou os valores de uma função de se aproximarem dos pontos de um diagrama ou valores observados. Prova de aderência da função de freqüência teórica $ñ_i = H$ (C_i (onde $ñ_i$ denota a freqüência teórica do intervalo C_i) à distribuição de freqüências observadas $ñ_i$ dos mesmos intervalos C_i), é a prova que tem por objetivo julgar a significância global das diferenças $n_i - ñ_i$.

ADLER, ALFRED — Psicólogo e médico psiquiatra. A partir de 1912, empenhou-se no estudo antropológico, social e psicológico do adulto. Em 1925, passou a exercer as funções de metodólogo no Instituto de Pedagogia de Viena. Foi discípulo de Sigmund Freud, de quem se separou em 1910, modificando os estudos psicanalíticos de acordo com a sua teoria de que o principal impulso humano é o *Geltungstreben* (a luta pela conquista de uma posição de superioridade), que freqüentemente colide com a posição social. Editor da *Revista Internacional de Psicologia Individual* (1916-1939). N. em Viena em 7-2-1870 e m. em 28-5-1937 em Aberdeen (Escócia). Bibliografia principal: *Studien über die Mindertertigkeit von Organen* (*Estudos Sobre a Inferioridade dos Órgãos*, 1907); *Über den Nervösen Charakter* (*Sobre o Caráter Nervoso*, 1912); *Heilen und Bilden* (*Curar e Educar*, 1914, em colaboração com Furtmüller e Wexberg); *Praxis und Theorie der Individual-Psychologie* (*Psicologia do Indivíduo*, 1918); *Menschenkenntnis* (*O Conhecimento do Homem*, 1927). (Ver: PSICOLOGIA INDIVIDUAL)

ADLERIANA, PSICOLOGIA — Teoria e prática de diagnósticos e tratamento das neuroses e psicoses de acordo com os princípios e conceitos formulados pelo psiquiatra e psicólogo austríaco Alfred Adler (1870–1937). (Ver: PSICOLOGIA INDIVIDUAL)

ADOLESCÊNCIA — Período do crescimento humano usualmente situado entre o início da *puberdade* e o estabelecimento da *maturidade* adulta. Em termos de desenvolvimento o período caracteriza-se pela transição do estágio infantil para o estágio adulto de inúmeras funções incluindo as sexuais, após um interregno mais ou menos prolongado a que se dá o nome de *período de latência*. A adolescência inclui não só as mudanças pubertais no corpo (Ver: PUBERDADE) mas também o desenvolvimento das capacidades intelectuais, interesses, atitudes e ajustamentos. Os limites convencionais para a adolescência são as idades de 12-21 anos para as meninas e 13-22 anos para os rapazes (cf. Luella Cole & Irma N. Hall, *Psychology of Adolescence*, 7ª edição, 1970).

ADOLESCÊNCIA, CRISE DE — A noção de crise de adolescência designa, de um modo geral, duas vertentes de grande significado psicossomático para o desenvolvimento de todo ser humano. Uma vertente tem seu clímax no processo de maturação pulsional que marca o fim da infância e o ingresso na idade adulta; a outra engloba as manifestações mais ou menos ruidosas, mais ou menos anárquicas, que ocorrem com relativa freqüência nesse período, espécie de preâmbulo à instalação do comportamento mais estável da idade adulta.

ADQUIRIDO, COMPORTAMENTO — Em termos rigorosos, não há comportamento que seja meramente adquirido, pois dependerá sempre tanto de uma herança quanto de uma aquisição por aprendizagem. A adjetivação, portanto, em comportamento *inato* ou *adquirido*, refere-se apenas a *diferenças* de comportamento, isto é, às diferenças entre um indivíduo e outro, entre as respostas normais da infância e as da idade adulta.

AFANIA OU AFANISE — Medo da perda de potência sexual ou da ausência de prazer nas relações sexuais. Ernest Jones sugere que o complexo de castração freudiano não constitui apenas o temor de perda do pênis, em conseqüência das fantasias eróticas relacionadas com os pais, mas principalmente o medo de afania. (Ver: COMPLEXO DE ÉDIPO)

AFASIA — Diminuição ou perda da capacidade de falar ou comunicar os pensamentos próprios em expressões verbais coerentes (*afasia motora*). Diminuição ou perda da capacidade de compreender as comunicações da linguagem (*afasia sensorial*), em virtude de lesão no córtex. Na acepção mais ampla, a afasia abrange diversas perturbações da fala tais como a *alexia*, a *agrafia* e outras. A afasia tem sido um dos problemas da patologia da fala que mais tem interessado aos estudiosos da Psicolingüística (cf. por exemplo: J. Piaget, J. Ajuriaguerra, F. Bresson, P. Fraisse, P. Oléron e B. Inhelder, *Problemas de Psicolingüística*, 1973).

AFETIVIDADE — Conceito definido por Bleuler, em sua obra *Affektivität, Suggestibilität und Paranoia* (1906), para designar e resumir "não só os afetos, em sua acepção mais estrita, mas também os sentimentos ligeiros ou matizes sentimentais de agrado ou desagrado". Bleuler distingue na afetividade, por uma parte, as percepções sensíveis e demais percepções físicas; e, por outra parte, os *sentimentos*, na medida em que constituem processos perceptivos interiores (por exemplo, sentimento de certeza, de probabilidade) e os conhecimentos nebulosos.

AFETIVO, TEORIA DO ESTÍMULO — Teoria enunciada por D. C. McClelland, que define o *motivo* como fator estimulante de prazer e dor e tenta formular uma definição *objetiva* desses estados.

AFETO — Estado sentimental que se caracteriza, por uma parte, pela inebriação física perceptível e, por outra parte, por uma perturbação peculiar do processo representativo. Jung empregou o termo *emoção* como sinônimo de afeto, quando se afastou de Bleuler ao distinguir entre *sentimento* e afeto. "O sentimento só se converte em afeto quando adquire certa intensidade que provoca intervenções físicas perceptíveis", acrescentando que "o sentimento pode ser função voluntariamente disponível, enquanto o afeto não o costuma ser". Dos dois conceitos originais poderemos extrair o significado de afeto como qualquer espécie de sentimento e (ou) emoção associada a idéias ou a complexos de idéias.

AFETO DESTACADO — Afeto que estava originalmente associado a uma idéia ou emoção insuportável, mas foi separado de uma ou outra e passou a vincular-se a uma nova idéia ou emoção aceitável, assim se convertendo em obsessão (Freud, *Inibições, Sintomas e Ansiedade*, 1926). Constitui, habitualmente, sintoma neurótico, reação de defesa contra um conflito interno ou externo, o que não exclui, entretanto, a possibilidade de ser uma precaução racionalmente escolhida. (Ver: DESLOCAMENTO)

AFILIAÇÃO, NECESSIDADE DE — Necessidade de estar associado com outra pessoa ou pessoas, para a realização de um esforço comum, camaradagem, amor ou satisfação sexual.

AFONIA — Perda de voz por causas neurológicas ou psíquicas. Verifica-se por vezes na histeria.

AGNOSIA — Incapacidade de interpretar impressões sensoriais. De modo mais específico, a perda de capacidade para reconhecer e identificar objetos conhecidos, através de determinados órgãos sensoriais (assim: agnosia visual, auditiva, ideacional, etc.).

AGORAFOBIA — Estado psiconeurótico caracterizado pelo medo de espaços abertos, *e. g.*, ruas e jardins.

AGRAFIA — Incapacidade ou perda da faculdade de comunicar idéias por escrito, podendo ser congênita ou adquirida. Quando a agrafia não é atribuível a transtornos cerebrais, mas deve-se a fatores psíquicos ou emocionais, constitui a contrapartida gráfica do mutismo, ou é a ausência de voz sem que tenham ocorrido quaisquer modificações estruturais. Os "votos de silêncio" de monges e anacoretas, por exemplo, são manifestações voluntárias de mutismo.

AGREGAÇÃO, TEORIA DE — Teoria neurológica enunciada por W. C. Halstead, que considera a inteligência uma propriedade do funcionamento coordenado das diversas regiões sensoriais e motoras distribuídas no córtex.

AGRESSÃO — Ação violenta e não-provocada contra outra pessoa ou contra o próprio, revestindo-se quase sempre de propósitos hostis e destrutivos. Todo o tipo de comportamento ou seu equivalente psicológico resultante de uma *frustração*. Tonalidade de sentimento subjetivo que acompanha esse comportamento (agressividade). De acordo com a crescente aprendizagem, experiência e maturidade do indivíduo, a *reação agressiva* à frustração obedece a uma seqüência de desenvolvimento que se caracteriza em quatro fases: (1) as *restrições físicas* à atividade de locomoção e manipulação da criança pequena são respondidas por uma *atividade motora difusa, caótica e emocional* (acessos de cólera, choro, espernear e esbracejar, a "birra" clássica); (2) às *ameaças de restrição física, mediante a fala*, a criança reage com uma *atividade física retaliatória*, dirigida contra o agente frustrador (pontapés, mordeduras, arranhões, com a finalidade de eliminar a eficácia da restrição); (3) às *restrições verbais* contra atividades ou processos ideacionais (planos, intenções, valores), responde-se com uma *retaliação verbal direta* (nível simbólico direto: insultos, xingações, "chamar nomes"); (4) às *ameaças de restrição verbal*, a reação agressiva desenvolve-se no *nível simbólico ou verbal indireto* (histórias depreciativas sobre o agente frustrador, boatos maliciosos e tudo o que possa abalar a sua reputação ou desacreditar suas crenças, ideais e mesmo seus familiares e amigos). Para Freud, a agressão é uma "manifestação no comportamento consciente do instinto de morte" e, para Adler, é qualquer manifestação normal ou patológica da "vontade de poder".

AGRESSÃO, DESLOCAMENTO DA — Ação agressiva dirigida contra uma pessoa ou objeto que não foi (ou não é) a causa da frustração.

AGRESSIVIDADE — Do ponto de vista psicanalítico, Freud definiu a agressividade como a aliança e a conjunção imaginárias ou sintomáticas de movimentos afetivos hostis, de uma parte, e erotizados, de outra.

AJUSTAMENTO — Equilíbrio estático entre um organismo e o meio, em que não existe mudança de estímulo que suscite reação, nenhuma necessidade insatisfeita e com todas as funções continuativas do organismo desenrolando-se normalmente. Tal ajustamento nunca é atingido e esta definição só vale para uma finalidade teórica — a seqüência de ajustamentos parciais em contínua escala gradativa. Na prática, portanto, só se deve falar de *ajustamento relativo*, na medida em que cada pessoa desenvolve um repertório idiossincrásico de respostas às exigências do seu mundo material, psicológico e social. É esse repertório que possibilita, em maior ou menor grau, a aquisição de atitudes, aptidões e defesas capazes de levar o indivíduo a *ajustar-se* (satisfazer) às exigências físicas, sociais e pessoais com um mínimo de dificuldade. O ajustamento difere da adaptação, na medida em que o primeiro confere maior ênfase ao estabelecimento de relações apropriadas ou harmoniosas, mais por discernimento e dotes de realização do que por mera flexibilidade. (Cf. James M. Sawrey e Charles W. Telford, *Psychology of Adjustment*, 3ª edição, 1971.) Ver: ADAPTAÇÃO.

AJUSTAMENTO, MÉTODO DE — Também denominado *método de ajustamento do estímulo equivalente*. Consiste num teste em que o sujeito procede ao ajustamento de um objeto-estímulo, até que este pareça igualar-se a um objeto-critério, isto é, reproduza este último. A margem de "erro de ajustamento" é calculada através do desvio médio em relação à igualdade objetiva. A escala utilizada para determinar as diversas espécies de reação a certas situações que o indivíduo se desligue do ambiente que o circunda. Alheamento ou *alheação* possuem a mesma raiz etimológica da palavra *alienação*.

AJUSTAMENTO SOCIAL — Aceitação e adaptação às exigências usuais da sociedade em que se vive. O conjunto de processos pelos quais uma pessoa, grupo ou instituição estabelece relações tais com o seu meio que lhe garantam a sobrevivência e a prosperidade sem graves atritos (revolta, frustração, etc.).

ALEATORIZAÇÃO — Processo de seleção probabilística em que a probabilidade de inclusão na amostra de um qualquer elemento da população é conhecida e diferente de zero.

ALEXANDER, FRANZ (1891–1964) — Psicanalista húngaro, formado em Berlim com Karl Abraham e Hanns Sachs. Foi o primeiro professor de Psicanálise da Universidade de Chicago e diretor do respectivo Instituto. Suas principais contribuições foram no domínio da medicina psicossomática e da psicoterapia breve.

ALIENAÇÃO — Tipo de reconhecimento defeituoso do meio ambiente, em que as coisas e pessoas conhecidas se apresentam ao indivíduo como coisas e pessoas desconhecidas ou estranhas. (Ver: ALIENAÇÃO MENTAL)

ALIENAÇÃO, COEFICIENTE DE — Coeficiente que exprime a ausência de relação entre 2 variáveis. Consiste no emprego da fórmula $K = \sqrt{1 - r^2}$, onde K é o coeficiente de alienação e r o coeficiente de correlação.

ALIENAÇÃO MENTAL — Expressão obsoleta que foi substituída por *insanidade mental* ou *loucura*. Termo geral para todas as desordens mentais não temporárias, cuja natureza obrigue a medidas legais de caráter especial e urgente: confinamento hospitalar, custódia ou responsabilidade legal dos familiares a cujo cargo o doente se encontre.

ALLPORT, CURVA DE — Representação gráfica da freqüência com que os indivíduos obedecem, em diversos graus, a um padrão ou norma prescrita que se situa no âmbito de suas capacidades, por exemplo: a freqüência com que obedece ou desobedece a um sinal vermelho de tráfego.

ALLPORT, ESTUDO DE REAÇÃO — Inventário psicológico que pretende averiguar se certos comportamentos ostensivos, considerados diagnósticos de *ascendência ou submissão*, são característicos da conduta usual do sujeito.

ALLPORT, FLOYD H. — Professor de Psicologia Social da Universidade de Syracuse (EUA), de 1924 a 1956. Realizou importantes estudos sobre as normas do comportamento social e sua distribuição de acordo com a capacidade individual. Divergiu da Psicologia Gestaltista e defendeu a tese da unidade psíquica como um "acontecimento". Assim definiu a sua posição: "Não possuímos qualquer prova objetiva de que um todo seja outra coisa senão as suas partes, sempre que estas sejam tomadas como algo que *existe e opera conjuntamente*. Um todo que seja algo mais, ou uma coisa distinta, deve constituir uma inferência." Bibliografia principal: *The J.- Curve Hypothesis of Conforming Behavior; Theories of Perception and the Concept of Structure*, 1955. (Ver: ALLPORT, CURVA DE)

ALLPORT, GORDON W. — Psicólogo americano (1897–1967). Estudou em Harvard e, após obter seu doutorado, em Berlim, Hamburgo e Cambridge, regressou aos Estados Unidos em 1924 para lecionar em Harvard. Ficou universalmente conhecido como o proponente de uma teoria da personalidade que enfatiza o individual ao mesmo tempo que utiliza a abordagem do traço para possibilitar uma ciência quantitativa da personalidade. Seus trabalhos incluem dois testes amplamente usados — o *Estudo de Reação A-S* (em colaboração com F. H. Allport) e o *Estudo de Valores* (com P. E. Vernon, 1931; revisto em 1951 com P. E. Vernon e G. Lindzey) — e numerosos livros, entre os quais se destacam: *Studies in Expressive Movement* (1933), *Personality: a Psychological Interpretation* (1937), *The Nature of Personality* (1950), *Becoming: Basic Considerations for a Psychology of Personality* (1955), *Personality and Social Encounter* (1955) e *Pattern and Growth in Personality* (1961), além de inúmeras colaborações em revistas psicológicas. (Ver: PSICOLOGIA DA INDIVIDUALIDADE)

ALLPORT–VERNON, ESTUDOS DE VALORES DE — Método elaborado por Gordon W. Allport, em colaboração com P. E. Vernon, a partir do conceito de personalidade como *ideofenômeno*. Baseado na tipologia de Spranger, tem por finalidade revelar o interesse em seis áreas de valor: teórica, social, religiosa, econômica e política (cf. *A Study of Values,* G. W. Allport e P. E. Vernon, 1931).

ALMA — Conceito filosófico ou religioso alheio ao domínio da ciência positiva e, portanto, ainda impossível de comprovação empírica. No domínio psicológico, a palavra *alma* (isenta de suas conotações metafísicas) tem estado associada a diversas teorias. Assim, para Jung, em seus estudos sobre a estrutura do inconsciente, há uma distinção conceptual entre *alma* e *psique*. Por psique "entendo a totalidade dos fenômenos psíquicos, tanto conscientes como inconscientes. Por alma entendo um limitado complexo de funções que melhor se caracteriza com a expressão *personalidade*". Fechner, em sua teoria animista, atribuiu alma a todos os objetos, incluindo o Sol, a Lua e as estrelas.

ALOEROTISMO — O desvio da tendência erótica do eu para outros objetos. Ant.: Auto-Erotismo.

ALOGIA — Incapacidade de falar, resultante de lesão cerebral. Forma de *mutismo*, resultante da falta de idéias, manifesta nos idiotas ou imbecis.

ALOPSÍQUICO, PROCESSO — Mecanismo psíquico caracterizado pela projeção dos impulsos e sentimentos do eu em outras pessoas ou objetos. (Exemplo: o marido ciumento acredita que a esposa tem ciúmes.)

ALOTRÓPICO, TIPO — Definido por A. Meyer como o tipo de personalidade que tende para a preocupação dominante sobre o que os *outros* pensam, dizem ou fazem.

ALQUIMIA — Química arcaica, a alquimia constitui uma prática simultaneamente experimental e simbólica, uma pesquisa técnica sobre a natureza da matéria e um exercício de imaginação sobre suas capacidades de transformação. Utilizando experimentos de laboratório, os alquimistas estavam em busca do elixir da longa vida, da panacéia universal para curar todas as doenças e da transformação do vil metal em ouro pela transmutação de minerais grosseiros. Para tanto, criou um catalisador que era resultante da transformação da *prima materia* em "pedra filosofal", o precioso *lapis*. Imagens simbólicas e paradoxais são típicas da linguagem alquímica, as quais correspondem à natureza inapreensível da vida e da psique inconsciente. Jung (cf. Marie-Louise von Franz, *Alquimia: Introdução ao Simbolismo e à Psicologia*, Cultrix, 1985) viu nas representações elaboradas pelos alquimistas as primícias do modelo de díade interativa que ela elaborou em sua "psicologia das profundidades". Considerou ele que a pique, o inconsciente e a análise ativam processos alquimistas cuja "pedra filosofal" é a consciência em mutação — meio e fim da individuação. Jung assinalou também a presença de imagens alquímicas nos sonhos do homem moderno.

ALTERAÇÃO DE NÍVEL, PRINCÍPIO DA — Generalização teórica formulada por Kurt Koffka (*Principles of Gestalt Psychology*, 1935) segundo a qual, quando as circunstâncias do meio alteram a posição de dois estímulos numa seqüência, os dois tendem a conservar sua relação mútua, seja qual for o nível para onde se transfiram. Por exemplo, duas tonalidades da mesma cor podem parecer mais escuras ou mais claras segundo a alteração feita no nível de iluminação ambiente, mas ambas mantêm sua diferença mútua em relação à nossa percepção visual.

ALTER EGO — O *segundo ego* ou contraparte que, usualmente, se refere aos aspectos anti-sociais e antinomias reprimidos da personalidade. (Ver: SOMBRA)

ALUCINAÇÃO — Percepção sensorial muito viva, acompanhada da convicção de sua realidade, por parte da pessoa que experimenta o fenômeno, e que ocorre na ausência de um apropriado estímulo sensorial externo, "ver uma coisa que não está ali", "ouvir uma voz", etc.

ALUSÃO — Qualquer referência a pessoa, coisa ou acontecimento por meio da sua representação simbólica ou metafórica.

AMBIGÜIDADE — Natureza de uma declaração ou situação que possui dois significados ou é suscetível de duas interpretações. *Figuras ambíguas* são as que podem ser vistas de duas maneiras ou mais, como nas chamadas ilusões de *perspectiva reversível*.

AMBIGÜIDADE, INTOLERÂNCIA DA — Síndroma do comportamento que se caracteriza pela inquietação e ansiedade quando o indivíduo tem de enfrentar situações complexas ou incertas que não oferecem possibilidade de fácil compreensão ou controle, preferindo desistir a tentar enfrentar essas situações. A desistência pode assumir a forma de recurso a outra pessoa, a *autoridade*, para que resolva ou explique a ambigüidade ou simplifique a situação.

AMBIGÜIDADE, TOLERÂNCIA DA — Disposição psicológica para aceitar um estado de coisas capaz de interpretações ou resultados alternativos. Por exemplo, a pessoa sente-se gratificada quando tem de enfrentar um problema complexo em que princípios opostos estão entremisturados. A baixa tolerância de ambigüidade caracteriza-se pelo desejo de ver "o preto no branco".

AMBIVALÊNCIA — Estado emocional em que a pessoa é atraída para direções psicológicas opostas (afirmação-negação, aceitação-rejeição, amor-ódio), gerando um estado de impasse mental. Escreve H. Guntrip: "A ambivalência é vida emocional de via dupla, caracterizada pelo amor e ódio simultâneos, que entram em conflito logo que a pessoa se envolve em situação emocional concreta. Constitui a base da *depressão clássica*. A culpa psicopatológica, por se odiar alguém a quem também se ama, converte o ódio pelo objeto em ódio pelo eu, até que toda a energia parece ficar absorvida na autotortura e a personalidade parece mergulhar em estado paralisante, no que diz respeito a suas atividades externas." Sin.: Bipolaridade Psicológica.

AMEAÇA — Expressão verbal, gesto ou outra expressão simbólica do intuito de causar dano a uma pessoa. Sinal, situação ou objeto que provoca medo ou ansiedade.

AMES, DEMONSTRAÇÕES DE — Uma série de complexas ilusões de profundidade planejadas por Adelbert Ames Jr. e empregadas para estudar a percepção de profundidade visual. A mais famosa dessas demonstrações é o quarto distorcido que parece normal desde um certo ponto de vista, mas no qual objetos e pessoas se apresentam com dimensões distorcidas.

AMITAL — Nome comum de um dos barbitúricos usados como sedativo ou hipnótico. Sob a influência do amital, muitos pacientes podem ser levados a discutir mais livremente seus problemas psíquicos e emocionais.

AMNÉSIA — Incapacidade psicopatológica, não-associada a lesão cerebral de origens conhecidas, para recordar total ou parcialmente acontecimentos pretéritos da vida do paciente. No caso da *amnésia parcial*, existem dois tipos básicos: a *seletiva* e a *circunscrita*, de acordo com o tempo, lugar ou tipo de experiência.

AMNÉSIA INFANTIL — Expressão psicanalítica para designar a incapacidade de recordar, em virtude da *repressão*, certos acontecimentos ocorridos durante os primeiros anos de vida, incluindo "os dramas da sexualidade infantil". De acordo com a teoria psicanalítica, certos comportamentos *simbólicos* do adulto demonstram que a recordação desses acontecimentos persiste e que a sua repressão pode ser eliminada pelos *métodos analíticos*.

AMNÉSIA, LEVANTAMENTO DA — Designação psicanalítica do retorno de lembranças esquecidas e carregadas de afetos, o qual resulta em parte do trabalho psicoterapêutico com pacientes histéricos. Freud utiliza a expressão "levantamento do véu da amnésia", em que esta é representada como o que recobre tudo aquilo que deveria ser consciente, mas um véu (ou tela) impede que seja percebido. Sin.: Levantamento da inibição; levantamento do recalque.

AMNÉSIA RETRÓGRADA — Incapacidade de recordar as experiências ou acontecimentos que decorreram, no tempo, desde o surto amnésico *para trás*.

AMOR — Sentimento, variado em seus aspectos de comportamento e em conteúdo mental, mas que se acredita possuir qualidade específica e singular, cuja característica dominante é a afeição e cuja finalidade é a associação íntima de outra pessoa com a pessoa amante, assim como a felicidade e o bem-estar dessa outra pessoa. Em Psicanálise, designa o primitivo e indiferenciado estado emocional sob o domínio do princípio do prazer (libido), ou a expressão sensual de Eros. Do ponto de vista espiritual (místico e religioso, não-científico), amor é qualidade espiritual que une as pessoas, que lhes incute um sentimento de comunhão — é *ágape*, um estado emocional que provavelmente derivou da sexualidade primitiva mas foi "purificado". Este conceito de amor reveste-se, entretanto, de considerável interesse para a Psicologia, na medida em que representa um tipo de comportamento interpessoal digno de estudo.

AMOSTRA — Todo e qualquer subconjunto cujas propriedades se estudam com o fim de generalizá-las ao conjunto a que pertence. O conceito de conjunto, para tais propósitos, é muito amplo: tanto pode ser uma população de pessoas como de objetos, operações, eventos ou valores de uma variável. As conclusões que podem ser validamente extraídas do subconjunto (isto é, da amostra) dependem da natureza da população e do modo como os dados são recolhidos. Este último aspecto pertence à esfera da chamada *teoria de amostragem*.

AMOSTRA ALEATÓRIA — Amostra dos elementos de uma população, selecionada de tal modo que cada elemento possua uma probabilidade de escolha conhecida e diferente de zero, não sendo necessário que haja eqüiprobabilidade. (Sin.: *Amostra Randômica, Amostra ao Acaso, Amostra Não-Selecionada*).

AMOSTRA TENDENCIOSA — Amostra cujo processo de seleção provoca diferenças sistemáticas entre algumas de suas características e a população de onde foi tirada.

AMOSTRAGEM — Processo de recolher uma amostra. A teoria de amostragem é um conjunto de princípios sobre uma recolha de amostra em condições tais que permita a realização de inferências válidas para a totalidade da população *amostrada*. Assenta, primordialmente, na teoria da probabilidade, uma vez que toda e qualquer amostra, pelo fato de não ser selecionada, inclui sempre um fator de acaso. (Ver: AMOSTRA)

AMOSTRAGEM, ESTABILIDADE DA — A situação atingida quando sucessivas amostras de uma população apresentam resultados consistentes e se considera que têm confiabilidade.

AMOSTRAGEM, VALIDADE DA — A determinação do grau em que os itens de um teste representam a gama de comportamento que está sendo medida pelo teste como um todo.

AMOSTRAGEM, VARIABILIDADE DA — O grau em que uma série de amostras difere de uma amostra verdadeiramente randômica, se avaliada a partir do desvio-padrão da série.

AMPLIFICAÇÃO — Segundo Carl Gustav Jung, a amplificação é o alargamento e aprofundamento de uma imagem onírica por meio de associações dirigidas e de paralelos extraídos das ciências humanas e da história dos símbolos. Por outras palavras, trata-se da interpretação de materiais clínicos e culturais, em especial na interpretação de sonhos, mediante o uso de paralelos míticos, históricos e culturais no intuito de esclarecer um material obscuro ou inicialmente difícil de interpretar.

ANABOLISMO — Processo bioquímico de transformação do alimento em matéria intracelular viva. (Ver: METABOLISMO)

ANÁCLISE — Em psicanálise, dá-se o nome de *opção objetal anaclítica* à escolha, consciente ou inconsciente, de um objeto de amor que se assemelhe à pessoa de quem o paciente dependia para sustento e conforto emocional. A noção de anáclise foi introduzida por Freud para explicar a relação, originária e na criança, entre as pulsões sexuais e as funções de autoconservação. A partir de um mesmo ponto no organismo (zona erógena), as primeiras apóiam-se inicialmente nas segundas, antes de se tornarem independentes. A função de autoconservação também poderá propor seu próprio objeto à pulsão sexual; é o que se designa por opção objetal anaclítica ou escolha do objeto por apoio. Sin.: apoio, veiculação sustentada.

ANAFILAXIA PSÍQUICA — Hipersensibilidade a um tipo de experiência, desenvolvida em resultado de um *trauma* psíquico, e que se manifesta, mais tarde, em sintomas neuróticos, quando uma experiência análoga volta a ocorrer.

ANAGOGIA — Termo freqüentemente usado pela Psicologia Analítica. Segundo Jung, uma *interpretação anagógica do sonho* é aquela em que se pressupõe que o conteúdo do sonho não só reflete um conflito decorrente de impulsos ou desejos infantis, mas também, em nível ainda mais profundo, os anseios idealistas do inconsciente.

ANAL — Relativo ao ânus, suas funções e significado simbólico.

ANAL, EROTISMO — Sexualidade associada à *zona anal*. Segundo a teoria freudiana da sexualidade, o erotismo anal caracteriza uma das fases do desenvolvimento da libido na infância, correspondendo a um dos ciclos de fixação da personalidade adulta quando a *repressão* teve lugar durante a fase anal da criança. (Ver: PERSONALIDADE, TIPOS PSICANALÍTICOS DA)

ANAL, ESTÁGIO — De acordo com a teoria freudiana da sexualidade infantil, é a fase de vida da criança em que esta se preocupa com os sentimentos e emoções agradáveis relacionados com o ânus e com os processos de retenção ou expulsão (defecação) de matérias internas (fezes) sentidas como objetos incorporados. Quer o prazer erótico seja anal-expulsivo ou anal-retentor, pode ser complicado por crise de ansiedade causada pela repressão externa (por exemplo, durante o treino da higiene íntima), resultando no desenvolvimento do *caráter anal*. (Ver: PERSONALIDADE, TIPOS PSICANALÍTICOS DA)

ANAL, SADISMO — Ver: SADISMO.

ANAL, TRÍADE — Na teoria psicanalítica, os três traços de obstinação, avareza e excessivo rigor metódico, resultantes da fixação na fase anal de desenvolvimento.

ANALGESIA — Ausência de sensibilidade à dor.

ANALISADOR — Termo neurológico para designar uma unidade funcional composta de um *receptor, nervos aferentes* e *conexões centrais*. O termo foi proposto por Pavlov para caracterizar as estruturas nervosas que nos dão sensibilidade diferencial.

ANÁLISE — Método lógico de estudar fenômenos (a) decompondo o objeto de estudo em unidades menores, quer pela separação física dos componentes, quer pensando separadamente a respeito das partes e qualidades distintas do objeto e (b) variando as condições em que um fenômeno ocorreu, como meio de determinar a sua natureza e a função de cada uma das partes componentes. Na acepção (a), a análise chama-se *estrutural* ou *redutiva*. Na acepção (b), a análise chama-se *funcional*. No domínio da análise psicológica, o método de pesquisa dos componentes elementares do processo mental, mediante a introspecção analítica, recebeu o nome de *estruturalismo psicológico* (Ver: ESTRUTURALISMO e REDUCIONISMO). Quando a análise psicológica aplica a acepção (b) aos processos mentais, recebe o nome de *funcionalismo psicológico* (Ver: FUNCIONALISMO). O método de análise ainda constitui o fundamento de outros importantes setores da investigação psicológica, dos quais se citam: o gestaltismo, em que a análise foi limitada ao estudo da influência das partes componentes sobre o todo (Ver: GESTALT), a Psicologia Analítica da escola de Jung e a Psicanálise (ver).

ANÁLISE ANAMNÉSICA — Termo empregado por Jung para designar o seu método de investigação e tratamento analítico. O termo destaca a importância de se investigar o desenvolvimento histórico (anamnese) do transtorno psíquico apresentado pelo paciente e de o complementar com material obtido junto de seus familiares.

ANÁLISE ATIVA — Método psicanalítico em que o analista não se limita a registrar e interpretar as livres associações mas intervém ativamente, procurando suscitar associações significativas e aconselhar na base do *conteúdo manifesto* dos sonhos, tal como ele os interpretou intuitivamente sem ajuda do analisando. Sin.: Método de Steckel.

ANÁLISE CEGA — Na interpretação do Rorschach, é o nome dado à inferência de traços da personalidade exclusivamente a partir das respostas aos borrões de tinta, sem conhecimento face a face do sujeito, de seus sintomas ou de sua história, exceto idade e sexo.

ANÁLISE DE CONTEÚDO — Processo de investigação e tabulação de acordo com um plano sistemático de idéias, sentimentos, reivindicações e afirmações pretensamente verdadeiras (caso específico das técnicas publicitárias e de comunicação de massa), referências pessoais, etc., contidas numa comunicação. A tabulação objetiva da freqüência com que certos elementos ocorrem numa determinada comunicação. Os elementos tabulados podem ser formas sintáticas (verbos ou substantivos, tempo pretérito ou tempo presente), formas significativas (palavras que exprimem agrado ou desagrado) ou níveis de complexidade (gestos simples, gestos elaborados). A comunicação pode ser em palavras, imagens, símbolos musicais, gestos, etc. A categorização de cada elemento do conteúdo é efetuada de acordo com uma tabela definida de categorias, acompanhada de regras para a sua aplicação. Esse tema denomina-se *código* e o processo de classificação dos elementos do conteúdo é a *codificação*. Só se analisa o conteúdo manifesto da comunicação. A interpretação do conteúdo latente é um processo inteiramente distinto. Assim, a ocorrência de palavras referentes a "alegria" pode ser tabulada como parte da análise de conteúdo, mas a inferência de que o indivíduo está "alegre" não é análise mas interpretação. (Ver: VALOR, ANÁLISE DE)

ANÁLISE DE CONTROLE — Ver SUPERVISÃO.

ANÁLISE CRITERIAL — Contribuição metodológica de Eysenck que consiste numa técnica combinada dos testes com a análise fatorial. A investigação criterial opera do seguinte modo: A partir de uma hipótese acerca de uma variável ou fator dado, seleciona-se uma bateria de testes supostamente relacionados com esse fator, com o objetivo de aplicá-la em dois grupos, nos quais a variável em estudo se apresenta em graus nitidamente diferenciados (denominados "grupos opostos ou criteriais"). Assim se obtêm as correlações entre as diversas medidas e, submetendo-se a matriz resultante à análise fatorial, torna-se possível apreciar a contribuição dos testes mais eficazes na diferenciação entre os grupos de critério.

ANÁLISE CULTURALISTA — Movimento psicanalítico que teve entre os seus mais importantes iniciadores *Abraham Kardiner, Alfred Adler, Karen Horney, Erich Fromm* e *Harry Stack Sullivan*. O movimento ganhou maior impulso a partir de 1930–1935, após as investigações realizadas por Sullivan sobre a esquizofrenia, as quais desafiavam em grande parte a idéia freudiana de transferência. Sullivan pôde demonstrar que pacientes até então considerados por Freud incapazes de tratamento, pelo fato de serem narcisistas, podiam afinal reagir aos métodos psicanalíticos. Trabalhando com psicóticos, Sullivan também dedicou muita atenção ao que ocorria entre o paciente e o terapeuta (*relação interpessoal*). Seu ceticismo quanto à teoria da libido e ao esquema instintivista de Freud, assim como o desejo de aprender mais a respeito das relações entre o homem e a sociedade, levaram Sullivan a aderir ao grupo de psicanalistas, já então chamados *neofreudianos*, que se empenhava em desenvolver uma ciência de relações humanas, baseada no estudo de culturas: Fromm e Horney, recém-chegados aos Estados Unidos, Kardiner, além dos antropólogos Edward Sapir e Ruth Benedict. Por volta de 1936, esse grupo estava colaborando estreitamente para uma aproximação da Psiquiatria e das Ciências Sociais. Horney (1885–1952) e Fromm (1900–1980) foram dos primeiros e mais significativos contribuintes. Saídos da psicanálise clássica e embora respeitando os limites gerais da teoria freudiana, colocaram a origem da ansiedade básica da pessoa no padrão de interações sociais da criança com os outros e nas pressões culturais por estes exercidas. Deu-se, assim, um desvio da base biológica da personalidade para as suas determinantes sociais e culturais. A comunicação desempenha um papel vital, em função de três orientações básicas em relação aos outros e à própria pessoa: movimento no sentido da aproximação das outras pessoas (por exemplo, necessidade de amor); movimento no sentido de afastamento das outras pessoas (necessidade de independência); e movimento contra as outras pessoas (necessidade de poder). A normalidade seria realizada mediante a integração e reconhecimento das três orientações. Horney, grandemente influenciada por Fromm, promoveu novas aplicações do pensamento dele e foi a primeira a publicar uma extensa interpretação cultural da neurose, em *A Personalidade Neurótica do Nosso Tempo* (1937). Kardiner, embora progredisse em direção semelhante, separou-se dos demais culturalistas por lhe repugnar a completa renúncia à terminologia freudiana e a um pensamento mais especulativo. De todos os culturalistas, por fim, o que mais se divorciou da ortodoxia analítica foi Sullivan (1892–1949), criando um sistema conceptual próprio em que os conceitos básicos da psicanálise (libido, id, ego e superego, teoria sexual da formação do caráter) foram rechaçados. A teoria interpessoal de Sullivan revela ainda certas influências do método biológico de Adolph Meyer e da teoria de "status" e "papel" (*role*) sociais de George Mead.

ANÁLISE DIDÁTICA — Análise realizada com o intuito de treinar e educar um analista para o desempenho técnica e eticamente adequado do trabalho psicanalítico. É antecedida ou acompanhada de instruções fornecidas pelo *didata* e, de modo geral, é de menor duração do que a análise usual.

ANÁLISE FATORIAL — Processo estatístico para análise de um grupo de variáveis correlacionadas entre si, de modo que se explique suas correlações pela influência do menor número de fatores. Toma-se como ponto de partida uma matriz de correlações que contenha todas as intercorrelações dos testes em estudo e a análise fatorial é realizada para determinar: (a) *o menor número de fatores* necessários para a explicação da variância comum dos testes; (b) *a correlação* entre cada um desses fatores e cada um dos testes; e, por conseqüência, (c) *a proporção da variância total* em cada um dos testes, determinada por cada um dos fatores. Há vários métodos de análise fatorial, entre os quais se salientam: (1) a *análise multifatorial*, de Thurstone; (2) o *método dos componentes principais*, de Hotelling; (3) o *método bifatorial*, de Holtzinger.

R. B. Cattell distinguiu *seis modalidades técnicas* de análise fatorial: (a) quando se tem resultados de uma série de provas realizadas por uma série de indivíduos, pode-se partir das correlações entre pares de provas (método clássico — *técnica R*) ou das correlações entre pares de indivíduos (*técnica Q*); (b) quando se tem repetições de séries de provas de um indivíduo, pode-se partir das correlações entre pares de provas (*técnica P*) ou das correlações entre pares de repetição (*técnica O*); (c) quando se tem repetições de uma prova, numa série de indivíduos, pode-se partir das correlações entre pares de indivíduos (*técnica S*) ou das correlações entre pares de repetições da prova (*técnica T*). A análise fatorial é de especial importância para a validade do construto, uma vez que permite a identificação de fatores utilizados na descrição da composição fatorial de um teste. Assim, cada teste pode ser caracterizado através dos fatores básicos que determinam os seus resultados, juntamente com a carga de cada fator.

ANÁLISE FRACIONADA — Técnica utilizada por Franz Alexander como um de seus métodos de psicoterapia. Na análise fracionada, o tratamento é suspenso por intervalos calculados, enquanto o paciente elabora os *insights* já obtidos e prepara-se para conseguir outros.

ANÁLISE INFANTIL — Método de diagnóstico e terapia infantil que combina os princípios da Psicanálise freudiana e as técnicas projetivas consagradas nos testes de Rorschach e de Murray (T.A.T.). A esse método deu Melanie Klein (*Psicanálise da Criança*, 1932) o nome de *play-technique*, ou técnica de brinquedo, ou ainda ludoterapia, depois desenvolvida por outros psicanalistas da Escola de Londres: Paula Heimann, Susan Isaacs, D. W. Winnicott, Money-Kyrle, e adotada no todo ou em parte por analistas de outras correntes: Anna Freud, F. Goodenough, A. Gesell. Alguns dos testes empregados na técnica de brinquedo podem ser descritos como prolongamento das técnicas projetivas de psicodiagnóstico mas, em vez de registrarem apenas o comportamento superficial da criança, dirigem a atenção para os motivos subjacentes ao comportamento. Por que a criança prefere brincar com brinquedos velhos e quebrados, em vez de novos e inteiros? Por que a criança coloca uma boneca em seu fogão de brinquedo para "fazer-lhe mal"? Por que a criança constrói ansiosamente uma cerca sem porta em redor de uma "casa"? Não se trata de obter respostas fixas ou *corretas* do tipo requerido na maioria dos outros testes, que procuram medir traços específicos da personalidade. A técnica de brinquedo é organizada de modo que a criança consinta em brincar num quarto que está equipado, habitualmente, com brinquedos padronizados. Não sendo a comunicação verbal um meio adequado (entre as crianças de mais tenra idade) para dar expressão às associações, exploram-se dessa maneira as atividades lúdicas, os jogos e representações infantis, mediante uma *passagem ao ato* (*acting out*), os comentários ocasionais sobre o que a criança faz ou sente na presença do analista. Essencialmente, portanto, a análise infantil funda-se no princípio da *catarse*, uma vez que tenta explorar o mundo de sentimentos e impulsos inconscientes (os "fantasmas" infantis) como origem efetiva de todas as ações e reações observadas nos pequenos pacientes.

ANÁLISE HIERÁRQUICA — Método de análise de escala elaborada por Guttman (1941) para aplicação às escalas constituídas por variáveis qualitativas (como escalas de atitude), cuja reprodutibilidade deve ser garantida. Entende-se por *reprodutibilidade* a qualidade de um item de escala ou teste, resultante do fato de serem os indivíduos que obtêm escores mais elevados no teste aqueles que também acertam o determinado item.

ANÁLISE LAICA — Prática da Psicanálise por pessoas sem formação médica. A expressão é enganadora, visto que o "analista laico" possui, freqüentemente, vasta experiência profissional. O próprio Freud deixou claro que não aceitava a limitação da Psicanálise à profissão médica como atitude desejável. Afirmou que grande parte do treino de um médico não tem qualquer influência para a compreensão da "personalidade" como tal e, de fato, esse treino pode criar um tendenciosismo materialista que impeça a apreciação dos elementos psicológicos (cf. Harry Guntrip, *A Cura da Mente Enferma*, 1967). Dentro do movimento psicanalítico, muitos dos seus colaboradores mais importantes não eram ou não são médicos, como no caso de Anna Freud, Melanie Klein, Ernst Kris, Erik Erikson e outros.

ANÁLISE NEOFREUDIANA — Ver: ANÁLISE CULTURALISTA.

ANÁLISE DAS QUESTÕES — Processo estatístico que permite avaliar as questões de um teste, incluindo a determinação do grau de dificuldade de cada questão, poder discriminante, validade e poder de atração das alternativas. Esta análise é realizada na forma experimental de um teste, com o objetivo de selecionar os itens componentes da forma final desse teste.

ANÁLISE REDUTIVA — Técnica de interpretação do comportamento proposta por C. G. Jung, não em termos de sua função como *símbolo* para o indivíduo, mas como *sinal* de um processo inconsciente. A interpretação é redutiva quando um gesto imperceptível do paciente é considerado sinal de tensão ou conflito inconsciente; é simbólica quando esse mesmo gesto é considerado como o símbolo de um esforço para evitar que o conflito se manifeste no comportamento ostensivo.

ANÁLISE DE VARIÂNCIA — Técnica estatística que pretende determinar as partes da variância de um fenômeno que possam ser atribuídas à influência de outros fatores, além do resíduo não analisável. A primeira noção de análise de variância deve-se a Lexis, 1879, mas o seu desenvolvimento coube principalmente a R. A. Fisher.

ANÁLISE VETORIAL — Termo de Alexander para designar o processo de determinação do nível de participação das tendências básicas do organismo — recepção, retenção e eliminação — na origem e desenvolvimento da neurose.

ANALÍTICA, PSICOLOGIA — Ver: PSICOLOGIA ANALÍTICA.

ANALÍTICA, SITUAÇÃO — Sessão psicanalítica e o rumo que lhe é dado para determinar o comportamento do analisando. A parte mais importante da situação é a atitude do cliente em relação ao analista.

ANAL-SADÍSTICO, ESTÁGIO — Expressão psicanalítica para designar o período do desenvolvimento pré-genital que é dominado pelo *erotismo anal* e pelo *sadismo*. Expressão também usada: *estágio sado-anal*.

ANCORAGEM — Nome dado a um padrão de referência para a formulação de um juízo, padrão esse que não precisa ser explicitamente adotado nem conscientemente reconhecido. Tem as seguintes conotações: (1) na Psicologia Sensorial, é o processo pelo qual uma reação perceptiva é determinada não só pelas propriedades do objeto estimulante, mas também pelo *quadro de referência* fornecido pelo observador (ancoragem perceptiva); (2) na Psicologia Personalista, é o processo pelo qual uma pessoa encontra segurança e satisfação nas relações com pessoas, grupos de pessoas ou mesmo coisas com quem se identifica (ancoragem do ego); (3) na Psicologia Social, é o processo pelo qual os juízos e atitudes de uma pessoa em relação a outras pessoas ou coisas não são determinados diretamente pela sua própria apreciação dos fatos, mas pelo que interpreta como juízos e atitudes de um *grupo de referência*.

ANDRÓGINO — Indivíduo do sexo masculino que apresenta muitas das características estruturais (ou, por extensão, comportamentais) do sexo feminino. Empregado muitas vezes como sinônimo de *hermafrodita*, o que não é estritamente correto. Quanto ao comportamento, *efeminado* é o termo mais adequado.

ANESTESIA — Ausência de sensibilidade a estímulos, quer pelo efeito de uma droga, quer por lesões nervosas ou perturbações funcionais. A perda pode ser local ou geral.

ANFETAMINAS — Grupo de drogas que excitam o sistema nervoso central, valiosas no tratamento da hipercinesia, mas abusivamente usada por pessoas que procuram combater a fadiga.

ANFIMIXIA — Conjugação do erotismo genital e anal, descrita por Sandor Ferenczi (*Thalassa — Psicanálise das Origens da Vida Sexual*), o qual considera ser a "cooperação eficaz das inervações anal e uretral indispensável à instalação de um processo de ejaculação normal" ou potência completa. É um dos elementos da hipótese psicanalítica da influência das fases pré-genitais do desenvolvimento sexual sobre a fase de genitalidade adulta.

ANGER-BARGMANN, TESTE DE — Teste verbal de desenvolvimento cognitivo planejado pelos psicólogos H. Anger e R. Bargmann e empregado nas escolas alemãs.

ANGIONEURÓTICO, EDEMA — Também conhecido por Edema de Quincke. Intumescência da pele e/ou das membranas mucosas, que ocorre freqüentemente sob condições neuróticas.

ANGULAR, PERSPECTIVA — Relação entre os ângulos formados por linhas no campo de visão e ângulos formados pelas imagens das linhas na retina.

ANGÚSTIA — De modo geral, pode considerar-se termo sinônimo de *ansiedade*. Contudo, alguns intérpretes da terminologia psicanalítica têm querido encontrar certas tonalidades na definição do termo originalmente introduzido por Freud (*Angst*, que em alemão tanto significa ânsia como angústia), em seus estudos sobre a neurose. Segundo eles, angústia seria apenas manifestação superlativa da ansiedade, tal como, no campo da realidade objetiva, pavor é superlativo de medo.

ANILINGUS — Parafilia em que se pratica um acercamento oral do ânus do parceiro sexual.

ANIMA — Literalmente, a alma. Contudo, a psicologia estabeleceu uma distinção entre alma e *anima*, definindo esta como a *imagem anímica*; por outras palavras, *anima* é a imagem da alma. Coube a Jung usar o termo, pela primeira vez, num contexto psicológico, para designar "a parte da psique que está em comunicação com o *inconsciente*". A escola junguiana também interpreta *anima* como o componente feminino da imagem da alma, em contraste com o componente masculino, *animus*, afirmando que tanto o homem como a mulher possuem ambos os componentes. (Ver: ANIMUS)

ANIMAL — Organismo vivo, tipicamente capaz de locomoção e incapaz de fotossíntese. Em Psicologia, animal significa, freqüentemente, o *sujeito* de uma experiência, seja humano ou subumano.

ANÍMICA, IMAGEM — Segundo Jung, é a parte mais profunda do inconsciente, formada pelos componentes masculino (*animus*) e feminino (*anima*).

ANIMISMO — Crença implícita em que todos os objetos — ou certas categorias de objetos — têm alma ou são alojamento de espíritos, exercendo influência real ou causal na atividade da criatura viva.

ANIMUS — Disposição ou tendência animadora. Sentimento de hostilidade ativa: *animosidade*. No sentido junguiano, componente masculino da imagem da alma. (Ver: ANIMA)

ANIQUILAÇÃO, ANGÚSTIA DE — O conceito de angústia de aniquilação descrita por Freud em *Inibições, Sintomas e Ansiedade*, envolve uma experiência de impotência absoluta em face de um perigo essencial para a sobrevivência física ou da ameaça de uma catástrofe iminente, contra a qual o indivíduo se sente incapaz de iniciar qualquer reação protetora ou construtiva. Quando adquire dimensões patológicas, a angústia de aniquilação é fruto de um traumatismo psíquico ao qual não é estranha a perda de objeto ou a fraqueza do Ego.

ANISOTROPISMO — Termo da Psicologia Sensorial referente à mudança aparente de dimensão de uma linha, quando se faz girar da posição vertical para a horizontal, ou a qualquer outro fenômeno semelhante que decorra da mudança de orientação espacial de um objeto.

ANOREXIA NERVOSA — Síndroma psicogênica que afeta mais freqüentemente as adolescentes e que se caracteriza pela perda de apetite alimentar, deliberada limitação da quantidade de alimento consumido, perda de peso e (quando apropriado) amenorréia. Fatal em dez por cento dos casos, é acompanhada de acentuadas anormalidades na estrutura do caráter e nas relações interpessoais.

ANORMALIDADE — Desvio mais ou menos extremo e prejudicial das condições *normais* de equilíbrio, integração e ajustamento, tendo por causa direta ou indireta fatores patológicos ou mórbidos. O estudo das anormalidades mentais constitui o domínio da Psicopatologia.

ANSIEDADE — Estado emocional desagradável e apreensivo, suscitado pela suspeita ou previsão de um perigo para a integridade da pessoa. No caso de perigos reais, dá-se à ansiedade o nome de *ansiedade realista*. Quando os perigos são desconhecidos (sem acesso à consciência), estamos diante da *ansiedade neurótica*. Freud (em *Inhibitions, Symptoms* & *Anxiety*) fez uma descrição genética da ansiedade neurótica, atribuindo a cada fase da vida do indivíduo uma determinante própria do estado ansioso. (1) O medo de nascimento. (2) O medo de separação da mãe (formação da histeria). (3) O medo de castração (formação das fobias). (4) O medo do superego (formação das neuroses obsessivas). (5) O medo da morte. Em *Neurosis* & *Psychosis*, Freud distinguia: (1) as *neuroses de transferência*, correspondentes a um conflito entre o ego e o id; (2) as *neuroses narcisistas*, resultantes de um conflito entre o ego e o superego; e (3) as *psicoses*, fruto do conflito entre o ego e o mundo externo. Vê-se, por conseguinte, que a *ansiedade do ego* está presente em todos os conflitos neuróticos e é a raiz de todos os mecanismos de defesa. As manifestações de ansiedade podem ser de ordem física (descargas automáticas: suores, taquicardia, etc.) ou de ordem subjetiva (sentimentos de apreensão nem sempre suscetíveis de descrição cabal).

ANSIEDADE BÁSICA — Definida por Karen Horney como o sentimento de solidão, impotência e contra-hostilidade, proveniente da infância, em face do meio circundante, considerado hostil.

ANSIEDADE FLUTUANTE — Estado crônico de ansiedade que se prende a toda e qualquer situação ou atividade do indivíduo. Este, incapaz de realizar uma avaliação objetiva dos motivos dessa ansiedade, vive dominado pelo medo racionalmente infundado de que algo desagradável ou funesto lhe ocorra.

ANSIEDADE HISTÉRICA — Síndroma psíquica caracterizada por ansiedade manifesta e *conversão* somática.

ANSIEDADE MANIFESTA — Segundo Freud, ansiedade consciente que é sintomática da *repressão* (Ver: ANSIEDADE PRIMORDIAL)

ANSIEDADE PRIMORDIAL — Definida por Freud como a ansiedade criada no bebê quando é separado de sua mãe ao nascer. Posteriormente, Freud considerou esse evento primordial a *causa da repressão* e a *ansiedade manifesta* o resultado.

ANSIEDADE, REAÇÕES DE — Segundo Norman Cameron (*Personality Development* & *Psychopathology*, Nova York, 1963), as reações de ansiedade variam em três níveis distintos de *intensidade* claramente definidos. São eles: (1) a *reação de ansiedade crônica,* na qual ocorre uma descarga difusa e generalizada de tensão mais ou menos contínua durante um longo período de tempo; embora as *manifestações* de ansiedade sejam sempre evidentes, suas *fontes* permanecem usualmente reprimidas; (2) o *ataque de ansiedade* é um episódio agudo de descarga de tensão, no qual o maior ônus recai nos órgãos internos, envolvendo sobretudo os sistemas cardiovasculares, respiratórios e gastrintestinais; (3) a *reação de pânico* é um ataque de ansiedade extremamente severo. Constitui usualmente o resultado final de uma tensão cumulativa e insuportável. As reações de pânico podem redundar numa erupção maciça de material inconsciente, à desintegração do ego e a um episódio psicótico.

ANSIEDADE, RESOLUÇÃO DE — Processo psicanalítico através do qual as raízes inconscientes da ansiedade do ego são postas a descoberto e controladas pelo sujeito. Distingue-se da *descarga de ansiedade*, que reduz meramente a tensão, mas deixa intactas as causas da ansiedade.

ANTECEDENTES DA REAÇÃO, ANÁLISE DOS — Análise de um curto período de atividade orgânica que consiste na seqüência: condições antecedentes suscetíveis de manipulação — variáveis hipotéticas intervenientes — reação. Quase todas as teorias comportamentalistas se baseiam neste padrão.

ANTÍTESE — Oposição ativa. Na interpretação dos sonhos pela Psicanálise, consideram-se *antitéticas* as forças contrastantes.

ANTROPOLOGIA — Ramo da ciência que estuda o homem e que tem por método básico a comparação das principais divisões humanas, incluindo as características somáticas, os hábitos sociais, a língua, as tradições e a pré-história. Utiliza amplamente os conceitos da anatomia humana, da Psicologia e da Sociologia. Suas principais divisões são a *antropologia física* (ou somatologia) e a *antropologia cultural* (ou social).

ANTROPOMORFISMO — Atribuição de características humanas a deuses, animais ou objetos inanimados.

ANULAÇÃO — Mecanismo de defesa infantil (também observado nas neuroses) por meio do qual o desempenho de certa atividade tem como intuito "desfazer" ou anular uma atividade anterior, como se esta nunca tivesse acontecido. Supõe-se que a criança atua na convicção de que uma má ação pode ser *substituída* por uma boa, tal como um objeto defeituoso pode ser substituído por um em perfeitas condições. Se uma série de ações fez mal a um irmão e provocou uma reprimenda da mãe, o dano pode ser anulado pela repetição de toda a seqüência até o ponto em que o irmão foi vítima da maldade, mas, nesse ponto, a ação muda de rumo para que seja aceitável, louvável, e assim substitua a anterior. Este mecanismo está igualmente subentendido nas atividades ritualistas da reação obsessivo-compulsiva. Os rituais são, com freqüência, simbolizações do processo de repetição.

ANULAÇÃO RETROATIVA — A anulação é um dos mecanismos característicos da neurose obsessiva. Trata-se de um procedimento que, segundo Freud, tende a desfazer o que foi feito. Uma ação é anulada por uma segunda ação, como se nenhuma das duas tivesse acontecido quando, na realidade, ambas ocorreram. Em "O Homem dos Ratos", por exemplo, Freud descreve atos compulsivos em dois tempos, em que um primeiro tempo é anulado pelo segundo. O pensamento do neurótico obsessivo atribui motivos secundários a essas compulsões, racionalizando-os. Ocorre, na verdade, uma oposição entre amor e ódio.

APATIA — Ausência de sentimento, indiferença. Pode ser, com freqüência, sintoma de condição patológica.

APEGO — O psiquiatra e psicanalista inglês John Bowlby propôs em 1969 a noção de comportamento de apego e sublinhou sua importância para o desenvolvimento normal da criança. Em sua teoria, o apego constitui um sistema comportamental de controle, com base biológica, por meio do qual a criança utiliza a figura a que se apega como "base segura" para explorar seu meio circundante. A forma de apego adotada pela criança baseia-se em suas experiências de interação com a mãe e outras figuras familiares. Essas experiências são suscetíveis de gerar sentimentos de segurança e estabilidade que se organizam a partir do primeiro ano de vida sob a forma de um "modelo interno de trabalho" que dará lugar às formas estáveis de reação em face da novidade e da aflição. Bibliografia principal. John Bowlby, "Apego: A natureza do vínculo", Volume 1 da trilogia *Apego e Perda*. Martins Fontes, 1990.

APERCEPÇÃO — Processo mental em que o conhecimento que está sendo adquirido se relaciona com o conhecimento previamente obtido. No conceito original de Leibniz, aperceber é *perceber claramente*, através de um reconhecimento ou identificação do material percebido com o preexistente. Em termos psicológicos, C. G. Jung definiria a apercepção como "um processo psíquico em virtude do qual um novo conteúdo é articulado de tal modo a conteúdos semelhantes já dados, que se pode considerar imediatamente claro e compreendido". Distinguem-se dois tipos de apercepção: *ativa*, aquela em que o sujeito apreende conscientemente, por iniciativa própria e através da atenção, um novo conteúdo e o assimila a outros já mentalmente dispostos, e *passiva*, aquela em que o novo conteúdo impõe seu acesso à consciência, quer vindo de fora, através dos sentidos, quer vindo do inconsciente. No domínio da Psicologia Clínica, a apresentação de um tema leva o sujeito a aperceber nele necessidades e motivos que existiam no seu inconsciente e que projeta no tema, assim facilitando o diagnóstico de seus desajustamentos. (Ver: APERCEPÇÃO TEMÁTICA, TESTE DE)

APERCEPÇÃO MECÂNICA, TEORIA DA — Concepção psicológica dinâmico-intelectualista enunciada pelo psicólogo e pedagogo alemão Johann Friedrich Herbart (*Die Psychologie als Wissenschaft*, 1824–1825), discípulo de Fichte, e que exerceria influência nas futuras concepções de Fechner e de Freud sobre a Psicologia da Educação e do comportamento infantil. Entre outros postulados, Herbart salientava o caráter concorrente (ou antagônico) da atividade mental, das idéias, e a necessidade de correlacionar as novas idéias gradualmente adquiridas com o acervo anteriormente formado de idéias, a que deu o nome de *massa aperceptiva*.

APERCEPÇÃO TEMÁTICA, TESTE DE — Ver: TESTE DE APERCEPÇÃO TEMÁTICA.

APRENDIZAGEM — Processo de transformação relativamente permanente do comportamento, em resultado do desempenho prático ou experiência de certas tarefas específicas.

APRENDIZAGEM COGNITIVA, TEORIA DE — Uma interpretação dos fatos da aprendizagem que, mais livremente do que outras teorias, postula os processos cerebrais como variáveis intervenientes, uma estrutura cognitiva para *o que é aprendido* e a aprendizagem como resultado de uma reestruturação do modo individual de *perceber*. Opõe-se, portanto, às teorias de estímulo-resposta que enfatizam as respostas reforçadas e evitam o uso de construtos cognitivos centrais como conceitos explicativos. São exemplos de teoria cognitiva o *Behaviorismo Intencional*, de Tolman, e a *Teoria do Desenvolvimento Cognitivo*, de Piaget, em contraste com o *Condicionamento Contínuo*, de Guthrie.

APRENDIZAGEM, CURVA DE — Representação gráfica do curso de aprendizagem com a prática. As curvas de aprendizagem podem ser plotadas com ganhos ou erros no eixo vertical e ensaios no eixo horizontal. As curvas podem ser individuais ou grupais, podem representar cada ensaio plotado separadamente e podem se basear em sucessivas frações da aprendizagem total (*curva de Vincent*).

APRENDIZAGEM DE PARES ASSOCIADOS — Tarefa de aprendizagem verbal desenvolvida por Ebbinghaus. Consiste na memorização de pares de palavras ou sílabas sem sentido, em que a primeira sílaba serve como estímulo para a resposta da outra sílaba do par.

APRENDIZAGEM DIDÁTICA — Um método de instrução em que o professor explica um conceito e depois cita exemplos. Sin.: Aprendizagem por exposição.

APRENDIZAGEM DUAL, LEI DA — Modelo teórico proposto por O. Hobart Mowrer que sintetiza os fatos já estabelecidos na aprendizagem animal com os dos processos mentais superiores, envolvendo os simbólicos. A aquisição de atitudes, significados, etc., far-se-ia através da contigüidade dos estímulos (condicionamento), ao passo que a aprendizagem instrumental manifesta (aprendizagem de soluções) ocorre mediante um reforço ("lei do efeito"). Mowrer propôs duas espécies diferentes de reforço para duas espécies de aprendizagem: uma condicionada por estímulos do sistema nervoso autônomo, outra por condições de recompensa do sistema nervoso central. Na década de 1960, a teoria seria revista, aceitando Mowrer como único processo básico de aprendizagem o condicionamento de sinais.

APRENDIZAGEM INTENCIONAL, TEORIA DA — Modelo teórico desenvolvido pelo neobehaviorista Edward Tolman, baseado no princípio da motivação propositada (intencionalidade) da aprendizagem. A sua teoria revestiu-se de um caráter intersistemas, na medida em que foi influenciada pelos princípios gestaltistas, por certos conceitos psicanalíticos, pelo instintivismo de McDougall, pelo conceito de processo mediatório de Woodworth e pelo "desempenho intencional" de Münsterberg. Para Tolman, a aprendizagem é "um esforço para atingir um objetivo", mas o que se aprende não é uma série de movimentos, os quais, em sucessivas circunstâncias, nunca podem ser idênticos ou como tal pressupostos; o que se aprende é uma série de sinais ou expectativas (*signgestalt-expectations*), em que o indivíduo percebe a natureza da situação e reage de acordo ou em função dessas percepções. A teoria da aprendizagem de Tolman é *molar*, isto é, os seus conceitos são mais amplos do que os das teorias de estímulo-resposta, que se ocupam de unidades menores (*moleculares*) do comportamento. (Ver: BEHAVIORISMO INTENCIONAL)

APRENDIZAGEM, LEIS DA — Várias generalizações ou princípios que procuram formular as condições em que a aprendizagem ocorre, salientando a existência de relações ou conexões empiricamente estabelecidas entre certas condições antecedentes e as transformações no desempenho de uma tarefa. Os psicólogos interessados na investigação da aprendizagem recorreram a diferentes procedimentos, entre os quais se destacam o condicionamento (*clássico* e *operante*), a *memorização*, a *introvisão* e o *hábito*. Ver os respectivos verbetes, assim como os relativos às seguintes teorias de aprendizagem: (a) *Aprendizagem por ensaio-e-erro*, de Thorndike; (b) *Teoria dos Fatores de Aprendizagem*, de McDougall; (c) *Teoria do Condicionamento Operante*, de Skinner; (d) *Teoria do Condicionamento Contíguo*, de Guthrie; (e) *Teoria Matemático-Dedutiva*, de Hull; (f) *Teoria da Aprendizagem Intencional* de Tolman; (g) *Lei da Aprendizagem Dual*, de Mowrer; (h) *Teoria da Aprendizagem Cognitiva*, de Piaget; (i) *Teoria da Atitude de Aprendizagem*, de Harlow.

APRENDIZAGEM, PATAMAR DE — Período em que se registra uma pausa nos progressos iniciais; a esse patamar, em que a aquisição de novos conhecimentos parece estar em ponto morto, segue-se um novo período de progresso.

APRENDIZAGEM POR DESCOBERTA — Um método de instrução em que o professor apresenta exemplos de um conceito e deixa o estudante descobrir por si mesmo o conceito.

APRENDIZAGEM POR OBSERVAÇÃO — Um tipo de aprendizagem em que o comportamento de um outro organismo é observado e imitado. Sin.: Aprendizagem por imitação.

APRENDIZAGEM POR UM ENSAIO — Princípio enunciado por Guthrie, segundo o qual as associações E-R, base da aprendizagem, são estabelecidas mediante a contigüidade *per se*, num único emparelhamento de estímulo e resposta. "Um padrão de estímulos atinge toda a sua força associativa por ocasião do seu primeiro emparelhamento com uma resposta." (Guthrie, *The Psychology of Learning*, 1935.)

APRENDIZAGEM, TEORIA DA ATITUDE DE — Modelo teórico proposto por Harry F. Harlow, a que deu o nome de *learning set theory*, segundo o qual o que um indivíduo tem de aprender é um princípio de relação e não uma série de estímulos e respostas. O meio ambiente adquire o *status* de força motivadora primária do comportamento e o impulso de curiosidade exploratória é mais forte do que qualquer impulso biológico. Assim, a aprendizagem é o resultado de uma disposição ativa para resolver problemas, não de uma aquisição passiva de aptidões práticas.

APRENDIZAGEM, TEORIA DOS FATORES DE — Hipótese formulada por W. McDougall (*Fundamentos de uma Psicologia Dinâmica*, 1947), de que operam dois fatores em todo o processo de aprendizagem: (1) um fator mecânico, exemplificado no condicionamento ou "aprendizagem de cor", (*rote learning*); (2) um fator de aprendizagem de novos significados ou relações.

APRENDIZAGEM, TEORIA MATEMÁTICO-DEDUTIVA DE — O tratamento sistemático da aprendizagem baseado na teoria do condicionamento clássico e enunciado na forma de postulados e corolários hipotético-dedutivos. O seu proponente foi o psicólogo americano Clark L. Hull. A lei fundamental de aquisição pressupõe que a força do hábito é gradualmente acumulada em incrementos de hábito produzidos pelo reforço contíguo de unidades E-R. A força do hábito é convertida em desempenho por impulsos. Na ausência de impulso, o desempenho cairá para zero, visto que o impulso e a força do hábito estão mutuamente relacionados numa função multiplicativa. Como ocorre em todas as teorias que se baseiam nos princípios de condicionamento, a de Hull também recorre à extinção e à inibição para justificar a redução de resposta. A extinção é provocada pela repetição não-reforçada de respostas. Os próprios estímulos intimamente relacionados com uma resposta que está em curso de extinção tornam-se capazes de inibir essa resposta. Presume-se que o esquecimento de material verbal é uma função de deterioração com o correr do tempo. Para medir o curso de aprendizagem, Hull oferece numerosas possibilidades: (1) a *latência da resposta* ou a rapidez com que uma resposta aparece após a apresentação do estímulo; (2) a *probabilidade* da resposta; (3) o número de repetições necessário para provocar a *extinção*. Nos primeiros enunciados da sua teoria, Hull enfatizou o impulso e o reforço primário. Em subseqüentes revisões, deu maior destaque à *redução do impulso* e ao *reforço secundário*. A teoria também foi ampliada para explicar a aprendizagem discriminatória e o comportamento de resolução de problemas. Entre as várias teorias de condicionamento, a de Clark Hull provou ser uma das mais incentivadoras de pesquisas, sobretudo no campo da investigação do papel do reforço para o estabelecimento de respostas condicionadas. Também se reconhece que Hull foi um dos primeiros teóricos a tentar uma teoria de aprendizagem altamente quantificada.

APRESENTAÇÃO — Qualquer forma de colocar algo diante de uma pessoa para que esta o entenda (por exemplo: a apresentação de uma teoria). Em Psicologia, é o ato de colocar um estímulo em relação efetiva com o sujeito, numa experiência psicológica, ou o método de expor o objeto-estímulo de modo tal que o sujeito o sinta, perceba ou de algum outro modo reaja psicologicamente. Em Psicanálise, é o modo como um impulso instintivo se expressa, portanto, é o instinto *mais* um veículo de expressão. Por exemplo: uma pessoa tem medo de instrumentos cortantes. O instrumento ou veículo de apresentação pode ser uma faca ou uma tesoura, através da qual o instinto se manifesta; e, de modo geral, o instinto nada tem que ver com o perigo real do instrumento, nem a pessoa se cortou com esses ou outros instrumentos semelhantes.

APTIDÃO — Condição ou conjunto de características consideradas sintomáticas da habilidade com que um indivíduo pode adquirir (mediante treinamento) conhecimentos, dotes, destrezas; conjunto de reações usualmente especificadas, como a habilidade de falar um idioma estrangeiro, de compor música (Bingham).

APTIDÃO DIFERENCIAL, TESTE DE (DAT) — Bateria de aptidão criada, sobretudo, para emprego em aconselhamento educacional e vocacional de estudantes. Os testes incluídos são: Raciocínio Verbal, Habilidade Numérica, Raciocínio Abstrato, Relações Espaciais, Raciocínio Mecânico, Rapidez e Exatidão, Utilização da Linguagem (Ortografia — Sentença). A padronização das oito provas foi realizada com um único agrupamento, comum a todos os testes, e a amplitude dos níveis é a mesma para todas as partes da bateria. Os resultados são descritos em tabelas de percentis.

APTIDÃO MENTAL (E SUBCULTURAL) — Relação estabelecida experimentalmente por Lesser a partir de (1) a subcultura de *classe social* influencia o nível absoluto de aptidões mentais nas crianças e (2) a subcultura *étnica* determina o nível *relativo* de desenvolvimento dessas aptidões (G. S. Lesser, *Mental Abilities of Children*, 1965).

APTIDÃO MOTORA — Capacidade para o desempenho proficiente (pontual, sem esforço, preciso) de alguns padrões de movimento: andar, falar, dirigir automóvel, jogar tênis, esculpir pedras, etc.

APTIDÕES MENTAIS PRIMÁRIAS, TEORIA DAS — Formulada por Louis Thurstone (1887–1955), baseia-se nas suas descobertas das inter-relações entre testes de aptidões, utilizando a técnica de análise fatorial múltipla. Thurstone apurou que todos os testes se correlacionavam positivamente, indicando que devia existir um fator ou fatores comuns entre eles. (*Ver abaixo.*) As conclusões de Thurstone estão em oposição às aceitas por aqueles que, como Binet, concebiam a inteligência como uma aptidão unitária e a mediam por meio de um teste que produz um único escore ou Q.I. J.P. Guilford, ao criticar o método, concluiu pela existência de, pelo menos, 120 fatores de aptidão "testáveis" e que diferenciou de três maneiras: Pelo *conteúdo* do teste, pelo *produto* ou forma de resposta do sujeito e pela *operação* ou tipo de processo mental que deve ser aplicado à tarefa proposta.

APTIDÕES MENTAIS PRIMÁRIAS, TESTE DE — Bateria de aptidão múltipla resultante da pesquisa pioneira de Thurstone sobre a identificação dos fatores grupais que foram denominados "capacidades mentais primárias". Os testes com maiores validades fatoriais foram reunidos numa bateria para medir os seguintes fatores: compreensão verbal, fluência verbal, numérico, espacial, memória, rapidez perceptual e indução. Entre as principais fraquezas deste teste enumeram-se: inadequação dos dados normativos, poucos dados de validade, processos inadequados para o cálculo de precisão e para os testes de rapidez, etc. Em sua forma atual, o principal objetivo é exemplificar a natureza dos fatores identificados na pesquisa original.

AQUISIÇÃO — Em Psicologia, é termo que equivale a *aprendizagem* ou a *maturação* — ou a ambas. Implica a adição de novas idéias e informações, de novos modos de responder ou a alteração dos modos anteriores.

ARCAICO — Pertencente às formas psíquicas primitivas.

ARCAÍSMO — Classificação dada por Jung ao caráter *antiqüíssimo* dos conteúdos e funções psíquicos. Não se trata, porém, de conteúdos *arcaizantes*, isto é, de imitação do antigo "como se observa, por exemplo, nas esculturas romanas do Baixo Império ou no pseudogótico do século XIX", mas de qualidades que se revestem do caráter de *resíduos*. Aqui se incluem todos os traços psicológicos que, no essencial, coincidem com as qualidades da mentalidade primitiva. *Arcaicas* são as associações analógicas da fantasia inconsciente, assim como os seus símbolos; as relações de identidade com o objeto, ou *participation mystique*; o concretismo do pensar e do sentir; o impulso ou incapacidade de domínio próprio (deixar-se arrebatar); a fusão das funções psicológicas (em vez da sua diferenciação), como, por exemplo, do pensar e sentir, do sentir e perceber, bem como a fusão das partes de uma função (*audition colorée*) e a ambivalência tal como foi definida por Bleuler, isto é, a fusão com o contrário.

ARQUÉTIPO — Ver: IMAGEM PRIMORDIAL.

ASSIMILAÇÃO — Um dos fatores predominantes nos processos de *aprendizagem* e de *desenvolvimento cognitivo*. Consiste na incorporação de novos conteúdos e situações aos que já são conhecidos do indivíduo e no ajustamento deste à nova organização cognitiva, de modo que continue comportando-se como em situações passadas. Na Psicologia Sensorial chama-se assimilação à acumulação anabólica de materiais retinianos, após a estimulação de substâncias azuis, vermelhas ou verdes (*Hering*). Para Wulf, a assimilação é uma das três leis da memória, sendo as outras duas o nivelamento e o aguçamento. Na Psicologia Analítica, assimilação é "o processo de alteração do objeto ou situação, para que se ajuste às necessidades do Eu" (Jung). E, para Thorndike, é a utilização pelo indivíduo de uma resposta aprendida numa nova situação, quando a velha e a nova têm elementos em comum. Na falta de conexões com a antiga situação atuam as conexões adquiridas em situações análogas.

ASSIMILAÇÃO CULTURAL — Processo pelo qual pessoas e grupos adquirem as características sociopsicológicas de outras pessoas ou grupos, incorporando-as a uma vida cultural comum. Sin.: Assimilação Social.

ASSOCIAÇÃO — Princípio psicológico segundo o qual as idéias, sentimentos, ações e palavras se apresentam e exprimem em relação funcional com as experiências atuais e passadas do indivíduo. As leis que regem essa relação e os processos segundo os quais ela se estabelece denominam-se *leis de associação*, podendo ser: (1) *Primárias*: contigüidade e semelhança; (2) *Secundárias*: prioridade, recenticidade, freqüência e expressividade.

ASSOCIAÇÃO DE PALAVRAS, TESTE DE — Um dos mais antigos modelos de técnica projetiva de avaliação da personalidade. Dada ao sujeito uma palavra-estímulo, ele terá que dizer o mais rapidamente possível a primeira palavra que lhe vier à mente, em associação com aquela. Respostas demoradas, a natureza do conteúdo e outras características da palavra-resposta indicam a possível existência de perturbações mentais ou emocionais. O teste fundamenta-se na noção de que os distúrbios de pensamento típicos de certos grupos anormais são denunciados no processo de associação.

A essa noção acrescentou Carl Jung a idéia de que o processo associativo pode revelar idéias inconscientes e reprimidas, servindo de método para a descoberta de *complexos inconscientes*. Segundo Jung (*Diagnostische Assoziations Studien*, 1906), a principal característica do modo de reagir dos neuróticos é o número elevado de "reações de complexo", isto é, o paciente "interpreta a palavra-indutora [palavra-estímulo] de acordo com seus próprios complexos", ao passo que o indivíduo normal "reage rapidamente à palavra-indutora com uma palavra indiferente, associada por simples razões de sentido ou de sonoridade". No neurótico, os afetos "à deriva", apoderam-se da palavra-estímulo a fim de transmitir para ela uma parte da energia investida em afetos ávidos de descarga e que se contentam com a associação mais indireta.

Um teste muito divulgado de associação verbal é o Kent-Rosanoff, com emprego de *palavra-estímulo, resposta de controle* (por sujeitos *normais*) e *resposta do sujeito* (por sujeitos mentalmente perturbados).

ASSOCIAÇÃO, COEFICIENTE DE — Um índice da relação entre variáveis descontínuas que só são mensuráveis em categorias tais como aprovado-reprovado, alto-baixo, etc.

ASSOCIAÇÃO POR CONTIGÜIDADE — O princípio segundo o qual se duas experiências ocorrem em tempos muito próximos, a ocorrência subseqüente de uma tende a suscitar a outra. (Ver: CONTIGÜIDADE, LEI DA)

ASSOCIAÇÃO, REFLEXO DE — Designação dada pelo neurologista russo Wladimir Bechterev em seus estudos de reflexologia (inicialmente denominada *Psicologia Objetiva*), ao fenômeno psicofisiológico averiguado e demonstrado experimentalmente por I. P. Pavlov sob o nome de REFLEXO CONDICIONADO. (Ver: CONDICIONADO, REFLEXO)

ASSOCIACIONISMO — Teoria psicológica já enunciada por Aristóteles, quando explicava as complexas experiências mentais como produto de combinações (associações) entre elementos psíquicos mais elementares. A tradição associacionista aristotélico-tomista influiu modernamente nas chamadas escolas empíricas inglesas: Locke e o sensualismo, Berkeley e o idealismo, Hume e o cepticismo, culminando no materialismo utilitarista de Mill e Spencer. As atuais escolas da Psicologia Experimental (materialismo psicofísico, teoria dos complexos, Gestalt, etc.) foram as herdeiras diretas dessa concepção associacionista dos filósofos empíricos.

ASSOCIATIVA, FORÇA — A força de uma conexão estímulo-resposta na aprendizagem verbal é medida pela freqüência com que um dado estímulo evoca a resposta, ou pela sua persistência na memória.

ASSOCIATIVA, MUDANÇA — Princípio enunciado por Thorndike, segundo o qual respostas aprendidas para um conjunto de estímulos podem ser aprendidas para um novo conjunto, desde que se mantenha similar à situação como um todo. Thorndike considerou o condicionamento uma mudança associativa.

ASSOCIATIVO, PENSAMENTO — Pensamento que depende de associações passadas. Uma seqüência de pensamento em que uma idéia leva a uma outra ilustra essa forma de pensar.

ASTASIA — Tremor involuntário ao executar a contração de um músculo ou ao manter posição de imobilidade. A *abasia astásica* designa a incapacidade de sustentar uma posição ou caminhar, nas perturbações histéricas, quando não há paralisia ou distúrbio dos reflexos que justifiquem tal condição.

ASTENIA — Ausência de vigor e energia.

ASTÊNICO, TIPO — Tipo físico humano, de tronco curto e membros longos, que Kretschmer associou às características mentais esquizóides. Em acepção geral, denomina-se astênica a configuração psíquica assinalada por sentimentos ou emoções depressivos. (Ver: PERSONALIDADE, TIPOS DE)

ATAVISMO — Reversão às características de um remoto antepassado.

ATAXIA — Coordenação defeituosa dos movimentos voluntários.

ATENÇÃO — Seleção ativa de determinados estímulos ou aspectos da experiência, com inibição concomitante de todos os outros. Na Psicologia Estruturalista, atenção é o estado vívido e claro de um conteúdo mental. O processo pelo qual esse estado é atingido denomina-se *ato de atenção*.

ATENÇÃO, NÍVEIS DE — Níveis de intensidade ou clareza relativa dos conteúdos mentais. Estão descritos cinco níveis: (1) *Inatenção total* ou *inconsciência* (em acepção inteiramente distinta da psicanalítica); (2) *Subconsciência*, ou atenção não de todo consciente, mas que pode vir a sê-lo; (3) *Atenção marginal*, em que o conteúdo é apreendido, mas apenas em alguns de seus componentes e, portanto, sem clareza total; (4) *Atenção total* e (5) *Atenção focal* ou *apercepção*.

ATENCIDADE — Termo criado por E. B. Titchener (*Attensity*) para designar o atributo de atrair a atenção de que estão dotados, por sua clareza, certos dados sensoriais ou *sensações*.

ATENUAÇÃO — Denomina-se atenuação o enfraquecimento da correlação entre duas variáveis, em virtude dos erros resultantes da inconfiabilidade dos instrumentos com que se efetuaram as medições. É possível introduzir-se uma correção para esses erros, obtendo-se, assim, uma estimativa da relação que se obteria se as medidas fossem completamente confiáveis. O que se busca, então, é uma equação para a correlação entre os escores verdadeiros das variáveis. A equação $rTG = rtg/\sqrt{r_{tt}\, r_{gg}}$ é chamada *correção por atenuação*, onde rTG é o coeficiente estimado para a correlação entre os escores verdadeiros das variáveis t e g e rtg é o coeficiente de correlação obtido.

ATITUDE — Termo que pode ser definido de acordo com vários contextos psicológicos: (1) Predisposição adquirida e relativamente duradoura para responder de um modo coerente a uma dada categoria de objetos, conceitos ou pessoas. Essa predisposição ou tendência inclui componentes manifestos (motores), ideacionais (crenças) e afetivos (emocionais). (2) Estado mental persistente que possibilita ao indivíduo responder prontamente a determinado objeto ou categoria de objetos, não como eles são, mas como o indivíduo pensa que eles são. A atitude não é diretamente observada mas inferida da coerência dessa resposta. (3) Somatório das relações básicas (positivas e negativas) entre o eu e seus objetos: tolerância–preconceito, simpatia–antipatia, receptividade–repulsa, altruísmo–egoísmo. A atitude representa uma fusão de elementos afetivos e comportamentais que não foram adquiridos formal e conscientemente, mas de um modo incidental, do nosso meio social. A maioria das atitudes são absorvidas daqueles que nos cercam, sem que estejamos cônscios desse fato. Numerosos experimentos demonstraram que as atitudes podem ser adquiridas (aprendidas) por meios associativos comuns, sem que o indivíduo se aperceba disso. Uma pessoa nasce numa dada cultura, subcultura, comunidade e família, e adquire inconscientemente as atitudes predominantes desses grupos. As atitudes pertencem a um nível superior de organização da personalidade, em comparação com os mecanismos de defesa mais específicos, embora não constituam ainda um nível de integração tão elevado quanto os ideais e os sistemas de valores.

ATITUDE, ESCALAS DE — Instrumentos construídos com a finalidade de apresentar uma medida quantitativa da posição relativa do indivíduo num contínuo unidimensional de atitude. Entre as mais conhecidas contam-se as seguintes: *Escala do Tipo*, de Thurstone (o sujeito marca todas as afirmações com que concorda e o seu resultado é o valor mediano da escala de afirmações que aceitou. Uma dificuldade inerente ao desenvolvimento desta escala é a possível influência das atitudes dos juízes, em sua classificação das afirmações); *Escalas de Atitudes Likert* (não exige a classificação de itens por um grupo de juízes. Os itens são selecionados a partir de respostas de sujeitos aos quais são aplicados no desenvolvimento do teste. Nesta escala, a resposta é geralmente apresentada através de cinco categorias: acordo total, acordo indeciso, desacordo, desacordo completo. Para a avaliação, as alternativas são numeradas de 1 a 5, da extremidade desfavorável para a favorável, respectivamente, e a soma dos pontos de itens representa o resultado total do indivíduo, que deve ser interpretado em função de normas estabelecidas empiricamente); *Escalas Guttman e Cornell* (em que as afirmações são preparadas de tal forma que a concordância com uma delas implica concordância com todas as outras situadas na escala).

ATIVAÇÃO — Preparar para a ação, tornar uma coisa ativa ou reativa. Especificamente, é a ação de um órgão ou sistema sobre outro, distinguindo-se, portanto, da *estimulação*, que se restringe às influências externas. O nível de ativação de todo o sistema traduz-se pelo grau de *tensão*.

ATIVAÇÃO EMOCIONAL, TEORIA DA — Teoria que define emoção como um dos pólos da seqüência contínua de ativação; quando os vários sistemas do organismo se encontram em intensa interação, temos a emoção; quando a interação é diminuta, temos o sono.

ATIVIDADE — Movimento ou comportamento por parte de um organismo. Qualquer processo psicológico ou fisiológico. O termo "atividade" é freqüentemente limitado, como nas frases *atividade geral, atividade aleatória* e *atividade específica*, por exemplo. Por vezes, o termo não subentende um elevado grau de propósito ou intenção, como em *atividade aleatória*. De um modo mais típico, porém, envolve algum nível de orientação e organização por parte do organismo.

ATIVIDADE, QUOCIENTE DE — Um índice proposto de emocionalidade, utilizando a correlação entre palavras de atividade (primordialmente verbos) e qualificativos (principalmente adjetivos) numa amostra da fala ou escrita do indivíduo.

ATMOSFERA PSÍQUICA — Efeito global de uma situação sobre a motivação ou os sentimentos. É o somatório de todos os estímulos que afetam uma pessoa em seu comportamento psicológico.

ATO — É a unidade psicológica na interação contínua de um organismo vivo com o seu meio ou, por outras palavras, a unidade de atividade psicológica, a concretização do que um indivíduo pensa, sente ou faz. Essa interação pode ser descrita como processo consciente ou como solução do comportamento. Para algumas escolas condutistas (ver: BEHAVIORISMO), o ato é um conjunto de reações cuja unidade se define pelo efeito exercido no mundo externo. Por exemplo: o ato de comer é uma seqüência — mover os maxilares de várias maneiras, salivar e engolir — mas sua unidade reside na ingestão de alimentos (*conceito unitarista do ato*). Outros psicólogos, porém, defendem a *intencionalidade* objetiva do ato (ver: INTENCIONALISMO), numa integração dos fatores considerados inseparáveis da interação da pessoa com o seu meio: *cognição, sentimento* e *conação*. Essa ênfase na unidade e (ou) intencionalidade do ato distingue a Psicologia Intencionalista da Psicologia Involuntarista do estímulo-resposta.

ATO FALHO — Segundo Freud (*Psicopatologia da Vida Cotidiana*), um ato falho é representativo de algum componente inconsciente e deve preencher três condições básicas: situar-se nos limites da normalidade, ou seja, não ter nenhuma característica associada a atos mórbidos; ser uma manifestação temporária, suscetível de rápida correção; não ser reconhecido como tal pelo indivíduo que o comete e que, ao ser-lhe chamada a atenção para ele, atribuirá o ato falho a mera desatenção ou acidente.

Os atos falhos constituem peculiaridades da vida cotidiana. Ferenczi ("Transferência e introjeção" em *Psicanálise I*) diz que "os esquecimentos chamados 'distrações', maneirismos, *lapsus linguae, lapsus calami*, pseudo-reconhecimento visual, colocação errada ou extravio de objetos, etc., só são explicáveis pela hipótese de que, no adulto, em estado vígil, os processos de deslocamento dos afetos mantêm-se em atividade". Sin.: ato sintomático, parapráxis. (Ver: DESLIZES FREUDIANOS)

ATO, PSICOLOGIA DO — Ver: PSICOLOGIA DO ATO.

ATOMISMO — Teoria segundo a qual os fenômenos psicológicos deveriam ser reduzidos pela análise aos seus componentes elementares, que são anteriores ao todo e independentes deste.

ATRIBUTO — Alguns autores empregam o termo para significar as qualidades positivas ou negativas que caracterizam a personalidade. Também é utilizado como sinônimo de "variável". Para os *estruturalistas*, os atributos são as características mais simples, descobertas pela análise da sensação: qualidade, intensidade, duração, extensão, etc. Para os *behavioristas*, atributo é uma dimensão ou propriedade elementar do comportamento sensorial (não dos objetos físicos), definida pela espécie de resposta discriminatória do indivíduo a um estímulo.

AUDIBILIDADE — Propriedade de um som pela qual ele pode ser ouvido sob determinadas condições (som *audível*). Chama-se *limite de audibilidade* o som mínimo que pode ser registrado por um indivíduo, isto é o *limiar absoluto* do som para esse indivíduo.

AUDIBILIDADE, REGISTRO DE — Distância tonal entre a máxima e a mínima freqüência de vibração que pode ser registrada como um som. Para ouvidos normais, pode abranger uma escala de 8 a 10 oitavas ou de 20 a 20.000 ciclos.

AUDIÇÃO — Ver: AUDITIVO, APARELHO.

AUDITIVAS, TEORIAS — Durante muito tempo, foi difícil averiguar o processo pelo qual se realizam as sutis discriminações auditivas e, sobretudo, o verdadeiro funcionamento da cóclea (ver: AUDITIVO, APARELHO). Estabeleceram-se então diversas teorias, divididas em duas classes principais: (1) *Teorias de freqüência*; (2) *Teorias de lugar ou ressonância*. As teorias (1) supunham, em geral, que a membrana basal da cóclea vibrava mais ou menos uniformemente e acompanhava a forma ondulatória do estímulo sonoro, à maneira do diafragma de um microfone. As teorias (2) pressupõem, por seu turno, que o ouvido interno foi construído de maneira tal que as diferentes regiões da membrana basal vibram (ou ressoam) segundo as diferentes freqüências que são usadas. Estas distintas hipóteses só foram resolvidas depois das engenhosas e difíceis experiências realizadas, na década de 1920, por von Bekesy, que conseguiu praticar vários orifícios na parede do caracol e observar os movimentos do labirinto, em especial da cóclea, com o auxílio de microscópios. Daí resultou a *teoria hidrodinâmica*, baseada nos movimentos dos fluidos existentes no labirinto e no padrão espacial das estruturas ósseas que envolvem a cóclea.

AUDITIVO, APARELHO — Conjunto de mecanismos psicofisiológicos que constituem o sentido da audição ou capacidade de percepção de sons: a fala, as notas musicais, os ruídos, etc. A sua principal estrutura chama-se OUVIDO e está dividido em três partes: (1) *Ouvido externo* — formado pelo *pavilhão auricular* (orelha) e o *canal auditivo externo*; o primeiro é um órgão, mais rudimentar no homem do que em certos animais inferiores, para a localização de sons, mas pouco eficiente como refletor de sons, e o segundo é de grande importância para a audição — consta de uma cavidade cilíndrica de aproximadamente 3 cm de comprimento, aberta do lado do pavilhão auricular e fechada do lado de dentro pelo *tímpano*. O canal auditivo, através do qual entram as ondas de pressão, contribui para a nossa sensibilidade máxima a tons entre 2.000 a 4.000 ciclos por segundo. A coluna de ar que enche o canal tem uma freqüência de ressonância de 3.000 ciclos por segundo, resultando numa amplificação relativa, nessa freqüência, que é cerca de dez vezes a de freqüências abaixo de 1.000 ciclos e acima de 7.000 ciclos; (2) *Ouvido médio* — uma cavidade cheia de ar, com uma cadeia de três pequenos ossos ligando o tímpano à *janela oval* do ouvido interno. Esses ossos, por ordem, são o *martelo*, a *bigorna* e o *estribo*. O ouvido médio desempenha a função de determinar as características quantitativas da discriminação auditiva e são muitas as maneiras como a estrutura do ouvido médio influi nos dados psicológicos. Quando as ondas de pressão embatem no tímpano e provocam neste movimentos vibratórios, o ouvido médio entra também em movimento e seus ossos contribuem para definir a região de sensibilidade máxima, para a chamada *razão de impedância*, que é uma amplificação das vibrações de ar de modo que sejam atingidos os fluidos do ouvido interno e, finalmente, para proteger o ouvido interno de sons muito intensos. A cavidade do ouvido médio está ligada à cavidade da boca através da *trompa de Eustáquio*, que permite igualar a pressão de ambos os lados do tímpano; (3) *Ouvido interno* — a fase seguinte na série de estímulos auditivos é a pressão exercida pelo movimento do estribo sobre o fluido do ouvido interno, através da janela oval. O ouvido interno é formado por uma estrutura tubular espiralada que lhe dá a aparência de uma concha de *caracol* (o número de espirais no homem é de três e meia). O ouvido interno, ou *labirinto*, está cheio de um fluido e reparte-se em duas regiões — o *vestíbulo* e a *janela redonda* — separadas pela *cóclea*. Os movimentos da cóclea são responsáveis pela ativação das células sensoriais e fibras nervosas suas associadas. Existem várias teorias sobre o modo como funciona a cóclea quando as ondas sonoras se apresentam ao ouvido (ver: AUDITIVAS, TEORIAS). A cóclea é uma estrutura de cerca de 35 milímetros de comprimento, situada entre duas membranas, a *tectória* e a *basal*, e composta de células capilares internas e externas, que funcionam como *órgãos sensoriais receptores*, e suas fibras nervosas associadas. Este conjunto neuro-sensitivo entra em conexão com o *nervo auditivo*, que penetra na cóclea através do caracol (órgão de Corti). A projeção neuro-auditiva faz-se na parte inferior do cérebro, na área medular que tem o nome de *núcleo coclear*. O vestíbulo é constituído por uma estrutura afeta ao sentido cinestésico. (Ver: CINESTESIA)

AUDITIVO, TIPO — Tipo de pessoa que tende para compreender melhor ouvindo do que vendo. Pessoa que "tem bom ouvido", isto é, boa capacidade de memorizar auditivamente.

AURA — Sensações físicas ou mentais que precedem um ataque epiléptico.

AUSÊNCIA — Em Psicopatologia, é a perda transitória de consciência que se observa freqüentemente na histeria e na epilepsia.

AUTARQUIA — Em acepção psicológica, é o período em que não se impõem regras à criança (primeiros meses de vida) e todas as suas necessidades são satisfeitas. Segundo Paula Heimann (*Introjeção e Projeção na Infância*), é o poder autárquico dos primeiros meses de vida que gera na criança o sentimento de onipotência, do qual surgirão as primeiras frustrações e ansiedades quando se der início ao seu treino.

AUTISMO — Forma primitiva de pensamento em que se utiliza material subjetivo ou subjetivizado, em grande parte proveniente do inconsciente. É uma das características usualmente observadas na sintomatologia esquizofrênica. Melanie Klein, Emilio Rodrigué, Pichon Rivière e outros, em seus estudos do Autismo Infantil, consideram-no fenômeno psicodinâmico "compatível com o quadro clínico maníaco-depressivo: alternação entre dois extremos — placidez ou até beatitude e terror, angústia e acessos coléricos. Plácidos quando estão sozinhos e ensimesmados, angustiados quando um objeto externo interfere em seu mundo interior. (...) O paciente autístico projeta em bloco nos objetos externos a totalidade do eu agressivo, sentindo-se, portanto, perseguido (capaz de alucinações persecutórias), mas incapaz de reagir agressivamente para fins de autodefesa ou autoconservação" (Kanner, *Child Psychiatry*).

AUTO-ACUSAÇÃO — Ação de censurar-se, culpar-se ou incriminar-se a si próprio, quase sempre falsamente ou em grau injustificado.

AUTO-AFIRMAÇÃO — Tendência, em situações sociais, para impor a consecução dos objetivos pessoais, mesmo à custa de terceiros.

AUTO-ALIENAÇÃO — Ou, como Karen Horney prefere chamar (cf. *Novos Rumos da Psicanálise*), a alienação do eu, caracterizada pela retirada das energias da pessoa do seu eu real, daí resultando a perda da noção consciente dos processos intrapsíquicos.

AUTO-ANÁLISE — Tentativa para compreender o próprio comportamento — as aptidões e inaptidões, as motivações e emoções da própria pessoa. Os psicanalistas, de modo geral, reprovam a prática de auto-análise, apesar de o próprio Freud ter demonstrado que era possível.

AUTOCINÉTICA — Movimento iniciado por estímulos dentro do próprio organismo (estimulação proprioceptiva).

AUTOCINÉTICA, ILUSÃO — Movimento aparente de um pequeno ponto imóvel de luz, observado em completa escuridão. O movimento é, em geral, um deslizamento muito lento, que pode ir até 20°. Sin.: Ilusão de Charpentier.

AUTOCOMPREENSÃO — Conhecimento adquirido pelo indivíduo sobre o seu próprio caráter, por meio da compreensão racional e do entendimento de sua própria conduta e dos motivos que a justificam. Sin.: Autoconsciência.

AUTOCRÍTICA — Reconhecimento de que a conduta da própria pessoa não está em conformidade, no todo ou em parte, com os padrões por ela adotados. Capacidade de reconhecimento realista das qualidades e defeitos do caráter próprio.

AUTÓCTONE, RESPOSTA — Comportamento que é ativado por um estímulo regularmente eficaz e pertencente ao sistema desse comportamento, ou por um impulso regularmente associado a esse comportamento.

AUTÓCTONE, UNIDADE — Unidade percentual que, segundo a teoria Gestalt, provém de fatores indígenas do organismo, em lugar de fatores estimulantes externos.

AUTODISCIPLINA — Controle dos impulsos e da conduta por motivos relacionados com o ideal que a pessoa adotou para si própria.

AUTODOMÍNIO — Capacidade de controlar o comportamento impulsivo.

AUTO-EROTISMO — Na teoria psicanalítica da sexualidade infantil, é um modo transitório de comportamento caracterizado por fantasias respeitantes a um "bom" objeto internalizado (por exemplo, o seio materno), que é projetado numa parte do próprio corpo da criança e, portanto, representado por essa mesma parte. O processo auto-erótico é facilitado pela qualidade erotogênica dos órgãos da criança e o caráter plástico da libido. Devido a essas circunstâncias concorrentes, uma espécie de prazer (chupar o polegar, por exemplo) pode substituir outra espécie de prazer (mamar, por exemplo) que falta, sendo o prazer da boca reforçado por agradáveis sensações no dedo, que representa o seio nutriente materno. Os mecanismos introjetivos e projetivos (internalização do seio materno, sua projeção no dedo da criança) do auto-erotismo servem como defesa contra a frustração (ausência do seio real e externo) e protegem a criança de ser dominada pela ira (até ao regresso do seio real e externo). (Ver: MASTURBAÇÃO)

AUTO-HUMILHAÇÃO — Extrema submissão a outra pessoa, acompanhada de fortes sentimentos de inferioridade.

AUTOMATISMO — Ação executada sem reflexão ou intuito consciente. Para P. Janet (*l'Automatisme Psychologique*, 1889), é "um sistema de fenômenos psicológicos e fisiológicos, resultantes de uma experiência traumática, que se desenvolve pela anexação de outros fenômenos originalmente independentes". Esses comportamentos "anexados" são os sintomas secundários que caracterizam o *neurótico*.

AUTONOMIA — Na terminologia psicológica, atribui-se autonomia à parte de um todo muito mais vasto que, em relação a esse todo, funciona com relativa independência.

AUTONOMIA FUNCIONAL — Um princípio segundo o qual uma atividade que é originalmente um meio para um fim adquire uma função independente e passa a ser um fim em si mesma.

AUTONÔMICO, EQUILÍBRIO — A interação complementar normal entre os ramos simpático e parassimpático do sistema nervoso autônomo na regulagem das funções corporais.

AUTÔNOMO, COMPLEXO — Complexo que, segundo Jung, é primeiramente formado no inconsciente e, em estágio ulterior, rompe até à consciência. Em contraste, as *constelações* autônomas formam-se na consciência e são posteriormente reprimidas.

AUTÔNOMO, SISTEMA NERVOSO — Ver: SISTEMA NERVOSO.

AUTOPRESERVAÇÃO — Comportamento que tem como finalidade básica a continuidade do organismo como ser vivo. A expressão *instinto de autopreservação* destaca o caráter inato das atividades que mantêm a vida. Sin.: Autoconservação. (Ver: EROS E MORTE, INSTINTO DE)

AUTO-REALIZAÇÃO — Ver: INDIVIDUAÇÃO.

AUTORITÁRIA, FIGURA — Pessoa que, em virtude de sua posição, função ou reconhecida superioridade em conhecimentos, força, etc., exerce influência na *relação de autoridade*. Em Psicanálise, a figura arquetípica de autoridade é o pai. Freud interpretou a neurose e o complexo de Édipo como resultantes do conflito entre as paixões irracionais da criança e a *realidade* representada pelo pai, como representante da autoridade social. Para Erich Fromm, porém, o conflito edipal é produto da sociedade patriarcal e autoritária, especialmente onde o filho é considerado propriedade do pai, pouco tendo a ver com a rivalidade sexual freudiana. À figura autoritária paterna opõe-se o desejo humano, manifesto ou inconsciente de liberdade e independência.

AUTORITÁRIO, IMPERATIVO — Em Psicanálise, uma diretriz estabelecida pelo superego que dirige, subconscientemente, o comportamento de uma pessoa.

AUTORITÁRIO, TIPO — Padrão de personalidade que se caracteriza pela ânsia em ser obedecido sem discussão e sente prazer em dispor de subordinados que não impugnem sua autoridade. Sendo estas as características básicas do indivíduo autoritário, a elas estão geralmente associadas outras, como: a aceitação servil de uma autoridade superior à dele, desprezo pelos fracos, rigidez, convencionalismo, intolerância da ambigüidade e cinismo.

AUTO-SUGESTÃO — Técnica de tentar melhorar a saúde ou o comportamento mediante a repetição de fórmulas verbais, até que os efeitos da convicção supostamente induzida atinjam o fim desejado. Exemplo: a *fórmula de Coué*: "Cada novo dia que passa, vou ficando cada vez melhor."

AUXILIAR, SOLUÇÃO — Expressão definida por Karen Horney como recurso parcial e temporário para solucionar um conflito intrapsíquico, sendo cinco as soluções propostas (cf. *Nossos Conflitos Interiores*): *auto-alienação, externalização* de experiências íntimas, *compartimentalização, controle automático* de sentimentos e *intelectualização*. (Ver: MECANISMOS DE DEFESA)

AVALIAÇÃO — Processo de exprimir a ocorrência de um fenômeno por meio de números ou categorias.

AVALIAÇÃO DA PERSONALIDADE, TÉCNICAS DE — Instrumentos psicológicos destinados à avaliação de um ou mais aspectos da personalidade do examinando. A entrevista, o questionário, o teste projetivo, as técnicas de observação e interpretação constituem alguns dos métodos a que se recorre na psicopedagogia, na psicologia clínica, etc.

BABINSKI, REFLEXO DE — Movimento de estirar para cima os dedos, em lugar de os flectir, quando a planta dos pés recebe ligeiro toque. Essa reação, normal na infância, é mais tarde substituída pelo movimento plantar em que os dedos são flectidos quando a sola dos pés recebe o toque. Em certas perturbações orgânicas do sistema nervoso, o reflexo de Babinski reaparece.

BARCELONA, TESTE DE — Teste elaborado pelo psicólogo Emílio Mira y Lopez, destinado a avaliar, principalmente, a inteligência verbal. Compõe-se de 71 itens relacionados com a inteligência abstrata e verbal, habilidade para cálculos, cultura e fator G. A avaliação é feita em termos qualitativos (índice de precisão) e quantitativos (contagem do número de respostas certas, havendo tabelas de percentis para interpretação dos resultados).

BAREMO (A) — Relação das respostas corretas de um teste de julgamento objetivo, de modo a permitir a sua rápida avaliação. Pode apresentar-se sob a forma de folha perfurada, cujas perfurações coincidem com os lugares das respostas corretas. (Sin.: Crivo de avaliação, Chave de correção ou Barema de avaliação ou correção).

BARREIRA — Em Psicologia o termo é usado para definir, metaforicamente, qualquer limite, fronteira ou obstáculo que se erga para dificultar ou impedir uma ação. Pode ser barreira física, social (o desprezo de outras pessoas, a ameaça de castigo) ou psíquica (restrição internalizada, *conflito*, medo de fracasso). (Ver: INCESTO, BARREIRA DO)

BARREIRA ESQUIZOFRÊNICA — Linha divisória (também denominada "barricada") entre duas partes do comportamento de um paciente, representando uma delas orientação para a realidade; a outra, o processo psíquico inconsciente.

BASAL, METABOLISMO — Ver: METABOLISMO.

BÁSICO, TIPO — Ver: PERSONALIDADE, TIPO BÁSICO DE.

BASTONETES — Corpúsculos periféricos da retina. (Ver: OLHO)

BATERIA DE TESTES — Conjunto de testes destinados a obter-se uma avaliação de vários aspectos do indivíduo. Mediante a utilização de certos processos, pode-se dar pesos diferentes a alguns fatores, de acordo com os objetivos visados na constituição da bateria.

BATERIA DE TESTES DE APTIDÃO GERAL (B. T. A. G.) — Bateria de teste criada pelo Serviço de Emprego dos Estados Unidos para uso na orientação profissional. A partir das pesquisas realizadas, foram identificados 10 fatores, tendo-se escolhido 9 para serem medidos através de testes específicos. Os fatores abrangidos pela B.T.A.G. são os seguintes: inteligência (G), aptidão verbal (V), aptidão numérica (N), aptidão espacial (E), percepção de forma (P), percepção de escritório (Q), coordenação motora (K), destreza digital (D), destreza manual (M). Os nove resultados de fatores na B.T.A.G. são transformados em resultados-padrão com média 100 e desvio-padrão 20.

BATESON, GREGORY (1904–1980) — Antropólogo social e psicólogo norte-americano de origem britânica. Apoiado na cibernética e na teoria da comunicação, aplicou seus conceitos à investigação psiquiátrica. Com seus colaboradores no hospital de Palo Alto (Califórnia), desenvolveu a teoria do duplo vínculo (ver).

BECHTEREV, VLADIMIR M. — Professor de Psiquiatria e Neurologia da Universidade de S. Petersburgo até 1917. Dedicou-se inicialmente ao estudo do sistema nervoso central e, em particular, da medula espinal (mal de Bechterev). Sendo contemporâneo de Pavlov, elaborou, independentemente deste, uma teoria do condicionamento e um sistema psicológico baseado na Fisiologia. Entre 1904 e 1907, publicou obras dedicadas a um programa de pesquisas, a que deu o título de *Psicologia Objetiva*. Acreditava que o futuro da Psicologia dependia da observação objetiva e exterior. A sua idéia consistia em criar um sistema psicológico novo e completamente científico que utilizaria os dados físicos e fisiológicos, com exclusão de elementos mentalistas, subjetivos e introspectivos. A fim de desenvolver tal Psicologia, objetiva e científica, aceitou o princípio do *monismo materialista e mecanicista*. Mas, não sendo metafísico e sim cientista empírico, juntamente com Pavlov, descobriu os *reflexos condicionados*, que Bechterev preferia designar como *reflexos associados*. A área de experiências de condicionamento de Bechterev foi muito mais vasta do que a de Pavlov, abrangendo maior número de respostas motoras. Watson e outros teóricos da Aprendizagem aplicaram muitas das descobertas de Bechterev, que se pode situar imediatamente atrás de Pavlov no que refere ao desenvolvimento do condicionamento. A principal diferença consiste em que Pavlov elaborou uma teoria fundamental da anatomia e da fisiologia dos centros nervosos, a qual representa, aplicada à conduta humana, um caso de reducionismo radical, que relaciona os fenômenos psicológicos com uma teoria fisiológica. Bechterev, por seu lado, quis dar solução mais radical ao problema corpo-alma. A energia física foi sua resposta ao problema; essa solução materialista abrangia a natureza orgânica e inorgânica, e apresentava a matéria e a psique como fenômenos da mesma energia mecânica. Causalidade e motivação, aprendizagem e pensamento reduzem-se a um modelo mecanicista do organismo humano. N. em Wjatka em 22-1-1857 e m. em 24-12-1927 em Leningrado. Bibliografia principal: *Objektive Psychologie-Reflexologie* (1913); *General Principles of Human Reflexology* (1932). (Ver: REFLEXOLOGIA)

BEHAVIORISMO (aport. de *Behaviorism*, do ingl. *Behavior* = comportamento) — Teoria psicológica enunciada pelo norte-americano John B. Watson em decorrência dos estudos experimentais sobre o comportamento reflexo efetuados por I. Pavlov. O *behaviorismo* (também chamado comportamentalismo ou condutismo) salienta a importância dos acontecimentos objetivos, publicamente observáveis (denominados estímulos e respostas, ou *binômio E-R*) como verdadeira base de toda a Psicologia científica, em vez da consciência privada ou construtos mentalistas. No artigo de 1913 publicado na *Psychological Review*, Watson definiu Psicologia da seguinte maneira: "Um ramo experimental e puramente objetivo da ciência natural. A sua meta é a previsão e controle do comportamento... Parece ter chegado o momento em que a Psicologia deve rejeitar toda e qualquer referência à consciência." Na situação atual dos estudos do comportamento, não se pode dizer que o behaviorismo constitua uma doutrina integrada, em redor da qual todos os psicólogos se congregam em unidade de métodos e conceitos. Pelo contrário, ainda que todos concordem quanto ao conceito central (a observação empírica contra a introspecção e o estruturalismo), a metodologia apresenta variantes de certa monta. As diversas correntes behavioristas propõem, em resumo: (1) Limitar os estudos do comportamento às atividades diretamente relacionadas com o processo psíquico (*mentalismo*); (2) Estudar as atitudes do organismo como um todo (*unitarismo*); (3) Estudar o comportamento não como quadro de referência do próprio organismo, mas como *resposta global*, isto é, em contraste com as atividades fisiológicas como *respostas parciais*; (4) Estudar o comportamento como um novo evento (*emergentismo*) que é produzido por integração das atividades fisiológicas ou uma certa *Gestalt* no funcionamento orgânico; (5) Proceder apenas à análise daqueles eventos que têm origem claramente psicológica (pensar, falar, perceber) ou fisiológica (respirar, segregar bílis).

Embora o behaviorismo watsoniano fosse o programa dominante em psicologia entre 1919 e a década de 1930, quando as escolas desapareceram como tal, houve um certo número de proeminentes psicólogos cuja orientação geral continuou sendo behaviorista e deram seu apoio a Watson. Edwin B. Holt (1873–1946) proporcionou um forte apoio filosófico ao movimento; Walter S. Hunter (1889–1953) contribuiu com numerosos procedimentos metodológicos, possibilitando a investigação dos processos mentais superiores em animais; Karl S. Lashley (1890–1958) tornou-se um dos mais eminentes psicólogos fisiologistas do mundo, com seus trabalhos sobre as funções cerebrais. Entre as teorias e sistemas contemporâneos cuja orientação geral é behaviorista contam-se o *behaviorismo intencional* de Tolman, o sistema de Clark Hull, o *behaviorismo descritivo* de Skinner, a teoria da contigüidade de Guthrie e o *operacionismo* de S. S. Stevens. Todos estes psicólogos são designados pelo rótulo comum de neobehavioristas. Ver: NEOBEHAVIORISMO.

Cronologia do Desenvolvimento do Behaviorismo

Ano	Figura	Acontecimento
1892	LOEB	Ensina no Instituto Rockefeller (Nova York) que os movimentos dos animais inferiores em nada diferem dos tropismos vegetais; são apenas o resultado de ações físicas ou químicas.
1897	THORNDIKE	Usa o labirinto para estudar o comportamento de animais superiores.
1898	THORNDIKE	Publica *Animal Intelligence*.
1900	BETHE	Em concordância com Beer e Von Uexkull pretende substituir os termos com implicações mentalistas por neologismos isentos de qualquer subjetividade.
1901	PAVLOV	Publica as suas primeiras conclusões sobre reflexo condicionado.
1901	W. S. SMALL	Publica o primeiro estudo de comportamento de ratos em labirinto (inteligência e aprendizagem animal).
1903	WATSON	Doutora-se em Psicologia na Universidade de Chicago, com uma tese sobre psicologia animal.
1907	YERKES	Publica *The Dancing Rat*.
1907	PIERON	Emprega a palavra *comportamento* e define a Psicologia como a ciência das relações sensório-motoras de todo o ser vivo em seu meio ambiente.
1908	WATSON	Profere em Chicago uma conferência em que revela as suas intenções de fundar uma psicologia humana objetiva e comparada, tendo Thorndike por modelo.

1908	WASHBURN	Publica *Animal Mind* que, apesar do título, era um estudo exclusivamente dedicado ao comportamento.
1911	MAX MEYER	Publica *The Fundamental Laws of Human Behavior*.
1912	LOEB	Publica *The Mechanistic Conception of Life*.
1912	WATSON	Apresenta em Colúmbia, a convite de Cattell, a primeira exposição sistemática da sua psicologia behaviorista, descrevendo numerosos experimentos. No mesmo ano, Weiss doutora-se na Universidade do Missouri e Hunter na de Chicago.
1912	MCDOUGALL	Publica *Psicologia — O Estudo do Comportamento*.
1913	WATSON	Publica a primeira exposição escrita do behaviorismo, *Psychology As a Behaviorist Views It (A Psicologia como um Behaviorista a Vê)*, onde é delineado o programa por ele proposto.
1914	WATSON	Publica *Behavior — An Introduction to Comparative Psychology*, apresentação sistemática e fundamental do behaviorismo, num estágio ainda basicamente animal.
1914	HOLT	Publica *O Conceito de Consciência*, em que endossa a posição psicológica objetiva de Watson.
1915	TOLMAN	Doutora-se em Harvard.
1915	HOLT	Publica *O Desejo Freudiano e seu Lugar na Ética*, mais um manifesto e profissão de fé behavioristas.
1915	LASHLEY	Doutora-se em Filosofia na Johns Hopkins, com Watson.
1916	WATSON	Lê Bechterev nas traduções francesa e alemã. Impressiona-se com a idéia de condicionamento e pretende aplicá-la numa psicologia humana.
1918	CLARK HULL	Doutora-se na Universidade do Wisconsin.
1919	WATSON	*Psychology from the Standpoint of a Behaviorist (Psicologia do Ponto de Vista de um Behaviorista)*, mais um livro repleto de resultados de experimentos, agora voltados para o ser humano.
1920	WATSON	Divorcia-se e é obrigado a abandonar a carreira universitária. Dedica-se à publicidade, onde tem êxito. Ainda escreveria alguns artigos e um livro até 1930.
1921	MAX MEYER	*The Psychology of the Other One*.
1925	WATSON	Sai *Behaviorism*, o último livro de Watson (2ª edição em 1930).
1925	WEISS	Publica *Uma Base Teórica do Comportamento Humano*.
1927	BRIDGMAN	Enuncia o conceito de "definição operacional" em seu livro *Lógica para a Física Moderna*.
1929	LASHLEY	Publica *Mecanismos Cerebrais e Inteligência*.
1929	CLARK HULL	Começa desenvolvendo suas pesquisas para a formação do seu sistema.
1931	HOLT	*Impulsos Animais e Processo de Aprendizagem*.

1931	Skinner	Doutorado em Harvard.
1932	Tolman	Publica a sua principal obra, *Comportamento Intencional nos Animais e no Homem*.
1935	Guthrie	Publica *A Psicologia da Aprendizagem*.
1936	Tolman	Introduz na Psicologia o conceito de definição operacional.
1938	Skinner	*O Comportamento dos Organismos*.
1938	Guthrie	*A Psicologia do Conflito Humano*.
1939	Stevens	Escreve um artigo em que procura definir o movimento operacionista em Psicologia.
1941	Miller e Dollard	Publicam *Aprendizagem Social e Imitação*.
1942	Spence	Começa a se dedicar ao estudo do sistema de Clark Hull.
1943	Estes	Doutora-se com Skinner.
1943	Hull	*Os Princípios do Comportamento*.
1949	Hebb	*A Organização do Comportamento Humano*.
1950	Dollard e Miller	*Personalidade e Psicoterapia*.
1950	Mowrer	*Teorias da Aprendizagem e Dinâmica da Personalidade*.
1951	Hull	*A Essência do Comportamento*.
1952	Hull	*Um Sistema de Comportamento*.
1953	Mowrer	*Psicologia, Teoria e Pesquisa*.
1954	Estes	*Teoria Moderna da Aprendizagem* (com outros).
1956	Spence	*Teoria do Comportamento e do Condicionamento*.
1958	Kantor	*Teoria Intercomportamental*.
1960	Spence	*Teoria do Comportamento e da Aprendizagem*.
1962	Mowrer	*A Medida do Significado*.

BEHAVIORISMO INTENCIONAL — Nome dado ao tratamento sistemático dos dados psicológicos do ponto de vista de um behaviorismo molar. O seu proponente foi o psicólogo americano Edward C. Tolman. A teoria é uma cuidadosa combinação das concepções gestaltistas e da metodologia científica dos behavioristas. Enfatiza fortemente a aprendizagem, sobretudo a aprendizagem animal e, mais especificamente, a aprendizagem de labirinto com ratos, um tópico de pesquisa a que Tolman era dedicado. A lei fundamental de aquisição, de Tolman, sustenta que a aprendizagem animal em labirinto consiste na acumulação de *sign Gestalts*. Os *sign Gestalts* são processos cognitivos que consistem nas relações aprendidas entre as pistas ambientais e as expectativas do animal (*sign-Gestalt-expectations*). A um padrão de *sign Gestalts* deu-se o nome de mapa cognitivo; e é o mapa cognitivo do labirinto que habilita o animal a percorrê-lo corretamente. As provas dos processos cognitivos provêm de três tipos de experimentos: *aprendizagem de lugar*, *expectativa de recompensa* e *aprendizagem latente*. A *aprendizagem de lugar* envolve uma situação em que o animal aprende um labirinto cujas pistas favorecem a ida para o *mesmo lugar*, quer a resposta continue a mesma ou não. A *expectativa de recompensa* envolve experimentos em que o animal tem de aprender a percorrer um labirinto para obter um certo tipo de recompensa, após o que a recompensa é subitamente transferida para um tipo menos favorecido de alimento. A evidente perturbação do animal indica uma expectativa de certo tipo de recompensa. A *aprendizagem latente*, o terceiro tipo de prova em favor do processo cognitivo, envolve animais não-famintos que, durante um certo número de provas, vagueiam no labirinto sem recompensa alguma. Depois, com fome e recompensa, eles alcançam rapidamente os animais recompensados com regularidade, o que mostra que eles tinham estado aprendendo incidentalmente, ainda que não fizessem as respostas específicas que levam a percorrer o labirinto corretamente. A transferência e o esquecimento, tópicos importantes em outros sistemas de aprendizagem, não ocupam um lugar importante no sistema de Tolman por causa do seu emprego de animais e labirintos — instrumentos de pesquisa que não se prestam a altos níveis de transferência na aprendizagem. Tolman formulou um grande número de leis adicionais de aprendizagem que focalizam (1) os fatores que envolvem a capacidade de aprendizagem do animal; (2) leis relativas aos fatores de estímulo; (3) leis relativas ao modo como o material de estímulo é apresentado.

BELLEVUE, ESCALA — Ver: WESCHLER-BELLEVUE.

BERLIM, ESCOLA DE — Designação dada ao grupo de filósofos e psicólogos que em 1911 fundaram em Berlim, quando lecionavam na sua Universidade, a *Psicologia da Gestalt*: Max Wertheimer, Wolfgang Köhler e Kurt Koffka. Logo aderiram ao grupo Kurt Lewin, Wolfgang Metzger e Kurt Gottschaldt. Com exceção dos dois últimos, que depois da II Guerra Mundial voltaram a lecionar na Alemanha Federal, os restantes componentes permaneceram nos Estados Unidos, para onde haviam emigrado com o advento do nazismo e afetaram notável impulso aos estudos psicológicos norte-americanos. (Ver: PSICOLOGIA DA GESTALT)

BERNE, ERIC (1911–1970) — Psicanalista canadense, residente nos Estados Unidos a partir de 1936. Adquiriu renome com sua teoria de *análise transacional*, segundo a qual o nosso comportamento obedece fundamentalmente a um roteiro ou argumento pré-consciente de vida, desenvolvido nos primórdios da infância sob a influência dos pais. Esse argumento é composto de mensagens não-verbais que se fixam na criança e que, por seu caráter proibitivo, fazem-na perder parte de sua potencialidade ao longo dos anos.

A análise transacional pressupõe a existência de três componentes estruturais da personalidade: *o pai*, onde se gravam os elementos próprios da cultura e suas regras de natureza social ou moral; o *adulto*, sede da capacidade de avaliação da realidade, das decisões lógicas e dos julgamentos objetivos; e a *criança*, reduto da criatividade e da sexualidade, das intuições, cognições e emoções. Cada uma dessas três estruturas pode operar de um modo saudável ("Eu estou OK") ou patológico ("Eu não estou OK").

No processo terapêutico estabelece-se um contrato entre o cliente e o terapeuta, cabendo a este último o papel de um aliado que facilita a abordagem pelo cliente de antigas atitudes e promove sua mudança com vistas à realização de objetivos nitidamente formulados e mutuamente aceitos.

BERNHEIM, HYPPOLYTE-MARIE (1840–1919) — Psicoterapeuta francês, autor de estudos sobre hipnotismo e sugestão, que tiveram grande repercussão na época.

BESCHREIBUNG (alem.) — Termo empregado por Titchener para explicar um método de introspecção que limita o relato a uma descrição (*Beschreibung*) dos atributos psicológicos do objeto de conhecimento. Este método opõe-se a *Kundgabe*, que é o fornecimento de informações sobre o significado do objeto.

BEZOLD-BRÜCKE, FENÔMENO DE — Alteração de tonalidade cromática, pela qual as cores, com predomínio do vermelho, verde ou azul, mudam para amarelo, quando a intensidade luminosa aumenta violentamente.

BIFATORIAL, MÉTODO — Método de análise fatorial desenvolvido por Holtzinger que consiste em pesquisar os eventuais fatores de grupo, a fim de se considerar o resíduo, após a eliminação do fator geral. Opõe-se ao método centróide.

BINET, ALFRED — Numa perspectiva histórica, a importância de Binet reside, essencialmente, no fato de ter sido o primeiro investigador a encontrar resultados satisfatórios na avaliação do nível mental. A criação do primeiro teste de nível mental iniciou o que viria a ser, talvez, a mais ampla área de pesquisa e aplicação da Psicologia do século XX. Em termos da psicologia experimental francesa, Binet foi, inegavelmente, o inaugurador de uma nova etapa científica e experimentalista, com características originais. Fez funcionar o laboratório da Sorbonne, editou até a morte a mais importante revista psicológica da França e suplantou os próprios alemães no estudo dos processos superiores da mente. Com a colaboração do Dr. Thomas Simon, publicou em 1905 a primeira Escala de Medição Individual da Inteligência (Teste Binet-Simon). Foi o criador do conceito de "Idade Mental".

Sinopse Biográfica de Alfred Binet

Ano	Acontecimento
1857	Nasce em 11 de julho, em Nice. Ainda pequeno, é levado pela mãe para Paris, onde recebe a sua educação. Terminados os estudos secundários, matricula-se na Faculdade de Direito. Percebe que não é a sua vocação, mas não abandona o curso. Toma conhecimento dos trabalhos de Charcot e vai estudar na clínica da Salpêtrière.
1878	Licencia-se em Direito. Publica um artigo científico sobre a vida psíquica dos microorganismos. Interessa-se pelos filósofos empiristas britânicos, principalmente o processo de associação.
1880	Publica um pequeno estudo sobre a fusão de imagens, inspirado no problema de associação de idéias. Começa a interessar-se pelo estudo do pensamento.
1886	Publica o seu primeiro livro: *A Psicologia do Raciocínio*, combinação do associacionismo britânico com o hipnotismo francês.
1887	Em co-autoria com Féré, seu colega de estudos na clínica de Charcot, publica *Magnetismo Animal*.
1892	É publicado *Os Desvios da Personalidade*, sua primeira incursão no campo da psicopatologia. Conhece acidentalmente Beaunis, durante uma viagem de trem, e passa a trabalhar como seu assistente no laboratório de psicologia fisiológica da Sorbonne, de que Beaunis era o diretor.
1894	Substitui Beaunis na direção do laboratório da Sorbonne. Publica a *Introdução à Psicologia Experimental*, *A Psicologia dos Grandes Calculadores e Jogadores de Xadrez* (onde inicia a abordagem psicológica através de indivíduos de traços mais acentuados) e a sua tese de doutoramento em Ciências: *Contribuição para o Estudo do Sistema Nervoso Subintestinal dos Insetos*. Finalmente, ainda nesse fértil ano, funda o seu jornal, *L'Anné Psychologique*.
1900	Publica *A Sugestionabilidade*, resumo de seus trabalhos sobre hipnose.
1903	Publica *O Estudo Experimental da Inteligência*, baseado na observação de suas duas filhas. Chega a algumas conclusões análogas às da Escola de Würzburg sobre a natureza do pensamento: existe um pensamento sem imagens.
1904	O Ministério da Instrução Pública francês cria uma comissão para estudar o problema da educação das crianças subnormais. Binet faz parte da comissão e, com a ajuda do Dr. Thomas Simon, trata de inventar um método para medir diretamente a inteligência.

1905	Apresenta a *Escala Métrica de Inteligência*, o primeiro teste de inteligência do mundo.
1906	Publica *A Alma e o Corpo*, uma incursão nos terrenos da Filosofia, uma "fraqueza" a que poucos psicólogos logram escapar.
1908	Procede a uma revisão da escala de inteligência, introduzindo o conceito de "idade mental". Sai *O Desenvolvimento da Inteligência Infantil*, em colaboração com Simon.
1909	Publica *As Idéias Modernas sobre as Crianças*.
1911	Segunda revisão da Escala. Falecimento em Paris, em 18 de outubro.

BINET-SIMON, ESCALA — Partindo da premissa de que a inteligência é característica inerentemente *complexa* e não simples soma de muitos fatores, Alfred Binet, desde 1894, vinha ensaiando nos alunos de escolas públicas de Paris vários tipos de tarefas que ele considerava testes potenciais de inteligência infantil. Em 1903, relatava um estudo intensivo sobre o desenvolvimento intelectual de suas próprias duas filhas. Em 1904, o ministro da Instrução Pública reuniu em Paris uma comissão para estudar o problema das crianças anormais nas escolas públicas (crianças *obtusas*, como foi dito) e Binet, cujos trabalhos de Psicologia Infantil eram bastante conhecidos, fazia parte desse grupo de trabalho. Encarregou-se de fornecer definições claras "para os termos que estavam sendo usados na descrição mental das crianças" e, a partir de então, empenhou-se em encontrar uma base experimental para uma classificação psicológica útil aos educadores. Seu principal colaborador nessa tarefa foi o Dr. Thomas Simon, jovem médico em serviço num asilo de crianças retardadas. Para Binet, a inteligência definia-se, *experimentalmente*, como "a tendência para adotar e manter uma direção definida [do comportamento mental]; a capacidade de fazer adaptações com o intuito de alcançar um determinado fim; e o poder de autocrítica". Finalmente, em 1905, foi publicada a primeira escala Binet-Simon de medição individual de inteligência, precursora de todos os testes atuais. Essa versão de 1905 era uma *escala métrica*, organizando simplesmente todos os testes compilados por Binet, numa ordem crescente de dificuldade. Em 1908, foi publicada uma versão revista em que, pela primeira vez, os testes foram agrupados segundo a idade, para crianças entre os 3 e 13 anos. Em 1911, houve ainda uma segunda revisão, em que os grupos de idades foram ampliados para os 15 anos. De acordo com a escala de 1911, uma criança francesa mediana, de *3 anos de idade*, devia passar em metade dos seguintes testes: apontar para o nariz, boca e olhos; repetir dois algarismos; enumerar os objetos reproduzidos num quadro, dar o sobrenome; repetir uma frase de seis sílabas. Para os *7 anos de idade*: indicar a mão direita e a orelha esquerda; descrever uma pintura; executar três ordens dadas, simultaneamente; indicar o valor de seis moedas, três das quais são de valor duplo; indicar quatro cores cardeais. Para os *15 anos de idade*: o adolescente deve estar apto a repetir sete algarismos; encontrar três rimas para uma palavra dada, em um minuto; repetir uma frase de vinte e seis sílabas; interpretar uma pintura; e interpretar determinados fatos. Binet usou como medida de atraso a diferença entre as idades mental e cronológica da criança (ver: IDADE). Assim, uma criança de 6 anos que passasse apenas nos testes do grupo de idade dos 4 anos teria a idade mental de 4 anos e, por conseqüência, estaria atrasada 2 anos no seu desenvolvimento mental. Sobre o valor da escala Binet-Simon, escreveria Lewis M. Terman, seu adaptador para os Estados Unidos (ver: ESCALA STANFORD-BINET): "Para a integral avaliação clínica do nível intelectual de um indivíduo, o tipo de escala de Binet não tem ainda qualquer rival sério. Não é apenas um teste de inteligência; é um método modelar de entrevista, altamente interessante para o sujeito, que suscita reações naturais e extraordinária variedade de situações." Nos dez anos seguintes à morte de Binet, em 1911, traduções e revisões da escala Binet-Simon foram realizadas por todo o mundo, adaptando-a às características culturais dos diversos países. Em todos os testes baseados na escala Binet predominam, porém, os seguintes fatores essenciais: *escalas* formadas de perguntas e tarefas de crescente dificuldade, agrupadas por *níveis de idade*; obtenção de uma medida *global* de inteligência geral, em vez da análise das capacidades especiais e separadas; testes *individuais* (embora, a partir da Binet, tivessem sido posteriormente organizados testes grupais), que se destinam a ser submetidos *individualmente* a cada sujeito por um examinador exercitado; finalmente, o sistema de contagem de pontos, em todos os testes Binet, está relacionado com as *normas de idade*. (Ver: IDADE; QUOCIENTE DE INTELIGÊNCIA)

BINSWANGER, LUDWIG (1881–1996) — Psiquiatra suíço, criador da *Análise Existencial* (ver). Dirigiu de 1910 a 1956 a prestigiosa clínica Bellevue, fundada por seu pai. Adquiriu seu interesse pela psicanálise durante um estágio na Clínica Psiquiátrica Burghözli do Hospital Universitário de Zurique, onde escreveu uma tese de doutorado sobre os testes de associação verbal, sob a orientação de Jung, que o apresentaria a Freud em 1907. De sua vasta bibliografia, destacam-se a definição de análise existencial em *Formas básicas e reconhecimento do Ser-aí humano* (1962) e *Três formas da existência malograda* (1956). Desta última obra existe uma tradução (Zahar Editores, 1977).

BIOANÁLISE — Tentativa para aplicar os métodos psicanalíticos ao estudo dos fenômenos fisiológicos.

BIOCLIMATOLOGIA — Ciência que estuda as condições e variações climáticas que influem nos organismos vivos, em especial no homem. Entre suas divisões principais, contam-se a Geopsicologia e a Biotropia.

BIODINÂMICA — Ramo da Fisiologia que trata dos processos vitais ativos dos organismos.

BIOELÉTRICO, POTENCIAL — Carga elétrica transportada por uma região do corpo, em determinado momento. Essa carga depende da resistência da região envolvida, da sua atividade metabólica (que está associada à produção de uma carga elétrica) e da corrente elétrica que atinja essa região, quer originária de outra parte do corpo, quer externa.

BIOENERGÉTICA — Terapia criada pelo psicólogo norte-americano Alexander Lowen, inspirado nas teorias de Wilhelm Reich, de quem foi discípulo. Embora não aceitasse a formulação reichiana de energia orgônica (a qual estaria universalmente presente em todos os processos vitais de todos os seres vivos), Lowenstein reconheceu a existência de uma energia que se manifesta através da atividade física e mental do homem. O objetivo da bioenergética é conseguir que o corpo humano elimine as tensões físicas que correspondem a emoções recalcadas.

BIOFEEDBACK — Procedimento cibernético que permite a um indivíduo observar aqueles processos fisiológicos de que está normalmente inconsciente e assim obter dados que lhe possibilitem controlá-los.

BIOGÊNESE — Origem e evolução dos seres humanos ou teoria relativa a essa origem e evolução.

BIOGENÉTICA, LEI — Ver: RECAPITULAÇÃO, LEI DA.

BIOGRÁFICO, MÉTODO — Análise sistemática de todos os dados registrados sobre uma pessoa, tendo em vista descobrir as relações ou correlações causais entre os eventos e o desenvolvimento pessoal.

BIOLOGIA — Ciência da vida. Em acepção estrita, inclui a Zoologia e a Botânica, com suas inúmeras divisões. Em acepção lata, inclui também todas as disciplinas científicas que se ocupam dos seres vivos, em especial a Antropologia, a Sociologia e a Psicologia.

BIOMETRIA — Ciência dos métodos estatísticos aplicados às estruturas e funções dos seres vivos. Teve como iniciador F. Galton, ao aplicar métodos quantitativos ao estudo do caráter ("A Biometria é o método quantitativo da Biologia"), e foi desenvolvida por K. Pearson e seus discípulos.

BION, WILFRIED RUPRECHT (1897–1979) — Psicanalista britânico, kleiniano heterodoxo que, com suas investigações, contribuiu especialmente para a recuperação de psicóticos. Aplicou as técnicas da análise clássica, em sua vertente kleiniana, à terapia de grupo (método Tavistock) e foi um estudioso dos processos de pensamento.

BIONEGATIVISMO — Estado em que a integração do organismo está de tal maneira perturbada que o funcionamento *normal* de uma parte impede, em vez de facilitar, o funcionamento total.

BIONÔMICOS, FATORES — Influências externas ao organismo que limitam o seu funcionamento normal ou seu desenvolvimento. Por exemplo, a rarefação do oxigênio em grandes altitudes resulta em falta de ar para pessoas com grande capacidade pulmonar.

BIOPSICOLOGIA — Estudo das reações do organismo biopsicológico. Sistema psicológico de A. Meyer, que salienta o valor funcional dos processos psíquicos na adaptação ao meio ecológico.

BIOQUÍMICA — Processos e princípios químicos da vida animal e vegetal.

BIOTIPOLOGIA — Classificação do homem — considerado uma constelação de caracteres anatômicos, fisiológicos e psicológicos atuando entre si — em distintos grupos ou *tipos*.

BIPOLARIDADE — Termo usado por Stekel em lugar de *ambivalência*. Existência simultânea de dois fatores antagônicos afetando o comportamento do indivíduo: amor–ódio, prazer–dor, confiança–suspeita, etc.

BISSERIAL, COEFICIENTE DE CORRELAÇÃO — Uma estimativa do coeficiente de correlação de Pearson que se obtém calculando 2 pontos da linha de regressão, cujas coordenadas são $\overline{X}p, \overline{Y}p, \overline{X}q$ e $\overline{Y}q$. Dá-se o nome de $\overline{Y}p$ à média obtida na variável Y por todos os indivíduos que acertaram no item, $\overline{Y}q$ a média obtida na variável Y por todos os indivíduos que erraram no item, $\overline{X}p$ a média na variável X de todos os que acertaram no item e $\overline{X}q$ a média na variável X de todos os que erraram. A fórmula para o cálculo da correlação bisserial é:

$$r_{bis} = \frac{\overline{Y}p - \overline{Y}q}{sy} \cdot \frac{p\,q}{y}$$

Pressupostos para o cálculo deste coeficiente: linearidade de regressão, homocedasticidade e variável dicotomizada contínua e de distribuição normal.

BISSEXUALIDADE — Qualidade do indivíduo que possui características somáticas ou psicológicas de ambos os sexos (geralmente, só as características secundárias de um ou outro sexo). Sin.: Hermafroditismo.

BLEULER, EUGEN — Professor de Psiquiatria em Zurique (1898-1927). Deu grande impulso às pesquisas sobre a esquizofrenia e colaborou decisivamente no desenvolvimento das investigações psicofisiológicas no domínio da emoção. N. em Zollikon em 30-4-1857 e m. em 15-7-1939 em Zurique (Suíça). Bibliografia principal: *Tratado de Psiquiatria; O Pensamento Autístico e Indisciplinado na Terapêutica Médica; Afetividade, Sugestibilidade e Paranóia; A Natureza da Psique*.

BLOQUEIO — Termo neurológico para designar os obstáculos que impedem a transmissão de *excitação* no tecido nervoso. A localização dos obstáculos é habitualmente indicada: por exemplo, bloqueio espinal, barreira situada algures na medula espinal. (Ver: BLOQUEIO EMOCIONAL)

BLOQUEIO EMOCIONAL — Inibição do pensamento ou outras formas de reação conciliatória, devido ao excesso de emoções, usualmente do grupo do medo. Em Psicanálise, alguns bloqueios são atribuídos *a uma repressão preventiva da emoção*.

BOA FORMA, LEI DA — Também conhecida por Lei da Boa Figura. O princípio gestaltista segundo o qual a percepção do objeto se organiza sensorialmente de modo que a sua forma tenha *regularidade, simetria e simplicidade*. Ver: PRÄGNANZ.

BODE EXPIATÓRIO — Pessoa ou coisa que é responsabilizada, mediante um mecanismo de *projeção*, pelas ações de outrem. A criança, o doente, etc. — em conseqüência de uma conduta intrafamiliar inconscientemente determinada —, convertem-se muitas vezes no recipiente das emoções e frustrações que os demais membros da família não querem ver em si mesmos.

BONFIM, MANUEL JOSÉ (1868–1932) — Médico, historiador e pedagogo brasileiro, foi o criador e diretor do laboratório de Psicologia Pedagógica no "Pedagigium", planejado por Alfred Binet.

BORRÃO DE TINTA, TESTE DO — Ver: RORSCHACH, PSICODIAGNÓSTICO DE.

BRAQUICÉFALO/DOLICOCÉFALO — O indivíduo de crânio ovalado mas curto e posteriormente arredondado, com um índice encefálico superior a 81, é *braquicéfalo*. O indivíduo de crânio alongado e estreito com um índice encefálico inferior a 75,9, é *dolicocéfalo*.

BREUER, JOSEPH (1842–1925) — Médico neurologista vienense, colaborou com Freud nos *Estudos sobre a histeria* (1895).

BRILHO — Intensidade atribuída a todos os dados do sentido visual. Correlação de luminosidade.

BROADMANN, ÁREA 18 DE — A área imediatamente adiante e em torno da área visual primária (área 17 de Broadmann). A área 18 é a mediadora do processo visual complexo e tem uma importância central na teoria de aprendizagem percentual de Hebb.

BROCA, ÁREA DE — O "centro da fala", localizado na circunvolução frontal inferior do hemisfério cerebral esquerdo de indivíduos destros. Sabe-se hoje que a área é apenas uma das muitas envolvidas nas funções da linguagem. Está primordialmente afetada à fala articulada.

BRUNER, JEROME SEYMOUR — Psicólogo norte-americano (Nova York, 1915) cuja atitude em relação ao desenvolvimento intelectual se assemelha, em suas linhas gerais, à de Piaget, cujos ensinamentos práticos, no tocante às teorias da aprendizagem e da linguagem, divulgou nos meios escolares do seu país. Existem, porém, algumas diferenças importantes. A obra de Piaget ocupa-se principalmente da descrição do que acontece e examina os mecanismos pelos quais o intelecto se desenvolve, enquanto que Bruner se interessa mais em averiguar como e por quê o desenvolvimento intelectual ocorre. Piaget considera que o principal motivador do crescimento intelectual é de natureza maturacional e biológica, ao passo que Bruner atribui grande peso ao meio ambiente (*O Processo de Educação*, 1968). Ambos acreditam, porém, que a criança desempenha um papel ativo no seu próprio desenvolvimento. Embora a família e o sistema educacional exerçam influência óbvia no desenvolvimento, é a criança quem confere um sentido próprio ao seu mundo. (Ver DESENVOLVIMENTO INTELECTUAL, TEORIA DO)

BRUNSWICK, EGON — Discípulo de Karl Bühler. Professor em Viena. Emigrou para os Estados Unidos em 1937 e passou a exercer o magistério na Universidade de Berkeley (Califórnia). Publicou a partir de 1947 os seus primeiros trabalhos de teoria gestaltista, abordando, sobretudo, os problemas da percepção e memória visuais. Em decorrência de suas investigações sobre a essência psíquica dos comportamentos vitais complexos, opôs-se ao *fisicalismo temático* das primeiras teorias da *Gestalt*. Em colaboração com Tolman, estudou os fundamentos do behaviorismo molar (ver: MOLAR, COMPORTAMENTO) em função do intencionalismo. N. em Budapeste em 18-3-1903 e m. em 7-12-1955 em Berkeley. Bibliografia principal: *Wahrnehmung u. Gegenstandswelt*, 1934; *Experimentelle Psychologie in Demonstrationem*, 1935; *Systematic and Representative Design*, 1947; *The Conceptual Framework ot Psychology*, 1952. (Ver: CAUSAL CONTEXTURA)

BÜHLER, CHARLOTTE — Assistente e esposa de Karl Bühler. A partir de 1929, foi professora da Universidade de Viena. Dedicou-se aos estudos de Psicologia da Infância e Adolescência, realizando trabalhos experimentais em grande escala (escola de Viena). Depois de emigrar para Londres, em 1939, foi diretora da Associação dos Pais naquela capital e depois dedicou-se, em sua clínica particular de Los Angeles, aos problemas de Psicologia Clínica. Em colaboração com Hetzer, elaborou uma bateria de testes infantis (*baby tests*) para crianças de tenra idade.

BÜHLER, KARL — Catedrático de Psicologia em Munique (1913), Dresden (1918) e Viena 1922). Emigrou para os Estados Unidos (Califórnia). Especializou-se no estudo dos mecanismos psicológicos do pensamento e da vontade e contribuiu notavelmente para o desenvolvimento dos atuais conhecimentos sobre a Psicologia da Fala, da Motivação e da Aprendizagem. N. em Meckesheim (Alemanha) em 27-5-1879 e m. em 24-10-1963 em Los Angeles. Bibliografia principal: *Die geistige Entwicklung des Kindes (O Desenvolvimento Mental da Criança); Ausdruckstheorie (Teoria da Expressão); Sprachtheorie (Teoria da Fala), Des Gestaltprinzip im Leben des Menschen u. der Tiere (O Princípio da Gestalt na Vida do Homem e do Animal).*

BÜHLER, TESTES INFANTIS DE — Bateria de testes de desenvolvimento infantil, abrangendo o período entre o nascimento e ingresso na escola. Foi realizada por Charlotte Bühler, em colaboração com H. Hetzer, e tomou por base as condições naturais da vida em função da idade, de acordo com seis diretrizes fundamentais do comportamento da criança: (1) Assimilação de incentivos físicos; (2) Movimento e domínio do corpo; (3) Sociabilidade, inclusive o comportamento em grupo e desenvolvimento da fala; (4) Imitação e aprendizagem; (5) Participação em tarefas materiais; (6) Produtividade intelectual, inclusive a capacidade de raciocínio e realização de determinados objetivos. A bateria atribui dez tarefas a cada idade. A Idade Mental (IM) dividida pela Idade Cronológica (IC) dá o Quociente de Desenvolvimento: IM/IC = QD (Quociente de Desenvolvimento).

BULBO RAQUIDIANO — Ver: ENCÉFALO.

BULIMIA — Apetite voraz, freqüentemente originado em causas psíquicas.

BUNSEN-ROSCOE, LEI DE — Generalização teórica do princípio de que o limiar de percepção luminosa é uma função da duração multiplicada pela intensidade. Só é válida para durações muito curtas. É representada pela razão IT = C, em que I é a Intensidade, T o Tempo (duração do estímulo) e C uma Constante. O princípio é igualmente conhecido como Teoria da Acumulação Temporal.

BURT, CYRIL — Psicólogo que, na Inglaterra, muito desenvolveu os métodos para a análise de um conjunto de variáveis em fatores comuns. Apresentou um dos mais recentes testes estatísticos da extração completa de fatores.

CALIFÓRNIA, TESTE INFANTIL DA — Bateria de testes criada por N. Bayley para medir o desenvolvimento sensório-motor em crianças.

CALOR — Um dado sensorial resultante de a pele estar exposta a temperatura consideravelmente superior à da superfície do corpo.

CAMPO — Área dotada de limites. Em uso psicológico, campo (área) e limite (área fronteiriça ou limítrofe) podem ser empregados metaforicamente, sobretudo para realçar a complexa totalidade de influências interdependentes dentro da qual um organismo funciona, a constelação de fatores interdependentes que explicam um evento psicológico. (Ver: CAMPO OPERACIONAL, TEORIA DO)

CAMPO, PESQUISA DE — Compilação de dados fora do âmbito do laboratório, biblioteca ou clínica. A expressão abrange grande variedade de métodos, desde a simples entrevista até o experimento cuidadosamente planejado.

CAMPO AUDÍVEL, MÍNIMO — Mínima pressão de uma onda sonora na membrana do tímpano que pode ser ouvida, medida no centro da região ocupada pela cabeça do observador (após a sua retirada).

CAMPO OPERACIONAL, TEORIA DO — Doutrina que postula a sistematização dos dados psicológicos por analogia com os campos de força de Física. Afirma que as propriedades de fenômenos inter-relacionados derivam e dependem do *campo* total onde operam e de que, em determinado momento, fazem parte. A teoria substitui os *eventos* por *coisas* com propriedades fixas e vê os primeiros como totalidades em que as respectivas partes só são o que são, qualitativa e quantitativamente, nos termos das demais partes.

CAMPO VISUAL — A cena, de configuração mais ou menos oval, que se pode observar quando os olhos estão imóveis e fixos num ponto determinado. Está correlacionado com o padrão momentâneo de estimulação na retina. Distingue-se do *universo visual*, que não é limitado e se mantém estável, mesmo quando os movimentos dos olhos ou da cabeça fazem mudar o dispositivo óptico. Sin.: Dispositivo Séptico. (Ver: VISUAL, APARELHO)

CANAL CENTRAL — Diminuto canal, cheio de fluido cerebrospinal, que corre ao longo da medula espinal. (Ver: CANAL VERTEBRAL)

CANAL VERTEBRAL — Canal formado pelas vértebras da coluna dorsal e que contém a medula espinal.

CANALIZAÇÃO — Restrição de um padrão de comportamento dentro de limites mais especializados. Segundo Gardner Murphy, é o "estabelecimento e reforço progressivo da preferência por um entre vários rumos potenciais de satisfação de um impulso" (*Experimental Social Psychology*, em colaboração com L. B. Murphy e T. M. Newcomb, 1937).

CANIBALISMO — Ato do selvagem que come carne humana. Nos pacientes neuróticos, os impulsos canibalísticos, quando se apresentam, revestem-se habitualmente de expressões simbólicas; nalgumas psicoses, o canibalismo pode expressar-se literalmente.

CAPACIDADE — Poder efetivo para realizar um ato, físico ou mental, decorrente ou não de aprendizagem. A *capacidade geral* refere-se a todo e qualquer tipo de tarefa mas, em especial, aos de natureza intelectual ou cognitiva. A *capacidade especial* refere-se à possibilidade de êxito na execução de uma tarefa específica. A capacidade é um poder eficaz, porquanto implica o fato da tarefa poder ser desempenhada *aqui* e *agora*, se as necessárias circunstâncias externas o impuserem e sem necessidade de aprendizagem adicional. No desenvolvimento da capacidade concorrem diversos fatores básicos como: *grau de maturação, aprendizagem* e *exercício*. Na terminologia da Psicologia da Comunicação Humana, define-se capacidade como o número de *bits* por segundo que pode ser transmitido por um canal. Por exemplo, o sistema nervoso central pode ser considerado um canal de capacidade limitada (cf. John Parry, *Psicologia da Comunicação Humana*.)

CARÁTER — Sinal identificador da natureza de qualquer ser ou coisa. É um termo freqüentemente usado como sinônimo de *personalidade*, mas a sua acepção é algo mais restrita, referindo-se apenas àqueles aspectos da personalidade que constituem o ego e, em suas manifestações, distinguem uma pessoa de outra. Enquanto que a personalidade se refere à soma total de impulsos, afetos, idéias, defesas, aptidões e talentos, comportamento social e reações, em sua organização global, e incluindo tanto os fenômenos comuns a todos os seres humanos como os que tornam uma pessoa única. (Ver: PERSONALIDADE/TIPOS DE PERSONALIDADE/TRAÇOS DE PERSONALIDADE)

CARÁTER, ESTRUTURA DO — Conjunto de traços que resultam dos esforços do superego para dominar e controlar o id.

CARÁTER EXIGENTE — Termo usado por Maslow para caracterizar os atributos que provocam a necessidade dos objetos. Assim, uma reluzente maçã vermelha "exige" ser comida, um belo quadro "exige" ser olhado e admirado.

CARÁTER, FORMAÇÃO DO — A noção de caráter designa o conjunto de maneiras habituais de sentir ou de reagir que distinguem um indivíduo. Segundo Freud, a formação do caráter envolve os grandes temas do destino anátomo-fisiológico dos traços mnésicos, do papel da experiência adquirida e da sublimação dos "resíduos" da libido pré-genital. Com a noção de identificação, a noção de caráter foi enriquecida com outras dimensões, e a formação do caráter passou então a ser definida a partir de identificações inconscientes com traços de caráter emprestados dos objetos. Para Freud (*Ego e o Id*), tais identificações "têm um papel importante na formação do Ego e contribuem essencialmente para produzir o seu caráter".

CARACTERÍSTICA ADQUIRIDA — Modificação estrutural ou funcional que ocorre em resultado das próprias atividades do organismo ou através da influência do meio circundante. Contrasta com a *característica herdada*, normalmente de origem genética.

CARACTEROLOGIA — Ramo da Psicologia que estuda e investiga a *personalidade* e o conjunto de traços psicológicos que definem o caráter mental e comportamental da pessoa.

CARÊNCIA — Privação ou satisfação reduzida de um desejo ou de uma necessidade que é vista como essencial. Em termos psicanalíticos, a carência é resultante da frustração de uma pulsão que não pôde ser satisfeita em conseqüência de uma proibição de natureza moral, cultural ou social.

CASTRAÇÃO — Remoção cirúrgica dos testículos ou dos testículos e pênis. Em sentido metafórico, a privação brutal de um bem ou possessão altamente estimada, ou de uma parte da própria pessoa, por meio de ação externa.

CASTRAÇÃO, COMPLEXO DE — Complexo neurótico que reflete o medo de remoção dos órgãos sexuais. Na Teoria da Sexualidade Infantil, Freud refere-se especialmente à *castração do pênis*. Patrick Mullahy (*Édipo: Mito Complexo*, 1965) assim descreve o conceito freudiano: "A curiosidade sexual começa muito cedo nas crianças (antes dos três anos de idade). Nesse estágio, a curiosidade não está relacionada com as diferenças de sexo, que nada significam ainda para a criança. O menino atribui o órgão genital masculino a ambos os sexos. Quando descobre a estrutura sexual primária da fêmea, tenta, a princípio, negar a evidência de seus sentidos. Para um menino, é inconcebível que falte num ser humano aquela parte do corpo que, para ele, é tão importante. A descoberta horroriza-o, bem como suas implicações. Apodera-se dele o complexo de castração, da maior importância para a evolução do seu caráter, seja este saudável ou mórbido. O menino desenvolve, pois, um complexo de castração, um temor intenso de perder tão preciosa posse." O menino atribui a suposta castração do pênis nas meninas àqueles sentimentos que ele próprio alimenta em relação aos pais (ver: ÉDIPO, COMPLEXO DE); portanto, considera a perda um ato de vingança e retaliação. Continua P. Mullahy: "Muitas vezes, os pais ou babás ameaçam a criança [ao descobrirem as primeiras manifestações da vida sexual infantil, sobretudo a masturbação] de que o seu pequeno pênis ou a mão lhe serão cortados. Urinar na cama é outro importante fator associado à ameaça de castração." Freud não limitou a origem do complexo às causas imediatas (ameaças diretas com base em insinuações ou alusões), pois acreditava que "a fantasia da castração do menino se radicava numa realidade autêntica nos períodos pré-históricos da família humana, quando os pênis dos meninos eram freqüentemente castrados pelos chefes das tribos patriarcais" — pelo que o complexo teria, assim, origem numa imagem arcaica, ou engrama. Para Françoise Dolto, castração significa "uma proibição do desejo com relação a certas modalidades de obtenção de prazer, uma proibição com um efeito harmonizador e promovedor, tanto do desejante, assim integrado na lei que o harmoniza, quanto do desejo, com respeito ao qual essa proibição abre caminho para gozos maiores" (cf. *No Jogo do Desejo*, Zahar, 1984). Jean Laplanche lembra que, no pensamento freudiano, o complexo de castração será sempre elaborado como teoria sexual, como uma certa maneira de ordenar simbolicamente os fatos pertinentes à diferença dos sexos e à origem dessa diferença (cf. *Castração. Simbolização*, Martins Fontes, 1988). (Ver: PÊNIS, INVEJA DO)

CAT — Técnica de avaliação da personalidade infantil, na qual as características da personalidade da criança são levadas a projetar-se nos relatos verbais por ela feitos, ao elaborar suas histórias a partir de uma série de figuras dadas. Existem duas formas deste teste projetivo: o CAT-A (figuras de animais) e o CAT-H (figuras humanas).

CATALEPSIA — Condição nervosa, típica da histeria e da esquizofrenia, em que todo o movimento voluntário é suspenso e a sensibilidade se ausenta. Esta condição é acompanhada de rigidez muscular, palidez, frialdade do corpo e diminuição do ritmo cardíaco e respiratório. (Ver: CATATONIA)

CATAMNESE — História de um paciente após o início de uma doença ou a partir da sua primeira observação clínica. (Ver: HISTÓRICO)

CATARSE — Literalmente, purificação ou depuração (do grego *katharsis*). Na *Estética,* Aristóteles empregaria o termo para justificar dois fenômenos: a descarga de tensões emocionais, de sentimentos de medo, ira, etc., expressando-os numa experiência de ordem estética como, por exemplo, a representação dessas emoções e sentimentos numa tragédia teatral; e o refinamento desses estados mediante a sua reprodução artística e universal. Hoje, a catarse é um dos métodos da psicoterapia. Em Psicanálise, denominou-se catarse a remoção de um complexo mediante a sua transferência para o consciente, recebendo aí completa expressão. A revivência emocional das ocorrências do passado (sobretudo as reprimidas) pode ser então francamente enfrentada, "agindo o paciente como um espectador de sua própria purificação, *representando-se* a si próprio sem ansiedades nem tensões" (cf. J. H. Schultz, *Kathartische Methode,* 1955). Freud considerou a reprodução catártica um dos princípios que o levariam à criação da técnica psicanalítica: "O fato fundamental foi encontrarem-se os sintomas de pacientes histéricos em cenas altamente significativas, mas esquecidas, de suas vidas pregressas (traumas); a terapia baseada em tal fato consistia em provocar a recordação e reproduzir essas cenas em estado de hipnose (catarse); e o fragmento teórico que daí se inferiu foi que esses sintomas representam uma forma anormal de descarga para quantidades de excitação que de outro modo não podem ser libertadas (conversão)" (*Sobre o Mecanismo Psíquico dos Fenômenos Histéricos,* em colaboração com J. Breuer, 1893).

CATATONIA — Condição esquizofrênica caracterizada por alterações da tensão muscular e estupor. A *catalepsia* é uma das manifestações típicas da esquizofrenia catatônica. (Ver: ESQUIZOFRENIA)

CATEGORIZAÇÃO — Um sistema de armazenamento de informação proposto por Jerome Bruner. A capacidade de categorizar habilita o indivíduo a olhar para além das diferenças na informação sensorial e captar os fatores que definem uma categoria. (Ver DESENVOLVIMENTO INTELECTUAL, TEORIA DO)

CATEXIA — Literalmente significa *canal.* Uma determinada pulsão é canalizada para um objeto específico. Na acepção de valor afetivo de um objeto, ação ou idéia, catexia é sinônimo de *valência* (Kurt Lewin). Tolman deu o nome de catexia ao tipo de *engate,* no processo de aprendizagem, que representa as propriedades afetivas adquiridas pelo objeto.

O maior emprego do termo, entretanto, verifica-se na psicanálise: *catexia é a energia psíquica (libido) que foi concentrada (ou investida) no objeto* — seja uma pessoa, uma coisa inanimada, um grupo social ou uma causa (*catexia objetal*); os processos do próprio eu (*catexia do ego*) ou as pulsões inconscientes de realização de desejos inacessíveis (*catexia fantástica*). Sin.: Investimento.

CATTELL, RAYMOND B. — Psicólogo inglês naturalizado americano (n. 1905). Fez toda a sua carreira escolar no país natal, culminando com o doutorado em Filosofia pela Universidade de Londres, em 1929. Após vários cargos docentes na Inglaterra, mudou-se para os Estados Unidos, onde passou a residir desde 1937. Lecionou nas universidades de Colúmbia, Clark e Harvard; ocupou o cargo de professor de Pesquisa na Universidade do Illinois. Cattell é um dos notáveis expoentes da perspectiva segundo a qual os métodos estatísticos multivariados devem ser utilizados para identificar as dimensões importantes da personalidade, a fim de que sejam elaborados testes para avaliá-las. Realizou pesquisas no I.P.A.T. (Instituto de Provas de Personalidade e Capacidade) e sua obra oferece importantes colaborações para a avaliação analítico-fatorial da personalidade. É autor do *Questionário de 16 fatores da Personalidade* e do *Teste Eqüicultural de Inteligência.* Bibliografia principal: *Cattell Intelligence Tests* (1934); *A Guide to Mental Testing* (1936); *Description and Measurement of Personality* (1946); *Personality: A Systematic Theoretical and Factual Study* (1952); *Personality and Motivation Structure and Measu-*

rements (1957); *The Meaning and Measurement of Neuroticism and Anxiety* (1961). Ver: PERSONALIDADE, TEORIA FACTORIAL DA.

CAUSA — Para todo o pensamento filosófico tradicionalista (Aristóteles, Aquino), causa é aquilo de que toda e qualquer coisa procede, de modo tal que a realidade dessa coisa depende dela, quer *intrinsecamente* (de maneira formal ou material) quer *extrinsecamente* (de maneira eficiente ou teleológica). Para a Psicologia Moderna, é "o pressuposto de uma conexão entre fenômenos de natureza tal que a ocorrência ou presença de um é necessariamente precedida, acompanhada ou seguida de outro" (D. G. Garan, *The Psychological Causal Law*, 1963).

CAUSA PRECIPITANTE — Evento ambiente que precipita o início de sintomas ou comportamentos neuróticos.

CAUSA PREDISPONENTE — Fator na estrutura da personalidade do indivíduo, o produto do seu desenvolvimento, que em conjunto com a causa precipitante dá origem ao aparecimento de sintomas ou comportamentos neuróticos.

CAUSAÇÃO — Relação que se obtém quando um dado evento ou fenômeno, denominado *causa*, precede invariavelmente outro evento ou fenômeno chamado *efeito*. Distingue-se de *causalidade* na medida em que esta implica especulação filosófica e metafísica, ao passo que a *causação* é empírica e apoiada em meros fatos da experiência.

CAUSAÇÃO MÚLTIPLA, PRINCÍPIO DA — Reconhecimento do fato de que nenhuma causa é a determinante única e exclusiva de um acontecimento ou fenômeno e de que este é o produto de múltiplas causas interatuantes.

CAUSAL, CONTEXTURA — Propriedade de os eventos que constituem o meio circundante dependerem regularmente uns dos outros; a propriedade do meio circundante de ser formado por eventos mutuamente dependentes. A expressão foi criada por dois teóricos gestaltianos, Egon Brunswick (húngaro radicado nos EUA, *The Conceptual Framework of Psychology*, 1952) e Edward Tolman, chefe de fila da escola propositalista (*Purposive Behavior*, 1932), em decorrência do seguinte enunciado: "Todos os eventos estão ligados entre si numa contextura causal, mas o grau de dependência pode variar entre o negligível e a dependência completa de um evento em relação a outro ou outros específicos. (...) Em cada ponto de interligação específica, a seqüência causal não é invariável, como na *causação* clássica, mas uma probabilidade de ocorrência específica."

CAUSALIDADE — Qualidade abstrata que é a relação entre causa e efeito. Qualquer doutrina que afirme a realidade e defina a natureza de tal relação. (Ver: CAUSAÇÃO)

CAUSALIDADE PSÍQUICA — Na teoria psicanalítica, "causalidade psíquica" designa um conjunto de processos psíquicos inconscientes (conflitos entre as instâncias, antagonismo das pulsões, etc.) e de mecanismos defensivos (desmentido, rejeição, recalque, etc.), que se pressupõe estarem na origem tanto de fenômenos da vida cotidiana (sonhos, lapsos, atos falhos, criações culturais, etc.), quanto dos sintomas neuróticos e psicóticos.

CEFÁLICO, ÍNDICE — Proporção obtida pela divisão da largura máxima do crânio pelo seu comprimento máximo (da testa à nuca) e multiplicação do resultado por 100. Os crânios oblongo, médio e curto são denominados, respectivamente, do tipo *dolicocéfalo, mesocéfalo* e *braquicéfalo*.

CEGO, PONTO — Área do cristalino em que o nervo óptico deixa o globo ocular. Chama-se ponto cego pela total ou quase total insensibilidade à luz.

CEGUEIRA — Privação da capacidade visual, definida habitualmente como menos de 20/200 de acuidade no melhor olho, após correção; ou a condição em que o campo visual está de tal modo contraído que subentende uma distância angular não superior a 20°.

CEGUEIRA CEREBRAL — Invisualidade causada por lesão na área visual do cérebro, conservando-se intatos os órgãos visuais. Sin.: Cegueira Encefalítica.

CEGUEIRA FUNCIONAL — Invisualidade em que os olhos e o mecanismo nervoso ocular se conservam intatos. Se há motivo para atribuir a cegueira a lesão específica no cérebro, deverá chamar-se *cegueira cerebral*. Se é causada por fatores psicológicos, na ausência de lesão nos órgãos visuais, chamar-se-á *cegueira psicogênica* (por exemplo: a cegueira histérica).

CEGUEIRA PSICOGÊNICA — Cegueira ligada a causas psíquicas, sejam elas provocadas pelo excesso de ver ou pela recusa de ver algo que não deve ser visto. A cegueira tem um papel crucial no desfecho da tragédia de Sófocles. Freud propôs em sua interpretação da história de Édipo a equivalência inconsciente entre os olhos e os órgãos genitais, assim como entre a cegueira e a castração. Cegar-se, à maneira de Édipo, é infligir-se uma "castração atenuada". (Ver ÉDIPO e ÉDIPO, COMPLEXO DE)

CENA PRIMORDIAL — Segundo a Psicanálise, a recordação, pelo adulto, do momento em que, quando criança, testemunhou a primeira cena de intercurso sexual, normalmente entre os pais. Ou as fantasias que a criança elabora em torno do intercurso parental, quer se baseiem na observação direta, acrescida de uma interpretação errônea do ato presenciado, quer sejam inteiramente criadas pela imaginação, a partir de observações fragmentadas. Paula Heimann (*Funções da Introjeção e Projeção*) localiza essas fantasias no início do complexo de Édipo, quando a criança atribui os próprios impulsos orais (projeção) aos pais e imagina o intercurso como uma incorporação pela mãe do pênis paterno, que ela passa a transportar escondido em seu corpo (fazendo o pai o mesmo em relação ao seio materno). Essa mãe com pênis interno desempenha, a partir da cena primordial, papel importante nas fantasias da criança. A mãe parece tudo possuir do que a criança deseja e é sua rival no que diz respeito ao pai. O ressentimento é aumentado quando se inicia o desmame, com os impulsos conseqüentes de irritação e violência, resultantes da frustração e inveja sentidas.

CENOTROPO — Padrão de comportamento compartilhado por todos os membros de um vasto grupo com o mesmo equipamento biológico e os mesmos gêneros de experiências.

CEREBELO — Ver: ENCÉFALO.

CEREBRAIS, PEDÚNCULOS — Ver: ENCÉFALO.

CEREBRAL, AQUEDUTO — Ver: ENCÉFALO.

CEREBRAL, LAVAGEM — Expressão metafórica para definir o processo de indução pelo qual uma pessoa se afasta radicalmente dos seus padrões e normas anteriores de comportamento, para adotar os que lhe foram impostos pelos seus captores.

CEREBRAL CRÔNICO, TRANSTORNO — Denominação psiquiátrica de um complexo sintomatológico resultante de lesões relativas permanentes, irreversíveis e difusas nas funções do tecido cerebral: por exemplo, a *síndrome de Down*, a *paresia*. O processo patológico subjacente pode ser atenuado ou reagir ao tratamento, mas algumas das lesões mantêm-se, e registra-se, habitualmente, alteração do comportamento, embora as alterações pós-remissivas possam ser perturbações benignas da memória, da capacidade de julgamento, etc., em vez de reações psicóticas ou neuróticas.

CÉREBRO — Ver: ENCÉFALO.

CÉREBRO, ÁREAS DO — Regiões do córtex cerebral: (1) Onde terminam os nervos aferentes (*área sensorial ou projetiva*); (2) Donde partem os nervos eferentes (*área motora*); (3) Uma "estação" intermédia entre (1) e (2), que não controla diretamente as funções sensoriais ou motoras mas está, presumivelmente, associada aos *processos mentais superiores* (área associativa). (Ver: CÓRTEX CEREBRAL)

CERIMÔNIA — Seqüência de comportamentos determinados de acordo com uma ordem precisa e variável, cujo significado emocional excede o ato (ou ritual) em si. Por exemplo: a cerimônia infantil de colocar uma boneca em sua caminha de brinquedo.

CHARCOT, JEAN MARTIN — Médico da Salpêtrière (Paris). Professor de Neurologia (1872) e diretor da Clínica Neurológica de Paris desde 1862. Tornou-se mundialmente conhecido por suas conferências e demonstrações sobre histeria e hipnose, através das quais deu impulso decisivo à Psicopatologia, Psicoterapia e Psicologia Dinâmica. Entre seus alunos contaram-se Alfred Binet, Sigmund Freud, Pierre Janet e outros. N. em 29-11-1825 (Paris) e m. em 16-8-1893 (Morvan).

CHARPENTIER, ILUSÃO DE — Ver: AUTOCINÉTICA (ILUSÃO).

CHARPENTIER, LEI DE — O produto da área da imagem na fóvea pela intensidade de luz é uma constante para os estímulos de valor liminar.

CHOQUE — Conjunto de sintomas físicos e mentais resultante de uma lesão acidental, cirurgia, drogas ou forte emoção. A maioria das funções orgânicas é alterada violentamente, talvez em resultado de alterações químicas no sangue.

CHOQUE, TERAPIA DE — Tratamento de pessoas mentalmente enfermas, mediante a criação de um estado de choque e concomitante redução da excitabilidade nos centros nervosos. Os dois métodos terapêuticos mais freqüentes são a passagem de uma corrente elétrica pelo cérebro e a aplicação de drogas.

CHOQUE INSULÍNICO, TERAPIA DO — Tratamento de distúrbios mentais mediante uma dosagem de insulina suficiente para provocar estado de choque e convulsões.

CIA — Teste coletivo de inteligência para adultos. É uma adaptação realizada em São Paulo, para aplicação coletiva, da *Escala de Inteligência Wechsler* para adultos. É constituído por 8 subtestes: Historietas, Informações, Compreensão, Completamento de Figuras, Raciocínio Aritmético, Semelhanças, Mosaico e Código. Os escores brutos são expressos em QI (no sentido que lhe foi dado por David Wechsler).

CIBERNÉTICA — Ciência que estuda probabilisticamente a função das mensagens na determinação das atividades de máquinas e seres vivos. A influência da cibernética faz-se sentir na engenharia, economia, educação, fisiologia, medicina e, como não podia deixar de ser, também na psicologia. No domínio da quantificação, o movimento dos testes e a expansão dos métodos estatísticos para avaliar resultados empíricos receberam um grande impulso com a invenção da teoria da informação e da cibernética por engenheiros de comunicação como Claude Shannon e matemáticos como Norbert Wiener. Isto possibilitou o crescente aparecimento de teorias psicológicas com a precisão de formulações matemáticas, sobretudo nas áreas da percepção, das sensações e da aprendizagem. As investigações de George A. Miller, Fred Attneave e S. S. Stevens têm sido das mais notáveis. As teorias cibernéticas também exerceram uma influência marcada no desenvolvimento dos estudos psicolingüísticos em décadas recentes. No Instituto Max Plank, na Alemanha, um grupo de investigadores dedicou-se à exploração da cibernética como "matematização e formalização dos conceitos psicológicos e pedagógicos, de acordo com os princípios da automação" (cf. H. Frank, *Kibernetische Grundlagen der Pädagogik*, 1962). Entrementes, criaram-se expressões que parecem anular inteiramente o contraste entre físico e psíquico: "consciência das máquinas eletrônicas", "autômatos esclarecidos" e muitas outras.

CICLO — Série de acontecimentos que se repetem regularmente como um todo. Chama-se *distúrbio cíclico* ao que ocorre segundo uma ordem regular, distinto do *distúrbio periódico*, que se registra em intervalos regulares, sendo, portanto, mais específico.

CICLOTIMIA — Padrão de personalidade caracterizada por períodos alternantes de exultação e tristeza, atividade e inatividade, excitação e depressão. As alternações não obedecem a um ciclo regular e podem registrar-se períodos intermédios de atividade normal. Salvo quando a depressão predomina, a pessoa tende para ser expansiva, superficialmente generosa e emocionalmente sensível ao seu meio ambiente. A tristeza e a depressão, por uma parte, a hiperatividade social e sexual, por outra, parecem constituir a expressão de fatores internos e não uma reação a acontecimentos externos. A *personalidade ciclotímica* assemelha-se à psicose maníaco-depressiva, mas ainda não está esclarecido se a dinâmica será a mesma para ambos os casos.

CIÊNCIA — Classe de conhecimentos que se distingue por um conjunto especial de operações destinadas a reunir fatos empíricos e por um conjunto de construções teóricas específicas para a interpretação dos dados obtidos. Exemplo: embora a Psicologia e a Fisiologia tratem do mesmo objeto — isto é, o organismo — utilizam, porém, métodos e construções teóricas diferentes (descontando algumas sobreposições inevitáveis) e, portanto, desenvolvem sistemas distintos de conhecimento. Em acepção mais genérica, ciência é o estudo de todos os fenômenos naturais pelos métodos de investigação e interpretação física e biológica.

CIENTÍFICO, MÉTODO — Emprego sistemático dos princípios e preceitos (que se encontram em todas as ciências e processos de investigação ou pensamento, quer se chamem ou não especificamente científicos) que regem a observação rigorosa dos fatos e sua interpretação (metodologia científica).

CINESTESIA — Sentido que produz o conhecimento dos movimentos do corpo ou de seus vários membros. Divide-se em: (1) *Sentido muscular*, composto de fusos neuro-sensoriais implantados nos músculos e estimulados pelas contrações destes; (2) *Sentido articular*, composto de fusos neuro-sensoriais nos tendões e articulações (juntas), os quais são estimulados pelas flexões; (3) *Sentido vestibular*, cujo aparelho sensorial se encontra em região intimamente ligada ao sistema auditivo: o *labirinto*, no ouvido interno de cada lado da cabeça. Consta de: (a) três estruturas tubulares, os *canais semicirculares*, que têm na base de cada um deles uma dilatação bulbosa denominada *ampola*; (b) o *utrículo*, continuação dos canais e (c) o *sáculo*, cujo funcionamento ainda não está perfeitamente averiguado. Em todo o aparelho circula um fluido, e o dispositivo neuro-sensorial compõe-se de células ciliares e capilares implantadas em minúsculas estruturas basais, as *máculas*. Os reflexos vestibulares sobre coordenação e locomoção são transmitidos a uma região superior do cérebro: a circunvolução lateral ou de Sílvio. (Ver: SENTIDOS)

CIRCUITO NERVOSO — Percurso realizado pelo impulso neural desde um receptor, através de um ou mais neurônios de ligação, até um órgão executivo ou efeito. É a unidade anatômico-funcional do comportamento. Sin.: Arco Nervoso.

CIRCULAR, COMPORTAMENTO — Ciclo de comportamentos que fornecem o estímulo para a sua própria repetição.

CLAPARÈDE, ÉDOUARD — Psicólogo suíço. Professor em Genebra desde 1908. Em 1912 fundou naquela cidade o Instituto J.-J. Rousseau, dedicado a pesquisas psicológicas. Realizou importantes estudos de Psicologia Comparada, sobretudo no domínio da Psicologia Infantil. Os seus métodos funcionalistas dão grande ênfase à atividade psíquica do ponto de vista das funções biológicas. N. em 24-3-1873 (Genebra) e m. em 29.10.1940 (Genebra). Bibliografia principal: *Psychologie de l'Enfant et Pédagogie Expérimentale; L'Éducation Fonctionnelle;* e *Développement Mental.*

CLARO-ESCURO — Distribuição de luz e sombra num padrão bidimensional ou numa pintura, de modo a produzir impressão de profundidade visual.

CLASSIFICAÇÃO — Processo pelo qual se agrupam os objetos em *classes, ordens* ou *categorias* que mutuamente se excluem.

CLASSIFICAÇÃO, TESTES DE — Tipo de exame elaborado de modo a facilitar a classificação apropriada de indivíduos para qualquer finalidade específica.

CLAUSTROFOBIA — Temor ou pavor mórbido que se apodera do indivíduo quando pensa que vai penetrar em espaços fechados, tais como quartos, elevadores, áreas cercadas de muros altos, etc.

CLEPTOMANIA — Impulso essencialmente psicopatológico para a prática de furtos.

CLIMA PSICOLÓGICO — Características predominantes do meio em que uma pessoa vive, consideradas globalmente: (1) o *clima intelectual* consiste nas condições de vida que oferecem grande ou diminuta oportunidade de desenvolvimento intelectual; (2) o *clima emocional* é a soma das circunstâncias predominantes na medida em que afetam as reações emocionais da pessoa; (3) o *clima cultural* é formado pelas condições que afetam o desenvolvimento cultural da pessoa; (4) o *clima social* é a totalidade dos estímulos sociais, sobretudo os que fazem que alguém se sinta aceito ou rejeitado.

CLÍNICO, MÉTODO — Método que caracteriza o estudo do indivíduo como um todo único, observando-se o seu comportamento específico e inferindo-se traços ou sintomas específicos, mas sempre com a finalidade de compreender e ajudar determinado indivíduo. O método confia mais no julgamento *intuitivo* do clínico do que em medições ou na integração intuitiva das medições (análises, gráficos, etc.) com a observação direta. Em Medicina existe o contraste entre a observação clínica e os exames laboratoriais, mas, em Psicologia, os testes de laboratório são denominados *testes clínicos*, para distinguir o método experimental da observação que não recorre a testes.

CLITÓRIS — Pequeno órgão de tecido erétil que faz parte dos órgãos genitais externos da mulher e cuja estimulação é importante fonte de prazer.

CLIVAGEM — Na terminologia psicanalítica, o processo característico de divisão do ego e do objeto mediante os mecanismos de introjeção e de projeção. No adulto, essa clivagem é um sintoma de deterioração esquizofrênica do ego, de uma desintegração, e atua como um mecanismo primitivo de defesa contra a ansiedade. Freud referiu-se à clivagem como um desvio da pulsão de morte para o exterior (projeção) e a internalização do objeto bom pelo ego (introjeção), libertando-o do medo persecutório. Uma das finalidades da análise é justamente a anulação da clivagem ou reintegração do ego em sua unidade e equilíbrio. Na criança pequena, a clivagem é característica da posição esquizo-paranóide na evolução psíquica do indivíduo. Segundo Melanie Klein, o primeiro objeto clivado é o seio materno: seio bom (gratificador = amor) e seio mau (frustrador = ódio). As relações objetais infantis encaminham-se para uma interação equilibrada da introjeção e da projeção, a qual serve de base à formação normal do ego e superego. Os sucessores de Melanie Klein, Wilfred Bion e Donald Winnicott, aprofundaram a noção de clivagem. Ingl. *Splitting*. Al. *Spaltung*.

CLOACA — Noção infantil de que os bebês nascem através do ânus e que em Psicanálise recebeu o nome de *teoria da cloaca*.

CÓCLEA — Estrutura óssea em espiral (caracol) que separa as duas regiões do ouvido interno: o vestíbulo e a janela redonda.

COERÊNCIA — Comportamento que manifesta conformidade relativamente elevada com o padrão nuclear de comportamento e motivação da personalidade. Tal comportamento não é determinado, primordialmente, por uma situação mas pelas finalidades que a pessoa persegue a longo prazo, sem desvios em sua linha de conduta.

COERÊNCIA INTERNA, COEFICIENTE DE — O coeficiente para calcular a relação entre "testes paralelos ao acaso", ou seja, para fornecer um certo grau de certeza com que se pode medir, com um teste composto de itens retirados ao acaso de uma certa bateria de itens, o traço medido por essa população. Este coeficiente é obtido através da fórmula de Kuder-Richardson, baseada no estudo da proporção de acertos e erros de cada parte (pressuposta) do teste:

$$r_{tt} = \frac{n}{n-1} \cdot \frac{s^2 - \sum pq}{s^2}, \text{ onde}$$

n = número de itens; p = proporção de acertos; q = proporção de erros; s^2 = variância de teste. (Sin.: Coeficiente de Homoneidade)

COESIVAS, FORÇAS — Tendências psíquicas que concorrem para a formação e manutenção de uma *Gestalt*.

COGNITIVA, ESTRUTURA — Modo como o indivíduo vê os mundos físico e social incluindo todos os seus fatos, conceitos, crenças e expectativas, assim como o padrão de suas relações mútuas (cf. Kurt Lewin, *Field Theory in Social Science,* 1951).

COGNITIVO, ESQUEMA — Complexo padrão que se deduz ter sido gravado na estrutura do organismo pela experiência e que se combina com as propriedades do atual estímulo ou da atual idéia para determinar como o objeto ou a idéia vai ser percebido e conceptualizado.

COGNITIVO, MAPA — De acordo com a teoria da aprendizagem de Tolman, o mapa cognitivo é a forma como o animal conceptualiza o labirinto. Este é composto a partir das relações aprendidas entre pistas ambientais e expectativas do animal, relações essas a que Tolman deu o nome de *sign-gestalts*. Ou seja, chega o momento em que o animal aprendeu a esperar uma série de relações espaciais na base de sua experiência com um labirinto. Tolman encontrou provas para os mapas cognitivos e a aprendizagem de *sign-gestalts* em experimentos sobre aprendizagem de lugares e expectativas de recompensa.

COISIFICAÇÃO — Tratamento de uma abstração como se fosse algo real e concreto, uma *coisa* com existência independente na dimensão espaço-tempo.

COLETIVO, INCONSCIENTE — Na concepção de C. G. Jung (Ver: PSICOLOGIA ANALÍTICA), é coletivo todo e qualquer conteúdo psíquico que não seja algo próprio de um só indivíduo, mas de muitos indivíduos ao mesmo tempo, isto é, de uma sociedade, de um povo — ou da própria humanidade. São os conteúdos descritos por Lévy-Bruhl como *représentations collectives* dos povos primitivos e que participam na formalização dos conceitos gerais do homem civilizado: Direito, Estado, Religião, etc. Mas não só os conceitos primordiais devem qualificar-se como coletivos: os sentimentos também. Nos povos primitivos, essa coletivização sentimental reveste-se de caráter *místico*, mas, no homem civilizado a vinculação de conceitos coletivos herdados pelo inconsciente a sentimentos coletivos (idéias de deus, moral, pátria, etc.) é imputável a conteúdos psíquicos não singulares, isto é, *funcionalmente* coletivos. Por exemplo, o pensamento, como função íntegra, pode ter caráter coletivo, quando se trata de pensar em termos de validade geral — como o pensar de acordo com as *leis* da lógica. (Ver: INCONSCIENTE)

COMA — Estupor de tal profundidade que toda a consciência desaparece.

COMBATE, FADIGA DE — Neurose traumática caracterizada por reações de ansiedade e transtornos somáticos resultantes de prolongada exposição às condições de combate.

COMPARATIVO, LEI DO JULGAMENTO — Segundo Thurstone, a lei do julgamento comparativo baseia-se no pressuposto de que, ao julgar dois itens a respeito de qualquer dimensão, a diferença psicológica entre os dois pode ser medida pela relativa dispersão dos itens em suas distribuições de freqüência. A unidade da escala de medições é o desvio-padrão das dispersões discriminadas.

COMPARTIMENTALIZAÇÃO — Tendência para manter separados pensamentos e sentimentos que deviam estar relacionados, a fim de que uns não exerçam influência sobre os outros. Por exemplo, conservar um código moral, baseado em princípios religiosos, separado do código dos negócios. Karen Horney considera a compartimentalização um mecanismo de defesa para aliviar a tensão decorrente da consciência de contradições íntimas.

COMPENSAÇÃO — Na Psicologia Sensorial, é o processo pelo qual um estímulo anula parcial ou totalmente um outro, ou dois estímulos se eliminam reciprocamente. Nas escolas analíticas, adota-se a definição geralmente atribuída a Alfred Adler: "Quando uma deficiência ou inadequação é ressarcida mediante o esforço do indivíduo para obter êxito ou superioridade em outro campo de atividade, ocorre uma compensação." Assim, a compensação é o mecanismo que imprime nova direção à motivação. Esse mecanismo designa-se por *movimento compensatório* e procura recuperar o equilíbrio de forças, dentro do organismo, quando elas são perturbadas por outros movimentos; por exemplo, inclinar o corpo para a frente quando se sobe uma encosta íngreme; *compensar* a carência de recursos físicos para a prática esportiva pela ambição de prestígio intelectual.

Na terminologia junguiana, compensação é o processo dinâmico auto-regulador por meio do qual a consciência do ego e o inconsciente buscam o equilíbrio homeostático, o qual constitui também um dos fatores que contribui para promover a individuação e o progressivo desenvolvimento da totalidade, entendida como o sentido emergente de complexidade e integridade psíquicas que se desenvolve no transcurso de uma vida inteira.

COMPETÊNCIA — É o grau de adaptação a uma determinada espécie ou modalidade de tarefa. (Ver: CAPACIDADE)

COMPLACÊNCIA SOCIAL — Determinação pelas estruturas sociais, pelo menos em parte, das possibilidades de adaptação de uma certa forma individual de comportamento. A expressão foi criada por Heinz Hartmann (*Psicologia do Ego e o Problema de Adaptação*), que assim escreve: "A complacência social é uma forma especial de *transigência* do meio, estando implícita no conceito de adaptação. Desempenha função não só no desenvolvimento da neurose, psicopatia e criminalidade (embora não baste, absolutamente, para explicá-las), mas também no desenvolvimento normal e, em particular, na primitiva organização social do meio infantil."

COMPLEMENTAÇÃO, TESTE DE — Ver: EBBINGHAUS, TESTE DE.

COMPLEXO — Na acepção genérica, qualquer agrupamento de fatores relacionados entre si na constituição mental. Coube a C. G. Jung introduzir o termo em Psicologia (*Komplex-Psychologie*), com o seguinte significado: "Associação de idéias em torno de um conteúdo emocionalmente carregado, as quais foram reprimidas mas podem surgir na consciência, sob múltiplos disfarces, para exercer importante influência no comportamento e no pensamento do indivíduo" (*Allgemeines zur Komplex-Theorie*, 1934). Este conceito foi integralmente aceito pela Psicanálise Freudiana e passou a constituir um elemento central na *teoria da ansiedade e culpa neuróticas*. A divergência junguiana-freudiana só se manifesta quando Freud enfatizou a origem sexual do conteúdo reprimido: por exemplo, o complexo de Édipo.

COMPORTAMENTO — Conjunto de normas extremamente complexas de reações ou respostas de um organismo aos estímulos recebidos do seu meio. Skinner definiu o comportamento como "o movimento de um organismo ou de suas partes num sistema de coordenadas fornecido pelo organismo em questão ou por distintos objetos externos ou campos de força" (cf. Skinner, *The Behavior of Organisms*, 1938). Ver: BEHAVIORISMO/COMPORTAMENTO, LEIS DO.

COMPORTAMENTO, DETERMINANTE DO — Qualquer variável que tenha relação causal com o comportamento. E. C. Tolman distinguiu as seguintes determinantes: (1) *Iniciadoras* (estímulos ambientes e estados fisiológicos); (2) *Imanentes* (propósitos objetivamente definidos); (3) *Capacidades* (ou aptidões); (4) *Ajustamentos* do comportamento (cf. *Purposive Behavior in Men and Animals*).

COMPORTAMENTO, GENÉTICA DO — Ramo da psicologia que investiga a influência da genética ou da hereditariedade sobre o comportamento.

COMPORTAMENTO, LEIS DO — Skinner (Cf. *The Behavior of Organisms*, 1938), tendo postulado o reflexo como unidade fundamental do comportamento observável, enunciou as leis naturais que devem ser respeitadas pela investigação científica. São 24 princípios assim divididos:

I. Leis Estáticas: (1) *Lei do limiar*: A intensidade do estímulo deve atingir ou ultrapassar um determinado valor crítico (o limiar), a fim de produzir uma resposta. (2) *Lei da latência*: Um intervalo de tempo (latência) separa o início do estímulo do início da resposta. (3) *Lei da amplitude da resposta*: A amplitude da resposta é uma função da intensidade do estímulo. (4) *Lei da pós-descarga*: A resposta pode persistir durante algum tempo, após a cessação do estímulo. (5) *Lei da soma temporal*: O prolongamento de um estímulo ou sua apresentação repetida dentro de certos limites possui o mesmo efeito que um aumento de intensidade.

II. Leis Dinâmicas: (6) *Lei da fase refratária*: Imediatamente após a resposta, a força de alguns reflexos declina para um valor inferior, possivelmente zero. (7) *Lei da fadiga do reflexo*: A força de um reflexo diminui durante a sua repetida provocação e recupera o seu valor primitivo após a inatividade subseqüente. (8) *Lei da facilitação*: A força de um reflexo pode ser aumentada mediante a apresentação de um segundo estímulo que, por si só, não provocaria a resposta. (9) *Lei da inibição*: A força de um reflexo pode ser diminuída pela apresentação de um segundo estímulo totalmente carente de relações com o efetor em questão. (10) *Lei do condicionamento do tipo E*: A aplicação quase simultânea de dois estímulos, um dos quais (o estímulo "reforçador") pertence a um reflexo que existe com alguma força no momento em questão, pode produzir um incremento na força de um terceiro reflexo formado pela resposta do reflexo reforçador e o outro estímulo. (11) *Lei da extinção do tipo E*: Se o reflexo fortalecido mediante o condicionamento do tipo E for provocado sem aplicação do estímulo reforçador, então a sua força declina. (12) *Lei do condicionamento do tipo R*: Se a ocorrência de uma operante for seguida da aplicação de um estímulo reforçador, a força será aumentada. (13) *Lei da extinção do tipo R:* Se a ocorrência de uma operante já fortalecida mediante condicionamento não for acompanhada pelo estímulo reforçador, a força diminuirá.

III. Leis da Interação: (14) *Lei da compatibilidade*: Duas ou mais respostas que não se sobreponham topograficamente poderão produzir-se simultaneamente e sem interferências. (15) *Lei da prepotência:* Quando dois reflexos se sobrepõem topograficamente e as respostas são incompatíveis, uma resposta pode levar à exclusão da outra. (16) *Lei da soma algébrica:* A provocação simultânea de duas respostas que usam os mesmos efetores mas em direções opostas dá lugar a uma resposta cuja amplitude é uma resultante algébrica. (17) *Lei da combinação:* Duas respostas que mostram uma sobreposição topográfica podem ser conjuntamente provocadas mas de formas necessariamente modificadas. (18) *Lei da soma espacial:* Quando dois reflexos possuem a mesma forma de resposta, a resposta de ambos os estímulos combinados tem uma amplitude maior e uma latência menor. (19) *Lei do encadeamento:* A resposta de um reflexo pode constituir a provocação ou o estímulo discriminativo de outro. (20) *Lei da indução:* Uma mudança dinâmica na força de um reflexo pode ser acompanhada de uma mudança semelhante mas não tão extensa num reflexo relacionado com o primeiro, sendo essa relação devida à posse de propriedades comuns de estímulo ou de resposta. (21) *Lei da extinção dos reflexos encadeados:* Numa cadeia não-reforçada de reflexos só experimentam a extinção os membros efetivamente provocados. (22) *Lei da discriminação do estímulo no tipo E:* Um reflexo fortalecido por indução, a partir do reforço de um reflexo possuidor de um estímulo semelhante mas não idêntico pode extinguir-se independentemente, se a diferença dos estímulos for, para o organismo, superior ao limiar. (23) *Lei da discriminação do estímulo no tipo R:* A força adquirida por um operante através do reforço não é independente dos estímulos que afetam o organismo no momento em questão, e dois operantes que possuem a mesma forma de resposta podem adquirir forças muito diferentes, mediante um reforço diferencial de tais estímulos. (24) *Lei da reserva operante:* O reforço de um operante cria uma reserva simples, cujo volume é independente do campo estimulante, mas resulta diferencialmente acessível a partir de campos diferentes.

COMPORTAMENTO, MÉTODO DO — Um derivativo do behaviorismo que, tal como a escola-mãe, rejeita a introspecção e os conceitos mentalistas, mas não se identifica com o ponto de vista extremamente negativo do behaviorismo watsoniano, em relação a tudo o que não seja diretamente observável. Assim, a maioria dos psicólogos do comportamento aceita o estudo de variáveis intervenientes como construtos explicativos. Um dos teóricos do movimento, S. S. Stevens, insistiu em que esses construtos devem estar cuidadosamente baseados na determinação da relação E-R, e definidos em termos operacionais, mas, por outro lado, devem tolerar certos conceitos molares e depoimentos verbais que para o behaviorismo watsoniano eram intoleráveis. O método do comportamento dedica-se predominantemente ao estudo da motivação e aprendizagem. Ver: NEOBEHAVIORISMO.

COMPORTAMENTO, PADRÃO DE — Ato complexo formado por um conjunto de atos menores, simultâneos ou sucessivos, que é considerado uma unidade funcional deste ou daquele ponto de vista. Por exemplo: a seqüência de comportamentos — colocar carne no prato, cortá-la em pedaços, levá-la à boca, mastigá-la e engoli-la — é uma unidade em que cada uma das partes se distingue perfeitamente, mas quando a consideramos como *o ato de comer carne*, forma um todo que é o padrão de comportamento.

COMPORTAMENTO ADQUIRIDO — Em termos estritos, não existe comportamento que seja unicamente adquirido; todo o comportamento depende de fatores hereditários e adquiridos através da experiência. Portanto, a qualificação de comportamento *inato* ou *adquirido* só pode referir-se às *diferenças* registradas entre um e outro. Se essas diferenças forem atribuídas primordialmente à hereditariedade, o comportamento será *inato*; se essas diferenças forem atribuídas primordialmente à experiência, o comportamento será *adquirido*. (Ver: BEHAVIORISMO)

COMPREENSÃO — Entendimento de uma situação, objeto, evento ou enunciado verbal, assim como dos símbolos e pensamentos implícitos. *Compreender* envolve um conhecimento mais completo e explícito das relações e princípios gerais do que apreender.

COMPROMISSO, FORMAÇÃO DE — Conceito psicanalítico para definir uma atividade consciente que reflete a atividade da repressão e dos impulsos instintivos que procuram exprimir-se. Tais impulsos poderão modificar-se o bastante para evitar a censura do superego. A forma modificada em que se exprimem constitui a formação de compromisso.

COMPULSÃO — Ato ou impulso coercivo e repetido para agir de certas maneiras específicas. Os atos compulsivos são automatismos sobre os quais o indivíduo exerce escasso controle. A pessoa está cônscia do que faz ou do que é compelida a fazer. Reconhece ser um ato irracional, absurdo ou mesmo perigoso, mas é incapaz de parar ou de livrar-se do impulso para executá-lo. O desempenho do ato permite ao indivíduo um certo alívio para a sua ansiedade neurótica. As compulsões, também denominadas "reações compulsivas" ou "compulsões de repetição", variam em número e gravidade desde contar os passos e as fendas no passeio da rua até atos criminais como a *cleptomania* (roubo compulsivo) e a *piromania* (incendiarismo compulsivo). Todas as "manias" são tecnicamente compulsões, sendo mais comuns em combinação com reações fóbicas e obsessivo-compulsivas do que em formas puras.

COMUNICAÇÃO — Transmissão de um efeito de um lugar para outro sem transporte de material. Exemplo: a onda sonora transmitida da sua fonte para o ouvido (definição física). Processo pelo qual um estímulo físico atua sobre um órgão receptor, *comunicando* um estímulo ao organismo. (Sin.: Excitação sensorial.) Processo de transmissão e recepção de informações, sinais, mensagens ou códigos, de um organismo para outro, mediante gestos, palavras ou outros símbolos. Para que haja comunicação, os meios de transmissão têm de ser inteligíveis para ambos os organismos, o emissor e o receptor. A inteligibilidade será garantida pelo uso comum de um *repertório* (código).

Comunicação é um dos conceitos dinâmicos da Psicologia Topológica, de Kurt Lewin: "Duas regiões estão em comunicação se uma mudança do estado de uma região alterar o estado da outra. O grau de comunicação corresponde ao grau de dependência dinâmica. O grau de comunicação depende (1) do tipo de processos de comunicação, (2) das propriedades das regiões comunicantes e (3) da fronteira entre elas. O grau de comunicação de A para B não tem por que ser, necessariamente, idêntico ao de B para A." (Cf. K. Lewin, *Princípios de Psicologia Topológica*.) (Ver: LOCOMOÇÃO)

COMUNICAÇÃO DE MASSA — Um tipo de comunicação que tem entre suas características fundamentais o fato de processar-se, essencialmente, num sentido único: entre uma minoria que produz, de forma industrializada, mensagens que a grande massa absorve em silêncio. O órgão emissor é constituído pela grande imprensa, rádio e televisão e, antes de chegar à massa receptora, a mensagem é veiculada por um canal físico — temporal ou espacial. (Sin.: Difusão de massa.)

CONCEITO — Um objeto do conhecimento consciente, em conjunto com o seu significado específico, que o distingue de outros objetos do conhecimento consciente. Um significado, idéia ou propriedade geral que pode constituir predicado de um ou mais objetos. Um conceito requer duas qualidades básicas: *abstração* e *generalização*. A abstração isola a propriedade; a generalização reconhece que a propriedade pode ser atribuída a vários objetos. Por exemplo: durabilidade, excelência, doçura, são conceitos abstratos, que se apreendem como qualidades comuns a uma determinada classe de coisas; homem é um conceito geral, que representa qualquer homem, os homens em geral, implicando o conceito abstrato de "humanidade".

CONCENTRAÇÃO — Atenção exclusiva e persistente a um objeto limitado ou a um determinado aspecto de um objeto. Segundo a teoria fisiológica de I. P. Pavlov, concentração é a restrição dos processos nervosos de *excitação* e *inibição* a uma pequena área do córtex.

CONCEPÇÃO — Processo de formação de conceitos. Grupo de conceitos relacionados entre si por um ponto de vista comum a todos eles.

CONCORDÂNCIA, CÂNON DE — Um dos princípios operacionais da *indução*, de Mill, que considera como causa, ou uma parte indispensável da causa, aquele aspecto dos fenômenos em estudo em que todos eles são iguais.

CONCORDÂNCIA, COEFICIENTE DE — Coeficiente que possibilita avaliar o grau de concordância entre os juízes na elaboração das descrições de comportamento de uma escala de avaliação. O cálculo do coeficiente de concordância é obtido através da razão entre a variância apurada e a variância hipotética. O seu resultado não pode ser negativo, devendo alcançar, pelo menos, o limite de 0,8.

CONCORDÂNCIA E DIRERENÇAS, MÉTODO DE — Método em que Mill combinou os seus dois princípios operacionais de *indução*, denominados *cânon de concordância* e *cânon de diferenças*, e que tem o seguinte enunciado: Tudo o que se apresenta uniformemente quando um fenômeno está presente, tudo o que se ausenta uniformemente quando um fenômeno está ausente, é uma causa (ou parte de uma causa) desse fenômeno.

CONCRETA, ATITUDE — Modo de agir sempre de acordo com os dados imediatos do mundo sensível, sem referência alguma às relações e classificação dos objetos ou situações apresentados nos sentidos. É, portanto, o inverso da *atitude abstrata*, pela qual a pessoa não reage às impressões sensoriais e sim às qualidades conceptualizadas dos objetos ou situações.

CONDENSAÇÃO — Processo que transfere um sentimento, emoção ou desejo de um grupo de idéias para uma só idéia.

CONDICIONADA, RESPOSTA — Ver: CONDICIONADO, REFLEXO.

CONDICIONADO, REFLEXO — Novo ou modificado padrão de hábito, induzido e desenvolvido em animais e pessoas por um determinado estímulo, após o *condicionamento*. Importante princípio básico para a explicação de inúmeros fenômenos do comportamento, coube ao fisiologista russo Ivã Petrovich Pavlov realizar as experiências definitivas que levariam à formulação de uma nova teoria das atividades do sistema nervoso central, embora outros colegas seus, como Twitmeyer e Bechterev, desenvolvessem simultaneamente estudos paralelos de reflexologia. Sin.: Reflexo Condicional, que é, de fato, a designação original dada ao fenômeno por Pavlov na tradução literal do russo *ouslovny*. *Resposta Condicionada* é a designação preferida dos modernos investigadores da Psicologia da Motivação e Aprendizagem. (Ver: CONDICIONAMENTO e PAVLOV, EXPERIÊNCIA DE)

CONDICIONAMENTO — Um dos processos básicos de aprendizagem. Um complexo de processos orgânicos resultante da apresentação de dois estímulos em rápida seqüência temporal. Chamemos-lhes Estímulo A e Estímulo B. No experimento de condicionamento de Pavlov (*condicionamento clássico*), o estímulo A tem ligação previamente adquirida com uma determinada resposta (a "*resposta não-condicionada*", que é um reflexo direto do organismo à apresentação do estímulo A), ao passo que o estímulo B não é adequado à produção de tal resposta. Em conseqüência da apresentação emparelhada dos dois estímulos, a qual é, usualmente, repetida por diversas vezes, o estímulo B acaba por adquirir a potencialidade de induzir uma resposta semelhante ou análoga à provocada pelo estímulo A. À resposta ao estímulo B dá-se o nome de "*resposta condicionada*". O estímulo A denomina-se "*estímulo não-condicionado*" e, concomitantemente, o estímulo B é o *estímulo condicionado*. Para uma descrição mais detalhada deste modelo de condicionamento clássico, ver: PAVLOV, EXPERIMENTO DE.

CONDICIONAMENTO CONTÍGUO, TEORIA DO — Um tratamento sistemático da aprendizagem baseado num modelo de condicionamento instrumental. O seu proponente foi o psicólogo americano Edwin R. Guthrie. A lei básica de aquisição estabelece que "uma combinação de estímulos que foi acompanhada de um movimento tenderá, na sua repetição, a ser acompanhada por esse movimento". Assim, a teoria subscreve unicamente o *princípio de contigüidade* para explicar a aprendizagem e não recorre a uma lei de efeito ou de reforço. Um corolário da lei de aquisição enuncia que a aprendizagem é completa num ensaio. Guthrie quis dizer com isso que, em situações de aprendizagem simples, os movimentos envolvidos na aprendizagem de uma habilidade são aprendidos a primeira vez que o animal desempenha essa habilidade com êxito. A recompensa impede que o animal faça coisas que interfiram com a resposta recém-adquirida e que, portanto, causem a extinção por interferência. No caso de habilidades mais complexas podem ser necessários numerosos ensaios, em virtude do grande número de variáveis na situação. Gradualmente, todas as respostas corretas, cada uma das quais atingiu seu pleno vigor associativo num só ensaio, situar-se-ão num padrão "seqüencial" e o hábito tornar-se-á "estereotipado". A posição de Guthrie sobre a transferência é semelhante à formulada por Thorndike, a saber: só pode existir um montante significativo de transferência naquelas situações de aprendizagem em que há uma identidade de elementos em uma e outra situação. Apesar da sua orientação apoiada no condicionamento, Guthrie não subscreve o princípio de extinção por falta de reforço. Pelo contrário, ele sustenta que a antiga aprendizagem só é obliterada após a aquisição de nova aprendizagem, e que os hábitos que não estiverem sujeitos à interferência durarão anos. A teoria de Guthrie proporcionou um modelo provocante para explicar a aprendizagem de habilidades e foi ampliada por seu autor e colaboradores de modo a abranger também a área da aprendizagem e conflito humanos.

CONDICIONAMENTO OPERANTE — Método instrumental de condicionamento sistematicamente investigado por *B. F. Skinner* e hoje aplicado em grande escala nos domínios da psicologia da aprendizagem, da emoção e motivação. Fundamentalmente, obedece ao modelo de condicionamento clássico de Pavlov mas apresenta algumas vantagens operacionais que passam a ser indicadas. (1) Um estímulo provoca uma resposta que coloca à disposição do animal um estímulo gratificante, assim criando maiores probabilidades de que a mesma resposta se repita; ou (2), alternadamente, um estímulo provoca uma resposta que evita ou elimina um estímulo nocivo ou punitivo, criando assim maiores probabilidades de suscitar a mesma resposta. A RC (resposta condicionada) é a que suscita o estímulo gratificante ou evita o estímulo nocivo. O EC (estímulo condicionado) é o estímulo neutro que provoca RC; e o ENC (estímulo não-condicionado) suscitado por RC tem o nome de *reforço*. A principal diferença operacional entre o condicionamento clássico e o instrumental (ou operante) consiste no fato de, no primeiro, a ocorrência de RC ser *forçada reflexivamente* (salivação, reação galvanocutânea ao choque elétrico, etc.), ao passo que, no segundo, a RC é *voluntária*, na medida em que se associa aos estímulos através de *aprendizagem* (acionar uma alavanca, fugir da parte eletrificada de uma grelha para a parte não eletrificada, formar uma opinião, etc.). Além disso, no condicionamento clássico, o ENC ocorre sem levar em conta o comportamento do sujeito, ao passo que no condicionamento operante o reforço fica na contingência da resposta que ocorrer, isto é, está na dependência da aprendizagem de um determinado comportamento. Embora Skinner realizasse a maior parte do seu trabalho de pesquisa original com ratos brancos, os seus métodos estão sendo amplamente utilizados em sujeitos humanos. Sin.: CONDICIONAMENTO INSTRUMENTAL.

CONDUÇÃO — Transmissão do impulso nervoso através de um neurônio, desde o dendrito até o axônio terminal, ou de um neurônio para outro (condução sináptica).

CONDUTA — De modo geral, usa-se a palavra como sinônimo de comportamento, o que é, em parte, um erro. A conduta refere-se a um dado nível do comportamento que é especialmente determinado pela antecipação e a *volição*. Por outras palavras, a conduta não é um comportar-se, mas um *querer comportar-se*.

CONDUTISMO — Ver: BEHAVIORISMO.

CONES — Corpúsculos da retina. (Ver: OLHO)

CONEXIONISMO — A doutrina proposta por Edward L. Thorndike segundo a qual os mediadores funcionais entre estímulo e resposta, ou entre associações, são *conexões* neurais que podem ser herdadas ou adquiridas através da aprendizagem. "A essência da minha posição a respeito do mecanismo fisiológico da aprendizagem é a seguinte: as conexões estabelecidas entre a situação e a resposta estão representadas pelas conexões entre os neurônios (aferentes e eferentes), de forma que a comoção ou corrente nervosa é conduzida dos primeiros aos segundos através das sinapses." (Thorndike, *Educational Psychology*, 1913). Ver: ENSAIO-E-ERRO, APRENDIZAGEM POR.

CONFABULAÇÃO — Compensação por perda de memória com a invenção de detalhes. No Rorschach, dá-se o nome de confabulações às respostas aleatórias e desorganizadas.

CONFIANÇA, INTERVALO DE — Intervalo que apresenta a estimativa de um valor, situando-se entre dois limites entre os quais é possível supor, com certo grau de confiança, que esteja situado o verdadeiro valor que se quer estimar.

CONFIRMAÇÃO — Princípio proposto por Edward Tolman em lugar de *reforço* como fator de aprendizagem.

CONFLITO — Funcionamento simultâneo de impulsos opostos ou contraditórios. O estado em que a pessoa se encontra quando impulsos, tendências ou sentimentos antagônicos foram desencadeados e é necessário fazer uma opção sem a qual o conflito não se resolverá e redundará em frustração. O conflito, como fonte de frustração, tem sido extensamente estudado pela psicologia do comportamento e do ajustamento. J. Dollard, L. W. Doob, N. E. Miller e outros experimentalistas descreveram quatro variedades de situações de conflito: (a) *conflitos de abordagem-abordagem*, (b) *conflitos de evitação-evitação*, (c) *conflitos de abordagem-evitação* e (d) *conflitos de dupla abordagem-evitação*. (Ver: SAWREY, CAIXA DE.) Quando os conflitos são entre valores ou são de natureza essencialmente moral, dá-se-lhes o nome de *conflitos internos*.

CONFLITO ATUAL — Expressão psicanalítica usada por Freud para indicar o funcionamento presente (*aktuel*) de um antagonismo entre um desejo consciente e um inconsciente. O conflito atual é considerado uma transformação de um *conflito primordial* cujas origens se radicam no período mais remoto da infância.

CONFLITO BÁSICO — Descrito por Karen Horney como o conflito entre as tendências neuróticas fundamentais de se aproximar de uma pessoa, de se distanciar dela ou de agir contra ela.

CONFLITO CENTRAL — Conceito psicanalítico empregado por Karen Horney para definir o conflito intrapsíquico entre a totalidade das forças saudáveis e construtivas do *eu real* e a totalidade das forças obstrutivas e neuróticas do *eu idealizado*.

CONFLITO, SITUAÇÃO DE — Conjuntura em que uma pessoa se encontra dominada por duas forças opostas de influência semelhante. Por exemplo, ter de realizar uma tarefa muito desagradável, que preferia não fazer, e saber que será punida se não a executar.

CONFLUÊNCIA — Termo usado em muitos contextos específicos: (1) Na *percepção*, designa a natureza do fenômeno de combinação de partes separadas de uma figura geométrica, de modo a causar erro percentual que não é dado por qualquer dessas partes (exemplo: as ilusões de Müller-Lyer, Hering, Jastrow e outros); (2) Na *Psicologia Adleriana*, refere-se à escolha de um objetivo ou meta, em resultado de uma concorrência de motivos; (3) Na *Psicologia de Raymond Cattell*, é um grupo de respostas que servem finalidades originalmente conflitantes.

CONFORMAÇÃO, TESTE DE — Fórmula para calcular a probabilidade de que um conjunto de dados esteja em conformidade com o que se esperaria observar se certa lei ou causa estivesse atuando; medida da *conformação* de uma curva à distribuição das observações reais. (Ver: CONTINGÊNCIA, QUADRADO DA)

CONHECIMENTO — Resultado de saber ou conhecer. O conhecimento simples chama-se *apreensão* (que inclui a percepção); o mais complexo chama-se *compreensão* ou *entendimento* (conhecimento de relações, significados, etc.). Acervo de informações conservadas e entendidas (assimiladas) por um indivíduo ou por uma cultura.

CONHECIMENTO SIMBÓLICO — Conhecimento que pode ser expresso em símbolos e assim comunicado a outras pessoas.

CONJUNTO — Uma das leis da organização da boa forma. (Ver: PSICOLOGIA DA GESTALT)

CONSCIÊNCIA — O sistema de valores morais do indivíduo; o sentido de certo e errado na conduta que os teólogos acreditavam ser uma característica inata, mas a psicologia sustenta hoje, de um modo geral, ser adquirido por aprendizagem. A psicologia experimental recusa o emprego da palavra "consciência", por suas conotações não-científicas e não-físicas, preferindo usar *mente* ou *eu*. Em psicanálise, é sinônimo de *Superego*, o conjunto de valores morais e éticos introjetados, os quais foram adquiridos através dos pais.

CONSCIÊNCIA, ESTADOS ALTERADOS DE — Estados de consciência diferentes da experiência vígil normal, como os produzidos pelo sono, hipnose ou drogas.

CONSCIÊNCIA DE SI MESMO — Atividade psíquica pela qual o sujeito nutre o sentimento de ser um indivíduo singular e total em suas relações consigo mesmo e com o mundo exterior.

CONSCIÊNCIA SUBLIMINAR — O resultado de estimulação fraca demais para atingir o limiar da consciência, mas que pode, porém, afetar o comportamento. Ver: PERCEPÇÃO SUBLIMINAR.

CONSCIÊNCIA, TEORIA MOTORA DA — Doutrina de que a consciência é uma correlação subjetiva da atividade motora, dando o maior destaque à parte *eferente* da estrutura sensorial, isto é, o teor particular da consciência é devido à reação motora e o modo como percebemos um objeto depende de como a ele reagimos muscularmente. A doutrina baseada nos tipos de Kretschmer, foi desenvolvida como uma Psicologia Motora por W. Enke (*Die Psychomotrik der Konstitutionstypen*), O. Klemm (*Motorik — Neven Psychologischen Studien*) e outros.

CONSCIENTE — A parte da psique que regula, suprime e modifica a expressão do instinto, de acordo com o sentido individual de valores sociais e morais. O consciente está apto a responder à estimulação. É o que está envolvido no processo de "ser cônscio de", "conscientizar", e o que caracteriza uma reação de que o indivíduo está cônscio. Em psicanálise, é a parte da mente que "percebe" o meio imediato.

CONSCIENTE, CONTEÚDO — Ou conteúdo mental. Tudo aquilo que "está na mente" e de que temos conhecimento em qualquer momento. A Psicologia Estruturalista é definida como o estudo científico desse conteúdo. Alguns autores identificam o conteúdo com o objeto da consciência e suas qualidades, outros estabelecem o contraste, considerando conteúdo mental apenas as qualidades. Para Edward B. Titchener (*Experimental Psychology of the Thought Processes*, 1909), o conteúdo mental era um *processo*, enquanto que para J. R. Weinberg (*Die Dynamik des schöpferischen Aktes*, 1954) processo é o *ato mental* que resulta da apreensão de um conteúdo. (Ver: ESTRUTURALISMO)

CONSCIENTE, EXPERIÊNCIA — Conhecimento de um processo mental de percepção, emoção, motivação, etc. Mais genericamente, o termo "experiência" é usado como equivalente de aprendizagem.

CONSELHEIRO — Pessoa profissionalmente treinada para exercer atividades orientadoras que ajudem outras pessoas a compreender e solucionar os problemas de ajustamento que as perturbam. As áreas habituais do conselheiro são: (a) *Psicologia Orientadora* — o treino psicoterápico habilita-o a ocupar-se das seqüelas ou corolários de doenças físicas ou mentais, refletidos em problemas sociais, vocacionais ou escolares; (b) *orientação vocacional* — cujos processos giram em torno dos problemas de escolher uma vocação e preparar o indivíduo para ela;

(c) *orientação educacional* — para ajudar os alunos a selecionar os melhores programas e métodos de estudo, à luz de suas capacidades, motivações, interesses, planos e circunstâncias sociais; (d) *orientação social* — para tratar dos problemas de ajustamento interpessoal, melhorar as condições em que se desenvolve a experiência grupal e guiar as atividades extraprofissionais nos períodos ociosos dos membros do grupo social.

CONSENTIMENTO — Segundo C. G. Jung (*Tipos Psicológicos*), a introjeção do objeto em grau tal que se realiza uma verdadeira *compenetração* recíproca do objeto e do eu é *Einfühlug* (= consentimento).

CONSERVAÇÃO — A aptidão de uma criança para ignorar transformações irrelevantes. Assim, num certo nível do desenvolvimento, ela percebe que a quantidade de água não muda ao ser despejada em copos de diferentes tamanhos e formatos.

CONSOLIDAÇÃO, TEORIA DA — Teoria de aprendizagem segundo a qual as transformações psicofisiológicas que constituem a aprendizagem se mantêm por algum tempo depois de cessarem as atividades que as motivaram.

CONSTÂNCIA — O fato de os objetos da percepção conservarem certa aparência normal e invariável, independentemente dos estímulos circundantes e dos componentes dos estímulos que compõem o padrão percentual.

CONSTELAÇÃO — Padrão de associações carregadas de sentimento ou emoção, apresentando-se ativamente na consciência para influenciar o comportamento.

CONSTITUIÇÃO — Composição herdada e razoavelmente constante do organismo, métodos e capacidades do corpo. (Ver: PERSONALIDADE, TIPOS DE)

CONTAMINAÇÃO — Fator que permite o exercício da influência da variável a ser validada sobre a variável usada para a validação. Por exemplo: o conhecimento, pelo experimentador, dos sujeitos que pertencem a um grupo experimental e dos que pertencem ao grupo de controle pode levá-lo a "contaminar" os seus resultados, se tratar os dois grupos de maneira diferente, tornando inútil a comparação.

CONTEXTO SIGNIFICATIVO, TEORIA DO — Doutrina da Psicologia Estruturalista, segundo a qual o *significado* consiste nas imagens *habitualmente* associadas à sensação, isto é, à apresentação sensorial. É essa relação entre o objeto externo, num contexto significativo, e os processos conscientes vinculados à percepção do objeto que determina a natureza da imagem produzida (cf. *Lehre von dem Banzen*, de F. Krüger, 1948). (Ver: ESTRUTURALISMO)

CONTIGÜIDADE, LEI DA — Um estímulo adquire a máxima eficácia em suscitar uma reação (ou resposta) quando ambos ocorrem simultaneamente. Este princípio constitui a condição suficiente para diversas teorias: a do *condicionamento* é uma delas.

CONTINGÊNCIA — Relação entre duas variáveis quando a sua medida é baseada no afastamento total das freqüências conjuntas de valores que teriam na hipótese de independência estatística. O termo foi proposto e conceituado por K. Pearson, em 1904. Existem vários coeficientes de contingência, como o de Youle, o Fi, o de Pearson e o de Tchuprow.

CONTINGÊNCIA QUADRÁTICA — Método de calcular se uma distribuição difere dos valores esperados em grau tal que prove a intervenção de fatores não-contingentes. A contingência quadrática de 2 atributos x e y, que admitem n alternativas x_i e r alternativas y_j, é expressa por:

$$x^2 = \sum_{j=1}^{r} \sum_{i=1}^{n} \frac{d^2 ij}{\beta ij} \quad \text{onde}$$

x^2 indica o quadrado da contingência; βij, os valores de independência e dij, as subcontingências.

CONTINUIDADE GENÉTICA, TEORIA DA — Princípio de que todos os estágios do desenvolvimento psicológico são produto de estágios anteriores.

CONTRAÇÃO — Encurtamento de um músculo. A contração é *tetânica*, se contínua; *fásica*, se ocorrer em intervalos regulares, ou *tônica*, se apenas mantém as partes do organismo em sua posição ou estado normal. Um músculo contraído diz-se em *tensão*; se descontraído, está em *relaxamento*.

CONTRA-INVESTIMENTO — Termo psicanalítico que define o processo de vinculação a uma idéia consciente de um sentimento oposto àquele que essa idéia encerra quando recalcada no inconsciente. Por exemplo, a aversão reprimida por uma pessoa é substituída no nível consciente por manifestações de afeto a essa mesma pessoa.

Na teoria econômica do recalque, Freud refere-se ao contra-investimento como a prevenção de uma satisfação (ou de um investimento) por intermédio de forças psíquicas oriundas do ego ou superego. Sin.: ANTICATEXIA.

CONTRATRANSFERÊNCIA — As atitudes, sentimentos e fantasias que o analista experimenta, em relação ao seu paciente, muitas das quais provêm, aparentemente de modo irracional, de suas próprias necessidades e conflitos psíquicos e não das circunstâncias reais de suas relações com o paciente. (Ver: TRANSFERÊNCIA)

CONTRAVONTADE — Capacidade de dizer "não" a outros ou aos nossos próprios impulsos, considerada por Otto Rank o núcleo da personalidade.

CONTROLE, GRUPO DE — Um grupo o mais possível equivalente a um grupo experimental e exposto a todas as condições da investigação, exceto quanto à variável experimental que está sendo estudada. Esse grupo deve ser representativo da população a que irá aplicar-se a generalização teórica da experiência.

CONVERGÊNCIA, TEORIA DA — Diz-se da teoria que explica os fenômenos psicológicos em termos da convergência das qualidades congênitas ou adquiridas e das situações específicas externas, em contraste com a teoria unilateral das reações inatas ou empíricas. É também denominada *Teoria das Interações*. (Ver: INTERAÇÃO e CENOTROPO)

CONVERGENTE, PENSAMENTO — Expressão da Psicologia Experimental. Nos testes de inteligência, o examinando responde a perguntas formuladas de modo que se obtenha uma resposta "certa". A medida que resulta constitui, portanto, um índice de pensamento *convergente* (isto é, se o examinando quiser ser bem-sucedido no teste, todos os seus pensamentos devem *convergir* para uma resposta certa). (Ver: PENSAMENTO DIVERGENTE)

CONVERSÃO — Mecanismo psicológico pelo qual a energia psíquica (ou um conflito psíquico inconsciente) é transferida para manifestações anormais do funcionamento fisiológico. Exemplo característico é a *conversão histérica*, em que o conflito neurótico é representado, primordialmente, por distúrbios nos sistemas sensorial e motor e, em menor grau, no sistema nervoso autônomo (vertigens, vômitos histéricos, paralisias, etc.).

CONVULSÃO — Contração muscular violenta e involuntária.

COPROFILIA — A atração mórbida pelos excrementos, especialmente fezes.

COR — Característica percebida da luz, à parte as características de tempo e espaço. Inclui a cor *cromática* (a que popularmente se chama cor), que é o componente sensorial da experiência visual nas séries cromáticas (caracterizadas pelo brilho, tonalidade cromática e saturação) e a cor *acromática*, que é o componente sensorial da experiência visual nas séries preto-cinza-branco (caracterizadas pela saturação zero e, portanto, ausência de tonalidade cromática).

COR, CONTRASTE DE — Os efeitos sobre a percepção de cor devem ser vistos em justaposição temporal ou espacial com outra cor. Quando duas cores *complementares* são justapostas, o efeito é intensificar a diferença entre ambas: é esta a característica primária do contraste. Mas essa intensificação da diferença é apenas um dos efeitos da justaposição. O efeito geral é que cada cor passa a ser vista como se um pouco da cor complementar da sua cor vizinha tivesse sido misturada na primeira. Assim, o vermelho visto ao lado da sua cor complementar, o verde, parece ainda mais vermelho (como se o verde tivesse lançado um pouco mais de vermelho sobre o vermelho seu vizinho); mas vermelho ao lado de azul vê-se como se um pouco da cor complementar do azul (amarelo) lhe tivesse sido misturada. Estas observações serviram de fundamento à *Teoria das Cores Opostas*, proposta em 1955 pelos psicólogos L. Hurvich e D. Jameson, que pressupõe a existência de quatro cores básicas em dois pares: amarelo-azul e verde-vermelho.

CORES COMPLEMENTARES — Pares de cores que, misturadas em determinadas proporções, produzem o cinzento. Por extensão, o preto e o branco são considerados cores complementares. Sin.: Antagonismo Cromático.

CORES OPOSTAS, TEORIA DAS — Teoria formulada, em 1955, pelos psicólogos L. Hurvich e D. Jameson, segundo a qual todas as sensações de cor são produzidas por dois pares de receptores, em que um par produz a sensação de vermelho ou de verde e o segundo par a de azul ou amarelo. Esses dois pares, mais o par acromático branco-preto, participariam em todas as misturas de cor, na maioria dos defeitos de visão cromática e na aparência da "pureza", "semelhança" e "dessemelhança" entre os vários tons do círculo cromático. Esta teoria é atualmente considerada mais satisfatória do que a *teoria das três cores* de Young-Helmholtz. (Ver: COR, CONTRASTE DE)

CORPORAL, ESQUEMA — Padrão global do conhecimento direto ou sensorial que o indivíduo forma de seu próprio corpo, excluindo os relatos cinestésicos ou os movimentos dirigidos para fora (*padrão de coenestesia*). Distingue-se da *imagem corporal* porque esta é uma experiência real, enquanto que o *esquema* é um padrão, uma estrutura adquirida que co-determina a imagem corporal em determinada situação.

CORPORAL, IMAGEM — Imagem ou representação mental de todas as sensações corporais, localizada numa região do córtex. Deriva de todas as sensações internas, mudanças posturais, contatos com objetos externos e pessoas, experiências emocionais, fantasias, etc., transmitidos ao centro cortical. É o *conceito básico* da configuração física do eu.

CORPOS ESTRIADOS — As porções situadas na base de cada hemisfério cerebral, compostas dos núcleos caudais e lenticulares e da cápsula interna. Sin.: Gânglios Basais, incluindo, algumas vezes, o tálamo.

CORRELAÇÃO — Relação quantitativa concomitante entre duas ou mais variáveis.

CORRELAÇÃO CANÔNICA — Correlação não nula em um conjunto de variáveis canônicas. A teoria das variáveis canônicas e correlações canônicas foi desenvolvida por Hotelling (1930).

CORRELAÇÃO, COEFICIENTE DE — Coeficiente que indica o grau de relação entre duas ou mais variáveis. O mais empregado é o coeficiente de correlação linear de Pearson, simbolizado pela letra *r*. Ainda se dispõe do coeficiente ordinal de Spearman, do coeficiente de correlação bisserial, do coeficiente de correlação tetracórica e outros.

CORRELAÇÃO, ÍNDICE DE — Medida de relacionação representada pela raiz quadrada da proporção de *variância* de uma variável dependente que pode ser imputada a *eta*; a relação curvilínea entre a mesma e a variável independente. O índice nunca é inferior ao coeficiente de correlação do produto-momento (r) nem superior a *eta* (n: proporção de correlação).

CORRELAÇÃO INTERCLASSE — Sinônimo de correlação sendo usado apenas para se fazer a distinção com correlação intraclasse.

CORRELAÇÃO INTRACLASSE — Uma correlação que pode ser verificada entre variáveis simétricas.

CORRELAÇÃO MÚLTIPLA — Correlação entre uma variável e um conjunto de outras variáveis. Através da correlação múltipla é possível obter a equação de regressão múltipla da primeira variável sobre as demais, a qual indica a melhor estimativa que pode ser feita quanto ao valor dessa variável a partir dos valores das outras.

CORRELAÇÃO PARCIAL — Correlação linear existente entre dois atributos, quando se mantém constante ou se elimina pelo cálculo a influência de outros atributos. A teoria da correlação foi desenvolvida em 1896 por K. Pearson.

CORRELAÇÃO R. — Técnica para determinar — em condições constantes e para uma dada população de pessoas — até que ponto estão relacionadas duas tarefas ou funções, de acordo com o método de análise fatorial de Raymond Cattell (*A Guide to Mental Testing*, 1937).

CORRELAÇÃO TETRACÓRICA — Correlação obtida através de um coeficiente, designado por r_t, que se aplica quando duas variáveis são contínuas, de distribuição normal e artificialmente dicotomizadas.

CORRESPONDÊNCIA, TEORIA DA — Princípio pelo qual tudo o que é verdadeiro a respeito do *comportamento molecular* é igualmente válido para o *comportamento molar* e que, portanto, se deve procurar um princípio unificador.

COR, TEORIAS DA — Tentativas sistemáticas para organizar os fatos e hipóteses respeitantes à visão da cor num quadro de referência que explique os fenômenos visuais. Em termos gerais, qualquer teoria deve explicar o seguinte: (a) os fenômenos de mistura de cores; (b) cores primárias e cores complementares; (c) efeitos de contraste simultâneos e sucessivos; (d) daltonismo e acromatismo.

Há muitas e conhecidas teorias da visão da cor, incluindo a Teoria Young-Helmholtz (*ver*), que na década de 1960 recebeu apoio empírico de três tipos de cones sensíveis, respectivamente, ao vermelho, verde e azul; a Teoria Ladd-Franklin (*ver*), que postula quatro cores primárias — vermelho, verde, amarelo e azul; a Teoria Hering (*ver*), que postula seis cores primárias — preto, branco, vermelho, verde, azul e amarelo. Destas três teorias, a Ladd-Franklin é a que conta com menos suporte empírico.

CÓRTEX AD-RENAL — Camada exterior das glândulas supra-renais, da qual se extrai o hormônio denominado cortisona.

CÓRTEX CEREBRAL — Camadas superficiais de matéria cinzenta dos hemisférios cerebrais. O córtex é o mais recente desenvolvimento evolucionário do sistema nervoso e constitui o órgão mais crítico e diferencialmente envolvido nos processos mentais e do comportamento. (Ver: CÉREBRO, ÁREAS DO)

CORTI, ÓRGÃO DE — A estrutura espiral da cóclea (caracol) que contém as células receptoras do ouvido interno.

CORTICAL, CONTROLE — Influência exercida pelo córtex sobre as atividades das áreas inferiores.

CORTICAL, NÚCLEO DE RETRANSMISSÃO — Núcleo que recebe uma fibra nervosa diretamente do sistema ascendente-aferente e a projeta no córtex cerebral.

CRANIANOS, NERVOS — Doze pares de nervos que saem diretamente do cérebro. São numerados de I a XII e também têm nomes individuais; por exemplo, o VIII nervo é o nervo auditivo.

CRESCIMENTO — Aumento gradual de um organismo ou suas partes, em ordem de grandeza, ou um incremento análogo na grandeza ou amplitude de uma função. Distingue-se de desenvolvimento, na medida em que este implica fatores não incrementais, como a evolução para um estado mais maduro das faculdades e da capacidade mentais.

CRESCIMENTO, PRINCÍPIO DO — Teoria proposta por Carl Ransom Rogers (*Measuring Personality Adjustment in Children*, 1931), segundo a qual existem forças integrativas e criativas, dentro do indivíduo, que promovem o discernimento e a seleção de melhores meios de ajustamento, desde que se desenvolvam numa atmosfera livre de censura e coerção.

CRIATIVIDADE — A capacidade de produzir novas formas de arte e ciência para resolver problemas por métodos inteiramente novos.

CRIPTOMNÉSIA — Algo visto, ouvido ou lido, que foi esquecido e ulteriormente reproduzido sem consciência da respectiva fonte.

CRITÉRIO — Variável usada como termo de comparação na determinação da validade de um teste; assim, o critério deve aproximar-se ao máximo de uma perfeita avaliação daquilo que o teste pretende medir.

CROMÁTICA, CONSTÂNCIA — O fato de as cores de um objeto corrente serem relativamente independentes de alterações na iluminação ou outras condições visuais. Por exemplo, um lápis vermelho vê-se vermelho ainda que a iluminação seja verde.

CRONBACH, LEE J. — Psicólogo americano cujos trabalhos se concentram, principalmente, no que se refere à confiabilidade dos instrumentos de medição, em psicologia. Apresentou valiosas contribuições no tocante à validação do teste, como por exemplo, a validade do construto em testes de personalidade.

CULMINANTES, EXPERIÊNCIAS — Designação dada por Abraham Maslow ao tipo de experiências por que passa uma pessoa quando se sente no auge dos seus poderes, usando todas as suas capacidades da melhor e da mais completa forma. Maslow considera as experiências culminantes (*peak-experiences*) a mais intensa forma de experiências de identidade; a pessoa sente-se mais integrada, mais singularmente ela própria, em pleno funcionamento, na expressão de Rogers.

CULPA, SENTIMENTO DE — Compreensão de que se violou um princípio ético ou moral, combinada com um sentimento de desclassificação pessoal resultante dessa violação. A culpa *inconsciente* manifesta-se através de várias manifestações indiretas, embora a pessoa possa negar o cometimento da ação ofensiva. A culpa *imaginada* serve de *tela* a alguma culpa profundamente reprimida. Assim, a pessoa que tem desejos incestuosos violentamente reprimidos, mas não os sentimentos de culpa concomitantes, inventará algumas transgressões secundárias para explicar o sentimento de culpa a si própria e proteger-se contra a descoberta da causa real.

CULTURA — Sistema de atitudes, normas e disposições materiais ou de comportamento, mediante o qual uma sociedade obtém para os seus membros satisfações maiores do que seria possível conseguir se vivessem em estado natural. Numa cultura estão incluídas as instituições sociais e "o saber, as crenças, as artes, a moral, as tradições e costumes, e quaisquer outras capacidades e hábitos adquiridos pelo homem como membro de uma sociedade" (*Sir* Edward B. Tylor, *Anthropology*, 1881). Bronislaw Malinowski ("Uma Teoria Científica da Cultura", 1962) define cultura como "um amálgama global de instituições em parte autônomas, em parte coordenadas (...) que se integra numa série de princípios tais como a comunhão de sangue por meio da procriação, a contigüidade em espaço relacionada com a cooperação, a especialização em atividades... o uso do poder na organização política" e o comportamento organizado em agrupamentos permanentes. [Entre as inúmeras definições existentes de Cultura, Kultur e culturas, registramos duas que apresentam conotações diretas com a Psicologia Social e a Antropologia Cultural.]

CULTURAL, COMPLEXO — Padrão de atividades sociais tão intimamente interligadas numa determinada comunidade que formam uma unidade. Esta unidade corresponde a uma *área cultural*, na qual todos os seus componentes têm em comum importantes complexos inerentes à cultura da área em causa.

CULTURAL, RELATIVISMO — Doutrina de que os princípios culturais derivados de pesquisas numa cultura não podem ser diretamente aplicados noutra cultura.

CULTURA, TRANSMISSÃO — A expressão destaca aqueles aspectos da aprendizagem por meio dos quais as crianças adquirem o comportamento característico de uma cultura. (Ver: ACULTURAÇÃO)

CUMULATIVA, ESCALA — Uma escala de atitude em que os itens foram dispostos de tal maneira que uma resposta a qualquer item dado pode ser considerada indicativa de acordo com todos os itens de posição inferior. Sin.: ESCALA DE GUTTMAN.

CURVA NORMAL — Lugar geométrico dos pontos que têm por abscissa um valor de x da variável aleatória e tem por ordenada o valor.

$$y = \frac{1}{\sigma\sqrt{2\pi}} \; e - \frac{(x-\mu)^2}{2\sigma^2}, \text{ em que:}$$

σ = desvio-padrão da distribuição; π = 3,1416; e = 2,718 (base do sistema de logaritmos naturais), μ = média de distribuição, x – variável independente, y = variável dependente. A curva normal tem como parâmetros μ e σ e apresenta dois pontos de inflexão correspondentes, respectivamente, aos valores de x = μ + σ e x = μ – σ, é simétrica em relação à sua ordenada máxima e nela coincidem os valores da média aritmética, da mediana e da moda. A variável x pode variar de – ∞ a + ∞.

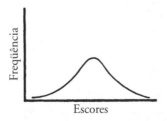

Representação gráfica da curva normal

Sin.: Curva gaussiana; Curva de probabilidade; Curva de freqüência normal.

CUTÂNEOS, SENTIDOS — As duas modalidades de sentidos cujos receptores estão situados na pele ou imediatamente abaixo dela (ou, ainda, nas membranas mucosas externas). São elas: (1) TATO, que abrange toda a superfície do corpo, embora existam pequenas áreas (pontos de tato) de maior concentração de sensibilidade (as mãos, o rosto) do que outras. Essa sensibilidade à pressão de um estímulo externo é causada por uma série de receptores especializados, cujas fibras neuro-sensoriais, na pele, terminam em ramificações livres, de uma estrutura especial, e encapsuladas. As estruturas especiais são chamadas *corpúsculos de Meissner*, formados por núcleos neurais — os discos de Merkel — donde partem as ramificações livres para a base dos folículos capilares. (2) TEMPERATURA, modalidade sensorial estreitamente ligada à anterior, embora disponha de estruturas terminais autônomas: os *terminais de Ruffini* para os estímulos de "calor" e os *bulbos de Krause* para o "frio". Existe um tipo de célula sensorial localizado nas camadas mais profundas da pele e distribuído por todo o corpo (no mesentério, no tecido subcutâneo e em torno dos músculos), denominado *corpúsculo de Pancini*, de estrutura *oniforme*, com sucessivas camadas dispostas em torno de um núcleo central, e que parece ser a célula-mater de todos os mecanismos reguladores da sensibilidade cutânea, reagindo tanto às mudanças de pressão (tato) como aos estímulos vibratórios (temperatura).

DEBILIDADE MENTAL — Ver: MENTAL, DEBILIDADE.

DECIBEL — Unidade de medição da diferença entre a intensidade percebida de um determinado som e a de um som-padrão. Convencionalmente, o som-padrão é o de uma onda atmosférica que exerce uma pressão de 0,0002 dines por cm^2, constituindo o limiar humano de intensidade para um som de 1.000 ciclos por segundo. O decibel é 10 vezes o $\log_{10}$ da razão entre essa diferença apenas perceptível (dap auditivo) e o som de comparação. A conversação normal situa-se entre 60 e 70 decibéis acima do som-padrão.

DECIL — Representa um dos nove valores que dividem uma distribuição de freqüências em dez intervalos, contendo cada um deles a décima parte do total de casos.

DEDUÇÃO — Modo de raciocínio que parte de premissas ou proposições e destas procura derivar conclusões válidas. O método *dedutivo* contrasta com os métodos *empírico e experimental*, que são predominantemente *indutivos*. A dedução começa com as verdades estabelecidas, a indução com os fatos e observações. (Ver: INDUÇÃO)

DEFESA, MECANISMOS DE — Certas estruturas permanentes da psique que habilitam a pessoa a furtar-se ao conhecimento consciente de tudo o que possa causar-lhe ansiedade. Os mecanismos são considerados categorias descritivas e não explicativas do comportamento. A sistematização psicanalítica original caracterizou-os como inteiramente inconscientes e autosugestivos. Conquanto essas características ainda sejam aceitas, está comprovado que o grau de motivação inconsciente pode variar de forma considerável. Entre os mecanismos de defesa mais comuns contam-se: a *racionalização* — apresentação de razões socialmente mais aceitáveis mas fictícias, em lugar das "verdadeiras" razões socialmente menos aceitáveis, para justificar um comportamento; a *projeção* — atribuição defensiva dos nossos motivos, atitudes e condutas menos dignos a outras pessoas ou coisas; a *identificação* — tentativa de melhorar o nosso próprio *status* luzindo na glória refletida de um grupo ou indivíduo superior; a *formação de reação* — substituição de uma tendência considerada objetável da personalidade por outra tendência que é o oposto exato da primeira.

DEFESA NEURÓTICA — Defesa que bloqueia a expressão saudável do impulso instintivo, provocando, assim, um surto neurótico.

DEFESA PERCEPTUAL — Seletividade da percepção para que sejam bloqueados os estímulos desagradáveis ou geradores de ansiedade. A defesa perceptual tem sido experimentalmente testada e comprovada quando palavras tabus são rapidamente apresentadas e erroneamente percebidas.

DEFESA PSICÓTICA — Procedimento psíquico adotado pelo sujeito para evitar os conflitos com que se defronta em sua relação com a realidade. Esses procedimentos constituem defesas psicóticas, entre as quais se destacam a projeção, a foraclusão, o delírio e o desmentido (da realidade). Além de Freud, Melanie Klein, Wilfred Bion e Jacques Lacan dedicaram extensos estudos ao funcionamento psicótico do mecanismo de defesa.

DEFICIÊNCIA MENTAL — Expressão que designa todos os níveis de desenvolvimento intelectual subnormal. Distinguem-se, convencionalmente, os seguintes graus: (a) *deficiência limítrofe*, em que a pessoa é legalmente competente mas ligeiramente subnormal em inteligência (QI 70-80); (b) *debilidade* (QI 50-69), em que a pessoa é capaz de ganhar a vida, sob condições favoráveis, mas não pode competir em igualdade de termos, por defeito mental congênito ou adquirido na infância, com os seus semelhantes normais; (c) *imbecilidade* (QI 25-49), em que a pessoa é capaz de proteger-se contra perigos correntes mas não de ganhar a vida; (d) *idiotia* (QI abaixo de 25), em que a pessoa é incapaz de proteger-se dos perigos comuns e não pode ser ensinada a coordenar a fala.

DEFLEXÃO — Em Psicanálise, reação de defesa em que a atenção se desvia do objeto de desagrado.

DÉJÀ VU — Expressão francesa que significa, literalmente, "já visto". Em Psicologia, define uma sensação errônea ou uma ilusão de reconhecimento de uma experiência *atual* como se já tivesse acontecido *antes*. Constitui um tipo de *paramnésia*.

DELINQÜÊNCIA — Violação relativamente secundária dos códigos legais ou morais, em especial por crianças e adolescentes: delinqüência infantil ou juvenil. O comportamento anti-social é devido, em grande parte, a problemas de desajustamento pessoal ou deficiência mental.

DELÍRIO — Estado mental confuso, associado a graves disfunções cerebrais, e que se caracteriza por distúrbios na consciência e no sistema sensorial: desorientação, alucinação, ilusão, inquietação, delusão e, por vezes, acentuada agitação. Registra-se, com maior freqüência, nos estados de intoxicação natural (febres) ou artificial (narcóticos, álcool, etc.).

DELIRIUM TREMENS — Síndroma clínica resultante da abstenção alcoólica após um período de prolongada intoxicação. Caracteriza-se pelo delírio e acentuados tremores do tronco e membros superiores.

DELUSÃO — Crença indestrutível numa idéia ou grupo de idéias obviamente contrárias à lógica, à realidade do meio externo ou às crenças correntemente aceitas da cultura do indivíduo.

DEMÊNCIA — Grave deterioração mental, caracterizada pelo declínio patológico das capacidades orgânicas ou funcionais. Suas duas formas funcionais são: a *demência infantil* (doença de Heller), doença degenerativa, com atrofia de células nervosas do cérebro, que ocorre por volta dos três anos de idade e leva rapidamente à perda da fala: *demência senil*, gradual, mas finalmente grave perda de eficiência mental na velhice, sobretudo no aspecto intelectual. (Para demências orgânicas, ver: ESQUIZOFRENIA, PARESE)

DEMÊNCIA PRECOCE — Ver: ESQUIZOFRENIA.

DEPENDÊNCIA — Relação causal entre fenômenos, coisas ou pessoas. Na Psicologia Topológica (ver) é o grau em que uma alteração numa *região* provoca alteração em outra. Na *Psicologia Social*, é o grau em que os membros de um grupo social se apóiam mutuamente para formarem suas idéias sobre a realidade social (Wil. Lambert e Wal. Lambert, *Psicologia Social*, 1966). Em Psicanálise, é forma extrema de obliteração do eu, em que se observa necessidade compulsiva de entrega emocional e união total com uma pessoa mais forte (Karen Horney, *Nossos Conflitos Interiores*).

DEPRESSÃO — Síndroma psicopatológica caracterizada por abatimento físico ou moral (tristeza, desolação, perda de interesse, perda de amor-próprio), múltiplas queixas somáticas (insônia, fadiga, anorexia), atraso motor ou agitação e sentimentos de abdicação que são freqüentemente acompanhados de idéias agressivas (ou tentativas) de suicídio. É um dos componentes da psicose maníaco-depressiva.

DEPRESSÃO ANACLÍTICA — René Spitz usa este termo para se referir à síndrome apresentada por crianças muito pequenas que são separadas de suas mães por longos períodos de tempo. No início, a criança dá indicações de aflição mas, após três meses de separação, "...os choros cessam e torna-se necessária uma provocação mais forte para ocasioná-los. Essas crianças deixam-se ficar sentadas de olhos arregalados e inexpressivos, expressão facial rígida e distante, estonteadas e apáticas, não percebendo aparentemente o que se passa à volta delas" (Spitz, *Primeiro Ano de Vida,* Martins Fontes, 2000). Spitz distingue a depressão anaclítica, que considera uma privação afetiva parcial, do hospitalismo, que é a privação afetiva total.

DEPRESSIVA, POSIÇÃO — Segundo Melanie Klein, é a segunda fase na vida mental da criança, abrangendo um período entre os quatro e oito meses de idade. O desenvolvimento intelectual e emocional é acentuado nesta fase, quando suas relações objetais são facilitadas por uma percepção mais completa do mundo externo. Os objetos parciais dão lugar a objetos completos (o seio materno é agora a mãe total e única) e os impulsos destrutivos da posição esquizo-paranóide são substituídos pelos anseios de reparação dos objetos destruídos em sua fantasia. A maior facilidade de expressão e comunicação propicia a ascendência do ego e a primazia da libido oral vai cedendo o passo, gradualmente, à anal e à fálica. Os sentimentos de culpa e reparação caracterizam a posição depressiva. (Ver: ESQUIZO-PARANÓIDE, POSIÇÃO)

DERIVAÇÃO — Comportamento devido a um conflito (especialmente um conflito inconsciente), a um esforço para justificar uma ação. Por exemplo, racionalizar é uma derivação. (Ver: DERIVATIVO)

DERIVATIVO — Em psicanálise, derivativo designa o comportamento dissimulado ou distorcido que permite a uma pulsão do id expressar-se com menos ansiedade. Esse processo consistiria numa defesa do ego agindo contra a pulsão.

DESAJUSTAMENTO — Nas psicologias personalistas, desajustamento significa incapacidade, mais ou menos duradoura, para solucionar os problemas suscitados pelo meio cotidiano, e as causas são, de modo geral, neuróticas, num círculo vicioso entre desajustamento e frustração e mais desajustamento. Nas psicologias sociais, é a incapacidade de o indivíduo satisfazer as exigências do meio circundante, no tocante aos padrões de companheirismo, afiliação e outras formas de relações sociais. O desajustado social é um produto da ausência de hábitos sociais na infância, posição social e econômica inferior ou inadequação do meio social para satisfazer as suas aspirações e necessidades.

DESCARGA — Qualquer atividade ou qualquer objeto estritamente associado a essa atividade que propicie a satisfação de uma necessidade ou impulso.

DESEJO — Representação de algo que a pessoa considera meio de satisfação ou de gratificação. O sentimento de que uma coisa ou condição determinada satisfará ou aliviará uma necessidade ou carência.

DESEJO, REALIZAÇÃO DE — O impulso psíquico para libertar-se da tensão. De acordo com Freud, a realização do desejo é um dos motivos e até a própria lei das formações inconscientes, sendo claramente observada em sonhos, atos falhos, fantasias e em certos sintomas neuróticos (histeria). Nas *Novas Conferências Introdutórias,* Freud afirmou: "Em todo sonho, um desejo pulsional deve figurar como tendo sido plenamente satisfeito. É sob a forma de realização alucinatória de um desejo que sua satisfação se torna possível."

DESEMPENHO — O que uma pessoa faz quando está entregue a uma tarefa, uma atividade pessoal considerada como motivo da obtenção de certo resultado; em termos mais abstratos, categoria de respostas ou reações que altera o meio de modo definido pela categoria, a qual só é descoberta e definida através da observação das respostas ou reações que se verifiquem em duas ou mais situações. São exemplos a aproximação, a evitação, a fuga, o contato, ir às aulas, responder a um teste. Os simples movimentos não são um desempenho, mas o meio para o realizar. Em algumas teorias de aprendizagem, a reação que se traduz na realização de uma tarefa (desempenho) distingue-se da modificação duradoura na aptidão ou capacidade de realização dessa mesma tarefa (aprendizagem).

DESEMPENHO, TESTES DE — Este tipo de testes originou-se na convicção, entre os psicólogos, de que a escala Binet e outros testes de inteligência colocam em grande destaque a compreensão e comunicação da linguagem, favorecendo assim as crianças com maior estimulação verbal por parte da família e do meio cultural onde vivem, em detrimento das crianças oriundas de meios rurais culturalmente pobres. Por exemplo, uma criança de cinco anos, que tivesse vivido sempre no interior e nunca tivesse visto um envelope, dificilmente seria capaz de definir a palavra. Por isso foram planejados testes de aptidão intelectual com uma *dependência mínima da linguagem e máxima da execução de tarefas.* Tabuleiros de mosaicos, emprego de desenhos para fazer analogias, decomposição de objetos, orientação em labirintos, coordenação olho-mão, desenhar e copiar, etc., são alguns dos testes nas *escalas de desempenho.* Por seu uso generalizado, citem-se a *Escala Pintner-Patterson,* a *Escala Arthur,* a *Escala Cornell-Cox de Capacidade de Desempenho,* entre muitas outras.

DESENVOLVIMENTO — Evolução ordenada e sistemática das potencialidades humanas no crescimento do organismo, resultante de fatores inatos, hereditários e maturativos, assim como de influências ambientes.

DESENVOLVIMENTO, NÍVEIS DE — Divisões mais ou menos arbitrárias do tempo de vida em termos de idade cronológica, para meros fins de referência nos estudos em que o desenvolvimento humano esteja em causa: (a) *infância* — do nascimento aos 6 anos, incluindo o neonato ou recém-nascido (bebê até os dois meses de idade), (b) *pré-adolescência* — dos 6 aos 10 anos; (c) *adolescência* — dos 10 aos 21 anos de idade; (d) *maturidade* — dos 21 aos 65 anos; (e) *velhice* — dos 65 anos em diante.

DESENVOLVIMENTO COGNITIVO, TEORIA DO — Teoria de aprendizagem formulada pelo psicólogo suíço Jean Piaget (*Psicologia da Inteligência*, 1946), para quem o conhecimento consciente é o produto de uma estrutura cognitiva e não de uma reação. Essa estrutura tem por base um processo constante de *assimilação* e de *adaptação* (*accommodation*), resultando a aprendizagem de uma reestruturação dos métodos individuais de percepção (*conception individuelle*). Escreveu Piaget: "A vida é criação contínua de formas cada vez mais complexas e progressiva adaptação dessas formas ao meio." A inteligência "é um exemplo específico do comportamento de adaptação", isto é, da capacidade individual de acomodação ao meio, pensando e agindo em termos de *groupement* e *regroupement* (organização e reorganização). O processo cognitivo tem início nos reflexos fortuitos e difusos do recém-nascido e progride "por fases até o raciocínio lógico e formal do adulto". Em cada fase, as organizações mentais do indivíduo evoluem, reorganizam a informação e elaboram novas capacidades que permitem cada vez mais complexos padrões de comportamento, pensamento e raciocínio inteligentes.

DESENVOLVIMENTO EDUCATIVO GERAL, TESTES DE — Grupo de testes sobre várias matérias escolares para prognosticar o grau de êxito acadêmico do sujeito.

DESENVOLVIMENTO INTELECTUAL, TEORIA DO — Na concepção de Jerome Bruner, assim como processamos estímulos e lhes atribuímos as nossas próprias interpretações, também desenvolvemos capacidades cognitivas a fim de entendermos e interatuarmos com mais êxito com o nosso meio ambiente. Ora, para podermos controlar o nosso meio ambiente e aprender a predizê-lo, temos que estar aptos a selecionar padrões confiáveis, dos quais os mais precoces são as constâncias dos acontecimentos que nos afetam. Assim, temos de aprender a representar e organizar internamente as nossas experiências, e a usar essa informação a fim de prever o que acontecerá em seguida. Bruner identificou três tipos de *representação* que constituem a base do desenvolvimento intelectual, os quais são comparáveis aos estágios do desenvolvimento cognitivo de Piaget. São os seguintes os tipos de representação descritos por Bruner: (a) *representação interpretativa motora* — é o primeiro tipo que aparece na criança, podendo ser visto como uma "memória muscular" ou "motora". As experiências passadas ainda não são armazenadas em forma simbólica, representando-as o bebê na forma de padrões motores quando elas são interpretadas em atos concretos; (b) *representação icônica* — a criança desenvolve a capacidade de reter imagens visuais, auditivas ou táteis, como representação fiel dos estímulos que atingem seus órgãos sensoriais; (c) *representação simbólica* — Bruner superou o problema da relativa inflexibilidade das representações motora e icônica mediante o uso de símbolos. O símbolo é algo que representa alguma outra coisa, e Bruner acredita que a linguagem humana fornece uma série de símbolos eficientes que armazenam informação. Assim, na representação simbólica, as informações são armazenadas segundo dois sistemas: a CATEGORIZAÇÃO e a FORMAÇÃO DE HIERARQUIAS (ver).

DESENVOLVIMENTO MENTAL — Progressivas transformações na organização mental do indivíduo, desde a concepção até a morte ou, mais especificamente, desde o nascimento até ser atingida a maturidade. Tais transformações são em parte devidas ao determinismo hereditário, em parte à interação do indivíduo e do meio, caracterizada na aprendizagem.

DESENVOLVIMENTO MENTAL, CURVA DE — Gráfico representativo do desenvolvimento de uma função psicológica, normalmente a inteligência. Em alguns tipos de teste, o gráfico procura representar o aspecto do desenvolvimento que é independente da aprendizagem.

DESFUSÃO — Segundo Freud, os dois instintos básicos, *Eros e Tânatos*, estão sempre fundidos um no outro. Um comportamento ou atividade é saudável se essa fusão for harmônica e estável. Se se verificar uma regressão a um estado mais primitivo de antagonismo entre os instintos básicos, diz-se que houve uma *desfusão* mais ou menos parcial, determinando um surto neurótico. (Ver: MORTE, INSTINTO DE)

DESIDERABILIDADE SOCIAL, VARIÁVEL DE — Uma variável — independentemente do conteúdo dos itens — que interfere na resposta de uma pessoa a um teste e provém da tendência consciente ou inconsciente para responder de acordo com o que o sujeito reputa ser socialmente desejável ou indesejável. Esta variável tem sido avaliada de diversas maneiras; porém, a medida mais corrente tem sido a *Escala de Desiderabilidade Social*, de Allen Edwards.

DESINIBIÇÃO — Remoção temporária de uma inibição, mediante a ação de um estímulo não-relacionado. Por exemplo: uma pessoa que reprime a vontade de rir, numa situação social, pode subitamente perder o controle quando ocorre um ruído inteiramente estranho ao motivo que provoca a vontade de rir. O fenômeno foi observado na extinção da Resposta Condicionada no Condicionamento Clássico (ver).

DESINTEGRAÇÃO — Perda de unidade, sistema e coesão de qualquer entidade organizada, orgânica ou inorgânica. No domínio da Psicologia, aplica-se sobretudo à *Desintegração da Per-*

sonalidade, que acompanha as graves perturbações mentais e em que várias funções deixam de exercer atividade harmônica.

DESLIZES FREUDIANOS — A expressão é infeliz, mas não há como evitá-la, dada a assiduidade com que é lida em obras da especialidade. Um deslize ou lapso é um equívoco, erro ou falha aparentemente involuntário naquilo que a pessoa diz, escreve, faz ou está dizendo. Os antigos já se referiam a isso e suas expressões *lapsus linguae, lapsus calami* e *lapsus memoriae* ainda hoje são de emprego comum. Freud, porém viu nesses deslizes (*Psicopatologia da Vida Cotidiana*) atos sintomáticos em que uma pessoa diz, escreve ou faz, numa ocorrência fortuita, coisas diferentes do que racional e conscientemente pretendia dizer, escrever ou fazer, e atribui tais atos à influência de um impulso, de um sentimento ou idéia que luta por ganhar expressão, a despeito do controle do superego. Freud procurou assim demonstrar quão "tênue é a linha de demarcação entre a pessoa normal e a neurótica, e que os mecanismos psicopatológicos... também podem ser demonstrados nas pessoas normais, embora em menor grau" (A. A. Brill, op. cit., Introdução).

DESLOCAMENTO — Mecanismo de defesa caracterizado por: (1) transferência de emoções ou fantasias do objeto a que estavam originalmente associadas para um substituto; (2) transferência da libido de uma forma de expressão para outra. No psicodiagnóstico de Rorschach, dá-se o nome de deslocamento a uma das reações classificadas através do Teste dos Borrões de Tinta: o sujeito concentra a sua atenção em pormenores insignificantes do borrão, a fim de evitar respostas que julga reveladoras.

DESORIENTAÇÃO — Estado de confusão mental acompanhado de grave disfunção cerebral, em que o indivíduo é incapaz de determinar sua localização no espaço e (ou) no tempo, as relações mútuas de coisas ou idéias e, menos habitualmente, sua própria identidade.

DESPERSONALIZAÇÃO — Perda da identidade do ego.

DESSEXUALIZAÇÃO — Transferência da energia psíquica da esfera sexual para outras esferas, como na *sublimação*.

DESTINO COMUM — Uma das leis básicas da organização da boa forma. (Ver: PSICOLOGIA DA GESTALT)

DESTRUDO — Termo proposto por Edoardo Weiss (*Todestrieb und Masochismus*, 1935) para designar o instinto de morte, em contraste com *libido*, o instinto de vida da teoria freudiana. A designação não teve grande aceitação na terminologia psicanalítica, sendo empregados de preferência *Eros* (para libido) e *Tânatos* (para o instinto de morte). (Ver: MORTE, INSTINTO DE)

DESVIANTE, COMPORTAMENTO — Conduta que se afasta materialmente dos padrões sociais ou éticos aprovados pela sociedade de que o indivíduo desviante faz parte.

DESVIO — Diferença entre dois valores de uma variável, sendo que um deles é tomado como ponto de referência, também denominado ponto de afastamento. No domínio estatístico: I. O resto da diferença cujo minuendo é x e o subtraendo é t denomina-se desvio de um valor x, elemento de um conjunto $\underline{X}$, em relação à função $t = g(X)$. II. O resto da diferença cujo minuendo é x e o subtraendo é $\bar{X}$ denomina-se desvio desse valor x, elemento do conjunto X de média aritmética $\bar{X}$. III. Desvio da variável aleatória de determinada esperança matemática é o resto da diferença da variável aleatória menos a respectiva esperança matemática.

DESVIO-PADRÃO — Medida de variabilidade de uma distribuição de freqüências, cujo valor é igual à raiz quadrada da média dos quadrados dos desvios, quando a origem, conforme os casos, ou é a média aritmética ou a esperança matemática. Assim, tem a seguinte fórmula:

$$s = \sqrt{\frac{1}{n}\sum_{i=1}^{n}x^2_i}$$, em que:

$\sum$ = somatório; n = número de casos; x_i = desvio de valores em relação a $\overline{X}$. $(X_i - \overline{X})$; x^2_i = quadrado dos desvios em relação a $\overline{X}$. Também denominado afastamento-padrão, afastamento típico e desvio unitário. A expressão "standard deviation" (ingl. = desvio-padrão) foi introduzida por K. Pearson. É o índice de variabilidade mais estável e mais geralmente empregado no trabalho experimental e de pesquisa.

DESVIO REDUZIDO — Escore expresso em função da média e do desvio-padrão da distribuição de escores do grupo ao qual um teste foi aplicado, usando-se a fórmula:

$$z = \frac{x - \mu}{\sigma} \text{ onde}$$

z é o escore padronizado; x é o escore bruto, μ a média e σ o desvio-padrão. Essa transformação é do tipo linear e faz com que a média da distribuição dos escores seja 0, com desvio-padrão 1.

DESVIO SEXUAL — Forma persistente de comportamento sexual suficientemente distinta do normal, em dada sociedade, para que se considere patológica. A fronteira entre o patológico e o simplesmente diferente varia de sociedade para sociedade, mas, de modo geral, o comportamento sexual que é proibido por lei (exceto a prostituição) considera-se desvio. Por exemplo: a homossexualidade, o travestismo, o estupro, etc. Mas, embora não proibidos por lei, o sadismo e o masoquismo também devem ser incluídos entre os desvios ou anomalias sexuais.

DETERIORAÇÃO MENTAL, ÍNDICE DE — Índice definido por Wechsler (1939) para apreciação de um comprometimento patológico intelectual, diferenciado da regressão causada por envelhecimento. O índice é obtido pela relação da diferença de nível entre testes afetados pelo envelhecimento e não-afetados. Reynell propôs, para substituição desse índice de deterioração mental (MDI), a *relação de deterioração* (RI), que consiste numa medida baseada na diferença entre dois QI: um, resultante dos 3 subtestes verbais da Escala Wechsler-Bellevue considerados estáveis com a idade; e outro, dos 3 subtestes sensíveis à regressão em função do envelhecimento.

DETERIORAÇÃO, RELAÇÃO DE — Ver: DETERIORAÇÃO MENTAL, ÍNDICE DE.

DETERMINAÇÃO, COEFICIENTE DE — Coeficiente que nos diz que percentagem da variação da variável Y pode ser atribuída ou associada à variável X. É obtido através do quadrado do coeficiente de correlação designado por r^2 ou d.

DETERMINANTE — O que causa ou decide que um acontecimento, uma proposição, uma decisão ou qualquer outra conseqüência de um pensamento ou de uma atividade se expressem de modo específico e não de outro.

DETERMINANTE, FORMA — Forma ou contorno percebido pelo sujeito que determina a sua reação ao borrão de tinta no Teste de Rorschach.

DETERMINISMO — Teoria segundo a qual todo o evento tem causa e efeito e em que o caráter de qualquer evento é inteiramente função da sua causa. Abstratamente, deve-se a primeira definição a Spinoza (com o conceito de *necessidade absoluta*) e coube a Leibniz fundar todo um sistema filosófico baseado nos conceitos de *razão determinante* e *necessidade determinante* (alguns críticos distinguem entre o fatalismo spinoziano e o determinismo de Leibniz). No moderno sentido científico, encontra-se uma das primeiras aplicações do determinismo em Claude Bernard, ao recomendar que o médico exerça influência sobre as doenças, esforçando-se por "conhecer exatamente o determinismo exato, isto é, a causa próxima" (Introd. à Medic. Experimental). Freud, por seu turno utilizou a expressão *determinismo psíquico* para refutar as teorias psicológicas de faculdades e tipos, que sustentavam o caráter genérico, na espécie, das características e traços predominantes do comportamento. Freud assinalou que o comportamento humano é uma função de motivações determinantes.

DETERMINISMO PSÍQUICO — Ver: DETERMINISMO.

DEVANEIO (SONHO DIURNO) — Fantasia; abandonar-se à imaginação durante as horas de vigília; pensamento carregado de desejos. Com freqüência, como na esquizofrenia, os devaneios assumem posição de destaque na mente do paciente, na qual eles tomam o lugar da ação no ambiente real. Na esquizofrenia, os devaneios adquirem valor de realidade para o paciente, ou seja, passam a constituir sintomas da psicose. Quando esta sobrevém, a pessoa deixa de falar nas fantasias como devaneios porque a realidade está agora substituída por impulsos inconscientes sob a forma de sintomas. Nos *Estudos sobre a histeria*, Freud e Breuer atribuem grande importância (por exemplo, no caso de Anna O.) aos devaneios, portadores e significativos do desejo e do que se opõe à sua satisfação. Em *A Interpretação dos Sonhos*, Freud disse que os devaneios gravitam em torno de uma miscelânea de elementos passados, presentes e futuros. Um pensamento do presente gera um desejo; o desejo recorre a alguma experiência agradável do passado; a qual volta a ser mentalmente vivida com a idéia de uma completa satisfação futura. A força impulsora que está por trás do devaneio é um desejo consciente ou inconsciente. Os devaneios têm uma função apaziguadora, na medida em que propiciam uma liberação parcial de afetos poderosos e inconscientes. Freud comparou o devaneio ao jogo infantil, do qual é o sucessor. Tal como na atividade lúdica da criança, trata-se de uma realização de desejo, o que lhe permite ainda acrescentar que os próprios mitos são "os anseios seculares da jovem humanidade".

DEWEY, JOHN — Filósofo, educador e psicólogo norte-americano (n. 20-10-1859 em Burlington, m. 2-6-1952 em Nova York). Estudou nas universidades de Vermont e Johns Hopkins, onde se doutorou em Filosofia (1884). Dewey foi um dos fundadores do movimento funcionalista em psicologia, o qual viria a ser depois uma das escolas dominantes nas décadas de 1920 e 1930. A sua concepção funcionalista foi um produto da sua filosofia instrumentalista, a qual sustentava que as idéias são planos de ação que surgem em resposta a um problema e cumprem sua finalidade resolvendo o problema. Atacou o molecularismo e o reducionismo na psicologia e na fisiologia, e defendeu uma *psicologia de atos* ou *funções*. Entretanto, a mais significativa contribuição de Dewey à psicologia foi um artigo de 1896, publicado na *Psychological Review*, sobre o conceito de "arco reflexo" (ver), quando criticou severamente as abordagens atomistas de escritos como a análise de hábitos, de William James. Bibliografia principal: *Psychology* (1877), um compêndio que exerceria enorme influência; *How We Think (Como Pensamos*, 1910), onde considera o processo como uma nova adaptação a uma nova situação problemática; *Human Nature and Conduct* (1922), além de vários livros filosóficos e de teoria educacional, baseada no seu famoso princípio de "aprender fazendo". Ver: FUNCIONALISMO.

DIAGNÓSTICO — Reconhecimento e identificação de uma doença.

DICOTOMIA — Divisão lógica de um conceito em dois conceitos (geralmente contrários) de tal natureza que, em todo o caso, esgotam a extensão do conceito original. (Etimologicamente, o grego *"dikotomia"* significa *bifurcação*.) Em Estatística, significa a redução de determinada variável apenas a duas categorias.

DIENCÉFALO — Parte posterior do prosencéfalo, onde se situam o tálamo, o epitálamo e o hipotálamo.

DIFERENÇA APENAS PERCEPTÍVEL = DAP — A menor diferença que pode ser registrada com segurança entre um estímulo físico-padrão e uma variável (intensidade luminosa, tonalidade sonora, etc.) e que será percebida 50% das vezes em que o estímulo variável se apresentar a um órgão psicossensorial. Portanto, é uma diferença que tem número igual de probabilidades de ser ou não discriminada. Esta lei psicofísica foi descoberta por Ernest Heinrich Weber em 1830 (publicada em 1834) e a fração da DAP/padrão é uma constante para os valores moderados do estímulo-padrão, numa vasta variedade de estímulos. Sin.: Diferença Liminar. (Ver: WEBER, LEI DE)

DIFERENÇA IGUALMENTE PERCEPTÍVEL — Diferença entre estímulo que será registrada tão freqüentemente quanto outra diferença. Tais diferenças consideram-se psicologicamente iguais.

DIFERENÇA LIMINAR — Ver: DIFERENÇA APENAS PERCEPTÍVEL.

DIFERENÇA TETRÁDICA — Diferença entre o produto de dois coeficientes de correlação e o produto de outros dois coeficientes de correlação, todos calculados para as mesmas quatro variáveis. Exemplo: t x y w z = $(r$ x $y)$ $(r$ x $z)$ — $(r$ x w$)$ $(r$ y z$)$ sendo t a diferença tetrádica e r o coeficiente de correlação. Spearman utilizou a anulação dessa diferença como critério para afirmar a existência de um fator geral.

DIFERENÇAS, CÂNON DE — Um dos princípios operacionais da *indução*, de Mill. Quaisquer diferenças entre dois efeitos que são em tudo o mais semelhantes, têm de ser atribuídas a diferenças em seus antecedentes. (Ver: CONCORDÂNCIA, CÂNON DE)

DIFERENCIAÇÃO — Desenvolvimento de diferenças, desagregação da parte do respectivo todo, distinção clara de uma função psicológica das demais funções (pensar, sentir, perceber, intuir). As funções não diferenciadas, fundidas umas com as outras, são típicas da situação psíquica definida por Jung como *arcaica*. Pelo contrário, o pensamento diferenciado não mistura percepções concretas e fantasias, sentimentos e intuições, como na sexualização do pensar e sentir assinalada por Freud na neurose. Outra característica da diferenciação é sua qualidade univalente e unitendente, o que permite, pois, fixar a direção de uma função psicológica, com exclusão de tudo o que lhe seja inconveniente. Portanto, só uma função diferenciada evidencia *aptidão diretiva*.

DIFERENCIAL, PSICOLOGIA — Ver: PSICOLOGIA DIFERENCIAL.

DIFERENCIAL SEMÂNTICO — Ver: SEMÂNTICO, DIFERENCIAL.

DIFERENCIAL, SENSIBILIDADE — Capacidade de distinguir entre estímulos que divergem em intensidade ou qualidade, tal como são medidos pelo *Limiar Diferencial* ou *Diferença Apenas Perceptível (DAP)*.

DIFICULDADE DE UMA QUESTÃO, ÍNDICE DE — Valor relativo ao grau de dificuldade de uma questão de um teste, obtido, em geral, através da percentagem de respostas certas que foram dadas a essa questão por determinado grupo de examinandos. Para o seu cálculo, pode-se empregar uma medida constituída por uma função linear da abscissa da curva normal que a divide em duas partes, deixando à direita uma área proporcional à percentagem de respostas certas dadas à questão. Obtém-se, assim, uma medida teoricamente mais perfeita da dificuldade de uma questão.

DINÂMICA — Conjunto de agentes que fornece energia e provoca a ocorrência de uma ação. Estudo da organização da personalidade, em qualquer ponto do tempo, no que respeita ao equilíbrio funcional de suas várias partes e sem ter em conta os fatores de desenvolvimento psicogenético e hereditário que determinaram a natureza das partes em questão. A Psicanálise e as escolas neopsicanalíticas são dinâmicas, na medida em que se interessam pelas causas do comportamento (em especial do comportamento como causa de um outro) e pela motivação, mas o termo está hoje especificamente ligado a uma corrente psicológica com características definidas. (Ver: PSICOLOGIA DINÂMICA)

DINÂMICA, ANÁLISE — Baseado nos princípios da Psicologia Dinâmica, o psiquiatra e analista americano Harry Stack Sullivan (*Conceptions of Modern Psychiatry*, 1947; *The Meaning of Anxiety, in Psychiatry and in Life*, 1948) estabeleceu as bases de uma análise rigorosamente empírica, a que deu o nome de teoria das relações interpessoais. Sustenta que, dado um substrato biológico, o ser humano é o produto da interação com outros seres humanos e que a personalidade emerge das forças pessoais e sociais que atuam sobre nós. O homem não é impelido e motivado apenas pelo desejo de gratificação e prazer, mas também pelo de segurança, obtida sobretudo através da aculturação. As dificuldades de personalidade (sobretudo nos esquizofrênicos e obsessivos, a que Sullivan se dedicou) constituem reflexos de anomalias na relação cultural interpessoal e, nessa base, Sullivan procedeu a importantes alterações na técnica analítica (entre elas, a dispensabilidade do divã clássico) e terapêutica. (Ver: ANÁLISE CULTURALISTA)

DINÂMICA DE GRUPO — Um campo de investigação dedicado a desenvolver e aprofundar os conhecimentos sobre a natureza dos grupos, as leis de seu desenvolvimento, e suas relações com indivíduos, outros grupos e instituições.

DINÂMICAS DO COMPORTAMENTO, LEIS — Ver: COMPORTAMENTO, LEIS DO.

DINÂMICA, TEORIA — Ver: PSICOLOGIA DINÂMICA.

DÍNAMIS — Conceito junguiano para designar a ordenação do caos na psique, sendo por vezes identificado com o conceito de *animus*, ou componente masculino da psique.

DIONISÍACO — Tipo de personalidade dominada pela paixão, propensa a dar livre curso a emoções indisciplinadas violentas e orgíacas, em contraste com a personalidade Apolínea, cujas atitudes são inspiradas pela razão e pelo comportamento temperado, intelectualmente ordenado. De acordo com a dicotomia freudiana, o dionisíaco é *Tânatos* (os instintos desagregadores e destrutivos que conduzem fatalmente à morte); o apolíneo representa o primado do ego e das forças construtivas da vida: é *Eros*.

DIPSOMANIA — Impulso urgente, periódico e incontrolável, para ingerir líquidos intoxicantes (álcool), associado com freqüência a uma depressão subjacente.

DISCRIMINAÇÃO — O processo de decompor ou controlar generalizações. Aprender a discriminar entre estímulos é essencial na aprendizagem de respostas a determinadas situações de estímulo específicas. Assim, um organismo é capaz de discriminar entre dois estímulos diferentes quando responde diferentemente a cada um deles. As crianças devem aprender a fazer numerosas discriminações. Quando uma criança identifica primeiro o cachorrinho da família como "Uáu-áu", o mais provável é que identifique qualquer outro animal que ela veja como "Uáu-áu". Se as suas verbalizações forem sistematicamente reforçadas para cães e não reforçadas quando ela designa inadequadamente gatos, vacas e outros animais quadrúpedes como "Uáu-áu", a criança depressa aprenderá a discriminar os cães do resto do reino animal. Grande parte do comportamento inteligente do homem depende da sua capacidade para fazer discriminações.

DISCRIMINANTE, PODER — Também denominado "Validade do Item". O grau em que um item diferencia os indivíduos do grupo, em relação ao traço medido pelo teste ou outro critério. Pode ser obtido de quatro modos: (1) via correlação com um critério (r bisserial, r bisserial de pontos, r tetracórica e coeficiente phi); (2) via diferença de acertos entre os extremos superior e inferior; (3) via análise da variância; (4) precisão psicométrica do item.

DISERGÁSTICA, REAÇÃO — Perturbação mental ou de comportamento devida à insuficiência de irrigação e nutrição do cérebro, refletindo-se em alucinações, pavores noturnos e desorientação.

DISFAGIA — Dificuldade em engolir, em virtude de espasmos histéricos.

DISFORIA — Sentimento generalizado de ansiedade e depressão. Ant.: Euforia.

DISFUNÇÃO — Função deteriorada e que se realiza em condições anômalas.

DISLALIA — Perturbação da fala em virtude de defeito nos órgãos vocais, por causas psíquicas.

DISLEXIA — Perturbação da capacidade de ler ou compreender o que se lê, em silêncio ou em voz alta, independentemente de qualquer defeito na fala.

DISPARIDADE RETINIANA — Diferença entre as duas imagens da retina, resultante de ângulo ligeiramente diferente dos dois olhos quando se olha para um ponto fixo de um objeto sólido. As duas imagens fundem-se normalmente numa só impressão visual do objeto, visto que os olhos só teoricamente se mantêm imóveis e os imperceptíveis movimentos compensatórios de perseguição, acomodação e convergência, suprem a disparidade.

DISPNÉIA — Dificuldade em respirar. Respiração laboriosa, entrecortada.

DISPOSIÇÃO — No sentido genérico, a colocação ordenada e metódica de elementos ou partes componentes entre si e em relação a um todo, especialmente quando se consideram os efeitos dinâmicos como um resultado dessa colocação particular dos componentes. No sentido psicológico existem várias definições: (1) para Oswald Külpe (*Grundriss der Psychologie*, 1893), é uma propensão dos centros sensoriais ou motores para determinada excitação ou impulso constante; (2) Hermann Ebbinghaus (*Abriss der Psychologie*, 1922) considerou a disposição "um fenômeno da aprendizagem (*Lernzeit*) que insere o habitual no rendimento singular que se afasta do habitual"; (3) para C. G. Jung (*Psychologie und Erziehung*, 1946), disposição (*Anlage*) é uma propensão da psique (*seelischer Art*) para realizar algo determinado, para agir e reagir em determinada direção, ainda que esse algo ou essa direção sejam inconscientes, visto que equivale a dirigir-se *a priori* "para", sem que importe a representação do objeto na consciência. Assim, pode-se definir disposição como uma ordenação — quer inata quer resultante da experiência — dos elementos orgânicos ou dos elementos mentais, ou de ambos. A disposição ocupa lugar central na Caracterologia e na Psicologia da Personalidade. Na teoria da aprendizagem, E. L. Thorndike associou a disposição à motivação e disse: "Quando uma unidade de condução está em disposição de conduzir, o fazê-lo resulta em satisfação" (cf. *Educational Psychology*, vol. II, *The Psychology of Learning*). Para K. Lewin, é a tensão no sistema nervoso que gera a ação e continua até que seja atingido algum objetivo capaz de aliviar a tensão.

DISPRAXIA — Perturbação na coordenação dos movimentos.

DISRITMIA — Ritmo anormal nas ondas cerebrais, tal como é revelado pelo eletro-encefalograma. Padrão irregular da fala.

DISSIMILAÇÃO — O ajustamento de uma pessoa a um objeto distinto do eu. Sinônimo de *catabolismo*.

DISSOCIAÇÃO — Separação da personalidade, como um todo, de um padrão mais ou menos complexo de processos psicológicos que podem passar então a funcionar independentemente do resto da personalidade. A parte separada, assim retirada ao controle consciente e voluntário da pessoa, comporta-se como uma outra pessoa. A *reação dissociativa* é um mecanismo de defesa neurótica e suas formas mais comuns são: (a) *a dupla personalidade*: Dr. Jekyll e Mr.

Hyde; (b) *a amnésia*; (c) *a fuga*; e (d) *o sonambulismo*. Em todas estas formas se verifica uma segmentação de parte das experiências, atividades ou vivências do indivíduo, parte essa que é segregada da corrente principal da vida.

DISSONÂNCIA COGNITIVA — Dá-se o nome de dissonância cognitiva ao fenômeno caracterizado pelo estado em que uma pessoa se encontra quando recebe dois fragmentos simultâneos e contraditórios de informação. Por exemplo, a pessoa espera um telefonema de um amigo e o chamado não ocorre. As duas cognições ou *bits* de informação são: "Meu amigo *ia* telefonar" e "Meu amigo *não* telefonou". A *dissonância* refere-se à incompatibilidade dos dois enunciados, o que acarreta uma sensação de desprazer. O psicossociólogo Leon Festinger é o autor de uma teoria da dissonância cognitiva (1962), que expõe o modo como uma pessoa se prepara para determinado evento e descobre haver poucas probabilidades de que esse evento venha a se realizar, e propõe soluções psicológicas para essa dissonância.

DISTAL, ESTÍMULO — Estímulo distante do ponto de contato com qualquer parte do corpo humano. O mundo que interessa aos sentidos é o dos objetos e suas propriedades, mas os órgãos sensoriais não estão em contato direto com esses objetos, que constituem, portanto, estímulos distais, assim se indicando que estimulam o sistema nervoso *indiretamente* — por intermédio da energia luminosa, acústica, etc., que atinge os órgãos receptores. (Ver: PROXIMAL, ESTÍMULO)

DISTÂNCIA PSÍQUICA — Na Psicologia Topológica (ver) é a dimensão relativa do trajeto a percorrer por uma força psíquica. É calculada pelo número de fronteiras que a força psíquica tem de cruzar ao deslocar-se de uma *célula psíquica* para outra. Na Psicologia Adleriana é o meio pelo qual uma pessoa evita ter reações que revelariam a distância a que ela se encontra dos seus objetivos na vida. A. Adler assinala quatro formas de distanciamento (*Psicologia do Indivíduo*, Cap. VIII: *O Problema da Distância: Traço fundamental das psicoses e das neuroses*, ed. Argent. 1953): (a) *movimentos retrogressivos* (suicídio, etc.); (b) *cessão do esforço*; (c) *hesitação e abulia;* (d) criação de obstáculos a superar, antes do momento crucial de decisão.

DISTRAÇÃO — Tendência mais ou menos habitual do indivíduo para absorver-se em seus próprios pensamentos e alhear-se do meio circundante.

DISTRIBUIÇÃO — Agrupamento sistemático de dados em classes e categorias, de acordo com a freqüência da ocorrência de cada valor ou gama de valores em sucessão. Por exemplo: um quadro que mostra quantas pessoas por cem morrem em cada ano de idade. A distribuição pode ser formulada em tabelas numéricas ou em gráficos.

DISTRIBUIÇÃO AMOSTRAL — Distribuição obtida quando, para todas as amostras possíveis de tamanho fixo *n*, calcula-se os valores das estimativas de um parâmetro. A distribuição amostral da média aritmética segue aproximadamente a lei normal e os conhecimentos sobre a curva normal servem para se estabelecer a probabilidade de ocorrência de uma média amostral qualquer, para um valor determinado de µ. As médias amostrais distribuem-se em torno da média µ com uma variância

$$\text{igual a } \frac{\sigma^2}{n} \text{ e desvio-padrão igual a } \frac{\sigma}{\sqrt{n}}.$$

DISTRIBUIÇÃO BINOMIAL — Distribuição que descreve a variação de um conjunto de provas relacionadas a experimentos constituídos por repetições de provas independentes, nas quais há apenas dois resultados possíveis.

DISTRIBUIÇÃO DE FREQÜÊNCIAS — Quadro estatístico que indica o número de casos observados em cada um dos intervalos sucessivos de uma variável.

DISTROFIA — Nutrição defeituosa.

DISTÚRBIOS SOMATOGÊNICOS — Perturbações psíquicas e no comportamento, decorrentes de disfunções somáticas, com exclusão do sistema nervoso. De modo geral, têm como causa imediata certas alterações metabólicas nos tecidos.

DIVAGAÇÃO — *Sonhar acordado*. Usualmente, imaginam-se como realizados os desejos que o *sonhador* não realizou. Os desejos não são disfarçados e a sua realização é diretamente imaginada, sem repressão. Divagar não é inerentemente patológico.

DIVERGENTE, PENSAMENTO — Expressão da Psicologia Experimental. Na vida real, há muitas questões para as quais não existe *apenas uma* resposta certa. Muitas das especulações intelectuais dos mais brilhantes pensadores e criadores artísticos foram estimuladas pelas interrogações de *resposta múltipla*. O psicólogo J. P. Guilford criou uma técnica para medir a capacidade de pensamento divergente. (Ver: CONVERGENTE, PENSAMENTO)

DOLLARD, JOHN — Psicólogo, psicoterapeuta e investigador dos problemas da personalidade. Diretor do Institute for Human Relations de Chicago, e professor catedrático da Universidade de Yale (1952). Bibliografia principal: *Frustration and Aggression* (1939); *Social Learning and Imitation* (em colaboração com Miller, 1941); *Personality and Psychotherapy* (em colaboração com Miller, 1950).

DOLTO, FRANÇOISE (1908–1988) — Médica e psicanalista francesa, dedicou-se a trabalhar com crianças em vários hospitais da região parisiense. Ingressou em 1938 na Sociedade Psicanalítica de Paris, mas, com a cisão dessa instituição em 1953, Dolto acompanhou Lacan na criação da Sociedade Francesa de Psicanálise. A cisão desta, em 1963, levou Lacan e Dolto a fundar a Escola Freudiana de Paris, e J. Laplanche, J.B. Pontalis e D. Anzieu a formar a Associação Psicanalítica da França.

Em 1978, Dolto abandonou grande parte de sua atividade analítica (seminários e supervisões) para dedicar-se à produção de ensaios e livros. Em 1980, porém, fez questão de retomar o trabalho clínico numa sala da rua Cujas, em Paris, para receber em regime ambulatorial crianças muito pequenas com distúrbios psíquicos. Bibliografia principal: *Psicanálise e Pediatria*, Zahar, 1980; *O Caso Dominique*, Zahar, 1981; *No Jogo do Desejo*, Zahar, 1984; *Seminário de Psicanálise de Crianças*, Zahar, 1985; *Sexualidade Feminina*, Martins Fontes, 1989; *A Imagem Inconsciente do Corpo*, Perspectiva, 1992.

DOMINÂNCIA CEREBRAL, TEORIA DA — Teoria de que as perturbações da fala e outros desajustamentos funcionais podem ser total ou parcialmente devidos ao fato de um hemisfério cerebral ser inferior ao outro no controle dos movimentos do corpo. Normalmente, a fala é controlada pelo hemisfério que controla igualmente a mão favorecida. Portanto, as tentativas para treinar as pessoas canhotas a usarem a mão direita perturbam a *dominância cerebral* e provocam desequilíbrio não só entre as mãos mas também no domínio da fala e, portanto, no do pensamento.

DOMINANTE, CARÁTER — Segundo a genética mendeliana, é o efeito observável de um dos componentes de um par de genes que tem o poder de suprimir o aparecimento do outro componente. O primeiro componente é o *dominante*, o segundo é o *recessivo*. (Ver: MENDEL, LEIS DE)

DOMINANTE, TIPO — Tipo de personalidade que se caracteriza por procurar exercer ou efetivamente exercer o domínio sobre outros. Sin.: Ascendente.

DOMINÓS, TESTE DOS — Teste não-verbal baseado nos princípios do teste de matrizes progressivas e com a finalidade de medir o fator geral de inteligência. Organizado em 1954 por

Anstey, psicólogo inglês. Consiste nas combinações de dominós, em séries de dificuldade crescente, as quais devem ser completadas pelo examinando. Serviu ulteriormente de modelo para a elaboração do teste D-48, da autoria de Pichot.

DON JUAN, COMPLEXO DE — Complexo por meio do qual a psicanálise define a situação de um paciente masculino que, em virtude de desapontamentos infantis em relação à mãe, ou por causa de homossexualismo latente, pratica intensamente a promiscuidade sexual.

DOR — Em termos gerais, todas as sensações intensamente desagradáveis. Conceito oposto de prazer. Em Psicanálise, considera-se a dor o resultado da excessiva acumulação de *afeto*. Na Psicologia Sensorial, é a sensação que resulta de a pele ser agredida por objeto contundente; ou a sensação decorrente de uma estimulação, extremamente intensa, de um órgão sensorial.

DOR PSÍQUICA — Tipo de manifestação dolorosa exclusivamente funcional; a que se manifesta quando não se verifica a presença de qualquer estímulo físico.

DOR, SENSAÇÃO DE — Sensação específica produzida pela estimulação intensa de um órgão e que se acredita dispor de terminais nervosos como seus receptores independentes, isto é, livres para a recepção e transmissão dessas sensações e distribuídos por toda a periferia, assim como na superfície de muitos órgãos internos.

DOTAÇÃO — Capacidade de desenvolvimento, físico e mental, de acordo com o condicionamento hereditário.

DRAMATIZAÇÃO — Aparição, em sonhos, de conflitos subjacentes em forma exagerada e dramática.

DROMOMANIA — Literalmente, mania de correr. Impulso mórbido de viajar, normalmente associado à tendência para abandonar locais onde se sofreram choques emocionais de certa violência.

DUPLO VÍNCULO — A hipótese de que a esquizofrenia pode se desenvolver a partir de uma situação em que um pai (mãe) basicamente hostil reage de um modo (positivamente) a um filho num nível de comunicação e de um outro modo (negativamente) num outro nível de comunicação. Assim, a criança "é condenada se faz e condenada se não faz". Gregory Bateson e seus colaboradores descreveram em 1956 os efeitos de comunicação característicos na família do esquizofrênico e identificaram uma interação restritiva específica, a injunção paradoxal, a que deram o nome de *double bind* (duplo vínculo).

DURKHEIM, ÉMILE — Sociólogo francês. Professor em Bordéus e Paris. Considerado o fundador da Sociologia Moderna, devem-se-lhe importantes estudos sobre os fenômenos primários da Psicologia Social. N. em 15-4-1858 (Épinal) e m. em 13-11-1917 (Paris). Bibliografia principal: *Éléments de Sociologie* (1889), *La Division du Travail Social* (1893); *Les Formes Élémentaires de la Vie Religieuse* (1912).

DÚVIDA — Transtorno mental caracterizado pela dificuldade, ou mesmo a impossibilidade de chegar a afirmações ou decisões inabaláveis, nos casos em que essas funções de julgamento e de vontade se realizam sem resistência. Na teoria psicanalítica, a etiologia da dúvida foi amplamente analisada por Freud em "O Homem dos Ratos", e resumida nos seguintes termos: "A inclinação para a dúvida não provém de um fato que ocasiona a dúvida; ela é a conseqüência de poderosas tendências ambivalentes da fase pré-genital, a qual, a datar desse instante, se une a cada par de opostos que surge."

EBBINGHAUS, CURVA DE — Forma de curva de esquecimento tipicamente realizada a partir da aprendizagem de materiais neutros (por exemplo, sílabas sem sentido). A curva representa a queda, primeiro brusca, do montante recordável do material aprendido, imediatamente após a sua aprendizagem (em correlação com o volume do material apresentado e o tempo concedido para a aprendizagem), seguida de declínio muito mais lento do esquecimento. Esta curva é, portanto, uma representação gráfica da Lei de Ebbinghaus. (Ver: EBBINGHAUS, TESTE DE)

EBBINGHAUS, HERMANN — Professor em Breslau e Halle. Co-fundador da Psicologia Experimental. Criador de um teste de memória e recordação que daria origem a diversos modelos de testes de complementação verbal e não-verbal. N. em 24-1-1850 (Barmen) e m. em 26-2-1909 (Halle). (Ver: EBBINGHAUS, TESTE DE / EBBINGHAUS, CURVA DE)

EBBINGHAUS, TESTE DE — Teste que se compõe de um texto impresso com espaços vazios (sílabas não-existentes), que o sujeito deverá preencher. Outras variantes usam como material frases ou palavras não-existentes a completar no texto ou mesmo representações não-verbais. Sin.: Teste de Complementação. (Ver: EBBINGHAUS, CURVA DE)

ECLETISMO — Sistema teórico que se fundamenta na seleção e combinação de características compatíveis de várias teorias e sistemas por vezes opostos ou antagônicos. Tem como finalidade validar os elementos de todas as doutrinas que possam combinar-se num todo coerente. O método eclético é sistemático e crítico, o que o distingue do *sincretismo*, que é assistemático. No domínio da Psicologia, é rara a escola que se mantenha em posição formalista, embora o grau de ecletismo possa naturalmente variar.

ECMNÉSIA — Incapacidade parcial ou total para recordar acontecimentos recentes, mantendo a capacidade para recordar os mais remotos. Sintoma freqüente na velhice.

ECOLALIA — Repetição da fala de outra pessoa, como se ecoasse as palavras à medida que as escuta.

ECONOMIA — Expressão usada em Psicanálise para designar a origem, distribuição e consumo da energia psíquica.

ECOPRAXIA — Repetição das ações de outras pessoas (ação de eco).

ECTODERMA — Camada celular externa do embrião. A camada interior chama-se *endoderma* e a intermédia *mesoderma*.

ECTOMÓRFICO, TIPO — Ver: PERSONALIDADE, TIPOS DE (CLASSIFICAÇÃO DE SHELDON)

EDEMA — Intumescimento causado por quantidades anormalmente elevadas de fluido acumulado nos espaços de tecido entre as células do corpo.

EDIPAL, PERÍODO — Período de desenvolvimento que ocorre entre as idades de três a seis anos, caracterizado pela maturação da libido genital, o amor da criança pelo genitor do sexo oposto e rivalidade pelo genitor do mesmo sexo, resultando no desenvolvimento do superego. (Ver: ÉDIPO, COMPLEXO DE)

ÉDIPO — Personagem mítico que ganhou ressonância universal através das duas tragédias de Sófocles (*Édipo Rei* e *Édipo em Colona*) e que para Freud é a representação simbólica de uma experiência infantil universal, posteriormente reprimida. A mitologia conta que Édipo, salvo da morte que o rei lhe queria dar, quando criança, cresceu na ignorância de quem eram seus pais. Numa encruzilhada, trucida um homem de idade cuja identidade ignora. Uma de suas proezas foi ter decifrado o enigma da Esfinge, pelo que os cidadãos de Tebas lhe oferecem o trono da cidade e a mão da rainha viúva, a quem Édipo desposa, Jocasta. Quando vem a saber que o homem a quem matou na estrada era seu pai e que a rainha era sua mãe, Édipo cega-se a si mesmo.

ÉDIPO, CEGUEIRA DE — Freud interpretou a cegueira que Édipo se inflige, arrancando os olhos com as próprias mãos quando descobre seu duplo crime, como um gesto simbólico de castração. (Ver: CASTRAÇÃO, COMPLEXO DE)

ÉDIPO COMPLETO — Presença simultânea de uma tendência para mostrar amor objetal pela mãe e identificação com o pai, e de uma tendência para revelar amor objetal pelo pai e identificação com a mãe. O vigor dos respectivos amores de mãe e de pai é determinado, principalmente, pela experiência e pode variar de pessoa para pessoa.

ÉDIPO, COMPLEXO DE — Sigmund Freud observou, através das recordações de neuróticos e das interpretações dos sonhos, que a criança, em determinada idade, passa a estar sexualmente interessada, de modo regular, no genitor do sexo oposto ao seu, desenvolvendo-se o sentimento de rivalidade e o desejo de afastar o genitor do mesmo sexo. Freud concluiu estar em presença de um fenômeno universal que ocorre entre os 3 e 5 anos de idade, e acreditou, por algum tempo, que todas as neuroses tinham origem nessa situação; que, de fato, as neuroses não podiam originar-se em experiências ocorridas em período anterior àquele. O mito do herói grego (ver: ÉDIPO) que perpetra o parricídio e vive em relações incestuosas com a mãe, crimes de tão terríveis conseqüências que Édipo quis expiá-los provocando a própria cegueira, parecia provar a tese freudiana de que os impulsos incestuosos se encontram presentes em todas as crianças, de modo velado e desfigurado; assim, o código secreto do mito (aquilo a que Jung chamaria o mitologema) corroborava os estudos de Freud, que assim escrevia na *Interpretação de Sonhos*: "O destino do rei Édipo comove-nos ainda hoje porque também poderia ter sido o nosso, porque um oráculo fez recair sobre nós, antes do nosso nascimento, a própria maldição que sobre ele tombara. Talvez estivéssemos todos destinados a dirigir os nossos primeiros impulsos sexuais para a nossa própria mãe, e nossos primeiros impulsos de ódio e resistência para o nosso pai. E os nossos sonhos nos convencem de que, de fato, estávamos. O rei Édipo, que assassina seu pai Laio e desposa sua mãe Jocasta não é outra coisa senão a efetivação de um desejo da nossa infância. Mas nós, mais felizes do que ele, na medida em que não nos convertemos em psiconeuróticos, conseguimos, desde a infância, afastar de nossa mãe os impulsos sexuais e esquecer o ciúme em relação ao pai." O aspecto problemático do complexo de Édipo teria, para Freud, a seguinte causa: O menino, por exemplo, aprende em breve que o interesse sexual pela mãe não é tabu, mas, ao mesmo tempo, passa a considerar o pai um rival e sente hostilidade em relação a ele. Mas também ama o pai e isso ocasiona que seus sentimentos de ódio constituam uma fonte de desgosto e aflição. Além disso, por causa de seus sentimentos hostis para com o pai e dos sentimentos sexuais em relação à mãe, a criança espera ser punida e a punição que se quadra ao crime é a castração. Algo semelhante se passa com a menina, que coloca o pai no centro do interesse erótico mas, no caso dela, o medo de castração desempenha papel reduzido, visto que não possui pênis, que possa ser amputado (ver: ELECTRA, COMPLEXO DE). Esse remoto interesse sexual nos pais, pensou Freud, era a fonte das fantasias neuróticas dos adultos, relativas à sedução na infância. As fantasias eram a manifestação de um desejo de gratificação dos interesses edipais sem culpa. Na realidade, Freud verificou haver mais implicações na história da neurose do que o complexo de Édipo. Havia provas crescentes de que algumas condições tinham início em idade ainda mais recuada, o que levou ao estudo daquilo que Freud designou por estágios pré-genitais da libido. O complexo de Édipo embora aceito por todos os colaboradores de Freud, provocaria as primeiras divergências quanto a seus fatores formativos, isto é, quanto à teoria defendida por Freud de que o complexo de Édipo e as neuroses adultas dele resultantes tinham explicação exclusivamente sexual. Adler, o primeiro desviacionista, não rejeitou a idéia de que os impulsos sexuais pudessem estar na raiz da neurose, mas disse que, na pessoa em busca de um sentimento de superioridade, o ato sexual é um dos que estão envolvidos e *nada mais* significa senão a luta de duas pessoas para exercer domínio uma sobre a outra. O complexo de Édipo é uma tentativa da criança pequena para subjugar a mãe e lutar vitoriosamente com o pai. A dedicação erótica é um expediente para manter-se agarrada aos pais, por uma questão de segurança (ver: INFERIORIDADE, COMPLEXO DE). Jung desviou-se de Freud ao formular uma teoria da libido em que o fator sexual era apenas uma forma da libido primordial — uma energia psíquica a que atribuiu o significado de uma força vital. E o complexo de Édipo é encarado como um símbolo dos laços infantis com os pais, é certo, mas negando Jung que a sexualidade fosse fator de importância decisiva na infância. Considerou esse período dominado pelos fatores de nutrição e crescimento. A mãe seria o primeiro objeto de amor, mas o interesse da criança por ela não é sexual: a mãe representa, sim, a fornecedora de alimento, o ser nutriente. Por outras palavras, a primeira dedicação da criança não se relaciona com o sexo, mas com a autoconservação. A mais recente interpretação do complexo de Édipo foi formulada por Erich Fromm: o esforço da criança para libertar-se de sua dependência infantil e tornar-se indivíduo. O aspecto sexual pode ser importante, mas não é, em qualquer caso, a causa da luta de Édipo com o pai. A verdadeira causa, que o mito procurou descrever (Édipo não mata o pai por rivalidade pela posse da mãe e sim porque lhe estava impedindo a passagem numa estrada, desconhecendo nessa altura que Laio fosse seu pai), é a luta do indivíduo numa sociedade patriarcal e autoritária que deseja moldar-lhe a vida de acordo com os desejos dela.

EDUCAÇÃO — Modificação progressiva e desejável da personalidade, em resultado do ensino formal (instrução), do estudo e da aprendizagem decorrente das relações interpessoais. (Ver: PSICOLOGIA EDUCACIONAL)

EDUCAÇÃO, CIÊNCIA DA — Sinônimo: Pedagogia. É a ciência que estuda os objetivos e os processos de instrução, os métodos de ensino, a forma e condições de administração educativa e suas relações com a Psicologia (H. Fischer, *Die modernen pädagogik und psychologische Forschungsmethoden*, 1957).

EDUÇÃO — Segundo H. S. Sullivan (*Conception of Modern Psychiatry,* 1947), designa o conjunto de processos centrais que se situam entre as *funções receptoras* e as *funções efetoras*.

EFEITO — Fenômeno ou evento que invariavelmente se segue como resultado de outro fenômeno ou evento, e jamais ocorre senão nessa seqüência. (Ver: DETERMINISMO)

EFEITO CINÉTICO DE PROFUNDIDADE — Fenômeno da Percepção Psicofísica. Objetos cujas formas espaciais são ambíguas quando observados em imobilidade, adquirem profundidade tridimensional quando em movimento rotativo. (Ver: CINESTESIA)

EFEITO DE AURÉOLA — Erro que ocorre numa escala de avaliação em decorrência da construção inadequada de escalas. Depende da interação entre avaliador–avaliando. O erro verifica-se quando uma pessoa é classificada em plano muito elevado (ou muito baixo) em virtude de algumas características, sendo a tendência para superestimar (ou subestimar) todas as demais características. Para eliminar o erro de auréola pede-se que o avaliador proceda à estimativa de vários indivíduos em relação a cada traço. O efeito varia conforme o avaliando para todos os traços. Sin.: Efeito de "Halo".

EFEITO, EXPANSÃO DO — Hipótese de que o efeito de uma reação satisfatória ou insatisfatória se propaga a tudo o mais que pertença ao contexto da mesma situação ou a esta seja contígua. Sin.: Princípio da Propagação do Efeito.

EFEITO, LEI DO — VER CONEXIONISMO; ENSAIO-E-ERRO, APRENDIZAGEM POR; ESTÍMULO-RESPOSTA, TEORIA DO.

EFEITO PRIMACIAL — Nome usado para definir uma situação em que os primeiros itens de uma série são melhor recordados do que os últimos itens. Contrasta com o *Efeito de Recenticidade*.

EFEITO DE RECENTICIDADE — Nome usado para definir uma situação em que os últimos itens são melhor recordados do que os primeiros de uma série. Contrasta com *Efeito de Primazia* ou *Primacial*.

EFEITO SECUNDÁRIO — Qualquer fenômeno psicológico que ocorra após a remoção de um estímulo, quer imediatamente, quer depois de breve período.

EFERENTE — Qualquer nervo cuja missão seja funcionar como transmissor do sistema nervoso central, terminando num músculo ou glândula. Sin.: Motor.

EFETOR, ÓRGÃO — Qualquer músculo ou glândula que atue como órgão executivo ou de resposta. As terminais dos arcos nervosos são efetoras.

EFICIÊNCIA — Proporção entre a energia consumida e o efeito produzido. Em Psicologia, proporção de energia para determinado esforço.

EFICIÊNCIA DAS OPÇÕES — Validade das opções, referente à sua contribuição para o poder discriminativo do item. Para analisar a eficiência das opções é necessário que se compare as escolhas de todos os indivíduos nesse item, esperando-se que a alternativa certa seja a mais escolhida pelos que obtiveram escores mais elevados e que as opções erradas apareçam com maior incidência de escolhas pelos indivíduos de escores mais baixos.

EFICIÊNCIA, QUOCIENTE DE = QE — Número que compara o desempenho de uma pessoa no teste de inteligência Wechsler-Bellevue com o de pessoas de 20 a 24 anos de idade, que é o período em que o desempenho nesse teste é máximo.

EGO — Segundo conceito psicanalítico da estrutura da personalidade enunciado por Sigmund Freud, o ego constitui o componente intermédio das energias mentais (entre o id — inconsciente — e o superego — ego ideal ou consciência). Exerce o controle das experiências conscientes e regula as ações entre a pessoa e o seu meio, ocupando, portanto, a posição de um centro de referência para todas as atividades psicológicas e qualidades *egocêntricas*. É através do ego que aprendemos tudo sobre a realidade externa e orientamos o comportamento no sentido de evitar os estados dolorosos, as ansiedades e punições. Os mecanismos racionais também estão intimamente relacionados com o ego (cf. S. Freud, *O Ego e o Id, A Interpretação de Sonhos, Psicologia de Grupo e Análise do Ego,* entre outras obras em que o conceito do ego é definido e desenvolvido; Anna Freud, *O Ego e os Mecanismos de Defesa,* etc.). (Ver: PERSONALIDADE, ESTRUTURA PSICANALÍTICA DA)

EGO, ANÁLISE DO — A investigação psicanalítica das forças e fraquezas do ego, a fim de utilizar terapeuticamente essas energias defensivas e integradoras, em vez de procurar eliminar as defesas do ego e libertar os processos profundamente reprimidos no id. Anna Freud (*O Ego e os Mecanismos de Defesa*) e Heinz Hartmann (*Psicologia do Ego e o Problema da Adaptação*) foram os dois psicanalistas que deram maior ênfase e impulso à análise do ego, a qual é mais curta que a análise convencional.

EGO, CATEXE DO — Canalização da libido para um objeto no domínio do ego em contato com a realidade.

EGO, COMPLEXO DO — Estrutura mental que abrange todas as reações emocionais relacionadas com o ego, segundo a Psicologia Analítica de Jung (*Psychologischen Typen,* 1921; *Die Beziehungen zwischen dem Ich und dem Unbewussten,* 1950). É preferível empregar *con-sentimento* ou *com-penetração* para evitar a idéia de repressão habitualmente associada à palavra "complexo". Os hífens podem ser dispensados, do ponto de vista puramente semântico.

EGO IDEAL — Alguns críticos freudianos pretendem assinalar a distinção entre ego ideal e superego: ego ideal seria o representante da soma de *identificações positivas* com os objetos bons (isto é, a introjeção das qualidades boas reais ou idealizadas dos pais e da sociedade), dele decorrendo o desejo consciente da pessoa se igualar aos padrões de bondade, excelência e virtude; superego, por outra parte, seria o representante da incorporação dos objetos maus (os pais severos, punitivos e intimidativos) e limitar-se-ia ao controle dos impulsos. Em suma, o ego ideal seria capaz de uma aspiração positiva no tocante à realização de ideais, ao passo que o superego funcionaria apenas como uma consciência censória. Contudo, Freud não fez tal distinção e considerou, simplesmente, ego ideal e superego como sinônimos. Em "O Ego e o Id" (1923) escreveu: "E assim chegamos àquela natureza superior, àquele *ego ideal ou superego* que é o representante da nossa relação com os nossos pais. Quando éramos crianças, conhecemos essas naturezas superiores, tínhamos por elas *admiração e medo*. Mais tarde, incorporamo-las...". Freud, portanto, na sua formulação definitiva sobre uma instituição moral na mente, assinala o seu caráter dualista e não duas formações distintas e de certo modo independentes. (Ver: SUPEREGO)

EGO LIBIDINAL — O ego considerado em conjunto com a energia psíquica nele concentrada, a qual foi retirada ou nunca foi aplicada aos objetos externos. (Ver: NARCISISMO)

EGO, PERDA DO — Forma neurótica de ansiedade caracterizada, no decorrer de uma excitação sexual intensa, pelo temor de perder ou "dissolver" a personalidade no orgasmo (cf. O. Fenichel, *Organ Libidinization Accompanying the Defense Against Drives,* 1918).

EGO, RESISTÊNCIA DO — Em Psicanálise, resistência revelada pelo ego em reconhecer os impulsos reprimidos e abandonar as defesas neuróticas.

EGOCÊNTRICO — Indivíduo preocupado consigo mesmo e seus problemas e relativamente insensível às preocupações de outros, mas não necessariamente egoísta. O egocentrismo tem sinônimos *aproximados* nos tipos introvertido (Jung) e introversivo (Rorschach).

EGOCÊNTRICO, PREDICAMENTO — Categoria em que se incluem os indivíduos que só percebem a palavra em função de como ela os afeta. Conseqüentemente, são menos capazes de chegar a uma avaliação "objetiva", ou "social" ou "normal" das pessoas ou acontecimentos, nas circunstâncias de suas vidas.

EGOÍSMO — Concepção de vida segundo a qual o interesse próprio constitui a base da motivação e da moral, pelo que a pessoa deveria comportar-se de acordo com essa orientação. O conceito de egoísmo implica elevada medida de egocentrismo. (Ver: EGOCÊNTRICO)

EGOÍSMO ONÍRICO, TEORIA DO — Noção psicanalítica de que o principal ator num sonho é sempre o próprio sonhador.

EGOMORFISMO —Tendência autística para interpretar nas ações dos outros o que nelas se quer encontrar (cf. P. Federn, *Ich-Psychologie und die Psychosen*, 1956).

EGO-SINTONIA — Situação revelada em Psicanálise em que se verifica a concordância do ego e do superego, representando, portanto, a hegemonia do ego ideal.

EIDÉTICA, IMAGEM — Ver: IMAGEM, alínea (f).

EIDOTRÓPICA, IMAGEM — Fenômeno de percepção em que uma forma é vista mais perfeita ou mais completa do que realmente é. Exemplo: os contornos de um gato adormecido são eficientemente preservados por alguns pontos, com linhas retas entre eles. Quando o contorno é relativamente linear, a informação que ele fornece é previsível e redundante. A mais importante informação requerida para identificar o objeto visual está associada aos pontos onde o contorno muda de direção (F. Attneave, "Some Informational Aspects of Visual Perception", *Psychological Review*, 1954, transcrito por George A. Miller, "Psicologia — A Ciência da Vida Mental, 1964). (Ver: GESTALT)

EJEÇÃO — Processo mental de expulsão de idéias e sentimentos penosos, negando-se que sejam os da própria pessoa e atribuindo-os a outrem.

ÉLAN VITAL — Conceito definido por Henri Bergson (*L'Evolution Créatrice*, 1907) como a força vital, o princípio básico criador de todas as coisas vivas. Ou o princípio evolucionário tal como opera na natureza.

ELBERFELD, OS CAVALOS DE — Grupo de cavalos que, no princípio do século XX, foi treinado por um alemão, von Osten, na pequena cidade de Elberfeld, com o propósito de demonstrar que os animais mais evoluídos são tão argutos quanto o homem. Para seu primeiro aluno escolheu um cavalo que, por alguma razão, lhe pareceu particularmente esperto. Von Osten gastou dois anos a ensiná-lo mas, no final do segundo ano, o cavalo, já então famoso como "Hans, o Esperto" (*der kluge Hans*), sabia ler e, por pancadas, escrever, compreendia as quatro regras fundamentais da Aritmética, transformava quebrados em frações decimais e vice-versa, e indicava o dia do mês. "Hans, o Esperto" sabia informar as horas e abanar até a cabeça para indicar que fora cometido um erro ao executar-se um acorde musical ao piano. O caso dos cavalos de Elberfeld foi estudado por zoólogos e psicólogos da época, que comprovaram a validade da experiência. Pouco depois, Oskar Pfungst revelava certos truques utilizados na aprendizagem, que equivaliam, afinal, a um condicionamento de reações a novos estímulos, tal como Pavlov descreveria.

ELECTRA, COMPLEXO DE — Correspondente feminino do complexo de Édipo. Na definição freudiana, constitui o desejo feminino reprimido de relações incestuosas com o pai. Este complexo é ignorado, com freqüência, costumando-se incluir ambos — o masculino e o feminino — no de Édipo. Recebeu o nome da heroína grega imortalizada na tragédia ateniense (Ésquilo, Sófocles e Eurípides usaram o tema modernamente retomado por Eugene O'Neill e J. P. Sartre): Electra persuade seu irmão, Orestes, a vingar a morte do pai de ambos, Agamêmnon, que fora assassinado por Clitemnestra, a mãe, em cumplicidade com o novo marido, Egisto. Electra não casou e chorou a vida inteira o cruel fim do rei seu pai. (Ver: ÉDIPO, COMPLEXO DE)

ELEMENTO MENTAL — Um dado psicológico que não se pode decompor em componentes mais simples. Os elementos tradicionalmente aceitos são as sensações, imagens e sentimentos simples. A designação aplica-se, sobretudo, aos elementos finais da análise introspectiva de um conteúdo mental.

ELETROCHOQUE, TERAPIA DE — Tratamento de uma perturbação do comportamento por meio de choques elétricos *convulsivos* aplicados no cérebro.

ELETROCONVULSIVA, TERAPIA — Ver: ELETROCHOQUE.

ELETROCUTÂNEA, REAÇÃO — Aparente resistência da pele à passagem de uma corrente elétrica fraca (de origem externa) ou à produção, pelo corpo, de uma corrente fraca na superfície cutânea. A REC está relacionada com estados emocionais e esforços físicos ou mentais.

ELETROENCEFALOGRAMA — Registro de potenciais elétricos de origem cerebral, obtido pela amplificação da atividade elétrica recolhida por eléctrodos aplicados ao couro cabeludo.

ELETRO-RETINOGRAMA — Registro gráfico das alterações no potencial elétrico da retina.

ELETROTERAPIA — Uso de pequenos choques elétricos *não-convulsivos* como parte do tratamento de doenças mentais.

ELIPSE — Omissão de uma ou mais palavras, deixando que o todo seja deduzido e compreendido pelo ouvinte ou leitor. Em Psicanálise, as palavras omitidas de frases elípticas, quando recuperadas pelo analista, consideram-se da mais alta significação.

EMBRIÃO — Organismo na fase inicial do seu desenvolvimento pré-natal. O período embrionário humano é aproximadamente de seis a oito semanas após a concepção. Daí em diante, o organismo começa adquirindo a forma adulta, em estado de *feto*, até a fase final da gravidez. C. I. Sandström (*A Psicologia da Infância e da Adolescência*) subdivide ainda a fase embrionária em fase ovular ou germinal (0-2 semanas) e fase embrionária propriamente dita (2-8 semanas). (Ver: FETO)

EMERGÊNCIA EMOCIONAL — Um dos princípios propostos por Walter Cannon em sua Teoria Talâmica das Emoções (Lei Cannon-Bard). As reações internas que dão origem a uma expressão emocional representam uma *reação de emergência* que prepara o corpo para a luta ou a fuga. A ação dos órgãos viscerais internos está sob o controle do sistema nervoso autônomo (simpático) e do sistema glandular endócrino, os quais, ao mobilizarem-se para reagir, desencadeiam as emoções e seus concomitantes reflexos físicos. (Ver: TALÂMICA, TEORIA)

EMERGENTISMO — Teoria que considera o processo vital como fenômeno único, resultante de complexa organização da matéria. A mente, ou a propriedade de ser consciente, é atributo específico da matéria viva quando atinge certo grau de complexidade.

EMMERT, LEI DE — Teoria de invariabilidade medida-distância, que pretende explicar as ilusões de óptica. Formulada por F. C. Emmert em 1898, em resultado de seus estudos sobre os mecanismos de projeção psicovisuais, tem o seguinte enunciado: "A prolongada fixação da vista sobre imagem iluminada cria uma pós-imagem [segundo a definição de Hering: uma sensação secundária e positiva após breve estímulo luminoso]. A medida de uma pós-imagem projetada é diretamente proporcional à distância entre o olho e a superfície onde a imagem é projetada." Portanto, se, em resultado de aprendizagem, as nossas percepções do mundo concordam com as suas características físicas, é lícito esperar que encontremos uma invariável perceptual para essa invariável física. *Para um dado estímulo proximal, à medida que a distância aparente aumenta, a medida aparente deve aumentar também e vice-versa.* Este enunciado é igualmente válido, não só para dimensão e distância, mas também para claridade e iluminação, inclinação e forma (cf. Julian Hoshberg, *Percepção*, Cap. *Ilusões*).

EMOÇÃO — Complexo estado orgânico, de intensidade variável, acompanhado habitualmente de alterações víscero-musculares (respiratórias, circulatórias, exsudatórias, etc.) e de excitação mental muito acentuada. A emoção está freqüentemente associada a ações internas, de caráter impulsivo, no sentido de uma determinada forma de comportamento pessoal ou social (cf. *Motivação e Emoção*, de Edward J. Murray, 1967). São muitas as divergências quanto à descrição exata de tão complexo estado e à explicação ainda mais complexa. Depois da primeira tentativa importante de teorização da emoção — a Teoria de James-Lange — outros investigadores propuseram diferentes ou contrárias premissas psicofísicas e neurofisiológicas para explicar, talvez com maiores possibilidades de êxito, os fenômenos emocionais. Citemos duas das mais importantes: a Teoria Talâmica das Emoções de Cannon-Bard e a Teoria das Emoções de Papez-MacLean.

EMOCIONAL, DESCARGA — Ver: CATARSE.

EMOTIVIDADE — Capacidade de reação emotiva. Contrasta com *emocionalidade*, que não implica excesso de carga emocional.

EMPATIA — Compreensão intelectual de uma pessoa por outra, associada à capacidade de sentir como se fosse essa outra pessoa. Característica essencial das atitudes e emoções de natureza *estética*, quando a pessoa se identifica com um personagem literário, por exemplo. A Psicanálise emprega freqüentemente empatia como sinônimo de introjeção e incorporação. A empatia é fenômeno muito mais complexo do que a *simpatia*. (Ver: INTROJEÇÃO)

EMPIRISMO — A teoria segundo a qual todo o conhecimento deriva da observação e da experiência e nenhum conhecimento é inato ou *a priori*. Diz-se que um enunciado é empírico quando a sua veracidade ou falsidade pode ser verificada por referência aos fatos que a experiência revelou (*empirismo crítico*). Do domínio científico, o empirismo ficou devendo suas bases modernas a Locke e Hume, dele derivando, como escolas psicológicas, o estruturalismo, o funcionalismo, a reflexologia, o behaviorismo e o gestaltismo.

ENANTIODROMIA — Este conceito, enunciado originalmente por Heráclito, significa "passar ao contrário", o jogo de contrastes do acontecer, o ponto de vista segundo o qual *tudo o que é passa ao seu contrário*. No domínio psicológico, o termo foi empregado por Jung para caracterizar o aparecimento, na sucessão temporal, do contraste inconsciente, citando como exemplos históricos de enantiodromia a evolução psicológica de S. Paulo e sua conversão ao Cristianismo, a conversão de Raimundo Lulio, a identificação de Nietzsche enfermo com Cristo, sua glorificação de Wagner e posterior hostilidade contra Wagner, a metamorfose de Swedenborg de sábio em vidente, etc. Escreveu ainda Jung: "Esta função reguladora é inata na natureza humana e essencial à compreensão do funcionamento psíquico. Simples exemplos de atitudes que, levadas ao extremo, acabarão por transformar-se em algo totalmente oposto, são a cólera violenta, seguida de profunda calma, ou uma notória aversão, que, não raramente, termina em simpatia ou amor."

ENCAPSULAÇÃO PSICOLÓGICA — Conceito definido por K. Lewin como o comportamento que isola a pessoa de todo o estímulo externo, a fim de evitar as situações que provocam tensão emocional. Exemplo: esconder o rosto para não ver um acidente.

ENCÉFALO — Porção do sistema nervoso central que está encerrada na caixa craniana. Compõe-se das seguintes partes: *cérebro, mesocéfalo, cerebelo, ponte de Varólio e bulbo raquidiano*. (1) O cérebro é a divisão principal do encéfalo nos vertebrados e formam-no dois *hemisférios*, situados na parte súpero-anterior do encéfalo; é a última parte a desenvolver-se e tem enorme importância para a atividade mental e o comportamento discriminativo; (2) O mesocéfalo é a parte média do encéfalo, situada abaixo e em torno do cérebro; compõe-se dos *tubérculos quadrigêmeos, limbo e pedúnculos cerebrais*, sendo atravessado pelo *aqueduto cerebral*; (3) O cerebelo, outra das mais importantes divisões encefálicas, está situado na parte póstero-inferior do cérebro e ligado ao aspecto dorsal do *eixo cerebrospinal;* (4) A ponte de Varólio é uma protuberância branca e convexa (anular), na base do encéfalo, adiante do bulbo raquidiano e atrás dos pedúnculos cerebrais, cujas fibras nervosas estabelecem a ligação entre o cérebro e o cerebelo; (5) O bulbo raquidiano é a parte do eixo cerebrospinal entre a *medula* e o *cérebro,* formando a parte inferior do encéfalo e contendo os centros nervosos que controlam a respiração, a circulação, etc.

ENDÓCRINO (OU ENDOCRÍNICO) — O que diz respeito à secreção interna. Produtos descarregados pelas glândulas diretamente na circulação do sangue. Motivações psicossensoriais provocam múltiplas variações no regime endócrino.

ENDOCRINOLOGIA — Ciência que se dedica ao estudo das secreções internas.

ENDODERMA — Camada celular interna do embrião que dá origem ao tubo digestivo e à maioria das vísceras.

ENDÓGENO — De origem interna. Se originado dentro do corpo: *somatogênico.* Se originado na mente: *psicogênico.*

ENDOMORFISMO — Ver: PERSONALIDADE, TIPOS DE.

ENERGIA — Grau ou potência de uma atividade psíquica. A capacidade humana de atividade mental, dotada de eficiência dinâmica ou causal. De acordo com a teoria psicanalítica da estrutura mental, a libido é uma energia psíquica.

ENERGIA VINCULADA — Em Psicanálise, a energia psíquica que se encontra sob o controle dos processos do ego, relacionada com a realidade e não desperdiçada em ações impulsivas ou desejos inacessíveis.

ENGENHARIA HUMANA — Ramo da psicologia aplicada, estreitamente associado à concepção e construção de maquinaria e às relações entre a máquina e o homem para otimizar a eficiência do seu desempenho e as condições de produtividade no trabalho.

ENGRAMA — Vestígio ou sedimento mnemônico deixado, com caráter duradouro, no protoplasma dos tecidos do sistema nervoso. Essa fixação forneceria, em resultado de um acúmulo de experiências, a base filosófica para o fenômeno da *memória* nos organismos superiores. (Ver: MNEME)

ENSAIO-E-ERRO, APRENDIZAGEM POR — A teoria estabelecida por Edward L. Thorndike na base de conceitos empíricos derivados de um minucioso exame do comportamento manifesto de animais, como o seu famoso e pioneiro experimento com gatos em caixas quebra-cabeças. Thorndike considerou que os princípios fundamentais da aprendizagem eram a *lei do efeito* e a *lei do exercício.* A *lei do efeito* diz que, numa dada situação de estímulo, as respostas acompanhadas de recompensa são aprendidas, as demais extintas. Quer dizer, a recompensa grava-se na ligação E-R e a punição anula-a. Em última análise, o prazer ou gratificação determinam as respostas que devem ser aprendidas pelo indivíduo. A *lei do exercício,* por seu lado, estabelece que aquelas ligações que são praticadas ou exercidas com assiduidade ficam gravadas e as não usadas extinguem-se. A designação de "aprendizagem por ensaio-e-erro" decorreu do fato de Thorndike ter observado um lento e contínuo incremento na eficiência do comportamento durante a resolução de um problema, argumentando que a aprendizagem ocorre mecanicamente, com a gradual eliminação das respostas erradas. O comportamento numa nova situação problemática é inicialmente fortuito. Depois, o comportamento fortuito e suas conseqüências levam a ligações mecânicas entre estímulos e respostas: a aprendizagem faz-se então por ensaio (ou tentativa) e erro, o ponto de vista que levou à formulação da lei do efeito. Como corolários desta lei Thorndike formulou outras leis de aprendizagem (além da já citada lei do exercício, também chamada do *uso e desuso*), a saber: (a) *lei da disposição*, que trata da "motivação da aprendizagem"; (b) *lei da preparação*, que diz depender a aprendizagem das experiências prévias do indivíduo; (c) *lei da mutação associativa*, segundo a qual é fácil obter uma resposta de que o indivíduo é capaz se estiver associada a uma situação a que ele é sensível (corresponde, portanto, ao condicionamento pavloviano); (d) *lei da assimilação* ou analogia, a qual estabelece que o indivíduo responde a uma situação como o fez numa outra situação semelhante àquela ou a algum elemento daquela; (e) *lei da prepotência dos elementos,* que se refere à seletividade da aprendizagem. Posteriormente, Thorndike daria ao processo da aprendizagem por ensaio-e-erro uma nova designação, que confirmava todos os princípios por ele enunciados: *aprendizagem por seleção e conexão.*

ENSIMESMADA, PERSONALIDADE — Característica das pessoas gravemente carentes de sociabilidade, comunicabilidade e poder de expressão para seus sentimentos e pensamentos. É um antecedente habitual da esquizofrenia.

ENTELEQUIA — Forma que, segundo a doutrina vitalista, determina o modo como uma "potência" será expressa e constitui o fator não-material no processo vital (cf. E. Braun, *Die Vitale Person,* 1933).

ENTENDIMENTO — Processo de apreender um significado. Distingue-se de *compreensão*, que é o processo de apreensão do acontecimento concreto, mas a distinção é freqüentemente ignorada. Na escola de Psicologia do Entendimento (*Verstehende Psychologie,* Bollnow, Gruhle, Meyer, Th. Haering), é um processo intuitivo pelo qual a verdadeira natureza de um processo psíquico é diretamente apreendida. O entendimento considera, não as relações de causa e efeito, mas o significado íntimo de um processo psíquico (cf. H. W. Gruhle, *Verstehende Psychologie,* 1956). A Psicologia do Entendimento é uma variante da Psicologia da Ciência Cultural.

ENTREVISTA — Conversação direta com uma pessoa ou pessoas para nestas suscitar certas espécies predeterminadas de informação, com fins de pesquisa ou de assistência na orientação, diagnóstico ou tratamento. São três os métodos gerais de entrevista: (1) *Entrevista livre* em que o entrevistador fala o menos possível, apenas formulando perguntas genéricas de orientação (por exemplo: "Conte-me alguma coisa sobre a sua família" ou "Por que veio à clínica?") e incentivando o entrevistado a prosseguir em seu depoimento livre, através de simples gestos de assentimento, de expressões como "hum-hum" ou perguntas ocasionais (por exemplo: "Importa-se de contar mais alguma coisa a esse respeito?"); (2) *Entrevista orientada*, em que o entrevistador formula perguntas mais diretas, sabendo que o entrevistado deseja ocultar certas espécies de informação. Neste método, solicitam-se depoimentos sobre o histórico de uma doença que o entrevistado tenha tido na infância, quem eram as outras crianças da família, quem era o favorito ou favorita do pai, o tipo de personalidade que o entrevistado atribui aos pais, se tem reclamações sobre a profissão que exerce, etc.; (3) A *entrevista estruturada*, em que o entrevistador estabelece um padrão de interrogatório para todos os entrevistados. Terá de formular sempre as mesmas perguntas, geralmente pela mesma ordem, utilizando uma seqüência padronizada de respostas. Este método é empregado, sobretudo, quando o entrevistador deseja obter uma pontuação numérica para avaliar determinada característica. É mais freqüente, por isso, no campo da pesquisa do que no terapêutico. Os três métodos podem ser combinados numa só entrevista, começando o entrevistador pelo método livre, que é o menos perturbador de todos para um contato inicial, e permite avaliar mais rapidamente quais são os interesses e motivações dominantes ou de maior importância para o entrevistado. Completará então as informações com perguntas orientadas, focalizando aqueles aspectos do depoimento que o entrevistado não esclareceu (atitude de defesa), finalizando com breve entrevista estruturada para avaliar esta ou aquela variável em destaque. De modo geral, é este o esquema de entrevista empregado, na avaliação da personalidade, pelos psicólogos de várias especialidades (mormente os clínicos) e pelos psicanalistas.

ENTROPIA — Propriedade teórica de um corpo ou sistema, medida como a parte de calor ou de energia absorvida e que dele não pode ser retirada. Em *Teoria da Informação*, a quantidade média de informação atribuível a determinada mensagem constituída por um grupo de sinais. Essa quantidade representa o grau de incerteza relativo ao aparecimento dos sinais e se a probabilidade é igual para todos, a incerteza é máxima. Em *Psicanálise*, a medida do grau em que a energia psíquica não pode ser transferida, depois de ter sido catexiada num objeto. Na *Psicologia Social*, o princípio de que, a cada novo ajustamento ou transformação na conduta social, a energia disponível para futuros ajustamentos declina cada vez mais, até um ponto em que todo o comportamento tornar-se-á estático.

ENURESE — Urinação involuntária, como no caso das crianças que "molham os lençóis" em associação com um sonho.

ENZIMA — Fermento produzido por células orgânicas. As enzimas exercem ação complexa e ainda não totalmente averiguada no metabolismo.

EPICRÍTICA, SENSIBILIDADE — Uma das duas divisões da sensibilidade cutânea criadas pelo psiquiatra inglês H. Head e generalizadas por Rivers e Kibler a todas as atividades mentais. As zonas de sensibilidade epicrítica reagem à pressão leve, às graduações de *tepidez* e *frescura*, e à localização definida, mas não à dor nem às variações extremas de temperatura (*calor* e *frio*). A outra divisão, que Head considerou geneticamente mais antiga — *sensibilidade protopática* — caracteriza-se pela localização rudimentar mas, em contrapartida, tais zonas são sensíveis às variações extremas de temperatura e à dor. Rivers partiu dessas distinções para um conceito de atividades mentais epicríticas (tipicamente intelectuais) e protopáticas (predominantemente instintivas).

EPIFENOMENALISMO — Doutrina segundo a qual as atividades mentais são simples produtos secundários de processos nervosos, sem qualquer influência causal no curso dos acontecimentos físicos ou psíquicos.

EPÍFISE CEREBRAL — Pequena estrutura, situada logo acima da região talâmica, aproximadamente no centro geométrico do cérebro. A função é desconhecida, supondo-se que tenha missão endócrina no começo da infância.

EPISTEMOLOGIA — Estudo filosófico da origem, natureza e limites do conhecimento. Sin.: Teoria do Conhecimento.

EPISTEMOLOGIA GENÉTICA — Ciência positiva tanto empírica como teórica, do devir das ciências positivas enquanto ciências. Estudo dos mecanismos e do aumento de conhecimentos. O seu objeto próprio é a análise — em todos os planos de interesse para a gênese e elaboração dos conhecimentos científicos — da transição dos estados de conhecimento mínimo aos de conhecimento mais avançado e complexo. Em resumo, a epistemologia genética é uma aplicação do método experimental ao estudo dos conhecimentos, com variação dos fatores em jogo. Piaget é um dos principais teóricos desta doutrina.

EPITÁLAMO — Porção cerebral situada abaixo do tálamo, abrangendo o corpo pineal, ou epífise, e a comissura posterior.

EPITÉLIO — Fina camada de tecido que reveste as vísceras ou estruturas côncavas do organismo.

ÉPOCAS CULTURAIS, TEORIA DAS — Teoria que sustenta a existência, na criança individual, de uma tendência para desenvolver-se mentalmente de acordo com os estágios culturais da raça a que pertence. A educação deve ser programada de modo a levar em conta essas sucessivas fases.

EQUILÍBRIO — Estado em que forças ou influências opostas são iguais. Estado em que o corpo mantém postura ereta, em virtude do ajustamento harmonioso dos músculos contra a gravidade. Relação harmoniosa entre várias tendências do comportamento. Ausência de excentricidade.

EQUILÍBRIO DINÂMICO — Uma organização geralmente estável de forças energéticas. As mudanças numa parte de um sistema em equilíbrio dinâmico refletem-se num remanejamento da distribuição de energia no todo e caracterizam-se, ademais, por mudanças e atividades constantes. O conceito foi aplicado pelos psicólogos gestaltistas ao córtex cerebral.

EQUILÍBRIO, TEORIA DO — Quando uma pessoa sustenta duas atitudes conflitantes, ela (1) deixa de pensar no problema, (2) muda uma das atitudes, ou (3) redefine o significado de uma das atitudes.

EQÜIPOTENCIALIDADE DAS PARTES — Um dos mais famosos princípios neuropsicológicos enunciado por Karl S. Lashley. O termo "eqüipotencialidade" designa a capacidade aparente de qualquer parte intacta de uma área funcional para executar, com ou sem redução de eficiência, as funções que se perderam por destruição do todo. Essa capacidade varia de uma área para outra e com o caráter das funções envolvidas. É provável que só ocorra nas áreas de associação e para funções mais complexas do que a simples sensitividade ou coordenação motora.

EQUIVALÊNCIA — Relação entre dois termos ou dados de modo que um deles possa ser substituído pelo outro, em determinado contexto, sem que se verifique qualquer diferença nesse contexto.

EQUIVALÊNCIA, COEFICIENTE DE — Coeficiente que se obtém ao calcular a correlação entre testes paralelos, tendo em vista o cálculo da precisão.

EREUTOFOBIA (OU ERITROFOBIA) — Medo mórbido de enrubescer.

ERG — Unidade de trabalho no sistema C. G. S. Raymond Cattell em sua aplicação da análise estatística e fatorial à Psicologia (*Factor Analysis, for the Life Sciences*, 1952; *Personality and Motivation Structure and Measurement*, 1957), deu a seguinte definição de erg: "Disposição psicofísica inata que permite ao seu detentor adquirir reatividade a certas classes de objetos mais prontamente do que a outras, experimentar uma emoção específica em relação a esses objetos e dar início a uma ação em cessa mais completamente numa atividade com fim específico do que em qualquer outra."

ERGOTRÓFICO, SISTEMA — Segundo o que o neurofisiologista suíço Walter Rudolph Hess definiu em 1931, o funcionamento dos mecanismos do sono e vigília depende de dois sistemas antagônicos, relacionados com diversas áreas do tálamo cerebral. O *sistema ergotrófico* é o que estimula todas as atividades vigorosas (trabalho, luta, fuga, etc.), quer de natureza esqueletal quer vegetativa; o *sistema trofotrópico*, pelo contrário, está envolvido nas atividades destinadas a conservar as energias e a restabelecer suas reservas (sono, repouso, digestão, etc.). O primeiro sistema produz um EEG de alta freqüência, o segundo sistema um EEG de baixa freqüência.

ERÓGENAS, ZONAS — Áreas do corpo que podem suscitar ou intensificar o desejo sexual quando são estimuladas.

ERÓGENO (OU EROTOGÊNICO) — Tudo o que excita ou estimula apetites eróticos. Qualquer agente de um comportamento ou sentimento libidinal ou sexual.

EROS — Nome do deus grego do amor, que a mitologia descreve como filho de Afrodite e Ares. (Na transposição romana, receberam, respectivamente, os nomes de Cupido, Vênus e Marte.) No pensamento mítico, Eros simbolizaria todas as atividades humanas direta ou indiretamente ligadas à sexualidade. Quando precisou estabelecer uma nomenclatura própria para a formulação de suas novas teorias sobre os fenômenos mentais, a Psicanálise recorreu a diversas analogias mitológicas. *Eros*, na primeira teoria geral dos instintos, enunciada por Freud, era sinônimo de *libido* ou *princípio do prazer*, exclusivamente enformado pela energia erótica ou sexual. Mais tarde, quando Freud estabeleceu a sua teoria final, *Eros* passou a designar a *pulsão total de vida* (autoconservação), incluindo o fator sexual, em contraste com a *pulsão total de morte*, ou *Tânatos* (autodestruição).

EROTISMO — Manifestação de excitação sexual, usualmente referida a uma zona específica do corpo (zona erotogênica: por exemplo, a boca e o ânus) que lhe serve de estímulo, excetuando os órgãos genitais. (Ver: AUTO-EROTISMO)

EROTOMANIA — Interesse sexual patologicamente exagerado. No homem, tem o nome de satiríase, na mulher o de ninfomania. Emil Kraepelin incluiu-a no grupo das psicoses paranóicas. Na interpretação psicanalítica de Freud, a projeção invertida do erotomaníaco teria uma função defensiva contra a sua homossexualidade latente.

ERRO — Na Psicologia Experimental, Testes e Medidas, qualquer *desvio* de uma pontuação que representa o verdadeiro resultado, ou qualquer *variação*, na variável dependente, que não seja causada pela variável independente. O erro poderá ser *acidental* ou *constante*. No primeiro caso, o erro acidental, os desvios do valor verdadeiro tanto podem ser numa direção como em outra, de modo que a soma de erros acidentais, na maioria dos casos, se aproximará de zero. No segundo caso, o erro constante ou sistemático, o grupo de observações é afetado sempre da mesma maneira, devido a um fator que opera cumulativamente na mesma direção, o qual tem de ser descoberto e corrigido.

ERRO DE AMOSTRAGEM — Diferença ocorrida entre um parâmetro e a sua estimativa por meio de um estimador. Nenhuma das estimativas do parâmetro é necessariamente igual ao mesmo, pois todas vêm afetadas de um erro, maior ou menor, que pode ser determinado mesmo com o desconhecimento do valor do parâmetro. A extensão do erro cometido pode ser aquilatada através do conhecimento teórico das distribuições amostrais.

ERRO DE CONTRASTE — Erro que consiste em tomar a si próprio como centro de referência. É decorrente da construção inadequada da escala. Varia conforme o traço para todos os avaliandos.

ERRO DE GENEROSIDADE — Distorção do julgamento em escalas de avaliação, decorrente de construção inadequada da escala que permite bom resultado para todos os avaliandos. Tipo de erro constante, referindo-se a todos os avaliandos e a todos os traços. Para eliminá-lo, é necessário evitar a conotação depreciativa de certas categorias.

ERRO LÓGICO — Erro numa escala de avaliação, decorrente da construção inadequada da escala. Consiste em proceder à avaliação a partir de um pressuposto teórico. O erro lógico varia conforme o traço para todos os avaliandos.

ERRO-PADRÃO — Desvio-padrão de uma distribuição de erros de uma estatística, sendo estes resultantes das flutuações de amostragem. Por exemplo: Suponha-se que da mesma população é retirado um grande número de amostras e para cada uma delas é calculada a média. As diferenças observadas entre a média da população e a média das amostras constituem erros de amostragem. O desvio-padrão da distribuição desses erros dá uma indicação da margem de erro a temer no valor da média, obtida por um processo de amostragem similar.

ERRO-PADRÃO DE MEDIDA — Medida empírica usada como estimativa do tamanho do erro que se comete ao usar um escore obtido para estimar o escore verdadeiro do indivíduo. Esse erro de medida é devido às flutuações de amostragem ou aos erros acidentais de observação. Em relação a um teste, o erro-padrão de medida pode ser obtido pela fórmula:

$$e = s\sqrt{1-r}\text{, em que:}$$

e — é o erro-padrão, s — o desvio-padrão da distribuição dos escores, e r — o coeficiente de precisão do teste.

ERRO DE PROXIMIDADE — Contaminação na avaliação de características de um indivíduo, que estão contíguas no tempo e no espaço. É um erro decorrente da construção inadequada da escala. Varia conforme o traço para todos os avaliandos. Pode ser diminuído desde que se evite colocar lado a lado traços logicamente ligados na mente do avaliador.

ERRO DO 1º TIPO — Em Estatística, é definido como o erro de se considerar falsa uma hipótese verdadeira, designado por alguns pela letra grega α.

ERRO DO 2º TIPO — Em Estatística, é definido como o erro de se considerar verdadeira uma hipótese falsa. Designado, por vezes, pela legra grega β.

ERRO DE TENDÊNCIA CENTRAL — Erro decorrente da fuga dos extremos na avaliação, em virtude da construção inadequada da escala. É considerado um erro constante, variando para todos os avaliandos e para todos os traços. Pode ser combatido pelo aumento de categorias. "Ancora-se" a escala quando se combinam as categorias das extremidades, a fim de se evitar esse tipo de erro.

ESCALA — Qualquer dispositivo ou mecanismo que sirva para determinar a quantidade ou grandeza de um objeto ou acontecimento: (a) atribuindo um número ou uma série numérica ordinal que indique quanto há de uma determinada coisa; (b) fornecendo um padrão ou um conjunto de padrões (numerados de acordo com certas regras operacionais) que possibilite a comparação do objeto a ser medido, a fim de se lhe atribuir um valor matemático que represente a sua ordem de grandeza. Em todas as medições ou cálculos se aplica sempre uma escala desta ou daquela natureza, a qual está implícita na fixação de números ou valores, em função de determinadas regras que conferem significado aos mesmos. Normalmente, a escala está encerrada ou impressa num instrumento de medição física: uma régua métrica, um relógio, um termômetro, um contador Geiger, etc. Entretanto, existe outro tipo de escalas baseadas em provas empíricas que servem de termo de comparação para atribuir um número ou valor de classificação a medidas conceptuais: os escores de testes, exames ou questionários sobre inteligência, personalidade, atitude, etc., vulgarmente denominadas *escalas psicológicas*.

ESCALA I-E — Método de determinação, por pontos, de medida de introversão-extroversão social no *Minnesota Multiphasic Personality Inventory*.

ESCALA DE MEDIÇÃO INTERVALAR — Escala em que os números dão informação sobre o tamanho das diferenças entre os objetos, com relação à magnitude do traço medido. As diferenças entre os números podem comparar-se entre si. Para efetuar-se uma medida ao nível de uma escala de intervalos é necessário haver unidades iguais na escala.

ESCALA DE MEDIÇÃO NOMINAL — Escala resultante da decomposição de um conjunto em classes ou categorias que podem ser designadas por um nome ou número convencional.

ESCALA DE MEDIÇÃO ORDINAL — Escala resultante da decomposição de um conjunto em classes ordenadas. Ao nível da escala ordinal, os números proporcionam somente a ordem dos objetos a respeito do traço que se mede. A medição, neste nível, dá informação em muitas situações de importância prática para a Psicologia. No entanto, é considerada uma forma inadequada de medição em muitas situações.

ESCALA DE MEDIÇÃO PROPORCIONAL — Tipo de medição que é possível quando existem operações empíricas para determinar o valor de zero natural e determinar se duas proporções do atributo medido são iguais. As escalas proporcionais são mais comuns em Física do que em Psicologia.

ESCALA DE MEDIÇÃO DE RAZÃO — Escala de intervalos que possui um zero absoluto, ou seja, a sua origem coincide com a nulidade do atributo, tendo unidades iguais a partir desse ponto em toda a escala. Ao nível da escala de razão, os números fornecem informação não só da ordem dos objetos como também do tamanho relativo das diferenças e ainda da relação entre as proporções. A maioria dos instrumentos físicos de medição proporciona dados ao nível desta escala e em relação aos traços psicológicos, tendo sido preocupação dos psicólogos construir escalas desse tipo. Mas o problema ainda não foi resolvido para a construção de testes.

ESCAPISMO — Tendência, usualmente de caráter neurótico, para evitar situações desagradáveis que deveriam ser encaradas com realismo.

ESCOLAS DE PSICOLOGIA — Durante a segunda década do século XX, grupos de psicólogos com preocupações teóricas, interesses e convicções comuns sobre a definição, a tarefa e os métodos adequados à realização da tarefa da Psicologia, reuniram-se para promulgar seus pontos de vista. A esses pólos de reunião foi dado o nome de Escolas. Os mais recentes conceitos gerais da Psicologia são um fruto mais ou menos direto das doutrinas expostas pelas *seis grandes escolas*: Estruturalismo, Funcionalismo, Behaviorismo, Reflexologia, Gestaltismo e Psicanálise. Por vezes, também se assinalam as escolas de acordo com uma certa localização geográfica, por exemplo, a Escola de Chicago (funcionalismo), a Escola de Cornell (estruturalismo), a Escola de Viena (psicanálise freudiana). Todas essas escolas formais desapareceram. A ênfase contemporânea na psicologia sistemática gravita em torno de sistemas e teorias miniaturais, em comparação com as mais vastas e programáticas escolas das primeiras décadas do século. Para as definições específicas de cada escola ver os respectivos verbetes.

As Escolas de Psicologia e o que Elas Representam

ESCOLA (e seus principais representantes)	ESTRUTURALISMO WUNDT, TITCHENER	FUNCIONALISMO ANGELL, CARR, MEAD, CATTELL, WOODWORTH	REFLEXOLOGIA SECHENOV, PAVLOV, BECHTEREV
Unidade de estudo	Elementos mentais (sensações e afetos)	Funções (processo de adaptação)	Reflexos
O que deve a Psicologia estudar?	Conteúdo da consciência	Sobretudo a função, mas também o conteúdo da consciência	Reações motoras e glandulares
Subjetiva ou objetiva?	Mentalismo (subjetiva)	Mentalismo, em grande parte (subjetiva)	Antimentalismo (objetiva)
Método preferido	Introspecção experimental	Introspecção; depois, também observação do comportamento	Observação experimental do comportamento
Finalidade: pura ou aplicada?	Pura	Pura e aplicada	Pura e aplicada
Nomotética ou ideográfica?	Leis globais (nomotética)	Algumas diferenças individuais (ideográfica), mas, sobretudo, leis globais	Fundamentalmente nomotética
Explicação Fisiológica	Encadeamentos fisiológicos	"Por quê" e "Para quê" fisiológicos	Dinâmica fisiológica

ESCOLA (e seus principais representantes)	BEHAVIORISMO WATSON, HUNTER	GESTALTISMO WERTHEIMER, KOFFKA, KÖHLER	PSICANÁLISE FREUD, JUNG, ADLER
Unidade de estudo	Elementos E-R (conexões estímulo-reação)	Globalidades naturais ou "*Gestalten*" (antielementarismo)	Conteúdo do Eu (elementos e processos)
O que deve a Psicologia estudar?	Comportamento	Processos perceptuais (conteúdo e função)	Dinâmica da personalidade
Subjetiva ou objetiva?	Antimentalismo (objetiva)	Subjetiva e objetiva	Mentalismo (subjetiva)
Método preferido	Observação do comportamento	Fenomenologia e observação do comportamento	Livre associação
Finalidade: pura ou aplicada?	Pura e aplicada	Sobretudo pura	Mais aplicada do que pura
Nomotética ou ideográfica?	Fundamentalmente nomotética	Fundamentalmente nomotética	Mais diferenças individuais do que leis globais
Explicação fisiológica	Encadeamentos fisiológicos	Campos fisiológicos	Impulsos biológicos (?)

Principais Figuras na Formação e Desenvolvimento das Seis Escolas

1870	1880	1890	1900	1910	1920	1930	1940	1950	1960
	Estruturalismo								
	Wundt	Titchener							
		Funcionalismo							
James		Dewey	Angell		Carr	McGeoch	Melton	Underwood	
					Woodworth				
	Associacionismo								
	Ebbinghaus		Pavlov	Bechterev	Thorndike	Guthrie		Estes	
				Behaviorismo					
				Watson	Hunter	Skinner			
				Weiss	Tolmann	Hull	Miller	Spence	
				Meyer					
				Gestaltismo					
				Wertheimer Köhler					
Mach	von Ehrenfels			Koffka					
	Psicanálise								
	Breuer	Freud	Adler	Rank Jones	Horney	Sullivan	Fromm		
			Jung	Ferenczi			M. Klein		

ESCOLAR, QUOCIENTE = QE — Idade escolar de um aluno dividida pela idade cronológica, sendo o quociente multiplicado por 100:

$$QE = \frac{IE}{ID} \times 100.$$

ESCOLAR, TESTE — Categoria de teste que mede os resultados ou os efeitos da instrução escolar e do rendimento do aluno, em termos de aprendizagem.

ESCOLHA FORÇADA — Técnica desenvolvida por vários psicólogos que trabalhavam na indústria e nas forças armadas, durante a década de 1940. Exige, fundamentalmente, que o indivíduo escolha entre duas ou mais características a seu respeito. Em alguns casos, deve ser também assinalada a que é menos característica do sujeito.

ESCOLHA, PROVA DE — Tipo de experiência em que o sujeito tem de reagir de diferentes maneiras prescritas a cada um de uma série de estímulos previamente especificados. Com sujeitos infra-humanos (e por vezes, com humanos) as escolhas corretas são premiadas e as incorretas punidas. Essas experiências realizam-se, habitualmente, com labirintos e outros dispositivos que permitem ao animal escolher uma ou outra direção, reagir neste ou naquele sentido. O momento em que se torna necessário efetuar essa escolha tem o nome de *ponto de opção*. Os estudos deste tipo interessam fundamentalmente aos domínios da Psicologia da Motivação e da Aprendizagem.

ESCOPOFILIA — Prazer sexual derivado da tendência, mais ou menos compulsiva, para espreitar figuras humanas despidas ou observar atos sexuais. A Psicanálise atribui este comportamento a uma reminiscência neurótica da *cena primordial*. Sins.: Escoptofilia, Escotofilia. (Ver: CENA PRIMORDIAL)

ESCORE — Valor quantitativo obtido pela soma ou total de pontos creditados a um indivíduo em situação de prova ou teste. São sinônimos: *pontuação, medida, magnitude;* entretanto, *escore* é o termo geralmente aceito na prática psicológica.

ESCORE BRUTO — Valor numérico obtido através da avaliação direta de um teste. Em geral, resulta da contagem direta das questões respondidas corretamente, podendo ou não ser feita a dedução das respostas respondidas incorretamente.

ESCORE CENTRÓIDE — Também denominado escore de excentricidade, pois permite avaliar o afastamento de cada indivíduo, em relação à média, na realização de determinado teste. Apresenta a vantagem de sumariar num único escore o perfil do indivíduo, sendo assim adequado para a comparação de perfis.

ESCORE DERIVADO — Escore obtido pela transformação do escore bruto em outro, através de um processo estatístico que possibilita obter-se uma escala numérica, com valores de fácil interpretação. Sin.: Escore transformado.

ESCORE DIFERENCIAL — Escore obtido por diferentes métodos numa bateria de testes, a fim de se apurarem medidas em mais de uma dimensão da variável.

ESCORE INTERATUANTE — Definido por R. Cattell (A *Guide for Mental Testing*, 1937) como um escore que descreve a interação do sujeito com o seu meio, expresso em unidades físicas de medida.

ESCORE IPSATIVO — Escores utilizados em alguns testes, nos quais o próprio indivíduo é escolhido como ponto de referência para a realização de comparações. Os escores ipsativos são uma decorrência do formato do instrumento de medida, quando estes envolvem algum grau de escolha forçada. Os instrumentos de escolha forçada são parcial ou puramente ipsativos, de acordo com certas propriedades. O escore é dependente de outros escores em outras áreas e escalas. Em determinadas ocasiões, como naquelas em que se precisa de comparações interindividuais, os escores ipsativos não podem ser empregados, tornando-se imprescindível os escores normativos. Um exemplo desses escores são os do "Estudo de Valores de Allport-Vernon".

ESCORE NORMALIZADO — Escore-padrão cuja escala foi modificada para transformar a distribuição de escores obtidos numa distribuição normal, utilizando-se algum grupo de referência.

ESCORE OPERANTE — Definido por Horace B. English como o escore que define a alteração efetuada pelo comportamento de uma pessoa no seu meio físico ou social.

ESCORE PADRONIZADO — Um escore derivado por meio da transformação dos escores brutos em valores de uma escala de fácil interpretação. Pode significar um escore obtido em função da média e do desvio-padrão da distribuição de escores do grupo a que foi aplicado o teste, através da fórmula:

$$z = \frac{x - \mu}{\sigma} \text{ onde}$$

z é o escore padronizado, x o escore bruto, μ a média e σ o desvio-padrão.

ESCORE T — Escore derivado, expresso numa escala com média de 50 e desvio-padrão 10, obtido através da fórmula:

$$T = 10 \frac{x - \mu}{s} + 50, \text{ em que:}$$

x é o escore bruto, μ a média e s o desvio-padrão da distribuição dos escores brutos. Consiste numa transformação linear. Não confundir com o Escore T normalizado.

ESCORE VERDADEIRO — Valor hipotético de um escore que seria obtido se o processo de medição fosse completamente isento de erros.

ESCOTOMIZAÇÃO — Formação de *pontos cegos mentais* (por analogia com a formação de zonas cegas na retina ou escotomas), de modo que a pessoa não possa dar-se conta de qualquer coisa que conflite com o seu padrão egoísta.

ESFORÇO — Experiência subjetiva que acompanha um movimento do corpo, quando este encontra resistência ou os músculos estão fatigados. Intensificação da atividade mental quando é obstruída por algum motivo alheio à própria atividade, exigindo aumento de potência volitiva.

ESFORÇO, SÍNDROMA DO — Complexo de sintomas — cansaço, palpitações cardíacas, arquejos respiratórios — que não resultam de patologia orgânica ou dos tecidos e são desproporcionais à soma do esforço exigido. Sin.: Astenia Neurocirculatória.

ESPACIAL, PERCEPÇÃO — Conhecimento direto, principalmente através dos processos sensoriais, das propriedades espaciais de um objeto em relação ao observador: conhecimento de sua posição, direção, dimensões, forma, distância, através de qualquer dos sentidos.

ESPAÇO — Conceito abstrato da Geometria que envolve um sistema de posições, direções e grandezas, inteiramente considerado sem levar em conta a natureza dessas dimensões. Recentemente, a Física e a Psicologia têm vindo a utilizar mais do que as três dimensões espaciais da geometria euclidiana. O espaço, tal como é concebido na Psicologia Topológica (Ver: ESPAÇO VITAL), adquiriu novas dimensões, que abandonaram a noção tradicional de extensão física. (Ver: PSICOLOGIA TOPOLÓGICA).

ESPAÇO-TEMPO — Concepção teórica que considera o tempo uma quarta dimensão, a par das dimensões tradicionais de comprimento, largura e altura da geometria euclidiana.

ESPAÇO VITAL — Noção definida por K. Lewin como o conjunto de fenômenos que constituem o mundo da realidade para uma pessoa ou grupo de pessoas, determinando o respectivo comportamento. Lewin concebeu o espaço vital composto de várias *regiões* (*estados de coisas*), *acessíveis* ou *inacessíveis,* com seus objetos (incluindo pessoas), metas e instrumentalidades que afetam o comportamento de uma pessoa, em dado momento. Os fatores intra-orgânicos (necessidades, motivos, hábitos, aptidões) também são abrangidos pelo espaço vital, pois que, segundo a teoria de Lewin, são esses fatores, em interação com o meio, num *campo* organizado e unificado, que produzem o comportamento social. Por sua vez, o campo psicológico integrado no espaço vital, é suscetível de representação por diagramas *topológicos*. (Ver: PSICOLOGIA TOPOLÓGICA)

ESPECTRO — Faixa de energia radiante em que, depois de atravessar um prisma ou ser dispersa de algum outro modo, a energia de cada comprimento de onda é segregada e todos os seus componentes ficam distribuídos em ordem regular. A série de cores obtidas quando a luz branca é assim distribuída por um prisma tem o nome de espectro, tal como é observável naturalmente no arco-íris: a faixa luminosa muda continuamente de vermelho-escarlate para azul esverdeado, passando pelo laranja, amarelo, verde e azul. Os comprimentos de onda correspondentes variam entre 400 e 750 milimícrons, para o olho humano. É importante ter em conta que as luzes de diferentes comprimentos de onda podem ser indefinidamente misturadas e separadas sem se afetarem mutuamente. Assim, quando dizemos que a luz vermelha e a luz verde, tal como as vemos no espectro, se juntam para formar o amarelo, o amarelo está no observador e não na luz, que permanece inalterada. É o aparelho psicossensorial que faz a mistura.

ESPECTRO ACÚSTICO — Faixa de som audível entre 20 e 20.000 ciclos por segundo, em relação ao ouvido humano.

ESPELHO, ESTÁDIO DO — Conceito criado por Lacan que constitui "o ponto fixo de que ele precisava para se engajar num caminho que consistia em descobrir tudo aquilo que a obra de Freud, à sua revelia, significa. A partir daí tornou-se possível sua 'releitura', seu 'retorno a Freud'." (Bertrand Ogilvie, *Lacan, a formação do conceito de Sujeito*, Zahar, 1987). Em que consiste basicamente esse conceito? A criança, em busca de si mesma, investe de libido narcísica tudo o que aos seus olhos possa representá-la. Assim, em torno dos 8 meses de idade, ela passa a reconhecer-se no espelho, reiterando esse reconhecimento com "uma atividade de gesticulação sistemática e de variações de postura, acompanhadas de um júbilo que prolonga o primeiro "Ah!" de reconhecimento (B. Ogilvie, *op. cit.*). A criança percebe a totalidade de seu corpo numa imagem e adquire uma consciência progressiva de si mesma como entidade. Em Lacan, o estádio do espelho reveste-se de importância primordial devido à sua função estruturante, de todo o drama da dialética entre alienação e subjetivação. Anika Lemaire descreve as três etapas do reconhecimento da criança no espelho. Primeiro, acompanhada de um adulto frente ao espelho, ela confunde o reflexo com a realidade, tenta agarrar a imagem, procura-a atrás do espelho, mas ao mesmo tempo confunde os seus próprios reflexos com os do adulto que a acompanha. Na segunda etapa, a criança adquire a noção de imagem e compreende que o reflexo não é um ser real. Por fim, numa terceira fase, ela não só percebe que o reflexo é imagem, mas que essa imagem é sua, diferente da do outro (cf. *Jacques Lacan, Uma Introdução*, Ed. Campus, 1979).

    Paralelamente ao reconhecimento de si mesma no espelho, a criança manifesta um comportamento típico com relação a outra de sua idade. Colocada na presença de outra criança, observa-a com curiosidade, imita todos os seus gestos, tenta seduzi-la ou impor-se-lhe; pode mesmo agredi-la e depois chorar ao vê-la cair. Com esse comportamento, ela procura situar-se socialmente, comparando-se à outra. Reconhece-se aqui a instância do imaginário, da relação dual, da confusão entre o eu e o outro. É no outro que o sujeito se vê primeiro e se referencia. O estádio do espelho é, pois, a primeira articulação do eu, é o pré-formador do eu, pela entrada do imaginário que percebe o simbólico (cf. Anika Lemaire, *op. cit.*).

O homem, enquanto herdeiro da imagem especular infantil, não é aquele que é conhecido, mas aquele que conhece e, por conseguinte, é impossível à instância cognoscente ter acesso ao autoconhecimento a não ser por um jogo de espelho que torna manifesta a diferença invisível entre o eu e sua representação.

ESPIRITUALISMO — Hipótese filosófica de que existe, associado ao organismo humano, um princípio de organização, um *espírito*, ser imaterial e permanente (*pneuma*, para os gregos), dotado de propriedades inaveriguáveis e indemonstráveis pela ciência física. As atividades de uma pessoa, especialmente as mentais, seriam coordenadas e orientadas por esse princípio vital.

ESPONTÂNEO, COMPORTAMENTO — Comportamento que não pode ser provado através de um estímulo manifesto; pode ser provocado por mera alteração metabólica.

ESQUEMA REPRESENTATIVO — Plano experimental que utiliza a co-variação de um grupo de variáveis no estudo das relações estímulo-reação (Egon Brunswick, *Systematic and Representative Design*, 1947).

ESQUEMATIZAÇÃO — Redução de um complexo de dados ou conceitos, com supressão de pormenores, a um esboço (esquema) simplificado e compreensível dos pontos essenciais, especialmente das relações formais metodicamente ordenadas.

ESQUIZOFRENIA — Em seu significado literal, quer dizer *mente dividida* (do grego *skhizo* = *dividir* + *phren* = mente). O termo foi criado por E. Bleuler para designar um grupo de psicoses endógenas que anteriormente merecera a atenção de E. Kraepelin, que lhe dera o nome de *dementia praecox*, hoje obsoleto. A esquizofrenia caracteriza-se por acentuada perda de contato com a realidade (dissociação), grave divisão ou fragmentação da personalidade, formação de um mundo conceptual excessivamente determinado pelo sentimento (*autismo*) e ocorrência de sintomas que assinalam uma deterioração progressiva (*catatonia, hebefrenia, parafrenia* e certas formas de *paranóia*). Cf. E. Kretschmer, E. Kraepelin e J. Wyrsch, *Die Person des Schizophrenen*, 1949; L. Binswanger, *Schizophrenia*, 1958; O. H. Arnold, *Die Therapie der Schizophrenen*, 1963; Harry Stack Sullivan, *Conceptions of Modern Psychiatry*, 1947; H. Rosenfeld, *Analysis of a Schizophrenic State with Depersonalization*, 1947.

ESQUIZOFRENIA CATATÔNICA — Psicose marcada por notórios sintomas motores: inibição generalizada (estupor, mutismo, negativismo, catalepsia) ou excessiva atividade motora. Verifica-se muitas vezes um estado em que o indivíduo regressa a atividades exclusivamente vegetativas.

ESQUIZOFRENIA PARANÓIDE — Psicose caracterizada, principalmente, por pensamentos autísticos, alucinações e delusões altamente elaboradas, sobretudo as de grandeza e perseguição. Toda a personalidade é afetada e propensa à deterioração; as delusões tendem para ser cada vez menos sistematizadas, com o decorrer do tempo. Nestes aspectos, a esquizofrenia paranóide difere da paranóia. É provável que se manifeste uma atitude constante de agressividade, ressentimento e hostilidade. Tal como em outras formas de esquizofrenia, um excessivo religiosismo está muitas vezes presente.

ESQUIZOFRÊNICO — Relativo à esquizofrenia. (Ver: ESQUIZÓIDE)

ESQUIZÓIDE — Padrão persistente de comportamento ou de personalidade, semelhante à esquizofrenia, em que a pessoa se afasta dos contatos com o mundo exterior e se ensimesma. É sinônimo de *esquizotímico*, mas esta designação é usualmente limitada àquele tipo de comportamento que, embora qualitativamente semelhante à esquizofrenia, se situa definitivamente dentro de limites normais. *Esquizóide* deixa em aberto uma questão: significa freqüentemente um comportamento afim ou limítrofe da anormalidade, talvez uma forma inicial ou antecedente, mas não permite, em termos concretos, definir um indivíduo como esquizofrênico. As descrições verbais do comportamento esquizóide ou esquizotímico manifestam enorme variedade mas, provavelmente, referem-se às mesmas causas ou tendências subjacentes.

ESQUIZO-PARANÓIDE, POSIÇÃO — Segundo Melanie Klein (*The Emotional Life of the Infant*, 1952), é o estágio que assinala o início da vida mental da criança imediatamente após o nascimento. De acordo com a sua teoria, a criança é dominada, nos primeiros quatro meses de vida, por emoções e métodos de defesa característicos de um estado esquizo-paranóide, em conseqüência do conflito entre os instintos de vida e de morte e da dolorosa experiência de nascer. Em suas primeiras fantasias, a criança sente-se em perigo e perseguida por inimigos internos e externos, dando origem ao estado de ansiedade. O seio materno, que para a criança é bom quando a satisfaz e mau quando sente fome e não é imediatamente satisfeita, é alvo de uma série de processos de introjeção e projeção, convertendo-se no objeto dos impulsos destrutivos e de ansiedade persecutória. O desejo de gratificação ilimitada da libido oral, assim como a ansiedade persecutória, contribuem para que a criança sinta existir tanto um seio ideal (nutriente, solícito, inexaurível) como um seio mau (perigoso, devorador, negativo), os quais são mantidos à parte na mente infantil. Esses dois aspectos do seio materno são introjetados (eu bom e eu mau) e formam um núcleo rudimentar do superego. Divisão, onipotência, idealização, negação e controle alucinatório de objetos internos e externos são os métodos de defesa característicos da posição esquizo-paranóide, em concordância com a extrema intensidade das emoções primitivas e a limitada capacidade do ego para suportar uma ansiedade aguda. Essas defesas impedem o progresso da integração psíquica, mas, por outra parte, são essenciais ao desenvolvimento do ego, pois aliviam repetidamente a criança de sua ansiedade. Essa segurança temporária é conseguida pela divisão do objeto em dois: um bom (ideal), capaz de amor e gratificação representante do instinto de vida; e um mau (perseguidor, agente da frustração e da destruição), representante do instinto de morte. A *mente dividida* é, portanto, a característica básica do primeiro estágio da vida mental. (Ver: DEPRESSIVA, POSIÇÃO)

ESQUIZOTIMIA — Tendência para o comportamento esquizóide, dentro dos limites da normalidade, não sendo sequer considerada potencialmente mórbida. (Ver: ESQUIZÓIDE)

ESTABELECIMENTO — Designação dada por Henry A. Murray (*Explorations in Personality*, 1938) a cada uma das divisões da personalidade, de acordo com certas funções globais desempenhadas por cada uma delas. Murray aceitou a tríade freudiana — id, ego e superego — como estabelecimentos, embora a modificasse de acordo com os seus princípios de análise experimental.

ESTABILIDADE — Característica de uma pessoa que não é propensa a grandes oscilações emocionais.

ESTABILIDADE, COEFICIENTE DE — Coeficiente obtido pelo método teste-reteste para se avaliar o grau de precisão de um teste. Alguns teóricos acreditam que a flutuação dos escores verdadeiros dos indivíduos entre as ocasiões de aplicação do teste deve ser considerada como variância de erro. No entanto, deve-se distinguir a capacidade do teste para medir a magnitude de um traço e a estabilidade desse traço para indivíduos medidos.

ESTAMPAGEM — Uma resposta de comportamento que é adquirida no início da vida, não é reversível e é normalmente provocada por uma certa situação ou estímulo que a desencadeia. A reação de "séquito" que se observa em patos e pintos é um exemplo de estampagem.

ESTANINO — Escala de norma do tipo por categoria, implicando numa transformação não linear. A curva normal fica dividida em 9 categorias pelos estaninos. O escore "estanino" é expresso numa escala em números inteiros de 1 a 9, de modo que a média da distribuição será igual a 5 e o desvio-padrão igual a 2.

ESTÁTICAS DO COMPORTAMENTO, LEIS — Ver: COMPORTAMENTO, LEIS DO.

ESTATÍSTICA — O ramo da Matemática que se ocupa dos dados quer *descritivamente*, em termos de resumos, como as medidas de tendência central, dispersão e relação, quer *inferencialmente*, em termos de amostragem, significância dos dados e erros de observação. São *resultados estatísticos* os que se obtêm mediante uma série de operações matemáticas que representam uma população ou amostra. (Ver: PSICOLOGIA ESTATÍSTICA)

ESTATÍSTICA (CONSTANTE) — Um valor ou número que descreve uma série de observações ou medidas quantitativas; ou um valor, calculado na base de uma amostra, que se supõe descrever estatisticamente a população donde a amostra foi retirada. Por exemplo, uma média, um coeficiente de correlação, um desvio-padrão, etc.

ESTATÍSTICA, SIGNIFICÂNCIA — O grau em que um valor obtido não ocorrerá por acaso e pode, portanto, ser atribuído a um outro fator. O grau de significância é caracteristicamente enunciado em termos de um determinado nível. Assim, quando se diz que a diferença entre duas médias é significante no nível de 0,01, isto significa que, de 100 amostragens, a diferença obtida só poderia ocorrer uma vez por acaso.

ESTATÍSTICO, CONTROLE — A utilização de técnicas estatísticas para eliminar o efeito de fatores identificados e mensuráveis que não puderam ser eliminados ou controlados durante o experimento.

ESTATÍSTICO, ERRO — Qualquer impropriedade de medida, de amostragem ou de tratamento de dados que impossibilite extrair uma conclusão válida dos resultados.

ESTATÍSTICO, UNIVERSO — A base total em que os pressupostos ou inferências estatísticos são formulados. Toda a população donde as amostras são extraídas.

ESTENO — Escala de norma que implica numa transformação não linear, dando origem a uma curva normal. O cálculo dos estenos possibilita dividir a curva normal em 10 categorias, onde os indivíduos serão classificados de acordo com os resultados obtidos no teste. Assim, esta escala é considerada por categorias. O número par de categorias estabelecido pelos estenos não aceita uma certa flutuação em torno da média. A unidade adotada é de 0,5 σ (desvio-padrão).

ESTEREÓTIPO — Percepção ou concepção relativamente rígida e esquemática de um aspecto da realidade, especialmente de grupos ou pessoas. Dá-se o nome de *comportamento estereotípico* ao que é uniformemente provocado por certa situação problemática e escassamente alterado pelas circunstâncias ou motivação concomitantes. As reações relativamente invariáveis podem ser de qualquer espécie: verbais, expressivas, posturais ou operantes, às quais se dá o nome de movimentos estereotípicos.

ESTÉTICA — Só na medida em que for empírica e fatual, a estética pode ser considerada disciplina psicológica. Como estudo racional e apriorístico, pertence aos domínios filosóficos.

ESTIGMA — Marca ou impressão. Emprega-se, sobretudo, como indicação de uma degenerescência; por exemplo, os estigmas do mal, da loucura, da doença, etc.

ESTIMULAÇÃO — Aplicação de uma forma apropriada de energia física a um receptor. Cada receptor está preparado para receber e ser ativado por determinada espécie de energia; os órgãos da visão, para receberem a energia luminosa; os órgãos da audição, a energia sonora, e assim por diante. A estimulação de um receptor provoca a excitação do mecanismo nervoso que lhe está associado. E o processo de estimulação-excitação provoca, por sua vez, uma reação ou resposta por parte do organismo.

ESTÍMULO — Evento físico ou alteração na energia física que desencadeia a atividade fisiológica num órgão sensorial. Em contexto psicofísico, o estímulo é sempre um agente externo que entra em relação com o processo sensorial, mas existem também motivações internas (emoções, sentimentos) que estimulam ou afetam o comportamento, sem a intervenção direta de uma energia física estranha ao organismo.

ESTÍMULO AFERENTE, INTERAÇÃO DO — Postulado proposto por Clark Hull, segundo o qual todos os impulsos aferentes interagem de forma a se modificarem mutuamente. O princípio tenta fornecer explicações behavioristas para efeitos de padronização, configuração e outros fenômenos de natureza gestaltista.

ESTÍMULO CONDICIONADO/NÃO-CONDICIONADO — Ver: CONDICIONAMENTO e PAVLOV, EXPERIMENTO DE.

ESTÍMULO CONSTANTE, MÉTODO DO — Método psicofísico para determinar a precisão de julgamento ou discriminação. É apresentado um objeto ou estímulo-padrão (invariável) para comparação com cada um de uma série de estímulos semelhantes. Pela percentagem de julgamentos corretos obtidos em cada estímulo de comparação, determina-se matematicamente um *limiar de constância*.

ESTÍMULO, DIFERENCIAÇÃO DO — O processo por meio do qual o indivíduo aprende a discriminar entre estímulos semelhantes. Na psicologia da Gestalt, o processo pelo qual o campo visual é percebido como composto de vários padrões e diferentes partes.

ESTÍMULO, DISPOSIÇÃO DO — Nos experimentos de tempo de reação, uma forte concentração sobre o estímulo, em contraste com uma *disposição de resposta*, em que a prontidão do sujeito é dirigida para os seus músculos.

ESTÍMULO DISTAL — Ver: DISTAL.

ESTÍMULO, EQUIVALÊNCIA DE — Uma situação em que um estímulo pode substituir um outro na produção de uma resposta. A equivalência de estímulo é uma forma de transferência de conhecimento.

ESTÍMULO, GENERALIZAÇÃO DO — Conceito muito usado pelos teóricos da aprendizagem para explicar certos fenômenos observados. Na definição behaviorista, dá-se o nome de generalização do estímulo ao processo que ocorre quando foi aprendida uma resposta a um determinado estímulo, mas a qual pode ser posteriormente suscitada por um estímulo semelhante ao original. O modo geral de demonstrar esse processo é simples. Um organismo é condicionado para responder a um estímulo condicionado; a prova de generalização consiste em apresentar, separadamente, estímulos que variem no grau de sua semelhança com o estímulo condicionado original. Se esses estímulos produzem a resposta diz-se então que ocorreu a generalização do estímulo. A força da resposta aos estímulos de diversos graus de semelhança, em relação ao estímulo condicionado original, é usada como uma medida do gradiente de generalização do estímulo. O grau de vizinhança ou semelhança entre o estímulo condicionado original e os estímulos de teste está correlacionado com a força da resposta. Quanto menor for a discrepância entre os dois estímulos, maior a força da resposta; quanto maior for a discrepância, menor a força da resposta. Assim, a generalização do estímulo foi demonstrada mediante a estimulação de áreas do corpo a distâncias variáveis do estímulo original e medindo-se a resposta.

ESTÍMULO, PALAVRA — Em testes de associação de palavras ou de tempos de reação, é uma palavra apresentada ao sujeito com o objetivo de suscitar uma resposta na forma de uma palavra associada.

ESTÍMULO PROXIMAL — Ver: PROXIMAL.

ESTÍMULO-RESPOSTA, PSICOLOGIA DE — Ver: PSICOLOGIA E-R.

ESTÍMULO, SITUAÇÃO DE — O complexo de condições que cercam um organismo e coletivamente agem como um estímulo para gerar padrões de comportamento por parte desse organismo. O conceito de situação de estímulo pretende sublinhar que a maioria das respostas não são suscitadas por um único estímulo, mas são a conseqüência de uma combinação de estímulos.

ESTÍMULO, TRAÇO DO — Definido por C. Hull como os pós-efeitos aferentes ou sensoriais de um estímulo no sistema nervoso central. Os traços do estímulo permitem a interação aferente dos estímulos.

ESTRABISMO — Desvio de um olho da direção normal. Por ampliação, aplica-se o termo ao desvio de idéias ou pensamentos da norma geralmente aceita: estrabismo mental.

ESTRANHAMENTO — Palavra adotada pela Psicologia Social, por influência do inglês *estrangement*, no sentido de distanciamento social, estágio intermédio entre a incompreensão e o conflito. Sin.: ALIENAÇÃO SOCIAL.

ESTRATIFICAÇÃO — A organização de um material em camadas ou estratos. A concepção "arqueológica" da estrutura da psique foi enunciada por Freud nos *Estudos sobre a histeria* (1895): "Assim é que cheguei, quando empreendi esta primeira análise completa de uma histeria, a um procedimento que elevei mais tarde ao nível de um método e introduzi em plena consciência de seu objetivo; a um procedimento de eliminação por sucessivos estratos do material psíquico patogênico que tínhamos o costume de comparar de bom grado à técnica arqueológica de exumação de uma cidade soterrada."

ESTROBOSCÓPICA, ILUSÃO — Movimento aparente de objetos visuais ligeiramente diferentes quando vistos em rápida sucessão, como no caso da cinematografia. Mais especificamente, o efeito para a percepção visual quando um objeto em movimento é iluminado por uma luz rapidamente intermitente.

ESTRUTURA — Disposição, agrupamento, padrão ou articulação de partes em caráter permanente, de modo a formar um sistema ou todo relativamente estável. O termo é aplicável em muitos contextos: estrutura do átomo, estrutura de uma frase, estrutura mental, estrutura de um órgão, estrutura da sociedade ou estrutura de um edifício. Estrutura está em contraste com função ou processo, que são conceitos temporários e instáveis, enquanto aquela implica a estabilidade de suas partes componentes, a permanência de suas relações mútuas e de sua disposição racional, isto é, a durabilidade da forma, sistema e organização.

ESTRUTURALISMO — Um sistema de psicologia associado aos ensinamentos de Wilhelm Wundt e de seu principal discípulo, Edward Bradford Titchener, que transportou o sistema de Leipzig para os Estados Unidos (1892). O estruturalismo sustentava que a psicologia é experiência humana, estudada do ponto de vista da pessoa experiente. O método da psicologia é a *introspecção*. O objeto da psicologia é compreender a estrutura da mente, investigar "*o que*", "*o como*" e o "*porquê*" da experiência ou consciência. Em "o que" estão incluídos os resultados da análise introspectiva dos processos mentais, por outras palavras, a questão de "o que" trata do *conteúdo* da experiência e o problema de sua análise. A questão "como" refere-se à maneira como os vários processos mentais estão relacionados entre si — isto é, ao problema da síntese. A questão de o "porquê" diz respeito às relações de causa-e-efeito entre os processos mentais e entre a experiência subjacente nos processos fisiológicos do sistema nervoso. Os estruturalistas resolveram o problema da relação da consciência com o cérebro ou corpo recorrendo ao princípio do *paralelismo psicofísico*, uma forma de dualismo em que a mente e o corpo são considerados substâncias separadas, sem interação mútua mas paralelas entre si, de tal modo que, para cada evento na consciência existe um evento correspondente no corpo. Entretanto, a mente não *causa* eventos corporais nem os eventos corporais *causam* estados de consciência. Há um rigoroso paralelismo mas nunca uma interação. A posição de Wundt e Titchener sobre o problema mente-corpo foi necessária em decorrência da separação por eles defendida entre os eventos mentais e a totalidade do comportamento. É impossível usar uma mente não-material para explicar um corpo físico ou vice-versa. A análise da consciência resultou em três elementos irredutíveis: *sensações, imagens* e *estados afetivos* (sentimento e emoção). Trata-se de elementos no sentido de que não podem ser mais decompostos pela análise introspectiva. Mas cada um pode ser descrito em função dos seus atributos. Todos os elementos têm os atributos de *qualidade, intensidade* e *duração*. Durante três décadas (aproximadamente de 1890 a 1920), o estruturalismo foi a escola dominante de psicologia na Alemanha e nos Estados Unidos; depois, viu-se atacada com êxito por diversas escolas rivais. Nos Estados Unidos, o funcionalismo e o behaviorismo tornaram-se os sistemas favoritos; na Alemanha, vingava a Psicologia da Gestalt. O estruturalismo fracassou por sua estreiteza. Proporcionou excelentes relatos subjetivos de estados sensoriais e estados afetivos de consciência, mas não foi capaz de ampliar com êxito o seu método para incluir o comportamento de crianças ou animais ou facilitar a criação de testes mentais e estudos comportamentais da aprendizagem. Sin.: PSICOLOGIA ESTRUTURAL.

ESTRUTURAL, TRAÇO — Ver: PERSONALIDADE, TRAÇOS DE.

ESTUPOR — Estado de extrema ausência de reações, por vezes equivalente à inconsciência.

ETIOLOGIA — Base subjacente, causa ou condições antecedentes e necessárias para o desenvolvimento de uma perturbação patológica.

ETNIA — Grupo étnico, caracterizado por vínculos biológicos (nações, povos), lingüísticos (várias etnias indianas, por exemplo), sociológicos (o negro americano, por exemplo) ou culturais-religiosos.

ETNOLOGIA (OU ETNOGRAFIA) — Divisão da Antropologia que estuda os grupos étnicos, suas origens, costumes, ocupações e culturas, em relação ao hábitat e a outros grupos étnicos. O estudo psicológico comparado de raças e povos recebeu o nome de *Etnopsicologia*.

ETOLOGIA — Em sua definição clássica, a ciência da ética, o estudo do caráter humano em bases empíricas. Em Psicologia, é o estudo do comportamento comparado ou da *ecologia* do comportamento.

EU — Existem quase tantas definições de "Eu" quantas as teorias psicológicas que arvoram o Eu em seu conceito central, na tentativa de explicação e descrição da coerência de comportamento de um indivíduo. Entretanto, duas noções básicas se impõem, a saber: (1) o Eu como o sujeito, o agente, a pessoa individual, o ser vivo; ou uma parte ou aspecto específico desse ser; e (2) o Eu como o indivíduo que, de algum modo, é revelado ou conhecido de si mesmo. Estas duas noções parecem algo distintas, mas os que sublinham o segundo conceito atribuem usualmente ao Eu certas características dinâmicas inspiradas no primeiro. Para *Henry James* o Eu significa "tudo o que a pessoa é tentada a designar pelo determinativo *meu* e o relativo a *mim*" (*Princípios de Psicologia*). Para *C. G. Jung* o Eu "é o complexo de representações que constitui, para mim, o centro do meu campo consciente e que me parece da máxima continuidade e identidade a respeito de si mesmo. Por isso costumo falar também de um complexo do eu". E acrescentou: "O eu tanto é um *conteúdo* como uma *condição* da consciência, porquanto... um elemento psicológico só é consciente na medida em que estiver referido ao complexo do eu" (*Tipos Psicológicos*). Na psicologia do Eu, tal como foi enunciada por *M. Calkins*, o eu é aquele aspecto da pessoa que realiza os atos psíquicos, mentais ou psicológicos, o agente do comportamento. Esta definição, evidentemente, implica uma acentuada separação dos dados da psicologia e da fisiologia, tornando-a inaceitável para os behavioristas em virtude da impossibilidade de submeter à investigação científica um Eu autônomo, dotado de fontes próprias de energia e vontade. Para os psicólogos de *filiação fenomenológica*, é válida a divisão de Husserl do Eu em três partes distintas: o eu empírico ("eu sou"), o eu transcendental ("eu penso") e o eu fenomenológico ("eu estou no mundo"). A qualidade dinâmica atribuída ao Eu, no todo ou em parte, serviu a *Hans Thomae* para formular uma teoria da personalidade dinâmica (1951), baseada em três princípios distintos, mas interligados (como em Husserl e em Freud): o *eu propulsivo* (sentimentos e motivações superiores), o *eu impulsivo* (que é a esfera dos impulsos e estímulos instintivos — fome, sede e sexo) e o *eu prospectivo* (princípio coordenador e organizador da vida, da capacidade de decisão e de iniciativa, dos conhecimentos concretos). Em terminologia psicológica, a trindade de Thomae, a que chamou "zona nuclear da personalidade", parece uma simples transposição da trindade freudiana: o ego ideal ou superego (propulsivo), o ego objetivo (prospectivo) e o id (impulsivo). Para *G. W. Allport*, o eu é o "proprium", isto é, os sentidos do corpo, a conscientização pelo indivíduo da sua identidade, sua continuidade, seu esforço e sua imagem. Para *Carl Rogers*, autor da mais recente teoria do Eu, "o eu é uma estrutura composta a partir das experiências que o indivíduo está apto a atribuir ao seu próprio corpo ou aos resultados do seu próprio comportamento; portanto, o eu é uma autoimagem, uma autoconsciência (*self-awareness*). Todas estas concepções gravitam em torno de uma idéia central que pode ser resumida assim: *o Eu é a síntese individual de um complexo de idéias, sentimentos e esforços reconhecidos, interpretados e avaliados pelo próprio indivíduo como seus e que, traduzidos em comportamento específico, dão a conhecer aos outros (ao mundo em sua volta) uma determinada personalidade.* (Ver: EGO/PSICOLOGIA DO EU)

"EU BOM" — Aquele aspecto do eu total de uma criança que ela reconhece acarretar-lhe gratificações e recompensas (especialmente as manifestações de aprovação e de carinho) por parte dos pais. A concepção infantil do eu como totalmente bom. (Ver: "EU MAU")

EU, CERTEZA DO — Segundo Erik Erikson, uma das dimensões requeridas para um adequado desenvolvimento do sentido de identidade pessoal. Consiste na congruência do conceito de eu de uma pessoa com a impressão que ela transmite aos outros. Os sentimentos de dúvida e de confusão a respeito do nosso conceito de eu e da nossa imagem social militam contra um sentido de identidade.

EU DIVIDIDO — Personalidade sujeita a forte conflito interior.

EU IDEALIZADO — O eu perfeito e glorificado que o neurótico julga ser, após uma identificação inconsciente com a sua imagem idealizada. De acordo com Karen Horney (*A Personalidade Neurótica do Nosso Tempo*), o orgulho neurótico leva a uma idealização quase impossível do que a pessoa deve ser. Como a realidade está muito aquém desse ideal, a solução do conflito é procurada na convicção de que a pessoa é aquilo que um ideal inspirado pelo orgulho diz que ela *devia ser*.

"EU MAU" — Noção consciente que a criança tem de si própria quando suas atitudes e reações são reprovadas objetivamente pelos pais ou quando *sente* (supõe subjetivamente) que é reprovada. Segundo Melanie Klein (*Teoria da Ansiedade e Culpa*), o conjunto de idéias e sentimentos que a criança atribui ao "eu mau", e que constituem o núcleo da *ansiedade*, é formado através dos mecanismos de introjeção e projeção de bons e maus objetos.

EU-MESMO — Sin.: Eu Psicológico. Conceito formulado por C. G. Jung e assim definido (cf. *Tipos Psicológicos*): "Distingo, portanto, entre o eu e o eu-mesmo, em que o eu é somente o sujeito da minha consciência e o eu-mesmo é o sujeito de toda a minha psique, inclusive do inconsciente. O eu-mesmo aparece na fantasia inconsciente como personalidade supra-ordenada e ideal, como o *Fausto*, de Goethe, e o *Zaratustra*, de Nietzsche." Em outras palavras, o eu-mesmo representa uma extensão psicológica do eu, formado inicialmente de todas as experiências relacionadas com o corpo — sensações físicas, cinestésicas, etc. — e depois enriquecido pela grande variedade de elementos ideacionais e afetivos associados ao núcleo perceptual. William James adotaria igualmente essa distinção, convertendo o *Ich* e *Selbst* junguianos (eu e eu-mesmo) em *Self* e *Myself* (eu e eu-mesmo ou *Proprium*) e considerando-os uma divisão objetiva da personalidade (cf. *Princípios da Psicologia*). (Ver: EGO E EU)

EU, OBLITERAÇÃO DO — Uma das principais soluções neuróticas dos conflitos interiores segundo Karen Horney. Caracteriza-se pela identificação com o eu desprezado e subseqüente idealização inconsciente da dependência, do amor e da complacência.

EU REAL — O ser psicológico total, em dado momento, incluindo os mecanismos conscientes e inconscientes (cf. Karen Horney, *Conheça-se a Si Mesmo*).

EUFORIA — Atitude emocional de invulnerabilidade e otimismo, acompanhada de intensa sensação de saúde e vigor, muitas vezes apesar de insuficiências somáticas que são ignoradas. Em casos psicopatológicos, geram-se delusões que se adaptem à atitude eufórica.

EUNUCÓIDE, TIPO — Que tem características corporais ou psicológicas semelhantes às do eunuco.

EUSTÁQUIO, TROMPA DE — Pequeno canal que liga o ouvido médio à faringe.

EVITAÇÃO, COMPORTAMENTO DE — Tipo de comportamento que tende a afastar o organismo da exposição a um estímulo nocivo, quer evitando a situação indesejável, quer reduzindo ou eliminando o estímulo. Nos experimentos de condicionamento operante e aprendizagem, chama-se *evitação* ao comportamento que o seguinte exemplo descreve: antes de uma parte da grelha experimental ser eletrificada, acende-se uma luz ou qualquer outro estímulo distinto; o animal aprende a fugir da parte eletrificada para a não-eletrificada da grelha ao ver a luz, isto é, antes da corrente elétrica chegar a ele, evitando assim o estímulo nocivo. Neste caso, EC é a luz, ENC é o choque, RNC é fugir para escapar ao choque e RC é a evitação do choque. Este comportamento distingue-se da simples *fuga* da parte eletrificada para a não-eletrificada da grelha, em que a RNC é a crescente tensão corporal, saltar na grelha, etc., e RC é a fuga e concomitante redução do estímulo elétrico, não a sua evitação.

EVITAÇÃO-EVITAÇÃO, CONFLITOS DE — Uma situação em que o indivíduo se vê igualmente repelido por dois cursos alternativos de ação. Por exemplo, para o soldado que sofre de fadiga de combate a idéia de voltar a combater é estressante e pode pensar em desertar. Mas são igualmente desagradáveis as conseqüências do ato de deserção. Tais conflitos são sumamente perturbadores e podem culminar em doença histérica, um modo socialmente aceitável de escapar à situação.

EVITAÇÃO, GRADIENTE DE — A força variável do desejo de evitar um objetivo desagradável, dependendo de fatores tais como a distância a que a pessoa se encontra do objetivo.

EVOLUCIONISMO — Teoria que considera o estado presente do mundo o resultado cumulativo de longa e ordenada série de estágios na evolução e desenvolvimento das espécies. Seus fundamentos biológicos foram estabelecidos por Charles Darwin (*Sobre a Origem das Espécies por Meios de Seleção Natural*, 1859): as variações que envolvem um desajustamento nos componentes de determinada espécie extinguir-se-ão e as variações vantajosas serão propagadas de maneira tal que as espécies se modifiquem lentamente, no decorrer de muitas gerações. O evolucionismo darwinista influiu diretamente na criação de uma Psicologia Experimental, ou seja, da investigação dos fenômenos psicológicos por métodos experimentais, partindo da concepção darwinista do desenvolvimento contínuo para aplicá-la ao comportamento humano, tal como Francis Galton o faria, em trabalhos pioneiros de aplicação da matemática e da estatística ao estudo e pesquisas sobre o caráter (*Hereditary Genius*, 1869). (Ver: PSICOLOGIA EXPERIMENTAL)

EXACERBAÇÃO — Intensificação de uma doença ou de seus sintomas.

EXAUSTÃO — Estado de um órgão ou tecido quando o ritmo catabólico se encontra acentuadamente reduzido, em virtude de distúrbio funcional.

EXCITAÇÃO — Processo pelo qual um órgão receptor dá início à atividade de um nervo ou músculo. Estado do organismo ou do sistema nervoso, induzido por um estímulo, que se relaciona com a intensidade de uma reação. Para P. Janet (*L'Automatisme Psychologique*, 1889), excitação é o rápido incremento da tensão psicológica, tal como se observa nos estados emocionais de alegria, entusiasmo e inspiração.

EXIBICIONISMO — Desejo mórbido de expor, na presença de outras pessoas, os órgãos genitais ou outras partes do corpo que se encontram normalmente ocultas.

EXIGÊNCIA NEURÓTICA — Definida por Karen Horney como o sentimento irracional, baseado em sensação de superioridade única, de que os outros devem prover a que os desejos ou necessidades da pessoa sejam satisfeitos. Se for sentimento parcialmente consciente, procura-se justificá-lo com *racionalizações*. Se o sentimento não for satisfeito, a exigência neurótica gera o desejo de vingança, cólera e recriminações por tratamento injusto.

EXISTENCIAL, ANÁLISE — Método psicoterapêutico criado pelo psiquiatra suíço *Ludwig Binswanger* sob o nome de *Daseinsanalyse* (alem. = análise existencial). O método resultou de uma conjugação das concepções ontológico-existenciais do filósofo Martin Heidegger (cujos fundamentos foram propostos em *Sein un Zeit*), da fenomenologia de Edmund Husserl, da "mundivisão existencial" de Karl Jaspers (formulada em *Psychologie de Weltanschauungen*) e da psicanálise freudiana. Segundo M. Boss (cf. *Psychoanalyse und Daseinsanalytik*, 1957), a finalidade psicoterápica da análise existencial consistia em "cortar as pontes entre a convenção e o superego", mediante a comunicação entre o paciente e o analista. Mas essa comunicabilidade só é mútua na medida em que tanto o analista como o analisando são *existências infelizes*, uma vez que ambas estão subjugadas num mundo de luta e sofrimento, expiação e morte (*Kampf und Leiden, Schuld und Tod*). Dessa livre colaboração, com espírito de entreajuda, o paciente colherá uma lição espontânea sobre um mundo que não é mau só para ele, mas para todos; e só dele dependerá a reação que o leve a superar a crise e enfrentar *normalmente* um problema comum. Essa reação espontânea ao mundo, com espírito de livre-arbítrio, é a base do método analítico de Binswanger. Não confundir a análise existencial (*Daseinsanalyse*) com a *análise da existência* (*Existenzanalyse*), método que, embora tendo os mesmos pressupostos teóricos (Heidegger, Husserl e Jaspers), preteriu a psicanálise freudiana pela adleriana. (Ver: LOGOTERAPIA)

EXISTENCIAL, PSICOLOGIA — Ver: PSICOLOGIA EXISTENCIAL.

EXISTENCIALISMO — Importante movimento filosófico e literário cujos princípios básicos são que a filosofia deve preocupar-se, primordialmente, com a *existência* do homem, sua situação no mundo, sua liberdade de escolha de objetivos e projetos, e o significado de sua vida. As origens modernas do existencialismo encontram-se nas obras de Sören Kierkegaard, Friedrich Nietzsche e Martin Heidegger. No campo filosófico, são considerados pensadores existencialistas Jean-Paul Sartre, Gabriel Marcel, Miguel de Unamuno, Paul Tillich. No campo literário, produziram destacadas obras de ficção, além do mesmo Sartre, Albert Camus e Simone de Beauvoir. O existencialismo influenciou fortemente diversas correntes psicológicas e psicanalíticas contemporâneas, desde Karl Jaspers a Binswanger, de Frankl a Rogers, de Rollo May a Maslow. (Ver: EXISTENCIAL, ANÁLISE; EXISTENCIAL, PSICOLOGIA; LOGOTERAPIA (ANÁLISE DA EXISTÊNCIA); PSICOLOGIA EXISTENCIALISTA; PSICOLOGIA DO SER)

EXISTENCIALISTA, PSICOLOGIA — Ver: PSICOLOGIA EXISTENCIALISTA.

EXÓCRINO — O que segrega para fora. Glândulas exócrinas são as que, através de minúsculos condutos, segregam para fora do corpo (como as glândulas exsudativas), ou de um órgão para outro (da vesícula biliar para o duodeno, por exemplo). (Ver: ENDÓCRINO)

EXÓGENO — De origem externa. O oposto de *endógeno*.

EXPANSIVIDADE — Tendência genérica para a loquacidade, otimismo, comunicabilidade social. Karen Horney (*A Personalidade Neurótica do Nosso Tempo*) define expansividade como um estado neurótico em que o paciente pensa realmente ter atingido o seu *eu ideal* e manifesta sintomas de narcisismo, aliados ao comportamento acima descrito.

EXPECTATIVA, TEORIA DA — Enunciado behaviorista de Edward Tolman (*Purposive Behavior*, 1932), segundo o qual, na aprendizagem, tudo o que se adquire é uma disposição para reagir a certos objetos como *sinais* de que outros objetos devem ser esperados em seqüência aos primeiros. Por exemplo: um animal experimental aprende a puxar uma argola como se essa ação fosse o sinal do próximo aparecimento de comida. Não quer dizer que o animal tenha *idéias*, no sentido subjetivo; significa apenas que o seu comportamento corrobora a inferência de que ele adquiriu o *equivalente* de um conhecimento de relações.

EXPERIÊNCIA — Aquisição prática, pelo indivíduo, dos conhecimentos que o contato direto com os eventos físicos ou mentais lhe proporciona. Segundo E. B. Titchener é a totalidade dos fenômenos mentais *diretamente* recebidos em determinado momento, assim excluindo a inferência.

EXPERIÊNCIA CULMINANTE — Expressão usada pela psicologia humanista para caracterizar a máxima realização de uma pessoa com relação à sua identidade. Trata-se do momento em que ela se sente com plenos poderes, usando todas as suas capacidades da maneira mais apropriada e completa (Maslow). Para Carl Rogers é o sentimento que a pessoa tem quando se encontra em "pleno funcionamento — mais inteligente, mais perceptiva, mais arguta, mais forte ou mais airosa do que em outros momentos". É quando ela está na sua melhor forma, sente-se completamente integrada e ajustada, pura e singularmente ela própria e mais apta a fundir-se com o mundo. Não é uma experiência meramente subjetiva, pois também é visível aos olhos de um observador. (Ingl.: *Peak experience*)

EXPERIMENTAL, CONTROLE — A aplicação do princípio de que todas as condições e variáveis num experimento devem ser conhecidas e reguladas de tal maneira que a influência da variável independente não sofra ambigüidades. Isto envolve a exclusão ou a manutenção constante de qualquer variável ou condição ambiental que possa influenciar a variável dependente. Algumas condições experimentais requerem o uso de grupos de controle.

EXPERIMENTAL, GRUPO — Grupo de sujeitos experimentais exposto ao *tratamento variável* e cujo desempenho refletirá, portanto, a influência dessa variável.

EXPERIMENTAL, MÉTODO — Ver: EXPERIMENTO.

EXPERIMENTAL, PSICOLOGIA — Ver: PSICOLOGIA EXPERIMENTAL.

EXPERIMENTAL, TRATAMENTO — Tentativa deliberada de alteração de uma variável, mediante a alteração de algum fator que se julgue ser a causa influente.

EXPERIMENTO — Arranjo definido de condições que possibilitam a observação de fenômenos, tendo por finalidade determinar, em relação a esses fenômenos, as influências causais exercidas sobre as ditas condições. O conjunto sistemático de regras operacionais para a condução e interpretação dos resultados de um experimento tem o nome de *método experimental*. Os fenômenos que vão ser observados denominam-se *variáveis dependentes*, por dependerem das condições experimentais, ao passo que estas se designam por *variáveis independentes*.

EXPIATÓRIO, BODE — Entre os antigos israelitas era uma cabra toda branca sobre a qual o sacerdote descarregava, numa cerimônia, todos os pecados do povo. O animal era depois enxotado para o deserto, onde morria à míngua. Figurativamente, é qualquer pessoa ou grupo que se torne objeto de uma *agressão deslocada*. Ao bode expiatório se imputam as culpas por todas as frustrações e desapontamentos que têm, na realidade, outra origem.

EXPRESSÃO — Tudo o que o organismo realiza com a implicação de que o ato é determinado pela natureza do organismo. Sin.: Função Expressiva. A parte ou aspecto de um ato que é particularmente revelador da natureza do complexo total tem o nome de *comportamento expressivo*. Os movimentos suficientemente distintos para que se diferencie um indivíduo de outro (incluindo gestos, posturas, expressão facial, maneira de falar), facilitando uma avaliação de sua personalidade, denominam-se *movimentos expressivos*.

EXPRESSIVO, COMPORTAMENTO — Ver: EXPRESSÃO.

ÊXTASE — Estado de intensa exaltação mental.

EXTENSOR — Músculo que, pela sua contração, serve para dar força a um membro, como uma perna ou um dedo. O músculo que tem a função inversa, isto é, curvar ou encolher um membro, chama-se *flexor*. Um par de *músculos antagônicos* é formado por um extensor e um flexor.

EXTERNALIZAÇÃO — Processo pelo qual uma criança diferencia gradualmente a existência de um mundo "fora dela", à medida que suas aptidões sensoriais (locomoção, expansão do campo visual, etc.) e a consolidação do complexo de Édipo substituem a percepção indiferenciada e primitiva de um eu-mundo de objetos internalizados.

EXTINÇÃO — Declínio gradual de uma resposta condicionada, em conseqüência de um ou outro dos seguintes procedimentos experimentais: (a) apresentação repetida do estímulo condicionado sem o emparelhamento do estímulo não-condicionado, (b) a omissão de reforço após a emissão de uma resposta condicionada. A acumulação maciça de ensaios não-reforçados (provas de extinção) é a maneira mais eficaz de extinguir as respostas condicionadas. A omissão de reforço pode resultar na inibição ou adaptação do mecanismo de resposta, instigação de respostas interferentes, diminuição do nível motivacional, declínio da generalização e em frustração.

EXTRÍNSECA, MOTIVAÇÃO — Tipo de comportamento dominado pela possibilidade de satisfações ou punições exteriores aos sentimentos que residem no comportamento em si. Por exemplo, trabalhar com mira num prêmio, em vez das satisfações inerentes à realização da própria tarefa.

EXTROVERSÃO — Termo psicológico empregado por C. G. Jung para descrever um tipo de personalidade que concentra seu interesse no mundo exterior a si. Diz Jung: "Chamo extroversão ao movimento da libido de dentro para fora. Assim, expressa a relação evidente do sujeito com o objeto, tendo o significado de um movimento positivo do interesse subjetivo no sentido do objeto. O indivíduo em extroversão pensa, sente e atua em relação com o objeto, de forma exteriormente clara e perceptível, de maneira que não reste dúvida no que diz respeito à sua disposição positiva. De certo modo, a extroversão é uma transferência do interesse do sujeito para o objeto. Se a extroversão for intelectual, o pensamento do sujeito *situa-se* no objeto; se for sentimental, o sujeito compenetra-se, *consente-se* no objeto. Se o estado de extroversão for habitual e sistemático, definir-se-á um tipo *extrovertido*" (cf. *Tipos Psicológicos*). (Ver: INTROVERSÃO)

EXTROVERSÃO-INTROVERSÃO — Dimensão psicológica para descrição e medição da personalidade. (Ver: PERSONALIDADE, TIPOS DE)

EXTROVERTIDO — Ver: EXTROVERSÃO e PERSONALIDADE, TIPOS DE.

EYSENCK, HANS JURGEN — Psicólogo alemão que, depois de cursar universidades da Europa continental, obteve seu doutorado em Filosofia na Universidade de Londres, em 1955. Trabalhou como psicólogo no Mill Hill Emergency Hospital durante a guerra, sendo posteriormente nomeado professor de Psicologia na Universidade de Londres e diretor do Departamento de Psicologia do Instituto de Psiquiatria do Real Hospital de Bethlem. Foi professor-visitante nas Universidades da Pensilvânia e da Califórnia. Realizou importantes estudos e pesquisas experimentais nos campos da personalidade, aprendizagem e psicometria, sendo um veemente defensor do mais alto grau de rigor científico no planejamento de experimentos psicológicos. Bibliografia principal: *Dimensions of Personality* (1949); *The Scientific Study of Personality* (1952); *The Structure of Human Personality* (1953); *Dinamics of Anxiety and Hysteria* (1957); *Causes and Cures of Neurosis* (1964) e o popular *Uses and Abuses of Psychology* (1953).

FACIAL, NERVO — O VII nervo craniano, que fornece impulsos *eferentes* aos músculos faciais e impulsos *aferentes* aos órgãos gustativos, nos dois terços anteriores da língua.

FACILITAÇÃO, LEI DA — A potência de uma resposta reflexa pode ser incrementada mediante a apresentação de um segundo estímulo que, por si mesmo, não é suscetível de provocar essa resposta. Exemplo: verifica-se um reforço do reflexo patelar quando se adiciona o estímulo cinestésico de apertar as mãos uma contra a outra com força.

FADIGA DE COMBATE — Síndroma nervosa devida à tensão física, emocional e mental do combatente.

FALA — Qualquer comunicação através de um sistema convencional de símbolos vocais. Supõe-se que o *centro da fala* está localizado na região do cérebro denominada circunvolução de Broca, a qual controlaria a articulação das palavras.

FALÁCIA PATOLÓGICA — Expressão empregada pelos adversários da Psicanálise para designarem a descrição da natureza psicológica do homem à imagem e semelhança da de um paciente e à concepção dos processos psicológicos em termos de anormalidade. Não se nega que o normal possa ser elucidado por um estudo do patológico, a falácia consiste em supor que uma qualidade ou processo reconhecidamente anormal possa ser típico quando é excepcional. Assim, a existência de um complexo de Édipo como núcleo de todas as neuroses — conforme afirmam os psicanalistas — não pode ser tomada como prova de que todas as pessoas normais (não-neuróticas) tenham também conhecido o conflito de Édipo. Para isso, seriam precisas outras provas.

FÁLICA, MULHER — Dá-se o nome de mulher fálica à que sente prazer em desempenhar o papel masculino. Melanie Klein atribui a origem da mulher fálica à mãe, no início do complexo de Édipo, quando, "de acordo com a primazia dos impulsos instintivos orais, as fantasias de incorporação predominam e conduzem à noção de um pênis interno que a mãe conserva dentro do corpo".

FÁLICA, PRIMAZIA — Concentração do interesse erótico, durante o estágio fálico do período de desenvolvimento pré-genital, no pênis, que é alvo da curiosidade e experiências da criança.

FÁLICA, VENERAÇÃO — Reverência religiosa às forças criadoras da natureza, simbolizadas no falo. Sin.: Falismo.

FÁLICO — Respeitante ao órgão sexual masculino. Da palavra grega *phallos*, imagem do pênis venerada em diversas religiões antigas como símbolo dos poderes geradores da natureza.

FÁLICO, AMOR — Em Psicanálise, o amor narcisista ao pênis (nas meninas, o equivalente do pênis), que é normal do estágio fálico. Manifesta-se no orgulho em exibir o pênis, grande curiosidade a respeito do da própria criança e do de outras e, em especial, na masturbação (mas a masturbação, em estágio posterior do desenvolvimento, pode ter outra motivação).

FÁLICO, ESTÁGIO — Período do desenvolvimento da sexualidade infantil marcado pelo interesse e sentimentos associados ao pênis. O período decorre normalmente entre os 3 e 6 anos de idade, após os estágios oral e anal, mas pode haver certa margem de justaposição. (Ver: PERSONALIDADE, TIPOS PSICANALÍTICOS DE)

FÁLICO, SÍMBOLO — Qualquer objeto pontiagudo e ereto que pode representar o pênis nos símbolos oníricos: um punhal, a flecha de uma torre, uma serpente enroscada, um guarda-chuva fechado, um lápis ou um cigarro, uma bengala, etc.

FALO — Do grego *phallos*. Representação do pênis, ou do pênis e dos testículos, especialmente como símbolo de veneração e culto, sendo igualmente usado como motivo de decoração (ex.: a casa dos irmãos Vetti, em Pompéia). Nas cerimônias dionisíacas da Grécia antiga, assim como em certos cultos indianos e em muitas religiões (totêmicas) de povos primitivos, a representação esculpida do pênis era (ou é) objeto de veneração como símbolo da fertilidade, do poder criador e das forças que desafiam a morte. Em Psicanálise, falo (pênis) é o objeto da libido durante o estágio da sexualidade infantil, isto é, antes do desenvolvimento da primazia genital. Uma vez que *falo* significa representação estilizada, o uso da palavra, quando é o órgão real que está em causa, equivale à inesperada delicadeza de expressão por parte dos psicanalistas.

FANTASIA — Formação de imagens mentais de cenas ou, com freqüência, de seqüências de eventos ou experiências que realmente não aconteceram ou que se passaram de modo consideravelmente diverso do fantasiado. Algumas escolas psicológicas (como a junguiana, por exemplo) distinguem as fantasias como *atividade imaginativa*, na qual é possível dar direção voluntária e consciente aos elementos psíquicos carregados de energia, combinando-os numa fantasia consciente, e como *fantasma*, que se caracteriza por disposição intuitiva expectante, quando não constitui irrupção de conteúdos inconscientes na consciência. (Ver: FANTASMA)

FANTASIA INCONSCIENTE — A mais primitiva de todas *as* formações psíquicas, inerente à operação dos impulsos instintivos. Segundo Melanie Klein e Paula Heimann, "as fantasias inconscientes estão associadas à experiência infantil de prazer e dor, felicidade ou ansiedade (...) envolvendo a relação da criança com os seus objetos". Ainda segundo M. Klein, a fantasia inconsciente é um "processo dinâmico, visto que está impregnada da energia dos impulsos instintivos, influenciando o desenvolvimento dos mecanismos do ego". Os analistas da Sociedade Britânica de Psicanálise (Escola Inglesa) consideram a fantasia inconsciente uma das bases da *técnica pelo brinquedo* (*play-technique*), desenvolvida por M. Klein (ver: ANÁLISE INFANTIL) e aperfeiçoada por P. Heimann, Susan Isaacs, J. Rivière, W. R. Bion e outros, uma vez que ao bebê se atribuem fantasias inconscientes desde o nascimento, em virtude de os impulsos primários serem inatos, assim, o desenvolvimento psíquico infantil, e muitos dos seus processos somáticos, só podem ser interpretados através dessas fantasias, tal como se expressam nas atividades lúdicas da criança: jogos, manipulação de brinquedos e o seu comportamento em relação a estes, para os quais transfere as suas construções mentais. Susan Isaacs resume seus estudos sobre a fantasia nos seguintes termos: (1) As fantasias são o conteúdo primário dos processos mentais inconscientes e representam os anseios instintivos em relações objetais; (2) São representantes psíquicos dos instintos da libido e, no início do desenvolvimento da criança, passam a ser elaboradas como defesas, realizações de desejos e conteúdos da ansiedade; (3)

O conceito, postulado por Freud, de "realização alucinatória do desejo", sua "identificação primária", a "introjeção" e a "projeção" *constituem a base da vida de fantasia*; (4) Através da experiência externa, as fantasias tornam-se suscetíveis de expressão, mas não dependem dessa experiência para existir, nem das palavras, embora possam exprimir-se por palavras, em certas condições; (5) As fantasias primitivas são experimentadas através de sensações; mais tarde, assumem a forma de imagens plásticas e representações dramáticas; (6) Têm efeitos psíquicos e corporais, por exemplo, nos sintomas de conversão, no caráter e personalidade, nos sintomas neuróticos, inibições e sublimações; (7) As fantasias inconscientes constituem o elo operativo entre os *instintos* e os *mecanismos do ego* (cf. *A Natureza e Função da Fantasia*, de S. Isaacs).

FANTASIAS ORIGINÁRIAS — É a designação geral das formações fantasísticas típicas (cena primordial, sedução, castração) que, transcendendo as variações individuais, levaram Freud a formular a hipótese de uma herança filogenética. Escreveu ele: "É possível que todas essas invenções tenham sido outrora realidades, nos tempos originários da família humana."

FANTASMA — Na acepção psicológica geral, apresentação visual subjetiva de formas ou pessoas ausentes. Para Jung, o fantasma é uma das formas da fantasia como atividade imaginativa, mas sem a direção voluntária e consciente dos elementos psíquicos carregados de energia. "Por fantasia *como fantasma* entendo eu um complexo de representações que se distingue de outro complexo de representações, pelo fato de não lhe corresponder uma situação exteriormente real." (Ver: FANTASIA)

FANTASMA, MEMBRO — Sensação persistente e repetida de muitos amputados de que ainda sentem algo no membro que lhes falta.

FASE — Estado de qualquer coisa que repete com regularidade uma série de mudanças; as fases da Lua. Estado de uma substância: fase líquida, fase sólida, fase gasosa. Ocorrência simultânea de suas amplitudes máximas em duas ondas *periódicas* (som, luz, eletricidade): monofásicas, bifásicas, etc. Situação ou estado transitório na vida de uma pessoa: a fase dos brinquedos. Nesta última acepção, *estágio* é preferível, a menos que a situação se repita, o que raramente sucede: o estágio oral, o estágio anal.

FATALISMO — Doutrina segundo a qual a situação e os atos humanos predeterminados por uma divindade (ou alguma entidade que a substitua) e não podem ser alterados pela vontade individual ou por atos de quem quer que seja.

FATOR — Uma das múltiplas condições que, combinadas, dão origem a um evento. Em Matemática, qualquer dos números que, multiplicado por outros, produz determinado resultado (2 e 5 são fatores de 10 e, seja qual for a sua ordem, o resultado não se altera). Em Fisiologia, fator metabólico é sinônimo de hormônio. Em Genética, o elemento que co-determina, em apropriadas condições ambientes, o aparecimento de um traço hereditário, é um fator genético. Em análise fatorial, um dos elementos de um conjunto de variáveis hipotéticas que podem explicar as intercorrelações existentes num grupo maior de variáveis. (Ver: ANÁLISE FATORIAL)

FATOR BIPOLAR — Fator identificável por saturações simultaneamente positivas e negativas. Por exemplo: atributos opostos de caráter como dominação-submissão, egoísmo-altruísmo, etc.

FATORES DISPOSICIONAIS — Fatores que, produzidos pelo comportamento, representam duradouros e consistentes traços de personalidade.

FATORES SITUACIONAIS — Fatores que, produzidos pelo comportamento, dependem da situação do momento, levando-se sobretudo em conta as outras pessoas que estão na situação.

FATORES, TEORIA DOS — Descrição da organização mental em termos fatoriais. O princípio básico é que os fatores são em número limitado, de qualidade idêntica para todas as pessoas e só diferem na potência de cada um deles.

FATORIAL, TEORIA — Descrição da organização mental em termos de fatores. Considera-se que os fatores são em número limitado, de qualidade idêntica para todas as pessoas e só diferem na potência ou carga de cada um deles. (Ver: ANÁLISE FATORIAL)

FECHNER, LEI DE — É interpretação matemática e generalização em termos psicofísicos da Lei de Weber, proposta pelo cientista alemão Gustav Theodor Fechner, criador da maioria dos métodos psicofísicos ainda hoje em vigor (*Elemente der Psychophysik,* 1860; *Über die psychischen Massprinzipien u. d. Webersche Gesetz,* 1887). A base empírica da Lei de Fechner é que todos os sistemas sensoriais operam em bases logarítmicas, cuja síntese matemática assim foi enunciada: "A nossa capacidade de detecção de diferenças liminares de intensidade depende da apresentação de uma percentagem fixa ou fração mínima de aumento de intensidade. A intensidade da sensação aumenta proporcionalmente ao logaritmo do seu estímulo e traduz-se pela fórmula

$$[S = K \log R]$$

sendo S a intensidade da sensação, K uma constante e R o estímulo físico [*Reizstärke*]" (c. Julian E. Hochberg, *Percepção*). Alguns psicólogos afirmam que esta lei só é válida para uma determinada *amplitude média* de intensidade sensorial. (Ver: WEBER, LEI DE e PSICOFÍSICO, MÉTODO)

FECUNDIDADE — Capacidade para procriar. Embora seja característica fisiológica, a *infecundidade*, pelo contrário, pode ter causas psicológicas.

FEEDBACK (Ingl.): Ver RETROALIMENTAÇÃO.

FENICHEL, OTTO (1874–1946) — Psicanalista vienense que organizou e dirigiu grupos psicanalíticos em vários países europeus antes de se estabelecer nos Estados Unidos em 1937. Autor de *A Teoria psicanalítica das neuroses* (1945).

FENÔMENO — Literalmente, o que aparece. Mero aparecimento em contraste com a realidade, em especial com a realidade subjacente e inferida. Esta noção filosófica contradiz frontalmente os usos correntes da palavra: (a) o que é acessível à observação, em contraste com o que só se conhece por inferência; (b) a ocorrência ou evento em si, em contraste com as suas causas mediatas ou imediatas; (c) um fato que é conhecido por experiência, a respeito de certo objeto e suas particularidades; (d) um fato surpreendente ou espantoso. Finalmente, de acordo com a teoria fenomenológica, (e) algo de que temos conhecimento e que podemos descrever tal como é, sem recurso à análise.

FENÔMENO PHI — Processo descrito por Max Wertheimer (ver PSICOLOGIA DA GESTALT), no qual a apresentação sucessiva de dois estímulos espacialmente separados, por exemplo, duas luzes que se acendem alternadamente em rápida sucessão a pouca distância uma da outra geram a impressão de que se trata de uma só luz (um só estímulo), movendo-se de um lado para o outro. O processo é muito usado na publicidade, quando uma seta de néon parece deslocar-se para dentro de um restaurante mas se trata, de fato, de uma série de setas luminosas que se acendem em rápida seqüência.

FENOMENOLOGIA — Filosofia de Edmund Husserl (A *Filosofia como Ciência Estrita*, 1911; *Fenomenologia da Consciência do Tempo Imanente*, 1928, entre outras), que se propôs ser uma ciência do subjetivo, dos fenômenos e dos objetos como objetos. Os dados são, necessariamente, o produto dos métodos usados na observação. Para os introspeccionistas, uma mesa é uma combinação de luzes e cores (ou de qualidades táteis, ou mesmo de odores); para a ciência fisicalista, é uma massa que ocupa um espaço. A fenomenologia, em contraste com ambos, aceitaria a mesa exatamente como o sujeito a percebe, isto é, uma mesa. Uma vaca, um ônibus, uma voz ameaçadora, um aroma delicioso, a recordação de um acontecimento remoto, tudo tem de ser estudado *tal como é* para o espectador, sem sofrer a modificação de quaisquer regras de observação. O fisicalismo afirma que os dados da experiência podem ser traduzidos para a linguagem da ciência física; o fenomenalismo, embora admitindo a possibilidade, responde que a tradução envolve uma abstração da realidade, uma perda de parte do que é real. Foi grande a influência de Husserl nas escolas psicológicas existenciais contemporâneas.

FENOTIPO — O que aparece num ser vivo como elemento de sua estrutura, estado ou função manifesta.

FERENCZI, SANDOR (1873–1933) — Neurologista húngaro e um dos pioneiros da Psicanálise. Dezessete anos mais moço do que Freud, Ferenczi, encontrou-se com este em 1908, tornando-se seu discípulo. Em 1909, publicou "Transferência e Introjeção" (cf. *Psicanálise I*, cap. VII), "dando um testemunho de sua excepcional capacidade de pensar e teorizar" (J.-D. Nasio, "Ferenczi" (*Introdução às Obras de Freud, Ferenczi, Groddeck, Klein... Lacan,* Transmissão da Psicanálise, 41, Zahar). Colaborou na fundação da Sociedade Internacional de Psicanálise (1910) e foi um dos colaboradores e interlocutores privilegiados de Freud, que se referia a ele como a um de "seus filhos, a quem estava unido pela mais completa concordância". (Por essa época, seu outro "filho" ainda era Jung.) Salientou Ferenczi a importância da investigação dos traumas na primeira infância e, nesse sentido, acompanhou os esforços dos neofreudianos (Melanie Klein foi sua analisanda) para transcender as fronteiras da ortodoxia freudiana, não contrapondo-se aos princípios de Freud, mas desenvolvendo alguns que este apenas esboçara, sobretudo a partir dos *Três Ensaios Sobre a Sexualidade*. Tomando por base a significação das fantasias intra-uterinas, cuja importância para o inconsciente já fora assinalada por Freud, Ferenczi elaborou uma teoria da genitalidade para mostrar que o ato sexual representa simbolicamente o desejo de retornar ao seio materno (cf. *Thalassa — Ensaio sobre a Teoria da Genitalidade,* 1923). Bibliografia: Os numerosos ensaios publicados em diversas revistas psicanalíticas foram compilados em *Baustein zur Psychoanalyse* (publicado no Brasil sob o título de *Obras Completas*, 4 volumes, 1991-94); *Diário Clínico,* 1990. A "Correspondência de Sigmund Freud e Sandor Ferenczi" está publicada no Brasil pela Imago Editora (2 volumes, 1994).

FETICHISMO — Fixação sexual num objeto, freqüentemente uma peça de vestuário, como substituto de um parceiro sexual tabu e inconscientemente desejado.

FETO — Embrião em seu mais adiantado estágio de desenvolvimento, especialmente o embrião humano após a oitava semana de gestação. Em estudos realizados após a remoção de um feto (por meio de cesariana, para salvar a vida da mãe), Davenport Hooker (*Preliminary Atlas of Early Human Foetal Activity*) concluiu que o feto humano revela os primeiros sinais de atividade reflexa logo a partir das oito semanas de vida. O investigador tocou suavemente no rosto do feto e registrou-se "um abaixamento da mão produzido pelo alongamento de toda a extremidade superior do corpo, no ombro, num movimento para trás" (*A Psicologia da Infância e da Adolescência,* de C. I. Sandström, 1967).

FIBRA — Cada um dos filamentos de substância viva que, combinado com outros, forma os tecidos.

FICÇÕES ORIENTADORAS — Quadro de referência por meio do qual a pessoa pode compreender e categorizar a experiência, ajuizando do valor de cada um dos princípios componentes. Na pessoa normal, essas *ficções* são flexíveis e conduzem a um tipo de comportamento orientado para a realidade (Alfred Adler, *Menschenkenntnis,* 1927. Obs.: na terminologia adleriana, as ficções devem entender-se como *abstrações*).

FICHA CUMULATIVA — Registro escolar que contém informações sobre o rendimento e orientação escolar de cada aluno. Abrange diversos aspectos, entre os quais se destacam o resultado dos testes de inteligência e de aproveitamento escolar, saúde, ajustamento social, etc.

FIDEDIGNIDADE — Exatidão com que um instrumento de medida indica o que realmente pretende medir. Usam-se quatro métodos primordiais para a estimativa do coeficiente de fidedignidade: (1) divisão por metades; (2) teste-reteste; (3) testes paralelos e (4) método de Kuder-Richardson. Sin.: Precisão.

FIGURA DO PAI — 1. Pessoa que é colocada no lugar do pai real e passa a ser objeto de atitudes transferidas, que se desenvolveram originalmente com relação àquele. 2. Pessoa madura com quem o indivíduo se identifica, e que passa a exercer funções parentais como as de estímulo, aconselhamento, etc.

FIGURA-FUNDO — Característica de todas as experiências perceptivas, especialmente manifesta no campo visual, e em virtude da qual o campo se organiza como se o objeto estivesse segregado do fundo e numa posição de relevo. A explicação reside no fato de que, embora o contorno de uma *forma* divida o estímulo visual em duas regiões, *estas não podem ser simultaneamente observadas*: só uma ou outra parte será vista *em dado momento singular do tempo,* ainda que alternem durante uma observação prolongada. A parte cuja forma é visível chama-se *figura*, parecendo destacar-se (interposição) entre o observador e o *fundo*, que se prolonga por uma distância indeterminada, por detrás da figura. O fenômeno é bem ilustrado pelas figuras reversíveis, quando uma forma, que parece situada em plano secundário, se revela subitamente em primeiro plano e vice-versa.

FILOGENÉTICA, MEMÓRIA — Uma idéia ou lembrança que é presumivelmente encontrada em todas as raças do homem contemporâneo.

FILOGENÉTICO, PRINCÍPIO — Doutrina segundo a qual a ontogenia (individual) recapitula a filogenia em seu desenvolvimento, ou seja, o indivíduo passa por todos os estágios do homem primitivo em seu desenvolvimento. Adepto das teorias darwinistas, Freud aceitou o princípio de que o desenvolvimento individual retoma da filogenia os seus principais estágios, reproduzindo no indivíduo os eventos traumáticos da história da humanidade e desempenhando um papel estruturador nesse desenvolvimento.

FILOGENIA — A origem e evolução da espécie. Ao seu estudo científico dá-se o nome de filogenética.

FILÓGINO — Indivíduo com atração sexual e (ou) intelectual por mulheres. O oposto de *misógino*.

FISIOGNOMONIA — Arte de julgar características ou atitudes mentais pela aparência externa do rosto. Os estudos científicos revelaram as relações insignificantes ou instáveis, e os atuais sistemas fisionômicos podem ser levados à conta de impostura, mas não o aspecto fisionômico na caracterização de um tipo constitucional, no qual concorre toda uma constelação de qualidades pessoais: anatômicas, fisiológicas e psicológicas, para servir de base a uma classificação de indivíduos. (Ver. PERSONALIDADE, TIPOS DE)

FISIOLOGIA — Estudo de certas funções de um organismo vivo, distinguindo-se, portanto, da anatomia e da morfologia. Os fenômenos do crescimento, digestão, respiração, reprodução, excreção — considerados como tal — são primordialmente fisiológicos. Tratando-se de fenômenos estreitamente ligados aos mecanismos de estímulo e reação, torna-se evidente a íntima correlação entre a fisiologia e o sistema nervoso; logo, a Psicologia Sensorial, teorias psicológicas do comportamento, aprendizagem, etc. (Ver: PSICOFÍSICO, MÉTODO)

FIXAÇÃO — Em Psicanálise, é a persistência de um desejo inconsciente, característico de certos modos de gratificação infantil, em formas imaturas ou neuróticas da idade adulta e tendo como corolário a incapacidade de organizar relações normais com outras pessoas, objetos ou idéias. Muitas anomalias sexuais e as repercussões do complexo de Édipo são explicadas como fixações por muitos psicanalistas.

FIXAÇÃO VISUAL — Focalização dos olhos de modo que o objeto fique situado em linha reta com a fóvea através da pupila. Essa linha imaginária denomina-se *linha de fixação visual*. (Ver: OLHO)

FLEUMÁTICO — Impassível, dificilmente agitado por emoções. Um dos quatro temperamentos básicos descritos na antiguidade. Supunha-se ser o resultado do predomínio do *fleuma*, ou linfa, sobre os demais *fluidos* do corpo.

FLUIDEZ — Na teoria da personalidade de Kurt Lewin, designa permeabilidade das fronteiras entre diferentes regiões da pessoa.

FLUTUAÇÃO DE AMOSTRAGEM — Variações dos valores das estatísticas de uma amostra para outra, retiradas da mesma população. Essas variações são devidas ao acaso.

FOBIA — Aversão ou medo psiconeurótico a objetos ou situações particulares. O número de fobias possíveis é quase infinito. Os dicionários médicos assinalam muitas centenas. Os nomes das fobias são derivados da conjunção do nome grego que indica a coisa temida à palavra "fobia"; assim, temos *claustrofobia*, medo de recintos fechados; *acrofobia*, medo das alturas; *agorafobia*, medo dos lugares abertos. A maior parte das fobias tem sua origem em experiências remotas, quase sempre na infância. A experiência indutora da fobia possui algum elemento de vergonha ou culpa, que serve de gênese à ansiedade. As experiências que deram origem à fobia foram "esquecidas" (isto é, não podem ser recordadas), essa incapacidade de recordação do evento traumático original é fruto da repressão. O objeto fóbico simboliza amiúde a causa real do medo (por exemplo, o medo de facas simboliza o desejo da pessoa de que sua irmã mais velha morresse). As reações fóbicas são perpetuadas porque operam como defesas e agentes da redução da ansiedade neurótica.

FOLCLORE — Costumes e narrativas tradicionais de um povo que foram conservados em sucessivas gerações e usualmente aceitos como testemunhos de sabedoria e aprendizagem acumuladas. Jung considerou o folclore um dos aspectos da memória coletiva.

FONTE — Na teoria das comunicações, é sistema que emite os *sinais* que influenciam outro sistema.

FOREL, AUGUSTE — Psiquiatra e psicólogo suíço. Professor em Zurique e diretor da Clínica Psiquiátrica Burghözli do Hospital Universitário de Zurique. Desenvolveu ampla atividade como investigador da anatomia cerebral. Realizou estudos de Psicologia Animal e Sexologia. N. em 1-9-1848 (Morges) e m. em 27-7-1931 (Yvorne).

FORMA — Organização ou padrão de elementos ou componentes, constituindo um todo unitário em que os elementos estão em relação específica entre si. O conceito de forma é básico na Psicologia da Gestalt.

FORMAÇÃO DE COMPROMISSO — Conceito psicanalítico para descrever uma forma de comportamento que representa uma fusão entre as forças repressivas da psique e a pulsão recalcada. O mecanismo é essencialmente o de modificação da pulsão recalcada de tal modo que lhe permite escapar à censura do ego. Em "Uma breve descrição da psicanálise", Freud escreve que tanto no sonho como na formação de sintomas, "observa-se um conflito entre duas tendências, uma inconsciente e, de ordinário, recalcada, que luta por obter a satisfação do desejo — enquanto que a outra, provavelmente ao nível do Ego consciente, desaprova e reprime. O desfecho desse conflito é uma formação de compromisso — o sonho ou o sintoma — no qual as duas tendências encontram um meio-termo", ou seja, a expressão de uma satisfação apenas parcial.

FORMAÇÃO DE HIERARQUIAS — Um sistema de armazenamento de informação proposto por Jerome Bruner, de acordo com o qual as palavras dispostas em grupos hierarquicamente estruturados são mais rapidamente aprendidas e corretamente recordadas após um certo intervalo de tempo. Os pontos de vista de Bruner são paralelos aos de Piaget, mas ele enfatiza a importância da linguagem muito mais do que Piaget.

FORMAÇÃO DE REAÇÃO — Como padrão de comportamento, poderia ser logicamente considerada uma subclasse da compensação, embora tenha algumas características que a distinguem e justificam a designação separada. A formação de reação consiste na adoção de um padrão de comportamento que é diretamente o oposto da tendência reativa que a pessoa está tentando esconder, negar ou refutar. Por outras palavras, consiste no funcionamento de um padrão de comportamento que é diretamente inverso ao impulso de agir que provoca a ansiedade neurótica, psicótica ou meramente defensiva. Alguns exemplos de formação de reação são: (1) o comportamento superagressivo como reação ao medo; (2) o excesso de sentimentalidade como meio de reprimir ou negar tendências sadísticas; (3) o excesso de solicitude da mãe de uma criança deficiente, como reação aos seus sentimentos reprimidos de rejeição ou à presença de um desejo de morte; (4) o tratamento excessivamente polido de uma pessoa com quem se antipatiza; (5) o indivíduo excessivamente pudico que é fortemente tentado no plano sexual; (6) o alcoólico reformado que combate seus impulsos convertendo-se num veemente proibicionista; (7) o pai que é cruel com sua filha como reação ao seu amor incestuoso por ela; (8) a filha que realmente odeia a mãe, mas é extremamente solícita sobre a saúde e o conforto dela.

FORMAÇÃO SUBSTITUTIVA — Foi num artigo sobre a neurose de ansiedade, em 1895, que Freud descreveu a formação substitutiva como um complexo de idéias ao qual um sentimento ou afeto se liga, depois que o recalcamento baniu o complexo original de idéias a que o sentimento ou afeto estava ligado. Para Freud, trata-se de um processo de "transposição", de um "deslocamento" que incide sobre uma carga econômica (por exemplo, de ansiedade ou de excitação sexual) ou sobre um "complexo de representações" (num processo de transposição simbólica), podendo esses dois aspectos dissociar-se por isolamento.

FORMAÇÕES DO INCONSCIENTE — As formações do inconsciente são sintomas que permitem ao indivíduo, através do sonho, do chiste, do lapso e do ato falho em geral, expressar a realização de um desejo inconsciente. Constituem, para a psicanálise, vias privilegiadas de acesso ao Inconsciente.

FORMAIS, OPERAÇÕES — Nome dado por Piaget ao estágio de desenvolvimento intelectual (a partir dos 11 a 12 anos de idade) em que a criança se torna capaz de pensar no abstrato.

FORMAL — Qualificação dada a todo e qualquer princípio ou regra geral que se ocupe em definir, mediante normas rígidas, a validade de um pensamento (lógica formal, disciplina formal, identidade formal, etc.). À sistematização de um domínio do conhecimento, segundo esses princípios, dá-se o nome de *formalismo*.

FORMAS PARALELAS — As formas de um mesmo teste que apresentam estruturas semelhantes, apesar das questões serem diferentes, e têm aproximadamente as mesmas médias, desvios-padrão e coeficientes de precisão. Segundo vários autores, são sinônimos de formas paralelas: formas alternadas, formas equivalentes, formas comparáveis e duplicadas.

FORMAS PARALELAS, MÉTODO DAS — Método que permite obter-se o coeficiente de equivalência como estimativa da precisão de um teste. Para tanto, constroem-se dois testes que satisfaçam às condições de estrito paralelismo. Os dois testes são aplicados com um intervalo de tempo adequado e a precisão é calculada através da correlação entre os resultados dos testes.

FÓVEA — Região altamente sensível da retina. (Ver: OLHO)

FRANÇA, EDUARDO FERREIRA (1809–1857) — Estudou e doutorou-se em Medicina em Paris em 1834. Foi professor de Química Médica da Faculdade de Medicina da Bahia, e escreveu *Investigações em Psicologia*, o primeiro livro publicado no Brasil contendo no título o termo Psicologia (1854).

FRANKL, VIKTOR E. — Professor de Neurologia e Psiquiatria da Universidade de Viena. Fundador da Logoterapia e da Psicologia Analítico-Existencial (Terceira Escola de Viena). Definiu a ambição humana de obtenção máxima de valores como um *dinamismo sensual* e conjugou-o com a *vontade de prazer* (*princípio do prazer* da Psicanálise) e a "vontade de poder" adleriana (princípio básico da Psicologia Individual). O dinamismo da vontade também pode ser frustrado (*frustração existencial*) e ocasionará, finalmente, manifestações neuróticas. Embora Frankl baseasse suas investigações na Logoterapia e na Análise Existencial, recorreu também à psicoterapia — na fase de desenvolvimento até então conhecida — para completar o que definia como o *quadro humano fundamental*. Editor do *Handbuch der Neurosenlehre und Psychotherapie*, em colaboração com Gebsattle e J. H. Schultz. Bibliografia principal: *Die Existenzanalyse u. die Probleme der Zeit* (1947); *Die Psychotherapie in der Praxis* (1961); *Logos und existenz* (1951); *Theorie u. Therapie der Neurosen* (1956); *Das Menschenbild der Seelenheilkunde* (1959).

FRENOLOGIA — Doutrina (obsoleta) segundo a qual a excelência das faculdades mentais era determinada pelas dimensões da área cerebral de que dependiam aquelas, o que poderia ser calculado pelo desenvolvimento do crânio nessa área. A Psicologia Moderna rejeita completamente a *Psicologia das Faculdades* e a neurologia reprovou inteiramente o gênero de localizações cerebrais afirmadas pelos frenologistas. A prática frenológica converteu-se numa espécie de charlatanice.

FREQÜÊNCIA — Em termos gerais, o número de vezes que determinado fenômeno ocorre. Em Estatística: I. *Freqüência absoluta* é o valor que expressa o número de casos das categorias em que o atributo (símbolo f) se encontra dividido. II. *Freqüência relativa* é o número expresso sob a forma de percentagens, proporções e razões (símbolo fr). Resulta da divisão de cada freqüência absoluta pelo total de observações,

ou seja: $fr = \dfrac{f}{n}$. Traduzidas em termos gráficos ou espaciais, as freqüências podem ser representadas mediante curvas de freqüência, histogramas, polígonos de freqüência, etc.

FREUD, ANNA (n. 1895 em Viena, m. 1982 em Londres) — Filha de Sigmund Freud, deu continuidade aos métodos psicanalíticos do pai, que se lhe referia como a melhor intérprete de sua obra. Se bem que não abandonasse as coordenadas conceituais da ortodoxia freudiana (no que foi acompanhada por Karl Abraham, Fenichel, E. Jones e alguns mais), Anna Freud exerceu influência decisiva na transferência do objeto de investigação psicanalítica do id e do superego para o ego, cujos mecanismos de defesa (repressão, regressão, negação ou rejeição) elaborou com grande clareza e precisão em seu livro *O Ego e os Mecanismos de Defesa* (1936). Aproximou-se da Escola de Londres (Melanie Klein, Paula Heimann, Money-Kyrle, Winnicott) em virtude de um interesse comum na ampliação da psicanálise à terapia infantil, uma área em que Freud não se mostrara particularmente interessado. Anna Freud fundou a Clínica de Terapia Infantil de Hampstead, em Londres, da qual foi diretora até falecer. Além do livro acima citado e de numerosos artigos em revistas psicanalíticas, publicou ainda *Infância Normal e Patológica* e *O Tratamento Psicanalítico de Crianças*.

FREUD, SIGMUND — Médico neurologista, fundador da Psicanálise. Fez o curso de Medicina na Universidade de Viena, formando-se em 1881. Pretendia fazer carreira como especialista em neurologia, mas a falta de recursos financeiros forçou-o a abandonar seus interesses na pesquisa e a montar clínica privada. A sua atenção para os problemas que viriam a inspirar a criação do método psicanalítico foi originalmente despertada durante a sua colaboração com Josef Breuer. Entretanto, a palavra *psicanálise* só seria empregada em 1896, no artigo "A Hereditariedade e a Etiologia da Neurose" escrito para uma revista francesa: "Devo os meus resultados a um novo método de psicanálise", escreveu Freud, um ano depois da publicação dos *Estudos de Histeria* e da redação do *Projeto Científico*. Em 1900 era publicado *A Interpretação de Sonhos*, que marcou definitivamente o início da "revolução freudiana". A partir do ano seguinte, começava se reunindo em torno de Freud um grupo de homens atraídos pelas suas idéias e dispostos a trabalhar pelo novo método. Stekel, Kahane, Reitler e Adler aderiram em 1902. Federn em 1903; Hitschmann em 1905; em 1906 era a vez de Otto Rank e Isidor Sadger; Ferenczi e Oskar Rie seriam "iniciados" em 1908. Foi em abril desse ano que as reuniões das quartas-feiras passaram a ser conhecidas como Sociedade Psicanalítica de Viena. E foi ainda em 1908 que se realizou em Salzburgo o 1º Congresso Psicanalítico Internacional, a que concorreriam visitantes interessados de outros países, sobretudo da Alemanha e da Inglaterra, já então em contato pessoal com Freud ou a ele associados nas pesquisas psicanalíticas: Max Eitington, C. G. Jung, Binswanger, Karl Abraham, A. A. Brill e Ernest Jones eram os nomes de maior destaque entre os "estrangeiros". *Três Ensaios sobre a Teoria da Sexualidade* (1905) e *Conferências Introdutórias sobre Psicanálise* (1915-1917) contêm os primórdios da teoria da libido e do inconsciente que, é claro, sofreria ainda uma longa evolução em obras subseqüentes, à medida que as perspectivas de Freud se tornavam cada vez mais amplas, como é revelado pelos próprios títulos de seus livros posteriores: *Para Além do Princípio de Prazer* (1920), *O Futuro de uma Ilusão* (1928) e *O Mal-Estar na Civilização* (1930). Embora a escola da Psicanálise fosse marcada por importantes cisões e dissenções (Jung, Adler, Rank, Reich, entre os primeiros discípulos), o pensamento de Freud deixou sua marca e influência em todos os setores científicos e ideológicos do século XX, mesmo nos que mais vigorosamente se lhe opuseram. O índice remissivo deste verbete fornece uma idéia da extensão das contribuições de Freud para a reformulação do conceito de vida mental e suas vicissitudes. Ver: ÉDIPO, COMPLEXO DE; EGO; ID; LIBIDO; LIVRE ASSOCIAÇÃO; NEUROSE; PRAZER, PRINCÍPIO DE; PSICANÁLISE; PERSONALIDADE, TIPOS PSICANALÍTICOS DA; SONHO, ANÁLISE DO; SUPEREGO.

Sinopse Biográfica

6 de maio de 1856	Nascimento de Sigmund Freud em Freiberg
1860	Chega a Viena
1873	Ingressa na Universidade
Novembro de 1882	Ouve de Breuer o caso de Anna O.
Outubro de 1885 — fevereiro de 1886	Trabalha em Paris com Charcot
1886	Inicia sua clínica privada; casa com Martha Bernays
Novembro de 1887	Conhece Wilhelm Fliess
Dezembro de 1887	Usa a sugestão hipnótica
1890	Começa usando o método catártico
1892-98	Desenvolvimento da livre associação
1892	"Comunicação Preliminar", em conjunto com Breuer
1895	Publicação de *Estudos de Histeria* e redação do *Projeto Científico*
Março de 1896	Usa pela primeira vez o termo "psicanálise"
Agosto de 1897	Inicia a auto-análise

1897	Rejeição da "teoria de sedução" e revelação da sexualidade infantil
1898-9	Escreve *A Interpretação de Sonhos* (publicado em 1900)
Outubro de 1902	Começam as reuniões das Quartas-feiras
1905	Publicação de *Três Ensaios sobre Sexualidade*, *Chistes e Sua Relação com o Inconsciente* e o "Caso de Dora"
1906-13	Associação com Jung
Outubro de 1907 — primavera de 1909	Análise do "Homem dos Ratos"
Abril de 1908	I Congresso Psicanalítico Internacional, em Salzburgo
Setembro de 1909	Visita à Clark University, Worcester, Massachusetts: profere as *Cinco Conferências sobre Psicanálise*
Fevereiro de 1910 — junho de 1914	Análise do "Homem dos Lobos"
1914	Ensaio "Sobre o Narcisismo": primeira menção do ego ideal, mais tarde o "superego"
Março–agosto de 1915	Escreve doze ensaios metapsicológicos, dos quais apenas cinco sobrevivem
1915-17	*Conferências Introdutórias*, proferidas na Universidade de Viena
Primavera de 1919	*Mais Além do Princípio de Prazer*: é postulado o instinto de morte (Tânatos)
Abril de 1923	Primeira operação de câncer
	Publicação de *O Ego e o Id* e formulação da teoria estrutural da mente
Julho de 1925	Escreve *Inibições, Sintomas e Ansiedade*
Maio de 1933	Livros de Freud queimados publicamente em Berlim
Maio de 1936	80º aniversário: Membro honorário da *Royal Society* e muitas homenagens e honrarias
Junho de 1938	Viagem para Londres
23 de setembro de 1939	Morte.

FREUDIANA, ANÁLISE — Método de diagnóstico e tratamento das neuroses de acordo com os princípios da técnica psicanalítica formulados por Sigmund Freud. O analista utiliza a técnica de livre associação (solicitando ao paciente que fale tudo o que lhe vem à mente, ainda que lhe seja desagradável ou lhe pareça destituído de toda a lógica), a interpretação de sonhos e o esclarecimento de atos falhos, lapsos e deslizes no discurso cotidiano, como vias de acesso a conteúdos inconscientes da mente. O material psíquico assim obtido é posto à disposição do paciente, com o objetivo de levá-lo a entrar em contato emocional (não intelectual) com seus conflitos e motivações e a aceitá-los. Da realização desse objetivo resultará o "fortalecimento do ego, tornando-o menos dependente do superego, ampliando o seu campo de percepção e expandindo sua organização, de forma a assenhorear-se de novas partes do id". (S. Freud, *Cinco Lições de Psicanálise*, 1910).

FRIGIDEZ — Frieza da mulher em relação a um estímulo sexual e sua incapacidade para o orgasmo.

FROMM, ERICH (n. 1900 em Frankfurt, m. 1980 em Murano, Suíça). — Psicólogo e sociólogo alemão. Estudou nas universidades de Munique, Frankfurt e, finalmente, Heidelberg, onde obteve seu diploma de doutor em Filosofia. A instrução psicanalítica de Fromm teve lugar, principalmente, no Instituto Psicanalítico de Berlim. Com o advento do nazismo, emigrou para os Estados Unidos (1933) e lecionou em várias universidades, assim como no Instituto Psicanalítico de Chicago. Em 1951 mudou-se para o México, de cuja Universidade Nacional foi professor e diretor do Instituto Psicanalítico Mexicano. A premissa básica de que um indivíduo procura *escapar à liberdade* e retornar a uma existência mais segura ganhou notoriedade pública através de seu livro *O Medo à Liberdade* (1941). A condição física de uma criança ao nascer e logo após o nascimento torna a sua sobrevivência dependente do meio em geral e da mãe, em particular. Depois, a criança é separada do seu meio pós-natal e, gradualmente, adquire uma independência cada vez maior. Contudo, ela carece da força necessária para aumentar a sua independência e fazer frente aos elementos da sociedade. Por outro lado, só o homem dispõe do poder de raciocinar e imaginar, e com a aquisição desse poder, perdeu a capacidade animal de reagir instintiva e diretamente à natureza; assim, o homem encontra-se na posição peculiar de estar separado dos seus semelhantes pelas condições da organização política e separado do resto da natureza pelo fato de ser homem. A sua reação a essa situação é tentar recuperar a sua antiga forma de segurança. Depois de se convencer de que isso é fisicamente impossível e socialmente ineficaz, o homem tenta outros meios. As soluções mais comuns são o *autoritarismo* e o *humanismo*. O autoritarismo é definido como o que impõe externamente um conjunto de princípios à sociedade e pode ser exemplificado por um estado totalitário, uma ditadura ou a crença num ser supremo. Tal solução é inadequada porque impede ao indivíduo a oportunidade de realizar suas potencialidades e gera sentimentos de frustração e hostilidade. Fromm acredita que o humanismo é a melhor solução. Todas as realidades da vida humana têm uma oportunidade de se desenvolver através do amor ao semelhante e da cooperação mútua. Numa sociedade humanista, cada homem será irmão de todos os homens e nenhum homem estará sozinho. Em *Análise do Homem* (1947), Fromm identificou quatro maneiras de escapar ao isolamento e insegurança predominantes na sociedade moderna. Referiu-se-lhes como tipos de orientação: as orientações improdutivas subdividem-se em *receptiva, exploradora, acumulativa* e *mercantil*; as orientações produtivas caracterizam-se pelo amor e o pensamento produtivos da personalidade saudável. Fromm deu à sua sociedade ideal o nome de socialismo comunitário humanista e a sua desesperada preocupação com o desenvolvimento dessa sociedade colocou-o na vanguarda da ciência da psicologia, que só agora inicia o seu despertar social. Além dos dois livros acima citados, *A Linguagem Esquecida* (1951) *Psicanálise da Sociedade Contemporânea* (1954), *A Missão de Freud* (1959) e *A Crise da Psicanálise* (1970), tornaram Fromm um dos mais lidos e escutados autores de todo o movimento neofreudiano, e o pai intelectual de alguns importantes eventos contemporâneos.

FRONTEIRA — Linha hipotética que divide o eu, como unidade física e psíquica, dos objetos situados no seu meio externo. O conceito de *fronteira* ocupa um lugar destacado na Psicologia Topológica de Kurt Lewin. *Fronteira de uma região psicológica* foi definida como "aqueles pontos de uma região para os quais não existe arredor que esteja inteiramente situado dentro da região. A presença de uma fronteira no ambiente ou dentro da pessoa pode ser determinada mediante *locomoções* ou *comunicações*. Uma fronteira de uma região psicológica não é, necessariamente, um obstáculo à locomoção ou comunicação". Psicologicamente, Lewin distinguiu entre *fronteiras nítidas* e *fronteiras indefinidas*; no primeiro caso, pode ser sempre determinado se um ponto do espaço vital pertence ou não à região em questão e no segundo caso essa determinação é difícil ou aleatória.

FRUSTRAÇÃO — Impedimento ou interferência com uma atividade desenvolvida no sentido da obtenção de determinado objeto ou da realização de uma finalidade específica. Estado afetivo e (ou) emocional resultante de uma resistência, impedimento, contrariedade, decepção ou fracasso. J. Sawrey e C. Telford assinalaram (*Psicologia do Ajustamento*, 1971) que a frustração pode, como "resposta", ser condicionada a numerosos estímulos. É produzida pela intervenção no comportamento motivado de um organismo ou pelo bloqueio desse comportamento. Os meios pelos quais a frustração pode ser produzida são: (a) *por demora*, (b) *por contrariedade* e (c) *por conflito*. A frustração pode ter conseqüências motivacionais e resultar em respostas de agressão, regressão, retraimento, fuga e fixação, entre outras. J. S. Brown (*The Motivation of Behavior*, 1961) assinalou que a redução de frustração pode servir como reforço de aprendizagem. Brown e Faber (1951) e Amsel (1958) formularam teorias da frustração baseadas em conceitos behavioristas. Partindo de investigações experimentais, propuseram como fonte principal da frustração "a não-recompensa numa situação em que o organismo aprendeu a esperar uma recompensa". Assim, a frustração seria a reação à não-recompensa quando é esperada uma recompensa. Na literatura psicanalítica, Otto Rank propôs que a frustração básica reside no trauma de nascimento, enquanto que para Paula Heimann é o resultado da experiência de separação involuntária do objeto que satisfaz as necessidades do sujeito.

FUGA — Equivalente epiléptico ou sintoma de histeria. O paciente vive em estado semelhante ao do sonho (estado de divagação). Quando retorna à normalidade, não recorda o que ocorreu durante a sua permanência nesse estado.

FUGA, COMPORTAMENTO DE — Ver: evitação, comportamento de.

FULLERTON-CATTELL, LEI DE — Substituição para a Lei de Weber, proposta por Fullerton e Cattell: "O erro de observação tende a aumentar proporcionalmente à raiz quadrada da medida de amplitude do estímulo, estando o aumento sujeito à variação cujo montante e causa devem ser determinados para cada caso específico.

FUNÇÃO — De modo genérico, qualquer atividade (não se confundindo, portanto, com as potências, poderes ou faculdades do pensamento filosófico tradicional). Na matemática (com a qual o conceito "energético" de função de Jung tem certas analogias), é a quantidade variável cujo valor depende dos valores de duas outras variáveis, a dependente e a independente. Escreve Jung: "Por função psicológica entendo certa forma de atividade psíquica que se conserva teoricamente constante, sob circunstâncias variáveis. Do ponto de vista energético, uma função é uma forma fenomenal de libido que se mantém constante, da mesma maneira que uma força física pode considerar-se a forma ou manifestação momentânea da energia física."

FUNÇÃO TRANSCENDENTE — Na terminologia analítica junguiana, é o elo criado entre a consciência do ego e o Inconsciente em conseqüência da prática da interpretação dos sonhos e da imaginação ativa; trata-se, portanto, de uma função essencial para a individuação.

FUNCIONAIS, TIPOS — Tipologia proposta por C. G. Jung (*Tipos Psicológicos*) de acordo com as funções psicológicas fundamentais nas duas "disposições gerais da consciência": a introvertida e a extrovertida. Funcionalmente, os tipos dividem-se em (1) *Racionais* (pensativo-extrovertido, sentimental-extrovertido, pensativo-introvertido, sentimental-introvertido) e (2) *Irracionais* (perceptivo-extrovertido, intuitivo-extrovertido, perceptivo-introvertido e intuitivo-introvertido). (Ver: personalidade, tipos de)

FUNCIONAL, DISTÚRBIO — Perturbação de função física ou mental que pode ser de origem psíquica ou psicossomática, isto é, sem que se revelem alterações anatômicas no órgão afetado.

FUNCIONAL, UNIDADE — Relação entre vários comportamentos, de modo tal que possam ser considerados atividade de um só "órgão" ou traço. A análise fatorial é o meio a que se recorre para descobrir essa unidade.

FUNCIONALISMO — Escola de psicologia que enfatiza os atos ou processos mentais como objeto de estudo da psicologia, em contraste com as escolas estruturalistas, que destacam os conteúdos conscientes. O ponto de vista funcional sustentou que a mente deve ser estudada em função da sua utilidade para o organismo, tendo em conta a adaptação ao seu meio. Por outras palavras, o estudo definirá "*para que é*" a mente e não "*o que é*" a mente. Como escola, o funcionalismo teve um desenvolvimento menor na Europa do que nos Estados Unidos. Contudo, na Alemanha e na Áustria, a *Psicologia do Ato* (ver), que teve em Franz Brentano um dos seus epígonos, foi precursora do funcionalismo em sua oposição ao estruturalismo de Wundt. Nos Estados Unidos, William James assumiu uma vigorosa posição funcionalista ao criticar os métodos e propósitos estruturalistas. John Dewey adotou o ponto de vista de James e, ao desenvolver o seu sistema de psicologia, converteu-se no fundador oficial do Funcionalismo como um movimento definido na psicologia americana. Num artigo de 1896 sobre o arco reflexo, Dewey anunciou que o estudo do organismo era o objeto apropriado da psicologia. O funcionalismo tornou-se uma escola formal de psicologia em Chicago sob a liderança de James Rowland Angell e Harvey Carr. Embora fosse professor de filosofia, George Herbert Mead também realizou cursos e seminários sobre o método científico na Psicologia, com destaque para a psicologia da linguagem e a psicologia social, e estava intimamente ligado aos funcionalistas do Departamento de Psicologia da Universidade de Chicago. Angell e Carr publicaram compêndios em que se enunciaram as premissas básicas do novo funcionalismo e tentaram relacionar suas conclusões experimentais em aprendizagem, percepção, pensamento, emoção, etc., com os seus pontos de vista teóricos. O outro núcleo funcionalista americano desenvolveu-se, simultaneamente, na Universidade de Colúmbia, onde já então se encontrava Dewey, vindo de Chicago, e James Cattell, muito interessado em diferenças individuais e psicologia aplicada. Os dois grandes destaques no funcionalismo de Colúmbia foram Edward L. Thorndike e Robert S. Woodworth. Thorndike foi um dos grandes psicólogos da educação experimental do século XX e suas doutrinas dominaram por várias décadas a prática educacional e a psicologia da aprendizagem. Classificou-se a si próprio como "conexionista", pois queria provar como se desenvolvem as conexões entre estímulos e respostas. Woodworth foi levado pela sua orientação funcionalista a uma visão dinâmica que realça a importância da motivação para a compreensão do comportamento. Argumentou ainda que a contribuição do organismo deve ser levada em conta ao ser estudado o seu comportamento e inseriu o organismo na fórmula behaviorista E-R, reescrevendo-a como E-O-R. O funcionalismo foi um sistema psicológico indubitavelmente popular na América, onde acabou por suplantar o estruturalismo até então dominante. Psicólogos e estudantes de psicologia eram atraídos pelo sabor pragmático e prático das concepções estruturalistas e a escola teve tal êxito, de fato, que acabou sendo absorvida na corrente principal da psicologia americana. Hoje, a psicologia americana é fortemente funcionalista no espírito, embora seja behaviorista em sua metodologia. Assim, embora tenha desaparecido como escola autônoma, o "modo de ser" funcionalista sobreviveu no behaviorismo e é tão evidente em alguns psicólogos atuais que não seria demais considerá-los "neofuncionalistas", como John McGeoch, B. J. Underwood, A. W. Melton e A. L. Irion (no campo da aprendizagem), M. E. Bunch (processos de memorização), F. McKinney (aconselhamento psicológico) e H. N. Peters, entre outros. Na Europa, o funcionalismo nunca chegou a ser uma escola, mas determinados conceitos funcionalistas foram aceitos por David Katz, Edgar Rubin, Egon Brunswick, Edouard Claparède, Jean Piaget e Albert Michotte, em suas perspectivas psicológicas pessoais.

Cronologia do Desenvolvimento do Funcionalismo

Ano	Figura	Acontecimento
1887	Höffding	*Esboço de uma Psicologia.*
1892	Angell	Trabalha em Harvard com James.
1894	Dewey e Angell	Chegam à Universidade de Chicago como, respectivamente, professor de Filosofia e diretor do Instituto de Psicologia.

1895	THORNDIKE e WOODWORTH	Estudam em Harvard com James.
1896	DEWEY	Publica o "Conceito de Arco Reflexo em Psicologia", artigo que marca o início da Escola de Chicago, defensora do funcionalismo contra o elementarismo da psicologia experimental.
1898	THORNDIKE	Defende tese de doutoramento: "Inteligência Animal", na Universidade de Colúmbia. Apresenta os fundamentos das Leis de Aprendizagem por ensaio-e-erro.
1899	WOODWORTH	Doutora-se em Filosofia no *Teachers' College* de Colúmbia. (*O Teachers' College* é o equivalente a uma Faculdade de Pedagogia.)
	THORNDIKE	Nomeado instrutor de Psicologia no *Teachers' College* de Colúmbia.
1902	DEWEY	Diretor do *Teachers' College* da Universidade de Chicago.
1904	ANGELL	Publica um *Compêndio de Psicologia* em que já se apresenta uma Psicologia feita à luz do funcionalismo.
	DEWEY	Abandona Chicago e vai para Colúmbia.
1905	THORNDIKE	Publica a sua *Psicologia da Educação* e é promovido a professor do *Teachers' College*.
	CARR	Doutora-se em Chicago. Discípulo de Angell.
1906	ANGELL	Pronuncia perante a Associação Psicológica Americana o seu discurso de posse como presidente e apresenta formalmente os princípos do funcionalismo: "O Campo da Psicologia Funcional". Considera-se esse acontecimento o início da Era das Escolas.
1907	JUDD	Publica *Psicologia*. É um manual que, embora não defenda sistematicamente as bases funcionalistas, apresenta uma psicologia em consonância com essa escola.
1909	JUDD	Assume o cargo de Dewey como diretor do *Teachers' College* de Chicago.
	WOODWORTH	Professor no *Teachers' College* de Chicago.
1910	DEWEY	Publica o livro *Como Pensamos* — filosofia do pensamento, enfatizando o seu processo adaptativo.
1917	WOODWORTH	Publica o livro *Psicologia Dinâmica* — uma perspectiva motivacional da psicologia funcionalista.
1918	ANGELL	Publica a *Introdução à Psicologia* — uma visão sistemática da Psicologia do ponto de vista funcionalista.
1921	CARR	Assume a direção do Instituto de Psicologia de Chicago.
1925	CARR	Publica a melhor e mais sistemática apresentação do funcionalismo: *Psicologia*.
1930	CARR	Escreve o capítulo sobre "Funcionalismo" em *Psicologias de 1930*, edição organizada por Carl Murchison, talvez o último manifesto nitidamente funcionalista.

FUNDO — Superfícies e objetos de um quadro visual ou de uma pintura que se situam ou representam *atrás* ou na distância oposta ao primeiro plano. A porção da superfície visível que não contém qualquer *figura*. A experiência sensorial que é funcionalmente secundária a uma outra experiência sensorial — a do objeto percebido (por exemplo, *música de fundo*). (Ver: FIGURA-FUNDO)

FUROR — Excitação emocional aguda com repercussões no comportamento.

FUSÃO — Combinação de dois ou mais estímulos numa única impressão mental: (a) *fusão binocular* é a combinação das duas imagens projetadas separadamente nas retinas; (b) *fusão biauricular* é a combinação dos dois estímulos auditivos apresentados separadamente a cada ouvido.

GAGUEZ — Modo embaraçado e hesitante de pronunciar as palavras. É deficiência quase sempre provocada por trauma psíquico, de recuperação acessível.

Segundo Martin e Stendler (cf. *Child Development*, 1953) as hesitações e repetições na fala são comuns no desenvolvimento da linguagem da criança que, entre os 2 e 5 anos, repete uma em cada quatro palavras. Dos 3 para os 4 anos, 85% das crianças têm hesitações de fala que podem ser consideradas normais nos anos pré-escolares. As pressões situacionais de várias espécies produzem aumento de hesitação, mas está comprovado que são necessários apenas alguns meses para que as crianças, em seus primeiros anos, deixem de gaguejar. A gaguez parece estar relacionada com a tensão emocional da criança e o alívio dessa tensão reduz a freqüência da gaguez. A ansiedade dos pais em torno da gaguez nessa idade ou as tentativas insistentes para corrigir a fala da criança podem servir apenas para agravar o problema (Siegal e Haregan, "Audience Size and Variations in Stuttering Behavior", 1964).

GALTON, APITO DE — Instrumento que emita sons de elevada tonalidade para medir o máximo limite da capacidade auditiva.

GALTON, FRANCIS — Cientista inglês de extrema versatilidade e inventiva, fundador do movimento eugênico e um dos precursores da psicometria. Estabeleceu as bases para o estudo da influência dos fatores hereditários sobre a inteligência humana. Outro dos seus méritos foi ter aplicado a técnica estatística às pesquisas sobre o caráter. Dada a ênfase atribuída por Galton às diferenças individuais, foi reconhecido que as bases da psicologia diferencial também são devidas ao que a História da Psicologia não hesita em considerar um dos seus gênios mais originais na segunda metade do século XIX.

Sinopse Biográfica de Francis Galton

Ano	Acontecimento
1822	Nasce em Sparbrook (16 de fevereiro), nos arredores de Birmingham, Inglaterra. Filho de um abastado banqueiro, é o caçula de nove filhos. Primo de Charles Darwin. Extremamente inteligente, o seu QI foi calculado em 200 (gênio). O pai quer encaminhá-lo para a medicina.

1838	Com 16 anos, é internado como "aprendiz" no Hospital-Geral de Birmingham. Dedica-se com afinco à prática de enfermagem, embora para condescender apenas com a vontade paterna.
1839	Vai para Londres e matricula-se no King's College para estudar medicina, mas não conclui o curso. Estuda matemática, viaja pelo Egito e Síria, interessa-se por vários domínios da geografia e realiza uma viagem de exploração na África. No regresso, interessa-se pela meteorologia. Lê *A Origem das Espécies* e recebe uma forte influência de Darwin. Dedica-se então aos estudos de genética e, dentro dela, concentra suas atenções nas características mentais: Seriam estas herdadas? Caso o fossem, uma seleção racional poderia melhorar a espécie humana. É para fundamentar essas idéias que empreende uma quantidade imensa de observações, sobre as quais escreve quatro livros — suas contribuições para a Psicologia.
1869	*Gênio Hereditário*. Iniciado o estudo da hereditariedade das capacidades mentais, estabelece medidas das características mentais e sua distribuição na população, a fim de apurar se eram ou não herdadas.
1876	Cria o método de estudo de gêmeos idênticos para excluir o ambiente como causa de variação no desempenho mental.
1883	*Investigação da Faculdade Humana e seu Desenvolvimento*. É uma coletânea de observações destinadas a reunir dados sobre a distribuição das capacidades mentais na população inglesa. Introduz várias técnicas de medição dessas capacidades, destacando-se o apito e a régua de Galton, os questionários de medição da imaginação e das associações mentais e a aplicação da curva de Gauss ao estudo das características mentais. Início da psicologia diferencial.
1884	"Enquanto um fenômeno de qualquer ramo do conhecimento não tiver sido submetido à mensuração e quantificação, a ciência não terá atingido um nível de dignidade." Profundamente fiel a esse lema, Galton estabelece um laboratório antropométrico numa Feira Internacional de Saúde, em Londres, a fim de colher mais e mais dados. Por três *pence*, o visitante submetia-se a 17 medições diferentes, algumas físicas (peso, estatura, força muscular, etc.), outras mentais (acuidade visual, auditiva, associação, imaginação, etc.). Cada um poderia saber, consultando as tabelas de percentagens que seriam publicadas no ano seguinte, quanto havia excedido a média de cada medida. Conseguiu assim "medir" 9.337 pessoas, tarefa em que foi assistido por J. Cattell.
1889	*Herança Mental*. A partir dos estudos realizados com os dados obtidos em seu laboratório antropométrico, Galton confirma a aplicabilidade da curva de Gauss às capacidades mentais e lança a idéia do "coeficiente de correlação".
1903	Organiza um programa de desenvolvimento e padronização dos testes de inteligência e capacidades específicas nas escolas. Entrega a responsabilidade de execução a McDougall. Das investigações participam Spearman, Burt, Flugel e Brown.
1911	Morre em Londres (17 de janeiro).

GALTON, LEI DE — Princípio pelo qual, em média, uma pessoa herda uma quarta parte de seus caracteres de cada um dos pais, 1/16 de cada avô, e assim sucessivamente. Embora o princípio não esteja de todo invalidado, foi largamente superado pela equação mendeliana.

GALTON, QUESTIONÁRIO DE — Inquérito pioneiro realizado pelo cientista inglês Francis Galton, em 1883, sobre a formação de imagens mentais, considerado o início dos métodos operacionais e estatísticos de investigação psicológica. Esse inquérito levou Galton a conclusões surpreendentes, para a época, sobre as associações de idéias e palavras, escrevendo: "Talvez a mais forte das impressões suscitadas pelas experiências diga respeito à extrema variedade do trabalho realizado pela mente, em estado de semiconsciência, e à razão válida que nos permite acreditar na existência de camadas ainda mais profundas de operações mentais, mergulhadas inteiramente abaixo do nível da consciência... de uma forma que não se pode explicar de qualquer outra maneira" (*Inquiries into Human Faculty and its Development*, 1883). A invenção do teste de associação de palavras, primeira tentativa de subordinação do associacionismo à experimentalidade, seria prontamente explorada por Wundt, que integrou a experiência no equipamento metodológico de seu laboratório de Leipzig. (Ver: PSICOLOGIA EXPERIMENTAL)

GALTON, VARA DE — Instrumento para determinar o limiar para a distância visual linear por meio de diferenças apenas perceptíveis.

GAMETA — Célula sexual, masculina e feminina, de cuja combinação pode formar-se um novo organismo.

GANGLIONARES, CÉLULAS — Camada de células retinianas. (Ver: OLHO)

GÂNGLIOS — Grupos de células nervosas ou corpos celulares fora do encéfalo e da medula, que formam uma espécie de centro nervoso.

GENE — Estrutura microscópica do cromossomo que é a unidade física da hereditariedade. (Ver: MENDEL, LEIS DE)

GENERALIZAÇÃO — Processo pelo qual se chega a um juízo aplicável a toda uma classe de coisas partindo da experiência obtida com um número limitado de coisas dessa classe. O juízo pode ser meramente implícito e generalizar qualidades abstratas (generalização abstrata) ou representar um sumário das observações efetuadas (generalização concreta). Em Psicanálise, indica o processo de transferência de uma modificação de atitude ou comportamento que tenha sido registrada na situação analítica (ou em relação ao analista) para situações ou pessoas estranhas àquela.

GENERALIZAÇÃO DO ESTÍMULO — Ver: ESTÍMULO, GENERALIZAÇÃO DO.

GÊNESE — Origem de todas as coisas animadas ou inanimadas.

GENÉTICA, SEQÜÊNCIA — Ordem em que as estruturas ou funções aparecem num organismo em desenvolvimento, na medida em que este seja determinado pelos genes.

GENÉTICA, TEORIA DA CONTINUIDADE — Ver: PSICOLOGIA GENÉTICA.

GENÉTICO — Tudo o que diz respeito à origem, história e evolução de um organismo ou, por extensão, de qualquer coisa que se assemelhe a um organismo; por exemplo, uma instituição social. Chama-se *ontogenético* o desenvolvimento de um indivíduo ou de um de seus órgãos; *filogenético*, o desenvolvimento de uma raça ou espécie desde a origem.

GENÉTICO, PAR — Na reprodução sexual, é a combinação de dois genes (um de cada um dos pais), que determina um traço hereditário específico. Se a combinação determina o traço homogeneamente, o par é *homozigótico*; se os dois genes tendem para produzir efeitos contrários, o par é *heterozigótico*. (Ver: MENDEL, LEIS DE)

GÊNIO — Em termos de QI, a pessoa com um coeficiente de inteligência superior a 150. Na linguagem comum, o termo é empregado para qualificar uma pessoa cujas atividades intelectuais se destacam da variabilidade normal.

GENITAL, CARÁTER — Em Psicanálise, é a síntese adulta dos impulsos psicossexuais, caracterizada pelo ingresso no nível genital.

GENITAL, EROTISMO — Excitação sexual resultante da estimulação dos órgãos genitais externos. A expressão é usada, em Psicanálise, para caracterizar o predomínio limitado dessa estimulação, correspondente a um estágio do desenvolvimento sexual infantil em que os órgãos genitais adquirem importância primordial. (Ver: PERSONALIDADE, TIPOS ANALÍTICOS DE)

GENITAL, NÍVEL — Em Psicanálise, é a fase culminante do desenvolvimento, no que diz respeito ao sexo, em que a pessoa estabelece relações verdadeiramente afetivas com o seu parceiro sexual. Não confundir com o estágio de forte preocupação com os órgãos genitais (isto é, *estágio fálico*) do desenvolvimento sexual infantil.

GENITAL, PRIMAZIA — Estado em que a tendência para o coito predomina sobre as tendências psicossexuais para o narcisismo, o sadismo ou a masturbação. Designa-se algumas vezes como normalidade sexual.

GENITÁLIA — Conjunto dos órgãos genitais, ou de reprodução da espécie.

GENÓTIPO — Qualidades ou traços comuns de um grupo biologicamente definido. A soma de todos os traços que um indivíduo é capaz de transmitir biologicamente.

GERONTOFILIA — Atração sexual pelas pessoas de idade avançada.

GERONTOLOGIA — Estudo pertinente às pessoas de idade avançada. Seus métodos são de ordem antropológica, antropométrica, social, psicológica e médica (neste último caso, é um ramo especial da Medicina: a geriatria).

GESTALT (alem.) — Forma, configuração, todo morfológico. (Ver: PSICOLOGIA DA GESTALT)

GESTALT, PSICOTERAPIA DA — Método de tratamento criado e elaborado por Frederick S. Perls a partir de idéias e conceitos da Psicologia da Gestalt, da Teoria Holística de Kurt Goldstein e da Psicologia Existencialista. Do lado psicanalítico, a influência dominante foi menos de Freud do que de Otto Rank e Wilhelm Reich, de quem Perls recebeu supervisão analítico-didática. O núcleo inicial da psicoterapia da Gestalt estabeleceu-se no *Esalen Institute* (Califórnia), onde Perls contou com o auxílio de Laura Perls, sua esposa, James Simkin, Richard Wallen e Joen Fagan, entre outros, para instalar as primeiras "oficinas" (*workshops*) gestaltistas, designação dada aos grupos de trabalho terapêutico. Entre os princípios básicos formulados por Perls citem-se: (a) cabe ao paciente especificar as mudanças que deseja em si mesmo; (b) cabe à terapia ajudar o paciente a incrementar a sua compreensão dos meios de que dispõe para explorar, observar diretamente e eliminar os bloqueios que o derrotam, aumentando a sua capacidade de expressão, de introvisão, de relacionamento; (c) em contraste com a psicanálise, a terapia gestaltista enfatiza o "aqui-e-agora", o imediatismo da experiência e a expressividade tanto verbal como não-verbal (é atribuída grande importância ao tom de voz, postura, expressão facial, e à conscientização de cada uma dessas atividades); a finalidade do terapeuta gestaltista, durante a sessão, é mais fazer e ajudar a fazer do que dizer, de modo a evitar perífrases e a tendência para a prolixidade e as abstrações. A Psicoterapia da Gestalt considera-se um dos componentes da "Terceira Força" em Psicologia, que se preocupa mais com o homem em sua humanidade do que como ele é definido pela Psicanálise ou pelo Behaviorismo; uma força que conta ainda com Maslow, Rogers, Jourard e outros entre os teóricos que oferecem, como alternativa ao sofrimento e à angústia, não a infelicidade, mas a alegria (cf. Joen Fagan e Irma Shepherd, *Gestalt-Terapia*, 1973). Em colaboração com R. F. Hefferline e Paul Goodman, Frederick Perls escreveu o tratado básico da Psicoterapia da Gestalt: *Gestalt-Therapy*, 1951, livro de leitura algo difícil, mas que contém a principal estrutura teórica, fundamentos lógicos e numerosos procedimentos de permanente aplicação e valor. Sins.: TERAPIA GESTALTISTA, GESTALT-TERAPIA.

GINECOFOBIA — Pavor mórbido às mulheres.

GIRO ANGULAR — Uma das circunvoluções cerebrais, formando a porção posterior da região parietal inferior. O seu hemisfério esquerdo está associado à fala.

GIRO CINGULADO — Convolução da superfície média do cérebro, logo acima e rodeando em arco o corpo caloso.

GLÂNDULA — Órgão para a secreção ou produção de uma substância para ser usada no corpo, para produzir células ou ser expelida do corpo (excreção). Anatomicamente, dividem-se em glândulas de conduto ou sem conduto. Funcionalmente, distinguem-se as *glândulas de secreção externa*, que excretam por meio de um conduto para fora do corpo (os rins, as glândulas sudoríparas) e as *glândulas de secreção interna*, que produzem substâncias utilizadas no corpo. Das glândulas de secreção interna, algumas possuem um conduto que lança as substâncias segregadas em outros órgãos (a vesícula, que excreta a bílis no duodeno) e outras transmitem-nas por *osmose* à circulação sangüínea ou linfática. Estas últimas substâncias denominam-se *hormônios* e as respectivas glândulas chamam-se *endócrinas*. Finalmente, temos as *glândulas citogênicas* (que também podem produzir hormônios), cuja função principal é a regeneração celular: gônadas (glândulas genitais), nódulos linfáticos, tutano, etc.

GLANDULAR, TEORIA — Hipótese de que o funcionamento das glândulas endócrinas é fator determinante do comportamento emocional.

GLOBUS HYSTERICUS — Sensação, freqüente entre as pessoas histéricas, de um *nó na garganta*, como se um corpo estranho bloqueasse o percurso entre a faringe e o peito.

GOLDSTEIN, KURT — Médico psiquiatra e neurologista alemão (n. Katowice, 1878; m. Nova York, 1965) que já desfrutava de grande prestígio nos meios científicos europeus antes de emigrar para os Estados Unidos em 1935, ante o crescendo da onda nazista de anti-semitismo. Após formar-se na Universidade de Breslau, ingressou no Hospital Psiquiátrico de Koenigsberg. Ainda jovem, já era professor de neurologia e diretor do Instituto Neurológico da Universidade de Berlim. Durante a I Guerra Mundial, realizou estudos fundamentais sobre soldados com lesões cerebrais, servindo de base à sua teoria organísmica e ao seu livro de maior significado: *The Organism* (1939). Nos Estados Unidos, lecionou em várias universidades e manteve sua clínica privada em Nova York, durante muitos anos. Além de seu trabalho teórico e clínico, Goldstein publicou estudos sobre as perturbações da linguagem e sobre o problema gestaltista das relações figura-fundo. Embora negasse qualquer vinculação com a Psicologia da Gestalt, o seu ponto de vista organísmico dizia: "Tome os princípios gestaltistas do estudo da percepção e aplique-os ao estado do indivíduo total." A finalidade *unitária* do organismo, a sua meta de *individuação* ganharam redobrada atualidade nas correntes humanistas da Psicologia das últimas décadas, com destaque para a Psicologia do Ser, de Maslow (que se confessa discípulo de Goldstein), assim como na Psicoterapia Gestaltista de Frederick Perls. (Ver: PSICOLOGIA HOLÍSTICA)

GÔNADAS — Designação genérica das glândulas sexuais: os testículos, que produzem o gameta masculino, ou esperma; e o ovário, que produz o gameta feminino, ou óvulo.

GOTTSCHALDT, FIGURAS DE — Teste de percepção formal criado pelo psicólogo alemão Kurt Gottschaldt e por ele utilizado em seus trabalhos de fenogenética da pessoa. Consiste numa série de figuras muito simples escondidas em figuras mais complexas.

GRADIENTE — Qualquer magnitude que mostre um declive gradual em graus ou degraus de cima para baixo. Uma contínua e gradual mudança numa variável. Em estados de conflito, uma diferença graduada na força da motivação, que aumenta à medida que um objetivo ou meta é aproximado e, concomitantemente, diminui de intensidade em relação ao outro objetivo ou meta, até ser alcançado um estado de equilíbrio.

GRADIENTE DE EFEITO — O princípio segundo o qual as seqüências E-R que precedem ou se seguem de perto às seqüências reforçadas têm maior probabilidade de ocorrência do que as distanciadas.

GRADIENTE DE REFORÇO — O princípio segundo o qual quanto mais perto uma resposta estiver do reforço mais forte ela virá a ser.

GRADIENTES DE GENERALIZAÇÃO — Há dois tipos de gradientes de generalização. (1) Em referência ao *estímulo*, é a generalização segundo a qual, quando um animal aprendeu a responder a um estímulo, responderá a todos os estímulos semelhantes; contudo, a resposta pode não ser tão forte ou tão freqüente e é este o gradiente de generalização do estímulo. (2) Em referência à *resposta*, a generalização é que, se uma resposta for aprendida a um dado estímulo, este suscitará respostas semelhantes; contudo, quanto maior for a semelhança numa resposta, mais freqüentemente o estímulo a suscitará, e é este o gradiente de generalização da resposta.

GRÁFICO — Representação por meio de linhas ou figuras geométricas das relações entre duas variáveis. Dá-se o nome de *análise gráfica* à utilização de gráficos com o propósito de descobrir relações significativas entre variáveis. *Escore gráfico* é um escore representado por uma linha, histograma, barra ou qualquer outro dispositivo visual.

GRATIFICAÇÃO — Estado em que um desejo anterior foi cabalmente satisfeito e em que a pessoa sente ter atingido a meta desejada. A gratificação tanto pode ser instintiva como intelectual.

GRUPO — Em Sociologia e Psicologia Social, grupo é definido como uma quantidade de indivíduos considerados como detentores de uma qualidade ou qualidades em comum. É constituído por duas ou mais pessoas, ocupando usualmente uma área limitada, de modo a poder haver comunicação entre elas pela voz ou gesto, as quais interatuam e se influenciam mutuamente e são reconhecidas pelo modo especial de interação. O mero sentimento de pertença ao grupo pode ser motivo de satisfação psicológica. No domínio da Psicologia da Inteligência, J. Piaget definiu grupo como a expressão dos processos de identificação e reversibilidade próprios dos fenômenos fundamentais de assimilação intelectual e, em particular, da assimilação reprodutora, ou *reação circular* (cf. J. Piaget, em A *Construção do Real na Criança*).

GRUPO, ANÁLISE DE — Estudo da patologia social de um grupo, ou seja, das anomalias de seu comportamento como grupo. A designação pode prestar-se a confusões com a técnica e prática psicoterápicas quando, na realidade, a análise de grupo é um método específico da Psicologia Social. (Ver: GRUPO, TERAPIA DE)

GRUPO, CONTÁGIO DE — Expressão empregada pela Psicologia Social para designar a rápida propagação de um sentimento — medo, fúria, divertimento, alívio — entre todos os membros de um agrupamento ou reunião de pessoas, provocada pela percepção real ou imaginada desse sentimento em alguns dos membros.

GRUPO DE ENCONTRO — Grupo de pessoas que se reúne sob a liderança de um psicoterapeuta com o propósito de retirar as máscaras que usualmente apresentam em público e revelar seus verdadeiros sentimentos.

GRUPO DE SENSIBILIDADE — Também chamado Grupo-T (do ingl. T(raining)-Group). É um tipo de treinamento de sensibilidade em grupo, proposto por Kurt Lewin e desenvolvido em Bethel em 1947, após sua morte. Trata-se de uma técnica educativo-psicoterápica em que, com a assistência de um monitor, as pessoas aprendem sobre si mesmas, sobre relações interpessoais, sobre processos de grupo e os sistemas sociais mais amplos. Essa técnica é também denominada "dinâmica de grupo".

GRUPO, DINÂMICA DE — Mudanças de causa e efeito que se verificam num grupo social. Modo como funciona um grupo social. Estudo das técnicas e dos métodos para alterar a estrutura e (ou) o comportamento de um grupo social.

GRUPO, ESTRUTURA DO — Relações entre os membros de um grupo social (atitudes de domínio ou subordinação, de contato ou distanciamento, de simpatia ou hostilidade, etc.) e seus atributos como um grupo (dimensões, metas grupais, coesão, sentimento de *nós*), definindo-o em relação a outros grupos. A dinâmica grupal é um dos principais campos de atividade da Psicologia Social. (Ver: PSICOLOGIA SOCIAL)

GRUPO MARGINAL — Designação dada na Psicologia Social a um grupo incompletamente assimilado à cultura em cujo seio vive — por exemplo, uma minoria de imigrantes.

GRUPO, TERAPIA DE — Qualquer forma de psicoterapia (não necessariamente psicanalítica) em que várias pessoas são tratadas simultaneamente, mas não todas de modo idêntico. Com freqüência, o processo envolve reuniões de pacientes com o terapeuta, que atua como um líder de debates ou moderador. Parte-se do princípio de que ouvir os problemas das outras pessoas e como foram resolvidos pode ter efeitos catárticos e terapêuticos sobre o indivíduo. Várias correntes consideram a terapia de grupo mais eficiente do que a psicoterapia individual, uma vez que associa às técnicas analíticas tradicionais a possibilidade de avaliações sociométricas, como os fenômenos de simpatia, distanciamento social, homogeneidade, estereotipia, diferenças de representação de papel (protagonista ou coadjuvante) social, conceitos de atividade coletiva e entreajuda, formas de comunicabilidade, etc. Os seus críticos, por outra parte, sugerem que a única vantagem da terapia grupal sobre a individual é ser mais econômica para o paciente (em termos pecuniários) e para o terapeuta (em termos de consumo de energia mental e de tempo disponível). Existem atualmente muitas formas especializadas de terapia de grupo, mas todas elas tiveram como base uma ou outra das seguintes técnicas: (1) a *terapia de orientação psicanalítica*, a qual consiste numa síntese da abordagem da psicanálise clássica e da dinâmica de grupo. Um dos seus principais teóricos, W. R. Bion (cf. *Experiências com Grupos*, 1970), é oriundo da escola kleineana e reivindica a mais completa fidelidade ao pensamento de Freud, cujos ensinamentos, neste campo específico, foram enunciados em *Totem e Tabu*, *Psicologia de Grupo e a Análise do Ego* e *Civilização e Seus Descontentes*; (2) *o psicodrama e sociodrama*, em que os pacientes, com a ajuda de outros, desempenham suas dificuldades num palco, na presença do terapeuta. Dois princípios básicos se conjugam no psicodrama: o desempenho de papel (*role-playing*) e a passagem ao ato (*acting out*). Jacob L. Moreno foi o criador do psicodrama (cf. *We Shall Survive*, 1934; *Group Therapy and Psychodrama*, 1959) e pioneiro de todas as formas de terapia de grupo hoje popularizadas sob rótulos como "treino de sensibilidade", "grupo de crescimento", "laboratório de sensibilidade", etc. S. H. Foulkes e E. J. Anthony (*Group Psychotherapy*, 1957) organizaram um quadro básico das diferenças entre o método psicanalítico individual e o método psicoterápico de análise de grupo (ver quadro ao lado):

GUILFORD-MARTIN, INVENTÁRIO DE — Inventário elaborado por Guilford e sua equipe de colaboradores e que resultou da tentativa de se chegar a uma classificação mais sistemática de traços de personalidade, através da análise fatorial. É considerado um subproduto da pesquisa, na qual foram calculadas as intercorrelações entre itens isolados de muitos inventários de personalidade. Destina-se especificamente à medição de traços de atividade geral, ascendência ou submissão, masculinidade ou feminilidade, sentimentos de inferioridade e nervosismo.

GUILFORD-ZIMMERMAN, INVENTÁRIO DE — Derivado do Inventário de Guilford-Martin e mais dois outros, reunindo 10 fatores num só inventário, que se tornou conhecido pela designação de "Estudo de Temperamento de Guilford-Zimmerman". Apresenta 30 itens diferentes para cada um dos seus resultados, relativos aos seguintes traços: atividade geral, re-

	Psicanálise	Análise de grupo
Matéria-prima quanto ao assunto temático	Comunicação verbal, controle relaxado	
	Livre associação do Paciente	Contribuição espontânea de membros *Discussão livre* *Livre associação* grupal
Tradução Do sintoma ao significado Da queixa ao Problema (conflito)	Conscientização do inconsciente reprimido	
	Interpretação pelo psicanalista	Interpretação pelo analista de grupo, com participação ativa de todos os membros O grupo como um todo, como alicerce da interpretação
Resistências, defesas	Conscientizadas	Conscientizadas, incluindo os modos coletivos e interativos
Matéria-prima quanto às relações	Comportamento e comunicação expressiva (não-verbal)	
	Situação bipessoal Transferência, regressiva, infantil Contratransferência As relações com outras pessoas estão *fora* da situação terapêutica	Situação multipessoal Relações múltiplas de transferência *Dentro* da situação terapêutica (situação — T)
Natureza da situação terapêutica (transferência)	Regressão estimulada pela situação Anonimato e passividade relativas do psicanalista Neurose de transferência plenamente estabelecida Problema da dependência e da fixação no psicanalista	Regressão não estimulada pela situação Papel relativamente realístico do analista de grupo e interação com outros Neurose de transferência não inteiramente estabelecida Menores problemas de dependência
Processos e princípios terapêuticos	Nenhuma situação de transferência	
	Ênfase sobre a introspecção (*insight*) e contraste entre o passado e o presente	Somando-se: ênfase sobre a reação e experiência na situação atual (situação *aqui* e *agora*) Experiência corretiva *Treino do ego em ação*

pressão, ascendência, sociabilidade, estabilidade emocional, objetividade, amizade, ponderação, relações pessoais, masculinidade. Os itens são apresentados sob a forma de afirmações. As normas de percentil foram derivadas, principalmente, de uma amostra de universitários. No início, apresentou-se apenas com base em sua validade fatorial mas, subseqüentemente, passou a ser empregado em outros estudos de validade.

GUTHRIE, EDWIN R. — Psicólogo americano (1896–1959). Estudou na Universidade de Nebraska, onde concluiu seu curso, indo doutorar-se na Universidade da Pensilvânia em 1912. Permaneceu na Universidade de Washington a maior parte da sua carreira de professor. Durante a II Guerra Mundial, foi consultor-chefe do Serviço de Inteligência Militar, após o que regressou à Universidade de Washington como diretor do Instituto de Psicologia. Escreveu numerosos artigos para revistas especializadas e vários livros, dos quais os mais importantes foram *The Psychology of Learning* (1935, revisão em 1953), *The Psychology of Human Conflict* (1938) e *Cats in a Puzzle Box* (1946), em colaboração com G. P. Horton. Propôs uma teoria do comportamento baseada numa única lei: sempre que ocorre uma resposta, ela está vinculada para sempre a cada um dos elementos do estímulo presentes no momento em que a resposta é dada. A teoria obteve grande repercussão e influência, tendo sido usada como parte dos pressupostos básicos de alguns dos primeiros e mais elementares modelos matemáticos de aprendizagem. Guthrie também demonstrou como essa formulação podia ser aplicada na análise de fenômenos sociais e da personalidade, e usada na psicologia da educação. (Ver: CONDICIONAMENTO CONTÍGUO, TEORIA DO)

HABILIDADE — Capacidade para realizar complexas tarefas motoras ou mentais, com facilidade, precisão e adaptabilidade à variação de condições. A habilidade é avaliada em função dos resultados obtidos. (Ver: CAPACIDADE)

HÁBITO — Padrão de reação adquirido por aprendizagem social, relativamente estável, facilmente evocado e difícil de eliminar. A grande maioria dos hábitos são atos motores, mas o termo também se aplica, por generalização, a normas regulares do comportamento — por exemplo, os hábitos automáticos do pensamento. Bourdieu designa pela noção de *habitus* um sistema de disposições adquiridas, inculcadas pelo sistema social. É também matriz de percepções, de avaliações e de ações (P. Bourdieu, *Esquisse d'une théorie de la pratique*, 1972).

HÁBITO EFICAZ, FORÇA DO — Conceito definido por C. Hull como a força do hábito estabelecido por um dado processo de reforço, na zona de formação de hábitos, ou pela soma dos efeitos de dois ou mais processos de reforço. A "força do hábito" é eficazmente determinada pela variação em quatro determinantes empíricas: número de reforços, quantidade da agência reforçadora, tempo entre o estímulo e a resposta e tempo entre a resposta e o reforço.

HABITUAÇÃO — Processo geral de formação de hábitos por aprendizagem ou eliminação gradual de movimentos supérfluos, em virtude de uma reação repetida a uma dada situação.

HALO, EFEITOS DE — Ver: EFEITO DE AURÉOLA.

HANS — Nome do paciente sobre quem Freud escreveu o seu ensaio de 1909 intitulado "Análise de uma fobia em um menino de cinco anos (O caso do pequeno Hans)", que constitui o primeiro relato de um caso com material clínico, oriundo do tratamento de uma criança. A fobia inicial do pequeno Hans relacionava-se com cavalos e a análise revelou que a fobia representava o pai, contra quem Hans nutria desejos hostis e ciúme, decorrentes da rivalidade pela posse da mãe e culminando no pavor da castração (como punição por seus desejos incestuosos). Uma característica interessante deste caso é que o tratamento psicanalítico foi realizado pelo pai, Max Graf, que se correspondia com Freud, seu amigo de longa data, e dele recebia por correspondência as sugestões sobre a interpretação e a técnica.

HARRIS-GOODENOUGH, TESTE DE — Teste de inteligência infantil criado por Florence Goodenough em 1925. Admitindo o valor do repertório conceitual do desenho infantil e o aumento desse repertório com a idade, de um modo gradual e contínuo, Goodenough utilizou o desenho da figura humana como medida de avaliação da inteligência. Para a avaliação, somam-se os referentes aos pormenores encontrados no desenho, obtendo-se o total de pontos. Uma tabela indica a idade mental correspondente, permitindo o cálculo do QI. Recentemente, o teste foi revisto pelo psicólogo W. Harris, motivo pelo qual passou a ser conhecido pela designação de Teste de Harris-Goodenough.

HEBB, DONALD O. — Psicólogo canadense (1904). Após sua formatura na Universidade de Harvard em 1936, exerceu cargos no Instituto Neurológico de Montreal, no Laboratório de Primatas Yerkes e em diversas universidades; em 1947 ocupa o cargo de diretor do departamento de Psicologia da Universidade McGill. A sua *teoria da aprendizagem perceptiva* foi apresentada pela primeira vez, de uma forma sistemática, em *Organization of Behavior* (1949); é autor de uma extensa colaboração em revistas técnicas e de um compêndio de psicologia (*Textbook of Psychology*, 1958). A teoria de aprendizagem perceptiva constitui uma tentativa de explicação dos processos de aprendizagem e de outras atividades psicológicas na base da formação de conjuntos de células e seqüências fásicas no córtex cerebral. O conjunto de células (*cell assemblies*) consiste num agrupamento de células funcionalmente relacionadas, que atuam de um modo coordenado e altamente organizado. Esse agrupamento é estabelecido através da prática, isto é, D. O. Hebb sugere que uma espécie de mudança metabólica ou, possivelmente, o desenvolvimento de botões terminais adicionais na sinapse, explica o desenvolvimento dos conjuntos de células com a prática. Hebb utilizou como seu modelo de aprendizagem a aquisição do conceito de um triângulo, que não é, como o senso comum nos faria crer, um processo simples. Pelo contrário, a aprendizagem de cada ângulo e de cada lado requer a formação de um conjunto separado de células. Finalmente, esses conjuntos separados relacionam-se entre si numa estrutura superordenada a que se dá o nome de *seqüência fásica* a qual é, essencialmente, um conjunto de conjuntos. São as seqüências fásicas que servem de mediadoras para a totalidade de uma percepção aprendida, como a de "triangularidade". Como o processo se torna altamente mecânico com a prática, não há sentido algum no funcionamento separado dos vários conjuntos, só na experiência total. Hebb aceita a operação de certas leis gestaltistas, como a de *Prägnanz*, uma vez que, se partes do padrão de estímulo faltarem, ou se parte de um conjunto de células for destruída, é postulado que outros percursos alternativos se encarregarão de desempenhar as mesmas funções. A motivação e a emoção estão relacionadas com a teoria de seqüência fásica, ao pressupor-se que a motivação é um estado persistente de atividade seqüencial numa seqüência fásica. O prazer está associado à formação de novas seqüências e o medo à decomposição de conjuntos de células. Hebb relatou inúmeras pesquisas empíricas sobre aprendizagem, inteligência, percepção, motivação e emoção em abono de sua teoria. Através de um enfoque behaviorista Hebb refletiu uma problemática de acentuados matizes gestaltistas.

HEBEFRENIA — Uma das formas mais comuns de esquizofrenia, em que o sujeito, em maior ou menor grau de dissociação da realidade, se entrega a um comportamento imprevisível e bizarro, desleixado e indiferente quanto à aparência pessoal. (Ver: ESQUIZOFRENIA)

HEDONISTA DE McCLELLAND, TEORIA — Ver: NEO-HEDONISMO.

HEINIS, CONSTANTE DE — Medida de desenvolvimento mental proposta como aperfeiçoamento do QI. Os valores de IM (idade mental) são traduzidos em escala, dividida em idades mentais teoricamente iguais, e os valores transladados dividem-se pela IC (idade cronológica).

HELMHOLTZ, HERMANN — Médico, psicólogo e psiquiatra. Professor catedrático em Königsberg desde 1849, em Bonn desde 1855, em Heidelberg desde 1858 e em Berlim desde 1871. A partir de 1888, presidiu ao Instituto Nacional Politécnico de Berlim. Discípulo de Johann Müller, com quem colaborou na formação da Lei de Energia Sensorial Específica. Efetuou importantes pesquisas sobre a velocidade de transmissão dos impulsos nervosos. Autor de novas teorias sobre a visão e a audição (teoria da ressonância, etc.), desenvolveu novas bases para o estudo dos fenômenos psicofísicos. Foram especialmente discutidas as suas teses psicológicas sobre a percepção das cores. H. Helmholtz n. em 31-8-1821 em Potsdam, e m. em 8-9-1894, em Charlottenburg (Alemanha). (Ver: YOUNG-HELMHOLTZ, TEORIA DE, e CORES OPOSTAS, TEORIA DAS)

HEMISFÉRIOS — As duas metades em que o cérebro e o cerebelo estão divididos.

HEREDITARIEDADE — Soma de influências, biologicamente transmitidas de pais para filhos, que determina o modo como um indivíduo usará o seu meio.

HERING, ILUSÃO DE — Modelo de percepção errônea de medida e lugar, apresentado pelo fisiologista alemão Ewald Hering em sua obra *Der Raumsinn und die Bewegung des Auges* (1879). Hering formulou também uma teoria geral da cor em *Grundzüge der Lehre vom Lichtsinn* (1920), que contraditava em grande parte a teoria de Young-Helmholtz. (Ver: ÓPTICA, ILUSÕES DE)

HERING, TEORIA CROMÁTICA DE — Uma das primeiras teorias a contrariar a *tríade cromática* de Young-Helmholtz. Em vez das três cores primárias (vermelho, verde e azul), Ewald Hering propôs (1920) que todas as cores são reduzíveis a dois pares de *cores antagônicas*, estando a retina dotada de uma substância química de ação reversível para cada par. (Ver: COR, CONTRASTE DE)

HERING, TEORIA DA VISÃO DE COR DE — Esta teoria postula seis cores primárias: preto, branco, vermelho, verde, azul e amarelo. Hering pressupôs que essas qualidades são mediadas por três processos na retina, um branco-preto, um vermelho-verde e um azul-amarelo. A excitação catabólica, ou destrutiva, dá origem às sensações brancas, vermelhas e amarelas; e a anabólica, ou estimulação metabólica construtiva, origina as sensações pretas, verdes e azuis. As misturas são explicadas pela estimulação simultânea de pares de processos não-antagônicos. As cores complementares são os pares antagônicos que, quando simultaneamente estimulados, originam o cinzento. O daltonismo e a acromatopsia resultariam da ausência de um ou mais processos cromáticos.

HERMAFRODITA — Indivíduo que possui órgãos sexuais masculinos e femininos. Acredita-se que, no homem, somente um dos conjuntos pode ser inteiramente funcional, mas o indivíduo pode transferir-se, naturalmente ou por cirurgia, de um dos conjuntos para outro. O nome deriva de *Hermaphroditos*, filho mitológico de Hermes e Afrodite, segundo relata Ovídio nas *Metamorfoses*.

HERRING-BINET, TESTE DE — Uma das modificações inglesas da escala Binet-Simon.

HETERONOMIA — Atividade, usualmente de ordem intelectual, que ocorre de preferência fora do *eu*, mas que só em grau ínfimo é determinada pelo meio. Segundo A. Angyal, "o eu não está submetido ao meio, mas usa-o".

HETEROSSEXUALIDADE — Atração por uma pessoa ou pessoas do sexo oposto.

HETEROZIGÓTICO — Ver: GENÉTICO, PAR.

HEURÍSTICA — Método de ensino que incentiva os alunos a procurar a solução dos problemas por métodos indutivos, de preferência.

HIERARQUIA — Disposição de elementos — pessoas, coisas ou idéias — por ordem de graduação (determinada por algum valor objetivo ou subjetivo), de modo que cada grau esteja subordinado ao grau superior.

HIERARQUIA DA PERSONALIDADE — Tentativa psicológica de descrição da personalidade como uma hierarquia de motivos. Na base da escala hierárquica, encontram-se os motivos altamente específicos, subordinados a um motivo superior e este a um outro ainda mais elevado, até se atingir um plano de motivação global.

HIGIENE — Teoria e prática da manutenção da saúde no indivíduo na comunidade.

HIPERCINESIA — Motilidade ou agitação excessiva.

HIPERALGESIA — Condição mórbida de exagerada sensibilidade à dor.

HIPERSÔNIA — Estado mórbido em que o paciente dorme excessivamente e é propenso à sonolência.

HIPERTENSÃO — Qualquer espécie de tensão elevada num tecido, em especial a elevada pressão sangüínea.

HIPERTIREOIDISMO — Estado de excessiva secreção pela glândula tireóide. Suas implicações psicológicas mais imediatas são grande excitabilidade e inquietação.

HIPERTROFIA — Desenvolvimento ou crescimento anormal de uma parte do corpo em proporções exageradas.

HIPNAGÓGICA, IMAGEM — Ver: IMAGEM.

HIPNOPÔMPICO, PENSAMENTO — Lampejo de pensamento percebido no estado de semiconsciência que leva do sono à vigília.

HIPNOSE — Estado mental de sugestividade aguda, induzido artificialmente. Por essa razão, o indivíduo hipnotizado mostra uma receptividade extrema às sugestões feitas pelo hipnotizador. Como foi observado por muitos dos primeiros investigadores, paralisias, anestesias e hiperestesias podem ser induzidas sob hipnose. Como o paciente está relaxado e mais sujeito a acatar as sugestões que lhe sejam dirigidas sob hipnose, o estado foi utilizado para fins terapêuticos desde os tempos de Charcot, Breuer e Freud. O paciente é encorajado a recordar e verbalizar suas dificuldades (usualmente inconscientes no estado de vigília total), sendo-lhe então dadas sugestões de apoio.

HIPNOTERAPIA — Tratamento pelo hipnotismo. Este método foi o precursor da Psicanálise e da psicoterapia moderna. Seus grandes impulsionadores foram Joseph Breuer, em Viena, e Charcot, em Paris, tendo Freud sido discípulo de ambos. Breuer dedicava-se intensamente ao uso da hipnoterapia no tratamento da histeria e, entre 1885 e 1900, Freud foi seu assíduo colaborador. Do conhecido caso da *Fräulein* Anna O. resultaria a publicação, em 1895, de uma obra assinada por ambos os investigadores: *Estudos Sobre a Histeria*. Ainda hoje sobrevivem remanescentes dos primitivos métodos hipnoterápicos no uso do divã e na submissão à autoridade do analista. Escreveu Freud: "O fato fundamental foi encontrar os sintomas de pacientes histéricos em cenas altamente significativas, mas esquecidas, de suas vidas pregressas (traumas); a terapia fundamentada em tal estado consistia em provocar a recordação e reproduzir essas cenas em estado de hipnose (catarse)."

HIPOCONDRIA — Perturbação mental que se caracteriza pela preocupação mórbida do indivíduo pelo seu estado de saúde e medo de doenças. Em casos pronunciados, essa preocupação pode ser tal que o hipocondríaco fica incapacitado de manter as atividades normais, subordinando todos os seus interesses aos processos que se desenrolam em seu corpo, e os acontecimentos à sua volta unicamente contam na medida em que afetem o órgão ou órgãos imaginariamente *doentes*. Paula Heimann traçou a seguinte evolução psicanalítica do quadro hipocondríaco: (a) frustração causada pelo objeto externo, real ou imaginada, no período primitivo da infância; (b) aversão, medo persecutório do objeto *mau* e *perigoso*; afastamento desse objeto; e (c) busca de prazer em fontes internas do eu (órgãos corporais) ou fase do *narcisis-*

mo hipocondríaco. Mas, (d) a consciência de culpa por sua inutilidade social é convertida em sofrimento, ansiedade e depressão, projetados no órgão *doente*. Assim, (d) anula, no todo ou em parte, a gratificação de (c).

HIPOERGÁSTICA, REAÇÃO — Estado que caracteriza a fase depressiva da psicose maníaco-depressiva.

HIPOFRENIA — Sinônimo proposto por E. Southward para deficiência mental.

HIPOPITUITARISMO — Secreção deficiente da glândula pituitária.

HIPOTÁLAMO — Agrupamento de núcleos, na base do encéfalo, que está envolvido em muitos processos de regulamentação visceral.

HIPÓTESE "COMO SE" — Expressão de A. Adler para definir o processo de atuar, *como se* o objetivo de completa superioridade tivesse sido alcançado — um tipo de auto-sugestão.

HIPOTÉTICO-DEDUTIVO, MÉTODO — Um método científico em que o investigador começa com um número reduzido de fatos empíricos, na base dos quais deduz um certo número de postulados e hipóteses a provar. Se os postulados forem comprovados, convertem-se em princípios ou leis científicos. Newton usou o método dedutivo para estabelecer o seu sistema de mecânica celeste. Clark Hull utilizou a técnica em sua *teoria matemático-dedutiva da aprendizagem*. (Ver: APRENDIZAGEM, TEORIA MATEMÁTICO-DEDUTIVA DA)

HIPOTIMIA — Estado de reação emocional e depressão subnormais.

HIPOTIREOIDISMO — Deficiência na secreção da glândula tireóide.

HISTERIA — Psiconeurose caracterizada pela *conversão* de impulsos inaceitáveis, reprimidos no inconsciente, em sintomas somáticos, que se declaram sem qualquer lesão aparente do sistema neuromotor (alucinações, sonambulismo, anestesias, paralisias, etc.) e são acompanhados de instabilidade emocional ou dissociação (cf. Freud e Breuer, *Sobre os Mecanismos Psíquicos dos Fenômenos Histéricos*, 1893, e Freud, *A Etiologia da Histeria*, 1896; K. Abraham, *As Diferenças Psicossexuais entre Histeria e Demência Precoce*, 1908).

HÍSTERO-EPILEPSIA — Convulsões histéricas semelhantes às de um ataque epiléptico.

HISTÓRICO — Compilação mais ou menos sintética de todas as provas existentes ou acessíveis — sociais, psicológicas, fisiológicas, biográficas, vocacionais, etc. — que podem ajudar a explicar o comportamento de um indivíduo ou de uma unidade social como a família. É usado especialmente na Psicopatologia, na orientação vocacional e no trabalho social. Na Patologia Clínica é a informação sobre o princípio e evolução de uma doença até a intervenção do médico. Sin.: Registro Anamnésico.

HOLMGREN, TESTE DE — Um teste de daltonismo em que o examinando deve escolher um determinado número de meadas de lã colorida, formando três pilhas básicas de acordo com um modelo de amostra. O teste também foi usado por Kurt Goldstein como prova de capacidade de abstração.

HOLTZMANN, TESTE DE — Técnica de avaliação da personalidade derivada do Psicodiagnóstico de Rorschach. Permite desenvolver psicometricamente sólidos procedimentos para qualificar borrões de tinta mas conservando, ao mesmo tempo, a riqueza qualitativa do material projetivo do Rorschach e, para isso, emprega maior número de borrões de tinta e procedimentos de administração simplificados.

HOMEM — Mamífero da ordem dos primatas, gênero *Homo*, espécie *homo sapiens*, a única até hoje conhecida do gênero. O homem distingue-se do macaco não só por algumas estruturas corporais, mas, principalmente, pela linguagem, uso de ferramentas e cultura complexa.

HOMEOSTASE — Termo proposto pelo fisiólogo norte-americano W. B. Cannon (1875–1945), que assim o definiu: "Os processos fisiológicos coordenados que mantêm a maioria dos estados constantes no organismo são de tal modo complexos e tão peculiares aos seres vivos — envolvendo o cérebro e os nervos, o coração, pulmões, rins e humores, todos funcionando em estreita colaboração — que sugiro uma designação especial para esses estados: *homeostase*" (*Bodily Changes in Pain, Hunger, Fear and Rage*, 1929). Transferido para a Psicologia, o termo adquiriu o significado de "conjunto de ajustamentos compensatórios que tem por missão enfrentar qualquer ameaça à estabilidade da personalidade". Esses ajustamentos efetuam-se em vários níveis homeostáticos ordenados hierarquicamente: nível fisiológico (tono, metabolismo), instintivo-reflexológico (estabilidade da situação vital) e motivacional (estabilidade psíquico-comportamental). Cf. Cannon, *The Wisdom of the Body*, 1932; T. Parsons, *The Structure of Social Action*, 1937. A homeostase constitui um dos fatores lógicos da *teoria dos impulsos*, na esfera da Psicologia da Motivação.

HOMOCEDASTICIDADE — A prioridade de ter igualdade em variabilidade (aplicada a matrizes e diagramas de correlação).

HOMO SAPIENS — A única espécie ereta do gênero *Homo*. Todos os homens, dentro dos limites do tempo histórico, formam essa espécie única.

HOMOSSEXUALIDADE — Atração sexual ou erótica por uma pessoa do mesmo sexo. Quando se pretende definir uma gratificação genital específica (pederastia, cunilíngua, felação, masturbação mútua), o termo *Homogenitalismo* é mais preciso.

HOMOZIGÓTICO — Ver: GENÉTICO, PAR.

HORDA PRIMORDIAL — Estágio hipotético da organização da família, antes de se formar o clã primitivo. A horda compunha-se de um macho dominador e prepotente (pai), suas fêmeas (as mulheres) e um grupo subordinado de jovens machos (filhos), cujo acesso às mulheres era tabu. Freud, Jung e Fromm aludiram freqüentemente a essa horda primordial para estabelecer um paralelismo com a problemática neurótica do complexo de Édipo. Na horda primordial, os filhos que pretendessem as mulheres sofriam a pena de castração, imposta pelo pai, que acabou sendo devorado (antropofagia) pelos filhos revoltados. Em alguma parte do inconsciente existiria um engrama da tragédia primordial. (Ver: ÉDIPO, COMPLEXO DE)

HORME — Palavra grega que significa *impulso*. (Ver: HÓRMICA, TEORIA)

HÓRMICA, TEORIA — Sistema psicológico defendido por William McDougall (1871–1938), cujo pressuposto fundamental afirma que o comportamento é caracterizado por um impulso (*horme*) no sentido da realização de certos propósitos ou metas. Basicamente, esse comportamento é motivado por propensões que são instintos ou sentimentos. Os instintos são propensões inatas, como a fuga, a curiosidade, a reprodução, a pugnacidade, a aquisição e a auto-afirmação. Todos os instintos são suscetíveis de descrição em função dos seus três atributos ou características fundamentais: *cognitivo, afetivo* e *conetivo*. Quer dizer, todos os instintos possuem um componente sensorial, um motivacional e um emocional. Os instintos podem ser modificados em sentimentos, como o amor, o ciúme ou o patriotismo, que são combinações de instintos e, através da experiência, ficam associados a complexas situações de estímulo. Escreveu McDougall: "A teoria hórmica sustenta que onde há vida há mente; e que, se existe alguma contigüidade do inorgânico para o orgânico, deve ter existido algo de mental, algum indício de natureza e atividade mentais no inorgânico, a partir do qual se gerou tal emergência. Atuar com um propósito é um indício mental, ainda que o ser em foco seja tão primitivo quanto um protozoário" (*Outline of Psychology*, 1923). Assim, McDougall tentou combinar uma teoria teleológica da evolução, inspirada em Lamarck, com as coordenadas físico-químicas, a fim de explicar o comportamento que ele descreveria como uma descarga de energia (reducionismo psicofísico) armazenada nos tecidos sob forma química e capaz de transformar-se em qualquer dos demais tipos de energia livre e ativa, cinética ou elétrica.

A psicologia hórmica de McDougall foi popular entre aqueles psicólogos, antropólogos e sociólogos, no início da década de 1920, que consideravam os sistemas estruturalista e behaviorista estéreis — de um ponto de vista dinâmico. Entretanto, quando o conceito de "instinto" caiu em descrédito, sob o ataque dos behavioristas, o sistema de McDougall começou a perder terreno.

HORMÔNIO — Agente químico segregado por um órgão do corpo (usualmente, uma glândula) e transportado pelo fluido corporal para outro órgão, onde exerce efeito estimulante.

HORNEY, KAREN — Psicanalista alemã (n. Hamburgo, 16-9-1885, m. Nova York, 4-12-1952) naturalizada americana. Formou-se em Medicina na Universidade de Freiburg, em 1913. Emigrou para os Estados Unidos em 1932. Durante a sua carreira profissional, exerceu cargos no Instituto Psicanalítico de Berlim e no Instituto Psicanalítico de Chicago; lecionou na *New School for Social Research*, de Nova York. Em 1941, foi eleita diretora do Instituto Americano de Psicanálise, cargo que ocupou até a data de sua morte. Foi líder incontestada escola neofreudiana de psicanálise, que contaria ainda com as contribuições de psicólogos eminentes como Erich Fromm, psiquiatras como Harry Sullivan e antropólogos sociais como Sapir. Impressionada com o papel desempenhado pelos conflitos culturais na formação das neuroses, Horney rejeitou a ênfase extrema de Freud sobre a sexualidade e destacou o sentimento de insegurança da criança e a sua busca de segurança através de padrões de comportamento modal que levam a conflitos íntimos e um estilo neurótico de vida. Em seu realce dos sentimentos de insegurança e do impulso para uma condição de superioridade, Horney assemelha-se a Adler, que sustentou serem os sentimentos de inferioridade a força motriz subjacente na neurose. A influência de Horney no mundo psicanalítico fez-se sentir através de numerosos livros brilhantemente escritos, além de artigos técnicos e ensaios para revistas e coletâneas. Bibliografia principal: *Novos Rumos da Psicanálise* (1939), *A Personalidade Neurótica do Nosso Tempo* (1936), *Conheça-se a Si Mesmo (Auto-Análise)* (1942), *Nossos Conflitos Interiores* (1945) e *Neurose e Crescimento Humano* (1950).

HOSPITALISMO — Ver: DEPRESSÃO ANACLÍTICA.

HOSTILIDADE — Estado de animadversão. O impulso agressivo. Hostilidade e *agressão* (e seus respectivos adjetivos) são freqüentemente empregados como sinônimos. Em acepção estrita, porém, a agressão é um termo mais genérico, cuja ênfase incide sobre um cometimento ativo que não é necessariamente colérico ou destrutivo; hostilidade implica um sentimento subjetivo que pode ou não ser expresso em ação e que é mais francamente colérico e destrutivo.

H. T. P. — Técnica projetiva de casa-árvore-pessoa criada por Buck. O sujeito deve desenhar a melhor figura de uma casa, árvore e pessoa. Após os desenhos há um interrogatório oral em que se incluem perguntas padronizadas. Segundo Buck, há análise qualitativa e quantitativa; a "casa" desperta associações ligadas ao lar do sujeito; a "árvore", associações com o seu papel na vida e a sua capacidade de obter satisfação no meio ambiente; a "pessoa", associações relativas às suas atividades interpessoais. Embora as iniciais H. T. P. correspondam à designação inglesa do teste (House-Tree-Person), a sua popularidade dispensa a tradução do nome.

HULL, CLARK L. — Psicólogo americano (1884–1952). Hull estudou na universidade do Michigan e depois na do Wisconsin, onde se formou em 1918. Foi diretor de uma escola pública em Sickels, Mich. de 1909 a 1911. Lecionou na Universidade do Wisconsin de 1916 a 1929 quando ingressou no Instituto de Relações Humanas, em Yale, onde permaneceu o resto de sua vida. Seus primeiros interesses intelectuais foram variados. Escreveu sobre a formação de conceitos e sobre a influência do fumo sobre os processos psicológicos. Seu *Hypnosis and*

Suggestibility, publicado em 1933, é considerado um clássico nesse campo. Os seus interesses concentraram-se depois na teoria da aprendizagem, resultando na publicação da *Teoria Matemático-Dedutiva de Aprendizagem de Cor*, com Hovland, Perkins e Fitch (1940); seguiram-se *Princípios de Comportamento* (1943), *Essência do Comportamento* (1951) e *Um Sistema de Comportamento*, publicado no ano de sua morte. Hull foi uma das figuras destacadas do Neobehaviorismo. (Ver: APRENDIZAGEM, TEORIA MATEMÁTICO-DEDUTIVA DE)

HUMANA, NATUREZA — Conjunto de características de toda a humanidade ou daquela parte da humanidade que a pessoa tem em mente quando diz "isso é próprio da natureza humana". Subentende-se, dessa maneira, que a natureza humana é inata e imutável, mesmo quando as características a que se faz referência são o resultado claro de uma interação das influências inatas e culturais, e, portanto, modificáveis em maior ou menor grau.

HUMANISTA, PSICANÁLISE — Nome dado por Erich Fromm à teoria e método analíticos de sua própria criação, dentro do movimento neofreudiano geral. O humanismo psicanalítico, sem abandonar completamente as coordenadas da psicanálise clássica, acolheu certas influências culturalistas recebidas de Jung, reconheceu a necessidade de uma estreita colaboração com a antropologia e a sociologia, preconizada por Edward Sapir, e aplicou à problemática da neurose os princípios antropossociais da interação homem-meio e das pressões culturais. Escreveu Fromm: "Tanto as mais belas como as mais feias inclinações do homem não constituem parte de uma natureza humana fixa e biologicamente dada; elas são o resultado do processo social que cria o homem."

HUMM-WADSWORTH, ESCALA DE TEMPERAMENTO DE — Questionário de personalidade para revelar a posição da pessoa de acordo com cinco dimensões: paranóide, histeróide, maníaca, esquizóide e depressiva.

HUMOR — Expressão, verbal ou outra, que retrata uma situação com um misto de simpatia e divertimento. Atitude ou tendência emocional para reagir favorável (bom humor) ou desfavoravelmente (mau humor) a outras pessoas. A teoria humoral de Galeno supunha que o temperamento dependia da proporção de quatro humores no corpo. (Para *Humor Vítreo e Humor Aquoso*, ver: OLHO)

IATROGÊNICA, NEUROSE — Distúrbio funcional provocado pelo diagnóstico ou atitude do médico, inteiramente distinto dos efeitos diretos do tratamento clínico.

ID — Segundo o conceito freudiano de estrutura da personalidade, o id é o componente arcaico e inconsciente do sistema de energias mentais (psique) que dinamiza o comportamento humano. Do id promanam os impulsos cegos e impessoais devotados à gratificação — direta ou indireta, mas tanto quanto possível imediata — do instinto sexual (libido), estreitamente vinculado às necessidades primárias da pessoa (comer e não ter fome). Temos, pois, que o id é o verdadeiro inconsciente ou a parte mais profunda da psique. Ignora o mundo exterior, com quem não está em contato, e o objeto único de seus interesses é o corpo, sendo suas relações com ele dominadas pelo *princípio do prazer*. Freud descreveu ainda a hegemonia total dos instintos do prazer nas fases primitivas do desenvolvimento mental, em decorrência direta do fato de as duas atividades básicas da criança pequena — mamar e defecar — terem provocado a sexualização (libidinização) da boca e do ânus, zonas erógenas. Ulteriormente, Freud ampliaria, com algumas modificações, esta sua primeira teoria e a libido deixaria de identificar-se exclusivamente com o instinto sexual e o princípio do prazer para ser Eros — o instinto de vida e de autopreservação — no qual o componente sexual estava logicamente incluído.

IDADE — Em sentido genérico, é o período de tempo que decorre entre o nascimento do indivíduo e o momento atual de sua vida. Dá-se a esse valor o nome de *idade cronológica*. Na revisão de 1908 das escalas de Binet-Simon foi introduzido um outro conceito de idade: a *idade mental*. Nas escalas de idade, como no teste de Binet, os itens individuais são agrupados em níveis etários. Por exemplo: os itens solucionados pela maioria das crianças de 9 anos são atribuídos ao nível de 9 anos, e assim por diante. O resultado obtido pela criança nesse teste corresponde ao nível mais alto de idade que ela completar com êxito. Assim, uma criança terá idade mental (IM) igual a 12 anos se resolver corretamente os itens correspondentes a 12 anos, embora sua idade cronológica (IC) possa ser outra.

IDEAÇÃO — Processo de formação de idéias.

IDEAL — Representação das características essenciais e exponenciais de alguma coisa. Padrão de comportamento que a pessoa se esforça por atingir. O eu ideal é a integração dos valores que a pessoa aceita para si como objetivo a alcançar ou finalidade suprema a realizar na vida. Constitui, por conseguinte, importante influência para a formação de uma personalidade integrada. (Ver: EGO IDEAL)

IDEAL, TIPO — Representação de todas as características essenciais de uma certa categoria, embora nenhum indivíduo consubstancie todas essas características. Por exemplo: o pai ideal é a representação de todas as características essenciais de *o pai*, mas nenhum pai as tem todas.

IDEALISMO — Teoria filosófica, expressa em grande variedade de sistemas de que só existem as idéias como realidade fundamental e inteligível do universo.

IDEALIZAÇÃO — Ver: IDEAL, TIPO.

IDEALIZADA, IMAGEM — Expressão psicanalítica que designa uma falsa concepção sobre as virtudes próprias, gerada como defesa contra as exigências do ego ideal. Para Karen Horney (*A Personalidade Neurótica do Nosso Tempo*), é a imagem inconsciente e irracionalmente fabricada do eu como deveria ser para concordar com as exigências do orgulho neurótico, caracterizando-se por uma ampliação e glorificação de qualidades derivadas das fantasias, necessidades e experiências prévias da pessoa.

ID-EGO — Matriz original, no bebê recém-nascido, a partir da qual se formam primeiro o id, como princípio do prazer, e mais tarde o ego, como princípio da realidade. Várias escolas psicanalíticas neofreudianas propõem que o id e o ego, em vez de serem considerados entidades distintas, se considerem nomes de uma só função dualista.

IDÉIA — Na Filosofia Platônica, uma essência eterna, um arquétipo universal das coisas. Na Filosofia Berkeleiana, qualquer objeto dos sentidos diretamente conhecido na experiência. Entre estes dois extremos, são inúmeras as definições encontradas ao longo da história do pensamento para nos explicarem o que é um conteúdo mental. Embora o termo não tenha lugar na ciência, é difícil deixar de o incluir num dicionário psicológico, pelo menos enquanto não se encontrar um substituto que obtenha o consenso geral dos cientistas.

IDÉIA FIXA — Idéia, geralmente sem fundamento racional, que se sustenta com pertinácia, apesar de provas suficientes para convencer qualquer pessoa normal sobre a sua inconsistência.

IDÉIA-FORÇA — Postulado de que todas as idéias têm influência dinâmica e estão diretamente relacionadas com a ação.

IDÉIA SOBRECARREGADA — Em psicanálise, uma idéia de tal modo carregada de energia psíquica que aparece num sonho em mais de uma representação simbólica.

IDENTIDADE, LEI DA — Uma das primeiras categorias da Lógica, postulada por Aristóteles como a condição de ser essencialmente o mesmo (A = A), apesar de diferenças superficiais. A e A são logicamente idênticos. Embora útil como demonstração de raciocínio verbal, o postulado não leva em conta uma das mais importantes lições da experiência empírica: A nem sempre é igual a A.

IDENTIDADE PESSOAL — Unidade da personalidade no tempo; sentimento e pensamento de imutabilidade e continuidade internas da pessoa (suas idéias, metas e recordações inalienáveis), sentimento e pensamento esses que se conjugam com a imutabilidade e continuidade do significado que a pessoa tem para os outros. O desenvolvimento do *sentido de identidade* constitui a última fase da infância e da juventude segundo a teoria do desenvolvimento psicossocial da personalidade, de Erik Erikson (cf. *Identidade, Juventude e Crise*, 1972). É uma fase essencial para que o adolescente possa enfrentar com êxito os desafios da idade adulta. A aquisição do sentido de identidade requer do jovem que se integre em sete dimensões ou áreas, a saber: (1) *Perspectiva de Tempo*; (2) *Certeza do Eu*; (3) *Experimentação de Papel*; (4) *Previsão de Realização*; (5) *Identidade Sexual*; (6) *Polarização de Liderança* e (7) *Polarização Ideológica*. (Cf. os verbetes para estas sete dimensões.) (Ver: PERSONALIDADE, DESENVOLVIMENTO PSICOSSOCIAL DA)

IDENTIFICAÇÃO — Mecanismo psicológico pelo qual o indivíduo assume, mais ou menos permanentemente, as características de personalidade investidas na imagem de outra pessoa *internalizada*, mediante um processo de incorporação. De acordo com a literatura psicanalítica (cf. Melanie Klein, *The Psychoanalysis of Children*, 1932), a identificação tem origem na fase do desenvolvimento infantil denominada *posição depressiva*; e, embora implique também uma internalização de *imagens* de objetos externos (pai, mãe ou seus substitutos), encontra-se mais estreitamente associada do que a incorporação às mudanças na estrutura do ego, resultantes dessa identificação. Para C. G. Jung (*Tipos Psicológicos*), a identificação é o processo pelo qual "a personalidade se dissipa no todo ou em parte... em favor de um objeto cujas roupagens o sujeito, ao alhear-se de si mesmo, passa a adotar". A identificação com o pai, por exemplo, pressupõe a adoção prática dos modos do pai como se o filho fosse o próprio pai e não individualidade distinta. A identificação distingue-se da imitação porque esta é consciente, ao passo que aquela é *imitação inconsciente*. A introspecção e a compenetração constituem formas parciais de identificação. (Ver: EMPATIA E INCORPORAÇÃO)

IDENTIFICAÇÃO, TESTE DE — Modelo de teste em que o examinador aponta para vários objetos ou parte de um desenho e solicita ao sujeito que indique os nomes ou, de algum outro modo, os indique.

IDEODINÂMICA — Concepção psicológica que salienta, como postulado central, o papel da personalidade na seleção de estímulos e organização das reações. Considera, portanto, o poder da idéia superior ao do próprio estímulo.

IDEOGRAMA — Imagem, ou símbolo de imagem, representando um objeto ou uma idéia. Essa imagem ou seu símbolo constitui uma unidade de linguagem gráfica, numa fase de evolução anterior à representação, por letras, dos sons da linguagem falada. Algumas escritas, como a chinesa por exemplo, consistem em ideogramas. Em Psicologia, consideram-se ideogramas os registros gráficos dos movimentos inconscientes, representando tais símbolos um curso dos pensamentos ou sentimentos reprimidos. Há vários testes com base nas expressões ideogramáticas e ideográficas.

IDEOMOTORA, SEQÜÊNCIA — Tipo de seqüência em que uma reação motora é provocada por uma idéia, em contraste com o tipo sensomotor, em que a reação é suscitada por um estímulo sensorial. A teoria ideomotora afirma que cada idéia possui uma tendência inerente para resultar em ação correspondente.

IDIOMA — Processo característico de expressão de idéias pela linguagem. Na Psicologia Social, dá-se o nome de idioma ao modo característico de comportamento de uma pessoa.

IDIOSSINCRASIA — Padrão de comportamento característico de um indivíduo ou grupo, especialmente quando reflete um modo de sentir e pensar suscetível de os distinguir de outros indivíduos ou grupos.

IDIOSSINCRÁSICO, TRAÇO — Ver: PERSONALIDADE, TRAÇOS DE.

IDONEIDADE — No domínio dos testes e medições psicológicos, é a complexa propriedade de uma série de observações, de um instrumento de medição ou de todo um processo de medição que possibilita, quando são repetidas as provas ou testes, a obtenção de resultados análogos ou semelhantes aos anteriormente obtidos, assim como a previsão de que esses resultados análogos ou semelhantes serão obtidos. Também se denomina índice de idoneidade o grau em que qualquer medida está livre de influências ocasionais ou fortuitas sobre a instrumentalidade da observação ou medição.

IDONEIDADE, COEFICIENTE DE — Qualquer método de medição da idoneidade que empregue as correlações entre um teste e sua repetição em sucessivos intervalos (item por item), para fins de comprovação da validade dos resultados obtidos, apresentará um coeficiente de idoneidade.

IFD — Iniciais da seqüência que se diz ser característica de grande número de desajustamento: idealismo, frustração, desmoralização.

ILUSÃO — Erro de percepção, algumas vezes explicado por leis físicas. Por exemplo, as leis ópticas que explicam os fenômenos de refração. Outras vezes, a explicação está no próprio indivíduo, como no caso da Ilusão Müller-Lyer (ver: ÓPTICA, ILUSÕES DE), que é uma anomalia psicossensorial. Mas na ilusão há sempre um objeto, embora incorretamente percebido. Não se deve confundir, portanto, com *delusão* e *alucinação*, embora por vezes seja muito difícil decidir, na prática, se houve uma ilusão ou um dos dois outros fenômenos.

IMAGEM — Produto da transposição psíquica da percepção de um objeto extremo ou interno. O vocábulo é empregado em grande variedade de contextos psicológicos. É possível, contudo, dividir as imagens em duas grandes categorias, de acordo com a definição geral acima. (1) *Imagens sensoriais*, resultantes da transposição psíquica da percepção de um *objeto externo*, quer dizer, expressões mentais da percepção da realidade exterior. Entre as mais importantes imagens sensoriais contam-se: (a) as *imagens ópticas*, produtos mentais dos estímulos externos transmitidos aos centros neurovisuais pelo *aparelho óptico ou visual* (ver uma casa, uma flor); (b) as *imagens auditivas*, transmitidas pelo *aparelho auditivo ou audição* (ver mentalmente um trem quando se ouve apenas o apito, ver a orquestra de que se ouve apenas uma gravação em disco); (c) as *imagens olfativas*, transmitidas pelo *olfato* (ver mentalmente uma flor de que apenas se captou o aroma). Destas imagens sensoriais, a mais concreta é, evidentemente, a *óptica*, porquanto está diretamente vinculada à *visão real* dos estímulos externos focalizados na retina pelo sistema de lentes oculares (*imagem retiniana*). (2) As imagens resultantes da transposição psíquica da percepção de um *objeto interno*. São *imagens da fantasia*, assim descritas por C. G. Jung: "As imagens da fantasia só indiretamente se relacionam com a percepção do objeto exterior. Baseiam-se, antes, na atividade inconsciente e fantástica, cujo produto aparece na consciência mais ou menos inopinadamente, como uma espécie de visão ou alucinação, mas sem o seu caráter patológico, isto é, sem dar provas de que pertençam a um quadro clínico. (...) Ainda que à imagem da fantasia não se atribua, em geral, um valor psicológico idêntico ao da imagem da realidade *exterior*, pode ter, contudo, importância muito maior para a vivência psíquica, na medida em que representa uma realidade *interior*, expressão concentrada da situação psíquica do conjunto, não apenas do conteúdo inconsciente da mesma." Entre as mais importantes imagens da fantasia, contam-se: (d) as *imagens primárias ou engramas*, sedimentações mnêmicas de uma remota vivência psíquica da coletividade (arquétipos) em que o indivíduo se integra; (e) as *imagens compósitas*, baseadas numa série de experiências sensoriais de um mesmo objeto, quer este seja ou não visto *atualmente*; (f) as *imagens eidéticas ou genéricas,* normalmente esquemáticas, representando uma classe de objetos (é o tipo de imagem usualmente produzida pelas percepções auditiva e olfativa: não se vê o trem que apita nem a flor que cheira, mas *um* trem e *uma* flor genéricos) em que o estímulo perceptivo se associa a uma fantasia; (g) *imagens hipnagógicas*, de caráter alucinatório ou não, produzidas no estado de sonolência, torpor, semiconsciência entre o sono e a vigília ou vice-versa; (h) *imagens alucinatórias*, de natureza psicopatológica e que podem adquirir, momentaneamente, um caráter perceptivo.

IMAGEM IDEALIZADA — Nome dado por Alfred Adler a uma concepção idealizada do eu por meio da qual o indivíduo orienta o seu comportamento e seleciona as suas metas. Na pessoa normal, as imagens idealizadas não estão muito distantes da realidade e são flexíveis. Nos neuróticos, são irrealistas e inflexíveis; e, os psicóticos, por assim dizer, converteram-se em suas imagens idealizadas. Sin.: Ficção Orientadora.

IMAGEM MENTAL — Ver: IMAGEM.

IMAGEM PESSOAL — Para C. G. Jung, é a representação, no inconsciente, de uma experiência pessoal. (Ver: IMAGEM PRIMORDIAL)

IMAGEM PRIMORDIAL — Representação, no inconsciente, de uma experiência arcaica da raça humana. Expressão empregada por C. G. Jung (cf. *Von den Wurzeln des Bewusstseins, Studien über d. Archetypus*, 1954) para definir o conceito de arquétipo: "É o conteúdo arcaico do inconsciente coletivo. Por esse motivo, a imagem primordial ou arquétipo também é, psicologicamente, uma imagem coletiva que se contrapõe ao instinto biológico, pessoal. Sendo estritamente inconsciente, um arquétipo é postulado — não observado — pela ciência." (Ver: COLETIVO, INCONSCIENTE)

IMAGENS, PENSAMENTO SEM — Idéia ou pensamento que carece de conteúdo sensorial. A escola de Würzburg afirma que a análise introspectiva revelava a existência de pensamentos sem imagens. Tal afirmação foi refutada por Titchener e os estruturalistas, os quais sustentaram que, pelo menos, podiam ser sempre encontrados vestígios de conteúdo sensorial em todo e qualquer pensamento. A psicologia estruturalista explicou o "pensamento sem imagens" (por exemplo, a noção de relação) em termos de sensações cinestésicas e locomotoras flutuantes ou fortuitas, não significando, necessariamente, que seja inexistente qualquer reação às propriedades de um objeto mas, tão-só, que se reage a outras propriedades que não são as reveladas pelos processos sensoriais. (Ver: WÜRZBURG, ESCOLA DE)

IMAGINAÇÃO — Formação e sintetização mental de objetos ou idéias em imagens ou configurações diferentes de todas as que são abrangidas pela nossa experiência e conhecimento prévio. Há duas espécies de construções imaginativas: as *criadoras*, quando iniciadas e organizadas pela pessoa que imagina, e as *imitativas*, quando exploram uma construção iniciada e organizada por terceiros.

IMAGINAR — Reagir às propriedades de um objeto ou acontecimento que não está presente nos sentidos. Reagir às propriedades sensoriais ausentes formando imagens mentais do objeto ou acontecimento.

IMAGINÁRIO — Ver: LACAN, JACQUES-MARIE.

IMAGO — Termo usado em Psicanálise para descrever a imagem parental formada durante o período infantil e posteriormente reprimida e associada com as emoções e sentimentos da infância.

IMATURIDADE EMOCIONAL — Incapacidade de o indivíduo comportar-se, no tocante a suas motivações e emoções, de acordo com o que é usual e esperado em sua idade. O comportamento manifesto seria mais adequado em idade anterior. Por exemplo: "Ele chora como uma criança."

IMATURO — Organismo, suas estruturas ou funções, em que o desenvolvimento máximo ainda não foi alcançado. Tipo comportamental que seria mais apropriado a um estágio anterior do desenvolvimento.

IMBECIL — Pessoa de aptidão intelectual extremamente baixa. (Ver: DEFICIÊNCIA MENTAL).

IMEDIATA, EXPERIÊNCIA — Processo psicológico sem antecedente psíquico, específico, próprio da atividade intuitiva. Para Wundt, é o domínio da experiência psicológica, em contraste com a experiência física, que é *mediata*.

IMEDIATO, CONHECIMENTO — Conhecimento obtido sem qualquer acontecimento prévio e direto, ou sem qualquer processo intermediário entre o estímulo e o conhecimento. É o conhecimento próprio da intuição e da sensação, para o qual não concorrem os fatores da percepção ou pensamento mediato.

IMITAÇÃO — Em termos gerais, o comportamento que consiste em copiar as ações de outras pessoas de uma forma intencional. No domínio da psicologia da aprendizagem, considera-se imitação a aprendizagem por experiência indireta. A literatura psicológica mais recente refere-se ao que, essencialmente, é o mesmo fenômeno, por uma grande variedade de rótulos: "aprendizagem vicarial", "aprendizagem observacional", "facilitação social", "desempenho de papel" (*role-playing*), "contágio", "modelagem", etc. Tudo isto são construtos empregados para designar o que, essencialmente, é o mesmo processo de aprendizagem por imitação, embora cada construto reflita, porventura, a grande variedade de condições em que o processo ocorre e a natureza das respostas envolvidas. A pesquisa psicológica interessa-se, basicamente, em investigar como aprendemos a imitar e, uma vez adquirida, como é que a imitação influi na aprendizagem subseqüente. O condicionamento e o reforço, a contigüidade e a conversão em desempenho de modelos adquiridos são considerados fatores básicos da imitação.

IMORAL — Comportamento manifesto ou implícito das pessoas cujos pensamentos e ações transgridem os padrões sociais aceitos em sua cultura e em seu tempo.

IMPERCEPTÍVEL — Característica do que é fraco ou tênue demais para ser percebido nas condições propostas.

ÍMPETO — A força de um impulso.

IMPLÍCITO, COMPORTAMENTO — Tipo de comportamento que não é facilmente observável por outras pessoas, mas que pode ser expresso pela própria pessoa através de manifestações não analisadas ou indiretas, reveladas em outros tipos de comportamento.

IMPOTÊNCIA — Incapacidade de o homem adulto realizar satisfatoriamente o ato gênito-sexual. Pode ser orgânica (distúrbio nervoso ou deficiência hormonal) ou psicogênica (bloqueio da reação a um estímulo apropriado). Na mulher adulta, tem o nome de *frigidez*.

IMPOTÊNCIA ANAL — Designação psicanalítica de uma forma psicogênica de constipação intestinal. Julga-se que é devida à severidade do treino de higiene pessoal contra a incontinência excretória da criança.

IMPOTÊNCIA PSÍQUICA — Incapacidade temporária e patológica para desempenhar atividades psíquicas normais.

IMPRINTING (ingl.): Ver: ESTAMPAGEM.

IMPULSIVO — Indivíduo que se caracteriza pela ação imediata sem reflexão ou que é incapaz de suprimir o impulso.

IMPULSO, ATO — Todo e qualquer ato que se caracterize pela ausência de reflexão ou de controle voluntário por parte da pessoa que o comete.

IMPULSO — 1. Tendência, iniciada por alterações no equilíbrio fisiológico, para ser sensível a estímulos de uma certa classe e para reagir de vários modos que estão relacionados com a realização de um determinado objetivo. 2. Estado hipotético de atividade de um organismo ou de alguns de seus órgãos, que é condição necessária para que um dado estímulo produza um determinado comportamento. Por exemplo, um certo nível de fome (o impulso) deve estar presente antes que o alimento (o estímulo) produza o comportamento de comer (a resposta). 3. Um ato realizado com urgência, sem reflexão, direção voluntária ou controle diferencial por um estímulo. Embora o ato seja desencadeado pelo estímulo, o fator determinante é o estado da pessoa. (Ver: PULSÃO)

IMPULSO, APRESENTAÇÃO DO — Definida por Freud como o processo consciente que representa a atividade fisiológica ou estado de impulso.

INADEQUADA, PERSONALIDADE — Expressão da Psiquiatria para definir uma pessoa que, sem perturbação ou deficiência mental manifesta, fracassa em todas as atividades, por falta de iniciativa, discernimento e ambição.

INANIÇÃO — Esgotamento pela fome.

INARTICULADA, PERSONALIDADE — Incapaz de exprimir-se verbalmente, lutando com dificuldades para dar expressão clara aos pensamentos e atitudes, preferindo manter-se silenciosa.

INCENTIVO — Objeto externo que a pessoa percebe como algo capaz de satisfazer um motivo nela suscitado e de a levar à ação para alcançar ou obter esse objeto. A maioria dos incentivos, entretanto, também é capaz de despertar motivos latentes. Se um pessoa tem fome (motivo latente), a vista de comida (incentivo) não gera um motivo, mas apenas desperta o motivo adormecido, que *esperava* a apresentação do incentivo para passar à ação.

INCESTO — Intercurso sexual de pessoas tão intimamente ligadas pelo sangue (por exemplo, mãe e filho, pai e filha) que o casamento entre elas seria moral e socialmente ilegítimo. De um famoso caso de incesto na antiguidade grega, eternizado através dos trágicos atenienses, o de Édipo e Jocasta, extraiu Freud o nome para um dos componentes básicos da sua teoria da sexualidade infantil: o Complexo de Édipo.

INCESTO, BARREIRA DO — Expressão psicanalítica para designar o conjunto de restrições e convenções, de ordem moral e social (tabus) levantadas contra a afluência da libido nas relações entre o filho adolescente e a mãe (ou a filha adolescente e o pai), suscetível de dissolver os vínculos da família.

INCESTO, TABU CONTRA O — Proibição do intercurso sexual entre pais e filhos, entre irmãos e irmãs, estabelecida por lei e cuja transgressão acarreta graves penas. A Psicanálise sugere que o tabu é uma reminiscência coletiva e inconsciente dos conflitos sexuais na horda primordial.

INCOERÊNCIA — Distúrbio da expressão verbal, caracterizado por descontinuidade e ininteligibilidade das frases, falta de coesão lógica no discurso.

INCOMPATIBILIDADE — Característica de reações ou respostas que não podem ocorrer ao mesmo tempo, embora ambas possam ser provocadas pela mesma situação de estímulo. Duas pessoas que não podem associar-se sem conflito ou descontentamento.

INCOMPETÊNCIA — Falta de capacidades necessárias para o desempenho cabal e adequado de determinada tarefa. Em acepção mais restrita, é a incapacidade legal da pessoa insana ou mentalmente deficiente para responsabilizar-se por seus atos e decisões, acarretando-lhe a interdição por decisão judicial preventiva.

INCONSCIENTE — Qualquer processo mental cujo funcionamento pode ser deduzido do comportamento de uma pessoa, mas ao qual essa pessoa continua estranha, sendo incapaz de o examinar e relatar. Para Sigmund Freud, "o inconsciente é a verdadeira realidade psíquica, em sua natureza mais íntima, é tão desconhecido de nós quanto a realidade do mundo externo e é tão incompletamente apresentado pelos dados da consciência quanto o mundo externo pelas comunicações de nossos órgãos sensoriais" (ver ID). C. G. Jung também aceitou a exclusividade psicológica do conceito de inconsciente (*Über die Psychologie des Unbewusstes*, 1948), mas, além de seu conteúdo puramente pessoal, isto é, circunscrito a todas as aquisições da existência pessoal que foram reprimidas e esquecidas para além da consciência, depois de pensadas ou sentidas, na mais pura acepção freudiana, Jung propôs ainda a existência de conteúdos coletivamente inconscientes (ver: COLETIVO INCONSCIENTE): "Além desses conteúdos pessoais inconscientes existem outros que representam a possibilidade herdada do funcionamento psíquico, ou seja, da estrutura cerebral herdada. São os motivos e imagens primordiais, as conexões mitológicas que a todo momento podem reaparecer, sem tradição histórica nem migração prévia." Assim, ao inconsciente pessoal freudiano, Jung acrescentaria, sem desdizer e, antes, completando o conceito de Freud, o inconsciente coletivo. E convém salientar que, embora sem afirmar definitivamente sua convicção nesse ponto, Freud utilizou em parte a contribuição de Jung: a teoria de evolução da sociedade, a partir da "horda primordial" (cf. *Totem e Tabu*), recorre a um conceito semelhante ao proposto por Jung. Admite-se, por exemplo, que o tabu contra o incesto é o resultado de uma memória racial das experiências primordiais (cf. Clara Thompson, *Evolução da Psicanálise*).

INCONSCIENTE COLETIVO — Ver COLETIVO, INCONSCIENTE.

INCONTINÊNCIA — Incapacidade para manter, dentro de limites normais, a evacuação natural de um órgão.

INCORPORAÇÃO — Literalmente, o ato de introduzir algo no corpo. Em Psicanálise, é a ação de um mecanismo psíquico por meio do qual um indivíduo *internaliza* a imagem de outra pessoa a que está emocionalmente vinculado. Os mais primitivos exemplos de incorporação (de acordo com Freud, Melanie Klein, Paula Heimann *et al*.) ocorrem durante o estágio oral do desenvolvimento infantil, quando o comer (a amamentação) não se distingue da incorporação sexual da mãe (o seio materno) e dos impulsos canibalísticos estudados por Abraham. Posteriormente, a incorporação manifesta-se em certos casos patológicos de regressão, como a esquizofrenia.

INCUBAÇÃO — Período de aparente acalmia numa função complexa, durante o qual ocorre um desenvolvimento inobservável, pelo que, no final do período, se descobre uma acentuada transformação nessa função. O processo é usualmente inconsciente.

ÍNCUBO — Sinônimo de pesadelo.

INDETERMINISMO — Doutrina de que um evento poderá não ser sempre determinado, de maneira completa, pelos seus antecedentes. A doutrina do livre-arbítrio é uma das principais formas de indeterminismo. (Ver: VOLUNTARISMO)

ÍNDICE — Tabela, indicador. Em termos matemáticos, a razão entre duas dimensões (ex.: índice cefálico); um expoente que assinala a raiz ou potência de uma quantidade. Em termos estatísticos, é um número de uma série que expressa as diversas grandezas de uma variável complexa (ex.: índice de desenvolvimento mental).

INDISSOCIAÇÃO — Termo empregado por J. Piaget (*Psicologia da Inteligência*) para designar o estágio primitivo do desenvolvimento infantil, quando os fenômenos percebidos não se distinguem ainda uns dos outros ou do eu.

INDIVIDUAÇÃO — Processo pelo qual uma parte do todo se torna progressivamente distinta e independente; a *diferenciação* de um todo em partes cada vez mais independentes. A *lei da individuação* enuncia que as partes de todos só são reconhecidas como tal desde que emerjam dos todos; o todo é temporalmente anterior às suas partes. Num grupo social, individuação refere-se ao processo pelo qual uma pessoa se destaca como unidade distinta no grupo, uma pessoa com um papel ou *status* específico e talvez único. Trata-se de um complexo processo social que envolve mudanças na própria pessoa (*individualização*) e na forma como ela é percebida pelos outros. Para *Jung*, o conceito de individuação ocupa um lugar proeminente na concepção naturalista de consciência. No Capítulo XI de *Tipos Psicológicos*, Jung propôs a seguinte definição: "Individuação é o processo de constituição e particularização da essência individual, especialmente o desenvolvimento do indivíduo como essência diferenciada do todo, da psicologia coletiva. Portanto, é um *processo de diferenciação* cujo objetivo é o desenvolvimento da personalidade individual. A necessidade de individuação é natural, enquanto que o impedimento da individuação por uma normalização exclusiva ou preponderante, de acordo com os padrões coletivos, será prejudicial à atividade vital do indivíduo, à sua vivência pessoal. Ora, a individualidade é uma característica física e fisiologicamente dada, que terá de expressar-se também, naturalmente, de um modo psicológico. Um impedimento essencial da individuação acarreta, portanto, uma atrofia artificial. Assim, é evidente que um grupo social formado de indivíduos atrofiados não pode ser uma instituição saudável nem apta para a vida, pois só as sociedades capazes de manterem sua coesão íntima e seus valores coletivos, dando simultaneamente ao indivíduo a máxima liberdade possível, podem ter probabilidade de existência duradoura. Como o indivíduo não é apenas um ser singular, pressupondo-se também relações coletivas em sua existência, o processo de individuação não leva ao isolamento mas a uma consciência coletiva mais intensa. (...) A individuação coincide com o desenvolvimento da consciência, desde o seu estado de identidade original. Por individuação entende-se, pois, uma ampliação da esfera da consciência e da vida psicológica consciente." Esta definição junguiana teve repercussões importantes em toda a psicologia humanista subseqüente. A *psicologia organísmica* de Kurt Goldstein e a *Psicologia do Ser* de Abraham Maslow mergulharam suas raízes no conceito junguiano de individuação. Para Goldstein, consiste nos "processos de desenvolvimento das capacidades e talentos do indivíduo; de compreensão e aceitação do próprio eu; de harmonização ou integração dos motivos individuais". E Maslow considera a individuação a base de uma psicologia da saúde e do crescimento, na medida em que sublinha "a humanidade plena do indivíduo, o desenvolvimento da natureza humana biologicamente alicerçada". Finalmente, Rogers considera a individuação sinônimo de *saúde psicológica adulta*: é "um objetivo ou meta ou tendência do desenvolvimento humano a ser alcançado, considerando que todos os fenômenos imaturos do crescimento são apenas passos ao longo do caminho da individuação". Temos, assim, que a individuação é: (1) a aceitação e expressão de um núcleo interno chamado *eu*, isto é, a realização das capacidades latentes, potencialidades, "pleno funcionamento", acessibilidade da essência humana e pessoal (o conceito de *eupsiquismo* de Maslow); (2) uma presença mínima de má saúde, neurose, psicose, de perda ou diminuição das capacidades humanas e pessoais básicas. Foram considerados sinônimos "aceitáveis" de individuação: *auto-realização* (*self-actualization*), *autodesenvolvimento* (*self-development*), *produtividade* (*productiveness*) e *autonomia* (*autonomy*) (cf. *Introdução à Psicologia do Ser*, de A. Maslow).

INDIVIDUAL, RESPOSTA — Em resposta a um item do teste de associação, o sujeito emprega uma palavra incomum. Quando é usado o teste de Kent-Rosanoff uma resposta individual é uma palavra que não figura na tabela de freqüências da associação vocabular.

INDIVIDUALIDADE — O que diferencia um organismo de todos os outros. É freqüente o emprego indistinto de individualidade e personalidade como sinônimos. Será preferível, contudo, reservar individualidade para o conjunto de características que distinguem o indivíduo como espécie biológica e, dentro desta, os traços peculiares que o identificam externamente como membro de uma categoria ou classe diferenciada de seres (um homem, um macaco e uma cobaia são três indivíduos, cada um de sua respectiva classe). Personalidade é um atributo peculiar da pessoa, a soma total de suas qualidades e atributos biológicos e psicológicos, refletindo-se num padrão de comportamento único entre todas as espécies (o macaco e a cobaia são indivíduos, mas não são pessoas). (Ver: PERSONALIDADE)

INDUÇÃO — Segundo a definição de J. Stuart Mill, é "o processo pelo qual concluímos que o que é verdade sobre certos indivíduos é verdadeiro sobre uma classe, o que é verdade sobre a parte é verdadeiro sobre o todo, o que é verdade em certos momentos será verdadeiro em circunstâncias semelhantes o tempo todo". Em Fisiologia e na percepção sensorial, chama-se indução à provocação de atividades em determinada área, não por estimulação direta, mas por propagação da excitação proveniente de áreas circunvizinhas.

INÉPCIA PSÍQUICA — Em Psicanálise, designa o sentimento de incapacidade de corresponder de modo satisfatório aos estímulos sexuais. Uma das bases prováveis da ansiedade neurótica.

INÉPCIA, SENTIMENTO DE — Sintoma característico dos estados depressivos, em que a pessoa não se sente com capacidade ou competência para realizar qualquer coisa que exija esforço e habilidade.

INERVAÇÃO — Suprimento de nervos a qualquer órgão ou tecido. Excitação de uma glândula ou músculo por um nervo.

INFÂNCIA — Período durante o qual um ser humano ou qualquer outro mamífero se encontra quase inteiramente na dependência dos cuidados parentais. (Ver: INFANTIL, DESENVOLVIMENTO)

INFANTIL, CLÍNICA DE ORIENTAÇÃO — Uma organização dotada de pessoal qualificado (psicólogos, psicoterapeutas, conselheiros vocacionais, assistentes sociais, etc.) para tratar dos problemas de ajustamento em crianças.

INFANTIL, DESENVOLVIMENTO — Objeto de estudo interdisciplinar das transformações que ocorrem numa criança desde o nascimento até a maturidade ou, mais correntemente, desde o primeiro ano de idade até o início da adolescência (12-13 anos). O estudo da criança, desde o ponto de vista do desenvolvimento, confere maior ênfase ao *crescimento físico*, ao *regime de transformações*, aos *dados sociológicos* e *disposições sociais* que influem de diferentes maneiras na criança, em diversas idades (por exemplo, interação na família, entre os pares, com professores, etc.). Em vez da *Psicologia Infantil*, que se interessa pelo estudo dos processos mentais e comportamentais do indivíduo desde o nascimento à maturidade, os psicólogos do desenvolvimento infantil (Baldwin, Goodenough, Tyler, Mussen e outros) conferem maior ênfase às transformações temporais e menor aos processos de aprendizagem e ajustamento que provocaram essas transformações. Por isso, os adeptos desta corrente preferem designá-la como *Psicologia do Desenvolvimento* (em contraste com a Psicologia Infantil), definindo-a nestes termos: "Como disciplina de estudo, o desenvolvimento da criança prende-se à descrição e explicação — *os comos* e *porquês* — do crescimento e transformação humanos. Seus dados e teorias derivam de muitas disciplinas e para elas contribuem também, citemos entre elas, a psicologia (sobretudo na área da percepção, aprendizagem, conduta social e personalidade), a fisiologia, a sociologia, a antropologia e a pediatria... O método geral deve ser baseado em observações, ser experimental e comparativo, e as técnicas específicas podem derivar de investigações realizadas no domínio da Percepção, da Psicologia Fisiológica e da Psicologia da Personalidade" (cf. P. H. Mussen, *O Desenvolvimento Psicológico da Criança*, 1966).

INFANTIL, TESTE DE APERCEPÇÃO — Conjunto de quadros para serem descritos por uma criança. As descrições são analisadas como no TAT. (Ver: APERCEPÇÃO TEMÁTICA, TESTE DE).

INFANTILISMO — Condição física ou mental, em criança mais velha ou em adulto, que se caracteriza por distúrbio no desenvolvimento ou por uma regressão a condições infantis muito mais primitivas e se reflete em comportamento impróprio da idade real.

INFANTILISMO PSICOSSEXUAL — Manifestação da atividade psicossexual que emana dos estágios infantis do desenvolvimento sexual. A expressão é usada por Stekel em associação com a *parafilia*.

INFERÊNCIA — Em termos psicológicos, designa um processo mental por meio do qual, baseando-se num ou mais juízos previamente fixados, a pessoa atinge outro juízo implicitamente validado pelos primeiros. Isto não significa que o juízo inferido seja correto, visto que sua validação é função dos anteriores, que podem ser corretos ou não.

INFERIORIDADE, COMPLEXO DE — Expressão criada por Alfred Adler (*Prática e Teoria da Psicologia Individual*), que assim o descreve: "(...) a posse de órgãos — de um sistema orgânico e de glândulas de secreção interna — inferiores por herança, gera na criança, no início de seu desenvolvimento, uma posição em que o sentimento — por outra parte normal — de dependência e de debilidade se intensifica enormemente e se transforma num complexo profundamente experimentado de inferioridade. Do desenvolvimento defeituoso e lento resultam, com efeito, desde o princípio, debilidade, saúde precária, torpor mental, acompanhados de grande número de defeitos infantis, fala balbuciante, defeitos de pronúncia, vômitos, enurese, anomalias de evacuação, pelos quais a criança sofre graves humilhações, sendo vítima de troça e de castigos, e imerecedora de apresentar-se em sociedade. O quadro clínico dessas crianças apresenta amiúde notáveis intensificações de sintomas, que de outro modo seriam normais: falta de independência, necessidade de apoio e ternura, que degeneram em propensão para o temor, medo de ficar só, timidez, desconfiança de pessoas estranhas, supersensibilidade à dor..." A repressão do complexo de inferioridade, assim descrito, realiza-se através de mecanismos compensatórios, de natureza psiconeurótica: "... nessas crianças não tarda em reconhecer-se como característica de primeiro plano o sentimento de humilhação. Em conexão com esse sentimento, observa-se uma hipersensibilidade que altera continuamente o equilíbrio normal da psique. Tais crianças querem tudo, sentir tudo, ver tudo, saber tudo. Querem superar os demais e fazer tudo sozinhas. Sua fantasia joga com as fantasias megalômanas mais disparatadas: salvam outros, são heróis, príncipes, perseguidos, oprimidos. Assim se cria a base do orgulho insaciável, avareza e inveja crescem de forma desmedida, em virtude de sua incapacidade em atender à satisfação de seus desejos (...) e toda a passividade própria da criança depressa encontra reforço nos sintomas neuróticos de obstinação e rebeldia, por sua vez reveladores de um ressentimento oculto" (*op. cit.*). Para Adler, portanto, "toda a neurose deve ser entendida como uma tentativa culturalmente equivocada de libertação de um complexo de inferioridade e de busca de um sentimento de superioridade", que subtraia o indivíduo a toda a compulsão social mediante uma compulsão contrária, isto é, de rebelião contra a sociedade, contra o sentimento de comunidade. Todas as aspirações autênticas do neurótico ficam subordinadas à sua política de prestígio e de poder isolado da convivência humana, ditador no seu limitado círculo familiar. Na Psicanálise Freudiana, o complexo de inferioridade é descrito como o desfecho neurótico da incapacidade que a criança sente para enfrentar com êxito a situação de Édipo, o que a leva a adotar um comportamento desajustado à realidade (cf. Freud, *Minhas Opiniões sobre o Papel Desempenhado pela Sexualidade na Etiologia da Neurose*, Obras Completas, Volume I). (Ver: PSICOLOGIA INDIVIDUAL)

INFERIORIDADE FUNCIONAL — Definida por A. Adler como a incapacidade para realizar um trabalho qualitativa e quantitativamente adequado.

INFERIORIDADE, SENTIMENTO DE — Tendência para o julgamento desfavorável de si mesmo, quer se justifique ou não pelos fatos, e para uma atitude deprimida e envergonhada, resultante dessa má opinião. Não se confunda com o complexo de inferioridade (ver).

INFLUÊNCIA — Causa parcial de um evento ou estado. Fator que provoca determinado efeito sobre um acontecimento. Condição prévia que desempenha papel maior ou menor na determinação de um comportamento.

INFORMAÇÃO — Termo que abrange todos os tipos de mensagem (de signo, de conteúdo ou afetiva) transmissível de emissor a receptor. Na teoria behaviorista, constitui aquele aspecto da situação de estímulo que fornece uma pista ao comportamento de resposta mas sem o caráter intensivo do próprio estímulo. Na psicologia da comunicação humana, dá-se o nome de *informação de conteúdo* à informação que conota e, ao mesmo tempo, denota, e que, na linguagem cotidiana, transmite significado. Porque a conotação de uma palavra possibilita a seletividade (a palavra pode transmitir apenas um ou dois dentre vários atributos), não há garantia de que o emprego correto das palavras assegure a compreensão. Para que esta fosse assegurada, seria mister que o locutor conhecesse o estado de informação do receptor, assim como toda a série de significados da palavra, condições estas que raro se encontram (cf. *Psicologia da Comunicação Humana*, de John Parry, 1972).

INFORMAÇÃO, TEORIA DA — Teoria matemática, desenvolvida sobretudo por D. Gabor, E. C. Shannon e N. Wiener, e que serviria de base para a Cibernética. Ocupa-se da transmissão de mensagens ou sinais, ou comunicação de informações, sendo estas consideradas propriedade puramente quantitativa de um *conjunto* de elementos que habilita a categorização ou classificação de alguns ou todos eles. O montante de informação de um conjunto (simbolizado por H) é medido pelo número médio de operações (declarações, decisões, testes, etc.) necessárias à categorização dos elementos (itens). Quanto maior for o número de operações precisas, menos informações estarão contidas no conjunto. A informação é o oposto de *incerteza*. A teoria em si apóia-se em ampla base interdisciplinar: teoria das comunicações (desde a Física até a Engenharia), Lingüística, Psicologia e Sociologia. Aborda três diferentes aspectos a saber: (1) *Informação seletiva*: a função dos *sinais* na redução da incerteza ou inesperabilidade dos acontecimentos, assim como a seleção de informação para essa função. A unidade de seleção é o *bit* (abreviatura de *biunitary digit*)=$\log_2 k$, sendo k o número de alternativas; (2) *Informação estrutural*: ocupa-se da influência da complexibilidade da forma. A unidade de informação estrutural é o *logon;* (3) *Informação métrica*: ocupa-se da idoneidade da informação e tem por unidade o *metron* (cf. C. E. Shannon e W. Weaver, *The Mathematical Theory of Communication*, 1949; W. R. Garner, *Uncertainty and Structure as Psychological Concepts*, 1962).

INFORMAÇÃO, TESTE DE — Categoria de testes que avalia os conhecimentos gerais e relativamente superficiais do gênero dos que se aprendem de modo mais ou menos incidental, em vez dos conhecimentos que se obtêm pelo estudo e instrução, para os quais são adequados os testes de realização. Um teste de informação pode limitar-se a um setor determinado (política, música, esportes) ou variar muito de âmbito. Faz parte de quase todas as baterias de testes de inteligência.

INIBIÇÃO — Em Fisiologia e na Psicologia Geral, é termo amplamente usado para assinalar qualquer ação conjunta de dois ou mais processos a fim de impedir a atividade resultante de um estímulo ou, se ela já começou, restringi-la e dificultar-lhe o progresso. Em Psicanálise, designa o modo pelo qual um processo *instintivo* é impedido de alcançar a consciência, em virtude da atividade vigilante do superego. Não se trata de um processo de supressão nem de repressão, mas apenas de *prevenção*. Sustenta-se que, se não fosse inibido, o processo instintivo teria de ser então reprimido pelo ego, dando origem a sintomas de frustração e ansiedade. Assim, a inibição não causa quaisquer sintomas e só se lhe conhece a existência por meio de inferência.

INIBIÇÃO INTERNA — Hipótese, apresentada por I. P. Pavlov, de que um processo inibitório, proveniente do corpo, se opõe ao processo de excitação que é estabelecido pelo condicionamento. A resultante dos dois processos, em qualquer momento dado, determina a força da tendência para reagir. Se o processo excitatório não for reforçado, declina, e o processo inibitório ganha força relativa. Entre os efeitos da inibição interna contam-se a extinção, a inibição condicionada e a inibição diferencial.

INIBIÇÃO REATIVA — Tendência hipotética para reação atenuada que é conseqüência de uma atividade extremamente esforçada. O processo foi descrito por Clark L. Hull (*Mathema-

ticodeductive Theory of Rote Learning, 1940): "A inibição reativa é independente do efeito de recompensa ou reforço, pois se trata de uma função direta do intervalo desde a última reação e do número de reações anteriores."

INIBIÇÃO RECÍPROCA — Uma técnica para redução da ansiedade mediante a associação do estímulo que a causa com uma outra resposta mais benigna; é uma das técnicas usadas na terapia behaviorista.

INIBIÇÃO SOCIAL — Restrição imposta ao comportamento pessoal pelos padrões do grupo ou por ação ostensiva do grupo.

INQUÉRITO — Busca da verdade ou conhecimentos em qualquer domínio da atividade humana. Investigação, pesquisa, interrogatório. Indagação que procura descobrir mais um fato subjetivo do que um objetivo — uma opinião ou atitude, um propósito ou valor, um sintoma ou uma perturbação.

INSANIDADE — Termo usado, por vezes de modo bastante lato, na acepção de psicose ou qualquer doença mental de graves características refletidas no comportamento anormal. Mas emprega-se, principalmente, como termo legal para definir a irresponsabilidade mental e, portanto, jurídica de um indivíduo.

INSENSÍVEL — Qualquer estímulo ou objeto que não possa ser sentido, quer por encontrar-se abaixo do limiar sensorial, quer por inadequação do estímulo. Pessoa incapaz de sentir determinada classe de informações sensoriais ou as sensações oriundas de uma dada localização. Ausência total de reação a qualquer estímulo sensorial é característica do indivíduo em estado de inconsciência — em coma, por exemplo.

INSIGHT (ingl.) — Compreensão e avaliação racional por uma pessoa dos seus próprios processos, reações e capacidades mentais. Discernimento mais ou menos profundo e imediato que uma pessoa tem do seu próprio estado, quando mentalmente perturbada. Processo pelo qual o significado de um objeto ou situação se torna claro para a pessoa que observa esse objeto ou situação.

Na *teoria gestaltista*, o *insight* foi descrito como a súbita ocorrência ou repentino vislumbre (*Ansicht* em alemão) que leva a uma resposta original, isto é, sem base em nenhuma experiência anterior. K. Bühler define o claro aparecimento de uma significação que se justifica por uma evidência irresistível como a "experiência do Ah!". O termo ainda implica, sem dúvida, uma reação total (a pessoa entende ou não entende), embora o *insight* possa ocorrer gradualmente.

Na *psicoterapia*, o *insight* significa a conscientização de motivos, relações, sentimentos e impulsos que antes eram totalmente inconscientes para o paciente. Quando um paciente que receia multidões, ou espaços abertos, ou o confinamento, apercebe-se de que o seu medo é um sintoma de anormalidades ou de fenômenos mórbidos em sua própria mente, sem qualquer base na realidade, diz-se que ele tem um *insight*. Quando um paciente afirma que entendeu a explicação sobre a origem e o desenvolvimento dos fatores que operam na produção de seus sintomas, ele adquiriu *insight*.

[Nota: Nas edições anteriores deste dicionário, o presente verbete foi apresentado sob o título de INTROVISÃO. Embora etimologicamente correto (*an+sicht→in+sight→*intro+visão), o vocábulo não mereceu até hoje guarida entre os adeptos e usuários do termo inglês. Assim, acatamos a sugestão dos leitores que nos aconselharam a, numa nova edição, dar ao verbete o título mais comum nas diversas áreas psicológicas em que é estudado e usado.]

INSPIRAÇÃO — Introdução de ar nos pulmões. Súbita apreensão dos dados essenciais de um problema, sem que tal resulte de raciocínio imediatamente anterior ou de uma seqüência de tentativas.

INSTABILIDADE — Tendência para a rápida mutação emotiva. Insegurança das reações emocionais. Falta de autodomínio.

INSTINTIVOS, COMPONENTES — Expressão psicanalítica para designar impulsos parciais, ainda que mutuamente divergentes, que se conjugam para formar uma tendência instintiva.

INSTINTO — Tendência ou disposição permanente para atuar do modo biologicamente determinado e característico de uma espécie. O ato instintivo é o produto, no comportamento animal, das condições específicas resultantes da hereditariedade, do meio ambiente e do impulso (adaptação, frustração, conflito, fuga). (Ver: PULSÃO)

INSTINTO, OBJETO DE — Pessoa, objeto ou estado de coisas que provoca a ação instintiva.

INSTINTO PARCIAL — Tendência libidinal associada a determinada zona erógena (por exemplo, o instinto parcial oral), considerado componente instintivo do sistema sexual.

INSTINTO PASSIVO — Instinto com finalidades passivas. Por exemplo: o *masoquismo* é um instinto passivo, pois tem como finalidade não a de agredir mas a de *ser agredido*. Um instinto passivo não significa *inativo*, o que seria contraditório.

INSTINTO POSSESSIVO — Impulso inconsciente da criança para se apoderar e reter *em si* o objeto de amor. Manifesta-se ao mamar, engolir e reter as fezes, que a criança equaciona com a incorporação do objeto de amor (erotizado). Com a socialização do ego, o instinto possessivo adquire novas formas, de que o complexo de Édipo será a primeira manifestação dramática.

INSTINTO SOCIAL, TEORIA DO — Doutrina formulada pelo psicólogo social W. McDougall (*Introduction to Social Psychology*, 1908; *The Group Mind*, 1920), segundo a qual o instinto é a base de toda a atividade humana e as operações mentais são apenas instrumentos para a execução dos impulsos criados pelo instinto. Os aspectos volitivos e cognitivos da natureza humana são suscetíveis de grandes modificações, ao passo que o aspecto emocional é permanente e hereditário, persistindo inalterado e comum a todos os indivíduos em situações idênticas. McDougall enumera os instintos que considera *sociais*: instinto de fuga e sensação de medo; instinto de repulsa e sensação de repulsa; instinto de curiosidade e sensação de espanto, instinto de luta e sensação de ira, instinto de autodegradação e sensação de sujeição (auto-sentimento negativo); instinto de auto-afirmação (auto-revelação) e sensação de orgulho (auto-sentimento positivo); instinto paterno e sensação de ternura. São estes os instintos primários e respectivas emoções "que desempenham função de grande importância para a vida social" (ver: *Psicologia da Sociedade*, de Morris Ginsberg, 1966).

INSTRUMENTALISMO — Uma das escolas filosóficas de origem pragmática, associada ao nome do pensador e educador norte-americano John Dewey, que sustenta, essencialmente, serem as idéias *instrumentos* de ação cuja utilidade determina a sua verdade. No campo da Psicologia as idéias instrumentalistas e utilitaristas deram origem ao FUNCIONALISMO (ver).

INSTRUMENTO — Recurso ou dispositivo empregado pela Psicologia Experimental para medir ou controlar os estímulos e respostas. O termo abrange tanto os aparelhos e demais objetos laboratoriais como os formulários de testes, tabelas, etc.

INTEGRAÇÃO — Processo (ou resultado) de reunir e conjugar as partes num todo unificado. É a produção de unidades de ordem superior à associação e à coordenação, visto que, na integração, se bem que as partes possam distinguir-se, elas perdem sua identidade separada. Considera-se um grupo *integrado*, por exemplo, aquele em que se obteve um *consenso* a partir das diferentes contribuições de seus membros, os quais se fundiram numa unidade intelectual e emocional. Este tipo de integração implica, evidentemente, um esforço de ajustamento ou acomodação.

INTEGRAÇÃO PSÍQUICA — A Psicanálise distingue dois tipos de integração: (1) *Primária*, o reconhecimento consciente, por parte da criança, de que seu corpo e seus membros se distinguem do meio circundante, constituindo uma unidade somática que também possui qualidades psíquicas; (2) *Secundária*, a unificação e acomodação graduais dos componentes psíquicos, que se inicia a partir dos 5 a 6 anos de idade; especialmente a combinação ordenada dos componentes pré-genitais do instinto sexual na unidade psicossexual, que é a personalidade madura, ou adulta.

INTEGRAÇÃO SOCIAL — Processo de unificação dos diversos elementos que compõem uma sociedade ou grupo, assim como o processo pelo qual o indivíduo se adapta harmoniosamente aos padrões do grupo.

INTELECTO — Faculdade mental humana em termos de *cognição* (relacionar, julgar, avaliar, conceber, pela aplicação do pensamento).

INTELECTUAL — Que diz respeito ao intelecto. Pertinente às idéias e "às coisas da mente", ao raciocínio e ao pensamento de alta qualidade. Característica de uma pessoa de elevada capacidade intelectual ou que contribui valiosamente com os frutos do seu intelecto para o enriquecimento cultural da comunidade humana.

INTELECTUALISMO — No domínio psicológico, é a doutrina que reduz todos os processos mentais à *cognição*. No domínio metafísico é sinônimo de idealismo e, no epistemológico, de racionalismo.

INTELECTUALIZAÇÃO — Análise de um problema em termos puramente intelectuais, com exclusão de toda e qualquer consideração de ordem prática ou afetiva. Constitui, por vezes, um mecanismo de defesa para evitar um afeto. Exemplo: "Sofro um complexo de Édipo", em vez de "Detesto o meu pai". Anna Freud (cf. *O Ego e os Mecanismos de Defesa*) não considera a intelectualização "uma atividade do ego mas um de seus componentes indispensáveis ... uma das mais antigas e necessárias aquisições do ego humano, em sua fase de formação".

INTELIGÊNCIA — Segundo o ponto de vista básico adotado pelos vários autores, que o definiram em termos psicológicos, o conceito de inteligência pode abranger diferentes significados. (1) *Binet*: "Tendência para adotar e manter uma direção definida; capacidade de fazer adaptações com o intuito de alcançar uma determinada meta; poder de autocrítica." (2) *Claparède*: "Nível mental, considerado globalmente." (3) *Burt*: "Fator inato das atividades cognitivas." (4) *J. Chaplin*: "Capacidade de resolver problemas frente a novas situações. Capacidade de utilizar efetivamente conceitos abstratos." Estas definições não devem ser consideradas independentes umas das outras; elas apenas enfatizam diferentes aspectos do processo.

INTELIGÊNCIA ADULTA, ESCALA DE — Ver: WAIS (WECHSLER ADULT INTELLIGENCE SCALE).

INTELIGÊNCIA, ALTITUDE DE — Dimensão da inteligência determinada por um quociente intelectual resultante de um conjunto de provas, levando-se em conta somente os resultados das três provas em que o indivíduo obteve mais êxito (J. Jastak, 1952).

INTELIGÊNCIA NÃO-VERBAL, TESTE DE — Teste de inteligência cujos itens são apresentados em forma de desenho, ou seja: tanto o estímulo como a resposta exigida pelo teste não se utilizam de recursos verbais, pretendendo assim minimizar os efeitos da escolaridade.

INTELIGÊNCIA, NÍVEL DE — Grau em que uma pessoa está apta a desempenhar as tarefas a que se dá coletivamente o nome de inteligência. Em geral, o nível de inteligência é representado pela pontuação resultante de um teste, mas também pode ser avaliado informalmente. É um erro supor que o nível de inteligência se expressa como QI. Nas escalas de avaliação de crescimento mental, o nível de inteligência é dado pela idade mental (IM) e não pelo QI.

INTELIGÊNCIA, QUOCIENTE DE (QI) — Índice destinado a avaliar o grau de inteligência do indivíduo; é obtido pela divisão da sua idade mental pela idade cronológica. De um modo geral, multiplica-se o resultado por 100 para evitar frações. Só é empregado até as proximidades dos 15 anos, quando a idade mental começa a crescer lentamente. Alguns psicólogos utilizam-no para pessoas adultas, tomando sempre 15 anos para idade cronológica. O Quociente Intelectual (QI) representa a posição relativa do indivíduo, comparada com as pessoas de sua idade tendo-se em vista o desenvolvimento intelectual.

INTELIGÊNCIA, TESTE DE — Teste destinado a avaliar a inteligência geral ou nível mental do indivíduo; pode, inclusive, avaliar certos aspectos da inteligência condensados num só resultado, procurando-se, tanto quanto possível, obter uma avaliação independente dos antecedentes culturais.

INTELIGÊNCIA, TESTES GRUPAIS DE — Testes de inteligência aplicados a um grupo de indivíduos, podendo ser administrados com economia de tempo e material. Em relação aos testes individuais, apresentam certas limitações, dado que não possibilitam a extração de conclusões qualitativas das medições quantitativas.

INTELIGIBILIDADE — Teor de compreensibilidade. Característica das comunicações, mensagens ou teorias que podem ser fácil e prontamente compreendidas. A completa inteligibilidade depende não só da forma e conteúdo da comunicação mas também da pessoa que a recebe.

INTENÇÃO — Teor de consciência com que uma pessoa quer atingir uma finalidade ou meta. Motivação consciente de um ato. Dá-se o nome de aprendizagem intencional àquela em que existe o propósito cônscio de aprender uma matéria específica.

INTENCIONALIDADE — Ver: PSICOLOGIA INTENCIONAL.

INTENCIONALISMO — Qualquer ponto de vista psicológico que sustente serem as *intenções* ou *propósitos* os fatores determinantes do comportamento.

INTENSIDADE — Medida de quantidade de energia. Atributo quantitativo e não analisável dos dados sensoriais, correlacionado de algum modo com a medida de energia física de um estímulo: brilho das cores, grau sonoro, etc. No domínio da Psicologia das Emoções e Motivações, considera-se intensidade a *força* com que uma emoção ou motivo se exprimem.

INTERAÇÃO — Influência mútua ou recíproca entre dois ou mais sistemas. Na Psicologia Social, é a relação entre indivíduos em que o comportamento de um deles é um estímulo para o comportamento de outros. O termo *interação* participa de numerosos conceitos psicossociais: (1) *Análise do Processo de Interação*: método de estudo de grupos sociais pelo qual todas as reações explícitas, pessoa a pessoa, em pequenos grupos, se registram cuidadosamente, a fim de serem sistematicamente classificadas e analisadas; (2) *Medição Interativa*: processo formulado por Raymond B. Cattell (*Personality and Motivation Structure and Measurement*, 1957) para medir as trocas de energia entre uma pessoa e o seu meio; (3) *Campo Interativo*: postulado de J. R. Kantor (*Interbehavior Psychology*, 1959) segundo o qual um evento psicológico implica uma interação do organismo e dos objetos-estímulos, possuindo tanto o organismo como o estímulo propriedades formadas em resultado de interações prévias. O campo intercomportamental é constituído pela interação.

INTERAÇÃO, LEIS DE — Ver: COMPORTAMENTO, LEIS DO.

INTERAÇÃO SENSORIAL — Conjunto de processos psicofísicos resultante da percepção de um estímulo físico, atividade dos mecanismos intermediários (órgãos sensoriais) e comportamento psíquico resultante da absorção, transmissão e projeção desse estímulo nos centros neurocerebrais.

INTERESSE, DOUTRINA DO — Ponto de vista segundo o qual a aprendizagem não pode ocorrer sem um sentimento de *interesse* — que é a tendência para selecionar a atenção, dedicando-a apenas a determinadas coisas ou aspectos de uma coisa. Essa atenção tem de ser apropriadamente motivada.

INTERESSES, INVENTÁRIO DE — Instrumento de medida, apresentado sob a forma de questionários ou de figuras de profissionais em atividade, cuja finalidade é avaliar o interesse do examinando com relação a determinadas áreas vocacionais. Entre os mais conhecidos inventários de interesses podemos mencionar: (a) o *Registro de Preferências de Kuder (Kuder Preference Record)*, que especifica a posição relativa do indivíduo em 10 grandes áreas de interesse vocacional (ciências, humanidades, serviços sociais, etc.); (b) o *Inventário de Interesses de Strong (Strong Vocational Interest Blank)*, que abrange mais de 30 áreas de interesse e preferência, e cujos escores fornecem um índice do grau de interesse do indivíduo, por determinados campos de atividade, em comparação com o de indivíduos que obtiveram reconhecido êxito nesses campos.

Também são instrumentos de reconhecida utilidade o *Inventário de Interesses de Thurstone*, o *Inventário Vocacional de Angelini*, o *Estudo de Valores de Allport-Vernon* e o *Teste de Interesses de Geist*, os quais se baseiam em metodologias semelhantes às dos inventários acima descritos.

INTERIORIZAÇÃO — Ver: INTERNALIZAÇÃO.

INTERNALIZAÇÃO — Incorporar algo na mente e na personalidade. Adotar como próprias as idéias, normas ou valores de outra pessoa ou da sociedade, embora o processo de mentalização seja realizado inconscientemente, quer dizer, a pessoa que internaliza não pensa nem sabe que o faz. Em Psicanálise, o superego é o produto e representante da internalização das normas e padrões parentais.

INTERPESSOAL, TEORIA — Sistema conceptual segundo o qual o desenvolvimento da personalidade e os distúrbios mentais são determinados, primordialmente, pelo comportamento social e pelas relações psicológicas entre as pessoas, em função do *ambiente*, do *status* e do *papel (role)*, em vez dos fatores constitucionais e das experiências relativamente impessoais. A teoria interpessoal foi proposta, em mais desenvolvida forma, por Harry S. Sullivan (*Conceptions of Modern Psychiatry*), aceitando os princípios adlerianos e, de modo geral, todo o movimento neopsicanalítico da escola culturalista. (Ver: ANÁLISE CULTURALISTA)

INTERPRETAÇÃO — Descrição, formulação ou reformulação de alguma coisa em termos correntes e acessíveis à maioria. Explicação do significado de elementos ou dados descobertos em estado informe, situando-os num contexto ou num sistema teórico mais ou menos intricado. Por exemplo, quando certo comportamento é interpretado como manifestação do complexo de Édipo, o entendimento completo dessa interpretação exige o entendimento de toda a teoria freudiana. (Ver: INTERPRETAÇÃO PSICANALÍTICA)

INTERPRETAÇÃO PSICANALÍTICA — Método, utilizado na análise, de chamar a atenção do paciente para os sintomas de suas *resistências*, a fim de as enfraquecer, e de explicar o significado dos *símbolos* que surgem durante a sessão analítica. Este método, caracterizadamente freudiano, não se deve confundir com a explicação de experiências psíquicas praticadas na Psicologia Introspectiva. (Ver: PSICANÁLISE)

INTERPRETATIVA, HIPÓTESE — Definida por R. B. Cattell como um pressuposto quanto à natureza de uma dimensão da personalidade suscetível de produzir um padrão observado de variáveis, sistematicamente relacionadas com um determinado fator, nos estudos de análise fatorial da personalidade.

INTERPRETATIVA, TERAPIA — Forma de psicoterapia em que o terapeuta ajuda o paciente a explicar por palavras o seu conflito, a fim de que compreenda o seu significado simbólico e, por esse meio, aprenda a resolver pessoalmente seus problemas.

INTERVALO — Em psicologia física e sensorial, é o breve período de tempo que decorre entre um estímulo e uma resposta (*intervalo inicial*) ou entre a extinção de um estímulo e o instante em que ele deixa de ser efetivamente percebido (*intervalo terminal*). O fato de, na percepção visual, o intervalo terminal ser o mais extenso dos dois é que possibilita a cinematografia e fenômenos semelhantes.

Na teoria da aprendizagem por condicionamento, o intervalo (fixo ou variável) constitui uma das variedades do programa de reforço de um padrão de resposta. Ver: REFORÇO, PROGRAMA DE.

INTERVALO LÚCIDO — Intervalo entre duas crises de doença mental em que o psicótico tem suficiente conhecimento de seu meio real e é capaz de reagir a ele, comportando-se como pessoa normal.

INTERVALOS APARENTEMENTE IGUAIS, MÉTODO DOS — Método proposto por Thurstone para a avaliação de atitudes. De acordo com as avaliações prévias de vários juízes, são classificados determinados itens de uma escala que irão servir como ponto de referência, para a avaliação de indivíduos. O escore final relativo à atitude pesquisada será, para cada indivíduo, a média dos escores de todos os itens assinalados. Este método sofreu várias modificações, entre as quais a de Likert.

INTOXICAÇÃO — Estado devido a envenenamento (especialmente pelo álcool), que se manifesta com grande variedade de efeitos sobre o comportamento, indo desde a maior excitação (exultação) até a estupefação e o coma.

INTRACEPÇÃO — Termo proposto por Murray para designar a dominância de sentimento, fantasia, aspirações. Uma perspectiva humanista da existência. Em contrapartida, o caráter *extraceptivo* manifesta o predomínio das atitudes céticas, a disposição para limitar-se aos fatos.

INTRAPSÍQUICO — Tudo o que se origina ou ocorre no interior da mente, psique ou eu. Conflito intrapsíquico é aquele que se desencadeia entre dois impulsos ou motivos na mesma pessoa. Os conflitos endógenos, psicogênicos e autísticos são caracterizadamente intrapsíquicos.

INTRA-UTERINO — Localizado no interior do útero. Período pré-natal da formação de um novo ser humano ou de qualquer mamífero. Imagem intra-uterina é a designação genérica de todas as tendências psiconeuróticas de regresso ao ventre materno, expressas em símbolos, fantasias, divagações e sonhos.

INTRODIREÇÃO — David Riesman, em *A Multidão Solitária*, caracterizou como introdirigido o comportamento de indivíduos que resistem a ser dirigidos por forças sociais. Sua contraposição é o comportamento alterdirigido, quando o indivíduo é guiado por padrões estabelecidos pela sociedade e procura obedecer-lhes a fim de obter a aprovação da sociedade.

INTROJEÇÃO — Mecanismo psicológico de internalização da imagem de outra pessoa, usado freqüentemente como sinônimo de incorporação. Segundo as escolas psicanalíticas, variam as definições específicas deste processo. Citamos as mais representativas. Para Freud e Melanie Klein, a incorporação refere-se ao ato fantástico ou alucinatório de engolir ou devorar outra pessoa ou parte de outra pessoa, tornando-a parte do sujeito; como tal, deriva das fases primitivas do desenvolvimento infantil, quando predominam os modos incorporativos orais, os quais podem reproduzir-se na idade adulta, em certos casos graves de psicopatologia. Na introjeção, a ênfase recai mais no fenômeno de internalização do que no método de internalizar. Para Ferenczi, a introjeção é o antônimo de projeção (igualmente aceito por Freud, Melanie

Klein e sua escola), mas define-a em termos mais genéricos: "A introjeção é a inclusão do objeto no círculo dos interesses subjetivos, ao passo que a projeção implica a transposição, para o objeto, dos conteúdos subjetivos. Enquanto o paranóico expulsa do eu tudo o que emocionalmente lhe desagrade, o neurótico atrai para o eu tudo o que puder do mundo exterior, convertendo-o em objeto de fantasias inconscientes. Portanto, psicologicamente, a introjeção é um processo de *assimilação* e a projeção de *dissimilação*." Para os culturalistas, Jung tem a palavra: "A introjeção é um processo de extroversão, porquanto, para assimilar um objeto ao eu, é necessário um processo de *con-sentimento* ou de *com-penetração*, o que é uma forma de adaptação do sujeito ao objeto. De modo geral, pode-se considerar a introjeção uma forma parcial de identificação."

INTROSPECÇÃO — O método proposto pela escola estruturalista (e respeitado, em parte, pelos funcionalistas) para toda e qualquer experimentação psicológica. Consiste o método na observação de uma consciência individual por si mesma, tendo em vista uma finalidade especulativa: conhecer o espírito individual como tal ou conhecer o espírito individual como tipo imediatamente observável da mente humana. Essa observação é decorrente de uma análise sistemática do conteúdo da própria consciência, em seus elementos e atributos componentes. *Introspeccionismo* é considerado, de um modo geral, sinônimo de estruturalismo, ou seja, a doutrina que sustenta ser objetivo da Psicologia a descrição introspectiva da experiência. Aplicado à psicoterapia, o método procura induzir o paciente a observar seus próprios sentimentos e idéias, a fim de aperceber-se das causas subjacentes de seus conflitos e assim levá-lo a alterar, significativa e conscientemente, seus padrões de comportamento pessoal e social.

INTROVERSÃO — Termo usado por C. G. Jung para descrever um tipo de personalidade que concentra a maior parte de sua atenção em si mesmo. Diz Jung: "Chamo introversão ao movimento da libido de fora para dentro. Assim, expressa uma relação negativa entre sujeito e objeto. Os indivíduos dotados de disposição introvertida pensam, sentem e atuam de um modo que denuncia claramente partir a motivação, em primeiro lugar, do sujeito, ao passo que o objeto se reveste de valor secundário. A introversão pode ter caráter predominantemente intelectual ou predominantemente sentimental, assim como pode estar caracterizada pela intuição ou pela percepção. (...) Se a introversão for uma disposição habitual, estamos perante um *tipo introvertido*" (cf. *Tipos Psicológicos*).

INTROVERSIVIDADE — Designação atribuída por Rorschach à personalidade do indivíduo que manifesta uma função imaginativa bem desenvolvida e escassa receptividade ao mundo externo. O indivíduo *introversivo* reage mais com os sistemas cerebral e nervoso autônomo do que com o sistema muscular estriado. É o conceito oposto da *extratensividade*.

INTUIÇÃO — Tipo de conhecimento ditado predominantemente pelos sentidos e que não envolve, portanto, qualquer cogitação prévia ou pensamento refletido. O juízo intuitivo é freqüentemente formulado com base em indícios mínimos, e a percepção imediata de sua semelhança com os observados em experiências anteriores, embora sem se operar uma comparação consciente ou uma recordação explícita dessas experiências. Para Jung, o tipo intuitivo é o que se caracteriza por uma percepção aguda e interpretação inconsciente de estímulos tenuemente conscientes. (Ver: FUNCIONAIS, TIPOS)

INVARIÂNCIA — A característica de permanecer constante ou invariável. A tendência da pós-imagem para reter seu tamanho, apesar das mudanças na distância a que é projetada.

INVEJA — Sentimento inconfortável que é estimulado pela consciência de que outra pessoa tem o que desejamos, mas que nos falta.

INVENTÁRIO MULTIFÁSICO DE PERSONALIDADE DE MINNESOTA — Elaborado por Hathaway e McKinley, da Universidade de Minnesota, em 1943, tem por base teórica a tipologia de Rosanoff. O MMIP é realizado com o propósito de avaliar todos os aspectos da personalidade considerados importantes para um diagnóstico psiquiátrico (hipomania, esquizofrenia, psicastenia, paranóia, masculinidade, desvio psicopático, histeria, depressão e hipocondria). Trata-se de um instrumento clínico.

INVERSÃO SEXUAL — Posse de caracteres sexuais do sexo oposto. Sin.: Hermafroditismo. Atração sexual pelo mesmo sexo. Sin.: Homossexualidade. Freud distingue entre inversão absoluta, ocasional e anfígena, significando esta última a indiferença pelo objeto sexual, que pode ser masculino ou feminino.

INVESTIMENTO — Termo empregado em Psicanálise para designar a mobilização real de energia psíquica num objeto.

INVOCAÇÃO — Movimento retrógrado no desenvolvimento, equivalente ao declínio ou degenerescência da estrutura biológica, psíquica, etc.

INVOLUTIVA, MELANCOLIA — Tipo de psicose com sintomas de autodegradação, tendências suicidas, desencanto pela existência, que ocorre geralmente entre o final da maturidade e o começo da velhice. Está associada à involução senil, isto é, à reversão do processo de desenvolvimento biológico. Sin.: Psicose do Climatério.

INVOLUTIVO, PERÍODO — Período de vida que assinala a transição da maturidade para a velhice, aproximadamente entre os 50 e 60 anos. Está relacionado usualmente, mas não necessariamente, com uma redução na atividade das glândulas reprodutoras. (Ver: MENOPAUSA)

IRRACIONAL — Contrário à razão ou aos princípios do pensamento lógico. Jung, nos *Tipos Psicológicos*, emprega irracional na acepção de não-racional, de predomínio do sentimento sobre o pensamento.

IRRADIAÇÃO, TEORIA DE APRENDIZAGEM POR — Hipótese de que a aprendizagem consiste em reforço de uma das muitas reações que são provocadas por *irradiação*, entendendo-se irradiação como uma propriedade operacional de toda a situação de aprendizagem (incluindo a dotação do indivíduo que aprende), caracterizada pela falta de interesse e incapacidade para perceber detalhes. O padrão de irradiação não é determinado pela situação-tarefa nem pela situação-aprendiz, mas pela organização de todo o campo de aprendizagem.

IRREAL, COMPORTAMENTO — O comportamento que, segundo o conceito da dinâmica de grupo de Kurt Lewin, está dirigido para a obtenção de satisfações de uma forma que não é considerada realista pelo grupo ou comunidade de que o indivíduo é membro. Divagações, racionalização de desejos e certas ações simbólicas são exemplos de comportamento irreal. (Ver: REALIDADE, GRAU DE)

IRREALIDADE, NÍVEL DE — Segundo Kurt Lewin (*A Dynamic Theory of Personality*, 1935), é uma região no meio psicológico da pessoa (ver: ESPAÇO VITAL) em que as ações, pensamentos e gestos são determinados mais pelas necessidades e desejos do que pelo reconhecimento da situação objetiva. Fantasias, divagações, preconceitos e distorções são comportamentos típicos no nível de irrealidade. A região em que o comportamento é determinado pela situação objetiva chama-se nível de realidade. (Ver: PSICOLOGIA TOPOLÓGICA)

IRRITAÇÃO — Em termos psicológicos, é um estado relativamente moderado de cólera, expressando-se sobretudo em formas verbais.

ISOLAMENTO — Na Psicologia Social, significa a privação de contatos sociais; a delimitação de grupos de indivíduos por classes, crenças religiosas, hábitat (ver: SEGREGAÇÃO); a tendência para evitar contatos sociais. Em Psicanálise, o isolamento constitui um processo semelhante, em seus efeitos, à repressão, mas distingue-se desta pelo fato de o impulso ou desejo subjacente ser conscientemente reconhecido, embora a sua relação com o comportamento real não o seja. O isolamento é sintoma comum na neurose obsessivo-compulsiva, mas é raro encontrar essa tendência nas pessoas normais. Na Psicologia Analítica, o isolamento psíquico foi explicado como tendência para eliminar os contatos sociais, em virtude de a pessoa possuir terrível segredo que não pode nem deve ser divulgado. Esse terrível segredo, segundo Jung, pode ser material oriundo do inconsciente coletivo, que logrou, de algum modo, emergir na consciência.

ISOLAMENTO, EFEITO DE — Em aprendizagem serial, o efeito benéfico de isolar um item no meio de uma lista. Habitualmente, tais itens são os mais difíceis de aprender por causa da interferência associativa. Quando o item é isolado (por exemplo, imprimindo-o num tipo ou cor diferente) é muito mais facilmente aprendido. Os psicólogos gestaltistas atribuem o efeito à diferenciação perceptiva.

ISOLAR — Em Psicanálise, é o processo de separação de uma idéia ou recordação do seu afeto ou causa afetiva.

ISOMORFISMO — Posição gestaltista que propõe a existência de um paralelismo nas propriedades das configurações físicas, fisiológicas, psicológicas e lógicas.

JACKSON, LEI DE — Generalização teórica de que, quando as funções mentais se perdem por motivo de doença, aquelas que se desenvolveram mais tardiamente na evolução da espécie são as primeiras que se perdem. Quer dizer, a deterioração reconstitui a ordem do desenvolvimento evolucionário, mas em sentido inverso.

JAMES-LANGE, TEORIA DAS EMOÇÕES DE — Coube a William James, filósofo e psicólogo norte-americano (ver: LANGE, TEORIA DE), desafiar seriamente a posição clássica sobre as causas da emoção e da motivação. Em 1888, escreveu em *What Is An Emotion?*, que a experiência consciente é conseqüência e não causa das reações do corpo, as quais são mais ou menos automáticas em relação aos estímulos do meio. James compreendeu que a aprendizagem estava em causa na determinação dos estímulos que provocam as reações viscerais, mas acentuou que a sensação não provinha da percepção de um estímulo perigoso e sim das reações viscerais que se lhe seguiam (*Principles of Psychology*, 1890-1900). Esta teoria foi quase imediatamente alvo de críticas do fisiólogo Walter B. Cannon, que lhe contrapôs a chamada Teoria Talâmica. (Ver: MOTIVAÇÃO, TEORIAS DA e TALÂMICA, TEORIA)

JAMES, WILLIAM — Filósofo e psicólogo norte-americano. Professor da Universidade de Harvard. Fundador do Pragmatismo. Sofreu as influências do Positivismo e da Biologia, tendo sido, posteriormente, adepto do neocriticismo francês. No domínio da Psicologia, coube a James dar-lhe um enfoque biológico-utilitário e formular a pergunta "para quê?" Era um não-reducionista por excelência, contrário à tendência de quase todos os psicólogos contemporâneos para uma interpretação monista do organismo e comportamento humanos. *Empirista radical*, reconhecia a multiplicidade e diversidade do universo, não aceitando qualquer forma de reconciliação da diversidade empiricamente percebida. Para ele, a realidade era simultaneamente unidade e diversidade. Entretanto, embora "nunca se produza uma modificação mental que não seja acompanhada ou seguida de uma alteração física", os processos mentais e somáticos têm dois tipos de vida diferentes. A *vida é um processo de adaptação*. Tudo o que fazemos é no sentido de melhor adaptação. A consciência representa as experiências ou *fenômenos da vida mental*, ao passo que o organismo, e, em particular, o sistema nervoso, representa as *condições da vida mental*. James elaborou uma relação de instintos, sistemática e classificada. Esforçou-se por encontrar na teoria biológica da evolução a resposta para uma dinâmica da natureza humana. Os instintos são normas herdadas de comportamento e normalmente úteis e agradáveis. Realça a utilidade e o prazer como motivo de conduta. A Teoria das Emoções foi resultado lógico do seu enfoque evolucionista-biológico. É difícil afirmar se James desenvolveu uma nova teoria psicológica. Sua contribuição original, a Teoria das Emoções, suscitou grandes controvérsias e foi amplamente reprovada por estudos posteriores. A sua importância reside no modo original como equacionou os problemas psicológicos, na sua idéia filosófica do Pragmatismo e na sua percepção da função psicológica como parte do processo de adaptação. N. em 11-1-1842 (Nova York) e m. em 16-7-1910 (New Hampshire). Bibliografia principal: *Principles of Psychology* (*Princípios de Psicologia*, 1890); *Talks to Teachers on Psychology*, 1908).

JANET, PIERRE — Professor de Psicologia no Collège de France (1898). Destacou-se em suas pesquisas sobre os fenômenos da inteligência e psicogenéticos. O seu conceito central, nos estudos sobre a personalidade, era o de *integração*. Definiu a histeria como "um sintoma de insuficiente integração". Essa falta de integração foi atribuída a uma *dissociação* entre o ego e a personalidade. Foi discípulo de Charcot, em Paris, tendo trabalhado na mesma época de Freud e Binet com o pioneiro das técnicas da terapia pela hipnose. N. em 29-5-1859, em Paris; m. em 24-2-1947. Bibliografia principal: *L'automatisme psychologique*, 1889; *L'état mental des histériques*, 1889; *Névroses et idées fixes*, 1898; *Les névroses*, 1909; *De l'angoisse à l'extase*, 1926; *L'évolution de la mémoire*, 1928; *L'intelligence avant le langage*, 1936.

JASPERS, KARL — Médico psiquiatra. Professor de Psicologia na Universidade de Heidelberg, de 1913 a 1920. De 1921 a 1937 e novamente em 1945, ocupou a cátedra de Filosofia na mesma universidade. A partir de 1948, passou a residir e lecionar em Basiléia (Suíça). Iniciou suas investigações psicológicas pelo estudo da *Psicologia Compreensiva* e *Psicologia da Concepção do Mundo*. Embora tenha gradualmente passado a interessar-se pela problemática filosófica, em cujo domínio foi um dos grandes valores do pensamento contemporâneo (Filosofia Existencial), Jaspers nunca deixou de interessar-se pelo estudo dos fenômenos psíquicos, sobretudo os relacionados com a psicoterapia, tendo criado um método de análise individual das neuroses, a que deu o nome de *análise existencial* (*Existenzanalyse*). Bibliografia principal: *Allg. Psychopathologie,* 1913: *Psychologie der Weltanschauungen*, 1919; *Wesen und Kritik der Psychotherapie*, 1955. (Ver: PSICOLOGIA EXISTENCIALISTA)

JOCASTA, COMPLEXO DE — Aquela parte do complexo de Édipo que diz respeito ao papel da mãe como objeto do amor infantil e que se *mostra* no ressentimento e ciúme do pai. Jocasta era mãe e esposa de Édipo.

JOGOS, TEORIA DOS — Um instrumento matemático para a análise das relações sociais do homem; foi introduzido por Von Neumann em 1928 e, originalmente, aplicou-se às estratégias relacionadas com a tomada de decisões no comportamento econômico, embora se aplique atualmente a muitas outras espécies de comportamentos interpessoais.

JONES, ERNEST — Psiquiatra e psicanalista britânico. Um dos primeiros adeptos de Freud, de quem foi biógrafo. Prestou importantes contribuições para a teoria e prática psicanalíticas. Fundador da Sociedade Britânica de Psicanálise e do *International Journal of Psychoanalysis*. N. em janeiro de 1879 e m. em fevereiro de 1958. Principal obra publicada: *A Vida e a Obra de Sigmund Freud*, Imago Editora, 1989. Numerosa colaboração em revistas psicanalíticas.

JUÍZO — Faculdade que permite à pessoa discernir ou afirmar uma relação objetiva ou intrínseca entre dois objetos ou conceitos, formular um enunciado sobre essa relação e ratificá-lo sob a forma de julgamento, proposição ou sentença declaratória. Capacidade de esclarecimento ou elucidação do significado implícito de um conceito e de avaliação crítica de uma pessoa ou situação. O juízo implica, portanto, as faculdades de apreciação, comparação e avaliação de valores, isto é, de julgar ou formular julgamentos.

JULGAMENTO COMPARATIVO, LEI DO — Postulado segundo o qual, numa discriminação percentual, ou em qualquer julgamento comparativo de dois itens, a diferença psicológica entre os itens é indiretamente medida pela freqüência relativa com que a diferença é percebida e registrada em condições semelhantes de observação.

JUNG, CARL GUSTAV — Médico e psicoterapeuta suíço, fundador da Psicologia Analítica. N. 26-7-1875, em Kesswill, Cantão de Thurgau; m. 6-6-1961, em Küsnacht, junto ao Lago de Zurique. Jung recebeu sua educação superior na Universidade de Basiléia, onde obteve o seu diploma de Medicina em 1900, ano em que ingressou como interno de Psiquiatria na Clínica Psiquiátrica Burghözli do Hospital Universitário de Zurique (1900-1909). Estudou com Janet em Paris, e, em fevereiro de 1907 tornou-se membro do círculo de Freud com quem manteve estreitas relações durante 6 anos, incluindo uma viagem conjunta aos Estados Unidos, como evangelistas do credo psicanalítico. Contudo, após uma série de divergências em torno dos conceitos freudianos de libido e inconsciente, Jung rompeu com Freud em 1913 e, no ano seguinte, demitia-se da Associação Psicanalítica Internacional, da qual — por indicação do próprio Freud — era presidente desde a sua criação em 1910. Jung fundou então a sua própria escola de Psicologia Analítica. Em 1948, foi estabelecido em Zurique o Instituto Carl Jung, que hoje conta com filiais em inúmeros países. Como Jung acreditava que o estudo do Inconsciente Racial podia contribuir para a compreensão humana no consciente individual, dedicou-se a um estudo profundo dos povos primitivos do mundo — seus mitos, religiões, tradições e hábitos. O uso corrente e popular de termos criados por Jung (associação verbal, complexo, introvertido, extrovertido, persona, arquétipo e tantos outros) refletem de maneira cabal a grandiosa contribuição por ele dada à compreensão dos problemas psicológicos e psicoterapêuticos. Bibliografia principal: A obra completa de Jung está publicada em 16 volumes, dos quais uma parte importante encontra-se editada no Brasil pela Editora Vozes. Destacamos: *Ab-reação, Análise dos Sonhos, Transferência; Aion — Estudos sobre o Simbolismo do Si-Mesmo; O Desenvolvimento da Personalidade; A Dinâmica do Inconsciente; Estudos sobre Psicologia Analítica; O Eu e o Inconsciente; Fundamentos da Psicologia Analítica; Mysterium Coniunctionis; A Natureza da Psique; Psicologia do Inconscience; Símbolos de Transformação; Sincronicidade; Tipos Psicológicos.* (Ver: COLETIVO, INCONSCIENTE; COMPLEXO; IMAGEM PRIMORDIAL; PSICOLOGIA ANALÍTICA; PERSONALIDADE, TIPOS DE)

KALLIKAK, A FAMÍLIA — Um dos primeiros estudos realizados para demonstrar que certas características genéticas e psíquicas se transmitem nas famílias, utilizando o método *biográfico* ou de *pedigree*. Em 1912, o psicólogo Henry Goddard averiguou a situação da família Kallikak e deu conta dos resultados em obra publicada no ano seguinte, a qual exerceria decidida influência na formulação de uma Psicologia Genética (ver). Martin Kallikak tinha um filho ilegítimo, de uma ligação amorosa com uma moça de espírito fraco. Esse filho deu origem a um ramo de família cujos membros eram anti-sociais ou de espírito fraco, de uma forma ou de outra. Martin Kallikak casou mais tarde com uma moça de boa família e, nesse ramo, floresceu uma população de descendentes, adequada e normal. Durante anos, presumiu-se que esse estudo projetava luz sobre a influência da hereditariedade no comportamento (anteriormente, tinham obtido larga audiência os estudos de Galton e do sociólogo R. L. Dugdale, com a família "Jukes"). Mas o que ficara simplesmente demonstrado era a criação precária dos filhos nascidos em circunstâncias indesejáveis, entregues a pessoas fracas de espírito e em ambiente inadequado. A anti-sociabilidade era, sobretudo, um produto do meio.

KALLMAN, MÉTODO DE CONCORDÂNCIA DE — Método de pesquisa de fatores hereditários presentes na esquizofrenia e outras psicoses, para o estudo da hereditariedade e do meio da formação da personalidade. Foi planejado e desenvolvido pelo geneticista Franz J. Kallman (*Heredity in Health and Mental Disorder*, 1953) e baseia-se na concordância de várias perturbações mentais em irmãos, meio-irmãos, gêmeos falsos e gêmeos verdadeiros. O maior índice de concordância em três tipos de perturbação (esquizofrenia, psicose maníaco-depressiva e melancolia involutiva) registrou-se nos gêmeos verdadeiros, e o menor nos meio-irmãos.

KARDINER, ABRAHAM (1891–1981) — Psiquiatra e psicoterapeuta. Diretor da Clínica Psicanalítica da Universidade de Emory (1955). Considerado o representante característico da escola neopsicanalítica. Defensor da teoria segundo a qual as neuroses são o fruto de problemas especificamente socioeconômicos. Bibliografia principal: *The Individual and His Society*, 1939; *Sex and Morality*, 1954; *The Studied Man* (em colaboração com Preble, 1961). (Ver: ANÁLISE CULTURALISTA)

KARMA — Literalmente, ação, destino, em sânscrito. Sri Krishna Prem define *karma* nos seguintes termos: "As ações como elementos que manifestam aquele aspecto da ordem cósmica que nós conhecemos como seqüência causal. Logo, é também a lei pela qual as ações produzem inevitavelmente seus frutos."

KENT-ROSANOFF, TESTE DE — Teste padronizado de livre associação, que consiste na escolha cuidadosa de 100 palavras, às quais os sujeitos devem responder, com a maior rapidez possível, com outra palavra. A freqüência relativa de uma determinada reação verbal a cada palavra-estímulo foi convertida em tabela e é atualmente usada como padrão.

KINSEY, ALFRED — Professor da Universidade de Indianápolis. Tornou-se mundialmente conhecido através de suas múltiplas pesquisas sobre o comportamento sexual do homem e mulher americanos. Para a realização de seus inquéritos, entrevistou mais de 20 mil pessoas. N. em 23-6-1894 (Hoboken, Nova York), m. em 25-8-1956 (Bloomington). Bibliografia principal: *Man's Sexual Behavior* (O Comportamento Sexual do Homem, 1948); *Woman's Sexual Behavior* (O Comportamento Sexual da Mulher, 1953).

KLEIN, MELANIE — Importante psicanalista de crianças que aceitou as teorias de Freud, mas sublinhou a importância dos impulsos agressivos, acreditando que a formação da estrutura da personalidade ocorre durante o primeiro ano de vida da criança, em contradição com a norma de desenvolvimento estabelecida pelo fundador da Psicanálise. Klein defendeu a transcendência da segunda parte da *fase oral*, a oral agressiva ou *oral sádica*. Segundo Klein, o impulso agressivo é dirigido, em princípio, contra o próprio indivíduo. O mecanismo de projeção capacita a criança para atribuir a seus pais os seus próprios sentimentos hostis. Estabelece-se uma posição *paranóide*, na qual a criança manifesta hostilidade contra sua mãe. Se a mãe satisfaz as necessidades instintivas da criança, ajuda-a a superar seus impulsos agressivos. Amor e temor combinados levam à formação do superego. Freud afirmava que o superego se forma na *fase fálica*, Klein acreditava que uma parte do id se rebela contra a outra e a inibe, de modo que os primeiros objetos introjetados formam o núcleo central do superego. O temor dos próprios impulsos destrutivos conduz à *projeção*. Então, a criança teme a mãe, supostamente hostil, e deseja deglutí-la. Produz-se nova crise, denominada, por Klein, *posição depressiva*. A criança acaba por aperceber-se de que sua mãe é, simultaneamente, *boa* e *má*. Após a introjeção do seu objeto de amor, a criança deve atravessar um período de humor depressivo e lutuoso, tal como foi descrito por Freud e Abraham. Klein acreditava, porém, que a criança interioriza o *seio bom* e o *seio mau*. Todo o prazer é atribuído ao primeiro, toda a frustração ao segundo, o seio perseguidor. A frustração oral pode provocar o complexo de Édipo, inclusive na primeira fase da vida humana. A principal zona de divergência entre a escola kleiniana e os outros freudianos diz respeito ao desvio de Klein daquela parte da teoria de Freud que trata do desenvolvimento do sistema mental do id, ego e superego. Houve uma veemente controvérsia entre Melanie Klein e Anna Freud, pois a principal contribuição desta para a teoria psicanalítica foi o seu livro sobre *O Ego e os Mecanismos de Defesa*. Evidentemente, a interpretação de Klein sobre os fenômenos da primeira infância e, sobretudo, o dogmatismo obsessivo que a levou a observar, em todos os jogos infantis, representações de atos sexuais, vão além das provas empíricas, e grande parte de suas provas clínicas foi realizada com crianças de idades acima de um ano. M. Klein n. em 30-3-1882 (Viena) e m. em 22-9-1960 (Londres). Bibliografia principal: *Psychoanalyse des Kindes* (*Psicanálise da Criança*, 1932); além dessa obra, estão igualmente publicados no Brasil diversos trabalhos de Melanie Klein e outros seguidores de sua escola, *in Temas de Psicanálise Aplicada, Novas Tendências da Psicanálise* e *Os Progressos da Psicanálise*. (Ver: ANÁLISE INFANTIL E PSICANÁLISE NEOFREUDIANA)

KLEMM, OTTO — Professor em Leipzig (1908). Discípulo de Wundt e, posteriormente, colaborador íntimo de Krueger. O seu principal domínio de investigação experimental abordou os fenômenos psicofísicos, com destaque para a percepção e a coordenação psicomotora. Introduziu consideráveis inovações nos métodos psicopedagógicos. N. em 8-3-1884 (Leipzig) e m. em 5-1-1939 (Leipzig). Bibliografia principal: *Geschichte der Psychologie* (1911), *Sinnestäuschungen* (1919); *Wahrnehmungsanalyse* (1921); *Pädagogische Psychologie* (1933).

KOFFKA, KURT — Um dos pioneiros da Psicologia da Gestalt (1886-1941). Koffka foi educado nas universidades de Berlim e de Edinburgh. A sua carreira em psicologia iniciou-se com uma bolsa para doutorado na Universidade de Berlim, após o que aceitou uma série de cargos como assistente de vários psicólogos eminentes da época. Enquanto estava trabalhando com Schumann em Frankfurt travou conhecimento com Wolfgang Köhler e, por intermédio deste, com Max Wertheimer, após o que os três fundaram a Escola Gestaltista de Psicologia. Durante a I Guerra Mundial, enquanto Köhler investigava com chimpanzés nas Ilhas Canárias, Koffka cuidava de pacientes neurológicos em Giessen. Depois da guerra, mudou-se para os Estados Unidos como professor-visitante das universidades Cornell e do Wisconsin. Em 1927 aceitou um cargo do Colégio Smith, onde permaneceu até sua morte. Foi o editor dos *Smith College Studies in Psychology*. Bibliografia principal: *Die Grundlagen der psychischen Entwicklung* (1921), *The Growth of Mind* (1924) e *Principles of Gestalt Psychology* (1935), o livro em que Koffka tentou resumir e organizar a Psicologia da Gestalt como um sistema.

KÖHLER, WOLFGANG — Um dos pioneiros da Psicologia da Gestalt (1887-1967). Köhler foi educado nas universidades de Tübingen, Bonn e Berlim. Em 1910, associou-se a Max Wertheimer e Kurt Koffka nas investigações do movimento aparente, que culminariam na fundação da Escola Gestaltista de Psicologia. Surpreendido nas Ilhas Canárias pela eclosão da I Guerra Mundial, permaneceu em Tenerife no período de 1913-1919, estudando a inteligência dos chimpanzés e desenvolvendo o seu famoso conceito de *aprendizagem por introvisão* (*insight learning*). Em 1920 regressou à Alemanha; lecionou psicologia em Gottingen (1921) e em Berlim (1922). Em 1934, visitou os Estados Unidos para proferir as Conferências William James, em Harvard. Decidiu permanecer na América e aceitou uma cátedra no Colégio Swarthmore, onde se manteve até a sua aposentadoria (1958). Foi presidente da Associação Psicológica Americana. Seus principais livros são: *Gestalt Psychology* (1929) e *Dynamics in Psychology* 1940).

KOHS, CUBOS DE — Teste de inteligência, publicado em 1927), que tem sido usado isoladamente ou em bateria de testes, como Grace-Arthur e Wechsler-Bellevue. Compõe-se de 16 cubos, os quais são combinados pelo examinando de acordo com os modelos apresentados, sendo que na avaliação há duas preocupações principais: (1) o tempo despendido e (2) os movimentos efetuados. É aplicável a crianças e adolescentes de 5 a 19 anos.

KORSAKOV, PSICOSE DE — Grave síndroma nervosa, devido ao excesso alcoólico, acompanhada de falsificação assistemática da memória (*confabulação*) e perda de orientação. Sin.: Psicose Polineurítica. (Ver: PSICOSE ALCOÓLICA)

KRAEPELIN, EMIL — Professor de Psiquiatria em Munique. Realizou importante trabalho de sistematização e catalogação psiquiátrica. Estabeleceu a divisão das psicoses em duas categorias fundamentais: demência precoce (esquizofrenia) e loucura maníaco-depressiva. Influenciado por Wundt, de quem foi discípulo, dedicou-se a numerosos trabalhos de Psicologia Experimental, nomeadamente no domínio da ergografia: estudou os processos de trabalho e suas influências psicofísicas (cansaço, álcool e medicamentos foram alguns dos fatores tóxicos que Kraepelin pesquisou em relação com o trabalho). É considerado o fundador da Farmopsicologia. N. em 15-2-1865 (Neustrelitz); m. em 7-10-1926 (Munique). Bibliografia principal: *Über die Beeinflussung einfracher psychischer Vorgänge durch einige Arzeneimittel,* 1892; *Psychologie Arbeiten,* 1895; *Die Arbeitskurve,* 1902; *Über geistige Arbeit,* 1903.

KRETSCHMER, ERNST — Professor de Psiquiatria e Neurologia em Tübingen e Marburg (1926). Voltou a lecionar em Tübingen depois da derrota nazista (1946). Elaborou uma tipologia constitucional da personalidade, baseada no estudo de vasto material clínico, e na qual o caráter foi relacionado com determinados fatores de ordem física. N. em 8-10-1888 (Wustenrot), m. em 8-2-1964 (Tübingen). Bibliografia principal: *Der sensitive Beziehungswahn* (1918);

Hysterie, Reflex und Instinkt (1923); *Körperbau und Charakter* (1921); *Medizinische Psychologie* (1922); *Psychotherapeutische Studien* (1949); *Gestalten und Gedanken* (1963). (Ver PERSONALIDADE, TIPOS DE)

KRETSCHMER, TIPOS DE PERSONALIDADE DE — Ver: PERSONALIDADE, TIPOS DE.

KRUEGER, FELIX — Professor catedrático da Universidade de Leipzig (1917 a 1938). Discípulo de Wundt que evoluiu da Psicologia Experimental para a elaboração de uma Psicologia Estruturalista (de integração psíquica), participando do movimento conhecido como Segunda Escola de Leipzig com Sander, Spranger e outros. N. em 10-8-1874 (Posen); m. em 25-2-1948 (Basiléia). Bibliografia principal: *Über Entwicklungs-Psychologie*, 1915; *Der Strukturbegriff in der Psychologie*, 1924; *Über psychische Ganzheit*, 1926; *Zur Entwicklungs-Psychologie d. Rechts* 1926; *Das Wesen der Gefühle*, 1928. (Ver: ESTRUTURALISMO; LEIPZIG, ESCOLAS DE)

KTEIS — Representação dos órgãos genitais externos da mulher como símbolo de culto. Palavra usada em Psicanálise em relação com a interpretação de símbolos oníricos. (Ver: FALO)

KUDER-RICHARDSON, FÓRMULA DE — Fórmula baseada na análise da variância dos escores de um teste. O estudo da proporção de acertos e erros de cada parte (pressuposta) do teste permite, em determinadas circunstâncias, obter-se uma estimativa do coeficiente de precisão do teste, mediante uma única aplicação.

$$r_{tt} = \frac{n}{n-1} \cdot \frac{s^2 - \sum p\,q}{s^2}, \text{ em que:}$$

r_{tt} = coeficiente de precisão; n = número de itens; p = proporção de acertos; q = proporção de erros; s^2 = variância do teste. É um caso particular do *coeficiente alpha* de Cronbach.

KUHLMANN-ANDERSON, TESTES DE — Bateria de testes para medição longitudinal do desenvolvimento da inteligência desde a idade pré-escolar até a maturidade.

KUHLMANN-BINET, ESCALA DE — Revisão efetuada em 1922 das escalas de Binet, ampliando-as até o nível de 3 meses. Esta revisão foi uma das primeiras tentativas para se criar um teste padronizado que se destinasse especificamente aos primórdios da infância. Posteriormente, em 1939, a escala foi ampliada até o nível dos 4 meses de idade.

KWINT, TESTE PSICOMOTOR DE — Inventário das atividades psicomotoras por idades, para uso em crianças com lesões cerebrais, a fim de determinar até que ponto o desenvolvimento motor se encontra prejudicado.

LABIAL, EROTISMO — Tendência para obter satisfação erótica mediante a estimulação dos lábios, normalmente no beijo. Segundo uma teoria, grande parte da satisfação decorrente de fumar tem origem no erotismo labial.

LABIRINTO (1) — Complexa estrutura membranosa e óssea do ouvido interno, que contém os órgãos sensoriais da audição e do sentido estático. (Ver: CINESTESIA E OUVIDO)

LABIRINTO (2) — Complexa rede de percursos, em grande maioria sem saída, mas com trajeto definido para se atingir *uma saída* ou alguma outra meta: recompensa, prêmio ou reforço. É um dos dispositivos mais empregados em experiências laboratoriais de condicionamento, aprendizagem, motivação, memória, etc., com sujeitos infra-humanos; mas também tem vasta aplicação em testes humanos, em que se substituem os dispositivos mecânicos por labirintos desenhados em papel. Uma das formas de maior uso laboratorial é o *labirinto múltiplo em T*, inspirado no intricado arranjo de sebes que se encontra no palácio de Hampton Court, perto de Londres.

LACAN, JACQUES-MARIE (1901–1981) — Médico e psicanalista francês, a quem François Dosse (*História do Estruturalismo,* Ensaio/Unicamp, 1993) considera "o grande xamã dos tempos modernos". Psiquiatra por formação, Lacan trabalhou nos primeiros anos de sua carreira em hospitais e clínicas psiquiátricas, inclusive numa enfermaria de alienados da chefatura de Polícia de Paris, sob a direção de Clérambault. Em 1932, iniciou sua análise com Loewenstein e defendeu sua tese de dourado, "Da Psicose Paranóica em suas Relações com a Personalidade", cuja repercussão foi muito além do meio psiquiátrico, devido ao fato de Lacan distanciar-se de todas as formas de organicismo e, ao situar a prática clínica no contexto das ciências humanas, incluir a paranóia nas categorias freudianas, cuja estrutura ele define.

Se, para a leitura de Freud, Lacan utiliza o ensino hegeliano (assiste aos cursos de Kojève), o seu modo extremamente singular de escrever, o seu famoso estilo "gongórico", deve-se ao seu interesse pelo dadaísmo e pelo surrealismo, cujos meios ele freqüenta (é amigo de Breton, de Aragon e de Dali, a quem explica o mecanismo da paranóia).

Responsável por uma releitura radical das teorias freudianas, Lacan ilumina-as, com textos de Claude Lévi-Strauss (antropologia), Ferdinand de Saussure e Roman Jakobson (lingüística) e Algidas-Julien Greimas (semiótica), quando insere definitivamente a teoria psicanalítica no movimento do estruturalismo científico. Lacan aplica os métodos de análise estrutural à explicação dos mecanismos do inconsciente, aos quais atribui uma estrutura de linguagem que pode ser decodificada com a mesma técnica usada para o discurso lingüístico. Para Lacan, a linguagem é a "condição prévia para a existência do inconsciente". Com suas falhas, seus jogos de palavras, a linguagem é a instância através da qual o inconsciente se estrutura. É para explicar o mecanismo de funcionamento do inconsciente, colocado no centro do paradigma estruturalista, que Lacan desloca as duas grandes figuras da retórica — a metáfora e a metonímia — para o campo freudiano, para explicar o desenvolvimento do discurso. Considerou a condensação freudiana equivalente à metáfora e o deslocamento freudiano equivalente à metonímia. A primeira funcionaria como substituição significante e revelaria a autonomia e supremacia deste com relação ao significado (Seminário sobre *A Carta Roubada*, de Edgar Alan Poe). São três os planos (distintos, mas complementares) em que o homem se expressa: o "imaginário", que constitui o registro da percepção das representações ideacionais e imaginativas; o "simbólico", que é o registro das palavras e das suas conseqüências, do significante (imagem acústica) independente do significado (conceito), articulado ao desejo do sujeito e não à sua racionalidade (cf. J. Laplanche, *Novos Fundamentos para a Psicanálise, em 4/ Primazia do significante...* Martins Fontes, 1992); e o "real", que é o registro das representações não codificadas pelo imaginário ou pelo símbolo.

Quase no final de sua vida, pareceu a Lacan que o modelo lingüístico não era suficientemente rigoroso para dar conta dos membros do inconsciente e passou então a recorrer aos modelos estruturais da matemática, que ele utiliza de forma cada vez mais hermética em sua topologia dos nós borromianos e dos grafos.

Lacan inscreveu-se na Sociedade Psicanalítica de Paris (SPP) em 1934, mas, numa sucessão de conflitos e divergências que lembra o ocorrido com Freud e seus primeiros discípulos (Jung, Rank, Adler e o próprio Ferenczi), Lacan, Lagache, Dolto e Boutonnier são demitidos da SPP e criam, em 1953, a Sociedade Francesa de Psicanálise (SFP) que, apesar de não ser reconhecida pela Associação Psicanalítica Internacional, atrai grande número de psicanalistas, como Moustapha Saphouan, a belga radicada na França, Maud Mannoni e seu marido Octave, Jean Laplanche, Jean-Bernard Pontalis e outros. Dez anos depois ocorre uma nova cisão e a SFP divide-se em duas: a Escola Freudiana de Paris (EFP), com Lacan e Dolto, e a Associação Psicanalítica da França, com Laplanche, Pontalis, Anzieu e outros. A EFP é fechada em 1980, um ano antes da morte do seu criador. Lacan, o "homem das palavras", morre afásico. Bibliografia principal: Sem ter escrito propriamente nenhum livro, Lacan tem suas obras divididas entre os *Escritos*, uma coletânea de ensaios e artigos publicados em diversas revistas, e o *Seminário* (1953-1980), que não foi escrito, mas ditado e teve seu conteúdo organizado para publicação por seu genro, o analista Jacques-Alain Miller. Dessa obra estão publicados no Brasil 9 volumes (entre 1979 e 1982) por Jorge Zahar Editor.

Sinopse Biográfica

1901–13 de abril de 1901	Nascimento em Paris de Jacques-Marie Lacan
1919	Termina seus estudos secundários. Interessa-se por Spinoza e pelas teorias vienenses.
1920	Estuda Medicina.
1926	Faz especialização em psiquiatria na Sainte-Anne (Clínica de Doenças Mentais e do Encéfalo).
1928	Trabalha na enfermaria de alienados da Chefatura de Polícia de Paris, sob a direção de Clérambault.
1929–32	Escreve textos pré-psicanalíticos.
1930	Encontra os surrealistas e faz amizade com Breton e Dali.

1932	Defende sua tese de doutorado sobre as relações entre psicose paranóica e personalidade.
1932-36	Faz análise pessoal com Rudolf Loewenstein. Inicia a prática psicanalítica.
1933	Assiste ao seminário de Kojève.
1934	Ingressa na Sociedade Psicanalítica de Paris (SPP). Casa com Marie-Louise Blondin, com quem tem três filhos.
1936	Médico de hospitais psiquiátricos, continua visitando doentes em Sainte-Anne, o mesmo hospital onde será internado Louis Althusser. Abre um consultório particular. Participa pela primeira vez de um congresso da IPA, em Marienbad, e uma exposição sobre o estádio do espelho é interrompida por Ernest Jones que se mostra escandalizado.
1938	Torna-se membro titular da SPP. Interrompe a análise com Loewenstein, *chevalier servant* de Marie Bonaparte, que detesta Lacan.
1939	Encontra Sylvia Bataille (separada de George Bataille). Com a eclosão da guerra, foi mobilizado.
1941	Nasce Judith, filha de Sylvia e Lacan.
1941	Regressa a Paris e dedica-se à sua clínica particular, instalando-se no apartamento da rua Lille, nº 5, que ocupará até morrer.
1943	Faz uma viagem a Londres.
1949-1951	Redige novos estatutos para a SPP, promove a sua reorganização interna e assume a vice-presidência da instituição. Lacan conhece Jakobson e estabelece-se duradoura amizade entre ambas as famílias.
1951	Ocorre o primeiro seminário privado em seu apartamento: O Homem dos Ratos, o Homem dos Lobos. Dora.
1953	Discurso-manifesto de Roma. A SPP sofre uma cisão e Lacan funda a Sociedade Francesa de Psicanálise. Até 1963, o seminário torna-se público num anfiteatro do Hospital Sainte-Anne.
1963	Lacan é excluído da lista de analistas-didatas da SFP. O seminário deixa Sainte-Anne e instala-se na Escola Normal Superior da rua Ulm, a convite de Althusser.
1964	Retira-se da SFP e funda a Escola Freudiana de Paris.
1980	O último seminário. Dissolução da EFP e fundação da Causa Freudiana.
19 de setembro de 1981	Morre Lacan.

LACUNA — Lapso de memória ou de consciência.

LADD-FRANKLIN, TEORIA DE — Esta teoria da visão da cor postula quatro cores primárias — vermelho, verde, amarelo e azul — e parte do princípio de que o olho primitivo era acromático, em virtude da ausência de cones. Os receptores amarelos e azuis teriam evoluído a partir dos bastonetes primitivos e a evolução subseqüente produziria receptores sensíveis ao vermelho e ao verde.

LAING, DONALD DAVID (1927–1989) — Médico psiquiatra britânico, trabalhou no Royal Mental Hospital de Glasgow (cidade onde nasceu e se doutorou), no Departamento de Medicina Psicológica da Universidade de Glasgow e, de 1959 a 1961, na prestigiosa Clínica Tavistock, de Londres, época em que publicou o seu primeiro livro, *O Eu Dividido* (Ed. Vozes, 1973), o mais convencional. Foi diretor da Clínica Langham (Londres, 1962-65) e realizou pesquisas como bolsista do Instituto Tavistock de Relações Humanas (1961-67).

Em 1968, influenciado pela teoria da psiquiatria interpessoal de Harry Stack Sullivan e pela fenomenologia existencialista (Heidegger, Sartre, Merleau-Ponty), tornou-se um crítico radical da psiquiatria tradicional. Laing e dr. Thomas Szasz, professor de psiquiatria da Universidade de Nova York (*A Fabricação de Loucura*, Zahar, 1974; *O Mito da Doença Mental*, Zahar, 1974; *Esquizofrenia*, Zahar, 1976), tornam-se psiquiatras eminentes ainda que em bases um pouco diferentes [Szasz criticaria a postura antipsiquiátrica como um "modelo da mente saqueada"] — e alicerçam seus trabalhos numa convicção: a de que não existia, de fato, uma entidade clínica a que se pudesse dar o nome de doença mental. Laing "não aceitou a 'esquizofrenia' como um fato químico, neurofisiológico ou psicológico, e considerou um erro palpável, no atual estado de provas, aceitá-la como um fato" (Edgar Friedenberg, *As Idéias de Laing*, Cultrix, 1975). Para ele, assim como para os chamados "antipsiquiatras" (Cooper, Esterson), a esquizofrenia constitui uma estratégia que certas pessoas são obrigadas a adotar para sobreviver numa situação social alienada, sobretudo no âmbito da família.

A postura inovadora de Laing inseriu-se na prática de contestação dos anos de 1960 (Marcuse, Foucault, Basaglia) e levou-o a criar, com David Cooper, em Kingsley Hall, a "comunidade terapêutica regressiva", na qual os esquizofrênicos passavam por tratamentos experimentais e eram mantidos em total liberdade. Mary Barnes, uma das mais famosas pacientes de Kingsley Hall nessa época, descreveu sua experiência em *Viagem Através da Loucura* (Francisco Alves, 1977). Também com Cooper, Laing fundou a Philadelphia Association, instituição beneficente cujo objetivo era criar uma rede de abrigos para que pessoas com distúrbios mentais pudessem escapar dos tratamentos ortodoxos. A partir de meados da década de 1970, Laing perdeu parte do seu radicalismo da década anterior. Bibliografia principal: *O Eu Dividido*, 1973; *O Eu e os Outros*, 1972; *A Política da Experiência e a Ave do Paraíso*, 1974; *Razão e Violência* (com D. G. Cooper, 1976); *A Política da Família*, 1975.

LAMBERT, LEI DE — Lei da Óptica que estabelece a relação entre a intensidade física da luz e o ângulo de incidência com a superfície iluminada ou refletora.

LANGE, TEORIA DE — Generalização teórica formulada pelo filósofo dinamarquês C. G. Lange (*Über Gemütsbewegungen,* 1885) sobre a origem das emoções, segundo a qual "as emoções se identificam com as alterações vasomotoras, uma vez que as alterações de circulação são induzidas pelas situações emotivas". Três anos depois, William James publicava *What Is an Emotion?*, formulando teoria semelhante, e a noção básica passou desde então a ser conhecida como Teoria das Emoções James-Lange. (Ver: JAMES-LANGE, TEORIA DAS EMOÇÕES)

LANGEVELD, MARTIN J. — Professor de Ciências da Educação e Psicologia do Desenvolvimento na Universidade de Utrecht (1939). Dedica-se especialmente aos ramos da Psicologia da Educação, Diagnóstico Psíquico, Psicologia Experimental Infantil e Didática. Co-editor da *Revista Internacional de Ciências da Educação,* da *Acta Psychologica* e da *Revista de Estudos Pedagógicos,* publicadas na Holanda. Bibliografia principal: *Pädagogische Psychologie im mittl. Schulalter* (1937); *Systematische Einfűhrung in die gen. Psychologie* (1963); *Studien zur Anthropologie des Kindes* (1964).

LANGUIDEZ — Relaxamento neuromuscular e propensão para a inatividade motora, causados por debilidade ou fadiga. Sin.: Lassidão.

LAPSO — Ver: DESLIZES FREUDIANOS.

LASHLEY, KARL SPENCER — Psicólogo behaviorista (n. 7-6-1890; m. 7-8-1958), que realizou suas primeiras pesquisas na Universidade Johns Hopkins, em colaboração com John B. Watson e o biólogo H. S. Jennings. Fez seus estudos universitários em Pittsburgh e doutorou-se em psicologia (1914) na Johns Hopkins. Lecionou nas universidades de Minnesota, Chicago e Harvard. Em 1942, foi nomeado diretor do Laboratório Yerkes de Biologia Primata, instituição mundialmente famosa por suas pesquisas com chimpanzés em Orange Park, na Flórida. Lashley deu grandes contribuições para o estudo cerebral em relação com o comportamento. Suas investigações neuropsicológicas foram extensas, tendo enunciado alguns princípios famosos, como os de *eqüipotencialidade das partes* e de *função de massa*, resultantes da conjugação de técnicas comportamentais analíticas e técnicas fisiológicas extremamente apuradas. Bibliografia principal: *Nervous Mechanisms in Learning* (1929); *Brain Mechanisms and Intelligence* (1929); *In Search of the Engramm* (1934).

LATÊNCIA — Condição de um mecanismo orgânico entre o início de um estímulo ou excitação e o início da reação ou resposta observável.

LATÊNCIA, PERÍODO DE — Expressão psicanalítica para designar o intervalo de tempo, no desenvolvimento sexual, entre o estágio de sexualidade infantil e o de sexualidade normal ou adulta. Esse período tem início por volta dos quatro anos de idade e termina com os primeiros anos da adolescência. É caracterizado pelo declínio e extinção do complexo de Édipo e o desenvolvimento do superego.

LATENTE — Oculto, inconsciente. Nos primórdios da investigação psicológica, designavam-se por processos *latentes* os processos subconscientes ou subliminares. Em Psicanálise, qualificam-se de *latentes* os pensamentos ou idéias reprimidos que estão subjacentes *no conteúdo manifesto de um sonho*. (Ver: LATÊNCIA, PERÍODO DE)

LATENTE, ANÁLISE DA ESTRUTURA — Procedimento criado por Paul Lazarsfeld, que consiste em observar a covariância de indicadores e verificar se desses indicadores podem ser inferidos conceitos classificatórios, que dividem pessoas ou coletivos ou outros objetos em diferentes grupos.

LATENTE, PROCESSO — Em Psicanálise, é a estrutura ou mecanismo da psique que jaz adormecido até que, no processo de desenvolvimento, a energia do id o ative. Consideram-se latentes na infância os mecanismos de percepção e cognição, até que o ego se desenvolve a ponto tal que eles se tornem necessários.

LE BON, GUSTAVE — Sociólogo e psicólogo social francês. Baseado no estudo psicológico do comportamento social de diversos povos, fundou a Psicologia das Multidões, através da qual procurou sistematizar as reações comuns (timidez, emotividade, sugestionabilidade, instintos gregários, etc.) das massas, que considerava muito diferentes dos sentimentos e idéias característicos de cada componente, individualmente considerado. N. em 7-5-1841 (Nogent-le-Rotrou) e m. em 15-12-1931 (Paris). Bibliografia principal: *Les lois psychologiques de l'évolution des Peuples* (1894); *Psychologie des Foules* (Psicologia das Multidões, 1895); *Psychologie du Socialisme* (1898). (Ver: PSICOLOGIA DAS MULTIDÕES)

LEI — Enunciado verbal, apoiado por tão amplas provas que não dá margem a dúvida, a menos que novas e ainda mais substanciais provas sejam obtidas, sobre o modo como certos fenômenos ou eventos ocorrem, de maneira uniforme e coerente. Um enunciado desta espécie, baseado na ordem *natural* das coisas, não é concebido como algo que controle os eventos; apenas os descreve. É corrente o uso de lei como sinônimo de *princípio*.

LEIPZIG, ESCOLAS DE — Foi dado o nome de *Primeira Escola de Leipzig* ao grupo de psicólogos que estudou e trabalhou sob a orientação do médico, filósofo e psicólogo Wilhelm Wundt (1832-1920), no seu famoso laboratório de Psicologia Experimental anexo à Universidade de Leipzig, onde o mestre lecionava desde 1875. Edward Titchener foi seu discípulo a par de Meumann, Lipps, Krueger, Kraepelin, Sander e outros experimentalistas de renome. Desse primeiro grupo sairiam os fundadores de uma nova corrente psicológica não-funcionalista (*Segunda Escola de Leipzig*), que descreveu e analisou os elementos mentais e as leis que governam a sua integração (Psicologia Integracionista ou Estruturalista). Entre os iniciadores dessa escola contavam-se diversos experimentalistas desviacionistas, como F. Krueger, Sander, Volkelt, Spranger e outros. (Ver: PSICOLOGIA EXPERIMENTAL/ESTRUTURALISMO)

LÉON-WALTHER, BATERIA MECÂNICA DE — Conjunto de testes destinados a avaliar a aptidão mecânica de um sujeito. Dada a complexidade dessa aptidão, como já foi demonstrado em diversos trabalhos de análise fatorial, o autor da bateria utiliza diversas provas, todas previamente padronizadas, que incluem habilidade motora, inteligência não-verbal, etc.

LESBIANA (OU LÉSBICA) — Mulher homossexual, especialmente com *cunilíngua*.

LETARGIA — Estado de sonolência mórbida, do qual é difícil fazer sair uma pessoa.

LÉVY-BRUHL, LUCIEN — Professor da Sorbonne, Paris (1899). Mestre de Psicologia dos Povos e filósofo social. Influenciado pelas teorias de Comte, Rimbaud e Durkheim, dedicou-se a pesquisas sobre o comportamento e a mentalidade dos povos primitivos, caracterizando o pensamento desses povos como pré-lógico e mágico. Essa conclusão foi obtida através da constatação de que, nos povos primitivos, o pensamento não se rege por leis lógicas mas por um modo peculiar de vinculação psicológica, a que Lévy-Bruhl deu o nome de *participação mística*. Considerado um dos precursores da moderna Antropologia Cultural. N. em 10-4-1857 (Paris); m. em 13-3-1939 (Paris). Bibliografia principal: *Les Fonctions mentales dans les sociétés inférieures* (1910); *La Mentalité primitive* (1922); *L'âme primitive* (1927). (Ver: PARTICIPATION MYSTIQUE)

LEWIN, KURT — Fundador da Teoria do Campo (n. 9-9-1890 em Mogilno, Posen; m. 12-2-1947 em Newton, Mass., Estados Unidos). Lewin foi educado em Freiberg, Munique e Berlim, onde se doutorou em Filosofia. Iniciou em Berlim uma longa série de pesquisas em que se baseou para formular a sua Teoria do Campo, numa tentativa para acrescentar uma psicologia da motivação à escola gestaltista existente. Com efeito, enquanto os fundadores da psicologia da Gestalt (Wertheimer, Koffka e Köhler) se concentravam nos processos cognitivos, como a aprendizagem, pensamento, inteligência e percepção, Lewin interessava-se, sobretudo, pela aplicação dos princípios de autodistribuição dinâmica de forças, reestruturação do campo e introvisão à personalidade, motivação e processos sociais. (Ver: ESPAÇO VITAL/PSICOLOGIA TOPOLÓGICA/TEORIA DO CAMPO.) Lewin emigrou para os Estados Unidos em 1932 e, em 1935, aceitou um cargo permanente na Universidade de Iowa, onde deu início à famosa série de estudos de crianças. Depois da II Guerra Mundial transferiu-se para o Instituto de Tecnologia de Massachusetts, a fim de chefiar o Centro de Pesquisas de Dinâmica de Grupo, cargo que ocupou até sua morte prematura. Além de eminente pesquisador, Lewin foi talvez o maior teórico sistemático da Psicologia, igualando-se a Clark Hull. Entre suas obras mais importantes estão: *Uma Teoria Dinâmica da Personalidade* (1935); *Princípios de Psicologia Topológica* (1936); *Problemas de Dinâmica de Grupo* (1948), volume organizado por Gertrude Lewin e apresentado por Gordon Allport, e *Teoria de Campo nas Ciências Sociais* (1951). Ao sistema leviniano tem sido freqüentemente dado o nome de Neogestaltismo.

LIBIDINAL — Respeitante à libido. É um conceito inteiramente distinto de libidinoso — indivíduo sexualmente muito ativo — e de licencioso — indivíduo cuja atividade sexual não conhece as fronteiras morais.

LIBIDINAL, FIXAÇÃO — Fixação da libido, usualmente em período inicial do desenvolvimento psíquico, em zona erotógena, em objeto externo que tenha sido introjetado (pai, mãe, irmãos, ou partes físicas deles).

LIBIDINAL, OBJETO — Pessoa ou objeto que provoca ou excita uma atividade instintiva. Para a Psicanálise objeto erótico e objeto amoroso são sinônimos de objeto libidinal, visto que qualquer das expressões implica a libidinização do objeto.

LIBIDINIZAÇÃO — Processo definido em Psicanálise, em que uma parte do corpo, ou um corpo, ou uma função mental, assume importância libidinal ou sexual.

LIBIDO — Termo psicanalítico usado em diferentes níveis, desde a energia do desejo sexual, passando por qualquer manifestação instintiva que tenda para a autoconservação da vida (sinônimo: Eros) em vez da morte (sinônimo: Tânatos), para a integração em vez da desintegração, até chegarmos ao conceito genérico de energia vital, especialmente sob a forma de *necessidades instintivas* para tudo o que é essencial a uma existência humana física e mentalmente sã. Coube a Freud apresentar o termo originalmente, alterando-lhe o conceito e emprego em obras posteriores, nomeadamente em *Para Além do Princípio do Prazer*. Mas a definição inicial já ganhou ressonância histórica: *Libido é a expressão direta ou indireta de um desejo sexual*. Nesta acepção, *libido* seria popularizada como sinônimo de prazer erótico, de satisfação ou repressão de um impulso instintivo. A verdade, porém, é que Freud viria, por fim, a aproximar-se bastante do conceito genérico de energia vital, defendido por Jung, que assim definiu a libido: "Designo por este termo a *energia psíquica*. Energia psíquica é a *intensidade* do processo psíquico, o seu *valor* psicológico. Não deve entender-se por isto um valor outorgado de índole moral, estética ou intelectual. O valor psicológico da libido define-se (...) de acordo com a sua força determinante, manifesta em certos *rendimentos* psíquicos. Considero a libido, portanto, não uma *força* mas um conceito para intensidades e valores psíquicos. O problema de averiguar se existe ou não uma força psíquica específica, nada tem que ver com o conceito da libido." Temos, por conseguinte, como elemento comum a todas as definições, a idéia de uma *dinâmica psíquica,* de uma determinante irracional e instintiva dos processos conscientes e inconscientes (incluindo a determinante sexual freudiana), a qual é dotada de valores quantitativos e qualitativos variáveis. Tal dinâmica é igualmente válida na concepção dualista de instinto (Freud) e na concepção monista (Jung).

LIBIDO, OBJETO DA — A libido aplicada a pessoas, coisas, causas, etc., externas ao eu.

LIBIDO, VICISSITUDES DA — Designação dos principais mecanismos de gratificação indireta da libido: (1) *Repressão*, cuja função é impedir que pensamentos dolorosos ou perigosos penetrem na consciência e dá subseqüentemente origem aos sintomas e sonhos; (2) *Sublimação*, cuja função é frustrar desejos sexuais condenáveis, dando origem à gratificação por meio de atividades superiores não-sexuais (ou só simbolicamente sexuais); (3) *Formação de reação*, cuja função é impedir a expressão de desejos nocivos e dá origem à exageração de atitudes e tipos de comportamento radicalmente opostos, usados como *barreiras*; (4) *Reintrojeção*, cuja função é retirar o desejo instintivo do objeto externo e dá origem, subseqüentemente, à incorporação dos valores e padrões externos na estrutura do ego, assim evitando que a pessoa fique à mercê deles como ameaças externas; (5) *Compensação*, cuja função é disfarçar as fraquezas condenáveis e dá origem ao realce da característica oposta a essas fraquezas, compensando a frustração com a gratificação excessiva em outra área moral e socialmente aceitável; (6) *Projeção*, cuja função é reprimir os impulsos não éticos e dá origem a uma atitude de austeridade crítica, atribuindo e censurando nos outros os próprios desejos não-éticos; (7) *Racionalização*, cuja função é reprimir uma conduta perigosa e injustificável, dando origem ao esforço de tentar provar que o comportamento próprio é *racionalmente* justificável; logo, digno de anuência própria e social; (8) *Negação*, cuja função é igualmente impedir a manifestação de desejos e atos imorais e dá origem à gratificação pela expiação, mediante o contra-ataque aos mesmos; (9) *Fantasiação*, em que a gratificação dos desejos frustrados se realiza em criações imaginárias; (10) *Isolamento*, cuja função é bloquear as situações indesejáveis, isolando-as da carga afetiva e dando, em resultado, maior disponibilidade de afeto para as circunstâncias e situações consideradas lógicas; (11) *Regressão*, cuja função é reprimir as atitudes imaturas e dá origem a um regresso a níveis anteriores do desenvolvimento, onde as reações menos maduras são NORMAIS e o nível de aspirações mais fácil de atingir. As onze funções, evidentemente, correspondem a outros tantos mecanismos de defesa do ego e as vicissitudes da libido equivalem ao recurso neurótico de gratificação indireta a que esses mecanismos deram origem.

LÍDER — Em termos sociológicos, é a pessoa que, em dado tempo e lugar, por suas ações, modifica, orienta, dirige ou controla as atitudes, ações e comportamento social de um ou mais adeptos ou seguidores. Em Sociometria, o líder ou condutor tem o nome de *sociocentro*, a pessoa que recebe maior número de escolhas sociométricas.

LIMIAR — Ponto estatisticamente determinado em que um estímulo é apenas perceptível, isto é, adequado para provocar uma reação específica num organismo, ainda que mínima, ou o ponto em que o estímulo difere suficientemente de outro estímulo para provocar reação diferente (ver: DIFERENÇA APENAS PERCEPTÍVEL = DAP). A Psicologia Experimental teve início, praticamente, nos esforços desenvolvidos para determinar o limiar de intensidade para as sensações visuais e ópticas. Daí se partiu para a medição de qualquer aspecto dos estímulos físicos (ver: PERCEPÇÃO SENSORIAL). Finalmente, com o desenvolvimento da Psicologia Social passou a ser submetido a tratamento estatístico qualquer dado ou dimensão das condições sociais, e hoje já se pode falar, por exemplo, de um limiar de mobilidade social — o ponto de uma complexa dimensão de condições sociais acima do qual a mobilidade ocorre e abaixo do qual não ocorre. O conceito de limiar pertence essencialmente ao que provoca uma reação (ou resposta): o estímulo. Os métodos psicofísicos foram desenvolvidos como um meio de determinação de limiares.

LIMIAR ABSOLUTO — A quantidade mínima de energia de estímulo a que um receptor responderá 50 por cento das vezes.

LINEAR, CORRELAÇÃO — Correlação em que a linha de *regressão* é uma reta, de modo que, para qualquer aumento na grandeza de uma variável, haverá uma alteração proporcional na grandeza da outra variável.

LÍNGUA — Ver: PALADAR.

LINGUAGEM — Qualquer forma de comportamento intercomunicativo, verbal ou não-verbal. Entretanto, o termo refere-se, principalmente, ao código verbal, escrito e falado, que caracteriza o homem e a sociedade de nível cultural mais evoluído. A linguagem é uma das mais importantes diferenças entre o homem e os animais inferiores. A capacidade lingüística é acompanhada de um alto nível de habilidade para comunicar através da linguagem escrita, expressões faciais e gestos, possibilitando ao homem aprender um grande número de coisas sem um contato direto com elas. A linguagem não só amplia os horizontes da aprendizagem mas também serve como instrumento para modificar o nível geral de impulso do homem, levando-o a realizar maiores esforços — por exemplo, através da exortação.

LINGÜÍSTICA — O estudo das línguas, suas origens, estrutura e evolução; como cada língua é construída, como varia no espaço e muda com o tempo, como se relaciona às demais e como é usada pelos que a falam. A lingüística conta com numerosas subdivisões de estudo especializado, entre as quais se destacam a *fonologia* (fonêmica e fonética), a *morfologia*, a *sintaxe*, a *lexicografia*, a *semântica* e outras ramificações de natureza mais restrita, como a dialetologia, a glossemática, etc. (Ver: PSICOLINGÜÍSTICA)

LIPPS, THEODOR — Professor em Bonn (1877), Breslau (1890) e Munique (1894). Filósofo, psicólogo e doutrinador estético. Procurou interpretar as *ciências fundamentais* (Lógica,

Ética e Estética) de acordo com o princípio da *experiência imanente* (*Psychologismus*), tendo aderido posteriormente, em grande parte, à fenomenologia de Husserl. A sua noção de psicologia como ciência da *consciência pura* abriu-lhe novos horizontes à interpretação psicológica dos fenômenos estéticos. N. em 28-7-1851 (Wallhalben), m. em 17-10-1914 (Munique). Bibliografia principal: *Asthetische Faktoren der Raumanschauung* (1891); *Psychologie der Suggestion* (1897); *Komik und Humor* (1898); *Vom Fühlen, Wollen und Denken* (1902); *Psychologische Untersuchungen* (1907-1912).

LISÉRGICO, ÁCIDO — Substância psicotrópica cuja nomenclatura química completa é ácido lisérgico-diametilamida (abrev. LSD). Já em pequenas doses provoca alterações profundas no equilíbrio psíquico (por exemplo, alucinações, bruscas mudanças afetivas, etc.). A partir de 1955, vem sendo utilizado para fins de pesquisa farmacopsicológica.

LIVRE ASSOCIAÇÃO — Em termos gerais, o fluxo espontâneo de idéias que ocorrem quando se abandona o controle voluntário do pensamento e se permite a este que se manifeste sem atender a propósitos lógicos ou morais. Semelhantes associações são mais determinadas por impulsos ou necessidades interiores, conscientes ou inconscientes, do que pelos ditames do pensamento lógico e racional; assim sendo, podem fornecer dados sobre a natureza dos impulsos subjacentes. Por esse motivo, a livre associação constitui o método fundamental da Psicanálise. Coube a Freud, descontente com a terapia hipnótica, desenvolver esse método para o tratamento da histeria. Pretendia-se, com a livre associação, suscitar uma descarga emocional, através da qual fosse possível proceder a um amplo reconhecimento dos instintos e das raízes inconscientes da vida psíquica. O paciente começa com alguns elementos de significado emocional e deixa, ou tenta deixar, que suas idéias fluam espontaneamente até que, por uma ou outra razão, esse fluxo sofre um bloqueio, isto é, surge um obstáculo na associação verbal que denuncia um tópico emocionalmente perturbador. É então abordado um outro assunto e o processo repete-se. Falar livremente sobre tudo o que nos ocorre não é fácil. Mesmo sem querer, uma pessoa protege-se a si mesma em determinados assuntos. Esses pontos de resistência (mecanismos de defesa) converteram-se no fulcro das investigações de Freud e na base aceita para a psicoterapia clássica. A grande vantagem da livre associação sobre a hipnose consiste em que essas áreas de resistência podem ser localizadas e exploradas, na medida em que o próprio paciente é obrigado a reconhecer, conscientemente, a natureza do seu problema.

LOBO — Parte arredondada e saliente de qualquer órgão; especificamente, das cinco principais divisões do cérebro: os lobos frontais, parietais, temporais e occipitais, e o lobo central ou ilha de Reil.

LOBOTOMIA — Método psicocirúrgico criado pelo neurologista português Egas Moniz para o tratamento de perturbações mentais e que consiste na excisão das fibras brancas do nervo que liga os lobos frontais com o tálamo. Sin.: Leucotomia Frontal.

LOCOMOÇÃO — Na Psicologia Topológica é uma mudança de posição ou *valência* de uma ou mais *regiões* no *espaço vital*; ou mudança na posição do indivíduo no espaço vital. A facilidade de locomoção no espaço vital é determinada, em dado momento, pelo número e permeabilidade das *barreiras*. E à ação que envolve os movimentos de uma região para outra, no *espaço vital*, dá-se o nome de locomoção psicológica. (Ver: ESPAÇO VITAL, TOPOGRAFIA e PSICOLOGIA TOPOLÓGICA)

LOGOTERAPIA — Método psicoterapêutico iniciado por Viktor Frankl, psiquiatra austríaco que, em colaboração com os neurologistas. P. Polak, K. Dienelt, J. Schultz e outros, deu origem à chamada Terceira Escola de Viena (ver: VIENA, ESCOLAS DE). À semelhança da *Análise Existencial* de Binswanger (*Daseinanalyse*), também a *Análise da Existência* (*Existenzanalyse*), designação dada inicialmente à Logoterapia e logo alterada para evitar confusões de nomenclatura e prática terapêutica com os demais métodos de inspiração existencial, mergulhou suas raízes metafísicas e fenomenológicas em Husserl e Heidegger, e sua metodologia na Psicologia da Existência de Karl Jaspers. Em suas relações com a psicanálise, Frankl preteriu a ortodoxia freudiana em favor da psicologia individual de Adler, combinando-a com os métodos de investigação antropológica. Frankl (*Die Existenzanalyse und die Probleme der Zeit*, 1947; *Die Psychotherapie in der Praxis*, 1961) propôs que o *princípio de prazer* freudiano fosse substituído pela *vontade de poder* adleriana, a qual, entretanto, é derrotada pela *frustração existencial*. A finalidade terapêutica da Logoterapia é, pois, incutir ao *homo sapiens* uma razão que fortaleça a sua vontade de existir pessoalmente e de existir no mundo para realizar-se (aquilo a que Frankl chamou *Willen zum Sinn*, o *querer ser* ou *querer realizar-se*), em face daquilo a que Jaspers chamou "a contra-razão do nosso tempo". Por outras palavras, a Logoterapia pretende ser uma arma racional contra a irracionalidade e a frustração existencial que vitimam o homem contemporâneo.

LOMBROSO, CESARE — Professor de Medicina Legal e Psiquiatria em Turim (Itália). Desenvolveu os estudos de Psicopatologia e Psicologia dos Criminosos, tornando-se conhecido por seus trabalhos sobre a relação entre o crime, o gênio e a doença mental. As suas teses sobre a conexão entre *gênio* e *loucura* e *criminalidade nata* são muito discutíveis. N. em 18-11-1836 (Verona) e m. em 19-10-1910 (Turim).

LUCIDEZ — Clareza de entendimento ou de percepção. Intervalo de sanidade mental entre períodos de incoerente manifestação de insanidade.

LÚDICAS, ATIVIDADES — Divertimento, brinquedo, jogo recreativo.

LUDOTERAPIA — Ver ANÁLISE INFANTIL.

LUMINÂNCIA — Energia luminosa emitida, refletida ou transmitida. Fluxo luminoso emitido por unidade de ângulo sólido e unidade da área projetada da fonte (a que se chamava antigamente brilho fotométrico). A luminância é medida em lamberts ou mililamberts. Quatro termos afins podem ser comparados: *luminância*, que é a força luminosa em todo o espaço tridimensional envolvido; *iluminância*, que é a força da luz ao atingir uma superfície (ou nela incidir) e a que se dá popularmente o nome de iluminação da superfície; *luminosidade*, que é a força da luz modificada pelas condições físicas predominantes: e *brilho*, que é o atributo psicológico da cor ou luz tal como percebida e tem por correlação física a luminosidade.

LURIA, ALEXANDR ROMANOVITCH (1902–1977) — Médico neurologista russo cujos trabalhos sobre a organização funcional do cérebro o tornaram uma figura de projeção mundial no campo da neuropsicologia. Foi um colaborador íntimo de Vigotski e compartilhou de muitos de seus interesses, incluindo a fala. Em seu estudo do desenvolvimento da ação voluntária em crianças, Luria tomou por ponto de partida a teoria de Vigotski de que a fala — primeiro externa, depois interna — é o principal mecanismo do comportamento voluntário. O papel da fala no controle do comportamento também foi um dos tópicos explorados por Luria, ao investigar os vários aspectos do funcionamento de crianças mentalmente retardadas, tais como: a atividade elétrica do cérebro, os reflexos de orientação, a formação de reflexos condicionados e as associações verbais. Muitos dos livros de Luria são o resultado de investigação sobre o impacto de lesões cerebrais sobre as funções mentais, representando importantes contribuições para a psicologia aplicada e para a interpretação teórica das relações cérebro-mente. De acordo com Luria, as atividades complexas (como a locomoção e a escrita) são executadas por um grupo de unidades estruturais integradas, centrais e periféricas. E escreveu: "Consideramos os processos corticais superiores como sistemas complexos, funcionais e dinamicamente localizados." A influência de Luria também tem sido grande na Psicolingüística contemporânea.

LURIA, TÉCNICA DE — Procedimento que tem por finalidade medir tensões emocionais. O sujeito responde às palavras de um teste de livre associação e, ao mesmo tempo, os dedos de uma das mãos pressionam um dispositivo de gravação sensitiva e os da outra mão mantêm-se o mais possível imóveis.

LUZ — Fenômeno de energia radiante e ondulatória, definido como perturbação transversa do campo eletromagnético, cujo comprimento de onda atua como estímulo adequado, luminoso e brilhante, do sentido visual. A sensação humana à luz, isto é, a capacidade de ver, depende funcionalmente de a energia radiante ser transmitida aos olhos em ondas de 390 a 760 micromilímetros, assim como da perfeita atividade da retina e estruturas associadas. (Ver: OLHO e VISUAL, APARELHO)

MACH, ERNST — Professor em Graz, Praga e Viena. Conjugando seus grandes conhecimentos nos domínios da Física e da mecânica da Percepção, deu importante impulso aos estudos de Psicologia Sensorial, através do método de investigação que denominou *funcionalismo positivo*. Foi o criador de diversos dispositivos mecânicos (por exemplo, o Tambor de Mach) para pesquisas de percepção óptica e acústica: movimentos de relatividade, rotação, profundidade, etc. N. em 18-2-1838 (Turas); m. em 29-2-1916 (Haar, Munique).

MACHO — Todo e qualquer organismo que, em estado adulto, produz espermatozóide ou pólen ou tem órgãos para tal produção. Macho refere-se sempre ao oposto da fêmea, com referência direta à diferença de sexo. *Masculino* significa o que é pertinente ao macho; logo, abrange também aquelas qualidades que se supõe pertencerem ao gênero (incluindo o gramatical). *Másculo, varonil* ou *viril* são termos avaliadores sobre as melhores qualidades do homem ou sobre as que distinguem um homem de um rapaz.

MACROCEFALIA — Cabeça desproporcionalmente grande em relação ao volume do corpo, acompanhando usualmente uma deficiência mental.

MACROPSIA — Distúrbio da visão em que os objetos são vistos como através de uma lente de aumento, em virtude de um espasmo no mecanismo da acomodação ou por lesão retiniana.

MÁGICO, ESTÁGIO — Período durante o desenvolvimento infantil em que imaginar um objeto parece equivaler a tê-lo criado. Alguns psicanalistas consideram tal manifestação um sintoma da *onipotência* infantil, associada ao estágio oral.

MAGNETISMO ANIMAL — Expressão histórica criada por Mesmer para definir a suposta energia que se acreditava induzir a *hipnose*, passando do operador para o sujeito.

MALÉVOLA, TRANSFORMAÇÃO — Designação dada pelo psiquiatra Henry S. Sullivan à mudança em que a pessoa passa a sentir que está rodeada de inimigos.

MANDALA — Nas antigas religiões asiáticas, instrumento de concentração mental. Círculo mágico. C. G. Jung introduziu a palavra na Psicologia e Jolan Jacobi (*The Psychology of C. G. Jung*, 1944) assim descreve a origem da aplicação do conceito de mandala aos estudos da psique: "Após aquelas figuras oníricas que revelam a *sombra* e o *animus*, emergiram gradualmente imagens que Jung agrupou sob a designação de símbolos reconciliadores, que manifestavam um propósito interior, ou *telos*. Nos seus estudos comparativos de Alquimia, Jung descobrira que os alquimistas usavam correntemente desenhos e imagens simbólicos que até há pouco eram considerados hieróglifos sem sentido algum ou que tinham sido erroneamente interpretados, mas que apresentavam curiosas semelhanças com as imagens e fantasias apresentadas por seus próprios pacientes. Jung fez então descoberta semelhante ao estudar os símbolos simétricos religiosos da Índia, China e Tibete, conhecidos pelo nome de *mandalas*, que anteriormente se consideravam simples ornamentação. Jung reconheceu que todos esses desenhos eram representações simbólicas daquele *telos* em cuja direção tendem todo o crescimento íntimo e toda a individuação, e que recebeu em Psicologia o nome de eu." Temos, pois, que a mandala é uma representação simbólica do eu: "É... a imagem arquetípica que impele os dois sistemas parciais — consciência e inconsciente — da polaridade para a unidade, através de um ponto intermédio comum que é o *Eu-Mesmo (selbst)*" (Max Frishkenecht, *Die Religion in der Psychologie C. G. Jung*, 1945).

MANEIRISMO — Uma característica excêntrica do comportamento que se observa em certos casos de esquizofrenia e é vista como uma expressão simbólica subjacente em atitudes e idéias. Em comparação com a *estereotipia* do esquizofrênico, o maneirismo é uma manifestação menos complexa e menos freqüente.

MANIA — Fase de violenta excitação da *psicose maníaco-depressiva*. Popularmente, assinala qualquer exibição despropositada e excessiva de interesse por um objeto ou realização de algum ato, empregando-se normalmente em combinação com outra palavra que defina o motivo da compulsão: bibliomania, dromomania, etc.

MANÍACAS, REAÇÕES — São excitações psicóticas que se caracterizam por hiperatividade e auto-afirmação delirante mas mostram relativamente pouca desorganização. Norman Cameron (em *Personality Development & Psychopathology*) descreve o comportamento do paciente maníaco como "uma caricatura de alegria, otimismo e autoconfiança, com freqüência uma caricatura pueril".

MANÍACO-DEPRESSIVA, PSICOSE — Um dos tipos de perturbação mental que alterna os períodos de excitação aguda com os de profunda depressão. As psicoses desta categoria dividem-se em *endógenas* e *reativas*. As endógenas consideram o problema maníaco-depressivo como resultante de fatores inatos, hereditários e biológicos, sendo assim uma doença puramente orgânica acessível ao tratamento físico (leucotomia pré-frontal, coma subinsulínico, eletrochoque e sedativos). As psicoses reativas constituem uma reação emotiva a situações ambientes (por exemplo, a depressão provocada por privações), implicando assim uma concepção psicodinâmica da doença, com relevância para o tratamento psicoterápico.

MANIFESTO, CONTEÚDO — Em Psicanálise, qualquer idéia, impulso ou sentimento que exprima na consciência um motivo reprimido ou latente. A expressão foi criada por Freud em *A Interpretação de Sonhos*, em que o relato ou descrição verbal de um sonho é o conteúdo manifesto.

MANNONI, DOMINIQUE-OCTAVE (1899–1989) — Filósofo e psicanalista francês. Após sua licenciatura em filosofia, exerceu o magistério de 1926 a 1945 no Liceu Gallieni, em Madagáscar. Em 1946 fez sua análise com Jacques Lacan e conheceu Maud Van der Spoel, com quem se casou. Espírito culto, versado em antropologia, etnologia e literatura, crítico de arte e de cinema, abordou temas psicanalíticos com grande brilho e originalidade, mas foi avesso a submeter-se aos ditames das escolas psicanalíticas, que rapidamente se sucediam em Paris em torno de Lacan e de seus adeptos ou desafetos. Foi colaborador assíduo, até sua morte, da revista *Les Temps Modernes*. Tem traduzidos e editados no Brasil o seu notável ensaio *Freud* (Zahar, 1994), um clássico da literatura psicanalítica, e *Um Espanto Tão Intenso; A Vergonha, o Riso, a Morte* (Campus, 1992).

MANNONI, MAUD (1923-1998) — Psicanalista francesa, filha de um diplomata holandês e mãe belga, nasceu em Courtrai (Bélgica) e passou sua infância em Colombo (Sri Lanka). Regressou à Bélgica em 1929 e, depois de estudar Criminologia na Universidade de Bruxelas, instalou-se em Paris em 1949. Aí se relacionou com Françoise Dolto e casou com Octave Mannoni. Foi analisada por Jacques Lacan, a quem acompanhou ao longo de boa parte de sua movimentada trajetória no interior do movimento psicanalítico francês. Fundou em 1969 a Escola Experimental de Bonneuil, onde pôs em prática suas idéias sobre "a escuta analítica dos sintomas da criança supostamente retardada, porta-voz do mal-estar da família", e "dotada de uma fala que espera ser ouvida". De sua vasta obra, em livros e artigos, estão publicados no Brasil, pela Francisco Alves: *Educação Impossível* (1977); pela Zahar: *Amor, Ódio, Separação* (1988), *Da Paixão do Ser à 'Loucura' do Saber* (1989), *O Nomeável e o Inominável* (1995) e *Elas Não Sabem o que Dizem* (1998).

MANUTENÇÃO, FUNÇÕES DE — As funções fisiológicas que preservam o animal num estado relativamente constante, homeostático.

MAS — Abreviatura de *Manifest Anxiety Scale*, uma escala para medir a ansiedade manifesta que foi criada e desenvolvida por J. A. Taylor (1951). Os escores na escala refletem diferenças no estado emocional crônico, de modo que os indivíduos com escores mais elevados na escala possuem mais ansiedade e um conseqüente nível de impulso acima do das pessoas com escores inferiores. O teste foi criado para selecionar indivíduos que diferem no nível de impulso geral e não como instrumento clinicamente útil para o diagnóstico de ansiedade. O teste tem sido empregado em estudos que procuram determinar a relação entre o nível de impulso e o desempenho em situações de aprendizagem.

MASHBURN, APARELHO — Dispositivo mecânico para medir a coordenação olho-mão e olho-pé. O sujeito tem de alinhar diversos pares correspondentes de luzes vermelhas e verdes, manipulando um painel de alavancas de controle.

MASLOW, ABRAHAM H. — Psicólogo norte-americano (1916–1973), autor de uma teoria da motivação e da personalidade que tomou como princípio básico a *individuação* ou *auto-realização*. Maslow deu ao seu sistema o nome de Psicologia Humanista ou Psicologia do Ser. Considerou-se participante da chamada Terceira Força Psicológica, que engloba não só os psicólogos humanistas e existencialistas mas ainda os fenomenologistas, os gestaltistas, os rogerianos, os psicólogos da personalidade e as correntes analíticas neofreudianas e não-freudianas. Com a Psicologia Humanista, Maslow pretendeu estabelecer e consolidar uma alternativa viável para a psicologia experimental-positivista-behaviorista, por um lado e para o freudianismo ortodoxo. A essa alternativa não são estranhos os conceitos holísticos de Goldstein, os motivos "individuacionantes" de Jung e a terapia existencialista de Rogers e Rollo May. O objetivo da Psicologia Humanista é a realização da "personalidade saudável", isto é, dotada de um forte sentido de identidade pessoal, bem ajustada, capaz de viver confortavelmente consigo mesma e com os outros. Maslow foi presidente da APA e autor de obras que obtiveram grande divulgação e popularidade: *Motivation and Personality* (1954), *Religion, Values & Peak Experiences* (1964), *Eupsychian Management* (1965), *The Psychology of Science* (1966) e *Toward a Psychology of Being* (1968), este último trabalho já traduzido no Brasil com o título de *Introdução à Psicologia do Ser*. (Ver: INDIVIDUAÇÃO, PSICOLOGIA DO SER, SAÚDE MENTAL)

MASOQUISMO — Anomalia psicossexual caracterizada pelo desejo mórbido de ser maltratado, como prévia condição da gratificação sexual. A flagelação estimulante pode ser infligida pelo próprio ou por outrem. Em muitos casos registra-se orgasmo, e a dor constitui, portanto, a única condição de satisfação sexual; mas, em outros casos, é um preâmbulo necessário à consumação de outras atividades sexuais. Freud identificou o masoquismo com a introjeção de tendências destrutivas que anteriormente flagelavam o objeto amado, transferindo-as para o eu. A palavra deriva do nome do conde austríaco Leopold Sacher von Masoch (1836–95), autor de várias novelas em que seus heróis cometiam atos sexuais da natureza descrita.

MASSA, AÇÃO DE — Um dos mais conhecidos princípios neuropsicológicos enunciados por Karl S. Lashley. A eqüipotencialidade das partes não é absoluta mas está sujeita a uma lei de ação de massa, pela qual a eficiência do desempenho de toda uma função completa pode ser reduzida em proporção à extensão da lesão cerebral, dentro de uma área cujas partes não são mais especializadas para um componente da função do que para um outro. (Ver: EQÜIPOTENCIALIDADE DAS PARTES)

MASSA, COMUNICAÇÃO DE — Estudo psicológico e sociológico do conteúdo e dos efeitos sobre o indivíduo ou grupo social das mensagens veiculadas através das modernas técnicas de comunicação: imprensa, rádio e televisão, cinema e outras formas (*canais*) de informação maciça.

MASSA, POLARIZAÇÃO DA — Focalização da atenção de vasto número de pessoas sobre a mesma comunicação. Condição de uma audiência maciça e atenta à mesma comunicação.

MASSA, TEORIA DA AÇÃO DA — Doutrina proposta pelo psicólogo behaviorista norte-americano Karl Spencer Lashley (*Nervous Mechanisms in Learning*, 1929; *Brain Mechanisms and Intelligence*, 1929), segundo a qual vastas áreas ou massas cerebrais funcionam como um todo numa ação inteligente e aprendida. A teoria assenta na generalização de que, quando o tecido cerebral é destruído (por cirurgia), a perda de eficácia de um determinado comportamento aprendido depende, não da localidade específica que foi afetada, dentro da área funcional do córtex, mas da *quantidade* de tecido que aí foi destruída.

MASSAS, PSICOLOGIA DAS — Estudo sistemático de agregados humanos relativamente vastos, mas que não estão socialmente organizados: multidões, turbas e outros grupos menores. Distingue-se, portanto, da Psicologia dos Povos, cujo objeto é o comportamento psicológico de nações e países. (Ver: PSICOLOGIA DAS MULTIDÕES)

MASTURBAÇÃO — Estimulação dos órgãos sexuais ou áreas erógenas da própria pessoa, com o objetivo de obter gratificação sexual. Havelock Ellis propôs essa definição (nos seus próprios termos: "Estimulação consciente, por ação ou pensamento, dos próprios órgãos sexuais, a fim de obter prazer sem a participação de outrem") como sinônimo de auto-erotismo. Contudo, esta última expressão reveste-se hoje de conotações psicanalíticas que estabelecem certa diferenciação nas respectivas definições. (Por exemplo: na estimulação auto-erótica do bebê, ao chupar o dedo, raramente se registra acompanhamento masturbatório.) (Ver: AUTO-EROTISMO)

MATEMÁTICO-DEDUTIVO, MÉTODO — O uso de definições, postulados e corolários vasados em forma matemática, no estabelecimento de uma teoria ou sistema. Por exemplo, a Teoria Hipotético-Dedutiva de Clark Hull.

MATERIALISMO — Do ponto de vista psicológico, era a doutrina (hoje obsoleta) segundo a qual todos os fatos e estados da consciência são epifenômenos que só podem ser explicados cientificamente em função dos fenômenos fisiológicos correspondentes (Ribot, *Maladies de la Personnalité*). Portanto, para os materialistas, a vida mental só é explicável através do corpo — das vibrações nervosas, movimentos moleculares, células corticais, etc. Destacaram-se como defensores do psicologismo materialista Büchner, Vogt, Moleschott e outros. Na atualidade, é a doutrina oficial da ciência marxista-leninista que, por esse motivo, tem limitado seus progressos ao domínio da Psicologia Fisiológica e das bases biológicas do comportamento.

MATRIZES PROGRESSIVAS, TESTE DAS — Elaborado por Raven, é hoje apresentado em três escalas diversas: escala infantil, escala adulto padrão e escala avançada. Pretende medir o nível mental, ou seja, o fator *g* postulado por Spearman. Seus itens são de natureza não-verbal e conformam-se às operações mentais de educão de relações e de correlatos.

MATURAÇÃO — Aquele aspecto do processo de desenvolvimento para o qual contribuem os fatores inatos e hereditários que dotam o indivíduo com uma estrutura de personalidade *potencial*, propensa a manifestar-se à medida que ele cresce.

MATURAÇÃO, HIPÓTESE DA — Doutrina segundo a qual alguns modos de comportamento estão determinados desde o nascimento, pela hereditariedade, mas só se manifestam quando certas estruturas orgânicas amadureceram.

MATURAÇÃO, PRINCÍPIO DE — Doutrina da Psicologia Educacional que considera ineficaz toda aprendizagem e instrução enquanto o nível de maturidade intelectual e emocional da criança não for levado em conta para a organização das tarefas.

MATURIDADE — Condição adulta da forma, estrutura e funções de um organismo, na totalidade de suas características. Distingue-se de *maturação*, que é a evolução do organismo, através de vários estágios, até atingir a maturidade.

MATURIDADE, CONDIÇÕES DE — Condições que caracterizam o final do período de maturação do organismo: (1) *Maturidade emocional*, o grau em que uma pessoa se afastou do comportamento emocional próprio da infância e da adolescência e manifesta o comportamento típico de um adulto; (2) *Maturidade intelectual*, a aquisição da sabedoria prática, da capacidade de resolver os problemas pessoais, mais pela experiência do que pela instrução, que distingue a inteligência adulta, proporcionalmente à idade da pessoa; (3) *Maturidade psicológica*, estreitamente vinculada a (2) e caracterizada pela síntese genital da evolução psicossexual; (4) *Maturidade social*, o grau em que um indivíduo adquiriu os comportamentos sociais e socializados que são habituais na sua idade e posição.

MAXIMAÇÃO RECÍPROCA — Na Psicologia Social, designa um tipo de comportamento interpessoal em que uma pessoa suscita em outra uma reação que confirma e reforça o que a primeira pessoa esperava. Por exemplo, se uma criança for tratada como estúpida, poderá atuar de maneira estúpida e assim confirmar o juízo inicialmente formulado.

MAY, ROLLO — Médico e psicoterapeuta norte-americano (n. em 1909), iniciou seus estudos psicanalíticos em Viena e completou sua formação e treinamento didático no William Alason Institute of Psychiatry Psychology and Psychoanalysis, de Nova York, do qual foi membro docente. Exerceu também as funções de presidente do Conselho de Psicólogos do Estado de Nova York. Uma das figuras de proa da Psicologia Existencialista, suas obras obtiveram ampla divulgação não só nos meios psicológicos mas também no público leigo, para o que contribuíram de modo decisivo suas invulgares qualidades de escritor. Bibliografia principal: *The Meaning of Anxiety* (1950), *Man's Search for Himself* (O Homem à Procura de Si Mesmo) (1953) e *Psychology and Human Dilemma* (1968), sendo ainda o organizador de três importantes coletâneas: *Existence: A New Dimension in Psychiatry and Psychology* (1958), *Symbolism in Religion and Literature* (1960) e *Existencial Psychology* (1961), em que além de suas contribuições foram reunidos artigos de Carl Rogers, Maslow, R. Laing, Ruitenbeck e outros. (Ver: PSICOLOGIA EXISTENCIALISTA)

MAYO, ELTON — Cientista social e psicólogo industrial. Em conjunto com Roethlisberger, Whitehead e outros, elaborou o *Inquérito de Hawthorne*, método de pesquisa e classificação psicológica das condições de trabalho em complexos industriais, baseado na estrutura social dos grupos formais e informais e no ambiente dominante das relações entre os indivíduos desses grupos. N. em 1880 e m. em 1949. Principal obra publicada: *Social Problems of an Industrial Civilization* (1945). (Ver: PSICOLOGIA SOCIAL)

McDOUGALL, TEORIA DE — Teoria da percepção cromática que se distingue da Teoria de Young-Helmholtz pelo fato de adotar o *princípio de duplicidade* de Johannes von Kries (*Physiologie der Gesichtsempfindungen*, 1897), o qual sustenta que a retina tem dois grupos distintos de receptores — os *cones*, para raios luminosos de intensidade normal, e os *bastonetes*, para luzes fracas (impressões acromáticas).

McDOUGALL, WILLIAM — Psicólogo inglês (n. 22-6-1871, no Lancashire, m. 28-11-1938, em Durham, E.U.A.) que ocupou uma posição destacada na tradição evolucionária britânica. Lecionou nas universidades americanas de Duke e Harvard. Aos 27 anos de idade, empreendeu uma viagem a Bornéu para colher medidas psicológicas de povos primitivos. Em 1908 publica a *Introdução à Psicologia Social*, dando início à Psicologia Hórmica, a qual consiste, essencialmente, numa fusão da Psicologia do Ato, de Brentano, com a psicologia experimental. Foi o interesse evolucionário de McDougall que o levou ao estudo dos sentimentos e instintos humanos, e a escrever em 1912 uma obra em que a psicologia foi designada, pela primeira vez, como "ciência do comportamento", embora numa acepção que se distinguia do "comportamento", tal como seria definido pelos behavioristas americanos. Bibliografia principal: *Physiological Psychology* (1905), *Introduction to Social Psychology* (1908), *Psychology, The Study of Behavior* (1912), *Fundamentals of Psychology* (1924), *The Energies of Men*, um estudo dos fundamentos da psicologia dinâmica (1932), *Psychoanalysis and Social Psychology* (1936). (Ver: HÓRMICA, TEORIA)

MEAD, GEORGE HERBERT — Professor da Universidade de Chicago. Representante de uma corrente pragmática da Teoria da Personalidade. Pesquisou intensamente as relações entre pessoa, sociedade e cultura (*Role Theory* — Teoria do Papel). Deu importantes contribuições para a Psicologia Social e a Antropologia Cultural. N. em 27-2-1863 (South Hadley) e m. em 1931. Principal obra publicada: *Mind, Self and Society* (1934). (Ver: TEORIA DO PAPEL)

MEAD, MARGARET — Professora de Antropologia na Universidade de Colúmbia (Nova York). Psicóloga cultural e etnóloga, empreendeu diversas viagens de pesquisa entre as tribos primitivas da Polinésia (1928-1939), cujos resultados tiveram a maior importância no desenvolvimento dos estudos da Psicologia Cultural. (N. 1901, Filadélfia; m. 1978, Nova York.) Bibliografia principal: *Growing-Up in New Guinea* (1930); *Sex and Temperament in Three Primitive Societies* (1935); *Cooperation and Competition Among Primitive Peoples* (1937); *Male and Female* (1949); *Sociétés, Traditions et Technologie* (1953); *The Golden Age of American Anthropology* (1960).

MECÂNICA — Em acepção física, é a investigação do movimento de massas e partículas no espaço e no tempo. A mecânica estuda os movimentos; a dinâmica estuda as forças que causam o movimento. Contudo, em Psicanálise, mecânica psíquica e dinâmica psíquica estão de tal modo interligadas que é possível considerá-las sinônimas. (Ver: DINÂMICA/DINÂMICA, ANÁLISE/PSICOLOGIA DINÂMICA)

MECANISMO — Combinação sistemática de peças ou partes funcionando em conjunto para o desempenho de tarefas específicas. Estrutura em que a alteração de uma parte provoca mudanças previsíveis em outra parte ou no todo. Em Psicologia, de modo geral, o termo refere-se às partes físicas do corpo que se consideram responsáveis pelo funcionamento psicológico: por exemplo, os mecanismos da adaptação. Em Psicanálise, designa os padrões de reação semi-automática aos complexos emocionais reprimidos, padrões esses que são inconscientemente determinados: por exemplo, mecanismos de defesa do ego, mecanismos de projeção, etc. A reação suscitada por tais mecanismos traduz-se, essencialmente, por motivações que o indivíduo, entretanto, só considera responsável pelo seu comportamento depois de serem reveladas pela análise. (Ver DINÂMICA, ANÁLISE/PSICOLOGIA DINÂMICA)

MECANISTA, TEORIA — Doutrina psicológica que teve origem remota na filosofia de Descartes (concepção mecanicista do caráter) e resultou diretamente do associacionismo do século XVIII, do conceito de consciência dinâmica de Herbart e dos métodos de conversão quantitativa dos estímulos e sensações de Fechner. A teoria mecanista (ou mecanicista, como preferem alguns autores) tem por enunciado fundamental que todas as atividades dos seres humanos são completamente explicáveis de acordo com as leis de mecânica física, isto é, pelos movimentos e permutas de energia — nada mais sendo preciso para a descrição e explicação dos fenômenos vitais e psicológicos. A Psicologia Behaviorista, em suas formas extremas, as teorias psicofísicas de estímulo-reação, o Materialismo Psicofisiológico, a Psicologia da Comunicação e a Cibernética, a própria Psicanálise (Freud chamou *mecanismos* aos padrões de reação do ego e preocupava-se em que suas teorias fossem *mecânicas*), são algumas das teorias resultantes dessa matriz comum. Apenas o caráter *teleológico* de algumas delas as afastou metodologicamente do mecanismo ortodoxo, para observarem os mesmos fenômenos do ponto de vista introspectivo e analítico (como foi o caso do Estruturalismo e da Psicanálise).

MEDIAÇÃO, TEORIA DA — O pressuposto de que os estímulos não iniciam diretamente o comportamento, mas que processos intervenientes são gerados pelos estímulos, os quais são, por sua vez, responsáveis pela iniciação do comportamento.

MEDIADOR — Na Teoria da Informação, o sistema que intervém entre um receptor e um transmissor. O organismo pode ser considerado um mediador entre estímulos e respostas. O sistema nervoso também é freqüentemente citado como mediador, nessa mesma acepção.

MEDIÇÃO, NÍVEIS DE — Segundo o psicólogo S. S. Stevens que expôs a sua teoria em 1951 (*Handbook of Experimental Psychology*) são quatro os níveis básicos de atribuição de números, cada nível com seus processos estatísticos apropriados: (a) o primeiro nível, o inferior da série, é a *escala nominal*, em que se atribuem números para identificar as *categorias* a que as pessoas ou coisas individuais pertencem; (b) o segundo nível é a *escala ordinal*, em que os números indicam uma colocação em série, que varia de inferior para superior, e os métodos estatísticos se baseiam em interpretações de *maior do que* ou *menor do que;* (c) o terceiro nível é a *escala intervalar*, em que as distâncias entre cada número e o seguinte são iguais, mas não se sabe a que distância qualquer deles está do *zero* da escala; (d) o quarto nível é a *escala proporcional*, em que cada número é uma distância medida a partir de zero e em cuja base são permitidas todas as técnicas estatísticas.

MEDIDAS PSICOLÓGICAS — Resultados obtidos através da quantificação do comportamento psicológico dos indivíduos, tal como se manifesta na realização de testes de inteligência, testes de aptidões especiais, testes de personalidade, etc. Os testes e os métodos de conversão dos dados mentais (fatores qualitativos) em medidas quantitativas constituem hoje a base de toda a Psicologia Experimental, que para isso recorre à Matemática e à Estatística (números medianos, médias, desvios-padrão, distribuições de freqüência, cálculo de probabilidades), como seus instrumentos operacionais. (Ver: PSICOLOGIA EXPERIMENTAL)

MEDO — Estado emocional de agitação inspirado pela presença, real ou pressentida, de um perigo concreto. Caracteriza-se por várias alterações no comportamento, desde a fuga ao escondimento. O efeito motivacional do medo sobre outras reações já foi corroborado há muito. Os escritos de Cannon (p. ex.: W. B. Cannon, *Bodily Changes in Pain, Hunger, Fear and Rage*, 1929) e Freud (p. ex.: *The Problem of Anxiety*, 1936) concentraram as atenções psicológicas sobre o problema do medo e Mowrer formulou a noção de *medo condicionado* como variável motivacional com suficiente concisão para fazer disso uma variável experimental na pesquisa psicológica. Segundo Mowrer, o medo é uma reação emocional aprendida a estímulos que denotam o advento de dor ou estímulos nocivos. A reação é adquirida através do condicionamento clássico. O medo funcionará como um ativador geral e a sua redução pode servir para reforçar a aprendizagem de uma nova resposta.

MEDULA ESPINAL — Forma, com o encéfalo, o sistema nervoso central. É um longo e espesso cordão de tecido nervoso, contido no canal vertebral. (Ver: SISTEMA NERVOSO)

MEGALOMANIA, MANIA DE GRANDEZA — Ilusão de que se é uma pessoa de grande importância, um rei, um milionário, ou uma personalidade preeminente num meio específico.

MELANCOLIA — Síndroma depressiva, patente na psicose maníaco-depressiva, que ocorre na meia-idade e se caracteriza por ansiedade e agitação notórias, somadas aos usuais sintomas de depressão.

MEMBRANA, TEORIA DA — Princípio neurofisiológico enunciado por Julius Bernstein (*Membrane Theory of Nervous Conduction*, 1902), segundo o qual a condutividade nervosa dos neurônios é o produto da polarização da membrana celular dos axônios, fibras encarregadas da condução dos impulsos neurais. As células dos axônios possuem um fluido interior (contido em cada célula) e um exterior (que banha todas as células). A membrana, em seu estado normal (membrana estacionária ou em repouso), tem o interior negativo e o exterior positivo, quer dizer, está polarizada. Quando recebe o impulso da fibra receptora (dentrito), a membrana despolariza e transmite esse impulso à sinapse seguinte. Concluída a ação, volta ao seu estado normal (repolariza) e fica potencialmente preparada para receber o próximo estímulo. Howard Curtis e Kenneth Cole, psicofísicos ingleses, ampliaram em 1940 a Teoria da Membrana Condutora, demonstrando que o potencial estacionário está relacionado com a concentração de iontes de potássio no fluido interior e que o potencial de ação da membrana resulta da maior concentração de iontes de sódio do fluido exterior que, atravessando a membrana, penetraram na célula e provocaram, portanto, uma inversão da polaridade.

MEMBRO — Na Teoria da Gestalt, qualquer componente com função específica no todo. É preferido ao termo *parte*, que pode implicar uma possibilidade de separação negada pela teoria. De acordo com a concepção gestaltista, todos os atributos dependem rigorosamente do todo; mas alguns mudam pouco com as mudanças da Gestalt, ao passo que outros mudam muito. São estes últimos os atributos que se revestem do caráter de membros.

MEMÓRIA — Retenção de aptidões e informações recebidas através do processo de aprendizagem, abrangendo quatro operações fundamentais: decorar, reter, recordar e reconhecer explicitamente. A Psicologia Moderna não reconhece a memória como faculdade unitária.

MEMÓRIA COLETIVA — Ver: COLETIVO, INCONSCIENTE.

MEMÓRIA, FALSIFICAÇÃO DA — Alteração de uma recordação, de modo que deixe de ser verdadeira.

MEMÓRIA FILOGENÉTICA — Vaga tendência ou idéia que se encontra na maioria dos homens contemporâneos (ou em todos) e que representa uma repercussão semiconsciente de um estágio remoto na história da humanidade. Freud propôs uma espécie de memória do "pai da horda primordial" e Jung baseou nos princípios filogenéticos uma parte da sua doutrina dos arquétipos.

MEMÓRIA INCONSCIENTE — Em Psicanálise, o acervo de idéias e afetos que foram reprimidos, mas que não ficaram privados de realidade psíquica, pelo que podem reaparecer na consciência sob várias formas disfarçadas. (Ver: MNEME)

MEMÓRIA DE TELA — Ver: TELA, MEMÓRIA DE.

MENDEL, LEIS DE — Teoria geral da hereditariedade, formulada por Gregor Mendel (1822–1884) que se baseia em três princípios: (1) *Lei da uniformidade*, a existência no plasma de elementos denominados *genes*, os quais são transmitidos como caracteres unitários relativamente independentes de outros caracteres unitários; (2) *Lei da segregação*, a separação dos pares de genes, na reprodução sexual, pelo que apenas um gene de cada par aparece no gameta (isto é, no esperma ou no óvulo); (3) *Lei da predominância*, o aparecimento, em resultado dos fatores de segregação do par genético, de uma característica somática semelhante à de um dos pais, dessemelhante da do outro; característica dominante ou característica regressiva.

MENTAIS, FUNÇÕES — Operações que caracterizam o aspecto dinâmico da vida mental, distinto de suas estruturas e conteúdo. Pensar é uma função da vida mental; a estrutura ou mecanismo de pensar, embora não se conheça em pormenor, é primordialmente de natureza cortical, e o conteúdo mental do pensar é a idéia ou pensamento. Estrutura, função e conteúdo constituem a vida mental, em seu todo, tal como se reflete nos atos e no comportamento do indivíduo.

MENTAL, DEBILIDADE — Estado das pessoas que, "por motivo de um desenvolvimento mental permanentemente sustado ou retardado, existente desde a infância, são incapazes de orientação e sustento próprios". A debilidade ou atraso mental não inclui, portanto, uma redução do nível de funcionamento, em conseqüência da perda de capacidades anteriormente aprendidas (como no caso de lesões cerebrais resultantes de acidente), e sim uma carência estável e relativamente constante de capacidades, "mais por inadequação intelectual e social do que por insuficiência emocional ou motivacional". Existe uma diferença fundamental entre a debilidade mental e a deficiência mental, sendo esta última caracterizada por fatores de ordem patológica. (Ver: DEFICIÊNCIA MENTAL)

MENTAL, ESTRUTURA — Um construto hipotético usado para explicar o comportamento. O *id*, por exemplo, foi usado por Freud para as pulsões de natureza instintiva do homem. De acordo com as teorias da personalidade, a estrutura mental consiste numa persistente complexa organização de traços.

MENTAL, HIGIENE — Ciência que se ocupa em preservar e fomentar a saúde mental. Inclui as medidas destinadas a prevenir os distúrbios mentais e a promover o ajustamento psicológico dos indivíduos ao meio, apurando-lhes a capacidade de relacionação harmoniosa no grupo social. (Ver: SAÚDE MENTAL)

MENTAL, PERTURBAÇÃO — Designação geral de todos os distúrbios mentais, psicogênicos ou somatogênicos, que se caracterizam por grave desorganização do comportamento e da capacidade de adaptação social. Por exemplo, a psicose e a neurose.

MENTAL, TELEPATIA — Suposta capacidade de uma pessoa para saber o que está ocorrendo na mente de uma outra pessoa; uma forma de percepção extra-sensorial.

MENTAL, VIDA — Designação geral dos fenômenos que têm origem ou se desenrolam na *mente, psique* ou *eu*. Nesta acepção geral, pode designar um *conteúdo*, um *ato*, uma *estrutura* ou um somatório desses conceitos, assim como a sua natureza *consciente* ou *inconsciente*. Para a Psicologia Estruturalista, vida mental é tudo o que pertence ou se registra no *conteúdo* da mente, tudo o que é consciente ou suscetível de introspecção: cores, tons, ruídos, sentimentos, emoções, pensamentos, volições, etc., que estimulam os mecanismos mentais e determinam o comportamento. Para a Psicologia Funcionalista, a vida mental compõe-se dos *atos* ou *funções* da mente, ou do eu, ou de um organismo psicobiológico: olhar e ver, ouvir e sentir, pensar e aprender, decidir e comunicar, ter emoções, etc. Esta é uma das teorias de vida mental com maior aceitação contemporânea, mas está longe de obter a adesão universal da Psicologia. A sua grande rival é a que considera a vida mental tudo o que pertence à *estrutura* do eu: hábitos, sentimentos, expectativas, atitudes, mecanismos mentais, etc. (Ver: MENTE)

MENTALIDADE — Diversas manifestações que caracterizam qualitativamente a vida mental de uma pessoa, em particular no domínio intelectual. É quase sinônimo de Personalidade.

MENTALISMO — Doutrina segundo a qual existe um grupo distinto de fenômenos mentais (conscientes ou anímicos) que não são reduzíveis a fenômenos físicos sem que deles reste algo. Opõe-se, portanto, ao conceito mecanista da psique, na medida em que afirma o caráter dualista da personalidade. A Bourlaud (*Psychologie*, 1932) definiu vagamente o mentalismo como "psicologia da vida interior, segundo a concepção de que, para cada indivíduo, existe uma série de fatos internos que penetram espontaneamente, ou automaticamente, na sua vida consciente". Esta definição quase poderia servir para a própria Psicologia.

MENTE — Sistema total dos processos mentais ou atividades psíquicas de um indivíduo. No contexto psicológico, *mente* não acarreta implicações de ordem metafísica sobre a essência ou natureza do sistema, e limita-se a destacar as *relações* entre os fenômenos, tal como se definem através de atos ou comportamentos, mas reconhecendo que se revestem de uma qualidade particular (mental) que os distingue, de algum modo, dos processos caracterizadamente fisiológicos. *Mente* é, pois, a soma total de estruturas permanentes e hipotéticas às quais foram atribuídas determinadas propriedades que explicam os fenômenos e processos observados através do comportamento do indivíduo, quer se considerem tais processos relacionados ou não com determinantes somáticas.

MENTE-CORPO, PROBLEMA — Por alguns autores denominado também "Questão Psicofísica". É o tema do debate metafísico sobre as verdadeiras relações entre a mente (ou o que é mental) e o corpo (ou o que é físico). As principais teorias formuladas até hoje foram: (1) *Materialismo* — somente o corpo é real; (2) *Idealismo* — o corpo e os processos físicos são manifestações da mente, isto é, do pensamento (na acepção cartesiana), e suas idéias são a única realidade demonstrável; (3) *Interacionismo* — a influência recíproca do corpo sobre o espírito e deste sobre aquele; (4) *Dualismo* — o corpo é a mente de um certo ponto de vista e a mente é o corpo, segundo outro ponto de vista da mesma realidade, teoria esta que se desdobrou para explicar o corpo e a mente como *duas linguagens* que descrevem os mesmos fenômenos; (5) *Epifenomenalismo* — os processos mentais são um produto secundário da atividade central do corpo e sem importância causal; (6) *Reacionismo* — os processos mentais são uma reação distinta do organismo em contato com o meio.

MENTIRAS, DETECTOR DE — Aparelho tecnicamente denominado *polígrafo*, para medir a pressão sangüínea, o pulso, as alterações respiratórias e a reação eletrodérmica, quando se pede ao sujeito que responda a certas perguntas. A hipótese é que, se ele estiver mentindo, haverá uma perturbação emocional que esses índices registrarão. Mas, de fato, os índices refletem qualquer espécie de alteração emocional, incluindo a perplexidade ou a natureza desconcertante das perguntas.

MERLEAU-PONTY, MAURICE J.-JACQUES — Antropólogo e psicólogo francês. Professor da Sorbonne (1949) e do Collège de France (1952). Analisou profundamente a estrutura do comportamento e da percepção humanos, em bases fenomenológicas. N. em 1908 (Rochefort-sur-Mer) e m. em 3-5-1961 (Paris). Bibliografia principal: *La Structure du Comportement* (1941); *Phénoménologie de la Perception* (1945); *Sens et Non-Sens* (1948).

MERRILL-PALMER, ESCALA — Uma série de 93 itens que consistem em provas de desempenho e verbais com a finalidade de medir a capacidade intelectual. Está padronizada para crianças entre 24 e 63 meses de idade.

MESMER, FRANZ ANTON — Precursor dos estudos sobre magnetismo animal ou magnetismo terapêutico. O seu método de magnetoterapia ficou conhecido pelo nome de *mesmerismo*. Mesmer acreditava na existência de uma força magnética suscetível de ser ativada em determinadas pessoas e utilizável para fins terapêuticos. As suas experiências foram consideradas como os primeiros passos na terapia hipnótica. Uma das personalidades do seu tempo que freqüentou a clínica mesmerista foi a rainha Maria Antonieta. N. em 23-5-1734 (Iznang) e m. em 5-3-1815 (Meersburg.).

MESOCÉFALO — Ver: ENCÉFALO.

MESODERMA — Camada celular intermédia do embrião que dá origem aos ossos e músculos.

MESOMORFISMO — Ver: PERSONALIDADE, TIPOS DE.

METABOLISMO — Conjunto de processos químicos e físico-químicos do corpo vivo envolvidos na produção (anabolismo) e fragmentação do protoplasma. Dá-se o nome de *metabolismo basal* ao dispêndio básico de energia necessária às funções vitais do organismo em repouso, mas não adormecido (índice metabólico basal).

METAFÍSICA — Inquirição especulativa a respeito de problemas filosóficos que se situam para além da investigação empírica. Tradicionalmente, aquela parte da Filosofia que abrange a Ontologia, a Cosmologia e a Epistemologia. Logo, em sentido limitado, é o estudo do ser como tal. A palavra *metafísica* foi usada originalmente por Andrônico de Rodes (século I a.C.) para descrever aquela parte da Filosofia Aristotélica que aparecia, na ordem da coleção de escritos, *depois da Física*.

METÁFORA — No âmbito da semiótica, a metáfora designa uma figura, ou "tropo", que modifica o sentido das palavras. No sentido analítico, o mecanismo da metáfora é aquele em que se constitui o sintoma. Nos *Escritos* (p. 522), Lacan sublinha: "Entre o significado enigmático do trauma sexual e o termo que ele vem substituir numa cadeia significante atual passa a centelha que fixa num sintoma — metáfora em que a carne ou a função são tomadas como elemento significante — a significação inacessível ao sujeito consciente donde ele pode se resolver." Ele justificou a legitimidade do processo metafórico ao apontar sua analogia com o processo freudiano de "condensação".

METAMORFOSE — Mudança radical de forma, como a que se observa do girino para a rã. Metaforicamente, brusca transformação da personalidade.

METANÓIA — Laing usou este termo em referência ao processo pelo qual uma pessoa, após uma crise psicótica (sobretudo na esquizofrenia), resolve por si mesma progredir para um novo estado, graças a essa crise considerada "positiva" para a reconstrução da pessoa. Originalmente, metanóia significava "mudança de espírito", conversão. É o oposto de "cura", que Laing define como "regresso ao estado anterior".

METAPSICOLOGIA — Em acepção genérica, é a investigação sistemática de todos os fenômenos que se situam para além dos fatos empíricos e leis da Psicologia (relações entre o corpo e a mente, o lugar desta e do comportamento no cosmos, etc.), assim como a tradução desses fatos e leis de acordo com a linguagem da Fisiologia. Portanto, a Metapsicologia está para a Psicologia como a Metafísica para a Física no sistema aristotélico. Sigmund Freud denominou *Metapsicologia* o seu sistema — não inteiramente formulado — de investigação de todo o processo psíquico sob três aspectos: (a) *dinâmico*, as relações causa-efeito; (b) *topográfico*, a posição ocupada por esse processo na estrutura total da mente, isto é, no id, ego e superego, e (c) *econômico*, o seu valor funcional — os aspectos da libido que têm por finalidade satisfazer.

METAPSIQUISMO — Corpo de doutrinas, sem base no método científico, que se funda na aceitação da realidade dos espíritos, fenômenos espiritistas, criptestesia, etc. A *Parapsicologia* é uma tentativa de aplicação dos métodos científicos a esses fenômenos, usualmente inexplicados.

MÉTODO — Modo sistemático de proceder ao exame e averiguação de fatos e conceitos, de acordo com os princípios da Lógica (métodos racionais, quer por dedução ou indução, mecanistas, experimentais, introspectivos, históricos, etc.).

METODOLOGIA — Estudo lógico e sistemático, assim como a formulação de princípios (ou *métodos*) para a averiguação dos fatos e da verdade neles contida.

METODOLOGIA EXPERIMENTAL — Enunciado sistemático das regras operacionais indispensáveis à planificação e condução de experimentos, e à interpretação dos seus resultados.

METONÍMIA — Na definição de Greimas e Courtés, metonímia designa o fenômeno lingüístico segundo o qual uma dada unidade frasal é substituída por uma outra unidade a que ela está "ligada" (numa relação de continente e conteúdo, causa e efeito, parte e todo, etc.). Lacan fez da metonímia uma das noções básicas em que se apóia a sua tese de "o Inconsciente estruturado como uma linguagem".

MEUMANN, ERNST — Psicólogo experimental, discípulo de Wundt, e principal representante da Pedagogia Experimental. Professor de Pedagogia em Zurique, Königsberg, Münster, Halle, Leipzig e Hamburgo. Realizou importantes trabalhos nos domínios do desenvolvimento mental da criança (aptidões, motivações, aprendizagem, etc.). N. em 29.8.1862 (Uerdingen); m. em 26-4-1915 (Hamburgo). Bibliografia principal: *Vorlesungen zur Einführung in die Experimentelle Pädagogie* (1907-1908); *Intelligenz und Wille* (1908); *Einf. in die Ästhetik der Gegenwart* (1912).

MICROCÉFALO — Indivíduo de crânio anormalmente pequeno. De costume, só se refere aos casos em que a exigüidade da cabeça é tão grave que as deficiências mentais lhe estão associadas, ou aos adultos com capacidade craniana inferior a 1.400 centímetros cúbicos.

MICROPSIA — Distúrbio da visão em que o mundo externo é visto como através do microscópio.

MIELO — Medula espinal. Raiz de vários nomes derivados: *mielalgia*, dor na medula, *mielencéfalo*, nome do conjunto dos órgãos do sistema nervoso central, incluindo a medula espinal; *mielina*, substância gordurosa e branca que forma a bainha das fibras nervosas meduladas; *mielite*, inflamação da medula espinal, etc.

MIERKE, KARL — Professor da Universidade de Kiel. Contribuiu com importantes investigações para o desenvolvimento dos estudos da inteligência, dos impulsos e aptidões. Entre outras teorias, desenvolveu uma tese comprovativa de que as tendências conformativas da personalidade possuem bases endotímicas, no domínio subcortical. Co-autor de diversas obras de Psicologia Infantil.

MILIMÍCRON — Milésima parte do mícron. É a unidade de comprimento para as ondas luminosas e outras microondas semelhantes. Sin.: Micromilímetro.

MILITARISMO — Padrão extremamente complexo de atitudes psíquicas que levam o indivíduo a defender e aprovar o recurso à preparação e ação militares como tribunal de última instância para a solução de todos os problemas nacionais e internacionais.

MILLER, NEAL ELGAR — Psicólogo norte-americano (n. 1909), discípulo de Clark Hull. Professor da Universidade de Yale desde 1952. Dedicou-se ao estudo da motivação e do comportamento imitativo, concluindo que essa forma de comportamento social pode ser explicada pela aprendizagem, e criou conceitos como os de "resposta nivelada" e "distinção adquirida". As pesquisas de N. E. Miller sobre frustração e conflito colocaram-no entre as maiores autoridades contemporâneas no campo da psicologia do ajustamento.

MIOCINÉTICO, PSICODIAGNÓSTICO — Teste expressivo criado por Mira y López, em que o sujeito copia desenhos muito simples, previamente observados, utilizando ambas as mãos e sem ver. Os tipos de desvios em relação aos desenhos originais são tomados como índices de tendência da personalidade.

MIOPIA — Condição visual em que, em virtude de relaxamento da acomodação do olho, os raios luminosos atingem um foco adiante da retina, em vez de a atingirem diretamente.

MIRA Y LÓPEZ, EMILIO (1896–1964) — Médico psiquiatra e professor espanhol radicado no Brasil desde 1945. Especializado em métodos de avaliação psicotécnica, criou e dirigiu o Instituto de Seleção e Orientação Profissional (ISOP) da Fundação Getúlio Vargas.

MISANTROPIA — Aversão ao contato com outras pessoas. Ant.: Filantropia.

MISOFILIA — Desejo mórbido de permanecer na imundície.

MISOGINIA — Aversão mórbida do homem aos contatos sexuais e (ou) intelectuais com mulheres. Ant.: Filoginia.

MITO — No estágio inicial do pensamento humano, mito era o conteúdo próprio de tudo o que se pensava ou sentia e a sua descrição em termos pré-metafísicos era *legein* (dando origem à palavra grega *mytholegein* = mitologia). Segundo Ernst Cassirer, o mito tem "um significado crucial para o entendimento da gênese das formas básicas da vida cultural, partindo da consciência mítica, e dificilmente se encontra qualquer domínio do espírito objetivo que não tenha entrado, num momento ou noutro, em fusão com essa unidade concreta, com o mito. As produções da arte e do conhecimento — o conteúdo da ética, lei, linguagem e tecnologia — apontam sempre para a mesma relacionação básica (...) E, em sua moderna forma, a Psicologia revela também essa relação, pois se tornou cada vez mais evidente que os processos psicogenéticos não podem ser resolvidos exclusivamente por si mesmos e sim através de uma correlação profunda com os problemas estruturais" (cf. *Die Philosophie der Symbolischen Formen*, 1925, 2º volume, *Das Mytische Denken*). O simbolismo mítico tem sido amplamente utilizado nas interpretações da Psicologia Analítica e Psicanálise, constituindo uma das bases dos conceitos junguianos de inconsciente arcaico (arquétipos, imagem primordial, etc.). Em sua monumental pesquisa sobre o inconsciente, através dos sonhos e desenhos de esquizofrênicos, H. G. Baynes (*Mythology of the Soul*, 1954, cap. *The Horrific Aspect of the Unconscious*) verificou haver distinção nítida entre os fatores da experiência psíquica pessoal e outros que transcendiam os limites da personalidade, dado o seu caráter arcaico e conteúdo horrífico (ver: INCONSCIENTE). Temos, assim, que, de acordo com as conclusões de Baynes, o mito não registra apenas uma impressão ou revelação original, mas também é usado como *defesa mágica* do eu contra as más influências: "É o veículo por meio do qual o poder do espírito ancestral pode ser incessantemente transmitido à posteridade."

MITOLOGEMA — Palavra usada por Jung e Kerényi para designar a substância natural ou transcendente, física ou psíquica, de uma estória ou narrativa mitológica.

MITOLOGIA — Corpo de narrativas míticas que caracteriza determinado conjunto cultural.

MITOMANIA — Tendência, mais acentuada nos estados psicopatológicos, para criar e relatar extraordinários eventos imaginados como acontecimentos reais da vida consciente.

MNEME — Memória conservada nas células do corpo e que é a responsável pela conduta da matéria organizada (cf. Richard Semon, *Die Mneme als erhaltendes Prinzip im Wechsel des organ. Geschehens*, 1904).

MNEMOTÉCNICA — Arte de aperfeiçoar ou apurar a memória. Recursos técnicos, ou *mnemônicos,* empregados para tornar a recordação de coisas ou fatos mais eficiente.

MODALIDADE — Atributo qualitativo da experiência sensorial de uma repartição específica dos sentidos. Os dados sensoriais são geralmente, mas não sempre, veiculados por um só tipo de receptores (visão, audição, olfato, etc.) e dá-se o nome de *sensibilidade modal* à gama de estímulos, dentro de uma modalidade, a que o organismo é sensível.

MODELO MATEMÁTICO — Um sistema ou, mais comumente, uma teoria, em diversas áreas da psicologia, que estabelece uma equação ou conjunto de equações matemáticas, cujos parâmetros estão relacionados, de um modo empírico ou racional, com os dados experimentais na área em questão. A equação de Ebbinghaus — $R = k \log t$ — é um simples modelo matemático do curso de retenção. A Psicologia Topológica, a Psicologia da Informação e diversas teorias de Aprendizagem também se baseiam em modelos matemáticos.

MODO — Padrão de ações por meio das quais uma necessidade é regularmente satisfeita. Em termos estatísticos, é o máximo valor comum (ou categoria de valores) de uma série; o pico de uma curva de freqüência.

MODOS DE APREENSÃO — Segundo Rorschach, os modos de apreensão da realidade são tributários das estruturas perceptivas dos estímulos. Como tal, estão vinculados ao desenvolvimento da personalidade, incluindo o desenvolvimento libidinal. Os modos de apreensão representam a extensão e a envergadura de utilização dos recursos psicodinâmicos (motivacionais, emocionais e intelectuais) para a estruturação da vida mental e afetiva.

MOLAR, COMPORTAMENTO — Vasto segmento do comportamento total que possui unidade essencial ou intrínseca, a qual deriva das finalidades a que serve ou dos efeitos que produz no mundo externo. Comportamento descrito de acordo com as concepções psicológicas, não fisiológicas. *Molar* contrasta com *molecular*. Por molar, entende-se, simplesmente, que os conceitos são mais vastos e compreensivos em sua natureza do que os conceitos derivados do estudo de unidades menores. Em Física, o conceito de átomo é molecular; o conceito de sistema solar é molar.

MOLECULAR, COMPORTAMENTO — Em contraste com o comportamento molar (ver: MOLAR, COMPORTAMENTO), o molecular é descrito através das atividades neurofisiológicas, quer observadas ou postuladas por inferência. Portanto, é o comportamento que não leva em conta as causas e efeitos extrínsecos aos movimentos isolados dos músculos e glândulas.

MOLÍMEN PRÉ-MENSTRUAL — Sintomas fisiológicos e psicológicos que se refletem no comportamento, diferentes de mulher para mulher, no período que precede imediatamente o período menstrual (agitação, nervosismo, etc.).

MÔNADA — Na filosofia de Giordano Bruno (1548–1600), é a substância individual, uma unidade de corpo e de espírito (psique) interpretada como manifestação da energia divina. Para Gottfried Wilhelm von Leibniz (1646–1716), mônada é a alma individual, ativa, autônoma e dotada de um propósito consciente em virtude de uma harmonia preestabelecida das experiências; sua qualidade não pode ser alterada nem mudada internamente por qualquer outra coisa criada. A *percepção* e a *apercepção* constituem os dois tipos principais de atividade por cujo intermédio as mônadas revelam sua verdadeira natureza (cf. *Monadologia*, 1710).

MONISMO — Em Metafísica, teoria de que toda realidade se compõe, basicamente, de uma única substância. Na Epistemologia, teoria de que o objeto conhecido e o elemento dado na experiência são uno, tanto em existência como em essência. Em Psicologia, doutrina (não-científica em si, mas simplesmente inspirada no monismo metafísico) de que todos os fenômenos psíquicos são de uma só espécie, reduzível à ciência física. Equivale, praticamente, ao *mecanismo* e contradiz as teorias dualistas.

MONOCULARES — Ver: PISTAS MONOCULARES.

MONTESSORI, MARIA — Médica e pedagoga italiana. Trabalhou inicialmente na Clínica Psiquiátrica da Universidade de Roma com crianças mentalmente retardadas. Dedicou-se depois ao estudo do desenvolvimento mental das crianças normais. Tornou-se defensora do *direito infantil* e propôs um ritmo de trabalho, livre e individualizado, de acordo com o desenvolvimento pessoal de cada criança. A base do seu método pedagógico consistia na conjugação dos movimentos físicos com a disposição mental da criança, através de trabalhos práticos em que se aproveita a própria sensibilidade infantil (*fase sensível*). Os métodos de Montessori foram amplamente utilizados nos períodos de adaptação infantil à escolaridade (jardins infantis, ciclos pré-primários). N. em 31-8-1870 (Chiaravalla); m. em 6-5-1952 (Noodwijkaan-Zee).

MORAL — Conjunto de normas e padrões pessoais de conduta do indivíduo, que o fazem distinguir o bem e o mal; ou, mais freqüentemente, os padrões do grupo com que a pessoa se identifica. *Moralidade* é o caráter abstrato do comportamento orientado por esses padrões, e a teoria filosófica que trata da natureza e origem dos valores morais (axiologia), noções de bem, dever, etc., chama-se *ética*. Dentro da ética distinguem-se duas correntes principais: a hedonista, que afirma serem legítimos (morais) os atos que contribuem para a felicidade ou prazer da pessoa, e ilegítimos (imorais) os que concorrem para o seu sofrimento e infelicidade; e a relativista, que diz ser o bem e o mal (atos morais e imorais) uma função das atitudes das pessoas que julgam os atos.

MORAL, REALISMO — Nome dado por Piaget à atitude observada nas crianças pequenas de que o bem e o mal são inerentes em certas condutas e são *objetivamente* perceptíveis ou evidentes em si mesmos. A criança acredita que se pode *perceber a maldade* (não julgá-la ou deduzi-la) quando alguém tira uma coisa que não lhe pertence, e Piaget afirma que a maior ou menor percepção objetiva da maldade está também relacionada com a maior ou menor rapidez com que o ato é praticado.

MORENO, JACOB L. — Psiquiatra norte-americano. Tendo formulado a técnica sociométrica — para o estudo quantitativo das relações de atração e rejeição entre membros de um grupo — aplicou o seu conceito básico de *desempenho de papéis* (equivalente, em grande parte, à "persona" de Jung, ao "eu social" de James, aos "papéis sociais" de Mead e ao "eu-mesmo" de Sullivan) à criação de um método de terapia de grupo a que deu o nome de *Psicodrama*. Embora aceitando certos conceitos psicanalíticos (sobretudo de Jung e Adler), Moreno constituiu uma primeira e significativa contradição da psicoterapia ortodoxa, que se baseava na relação indivíduo-a-indivíduo (analista-paciente). Bibliografia principal: *Who Shall Survive?* (1934); *Psychodrama* (1946); "*Psychodrama*" (1955) artigo em *Six Approaches to Psychotherapy*, vol. organizado por J. McCarey; *Group Psychotherapy and Psychodrama* (1959); *The Sociometry Reader* (1960); e organizou o volume *Group Psychotherapy* (1945), com a colaboração de vários psicólogos e psiquiatras. (Ver: GRUPO, TERAPIA DE/PSICODRAMA/SOCIOMETRIA)

MORFEU — Deus dos sonhos na mitologia grega, filho de Hipnose (cf. Ovídio).

MORGAN, CÂNON DE — Máxima formulada, em 1894, por Conway Lloyd Morgan (*Introduction to Comparative Psychology, The Law of Psychogenesis*): "Em caso nenhum poderemos interpretar uma ação como resultado de uma faculdade psíquica superior, se a pudermos interpretar como resultado de uma que se situa em plano inferior da escala psicológica." Assim, não se deve descrever um ato como pensamento, se puder ser descrito como memória; nem como memória, se puder ser descrito como reflexo.

MORO, REFLEXO DE — Reação do bebê recém-nascido, provocada por um golpe desferido na superfície onde ele estiver deitado e que consiste num movimento geral de querer agarrar-se a alguma coisa.

MORTE, CLÁUSULA DE — Cláusula específica reprimida em que os pensamentos do paciente mental envolvem sua própria morte ou a de outra pessoa.

MORTE, PULSÃO DE — Ver: TÂNATOS.

MOTIVAÇÃO — Complexo de fatores intrínsecos e extrínsecos (instintos, necessidades, impulsos, apetências, homeostase, libido e outras variáveis intervenientes) que determinam a atividade persistente e dirigida para uma finalidade ou uma recompensa. Entre o fator variável e a finalidade (ou recompensa) situa-se o comportamento que a ela conduz e que adotará uma destas formas: comportamento pessoal (orgânico, emocional, sexual, compensatório) ou comportamento social (realização, filiação, aprendizagem). (Ver: MOTIVAÇÃO, TEORIAS DE)

MOTIVAÇÃO EXTRÍNSECA — Motivação proveniente do exterior, estabelecida artificialmente e criada por recompensas que não têm uma ligação real com a situação de aprendizagem.

MOTIVAÇÃO INCONSCIENTE — Motivações das quais o indivíduo ignora a causa. Por exemplo, o indivíduo pode esquecer um encontro marcado, convencido de que foi um mero acidente. A psicologia de profundidade acredita que, pelo contrário, isso revela um desejo de esquecer.

MOTIVAÇÃO INTRÍNSECA — Motivação que provém do íntimo do indivíduo. É uma parte integrante da situação de aprendizagem em que o indivíduo deseja ser instruído, não por quaisquer recompensas externas, mas pela satisfação de saber.

MOTIVAÇÃO, PESQUISA DE — Estudo da motivação do consumidor, com a finalidade de descobrir os motivos (especialmente os motivos ocultos) que podem atrair e induzir as pessoas a comprar ou a deixar de comprar. São empregados abundantemente os conceitos psicanalíticos sobre repressão, projeção, etc.

MOTIVAÇÃO, TEORIAS DE — O verdadeiro início das modernas teorias científicas da motivação foi devido ao determinismo evolucionário de Darwin, do qual derivariam as posições instintivas de W. James, Freud e, em termos algo mais sistematizados e propositais, de McDougall. Aceitava-se, de um modo geral, que a estimulação de fontes internas e externas estava envolvida na motivação. Entretanto, Watson e os behavioristas, a par dos antropólogos culturais, desencadearam o ataque ao instintivismo e passaram a explicar a motivação e a ativação do comportamento na base da aprendizagem e de uma "psicologia sem hereditariedade". As pessoas tendem a viver juntas e adquirir padrões de comportamento que são comuns a todos os membros da comunidade; dentro de uma determinada cultura, um certo número de estímulos adquire a capacidade de provocar respostas dotadas de valor motivacional. Em 1918, Robert S. Woodworth (em *Dynamic Psychology*) propôs o *impulso* como conceito predominante da motivação, definindo-o como "uma dotação geral de energia". A lógica da teoria do impulso foi, por sua vez, consideravelmente ampliada pelo conceito de *homeostase*, definido por Walter B. Cannon (1932) e aplicado às teorias de aprendizagem por Clark Hull. Mais recentemente, David McClelland, R. Clark, P. Young e J. Atkinson, entre outros, procederam à revisão das teorias hedonistas clássicas e aplicaram as medidas objetivas do comportamento de aproximação e evitação aos conceitos de prazer e dor (ver: NEO-HEDONISMO). Finalmente, para Jean Piaget, a motivação é o produto de um "desnível" (desequilíbrio) entre o processo de assimilação e o processo de acomodação, de tal forma que esse contínuo desnível vai criando uma "desejabilidade" de novas assimilações (satisfações), dirigida, sobretudo, para aqueles objetos capazes de produzir um desnível maior, porquanto são parcialmente assimiláveis.

MOTIVACIONAL, HIERARQUIA — Teoria proposta por Abraham Maslow de que os motivos humanos formam uma hierarquia com os impulsos fisiológicos ou primários na base; a segurança e a estabilidade em seguida; depois, o amor, o gregarismo e as afeições como a categoria superior seguinte; prestígio, poder e possessão situam-se imediatamente acima do gregarismo, do amor e das afeições; a auto-realização ou individuação constitui o nível supremo da hierarquia. (Ver: PSICOLOGIA DO SER)

MOTIVO — Em termos genéricos, aquilo a que um indivíduo atribui conscientemente as bases do seu comportamento. Das muitas variáveis intervenientes que os psicólogos usam, o conceito de motivo está entre os mais controvertidos. Parece existirem tantas definições diferentes de motivo quanto as teorias de motivação. Citaremos apenas as mais recentes. Para *McClelland*, "o motivo é uma forte associação afetiva caracterizada por uma reação antecipatória da meta em vista e baseada na associação passada com prazer ou dor". Para *McGeosh* e *Illion*, "um motivo ou condição motivadora é qualquer condição do indivíduo que inicie e sustente o seu comportamento, que o oriente para a prática de uma dada tarefa e que defina a adequação de suas atividades e a consecução da tarefa". Para *Merton*, o motivo é "a disposição ou valência que energiza o organismo, tornando-o ativo, dirige a sua atividade variável e persistente, e enfatiza ou seleciona as atividades que são repetidas (*fixadas*) e as que não são repetidas (*eliminadas*)". (Ver: MOTIVAÇÃO)

MOUCHES VOLANTES — Do francês. Trad.: moscas volantes. Pequenos pontos, nas substâncias transparentes do olho, que ocasionalmente se vêem como que dançando no campo visual. Estão sempre presentes, mas, normalmente, não são observados.

MOVIMENTO APARENTE — A percepção de movimento em estímulos que, embora se alternem em rápida sucessão, na realidade não se movem, como no *fenômeno phi* ou no *movimento estroboscópico*.

MOVIMENTO ILUSÓRIO — Ilusão de movimento provocada por certos padrões de estímulos imóveis (ou que se movem de maneira diferente da percebida). Na visão, foram dados diversos nomes aos movimentos ilusórios estudados taquistoscopicamente. (Ver: MOVIMENTO APARENTE)

MOVIMENTO ESTROBOSCÓPICO — Movimento produzido por uma rápida sucessão de imagens que são na realidade estáticas, como no cinema.

MOWRER, O. HOBART — Psicólogo americano (n. 1907) que se destacou por seus estudos experimentais no campo da aprendizagem. Propôs um modelo que sintetizaria os fatos já conhecidos da aprendizagem animal com os dos processos mentais superiores, envolvendo processos simbólicos. A aquisição de atitudes, emoções, significados, etc., far-se-ia através de simples contiguidade de estímulos (condicionamento), ao passo que a aprendizagem instrumental manifesta (aprendizagem de soluções) ocorre mediante um reforço ("Lei do efeito"). Mowrer reviu a sua teoria na década de 1960, aceitando apenas como único processo básico de aprendizagem o condicionamento de sinais. Em 1950 publicou sua obra fundamental: *Learning Theory & Personality Dynamics*. (Ver: APRENDIZAGEM DUAL, LEI DA)

MÜLLER, GEORG ELIAS — Psicólogo alemão. Exerceu a cátedra em Göttingen e Czernowitz. Um dos fundadores da Psicologia Experimental, efetuou grande número de pesquisas no domínio da Psicofísica (*Axiomas Psicofísicos*) e da Psicologia Sensorial. Os seus estudos sobre a memória serviram-lhe de fundamento para a elaboração de uma teoria psicológica associacionista. Foi adversário das teorias gestaltistas. N. em 20-7-1850 (Grimma), m. em 23-12-1934 (Göttingen). Bibliografia principal: *Zur Theorie der sinnl. Aufmerksamkeit*, 1873; *Zur Grundlegung der Psychophysik*, 1878; *Exp. Beiträge zur Untersuchung des Gedächtnisses* (com Schumann), 1893, *Die Gesichtspunkt u. Tatsachen der Psychophysischen Methodik*, 1903; *Komplextheorie und Gestalttheorie*, 1923. (Ver: PSICOFÍSICO, MÉTODO)

MÜLLER-LYER, ILUSÃO DE — Um dos mais famosos exemplos de percepção errônea de medida e lugar apresentado pelo psiquiatra e sociólogo alemão Franz Müller-Lyer (1912).

O segmento de reta (a) com as extremidades em flecha parece mais curto que o segmento de reta (b) com as flechas invertidas, quando ambos os segmentos são exatamente do mesmo comprimento. (Ver: ÓPTICA, ILUSÕES DE)

MÚLTIPLA OPÇÃO, EXPERIMENTO DA — Tipo de teste criado por Robert Mearns Yerkes para os seus estudos de Psicologia Animal: a *Caixa de Opção Múltipla*. A finalidade do teste é investigar a discriminação perceptual e a aprendizagem condicionada. Colocado na caixa, o animal experimental (humano ou infra-humano) obtém uma recompensa se abrir, entre várias portas, a correta. A porta certa é mudada em cada prova, mas pode ser sempre identificada, entre todas as outras, por uma pista perceptual ou pela sua posição na série temporal; por exemplo, a segunda, quarta, sexta, e assim por diante. (Ver: YERKES-DODSON, LEI DE)

MURPHY, GARDNER — Psicólogo norte-americano (n. 1895) formado nas universidades de Yale, Harvard e Colúmbia. Enquanto estava na Colúmbia, colaborou com Lickert na publicação de *Public Opinion and the Individual* (1938), sobre o tema da medição de atitudes e previsões eleitorais. Foi diretor do departamento de Psicologia do City College de Nova York, presidente da APA e diretor de pesquisas da Fundação Menninger. Realizou vastas e numerosas investigações experimentais nos domínios do ajustamento e da personalidade, da psicologia social e até da parapsicologia, um campo por que se interessou como possibilidade de ampliação de conhecimentos sobre as "potencialidades humanas". A teoria da personalidade de Murphy tentou ser uma síntese de todos os conceitos precursores de importância; assim designou seu enfoque de "biossocial", nele abrangendo o organismo biológico, a personalidade individual, a sociedade, o meio físico, a natureza do "campo" dos eventos onde ocorrem as trocas entre o organismo e o meio, as fases de desenvolvimento da personalidade, enfim, tudo foi considerado por Murphy. Alguns de seus conceitos, como o de *canalização de impulsos* (semelhante ao de autonomia funcional, de Allport) e o de *Eu* ("o indivíduo tal como é conhecido pelo indivíduo") mereceram ampla aceitação por parte de psicólogos experimentais como Levine, Chein e Postman (que colaboraram com Murphy em estudos como o das *figuras ambíguas*). Por outra parte, seus trabalhos de Psicologia Social constituíram importante contribuição para o desenvolvimento dos estudos psicossociais de L. B. Murphy, T. M. Newcomb e outros. Bibliografia principal: *Historical Introduction to Modern Psychology* (1929); *Experimental Social Psychology* (1937, com Newcomb); *Personality: A Biosocial Approach to Origins and Structure* (1947); *Human Potentialities* (1958).

MURRAY, HENRY A. — Psicólogo americano (n. 1893). Murray obteve graus acadêmicos em Harvard, Colúmbia e Cambridge. O seu interesse pela psicologia desenvolveu-se durante a estada em Cambridge onde a obra de Jung, *Tipos Psicológicos*, atraiu sua atenção. Uma visita pessoal a Jung revolucionou a sua atitude em relação à ciência e à psicanálise, após o que Murray decidiu ser psicólogo. A sua carreira iniciou-se em 1927, como instrutor em Harvard, onde se juntou a Morton Prince na recém-fundada Clínica Psicológica daquela universidade. Aí dirigiu um extenso programa de pesquisas sobre personalidades normais que culminaram no volume *Explorations in Personality* (1938) e no desenvolvimento do teste projetivo que tornou Murray mundialmente famoso: o Teste de Apercepção Temática (TAT). Durante a II Guerra Mundial serviu no Corpo Médico do Exército americano e dirigiu um serviço de avaliação no Escritório de Serviços Estratégicos. Terminado o conflito, regressou a Harvard como professor de psicologia clínica. Além do livro acima citado, foi autor do *Manual do TAT* (1943), em colaboração com Christiana Morgan, e de *Avaliação de Homens* (1948). A sua famosa classificação de motivos ou necessidades humanas inspirou os trabalhos subseqüentes de Atkinson e McClelland. (Ver: APERCEPÇÃO TEMÁTICA, TESTE DE PERSONOLOGIA)

MUSCULAR, SENTIDO — Ver: CINESTESIA.

MUSCULAR, TONO — Ver: TONO.

MÚSCULO — Feixe de numerosas fibras de tecido contrátil. Os músculos estão classificados em esqueletais ou músculos estriados (associados à estrutura óssea e que servem para os movimentos externos do corpo) e lisos (responsáveis pelo ajustamento interno, servindo de revestimento ao aparelho gastrintestinal e aos vasos sangüíneos). A única exceção é o coração, que não está associado ao esqueleto mas é um músculo estriado. Os músculos estriados são inervados pela seção somática do sistema nervoso central; os lisos, pelo sistema nervoso autônomo, e seus movimentos são involuntários.

MUTISMO — Estado de silêncio verbal e mudez por causas psíquicas.

NANCY, ESCOLA DE — Nome atribuído a um grupo de psiquiatras que, sob a orientação de Bernheim e de Liébault, utilizou o hipnotismo para tratamento de certas doenças nervosas. Sustentavam eles que a hipnose é um fenômeno normal induzido por sugestões, em contraste com as escolas mais antigas que consideravam o transe hipnótico uma manifestação de histeria. A escola recebeu o nome da cidade onde Bernheim e Liébault procederam às suas investigações e publicaram seus trabalhos a partir de 1882.

NÃO-ADAPTATIVO, COMPORTAMENTO — O tipo de comportamento que não logra pôr o indivíduo em harmonia com o seu meio social ou físico.

NARCISISMO — Amor da pessoa a si mesma, auto-adoração. Em termos psicanalíticos, é o produto da fixação da libido no ego da pessoa. Desde que essa fixação persista em sucessivas fases do desenvolvimento mental, equivale a uma *regressão* psicossexual e cristaliza-se no *tipo narcisista de personalidade*. Atribui-se a condição nascisista a um recurso empregado pelo ego infantil para enfrentar a frustração (modo esse que voltará a ser usado, regressivamente, em certos estados psicopatológicos da vida adulta), mediante recurso aos mecanismos de introjeção e projeção. Paula Heimann efetuou a seguinte interpretação psicanalítica do mito grego de *Narkissos* = Narciso, o jovem que se enamorou de sua própria imagem, ao vê-la refletida na água de uma fonte: "O incidente mítico deve ser examinado no contexto geral da história, que é essencialmente esta: Uma ninfa, depois imortalizada como Eco (pormenor sutil, pois combina a recompensa com a punição, visto que fora demasiado faladora), apaixona-se por Narciso, mas este repele-a. Ela implora então a Afrodite que a vingue e a deusa corresponde ao pedido fazendo Narciso confundir o reflexo de sua própria imagem na água com a de uma náiade (ninfa das fontes e rios). O jovem apaixona-se violentamente pela bela criatura que viu na água e tenta abraçá-la. A frustração que experimenta em suas vãs tentativas para aproximar-se de sua amada era refletida no rosto que via. Narciso interpretou erroneamente esse fato, deduzindo que a sua bem-amada ninfa corria perigo, o que despertou nele o desejo de a salvar. Sofria não só a dor de desejos eróticos irrealizados, mas também o desespero de ser incapaz de eliminar o sofrimento no objeto amado. Começa definhando, até que, em súbito impulso, se arroja à fonte e morre afogado. Afrodite metamorfoseou-o na flor que tem seu nome. De acordo com este mito, os gregos não acreditavam no amor egocêntrico como condição primária e atribuíam esse estado ao caráter complexo do amor ao objeto. Com efeito, é o fato de Narciso ter experimentado todas as emoções pertinentes ao amor objetal — desde o amor erótico à preocupação pelo objeto sofredor e a ânsia de o socorrer e restabelecer sua felicidade, o que constitui sua punição por ter causado a Eco a dor do amor não correspondido. Objetivamente, Narciso ama-se a si mesmo (sua imagem espelhada na água), mas, subjetivamente, ama outra pessoa. Em conseqüência de sua culpa pela rejeição de Eco, terá de lamentar a sorte de um objeto inacessível (perdido) e acabar sucumbindo a uma depressão neurótica, que o leva ao suicídio. Narciso, quando contempla a própria imagem refletida na água, *trata-a como um* objeto, [quer dizer] olha para o mundo externo, a água, mas o significado inconsciente sugerido é o oposto: olha *para dentro* de si mesmo. Esse elemento do mito descreve, portanto, a fantasia inconsciente de um objeto (amado) que reside dentro do sujeito e isso é a base da identificação do sujeito com o objeto que no conteúdo manifesto do mito é representado pelo reflexo do sujeito na água e erroneamente tido por objeto. O fato de o próprio Narciso ser filho de uma náiade acrescenta à experiência um significado mais penetrante. É digno de nota o paralelismo entre o conceito grego de narcisismo e as conclusões a que Melanie Klein chegou empiricamente, através da análise de fantasias infantis."

NARCOANÁLISE — Tratamento de perturbações no comportamento enquanto o indivíduo se encontra em estado de torpor sonolento ou de relaxamento provocado por uma droga. O tratamento pode ser por sugestão (narcossugestão) ou por discussão dos problemas de desajustamento enquanto o paciente está sob o efeito da droga (narcocatarse). A narcossíntese utiliza o material obtido enquanto o paciente estava drogado para interpretação posterior do problema. As drogas utilizadas têm sido chamadas *soro da verdade*, mas está provado que não conseguem extrair verdade alguma de uma pessoa renitente em fazê-lo.

NARCO-HIPNOSE — Estado hipnótico induzido pelo uso de narcóticos. (Ver: NARCOANÁLISE)

NARCOLEPSIA — Doença caracterizada por crises súbitas de perda de tono muscular e ataques de sono profundo.

NARCOSE — Profunda inconsciência induzida por narcóticos.

NARCOSSÍNTESE — Tratamento técnico em que se empregam drogas hipnóticas para superar as inibições do paciente, que o impedem de revelar informações íntimas. O material emocional assim descarregado é então coligido e sintetizado pelo médico e pelo paciente.

NASCIMENTO, TRAUMA DO — Depois de Adler e Jung, Otto Rank foi o terceiro discípulo de Freud a oferecer mudanças radicais na terapia psicanalítica, intimamente relacionadas a uma nova teoria da personalidade. Foi no âmbito da orientação biológica que se levantou a primeira divergência séria entre Freud e Rank, levando este a afastar-se também da orientação ortodoxa. Em lugar de conceder ao complexo de Édipo o lugar central na causalidade neurótica, Otto Rank apresentou a teoria de que todas as dificuldades neuróticas provêm do trauma do nascimento (*Das Trauma der Geburt*, 1924). Tanto no nível fisiológico como no psicológico, considerou o nascimento como um choque profundo para o recém-nascido. Isso gerava a ansiedade primordial, que constituía uma espécie de reservatório de ansiedade colocado dentro da pessoa e que lentamente se ia dissipando no decurso da vida. Porções dessa ansiedade são libertadas em todas as situações posteriores de elevado potencial emocional. Os aspectos psicofísicos da situação do nascimento estão entrosados no trauma da separação da mãe, no momento do parto. Todas as experiências ulteriores que envolvam separação adquirem uma qualidade traumática, por causa desse trauma primordial. É isso o que torna a amamentação, o desmame e a ameaça de castração (separação do pênis) sucessivos focos de ansiedade. Assim, toda a ansiedade vital pode ser interpretada em termos da ansiedade no nascimento, ou como Otto Rank disse: "A vida é consumida em esforços para recuperar o paraíso perdido, onde tudo se recebe sem que seja preciso nem mesmo pedir", isto é, o ventre materno, a vida intra-uterina e o nascimento como expulsão do paraíso. Freud, embora discordasse da possibilidade de a criança ter qualquer noção de ser separada da mãe no parto, ficou tão impressionado pela tese de Rank que acabaria articulando seus próprios pensamentos em torno da ansiedade, apresentando-os pela primeira vez em 1926 no trabalho intitulado *Inibições, Sintomas e Ansiedade*. No campo psicoterápico, Rank introduziu diversas modificações na situação analítica, entre elas um limite definitivo ao prazo de tratamento e a redução da ênfase sobre a autoridade do analista.

NATURAIS, CIÊNCIAS — Ramos científicos que tratam dos objetos naturais: Física, Química e Biologia — excluindo-se a Matemática, a Filosofia e as ciências sociais. A questão de saber se a Psicologia é ou não uma ciência natural é essencialmente terminológica.

NATURAL, SELEÇÃO — Teoria de que a herança de certas estruturas se explica por sua utilidade na luta do organismo pela sobrevivência. (Ver: EVOLUCIONISMO)

NATURALISMO — Doutrina filosófica que considera os fenômenos mentais e, em especial, os valores morais, como fenômenos naturais, a serem interpretados, portanto, do mesmo modo que os fenômenos da ciência natural. Da Filosofia Naturalista derivaria o ponto de vista educativo que sublinha como finalidade da educação o desenvolvimento do que é *natural* no homem, em oposição à *disciplina* imposta pela *cultivação* de novos padrões e valores. O naturalismo tem sido expresso em muitas teorias específicas, desde J.-J. Rousseau a J. Dewey, desde o *homem bom do Contrato Social* à *Natureza e Conduta Humana*. A posição filosófica geral do Naturalismo é racionalista e positivista; a posição educativa, tal como se observa no *Emílio*, de Rousseau, e em *Democracia e Educação*, de Dewey, é romântica.

NATUREZA, LEI DA — Proposição geral sobre as uniformidades e regularidades observadas na seqüência dos eventos, por exemplo, a lei da gravidade ou da queda dos corpos. Dá-se igualmente o nome de lei da natureza (ou lei natural) à regulamentação do comportamento humano baseado em hábitos e costumes estabelecidos desde tempos remotos, em vez de sujeito à legislação. À primeira proposição refere-se a chamada lei científica; à segunda, a lei consuetudinária.

NECESSIDADE BÁSICA — A necessidade fundamental ou primária que é vital para o organismo e que, de acordo com alguns teóricos, todas as outras podem derivar.

NECESSIDADE NEURÓTICA — Desejo impulsionado pela ansiedade ou exigência de que outros se comportem de determinada maneira. Segundo Karen Horney, o comportamento desejado de outros varia de acordo com a espécie de solução neurótica adotada.

NECESSIDADE, POTENCIAL DE — A força (ou potencial de ocorrência) do comportamento dirigido para um objetivo final depende do indivíduo *esperar* que esse comportamento conduza ao resultado desejado, bem como do *valor* que ela atribua a esse resultado. A probabilidade de que ocorra um conjunto de comportamentos relacionados, numa dada situação ou grupo de situações afins, dá-se o nome de *potencial de necessidade*. A expectativa de que esses comportamentos levem a certos objetivos finais, reforços ou recompensas, tem o nome de *liberdade de movimentos*. E a importância que se atribui ao valor dos reforços ou recompensas designa-se por *valor da preferência* ou *valor da necessidade*. Estes conceitos foram enunciados na teoria de aprendizagem social de Julian Rotter, psicólogo clínico americano que procurou transpor o modelo de aprendizagem de J. Dollard e Neal Miller (resultante de estudos de espécies subumanas, em experimentos laboratoriais altamente controlados e relativamente simples) para pesquisas com seres humanos, em interações sociais complexas, e visando a aplicação do modelo à psicoterapia.

NECESSIDADE, TEORIA DA — Doutrina formulada pelo psicólogo Henry A. Murray (*Explorations in Personality*, 1938) segundo a qual a formação da personalidade é a conseqüência de uma força psicológica que organiza a ação, a percepção e os demais processos cognitivos. A essa força psicológica deu Murray o nome de *necessidade* e toda a organização funciona no sentido de a satisfazer. A necessidade subdivide-se em motivos *primários* e *secundários*. Os primários são: (1) *Carências* (água e alimento); (2) *Distenções* (secreções: sexo e lactação; excreções: urinação e defecação); (3) *Danos* (evitar calor e evitar frio). Os secundários são (1) *Aquisição* = necessidade de ganhar bens e propriedades; (2) *Realização* = necessidade de superar obstáculos e exercer o poder; (3) *Dominação* = necessidade de influenciar e controlar os outros; (4) *Agressão* = necessidade de atacar e causar danos a outros; (5) *Filiação* = necessidade de formar amizades; (6) *Nutrimento* = necessidade de nutrir, ajudar ou proteger; (7) *Socorrimento* = necessidade de procurar socorro, proteção ou simpatia; (8) *Cognoscibilidade* = necessidade de inquirir, conhecer e satisfazer a curiosidade. (Ver: PERSONOLOGIA)

NECROFILIA — Atração mórbida pelos cadáveres.

NEGAÇÃO — Mecanismo de defesa em que aos fatos ou implicações lógicas da realidade externa é negado reconhecimento, em favor das fantasias internas de concretização de meros desejos.

NEGATIVA, TRANSFERÊNCIA — Em Psicanálise, é o desenvolvimento de uma atitude hostil em relação ao analista. A expressão é inadequada, pois se refere à transferência de uma *atitude negativa* e não a uma transferência em sentido negativo. (Ver: TRANSFERÊNCIA)

NEOBEHAVIORISMO — Um derivativo da antiga escola do behaviorismo, que conserva o ponto de vista de que as respostas comportamentais constituem os dados básicos da psicologia, mas não aceita as objeções watsonianas a certos conceitos molares e tolera os depoimentos verbais, assim como o uso de variáveis intervenientes. São representantes da corrente neobehaviorista, em que pese à diversidade conceptual, Karl S. Lashley, Clark L. Hull, Edward C. Tolman, Edwin R. Guthrie, B. F. Skinner, entre outros. O *status* behaviorista foi-lhes conferido pelas seguintes características comuns: (a) metodologia objetiva (indutiva, hipotético-dedutiva, estatística ou fisiológica); (b) experimentação com animais, servindo de fundamento às generalizações teóricas; (c) o processo de aprendizagem como fator determinante do comportamento. (Ver: COMPORTAMENTO, MÉTODO DO)

NEOFREUDIANOS — Caracterização dos psicanalistas que seguem as doutrinas fundamentais de Freud mas adicionaram suas próprias formulações teóricas, as quais se desviam significativamente das premissas freudianas originais. De um modo algo genérico, considera-se neofreudianos os adeptos de qualquer psicologia dinâmica ou sistema psicoterapêutico que enfatize os fatores sociais, a insegurança e as relações interpessoais na causação das neuroses. O mesmo tem sido aplicado a Karen Horney, Harry Stack Sullivan, Erich Fromm, Clara Thompson e outros.

NEO-HEDONISMO — Rejeitando os relatos subjetivos de prazer e dor do hedonismo clássico, dois psicólogos experimentais, D. C. McClelland (*Studies in Motivation*, 1955) e Paul Young (*Motivation and Emotion*, 1961), dedicaram-se a uma revisão da teoria hedonista empregando as medidas objetivas do comportamento de aproximação e de evitação. A essa escola experimental foi dado o nome de neo-hedonismo (que conta ainda com a colaboração de J. Atkinson, R. A. Clark, E. Lowell, Ed. Murray, co-autores com McClelland de uma obra básica (*The Achievement Motive*, 1953). McClelland usa um modelo de excitação afetiva, isto é, certos estímulos ambientes suscitam um estado de prazer ou dor, com uma tendência correspondente para abordar ou evitar estímulos como objetos. O grau de afetação agradável ou penosa (ou emocional) depende da anterior adaptação da pessoa. Por exemplo, um som muito forte que perturba um indivíduo, em condições normais, deixa de o perturbar depois de permanecer por várias horas num aeroporto de aviões a jato. A motivação consistiria, portanto, na expectativa ou *provisão* aprendida de uma finalidade, segundo suscite reações emocionais positivas ou negativas. Os objetivos anteriormente conhecidos como suscitadores de prazer são abordados, os que provocam dor são evitados. Assim, McClelland define todos os motivos como aprendidos. A excitação afetiva é inata, mas a provisão é adquirida.

NERVO — Termo anatômico para designar um feixe de neurônios, geralmente incluindo a bainha. É mais correto dizer fibra nervosa, na qual se conta não só o feixe neurônico mas também seus prolongamentos capilares, formados por um axônio e um dendrito. (Ver: SISTEMA NERVOSO)

NERVO AUDITIVO — A seção do VIII nervo craniano que transmite a atividade neural dos receptores auditivos, no ouvido, ao sistema nervoso central.

NERVO ÓPTICO — Nervo craniano que transmite a atividade neural dos receptores sensíveis à luz, na retina, ao sistema nervoso central.

NERVOSISMO — Atividade inquieta, impulsiva ou sem propósito determinado. Estado em que a pessoa reage facilmente a uma estimulação afetiva e com reações excessivamente emocionais e deslocadas.

NERVOSO — Ver: SISTEMA NERVOSO.

NERVOSO, CENTRO — Qualquer porção do sistema nervoso que marque a transição do impulso *aferente* para o *eferente*. Pode ser um único neurônio ou um elaborado grupo de neurônios interligados. Esses centros são classificados de acordo com a respectiva localização: centros espinais, cerebrais ou subcerebrais, centros corticais ou subcorticais, autônomos, etc.

NEURAL, IMPULSO — Pulsação única ao longo de um neurônio.

NEURAL, REVERBERAÇÃO — Breve prosseguimento de atividade cerebral, depois de o estímulo ter cessado. Supõe-se que as imagens secundárias são ou estão correlacionadas com o revérbero mental.

NEURASTENIA — Prostração física resultante de perturbação funcional do sistema nervoso.

NEURITE — Inflamação de um nervo.

NEUROFISIOLOGIA — Ramo da Fisiologia que trata das funções do sistema nervoso.

NEUROGRAMA — Um engrama; uma mudança permanente no tecido nervoso resultante de estimulação; um modelo sistemático do sistema nervoso.

NEUROLOGIA — Ramo da Biologia que estuda o sistema nervoso.

NEUROMUSCULAR, JUNÇÃO — Superfície onde um nervo motor entra em contato com o músculo que inerva.

NEURÔNIO — Unidade estrutural do tecido nervoso. Cada neurônio é formado por um corpo celular, do qual partem duas fibras, o *dentrito* e o *axônio* ou neurite. O dendrito é usualmente muito curto e termina em complicado padrão de ramificações. Os axônios são mais compridos, incluindo ramos colaterais, e seus capilares terminais são menores. A excitação inicia-se nas ramificações do dendrito e daí é transmitida a um axônio, que pode atuar diretamente sobre um músculo ou glândula — um efetor — ou transmitir a excitação ao dendrito de outro neurônio. A área de conexão de um axônio e de um dendrito é a *sinapse*.

NEURÔNIO AFERENTE — Um neurônio que transporta impulsos dos órgãos sensoriais para o sistema nervoso central.

NEURÔNIO RECEPTOR — Unidade do sistema nervoso sensível a uma energia física específica. (Ver: NEURÔNIO)

NEUROSE — Distúrbio psicológico, menos severo que a psicose, mas grave o suficiente para limitar a capacidade de ajustamento social e a capacidade de trabalho do indivíduo. É usualmente atribuída a conflitos emocionais inconscientes. O neurótico sabe que o seu comportamento é insensato, absurdo ou irrelevante, mas não tem poder para modificá-lo. A neurose constitui um dos pontos de partida para o método de análise psicológica criado e desenvolvido por Freud. Harry Guntrip (*A Cura da Mente Enferma*, 1947) descreveu a neurose nos seguintes termos: "De acordo com o *diagnóstico clássico*, a neurose é o conjunto de conflitos que lavram no interior do eu do indivíduo, inconscientemente em sua grande parte, entre o medo, a ira (agressão), os sentimentos de culpa e a necessidade de amor (que pode converter a pulsão sexual em obsessão); desses conflitos resulta um estado persistente de *ansiedade*, acompanhado de perturbações físicas ou de um entorpecimento emocional conhecido como *depressão*." Com efeito, a ansiedade é considerada um fator básico na neurose; pode ser descrita como um estado de tensão emocional, caracterizada por sentimentos irrealistas de apreensão, angústia e medo. As diversas formas de neurose resultam dos vários modos como o indivíduo tenta defender-se de seus medos irracionais ou da ansiedade. O objetivo precípuo da psicanálise é levar o neurótico a obter um *insight* ou a tomar consciência de seu estado mórbido, reconhecendo que seu comportamento é irracional, contraproducente e está contra os seus próprios interesses. As principais síndromes neuróticas são: o *estado de ansiedade*, os *medos fóbicos*, a *histeria de conversão*, os *estados dissociativos*, a *depressão neurótica* e a *neurose compulsivo-depressiva*. Ao contrário da psicose, as funções e organizações psicológicas básicas — a percepção sensorial, a comprovação da realidade, as fronteiras do ego, etc. — mantêm-se intactas. A manutenção da organização psicológica básica levou Freud a sublinhar que as neuroses não têm um conteúdo psíquico específico e característico que as distinga fundamentalmente da "normalidade". E Jung afirmaria: "A doença dos neuróticos é provocada pelos mesmos complexos com que todos nos defrontamos. A diferença situa-se no plano quantitativo e prático." No pólo oposto, um paciente *limítrofe* (isto é, que está na linha divisória entre neurose e psicose) também está sujeito a perturbações parciais, transitórias ou flutuantes dessas funções básicas que, no plano quantitativo, podem situá-lo ora de um lado dessa linha divisória, ora de outro. Segundo Freud, todos os distúrbios mentais constituem uma regressão a modelos infantis de ajustamento, e quanto maior a regressão, maior será a perturbação. Assim, a neurose caracterizar-se-ia por um recuo menor (aquém da linha divisória) e a psicose por um recuo maior (além da linha divisória). Outros autores, porém, como H. J. Eysenk (*Você e Neurose*, 1979), afirmam haver "provas muito fortes de que a neurose e a psicose são totalmente diferentes", embora haja muitos psiquiatras e psicanalistas que neguem esse fato.

NEUROSE NARCÍSICA — Neurose em que a libido regride para uma fase pré-genital do desenvolvimento. Assim, o indivíduo deixa de desenvolver o apego por uma outra pessoa ou objeto. Freud propôs o termo "neurose narcísica" para designar a psicose maníaco-depressiva na medida em que se caracteriza pela retirada da libido para o ego, acarretando o delírio de grandeza. No "caso Schreber", no qual a homossexualidade desempenha um papel essencial, Freud reconheceu o papel do narcisismo na origem dos sintomas da doença.

NEUROSE OBSESSIVA — Neurose caracterizada primordialmente pela presença de idéias obsessivas e ações compulsivas. A situação clínica descreve um indivíduo que, contra a sua vontade, vê sua consciência assediada por idéias, imagens ou palavras, embora a consciência se conserve clara e a razão intacta. Ele sente essas obsessões incoercíveis como mórbidas, na medida em que o impedem de agir e pensar livremente. Para aliviar sua angústia, o ego recorre a mecanismos de defesa (*ver*) cada vez mais elaborados e complexos.

NEURÓTICA, DISPOSIÇÃO — Expressão usada por Adler para definir um padrão inconsciente de comportamento, com a finalidade de manter ativos os elementos neuróticos dentro do específico desempenho vital do paciente.

NEURÓTICA, SOLUÇÃO — Inconsciente movimento dinâmico intrapsíquico que procura neutralizar, evitar ou excluir do ego o conhecimento de conflitos interiores, assim aliviando tensões e produzindo uma integração psíquica parcial.

NEURÓTICA, TENDÊNCIA — Designação dada por Karen Horney à organização de tendências para a realização de segurança máxima. Existem três tendências neuróticas primárias: no sentido da aproximação das pessoas, do afastamento das pessoas e contra as pessoas. Os conflitos que se desenvolvem entre duas ou mais dessas tendências constituem o núcleo da psiconeurose.

NEUROVEGETATIVO, SISTEMA — Ver: SISTEMA NERVOSO.

NEUTRAL, AMBIENTE — Meio físico e social (incluindo o analista) que tem por finalidade eliminar quaisquer limitações rígidas ao comportamento das pessoas submetidas à terapia grupal, de modo que cada pessoa possa extrair do ambiente o que necessitar.

NINFOMANIA — Paixão intensa, de caráter mórbido, pelo sexo oposto.

NIRVANA — De acordo com os ensinamentos budistas, é o fim último da vida, quando todos os desejos se extinguem e o ser individual se funde no cosmos. A Psicanálise equacionou o princípio do Nirvana com o instinto de morte freudiano.

NÍVEL — Em Psicofísica, indica a sensibilidade de um receptor em momento determinado, em comparação com o limiar médio estabelecido desse receptor. Em Fisiologia, assinala um centro coordenador dos impulsos nervosos, mostrando-se a sua posição relativa à periferia ou ao centro coordenador superior. Por exemplo: nível medular, nível cortical, etc. Os vários níveis, em ordem ascendente, refletem a crescente complexidade das funções coordenadas.

NOMOTÉTICO, MÉTODO — Procedimento que caracteriza a descoberta e formulação de leis científicas gerais. Sin.: Método Nomológico.

NORMA SOCIAL — Qualquer forma de comportamento socialmente aprovada e que não seja suscetível de merecer crítica ou reprovação dos demais membros do grupo, de acordo com um quadro de referência específico desse grupo.

NORMALIZAÇÃO — Processo de transformação não-linear, no qual uma distribuição de freqüências é modificada de forma a distribuir-se segundo o modelo teórico gaussiano. (Ver: TRANSFORMAÇÃO, LINEAR/NÃO-LINEAR)

NORMAS — Conjunto de informações que permitem uma interpretação adequada dos resultados de um teste, pela apresentação dos resultados obtidos nesse teste em sua aplicação a determinados grupos de pessoas que servem como grupo de referência. As normas podem ser expressas em termos de idade, percentil, série ou média simples.

NORMAS ETÁRIAS (OU DE IDADE) — Normas em que os grupos de referência são constituídos pelo conjunto de pessoas de uma mesma idade.

NORMAS GEOGRÁFICAS — Normas de um teste (de idade ou de série) apresentadas separadamente para áreas urbanas, suburbanas ou rurais, ou apresentadas separadamente por regiões geoeconômicas ou geográficas.

NORMAS DE SÉRIE — Normas de um teste em que os grupos de referência são constituídos de alunos matriculados em determinada série escolar.

NORMATIVO — Tudo o que diz respeito a normas, padrões ou valores. Uma ciência normativa é aquela que estuda sistematicamente as tentativas do homem para determinar o que é correto, valioso, bom ou belo: a lógica, a ética e a estética. Existem vários elementos normativos dentro da Psicologia (por exemplo, a higiene mental).

NOSTALGIA — Anseio de regresso ao lar, ao país natal, ao seio da família, tão violento que pode suscitar distúrbios no comportamento e dar origem a sintomas somáticos.

NUCLEAR, PROBLEMA — Conflito ou problema central que tem raízes na infância e desempenha papel decisivo em todo o desenvolvimento da personalidade, especialmente nos complexos e conflitos ulteriores. Por exemplo, para Freud o problema nuclear é a situação gerada pelo complexo de Édipo; para Adler, é o complexo de inferioridade.

OBEDIÊNCIA TARDIA — Obediência inconsciente a uma ordem que anteriormente fora rejeitada e (ou) reprimida.

OBJETAL, CATEXIA — Em Psicanálise, é o desvio da libido de seu objetivo sexual primário e seu investimento num objeto não diretamente sexual. Em acepção mais genérica, é o investimento da libido num objeto.

OBJETIVA, FASE — Na Psicologia Analítica e em Psicanálise, denomina-se *fase objetiva* a base interpretativa da apreensão de um sonho ou fantasia em que as pessoas ou circunstâncias são referidas a pessoas ou circunstâncias objetivamente reais. A concepção dos sonhos, em Freud, situa-se quase exclusivamente no terreno da fase objetiva, na medida em que os desejos manifestos nos sonhos são interpretados em referência a objetos reais ou a processos sexuais, quer dizer, a algo que se situa na esfera fisiológica e, portanto, extrapsíquica. (Ver: SUBJETIVA, FASE)

OBJETIVA, MEDIÇÃO — Considera-se que uma medição, observação ou interpretação é objetiva quando independente da pessoa específica que a realiza, de modo que muitos indivíduos equivalentemente treinados chegarão todos à mesma contagem de pontos ou à mesma descrição.

OBJETIVA, PSICOLOGIA — Ponto de vista, compartilhado por várias escolas psicológicas, que restringe o âmbito do estudo e investigação àquilo que é acessível a qualquer observador competente, isto é, aos dados suscetíveis de serem medidos em termos físicos, rejeitando, portanto, os dados introspectivos e sua interpretação. O nome foi criado em 1902 por Wladimir Bechterev para designar suas teorias de reflexologia, mas, atualmente, inclui também as várias denominações behavioristas e a Psicologia da Motivação e Aprendizagem.

OBJETIVAÇÃO — Em Psicanálise, é uma forma especial de *projeção* defensiva em que os próprios sentimentos são atribuídos a outra pessoa, que de fato os tem.

OBJETIVIDADE, ATITUDE DE — Atitude em que o sujeito reage às propriedades do objeto externo sem levar em conta suas reações pessoais a tal objeto (cf. Kurt Goldstein, *Concrete and Abstract Behavior*, 1941).

OBJETIVISMO — Ver: OBJETIVA, PSICOLOGIA.

OBJETIVO — Aquilo que existe independentemente de qualquer experiência consciente ou juízo pessoal. Contrasta com *subjetivo*.

OBJETO — Tudo aquilo de que um *sujeito* ou pessoa pode ter conhecimento, sobre que pode tomar qualquer atitude ou a que pode responder; qualquer coisa, fase, aspecto ou parcela componente do meio em seu mais amplo sentido; uma unidade da situação que tem significado relativamente constante para uma pessoa. Finalidade, objetivo, propósito. Conteúdo consciente, em contraste com o *ato* ou processo de saber ou ficar ciente com o meio real ou *estímulo*. Em Psicanálise, é sempre a pessoa ou estado de coisas que serve de algo à libido ou provoca uma ação instintiva. Na psicogenética da inteligência, coube a J. Piaget (in *A Construção do Real na Criança*, cap. *A Noção de Objeto*) definir objeto como um sistema de quadros perceptivos, dotado de forma espacial constante, através de seus sucessivos deslocamentos, e constituindo um termo isolável nas séries causais que se desenrolam no tempo. Portanto, a noção de objeto é inseparável das de espaço, tempo e causalidade.

OBJETO-ESTÍMULO — Qualquer objeto que seja a origem de um estímulo. Freqüentemente tomado no sentido do próprio estímulo, mas erroneamente.

OBJETO PARCIAL — Parte anatômica de uma pessoa como objeto de amor ou de ódio, sem referência à pessoa como um todo. Segundo Freud e Melanie Klein, o bebê ama o seio materno (objeto parcial) sem que ame, necessariamente, a mãe como um todo, nem tenha sequer conhecimento consciente da existência do objeto total. A persistência dessa tendência na vida adulta é o resultado de várias fixações e regressões afetivas, reconstituindo inconscientemente os impulsos orais-libidinais e orais-destrutivos da posição esquizoparanóide do bebê (Melanie Klein, *Algumas Conclusões Teóricas Sobre a Vida Emocional do Bebê*).

OBJETOS, TEORIA DOS — Inspirada na fenomenologia de Husserl e enunciada por Alexius Ritter von Meinong (*Über die Stellung der Gegenstandstheorie im Systeme der Wissenschaften*, 1907), a teoria dos objetos (*Gegenstandstheorie*) concebia-os inteiramente distintos dos estímulos físicos, com propriedades dependentes dos atributos gerais da atividade mental. A esses atributos deu Meinong o nome de *objeto, objetivo, dignitativo e desiderato*.

OBSERVAÇÃO, MÉTODOS DE — Técnicas e procedimentos que ajudam o observador a realizar observações mais rigorosas e completas. Incluem-se os recursos mecânicos de observação, cartas e mapas, tabelas para comprovação de resultados, fotografias, filmes e registros sonoros, etc.

OBSESSÃO — Sintoma neurótico que consiste num pensamento, freqüentemente de elevado teor emocional, que se impõe ao conhecimento consciente do indivíduo contra o seu desejo de pensar nele e apesar do fato de, intelectualmente, reconhecer o absurdo lógico da idéia imposta.

OBSESSÃO MASCARADA — Tipo de obsessão que se manifesta de forma disfarçada; em especial, de uma pretensa dor psicogênica. A Psicanálise interpreta a dor como um meio pelo qual uma idéia obsessiva agradável é mantida fora da consciência ou a representante, na consciência, da idéia reprimida.

OBSESSIVA, NEUROSE — Síndroma neurótica caracterizada por um sistema persistente e perturbador de obsessões e compulsões.

OBSESSIVO-COMPULSIVA, REAÇÃO — Comportamento psiconeurótico em que a ansiedade está associada à preocupação com idéias indesejáveis (obsessão) e com persistentes impulsos para repetir certos atos, insistentemente, sem qualquer propósito racional (compulsão). Por exemplo, lavar as mãos constantemente, contar os passos, etc.

OBSESSIVO-COMPULSIVO, TRANSTORNO (TOC) — Um grupo de neuroses caracterizadas por obsessões e compulsões. O paciente de TOC é, por via de regra, pouco produtivo nas esferas social e profissional. A ciência dispõe hoje de psicofármacos e psicoterapias capazes de abordar esses transtornos com eficácia; um diagnóstico precoce e o apoio afetivo dos familiares constituem fatores coadjuvantes essenciais para o restabelecimento do paciente.

OCUPAÇÃO — Atividade a que a pessoa regularmente se entrega tendo em vista remuneração. Tudo o que uma pessoa está fazendo.

OCUPACIONAL, TERAPIA — Tratamento de distúrbio mediante a atribuição, ao paciente, de uma tarefa significativa a realizar com fins úteis. Em certos casos cirúrgicos, o trabalho tem como finalidade exercitar alguns músculos, mas o objetivo mais usual é induzir um *estado de espírito* mais sadio.

ÓDIO — Sentimento persistente de aversão, hostilidade e desejo de infortúnio em relação a outra pessoa ou objeto subjetivamente vinculado a essa pessoa.

ODORES PRIMÁRIOS — À semelhança das cores e sons, também foram realizadas investigações para determinar os odores primários, a partir dos quais inúmeras combinações seriam possíveis. A primeira classificação foi realizada por Lineu, seguindo-se as de Zwaardemaker e Henning. A classificação mais recente, proposta por Crocker e Henderson, utiliza apenas quatro qualidades básicas: fragrante, ácido, queimado e coprílico.

OLFATIVO, APARELHO — É o mecanismo psicofisiológico da olfação. É formado por uma região sensível à recepção dos estímulos odorosos ou cheiros, área de algumas centenas de milímetros quadrados situada nas superfícies superiores da cavidade nasal. Essa área olfativa contém células sensoriais densamente agrupadas, em número aproximado de 100.000 por milímetro quadrado, o que equivale, no homem, a um total de cerca de dez milhões de células olfativas (foi calculado que no coelho o número de células olfativas excede cem milhões). Essas células receptoras estão em contato com os nervos de primeira ordem. Estes são células bipolares (neurônios) que enviam duas ramificações que saem do núcleo, indo uma delas irrigar o revestimento mucoso da fossa nasal, a mucosa pituitária, terminando em numerosas estruturas ciliares. O outro ramal transita no nervo olfativo até alcançar o bulbo olfativo, o *rinencéfalo*, formado por dois lobos de matéria cinzenta, uma de cada lado da cabeça, na base do crânio e logo acima da cavidade nasal. É nesse bulbo que se estabelece o contato com as células nervosas de segunda ordem, que transmitem a informação aos centros superiores do cérebro. O primeiro estágio importante para o sistema sensorial olfativo encontra-se no rinencéfalo, composto de três tipos principais de células: mitrais, ciliares, estas em tufos, e granulosas. As fibras nervosas ao deixarem o bulbo formam um feixe nervoso chamado *faixa olfativa* cujos limites exatos não são ainda conhecidos. É o único sistema sensorial importante que não tem trânsito estabelecido para o tálamo. A região do cérebro que representa a área de projeção final do sistema olfativo também está escassamente definida. Abrange, certamente, a região pré-piriforme, mas sabe-se que grande parte da porção cerebral que se supunha olfativa não está relacionada com o cheiro e sim com o comportamento emocional.

OLFATO — O sentido do cheiro. (Ver: OLFATIVO, APARELHO)

OLFATÔMETRO — Instrumento criado pelo psicofisiólogo Zwaardemaker para efetuar a medição dos limiares olfativos e a classificação dos odores primários.

OLHO — Órgão receptor do aparelho visual. O olho humano compõe-se das seguintes partes principais: (1) *Globo ocular,* formado por (a) *córnea*: a parte anterior, transparente e de curvatura mais acentuada, por onde penetram os raios luminosos; (b) *cristalino*: tecido transparente que focaliza os raios luminosos recebidos através da córnea e os projeta na retina; (c) *íris*: diafragma de tecido pigmentado que controla as dimensões de (d) a *pupila*: orifício situado na parte média da íris, dessa maneira regulando a quantidade total de luz que atinge a retina e compensa as alterações de iluminação; e a (e) *retina*: local de contato visual entre o mundo e o sistema nervoso, onde se transforma a energia luminosa do dispositivo óptico em atividade neural. A retina compõe-se de uma camada de células receptoras (*cones* e *bastonetes*), que são neurônios sensíveis à luz e à mudança de luz, e de uma camada de células bipolares e ganglionares, as *células de ligação*, que transmitem os impulsos nervosos ao nervo óptico, a partir de grupos de bastonetes estimulados. A *fóvea* é uma pequena região retiniana, composta de cones e altamente sensível aos detalhes. Entre a córnea e o cristalino há um espaço cheio de líquido de segregação glandular chamado *humor aquoso*; a substância gelatinosa que preenche a concavidade ocular entre o cristalino e a retina chama-se *humor vítreo*. A membrana fibrosa que reveste todo o globo ocular é a *esclerótica* e a que protege a retina, contígua à anterior, é a *coróide*; (2) A parte do *nervo óptico* que vai desde o *ponto cego* (no centro da fóvea) até sair da órbita ocular. São estes os componentes do mecanismo ocular, do ponto de vista fisiológico. No domínio da *fotoquímica*, o olho caracteriza-se pela *transformação química* de uma substância denominada *rodopsina*, que se encontra nos segmentos externos dos bastonetes, os quais, quando bombardeados pela luz iniciam um ciclo de decomposição e regeneração naquela substância (conversão da rodopsina em retinene, de retinene em vitamina A, etc.). São essas reações rodopsinas que promovem a adaptação do olho à luz e ao escuro. (Ver: VISUAL, APARELHO)

OLIGOFRENIA — Ver: DEFICIÊNCIA MENTAL.

OLIGOFRÊNICO, DETALHE — Designação dada por Rorschach a uma resposta de nível extremamente baixo, indicativa de deficiência mental.

ONANISMO — Na acepção rigorosa do termo, é sinônimo de *coitus interruptus*, a retirada antes da ejaculação. Usa-se incorretamente como sinônimo de masturbação ou auto-erotismo.

ONDAS ALFA — Um padrão de ondas regulares de 7-10 ciclos por segundo que caracteristicamente se encontram no cérebro "em repouso".

ONDAS CEREBRAIS — Atividade elétrica do cérebro, tal como é registrada no eletroencefalograma.

ONICOFAGIA — Hábito nervoso de roer as unhas até ao sabugo. É usualmente contraído na adolescência, mas persiste, com freqüência, na idade adulta. É sintoma habitual de grande tensão emotiva, quer manifesta ou reprimida.

ONIPOTÊNCIA, TEORIA DA — Hipótese psicanalítica de que na infância o indivíduo se considera literalmente apto a dominar e controlar todas as pessoas à sua volta. O negativismo infantil emerge quando a criança verifica a inconsistência dessa idéia.

ONIPOTÊNCIA DO ID — Expressão figurativa usada por Freud e os neofreudianos para definir o ponto de vista de que o *id*, desde que não seja restringido em sua atividade pelo princípio de realidade, pode encontrar sempre satisfação através da fantasia de realização do desejo, visto que, para o *id*, a imagem de uma coisa é tão boa quanto a própria coisa e acarreta satisfação imediata. Por exemplo, segundo Melanie Klein, a introjeção do seio materno acarreta tanto prazer quanto a posse do seio real e nutriente.

ONIPOTÊNCIA DO PENSAMENTO — Atuar como se os desejos ou pensamentos fossem realidades ou como se tivessem conseqüências reais e concretas no mundo externo.

ONIPOTÊNCIA INFANTIL — Expectativa implícita, das crianças muito pequenas, de que os seus desejos se cumprirão. Não está envolvida qualquer generalização consciente.

ONÍRICO — O que pertence ou se refere a um sonho. Por extensão, as divagações do indivíduo desperto que vive *como num sonho*. (Ver: ONIRISMO)

ONÍRICO, PARALELO — Expressão de Jung para designar um sonho cujo significado ou conteúdo latente coincide com a atitude consciente ou a corrobora. (Ver: SONHO, CONTEÚDO DO)

ONÍRICO, PROCESSO — Operação pela qual a atividade instintiva do *id* se converte em sonho. A teoria diz que certos desejos instintivos têm de ser alterados para que o ego e o superego os aceitem. Os principais processos ou mecanismos a que o *id* recorre, com essa finalidade, são a condensação, o deslocamento de afeto e a elaboração secundária (Ver: SONHO, CONTEÚDO DO)

ONIRISMO — Estado mental em que o indivíduo, em vigília, se absorve em divagações, fantasias ou sonhos despertos.

ONTOGENIA — Origem e evolução de um organismo individual, até atingir o estado perfeito.

OPERAÇÕES CONCRETAS — O termo aplicado por Piaget ao estágio de desenvolvimento intelectual (dos 7 aos 11 anos de idade) em que a criança pode raciocinar logicamente sobre objetos concretos que vê, mas tem que aprender ainda a lidar com regras no abstrato.

OPERACIONISMO — A generalização segundo a qual a validade de um construto assenta na validade dos procedimentos utilizados para estabelecê-la. Assim, o conceito de inteligência não tem outro significado senão os procedimentos utilizados num teste específico, destinado a medir a inteligência — memória de frases, vocabulário, problemas de raciocínio, etc. — e só é válido na medida em que esses procedimentos são válidos. Desta maneira, a inteligência pode ser definida de modos diferentes, de acordo com o teste usado. O termo *operacionismo* provém da ciência da física, onde ele foi introduzido por Percy Bridgman para despojar os conceitos físicos de todo e qualquer significado espúrio e supérfluo. A resistência, por exemplo, não tem outro significado senão os procedimentos usados para medi-la. Não é uma entidade à parte dessas medidas. Muitos psicólogos acreditam que o conceito de operacionismo é útil na psicologia para despojar os termos psicológicos de uma validade que, de fato, eles não possuem. No campo psicológico, um dos principais proponentes do operacionismo foi o norte-americano S. S. Stevens.

OPERANTE, APRENDIZAGEM — Uma situação de aprendizagem em que o organismo é reforçado por fazer uma certa resposta, a fim de aumentar a probabilidade dessa resposta na prova seguinte. Mediante o reforço progressivo de respostas na direção de um desejo padrão, podem ser aprendidos padrões altamente complexos de comportamento.

OPERANTE, COMPORTAMENTO — Também denominado comportamento tipo-R, visto que a ênfase incide sobre a resposta, a qual é definida em função dos seus efeitos sobre o meio. O estímulo ou padrão de estímulos específicos não necessita ser conhecido para que o comportamento operante seja identificado. Assim, um indivíduo pode enfiar a mão numa gaveta para apanhar a sua caneta, a qual não lhe é visível desde fora. Conhecemos apenas a conseqüência do comportamento, não o estímulo que iniciou o comportamento. O comportamento tipo-R contrasta com o comportamento tipo-E, que é estudado no condicionamento clássico e em que existe um estímulo específico, com a ênfase recaindo sobre a associação entre esse estímulo e a resposta. (Ver: CONDICIONAMENTO OPERANTE)

OPERANTE, CONDICIONAMENTO — Ver: CONDICIONAMENTO OPERANTE.

OPERANTE, RESERVA — Nome dado por Skinner ao número de respostas feitas após a suspensão do reforço do condicionamento operante. O procedimento mede a força do condicionamento.

OPINIÃO PÚBLICA — Um dos setores da Psicologia Social que se ocupa da avaliação de atitudes, sentimentos e motivações suscetíveis de levar o indivíduo ou grupo à ação. Seu principal método, a pesquisa de opinião pública, consta de uma recolha e compilação, numa amostra representativa de um vasto grupo social ou público, das opiniões abertamente expressas, interesses, aprovação ou desaprovação, ou outras dimensões de sentimentos sobre determinada questão de importância coletiva. As pesquisas podem ser efetuadas por questionário ou entrevista.

ÓPTICA — Ramo da Física que estuda a luz ou energia radiante e seus fenômenos.

ÓPTICA, ILUSÕES DE — Erros visuais, ainda insuficientemente explicados, em que à estimulação proximal *constante* (medida e lugar de determinadas figuras geométricas) responde uma percepção *inconstante* de dimensão e distância. Citam-se alguns exemplos famosos: (1) *Ilusão de Müller-Lyer*: duas linhas retas que, em circunstâncias normais, seriam consideradas de comprimento igual, passam a "ter um comprimento aparentemente diferente" se forem adicionadas outras linhas ao campo visual; um dos segmentos parecerá maior do que o outro e a verificação da constância dimensional só é possível com o auxílio de uma régua; (2) As ilusões de Hering, Ponzo e Jastrow baseiam-se na mesma organização distal, usando linhas paralelas, segmentos de retas, ângulos e círculos, etc.; (3) *Ilusão lunar*: a Lua parece maior quando está perto da linha do horizonte do que quando está no zênite, por cima de nós. Entre as muitas hipóteses propostas para explicar as ilusões ópticas, a lei de Emmert parece ser das mais válidas.

ÓPTICO, NERVO — O II nervo craniano, que liga a retina aos centros visuais.

ORAL, CARÁTER — Ver: PERSONALIDADE, TIPOS PSICANALÍTICOS DA.

ORAL, CAVIDADE — Cavidade que se estende desde os lábios até a faringe.

ORAL, DEPENDÊNCIA — Expressão psicanalítica que se refere ao desejo de recuperar neuroticamente a segurança do bebê, quando se encontrava na dependência da mãe (do seio e dos braços maternos) para a satisfação de todos os seus impulsos e desejos. Sua própria impotência era um sinônimo de ternura e de gratificação. A dependência oral do adulto tem base psicogenética nesse período inicial do desenvolvimento da personalidade: o estágio oral.

ORAL, EROTISMO — Sensações agradáveis que derivam da estimulação da boca. Em relação ao período primitivo da sexualidade infantil, o estágio oral, a criança obtém toda a gratificação através da carga de libido concentrada na zona erógena da boca.

ORAL, NEUROSE — Expressão criada por I. Coriat em sua teoria sobre as perturbações funcionais da fala. Sustenta que a gaguez, por exemplo, a de origem neurótica, é conseqüência de distúrbios específicos da libido oral.

ORAL, PRIMAZIA — Concentração da libido, principalmente na zona erógena oral, pelo que a gratificação deriva dos contatos da boca. No começo da infância, a primazia oral é normal e os contatos bucais desempenham, portanto, papel predominante na evolução do conhecimento infantil da realidade. A fixação e a regressão ao estágio de primazia oral são sintomas de psiconeurose no adulto.

ORAL, SADISMO — Ver: SADISMO.

ORAL-AGRESSIVO, CARÁTER — Tipo de personalidade cujos traços representam a sublimação da fase de agressividade oral (morder, devorar, engolir). É a pessoa predominantemente ambiciosa, invejosa, com propensão para explorar o próximo.

ORAL-INCORPORATIVA, TENDÊNCIA — Propensão para a voracidade, posse obsessiva, avidez e inveja que tem raízes no esforço infantil (na criança muito pequena) para incorporar uma parte da mãe (mamilo, dedo, etc.). Representa um derradeiro esforço (maníaco) para salvaguardar a intimidade entre o filho e a mãe, através da introjeção e incorporação, durante o período do desenvolvimento infantil, a que Melanie Klein chamou *posição maníaco-depressiva*.

ORDEM PERCENTÍLICA — Índice ou número de ordem de um percentil. Corresponde à percentagem de elementos que têm valores inferiores ao do percentil em questão. Não deve confundir-se com percentil. (Ver: PERCENTIL)

ORGÂNICA, PSICOSE — Ver: PSICOSE ORGÂNICA.

ORGANÍSMICO — Pertencente ao ponto de vista que, na psicologia e na biologia, enfatiza as atitudes holísticas na experimentação e interpretação.

ORGANISMO — Ser vivo capaz de manter-se como sistema e composto de peças capazes de desempenhar certas funções coordenadas. Esta é a definição de organismo através do seu caráter *funcional*, certamente mais compreensível do que a mera descrição fisiológica. É possível, assim, considerar o organismo de acordo com *todas as funções* que empiricamente se sabe serem por ele desempenhadas, incluindo as que, no nosso atual estado de conhecimentos, são chamadas psicológicas. O organismo humano é um *sistema psicofisiológico*, apto a desempenhar funções determinadas pelas suas estruturas física e psíquica.

ORGANIZAÇÃO — Conjunto de diversas partes que desempenham funções distintas mas estão inter-relacionadas e coordenadas de tal forma que constituem um todo ou unidade sistematizada. Na Psicologia da Gestalt, é o processo pelo qual as excitações psicofísicas se distribuem numa Gestalt perceptual.

ORGANIZAÇÃO SOCIAL — Padrão de relações característico de um organismo social, ou sociedade, especialmente o padrão entre subdivisões baseadas em diferenças de idade, sexo, parentesco, ocupação, autoridade, etc. Associação de indivíduos ligados por regras que definam seus respectivos papéis dentro da associação e as finalidades que os justificam.

ORGASMO — Grupo de movimentos involuntários nos órgãos genitais, acompanhado de fortes sensações de prazer sexual. No macho, os principais componentes são os movimentos que ejetam o sêmen; na fêmea, ocorrem contrações rítmicas sensivelmente análogas. O orgasmo é o clímax do coito seguido de relaxamento psicofísico.

ORGONE — Nome dado por W. Reich à energia vital. No tocante ao papel da libido, Reich atribuiu-lhe importância ainda maior do que Freud, considerando o orgone com base no seu estudo do organismo vivo e da função orgástica, o principal fator da estrutura biossexual da personalidade. Em *A Revolução Social*, escreveu: "A energia sexual é a energia biológica construtora do aparelho psíquico que constitui a estrutura sensorial e do pensamento humano. A sexualidade (fisiologicamente, uma função do vago) é simplesmente a energia vital produtiva. Sua repressão significa, não somente no campo médico, mas de forma geral, perturbação das funções vitais básicas: a expressão socialmente mais importante desse fato é a ação ineficaz (irracional) do homem, sua loucura, seu misticismo, sua disposição para a guerra, etc."

ORGULHO NEURÓTICO — Conceito central do *sistema de orgulho* definido por Karen Horney (cf. *Nossos Conflitos Interiores* e *Neurose e Desenvolvimento Humano*). O *sistema* consiste na totalidade de atributos neuroticamente avaliados e odiados do eu. A avaliação pode incidir sobre atributos inexistentes ou, quando existentes, extremamente exagerados. Por outra parte, os atributos odiados são geralmente reais e o exagero que os envolve é uma conseqüência do exagero do próprio sentimento de ódio. E o orgulho neurótico é o reflexo de uma exagerada e irracional avaliação das supostas características pessoais.

ORIENTAÇÃO — Conhecimento ou descoberta do lugar onde o indivíduo está ou para onde vai, quer literalmente, no espaço e no tempo, quer figurativamente, em relação a algum problema ou situação confusa. Diz-se que a orientação é *cognitiva* quando consta, principalmente, do conhecimento de uma situação; é positiva ou negativamente *catectiva* quando consiste, primordialmente, em sentidos; e *avaliativa* quando tem por finalidade estabelecer comparações e relacionar a situação com os objetivos ou metas individuais.

ORIENTAÇÃO SOCIAL — Direção geral assumida pelo comportamento de um grupo social. Atitude assumida por um indivíduo em relação aos hábitos e ideologia de um grupo social.

ORIENTADA, PERSONALIDADE EGO– — Expressão criada pelo psicólogo social David Riesman (*A Multidão Solitária*, 1950). Considera-se uma pessoa ego-orientada (ou ego-dirigida: *inner-directed*) quando a sua conduta geral de reação às pressões ambientes variáveis é determinada por um conjunto de valores interiorizados e independentes de conduta prevalecente no seu meio cultural e social. Quando, pelo contrário, a pessoa reage primordialmente em conformidade com as outras pessoas, visando à sua aprovação e à popularidade no seu meio cultural e social, diz-se que ela é "alter-orientada" (ou alterdirigida: *outer-directed*). A personalidade alter-orientada é moldada tanto pela comunicação de massa, alheia à sua educação, como pela própria escolaridade; é mais influenciada pelas relações públicas do que por suas motivações e emoções individuais.

ORTOGÊNESE — Doutrina de que o plasma do germe de uma espécie tende para ser gradualmente modificado pelas suas próprias condições internas. Doutrina correlativa de que a evolução orgânica, como um todo, tem uma direção internamente determinada, a menos que o curso normal seja gravemente destorcido pelas condições do meio. No contexto especificamente humano, esta doutrina propõe a existência de recursos intrínsecos da personalidade que permitiriam um desenvolvimento normal, se forças externas não o destorcessem, obrigando a modificações do comportamento. Esta concepção está subentendida em muitas escolas da Psicologia Contemporânea, incluindo a Neofreudiana.

OSGOOD, CHARLES E. — Psicólogo norte-americano (n. 1916) que se destacou, na tradição behaviorista e experimental, por seus importantes estudos do "significado". Desenvolveu o simples mas engenhoso método da *semântica diferencial* para medir significados conotativos, abrindo à investigação empírica quantitativa uma área que até então permanecera no domínio do filósofo e do lingüista. Deu uma contribuição decisiva para a consolidação de uma nova área de pesquisa interdisciplinar — a psicolingüística. Autor de *Method & Theory in Experimental Psychology* (1953) e *The Measurement of Meaning* (1962), seu livro fundamental sobre o comportamento verbal e os processos de medição representativa.

OSTENSIVO, COMPORTAMENTO — Reação ou ato que pode ser facilmente observado por outra pessoa. Atividade visível, audível ou tangível, muscular ou glandular. O comportamento ostensivo pode ser *simbólico* (ou *expressivo*), quando é percebido claramente como o *sinal* de um estado interno — um suspiro, por exemplo; ou *operante*, quando é identificado não diretamente mas por suas conseqüências no meio.

OTOLOGIA — Ciência que estuda o ouvido quanto à anatomia, funções e doenças.

OUVIDO — Ver: AUDITIVO, APARELHO.

PADRÃO DE AVALIAÇÃO — Sistema de referência para julgar valores, ou seja, a escala, hierarquia ou série de gradações que descreve as variações desses valores, acompanhada dos valores numéricos ou categorias que lhe correspondem.

PADRÃO PERCEPTUAL — Ver: PSICOLOGIA DA GESTALT. Leis de Organização em Formas Perceptuais.

PADRÃO DE REAÇÃO — Conjunto, qualitativa e quantitativamente distintos de reações, que se traduz por um *ato* — ostensivo ou não.

PADRONIZAÇÃO — 1. Sentido restrito: obtenção de normas para um teste. 2. Sentido amplo: conjunto de operações destinadas a garantir a validade e a precisão de um teste, a obtenção de normas e a fixação de instruções precisas para a sua aplicação. (Ver: NORMAS)

PAINEL — Grupo de pessoas reunidas para discutir um problema ou um tema, diante do público ou audiência, em termos mais ou menos informais.

PALADAR — Conjunto de mecanismos psicofisiológicos que constituem o sentido gustativo ou capacidade de percepção de sabores. Os órgãos de percepção sensorial encontram-se situados na *língua* e formam um conjunto de células denominadas papilas *gustativas*. Cada papila é um cacho de duas a doze células separadas e a dimensão varia entre 30 e 110 mícrons, estando irrigado por várias fibras nervosas. Cada fibra pode ramificar-se em mais de uma papila. Agrupadas, transitam então por um de três nervos cranianos: o VII nervo (ou facial), o IX nervo (ou glossofaríngeo) ou o X nervo (ou vago). O primeiro destes nervos serve os dois terços anteriores da língua; o segundo inerva o terço posterior da língua e o último transporta a informação sobre o paladar desde a faringe. Os núcleos desses três nervos cranianos estão na medula, donde a informação gustativa é transmitida a regiões específicas do tálamo e, subseqüentemente, ao córtex cerebral. O sentido do paladar (assim como o olfato) é também denominado *sentido químico*, visto que a estimulação gustativa inicia sua atividade no sistema psicossensorial após a intervenção de substâncias químicas, cujas reações ocorrem em função da temperatura e composição do estímulo externo (sua acidez, alcalinidade, etc.), de modo semelhante ao ciclo rodopsino no processo fotoquímico da visão.

PALAVRA-ESTÍMULO — Nos testes de associação verbal ou de tempo de reação, uma palavra apresentada ao sujeito com a intenção de provocar uma revista sob a forma de uma palavra associada.

PAPÉIS, DESEMPENHO DE — A representação ou passagem ao ato (*acting out*) de um papel que não é o próprio de uma pessoa numa dada situação cultural e a maior ou menor identificação da pessoa com esse papel constituem o ponto de partida de alguns métodos psicoterápicos (como o psicodrama), que têm por finalidade: (1) descobrir como as pessoas concebem certos papéis sociais importantes e como acreditam atuar em função desses papéis; (2) ajudar as pessoas a obter uma noção concreta do comportamento dos outros que têm certo papel a desempenhar na vida real; (3) conseguir na prática um modo mais ajustado do desempenho que cabe a cada um no seu contexto sociocultural; (4) propiciar a catarse.

PAPEL, EXPERIMENTAÇÃO DO — Segundo Erik Erikson, é uma das dimensões requeridas para o desenvolvimento de um sentido adequado de identidade pessoal. A experimentação com uma grande variedade de papéis é um requisito prévio para a identificação com um papel adequado ao indivíduo. A meta final da experimentação com muitos papéis é a identificação com um "ideal positivo". Um fracasso na experimentação do papel resulta em "identidade negativa". (Ver: PERSONALIDADE, DESENVOLVIMENTO PSICOSSOCIAL DA)

PAPEL, TEORIA DO — Formulação conceptual que serve de base aos métodos psicoterápicos criados por J. L. Moreno e adotados, de modo geral, por todas as terapias de grupo. (Ver: GRUPO, ANÁLISE DE/GRUPO, TERAPIA DE/PSICODRAMA)

PAPEZ-MACLEAN, TEORIA DAS EMOÇÕES DE — Uma teoria neurológica da emoção que destaca o papel do sistema límbico.

PARACUSIA — Qualquer perturbação auditiva, exceto a surdez. A pretensa capacidade de as pessoas semi-surdas ouvirem melhor na presença de ruídos ambientes.

PARADIGMA — Modelo, padrão ou exemplo que expõe todas as formas variáveis de uma coisa. Por exemplo: estímulo paradigmático, reflexo paradigmático, paradigma vocabular, etc.

PARADOXO DO ARPEJO — A natureza da reação depende do contexto. Indivíduos treinados por condicionamento de choque a erguer a mão quando escutam um determinado tom musical, não respondem quando esse tom é ouvido como parte de uma canção muito conhecida.

PARAFRENIA — Termo genérico, mas obsoleto, para a *demência precoce* e (ou) a *paranóia*.

PARALAXE — Movimento aparente dos objetos no campo de visão, à medida que o ponto visual vai mudando lateralmente. Os objetos mais próximos do observador do que o ponto fixado parecem mover-se em sentido inverso à direção da mudança; os objetos mais afastados do que o ponto movem-se acompanhando a mudança. O fenômeno explica-se de acordo com a geometria das linhas de visão. Não faz diferença alguma se é o observador que se movimenta em relação ao meio ou se é este em relação ao observador imóvel.

PARALELISMO CULTURAL — Desenvolvimento independente de traços e padrões culturais em diferentes sociedades.

PARALELISMO PSICOLÓGICO — Doutrina segundo a qual, para todos os processos conscientes, existe um processo paralelo no corpo.

PARALELO, LEI DO — Princípio psicofísico enunciado por Fechner: Se dois estímulos de diferente intensidade se apresentam a um receptor por uma duração determinada, as intensidades sensoriais absolutas diminuem, em virtude de adaptação sensorial ou fadiga, mas a razão da diferença continua sendo a mesma. (Ver: FECHNER, LEI DE/PSICOFÍSICO, MÉTODO)

PARALISIA — Perda ou deterioração de uma função motora ou sensorial. Entre as várias espécies mais comuns, contam-se: a paralisia *agitans*, ou *doença de Parkinson*, acompanhada de tremores contínuos das mãos, a *monoplegia*, com paralisação de um membro ou grupo muscular; a *paraplegia*, com paralisação dos membros inferiores; a *hemiplegia*, paralisia de um hemisfério corporal, e a *diplegia*, de ambos os hemisférios.

PARALISIA CEREBRAL — Estado resultante de grave lesão nas áreas motoras do cérebro, caracterizado, usualmente, por espasmos dos membros e acompanhado, com freqüência, por paralisia espástica da musculatura da fala ou por atetose (contrações faciais). Cerca de 20% dos paralíticos cerebrais são mentalmente deficientes.

PARÂMETRO — Qualquer constante que defina a curva de uma equação representativa de alguma função psicológica. O parâmetro pode basear-se em provas empíricas ou numa teoria. O parâmetro de uma população é uma função do conjunto de valores dessa população. Define-se ainda como parâmetro uma variável que é constante durante um determinado experimento, mas pode ser variada de experimento para experimento. Em estatística, a palavra *parâmetro* tem uma denotação diferente da que lhe é dada em matemática.

PARAMNÉSIA — Literalmente, falsa memória. Usualmente, falso reconhecimento, como no caso da ilusão *déjà vu* (eu já vi isto). (Ver: DÉJÀ VU)

PARANÓIA — Psicose caracterizada por delírios sistemáticos, mas sem demência, ou muito pouca. O delírio de grandeza ou o de perseguição (um dos dois ou ambos) são as características mais salientes e as que o paciente defende com todas as aparências de lógica e razão em seus argumentos. O sistema paranóide, embora extenso, está relativamente isolado e deixa, portanto, o resto da personalidade praticamente intata — sendo esse o aspecto que a distingue da esquizofrenia paranóide.

PARANÓIDE, PERSONALIDADE — Distúrbio da personalidade, de certo modo semelhante à esquizofrenia paranóide, mas sem deterioração nem delusões sistematizadas. O indivíduo é desconfiado, ciumento, invejoso, extremamente sensível à menor ofensa e muito inclinado à *projeção*.

PARANÓIDES, REAÇÕES — Dá-se o nome de reações paranóides às tentativas para escapar aos efeitos de impulsos e fantasias previamente inconscientes, as quais irromperam nas organizações pré-consciente e consciente por processos de denegação e projeção. O paciente tenta manter-se em contato com a realidade externa, reconstruindo-a de acordo com impulsos e fantasias que ele não pode continuar a manter no Inconsciente.

PARANÓIDE, TENDÊNCIA — Propensão para idéias grandiosas e para extrema sensibilidade a críticas reais ou aparentes. As idéias de perseguição podem ser tão extremas e irracionais quanto na paranóia ou na esquizofrenia paranóide, mas não ocupam lugar tão central na organização da personalidade nem dominam uma parte tão importante da vida cotidiana do indivíduo. Portanto, a tendência paranóide não é psicose.

PARAPSICOLOGIA — O campo da psicologia que investiga todos os fenômenos psicológicos que, aparentemente, não podem ser explicados em termos de leis ou princípios científicos naturais. A parapsicologia inclui o estudo e investigação da clarividência, telepatia, transes, telecinese, mediunismo, *poltergeists*, etc. A finalidade dos parapsicólogos é colocar esses fenômenos no âmbito das leis naturais, ampliando — se necessário — as fronteiras destas últimas. A experimentação científica de tais fenômenos *paranormais* teve início nos Estados Unidos, em 1927, quando o Prof. J.-B. Rhine fundou o Instituto de Parapsicologia da Universidade de Duke, hoje Instituto Parapsicológico de Durham. Rhine propôs a existência de uma faculdade geral, que engloba a telepatia no espaço e a clarividência, a que deu o nome de *General Extra-Sensory Perception* (GESP) (=Percepção Extra-Sensorial Geral). Atividades análogas são desenvolvidas pelo Instituto Metapsíquico Internacional, de Paris, fundado por Charles Richet em

1919; pelo Grupo de Estudos de Parafísica Experimental, de Zurique. Sin.: *Metapsicologia, Parafísica, Psicologia Nomotética*.

PARCIMÔNIA, PRINCÍPIO DE — Princípio geral do pensamento científico de que, entre duas hipóteses, a mais simples deve ser sempre a preferida. Lloyd Morgan aplicou-o à Psicologia (Ver: MORGAN, CÂNON DE).

PARENTESCO — Relação entre duas ou mais pessoas que se baseia na descendência comum. Também se incluem, usualmente, aquelas relações socialmente reconhecidas como suscetíveis de produzir estreitas vinculações: o casamento e a adoção, por exemplo. Mas estas últimas não estão abrangidas na categoria de *consangüinidade*, reservada apenas para as relações do primeiro tipo.

PARES CORRETOS, TESTE DOS — Modelo de teste amplamente usado nos estudos de retenção e aprendizagem. Apresenta-se ao sujeito uma série de itens aos pares, usualmente duas palavras associadas. Depois, variando a ordem da primeira apresentação, o sujeito lê o primeiro item de cada par, dispondo de um prazo de tempo relativamente curto para dizer qual era o segundo item (a outra palavra) do respectivo par. A pontuação obtida representa o número de respostas corretas ou pares corretamente aprendidos e retidos. O primeiro teste deste gênero foi planejado por Hermann Ebbinghaus (*Ebbingaussche Treffermethode*), tendo sido posteriormente revisto e ampliado por G. E. Müller, E. Meumann, E. Pilzecker e outros.

PARIS, ESCOLA DE — Grupo de psiquiatras que se dedicava à investigação psicológica pela hipnose, sob a chefia de J. M. Charcot (1825–1893). Exerceu enorme influência no desenvolvimento da Psicopatologia e do tratamento das neuroses. S. Freud foi aluno de Charcot. Embora adotasse os mesmos métodos da Escola de Paris, um outro grupo, denominado Escola de Nancy, divergia daquela quanto às finalidades do método hipnótico. (Ver: NANCY, ESCOLA DE)

PAROXISMO — Ataque súbito e incontrolável, como no caso de uma violenta explosão emocional, uma crise aguda ou uma intensificação superlativa de sintomas.

PARTICIPAÇÃO — Interação dinâmica de dois ou mais sistemas em que cada um deles influi e é influenciado pelos demais, constituindo esse intercâmbio um evento característico. Na Psicologia Social, participação é a quota parte de cada indivíduo, direta ou indireta, numa atividade grupal. Na Psicologia da Inteligência, de Piaget, participação é o modo infantil de pensar, em que os acontecimentos externos não se distinguem dos internos e em que qualquer coisa apenas pensada se reveste de tanta realidade quanto um fato ou acontecimento objetivo.

PARTICIPAÇÃO, LEI DA — Segundo Lévy-Bruhl (Ver: *PARTICIPATION MYSTIQUE*), o pensamento primitivo tem tendência para atuar (ou pensar) como se as coisas que são percebidas como semelhantes não fossem meramente semelhantes, mas as mesmas. Essa tendência, que tem muitas das características de uma identificação, desempenha importante papel na magia.

PARTICIPATION MYSTIQUE — Expressão usada por Lévy-Bruhl (*Les Fonctions Mentales dans les Sociétés Inférieures*, 1912) e universalmente adotada para definir um modo peculiar de vinculação psicológica ao objeto, pela qual o sujeito é incapaz de se diferenciar nitidamente dele em virtude de uma relação a que se deu o nome de identificação parcial. Esta identificação baseia-se numa unidade apriorística de objeto-sujeito, como nos estágios primitivos da psique. Por isso, o fenômeno pôde ser melhor observado por Lévy-Bruhl nas sociedades primitivas do nosso tempo, embora Jung sublinhasse que a *participation mystique* se bem que menos intensa, também pudesse ser observada nos povos civilizados. No homem culto, observa-se regularmente entre pessoa e pessoa, raramente entre pessoa e objeto, e tem as características de uma *transferência*.

PASSAGEM AO ATO (*Acting out*) — A expressão da tensão emocional através do comportamento direto, numa situação que pode nada ter a ver com a origem da tensão; aplica-se usualmente ao comportamento impulsivo, agressivo ou, em termos gerais, anti-social (cf. P. Watzlawick, Janet Beavin e Don Jackson, *Pragmática da Comunicação Humana*, 1973). No domínio psicanalítico, a passagem ao ato é a conversão em ação de impulsos reprimidos que emergem no nível consciente durante a análise. O comportamento manifesto é freqüentemente simbólico de um padrão de comportamento anterior. Por exemplo, a transferência é uma passagem ao ato simbólica da anterior vinculação emocional (edipiana) do paciente à mãe (ou pai). Na grande maioria dos casos, a passagem ao ato reflete o desejo veemente de se desembaraçar de uma ansiedade neurótica. Ferenczi assim define a passagem ao ato: "Quando o paciente é literalmente sobrepujado por um impulso, em vez de continuar associando ele 'põe em cena' seus conteúdos psíquicos. Não só produz 'sintomas passageiros', em vez de idéias, mas realiza de forma inteiramente consciente ações complexas, cenas inteiras, de cuja natureza transferencial, repetitiva, nem de leve ele suspeita" (em *Psicanálise* 2). O psicodrama é uma das técnicas de terapia de grupo que encoraja os pacientes a "atuarem" seus problemas e fantasias. Em alemão, *Agieren*; em francês, *mettre em scène*.

PATOFOBIA — Medo ou pavor mórbido do sofrimento e da doença.

PATOGÊNICO — Qualquer fator ou agente causador de doença.

PATOGNOMÔNICO — Sinal característico de uma doença específica.

PATOGRAFIA — Estudo da *personalidade* com base nas perturbações de natureza patológica de que o indivíduo sofre ou sofreu.

PATOLOGIA — Condição do organismo em que uma célula ou órgão é impedido de desempenhar sua função usual; doença, perturbação ou disfunção que provoca o funcionamento anormal do organismo ou suas partes. Disciplina científica que estuda essas condições. Em Medicina, a Patologia refere-se habitualmente às condições orgânicas, distinguindo-as das funcionais. Mas existe uma patologia da função, incluindo a das funções do comportamento. *Morbidez* é quase sinônimo de estado patológico. *Anormalidade* reveste-se de um caráter quantitativo, implicando um desvio de estrutura ou condição normal, maior ou menor.

PATOLÓGICA, MENTIRA — Tendência para narrar, por vezes minuciosamente, sem motivo aparente, estórias imaginárias como se fossem reais. Está associada a alguns tipos de perturbação mental. (Ver: PSICOSE DE KORSAKOV)

PATOLÓGICO — Mórbido, doente.

PATONEUROSE — Neurose provocada por doença ou lesão física, e interpretada, em termos psicanalíticos, como renúncia ao mundo externo e concentração da libido na parte doente ou lesionada.

PAVLOV, EXPERIMENTO DE — Modelo de experimento clássico em que I. P. Pavlov baseou sua teoria dos reflexos condicionados. O sujeito experimental foi um cão. O animal e o experimentador estavam colocados em salas separadas, para evitar tanto quanto possível a influência de ocorrências fortuitas que pudessem afetar o comportamento do animal. Este foi preso a um quadro de testes, cujas ataduras faziam lembrar as usadas pelos bebês russos de certas regiões rurais. Pavlov instalou então um sistema de tubos para apresentação dos estímulos e observação das reações secretivas (usualmente, a salivação) do lado de fora da sala do animal. E substituiu os estímulos condicionados arbitrários por fixos: uma sineta ou uma lâmpada. Desta maneira chegou ao procedimento experimental que recebeu o nome de *condicionamento*: (1) A sineta (estímulo condicionado) é tocada repetidamente antes de a comida (estímulo direto) ser colocada na boca do animal para gerar salivação (reflexo condicionado); (2) Finalmente, o som da sineta passa a causar salivação *antes* de a comida ser apresentada. Foi este o fundamento experimental para a teoria do mecanismo dos centros nervosos com que Pavlov abriria novos horizontes ao estudo da motivação e do comportamento. Na descrição pública que Pavlov fez da sua experiência, em 1903, rejeitou enfaticamente qualquer dos métodos da Psicologia Subjetiva. Disse ele: "Nos nossos ensaios físicos sobre as glândulas salivares, tentamos a princípio honestamente explicar os nossos resultados pela hipótese fantasiosa de um estado subjetivo do animal. Mas daí nada resultou, exceto controvérsias infrutíferas e opiniões pessoais e incontroladas. Não tínhamos outra alternativa senão colocar a investigação em bases puramente objetivas." Assim, Pavlov oferecia à Psicologia um novo rumo para estudar objetiva e experimentalmente seus problemas subjetivos, na linha materialista de Claude Bernard, Helmholtz, Wundt e muitos outros. (Ver: CONDICIONAMENTO)

PAVLOV, IVÃ PETROVICH — Professor de Psicologia em Leningrado. Com Bechterev, estabeleceu a Teoria dos Reflexos Condicionados e procurou definir o comportamento humano e animal como um sistema dessas reações. Prêmio Nobel de 1904. N. em 14-9-1849 (Rjasan); m. em 27-2-1936 (Leningrado). Bibliografia principal: Existem edições das *Obras Completas* e *Obras Escolhidas* publicadas em vários idiomas ocidentais. Cite-se: *Obras Escogidas*, sob a direção de Kh. Kochtoiantz, membro da Academia de Ciências da URSS, ed. argentina da Editorial Quetzal, 1960. (Ver: CONDICIONADO, REFLEXO/CONDICIONAMENTO OPERANTE/PAVLOV, EXPERIMENTO DE/REFLEXO/REFLEXOLOGIA)

PAVLOVINISMO — Métodos experimentais e concepções psicofisiológicas do cientista russo Ivã Petrovich Pavlov (1849–1936). (Ver: CONDICIONADO, REFLEXO/PAVLOV, EXPERIMENTO DE)

PEDOFILIA — Atração mórbida de um adulto pelas crianças.

PENDOR — Característica definida como a influência que as atitudes, conscientes ou inconscientes, do examinador exercem, ao administrar um teste, nas respostas dos sujeitos, na interpretação dos resultados ou nas conclusões teóricas baseadas na experiência. Sin.: Predisposição. (Ver: PROPENSÃO)

PÊNIS, INVEJA DO — Inveja inconsciente da masculinidade, por parte da mulher, cobiçando especialmente a posse do órgão masculino. Freud considerou a inveja do pênis uma das mais importantes fases na evolução da psicologia feminina, comparável ao complexo de castração da psicologia masculina. Ambos os complexos fazem parte da teoria freudiana de sexualidade infantil. Quando a menina observa que lhe falta aquela parte do corpo, que para o menino é tão importante, "convence-se de que sofreu a pena de castração por ter cometido uma falta grave". O que para o menino é causa de *medo* "de que lhe aconteça o mesmo", para a menina é causa de *inveja*. Escreve Patrick Mullahy (*Édipo: Mito e Complexo*, 1965): "Que se passa então com a menina? Quer também ter um pênis e está grandemente perturbada pela sua falta: quer ser homem. Sente-se prejudicada pela falta de um pênis grande e visível, inveja o menino por possuí-lo. (...) Mais tarde, quando for mulher adulta, esse desejo reprimido pode manifestar-se, sob certas circunstâncias, na neurose." (Ver: CASTRAÇÃO, COMPLEXO DE)

PENSAMENTO AUTÍSTICO — O pensamento que é mais dirigido por desejos pessoais do que por fatores objetivos ou racionais.

PENSAMENTO CRIATIVO — Forma altamente imaginativa e algo rara de pensamento dirigido, na qual o indivíduo descobre novas relações e soluções para problemas, e pode produzir uma invenção ou uma criação artística.

PENSAMENTO DIRIGIDO — Um processo em que procuramos criar uma cadeia de associações que atinjam um objetivo definido. A sua mais importante forma é o pensamento dirigido para a *solução de problemas*.

PENSAMENTO INTUITIVO — O termo é aplicado por Piaget ao estágio de desenvolvimento intelectual (4 a 6 anos de idade) em que a criança está desenvolvendo conceitos que se tornam cada vez mais elaborados, mas que ainda se baseiam predominantemente na evidência oferecida pelos seus sentidos.

PENSAMENTO, IMPULSO DO — Designação psicanalítica para aqueles elementos dos sonhos que não resultam de desejos instintivos, mas das tensões da vida cotidiana: problemas para resolver, impressões violentas, etc.

PENSAMENTO SEM IMAGENS — Uma idéia ou pensamento que carece de conteúdo sensorial. A Escola de Würzburg sustentou que a análise introspectiva revela a existência de pensamentos sem imagens. Essa tese foi negada por Titchener e os estruturalistas, os quais afirmam que, pelo menos, vestígios de conteúdo sensorial podem ser encontrados em todo e qualquer pensamento. A noção de relações, por exemplo, pode ser explicada, segundo os estruturalistas, em função de sensações cinestésicas flutuantes, não significando, pois, que seja inexistente qualquer reação às propriedades de uma idéia ou pensamento mas, tão-só, que se reage a outras propriedades que não as reveladas por processos sensoriais (cf. B. Petermann, *Wesensfragen seelischen Seins*, 1938). (Ver: WÜRZBURG, ESCOLA DE)

PENSAR — Atividade ou processo não predominantemente perceptual, por cujo intermédio uma pessoa apreende um objeto ou algum aspecto de um objeto ou situação. Julgar, abstrair, conceber, raciocinar, recordar, prever e, de certo modo, imaginar são formas características do pensamento. Embora não seja uma atividade perceptual, o pensamento não é antagônico da percepção; pelo contrário, são processos complementares. Pensar e perceber são componentes do mesmo processo cognitivo.

PENTOTAL — Sal de sódio, usado para fins sedativos hipnóticos, por meio de injeção intravenosa.

PERCENTIL — Cada um dos 99 valores da variável, que dividem uma distribuição de freqüências em 100 intervalos de igual freqüência. Os percentis constituem um tipo de distribuição retangular e implicam uma transformação não-linear. O percentil é expresso em termos de escore bruto e a ordem percentílica é expressa em termos de percentagem. Por exemplo, se X é 36 e o percentil é 72, a ordem percentílica correspondente é 72%. Os resultados em percentis são facilmente calculados e entendidos, porquanto nos dão um quadro correto da posição relativa de cada indivíduo na amostra normativa. São universalmente aplicáveis. A sua principal desvantagem decorre da sua acentuada desigualdade, sobretudo nos extremos da distribuição.

PERCENTIS, ESCALA DE — Dá-se o nome de percentil às separatrizes, em número de 99, que dividem uma distribuição de freqüência em 100 intervalos de igual freqüência. O conjunto de 99 percentis constitui uma escala habitualmente utilizada para servir como norma de avaliação dos resultados de um teste. Confunde-se muitas vezes o conceito de percentil com o de ordem percentílica. Por analogia com decil, quartil, quintil, etc., a designação correta seria centil mas esta é pouco usada. (Ver: PERCENTIL)

PERCEPÇÃO — Processo pelo qual o indivíduo se torna consciente dos objetos e relações no mundo circundante, na medida em que essa consciência depende de processos sensoriais. (Ver: PERCEPÇÃO SENSORIAL)

PERCEPÇÃO ENRIQUECIDA — Percepção de sinais, símbolos ou estímulos ambíguos, em que o percebido ultrapassa bastante o que é apresentado aos sentidos e é grandemente influenciado pelas necessidades e valores do indivíduo que percebe. Não se trata, portanto, de percepção no sentido rigoroso da palavra (em termo de excitação dos receptores sensoriais), mas de um tipo que é adicionalmente influenciado por outros fatores, possivelmente originados na história do próprio organismo.

PERCEPÇÃO EXTRA-SENSORIAL — Qualquer das várias formas de suposta capacidade para perceber estímulos por meios independentes dos receptores sensoriais.

PERCEPÇÃO SENSORIAL — É o produto final de uma série definida de eventos físicos, fisiológicos e psicológicos, que se desenvolvem em seqüência imutável e que têm por pólos um *estímulo* e uma *reação* (ou *resposta*). A seqüência tem o seguinte esquema:

1. *Objeto distal* (ver: DISTAL); 2. *Estímulo proximal* (ver: PROXIMAL); 3. *Órgãos Sensoriais*, que recebem os estímulos (como agentes receptores) e os convertem em impulsos nervosos; 4. *Impulsos nervosos*, ou atividade neural no trânsito entre os receptores e o cérebro, e 5. *Áreas de Projeção Sensorial*, as regiões do córtex cerebral onde terminam os trânsitos neuro-sensoriais e ocorrem as reações finais ao estímulo inicial (para a visão, audição, tato, etc.).

  Conrad G. Mueller define a Percepção Sensorial nos seguintes termos: "O conjunto de fenômenos e processos pelos quais percebemos, discriminamos e retratamos o mundo dos objetos e eventos físicos, que servem de estímulo, através dos sentidos orgânicos, ao nosso comportamento psicofísico" (cf. Mueller, *Percepção Sensorial*, 1966). (Ver: SENTIDOS)

PERCEPÇÃO SOCIAL — Em termos gerais, é a percepção dos objetos sociais, quer se trate de pessoas ou grupos sociais. Especificamente, é a percepção, por uma pessoa, daqueles comportamentos de outra pessoa, que revelam suas atitudes, sentimentos ou intenções.

PERCEPÇÃO SUBLIMINAR — Um estado em que o indivíduo é influenciado por estímulos fracos demais para serem conscientemente apreendidos.

PERCEPÇÃO, TEORIA TRANSACIONAL DA — Uma teoria funcionalista da percepção que sustenta que as nossas percepções fundamentais são reações aprendidas na base de nossas transações ou interações com o meio circundante. Os funcionalistas transacionais afirmam que construímos probabilidades do que esperamos perceber na base de nossas experiências, e que levamos essas probabilidades para cada nova situação.

PERCEPTUAL-CONCEPTUAL, REPERTÓRIO — Padrões estáveis e reconhecidos de percepções em que os complexos sensoriais estão organizados de pessoa para pessoa. Cada indivíduo difere radicalmente na capacidade de organizar seus padrões sensoriais de acordo com um repertório conceptual. Por exemplo, o habitante de uma cidade *não vê* quando uma seara de trigo está pronta para a colheita; o camponês terá dificuldade em *ver o* seu percurso, sem hesitação, no centro de uma grande metrópole.

PERCEPTUAL-MOTORA, COORDENAÇÃO — É a coordenação de movimentos treinados, orientados por experiências prévias e corrigidos pela regeneração perceptual, quanto aos seus efeitos.

PERFIL — Os resultados obtidos por um testando em vários testes ou provas, expressos em escalas comparáveis. O perfil pode ser apresentado em forma gráfica ou em notação matricial.

PERIFÉRICA, NEURITE — Inflamação de um terminal nervoso.

PERÍODO — Intervalo de tempo necessário para se completar uma fase ou ciclo de um acontecimento que se repete com regularidade.

PERSONA — Conceito definido por Jung para descrever uma falsa imagem global e esquemática que a pessoa forma a seu próprio respeito ou da sua própria essência. Essa imagem resultou da atividade da pessoa em seu meio e do efeito que este sobre ela exerceu. Escreve Jung (em *Tipos Psicológicos*): "Por *persona* entende-se o que a pessoa *parece ser* a si própria e o que *parece* aos que a cercam, mas não o que ela *é*." Assim, *persona* não é o eu individual mas uma *personificação* do eu que pode comparar-se ao papel que "representamos de nós próprios no palco da vida". Por outras palavras, a *persona* representa a atitude consciente do indivíduo, a *másca-*

ra que usa perante os outros. Acha-se equilibrada pelo inconsciente; quem procurar ser excessivamente moral, sofre poderosas pressões procedentes das forças opostas inconscientes. Sempre que a *persona* se afastar demais de seus fundamentos inconscientes, as forças inconscientes a pressionarão e, por conseguinte, produzirão conflito. A *persona* de Jung influiu nas teorias psicoterápicas de J. L. Moreno (*Psicodrama*) e de H. S. Sullivan (*Relações Interpessoais*). (Ver: INTERPESSOAL, TEORIA/PSICODRAMA)

PERSONALIDADE — São inúmeros os significados atribuídos à palavra, todos mais ou menos influenciados pelo aspecto particular que se pretenda focalizar, estudar ou definir da *pessoa* como entidade dotada de propriedades que a distinguem individualmente e a configuram física, psíquica, social e culturalmente. Entre as mais conhecidas definições psicológicas destacam-se: (1) A organização dinâmica, no indivíduo, daqueles sistemas psicofísicos que determinam o seu pensamento e comportamento característicos, a sua adaptação típica ao meio social (*G. Allport*); (2) O que permite uma predição do que uma pessoa fará numa dada situação (*R. B. Cattell*); (3) A continuidade de formas e forças funcionais, que se manifestam através de seqüências de processos organizados e comportamentos manifestos, do nascimento até a morte (*Murray*); (4) A organização de estruturas psicofísicas, relativamente estáveis, em virtude da qual uma pessoa age de determinada maneira e não de outra, tal como se inferiu do seu comportamento (*R. S. Lazarus*); (5) A organização única de características e tendências de estímulo e resposta do indivíduo, na medida em que elas estão dinamicamente envolvidas em situações sociais (*Sawrey* e *Telford*); (6) A integração do id, ego e superego (*Freud*); (7) O estilo de vida do indivíduo, ou a maneira característica de reagir aos problemas da vida, incluindo as metas vitais (*Adler*); A integração do ego, do inconsciente pessoal e coletivo, dos complexos, dos arquétipos, da *persona* e *anima* (*Jung*). Como todas estas definições mostram, a personalidade tem sido definida de diversas maneiras por vários psicólogos. Outros teóricos enfatizaram o *temperamento* (Sheldon, Kretschmer) como núcleo de personalidade, elaborando as chamadas *tipologias*. Por seu lado, a psicoterapia tende a enfatizar os padrões característicos de *ajustamento*. Entretanto, apesar das diferenças de tônica, não é difícil depreender que o conceito de personalidade envolve as seguintes premissas: (1) Referente particular às características distintivas do indivíduo; (2) Aspecto de estímulo e resposta; (3) Referente social; (4) Dinâmica de ação social.

PERSONALIDADE AUTORITÁRIA — A combinação de traços considerada comum entre pessoas que preferem uma sociedade autoritária a uma democrática; os traços incluem padrões de comportamento e de obediência rigidamente convencionais e preconceito contra grupos minoritários.

PERSONALIDADE BÁSICA — A constelação de traços de personalidade comum a indivíduos de uma determinada cultura que resultam de uma experiência infantil e de um modelo de instrução comuns.

PERSONALIDADE, DESENVOLVIMENTO PSICOSSOCIAL DA — O psicanalista norte-americano Erik Erikson elaborou uma teoria do desenvolvimento psicossocial da personalidade baseada em "oito idades do homem". A primeira idade caracteriza-se pela *confiança básica vs.* desconfiança básica. A primeira demonstração dessa confiança social da criança pequena é a facilidade de sua alimentação, a profundidade do seu sono e a descontração de seus intestinos. Gradualmente, o indivíduo aprende a confiar na uniformidade e continuidade dos provedores externos, mas também pode confiar em si mesmo e na capacidade dos seus órgãos para enfrentar os desejos mais urgentes, compensando assim o desconforto causado pela imaturidade da homeostase com que nasceu. A segunda idade caracteriza-se pela *autonomia vs.* vergonha e dúvida. O período em que se firma o controle externo, em que a criança "se planta sobre os seus próprios pés", consolidando os sentimentos de autocontrole, cooperação e liberdade de auto-expressão, orgulho e amor-próprio. A terceira idade é a da *iniciativa vs.* culpa. A criança mostra-se mais ela mesma, mais desenvolta e mais arguta em seu raciocínio, mais estimulada e estimulante. Está em plena posse de um excedente de energia que lhe permite esquecer rapidamente os fracassos e avizinhar-se do que lhe parece desejável. A iniciativa soma à autonomia a capacidade de empreender, planejar e "atacar" uma tarefa pelo gosto de ser ativa, de estar em movimento. O próprio Erikson assinala que este período equivale ao da genitalidade infantil, proposto por Freud (o complexo de castração, o tabu do incesto e o superego unem-se na terceira idade para causar a crise especificamente humana durante a qual a criança renuncia a uma ligação exclusiva, pré-genital, com seus pais, para iniciar o lento processo de tornar-se um genitor, um portador de tradição). A quarta idade é a da *indústria vs.* inferioridade. Tipicamente, é o período em que a criança está preparada para "entrar na vida", o que significa, em primeiro lugar, o início da sua educação para ocupar na sociedade uma posição produtiva. Essa educação pode ser a sala de aula, o campo ou a selva, pois todas as crianças, em todas as culturas, recebem alguma *instrução sistemática*. A personalidade foi enriquecida com a aquisição dos *fundamentos tecnológicos* da sua cultura. A quinta idade é a de *identidade vs.* confusão de papel. Com o estabelecimento de uma boa relação inicial com o mundo da indústria ("ethos" econômico) e das ferramentas ("ethos" tecnológico), e com o advento da puberdade, termina a infância propriamente dita. Começa a juventude. Crescendo e desenvolvendo-se, os jovens arrostam com a revolução fisiológica interna e, com as tarefas concretas da vida adulta pela frente, preocupam-se com o que aparentam aos olhos dos outros comparado com o que sentem ser. Tem agora lugar a *integração*, sob a forma de "identidade do ego". Esta identidade consiste na experiência acumulada da capacidade do ego para integrar todas as identificações com as vicissitudes da libido, com as aptidões fundadas nos dotes naturais e com as oportunidades oferecidas nas funções sociais. O jovem assume o seu "papel" sexual e social. A sexta idade é a da *intimidade vs.* isolamento. O jovem adulto, que emergiu da busca e persistência numa identidade, dispõe-se agora a fundi-la com a de outros. Está preparado para a intimidade, isto é, a capacidade de se confiar a filiações e associações concretas, e de ser fiel a esses vínculos mesmo que lhe imponham sacrifícios e compromissos significativos. A sétima idade é a da *generatividade vs.* estagnação. A generatividade consiste na preocupação do indivíduo em firmar e guiar a nova geração. São sinônimos mais populares de generatividade os conceitos de produtividade e criatividade sexual e social. A oitava idade é a da *integridade do ego vs.* desesperança. É o comportamento do ciclo da vida em que amadurecem os frutos dos sete períodos anteriores. Erikson caracteriza esta idade pela segurança acumulada do ego, relativa à sua predisposição para a ordem e para a expressão, pelo amor pós-narcisista do ego humano, pela aceitação do próprio e único ciclo de vida como alguma coisa que tinha de ser e que não admitia substituições. O indivíduo possuidor de integridade do ego está preparado para defender a dignidade do seu próprio estilo de vida contra todas as ameaças físicas e econômicas. O seu estilo de integridade, desenvolvido por sua cultura, converte-se no selo "da sua paternidade de si mesmo" e em "patrimônio de sua alma". A morte não é temida e perde o seu caráter pungente. O conceito de Erikson de integração do ego corresponde à *individuação* de Maslow e à *auto-realização* de Rogers. Em oposição às oito idades "saudáveis", Erikson indicou sistematicamente os respectivos perigos para a formação de uma personalidade saudável. Assim, o reverso da etapa de iniciativa é um *sentimento de culpa* (correspondente a toda a problemática do complexo de Édipo: inveja e rivalidade infantis, etc.); da etapa de indústria, o *sentimento de inadequação e fracasso*; da etapa de identidade, *a confusão de papel*, fundada numa dúvida em relação à própria identidade sexual e ocupacional; da etapa de intimidade, o *distanciamento*, a tendência para isolar-se, para destruir tudo (coisas e pessoas), cuja essência pareça perigosa para a própria, e para relações sexuais insatisfatórias (obsessivas, sádicas). Finalmente, a falta ou perda da integração do ego é simbolizada no *temor da morte*. A desesperança exprime o sentimento de que o tempo já é curto para tentar recomeçar a vida e para experimentar alternativas que assegurem a integridade. O ciclo uno e único da vida não é aceito como limite final da existência.

PERSONALIDADE, ESTRUTURA PSICANALÍTICA DA — A descrição freudiana da personalidade obedece a um esquema tripartido, envolvendo três níveis da estrutura mental: o *inconsciente*, o *subconsciente* e o *consciente*. O inconsciente — sede da libido e da memória reprimida — foi considerado por Freud o mais importante nível da mente. A personalidade ter-se-ia desenvolvido a partir do *id primitivo*, ou o aspecto original e animalístico do eu que caracteriza o bebê. Do id desenvolve-se o *ego* ou aquela parte da personalidade que tenta enfrentar a realidade, ao mesmo tempo que se esforça por consentir no maior número possível de exigências do id. O ego também está sob a pressão do *superego* — o equivalente freudiano da "consciência" — o qual tem sua origem na internalização das proibições e restrições parentais e que continua sendo um aspecto ideal do eu que procura governar o id através do seu mediador, o ego. Assim, na teoria freudiana da personalidade, a mente é um campo de batalha em três frentes. As neuroses ocorrem quando o ego é extremamente enfraquecido mediante um grave conflito com o id ou com o meio circundante externo. Normalmente, o ego pode suportar uma grande tensão mas, se as suas energias foram exauridas pela manutenção de repressões, a energia que resta será insuficiente para enfrentar a realidade. Quando tal sucede, a estrutura da personalidade é abalada, sobrevém o desajustamento e o indivíduo tem em perigo a sua existência normal e saudável.

PERSONALIDADE, FATORES DE — R. B. Cattell, Thurstone e Spearman, entre outros, elaboraram uma análise de estrutura da personalidade em termos de fatores derivados da análise fatorial de um grupo de testes. (Ver: PERSONALIDADE, TEORIA FATORIAL DA)

PERSONALIDADE, INTEGRAÇÃO DA — Organização e unificação dos motivos e tendências dinâmicas de uma pessoa, resultando numa coesão harmoniosa dessas tendências e na redução dos conflitos internos a um nível mínimo. As teorias de Rogers (auto-realização), Maslow (individuação) e Erikson (integração do ego) consideram que a "saúde mental" é o fruto de uma perfeita integração.

PERSONALIDADE, MODELOS SISTÊMICOS DE — Inspirado na teoria geral de sistemas de Ludwig von Bertalanffy, Gordon W. Allport propõe a utilização do modelo sistêmico para o estudo da personalidade. Afirma ele que as teorias da personalidade se apóiam nas propriedades dos sistemas abertos, estudam as relações do indivíduo com o meio ambiente, ora numa perspectiva projetiva (Kurt Lewin), ora numa perspectiva introjetiva (Freud, Jung). Segundo Simone Clapier-Walladon (*As Teorias da Personalidade*, 1988), "A abordagem sistêmica, ao procurar integrar as diversas explicações da personalidade e os diversos sistemas que constituem a pessoa, propõe interpretações plurais das condutas. Assim é que se assiste ao desenvolvimento de terapias de inspiração sistêmica para resolver dificuldades do indivíduo como a toxicomania, o alcoolismo, a depressão, o divórcio, etc."

PERSONALIDADE MÚLTIPLA — Reação psiconeurótica em que o indivíduo manifesta dois ou mais sistemas distintos de personalidade. Cada "personalidade" tem padrões emocionais e de comportamento bem desenvolvidos e usualmente muito diferentes uns dos outros. As figuras do Dr. Jekyl e Mr. Hyde, do romance *O Médico e o Monstro*, de Stevenson, são citadas como exemplos de dupla personalidade, mas as descrições clássicas deste distúrbio encontram-se em *Dissociação de uma Personalidade* (1906), de Morton Prince, e em *As Três Faces de Eva* (1957), de Thigpen e Cleckley, obra que foi popularizada através de uma versão cinematográfica norte-americana.

PERSONALIDADE, TEORIA CONSTITUCIONAL DA — Outra designação dada à tipologia de Sheldon. (Ver: PERSONALIDADE, TIPOS DE)

PERSONALIDADE, TEORIA DINÂMICA DA — Ver: PSICOLOGIA DINÂMICA.

PERSONALIDADE, TEORIA E-R DA — Em seu trabalho de colaboração, John Dollard (n. 1900) e Neal E. Miller (n. 1909) avizinharam-se mais de uma completa teoria da personalidade do que quaisquer outros teóricos E-R, embora Guthrie e Skinner tivessem generalizado livremente suas descobertas para o caso humano. Dollard e Miller não consideraram o sistema hulliano, em que sua teoria da personalidade basicamente se fundou, adequado à tarefa sem considerável dose de interpretação. Ambos os autores estão interessados na teoria psicanalítica, tanto quando na teoria E-R e a sua interpretação adota a linha de uma redução de muitos conceitos psicanalíticos a termos E-R. A finalidade de Dollard e Miller é combinar os elementos positivos dos dois sistemas; eles precisam do âmbito e do fôlego da teoria psicanalítica para obter algo como a desejada cobertura de variáveis dependentes e independentes. O núcleo da teoria Dollard-Miller é a aprendizagem ou formação de hábito. Assinalam quatro características significativas do processo de aprendizagem: impulso, pista, resposta e recompensa. A natureza do conflito também recebeu uma explicação muito estimulante. As investigações sobre o condicionamento operante das respostas autonômicas revestem-se de implicações para a aquisição e tratamento de sintomas psicossomáticos, e precisarão ser incorporadas aos esquemas conceptuais de todas as teorias da personalidade. A grande contribuição de Dollard e Miller consistiu em indicarem o caráter, âmbito e viabilidade da sintetização de conceitos derivados do laboratório behaviorista e da clínica psicanalítica numa teoria integrada da personalidade. A principal obra dos dois autores foi *Personality and Psychotherapy* (1959).

PERSONALIDADE, TEORIA FATORIAL DA — Um sistema de personalidade proposto por Raymond B. Cattell e baseado na identificação de traços de personalidade e sua medição através da análise fatorial. Cattell define a personalidade em termos daquilo que permite "uma predição do que uma pessoa fará numa dada situação". Ele acredita que a predição é melhor realizada pela identificação e medição, através de testes objetivos e escalas de classificação, daqueles traços que estão na origem dos padrões de comportamento que compõem a personalidade. Testes, questionários, escalas e outros recursos semelhantes medem o que Cattell chamou *traços superficiais*. Somente quando os resultados de amostras em grande escala de traços superficiais são submetidos à análise fatorial é que o psicólogo chega aos *traços estruturais*. Em tais estudos, os traços superficiais revelam-se como conjuntos de correlação, grupos de testes que mostram altas correlações entre si e relativamente baixas correlações com outros conjuntos. Os traços superficiais são cargas fatoriais relativamente independentes que foram identificados, em numerosos estudos, como modos fundamentais de comportamento. Entre os traços superficiais que têm sido repetidamente verificados estão: (a) sizotimia *vs.* afetotimia; (b) habilidade mental geral *vs.* defeito mental; (c) estabilidade emocional *vs.* instabilidade emocional; e (d) dominância *vs.* submissão. Alguns traços, como a sizotimia-afetotimia, são *constitucionais*, isto é, são atribuíveis a influências hereditárias. Outros são *adquiridos*, isto é, são atribuíveis à influência do meio, da aprendizagem e da interação social, como o conservadorismo-radicalismo. Alguns traços são dinâmicos e outros são traços de aptidão ou capacidade. A personalidade é ainda caracterizada pela operação de *ergs* ou disposições inatas para reagir a certos objetos e continuar reagindo até que um objetivo seja alcançado. Os *metaergs* são semelhantes aos *ergs*, salvo pelo fato de serem determinados pelo meio ambiente e não inatos. Os mais importantes dos *metaergs* são os sentimentos ou atitudes dinâmicas.

Cattell apoiou-se consideravelmente na psicanálise ao desenvolver a sua teoria do crescimento e desenvolvimento da personalidade. O indivíduo deve aprender a satisfazer os *ergs* e, ao fazê-lo com êxito, desenvolve modos característicos de comportamento. Privação, bloqueio e frustração são importantes encruzilhadas que o indivíduo deve enfrentar. A adolescência é o período durante o qual o indivíduo está sujeito às maiores exigências e solicitações. A maturidade é a aprendizagem de interesses sociais, no lugar de interesses familiares e individuais. A predição da personalidade do indivíduo deve levar em conta as instituições e o contexto social em que ele se desenvolve. Cattell ampliou mais recentemente a sua teoria da personalidade aos padrões neuróticos, numa tentativa de conjugação dos dados obtidos através da sua análise fatorial e da clínica, a fim de possibilitar descrições mais exatas dos segundos. Esses estudos resultaram na identificação de novos traços e técnicas de medição, que talvez sejam comprovadamente úteis na medição de reações neuróticas.

Hans J. Eysenck é o autor de uma das mais notáveis teorias fatoriais contemporâneas. A estrutura básica da sua teoria não difere muito da de Allport. Também reconhece um arranjo hierárquico de consistências da mínima à máxima: a resposta específica, a resposta habitual, o traço e o tipo. O interesse de Eysenck concentra-se sobretudo nos tipos, embora boa parte de suas pesquisas se relacionem com traços; não se pode "constelar" as regularidades de comportamento sem que primeiro sejam descobertas. Com sua orientação operacional, Eysenck só aceita os traços desde que possam ser operacionalmente validados. A personalidade é dividida em áreas: a cognitiva ou intelectual, a conativa, a afetiva e a somática. Para as primeiras três, Eysenck sugere fatores gerais subjacentes. Para a primeira, é a inteligência. A neurose é um defeito conativo ou de caráter, visto representar a incapacidade para persistir em face de obstáculos. A introversão-extroversão é um fator geral na área afetiva. Mais recentemente (1952), Eysenck descobriu um terceiro tipo — o psicotismo. Finalmente, apresentou uma contribuição metodológica importante, a que se deu o nome de *método de análise de critério*. O método, consiste, simplesmente, numa estipulação de que a análise fatorial deve começar com dois grupos conhecidos por diferirem em algum fator hipotético subjacente. Os sujeitos normais e neuróticos forneceram a Eysenck um exemplo de aplicação de método. Quando se obtêm medidas dos dois grupos, só aqueles que discriminam entre os grupos podem ser justificadamente considerados em relação com o fator hipotético. Se for usada a análise de critério, ela garante que o investigador planejará a investigação cuidadosamente, de antemão; ele não pode administrar uma porção aleatória de testes a um grupo de sujeitos selecionados ao acaso e deixar que os fatores caiam onde caírem. Se as técnicas de Eysenck (por exemplo, a aplicação de métodos quantitativos aos dados clínicos) resultarem em maior integração dos fatores relativamente fragmentários até aqui isolados e testados, elas terão dado uma contribuição significativa à teoria da personalidade.

PERSONALIDADE, TESTES DE — Qualquer teste psicológico que tente fornecer base para a classificação de pessoas em vários tipos de personalidade.

PERSONALIDADE, TIPO BÁSICO DE — Segundo Abraham Kardiner, é a configuração de características da personalidade que um indivíduo compartilha com a maioria dos outros membros do seu grupo social, em conseqüência de experiências comuns a todos eles. O tipo básico reflete as atitudes e valores fundamentais da maioria de uma sociedade. Ainda segundo Kardiner, o *tipo neurótico de personalidade* resulta do conflito do indivíduo com a cultura específica dessa maioria, por conseguinte, é uma discrepância em relação ao tipo básico (cf. *O Indivíduo e Sua Sociedade*, 1939).

PERSONALIDADE, TIPOS DE — Os padrões resultantes da classificação dos seres humanos em sistemas tipológicos ou caracterológicos, de acordo com determinados critérios. Embora tais tipologias viessem sendo propostas desde a Grécia Antiga, o progresso da psicologia do comportamento, a partir do século XIX, propiciou a consolidação desses sistemas em dois grandes grupos. O primeiro, em que a tipologia se baseia em *fatores genéticos ou constitucionais* (escola francesa de Louis Rostan, escola alemã de Ernst Kretschmer); o segundo, em que a tipologia se reveste de características claramente *psicológicas* e teve como seu epígono Carl. G. Jung, que em 1921 publicava seu monumental trabalho *Tipos Psicológicos*. A par dessas duas correntes, Sigmund Freud, baseado em suas teorias de determinismo psíquico e instintos básicos, elaborou uma terceira *tipologia psicanalítica*, na qual a personalidade é o produto final da integração de experiências do indivíduo durante o seu desenvolvimento psicossexual infantil. (Ver o verbete seguinte.) O primeiro grupo acima citado (tipologias constitucionais), explica e prevê o comportamento sem influências ambientes sobre a personalidade, baseando-se nas características internas e relativamente imutáveis do indivíduo. É uma *tipologia estática*.

1. *Tipos de Personalidade de Rostan*: digestivo — muscular — respiratório — cerebral.

2. *Tipos de Personalidade de Kretschmer*: pícnico — atlético — atlético-astênico — astênico.

Ambos os sistemas foram revistos e atualizados por William Shelton, que estabeleceu os três tipos constitucionais seguintes:

3. *Tipos de Personalidade de Sheldon*: (a) *Endomórfico*, correspondente ao digestivo (R)–pícnico (K), caracterizado por vísceras digestivas compactas e desenvolvimento relativamente fraco das estruturas somáticas (ossos, músculos, tecidos conjuntivos); (b) *Mesomórfico*, correspondente ao muscular (R)– atlético (K), caracterizado por estruturas somáticas em ascendência; (c) *Ectomórfico*, correspondente ao cerebral (R)–astênico-leptossômico (K), de estrutura frágil e linear. Paralelamente aos três tipos constitucionais, Sheldon também definiu três tipos de temperamento: (a) *Viscerotônico*, personalidade do endomórfico: prazer em socializar e comer, necessidade de afeições e de aprovação social, complacência, tolerância, capacidade de exprimir livremente as emoções; (b) *Somatotônico*, personalidade do mesomórfico: ambição, agressividade, prazer dos exercícios físicos e dos riscos de competição, propensão a resolver os problemas pela ação; (c) *Cerebrotônico*, personalidade do ectomórfico: comedimento, ponderação, gosto da solidão, da especulação intelectual, reserva na expressividade social. O segundo grupo mencionado — *tipologia psicológica* — acrescentou novos fatores aos tipos constitucionais 1, 2 e 3.

4. *Tipos de Personalidade de Jung*: (a) *Introvertido*, que corresponde, constitucionalmente, ao indivíduo astênico, leptossômico ou ectomórfico; não atribui ao objeto externo a importância que a maioria lhe confere; suas atitudes são defensivas, resiste às solicitações exteriores e considera decisivas as determinantes subjetivas, as leis internas da psique; a tendência é para equacionar o ego com a personalidade (egocentrismo), para concentrar-se nos próprios pensamentos e ensimesmar-se (autismo). (b) *Extrovertido*, que corresponde, constitucionalmente, ao tipo digestivo, pícnico ou endomórfico; vive de acordo com a necessidade externa e ainda que possua valores subjetivos, é menos influenciado por estes em seu comportamento; orientado para as relações objetivas, interesse pelas coisas exteriores ao eu, especialmente em seu ambiente imediato.

PERSONALIDADE, TIPOS PSICANALÍTICOS DA — Padrões de personalidade que se caracterizam pelos hábitos, atitudes e valores formados durante os estágios de desenvolvimento da sexualidade infantil. Freud distinguiu três tipos fundamentais: (1) *Personalidade oral*, que reflete as experiências infantis durante o estágio oral da libido. As tendências caracterológicas para a prepotência, domínio sobre os outros, voracidade, cobiça e inveja, estão radicadas no impulso primordial da criança para *incorporar oralmente a mãe* (objeto total) ou o seio materno (objeto parcial). O otimismo também é considerado um produto psicogênico da amamentação abundante e sem restrições. (2) *Personalidade anal*, que reflete as experiências infantis durante a aprendizagem da higiene íntima (controle da defecação). As tendências caracterológicas para a vaidade, desconfiança, ambição e generosidade sem amor estão vinculadas ao prazer da *evacuação*; as tendências para a meticulosidade, parcimônia, amor ao método, obstinação, avareza, radicam-se ao prazer inverso de *retenção* das fezes. Sendo prazeres ambivalentes (evacuar pode significar, para a criança, expelir um objeto *mau* interno ou oferecer à mãe um objeto *bom* interno; reter as fezes pode significar a conservação de um objeto *bom* interno ou o temor de oferecer à mãe um objeto *mau* interno que a envenene ou destrua), tais tendências caracterológicas podem combinar-se no tipo de personalidade anal. (3) *Personalidade fálica*, que reflete as experiências infantis marcadas pelo interesse e sentimentos associados ao pênis (para a mulher, o símbolo equivalente). As tendências caracterológicas para a ostentação, a prodigalidade sem conotações generosas ou altruístas, a necessidade de afiliação, o narcisismo e as atividades lúdicas (jogos, competições esportivas, concursos de beleza, etc.) estão vinculadas à primazia fálica. Estes são os três tipos básicos de personalidade originados nos estágios pré-genitais do desenvolvimento psicossexual. A fase culminante desse desenvolvimento, em que a pessoa contrai relações verdadeiramente afetivas com o parceiro sexual, corresponde, na caracterologia adulta, à *personalidade genital*, que é a síntese dos impulsos psicossexuais medidos não só pela potência fisiológica mas também pela capacidade de amor em termos adultos. É o padrão equilibrado e maduro da personalidade adulta ajustada e saudável.

PERSONALIDADE, TRAÇOS DE — Dá-se o nome de *traços* aos padrões relativamente persistentes e consistentes de comportamento que se manifestam numa vasta gama de circunstâncias. A inter-relação entre os vários traços compõe a personalidade do indivíduo. Constituem traços de personalidade a aparência física (ou mesmo certas características somáticas), as constantes de comportamento e as disposições. A mais conhecida teoria de traços de personalidade foi proposta por Gordon Allport. (Ver: PSICOLOGIA DA INDIVIDUALIDADE)

PERSONOLOGIA — A definição de personalidade proposta por Henry Murray considera-a uma "continuidade de formas e forças funcionais que se manifestam através de seqüências de processos organizados e comportamentos manifestos, do nascimento até a morte". Por processos organizados Murray entende os *processos cerebrais*, refletindo a sua opinião de que o comportamento está na dependência funcional da organização do sistema nervoso central. A definição também enfatiza a continuidade longitudinal da personalidade e seus duradouros padrões de conduta. A personalidade também é um processo dinâmico, como revelam as muitas necessidades que desempenham um tão importante papel em sua organização e funcionamento. Murray assinalou algumas das mais importantes necessidades: de afiliação, deferência, alimentação, socorro, evitação de danos; de evitação de sentimentos de inferioridade, censura, aviltamento; de passividade, intimidade e inviolabilidade desta. Existem ainda as necessidades de agressão, autonomia, dominação, rejeição, sexo, reconhecimento, exibição, aquisição, construção, ordem e muitas mais. A lista de Murray das necessidades humanas apóia-se substancialmente em conceitos freudianos, refletindo o seu interesse de toda a vida pela psicanálise. A personalidade é revelada no *procedimento*, ou atividade concreta, do indivíduo durante um certo período de tempo. Os procedimentos podem ser internos — pensamentos, recordações, fantasias — ou externos, incluindo as tentativas do indivíduo para enfrentar os eventos do seu meio ambiente. O desenvolvimento da personalidade, na medida em que interatua com o meio e as pessoas nesse meio que são significativas para o indivíduo, acompanha a linha de desenvolvimento descrita por Freud. Murray aceita o id, ego e superego com algumas modificações. O conceito de complexos também foi tomado da literatura freudiana, com algumas adições e modificações. Os métodos característicos de estudo incluem o emprego de entrevistas, psicanálise e técnicas projetivas (Teste de Apercepção Temática).

PERSPECTIVA — Capacidade de encarar uma situação em suas verdadeiras proporções e implicações. Perspectiva temporal é a capacidade melhorada de apreciar um evento quando já decorreu algum tempo sobre ele, podendo ser então observado de certa *distância*. No domínio da percepção sensorial, perspectiva é o delineamento de objetos planos em superfície plana, de modo tal que dê ao observador a impressão de posições relativas, volumes, densidades, etc., como se o objeto representado fosse tridimensional. (Ver: PISTAS MONOCULARES)

PERTENÇA, PRINCÍPIO DE — Definido por Edward L. Thorndike (*The Fundamentals of Learning*, 1932) como a propriedade de qualquer objeto, para um determinado indivíduo, ser uma parte integrante de uma unidade maior ou estar intimamente relacionado com outro objeto, com o qual forma uma unidade maior. Logo, o indivíduo forma com mais facilidade um vínculo entre os dois objetos quando reconhece que, de algum modo, *pertencem* ambos a um todo.

PERTINÊNCIA, COEFICIENTE DE — Em análise fatorial, designa um coeficiente que expressa a pertinência de um teste em relação a um conglomerado preestabelecido ou descoberto pelo pesquisador. A expressão foi criada por Holzinger e Hornam. Sin.: Coeficiente B.

PERTURBAÇÃO NARCISISTA DO CARÁTER — Distúrbio psicológico em que o indivíduo revela grau anormal de narcisismo, freqüentemente manifestado por exigências excessivas de amparo, elogio, amor e atenção. (Ver: NARCISISMO)

PERVERSÃO — Desvio, socialmente condenado, da conduta comum, em especial na esfera sexual. O que é condenado numa sociedade não é condenado em outra e os atos permitidos sob determinadas circunstâncias são proibidos em outras. Os comportamentos mais correntemente citados como perversões são o exibicionismo, o fetichismo, a homossexualidade (por vezes classificada em separado, não como perversão mas como inversão) e a masturbação. Mas existem muitas outras. Contudo, a perversão não abrange o incesto, o estupro, a não-castidade pré-matrimonial ou as relações sexuais normais com pessoas proibidas. Como a palavra acumulou acentuações emocionais e não-científicas, será preferível a substituição por *anomalia sexual*.

PESADELO — Sonho pavoroso, freqüentemente acompanhado de sensações de opressão física insuportável.

PESSOA — Ser humano, dotado de plenos recursos para desempenhar as funções fisiológicas e psicológicas adequadas às suas finalidades vitais. De acordo com o filósofo e psicólogo personalista William Stern (*Studien über Personwissenschaft*, I, 1930), a pessoa é "um todo vivo, individual, único, lutando pela consecução de seus fins, autônomo e, no entanto, acessível ao mundo que o cerca, capaz de ter experiência". (Ver: PERSONALIDADE)

PIAGET, JEAN — Psicólogo suíço (1896–1980), é mundialmente considerado uma das mais poderosas personalidades de investigador e epistemologista de toda a Psicologia moderna. Co-Diretor do Instituto das Ciências da Educação de Genebra e professor de Psicologia Experimental na Universidade dessa cidade. Antigo diretor do Instituto Jean-Jacques Rousseau, foi também diretor-fundador do Centro Internacional de Educação, tendo ainda exercido as cátedras de Psicologia Infantil e de História do Pensamento Científico em Genebra e Paris. Em sua obra, do ponto de vista de uma epistemologia genética, destaca-se o estudo da formação e desenvolvimento dos processos cognitivos em crianças, desde o nascimento até aos 13 anos de idade. Os métodos de raciocínio, a formação das estruturas lógicas elementares e dos símbolos, a construção do real, o desenvolvimento do sentido de obrigação e responsabilidade moral, as mudanças progressivas e o amadurecimento da linguagem, foram investigados experimentalmente, mediante uma teoria de egocentricidade decrescente. Embora recalcando o caráter básico biologicamente dado da inteligência, Piaget chegou a uma interpretação psicossocial, insistindo no papel causal das relações das crianças entre elas e com os adultos. Influenciado originalmente por Durkheim e sua sociologia moral, Piaget atribuiu as fases mais primitivas da linguagem e do pensamento infantis a uma relativa falta de socialização ou experiência de um contato harmonioso e recíproco com os demais seres humanos.

A influência opressiva e unilateral dos adultos acentua o princípio de egocentricidade inicial da criança. Por outro lado, o caráter igualitário das relações entre as crianças promove a socialização da mentalidade infantil. O antagonismo entre a influência opressiva adulta e a influência emancipadora da cooperação igualitária das crianças entre elas vai-se decidindo gradualmente em favor da última, de sorte que o pensamento infantil adquire, aos poucos, um caráter mais objetivo e realista, logo, menos egocêntrico.

No campo particular da linguagem, Piaget também sustentou que o seu desenvolvimento obedecia ao mesmo princípio da egocentricidade, afirmando que a fala da criança, nos seus primeiros anos, não tinha um alvo específico, ou seja, uma extensão social. Esta posição foi refutada por Vigotski, ao dizer que até os mais recuados monólogos da criança eram realmente dirigidos, desde os primeiros meses de vida, a outras pessoas. Quando uma criança era colocada num quarto com uma outra criança, esta surda-muda, num recinto ruidoso ou em completo isolamento, a fala da primeira tornava-se consideravalmente menos freqüente. Isso não significa que as crianças sejam necessariamente argutas em sua avaliação do que a outra pessoa compreende, mas indica, segundo Vigotski, que a fala da criança, mesmo nos seus primeiros tempos de vida, já é intencionalmente social.

No terreno da educação moderna, o trabalho de Piaget foi tão fecundo quanto progressista. A sua teoria dos estágios do desenvolvimento cognitivo, segundo a qual um determinado conceito não pode ser usado a menos que a criança já compreenda algum conceito prévio, ontogenética e logicamente dado, constituiu uma notável contribuição para os métodos pedagógicos do tipo propugnado por Claparède e Dewey. Através da Organização Internacional da Educação, muitos ministérios da Educação europeus foram influenciados pelas teorias de Piaget.

A *Psicologia da Inteligência* (1947) é uma contribuição da maior importância para a Psicologia contemporânea. A concepção de Piaget opõe-se à doutrina introspeccionista. Para ele, a lógica não é o quadro apriorístico das composições intelectuais, mas uma "axiomática" da Razão que conduz a um esquema da realidade intelectual em que a Psicologia tem uma concepção científica ou, como disse, "uma realidade cuja ciência experimental adequada é a Psicologia". Portanto, é absurdo recorrer à lógica para apreender o mecanismo da inteligência. As operações intelectuais constituem "ações reais e efetivas, sob o duplo aspecto de uma produção própria do indivíduo e de uma experiência possível da realidade". A natureza específica dessas operações, comparadas com as ações empíricas, consiste em que nunca existem isoladas, em estado descontínuo. Assim, a explicação da inteligência deve consistir na descrição do seu desenvolvimento, quer dizer, mostrar a constituição gradual do equilíbrio operatório a partir das estruturas mais simples para as mais complexas e, sobretudo, a irreversibilidade dos comportamentos elementares, percepções causais, hábitos, etc.

A conclusão de Piaget é que as estruturas funcionais da inteligência têm de ser consideradas também como todas as estruturas que podem ser reveladas através do estudo das relações entre o organismo e o seu meio ambiente. Por outras palavras, o desenvolvimento cognitivo manifesta-se como um "processo de adaptação".

Principais obras: *O Julgamento Moral da Criança* (1929); *O Nascimento da Inteligência na Criança* (1933); *A Psicologia da Inteligência* (1947); *A Formação do Símbolo na Criança* (1946); *A Idéia de Espaço na Criança; Introdução à Epistemologia Genética* (1940-1950). Em colaboração: *Gênese das Estruturas Lógicas Elementares* (com Bärbel Inhelder, 1959); *A Gênese do Número na Criança* (com A. Szeminska, 1961); *Tratado de Psicologia Experimental* (com Paul Fraisse). (Ver: DESENVOLVIMENTO COGNITIVO, TEORIA DO)

PÍCNICO, TIPO — Ver: PERSONALIDADE, TIPOS DE

PIÉRON, HENRI — Psicólogo francês. Sucedeu a A. Binet como diretor do Laboratório de Psicologia Experimental da Sorbonne (1912). Professor de Fisiologia Sensorial no Collège de France (1923). Dedicou-se, desde 1903, a pesquisas sobre a Psicologia do Comportamento, procurando definir os limites entre os domínios psicológico e fisiológico. Editor de *L'Année Psychologique*. Bibliografia principal: *L'Évolution du Psychisme* (1908); *Le Cerveau et la Pensée* (1923); *Psychologie Expérimentale* (1927); *La Sensation, Guide de Vie* (1945); *Traité de Psychologie Appliquée* (1949); *Vocabulaire de la Psychologie* (1963).

PIRÂMIDES COLORIDAS, TESTE DAS — Teste projetivo à base de estímulos coloridos, idealizado por Max Pfister e padronizado na Alemanha por uma equipe de psicólogos da Universidade de Freiburg. A padronização brasileira deve-se ao psicólogo Fernando de Villemor Amaral. A interpretação do teste, assaz complexa, baseia-se tanto na escolha dos estímulos por parte dos sujeitos, como na disposição dos mesmos estímulos sobre uma superfície de aspecto piramidal.

PIROFOBIA — Medo mórbido do fogo.

PIROMANIA — Compulsão mórbida para provocar incêndios.

PISTAS MONOCULARES — Fenômenos característicos da percepção visual que resultam da utilização de um só olho. Explicados por Leonardo da Vinci, a psicofísica sensorial comprová-los-ia mais recentemente. Essas pistas constituem a base da *reprodução pictórica* do mundo, isto é, da conversão dos objetos reais e tridimensionais em desenhos ou pinturas planas. Por tal motivo se lhes dá, popularmente, o nome de *pistas dos pintores*. São quatro: (1) Dimensões relativas; (2) Perspectiva linear; (3) Interposição; (4) Gradação da densidade da contextura.

PITUITÁRIO, CORPO — Glândula endócrina da maior importância, do tamanho aproximado de uma ervilha, localizada na base do cérebro. Tem inúmeras funções e é por vezes denominada a glândula-mestra, por causa de sua influência nas outras endócrinas. Sin.: Hipófise.

PLATONIZAÇÃO — Manutenção de relações entre duas pessoas de sexo oposto em base não-erótica (amor platônico). Conversão da energia gerada pelo sentimento erótico em atividades não-eróticas — uma forma de sublimação. A Psicanálise considera a platonização uma defesa contra o impulso de fazer o que o superego não permite.

PLEXO — Feixe de nervos ou veias; em especial, feixe de nervos fora do sistema nervoso central, como o que se situa atrás do estômago: *o plexo solar*.

PODER, COMPLEXO DE — Conjunto de tendências neuróticas visando a subordinação tanto do meio intrapsíquico como do meio externo à suprema vontade do ego. Foi definido por Alfred Adler (ver: INFERIORIDADE, COMPLEXO DE e PSICOLOGIA INDIVIDUAL), em refutação à teoria freudiana sobre a etiologia sexual da neurose. Em lugar da libido e dos instintos, que Freud considerava inicialmente os próprios pilares da Psicanálise, Adler propunha: "Não é o sexo mas a ânsia e a busca de poder que determinam as ações do homem" e "o impulso sexual é substituído pela vontade de poder, força condutora do comportamento humano". Para Adler, o comportamento sexual era apenas um aspecto do complexo de poder, isto é, da necessidade imperiosa de ampliar o sentimento de um eu estável e poderoso, mediante o domínio sobre os outros ou algum modo de sentir-se superior em seu meio. Essa necessidade de ser um *homem completo* é um reflexo, no comportamento adulto, dos sentimentos de inferioridade do período infantil, reflexo esse que pode redundar em luta neurótica para superar e compensar o complexo infantil.

PODER, FATOR DE — Definido por W. Halstead como aquele aspecto da inteligência que *energiza* indiretamente outros fatores e reflete o nível total de eficiência do cérebro em funcionamento.

PODER, VONTADE DE — Expressão criada por Nietzsche e usada por Adler para descrever o impulso neurótico de uma condição de inferioridade para uma de superioridade. (Ver: PODER, COMPLEXO DE)

POLARIDADE — Qualidade de um impulso neural que passa sempre de um pólo do neurônio (o dendrito) para o outro pólo (o axônio). Na Psicologia Social, é o estado de um grupo pessoal quando uma pessoa é o centro das atenções ou de algum modo o domina.

POLARIZAÇÃO IDEOLÓGICA — Segundo Erik Erikson, é uma das sete dimensões básicas requeridas para o desenvolvimento adequado da identidade pessoal. Consiste num sentimento de confiança que pode ser parcialmente fornecido por um compromisso de ordem religiosa, filosófica, ideológica ou de ação social. A juventude busca "certezas", procura algo ou alguém que seja "verdadeiro". Se o indivíduo fracassa na busca de valores duradouros na cultura, religião ou filosofia, o resultado é, segundo Erikson, a "difusão de ideais". (Ver: PERSONALIDADE, DESENVOLVIMENTO PSICOSSOCIAL DA)

POLARIZAÇÃO DE LIDERANÇA — Segundo Erik Erikson, uma apreciação realista da autoridade, com uma disposição do indivíduo para liderar e ser liderado em situações apropriadas, é uma das dimensões requeridas para o desenvolvimento adequado de uma identidade positiva. As deficiências ou carências nessa dimensão assumem a forma de "difusão de autoridade".

POLICROMÁTICA, TEORIA — Hipótese de que existem inúmeros tipos de cones retinianos, sendo cada tipo sensível a uma determinada faixa de freqüências da onda luminosa.

POLÍGRAFO — Um instrumento para o registro simultâneo de um certo número de reações fisiológicas. O detector de mentira é uma forma de polígrafo.

PONTO — Número ou crédito atribuído a um dado psicológico, usualmente uma resposta mas também, por vezes, uma situação de estímulo. Em especial, o crédito atribuído a uma determinada resposta num teste, indicando a posição do dado obtido — sua qualidade e quantidade — segundo uma escala ou dimensão previamente estabelecida. À soma de pontos obtidos por um examinando num teste ou bateria de testes dá-se o nome de *escore*. Valor, medida e magnitude são muitas vezes empregados em lugar de escore. Contudo, um *valor* é, propriamente dito, uma quantidade específica de uma variável, a soma existente em dado tempo e lugar. A mesma variável pode manifestar muitos valores, dependendo das circunstâncias (incluindo o modo como o valor é calculado). A *medida* é o número (ou símbolo equivalente) atribuído a alguma coisa, em resultado de uma medição. Em vez do valor, que pressupõe uma variação, a medida pode ser a quantidade de alguma coisa que não varia. *Magnitude* (ou grandeza), por outra parte, chama a atenção para as dimensões descobertas pelo processo, não para o próprio processo. São sinônimos comuns de ponto: nota, resultado.

PONTO DE VISTA DINÂMICO — Na metapsicologia freudiana constitui, com os pontos de vista tópico e econômico, um dos seus três eixos fundamentais. São estudadas através dele as maneiras como entram em conflito, se combinam e se articulam entre si as forças que percorrem o aparelho psíquico.

PONTO DE VISTA ECONÔMICO — Com os pontos de vista dinâmico e tópico, o econômico é um dos três eixos fundamentais da metapsicologia freudiana. Nele se estudam os fatos psíquicos sob o prisma da intensidade das forças que os animam.

PONTO DE VISTA TÓPICO — Com os pontos de vista dinâmico e econômico, constitui um dos três eixos maiores da metapsicologia. Apresenta a idéia de que o aparelho psíquico é constituído por diferentes "lugares" psíquicos, por diferentes "territórios" que obedecem a diferentes leis.

PONTUAÇÃO BRUTA — O mesmo que pontuação original. (Ver: ESCORE BRUTO)

PONTUAÇÃO DIFERENCIAL — Nota ou escore obtido por um indivíduo em dois testes padronizados. Para se obter a pontuação diferencial, subtrai-se um dos escores padronizados do outro. Em psicometria, recomenda-se a interpretação de escores diferenciais de precisão conhecida e elevada.

PONTUAÇÃO INTERATIVA — Sinônimo de escore bruto, na teminologia de Cattell.

PONTUAÇÃO VERDADEIRA — Ver: ESCORE VERDADEIRO.

POPULAÇÃO — Todo e qualquer conjunto de indivíduos para o qual se pretende generalizar as propriedades encontradas num outro subconjunto de elementos extraídos daquele. Os autores tendem a opor "população efetiva", isto é, aquela que tem existência concreta e atual, à "população hipotética" ou cuja existência é imaginária. Sin.: Universo.

PORFIRIA — Distúrbio metabólico inato do sangue acompanhado de mudanças psíquicas que podem ir de um estado de irritabilidade e tensão até a psicose esquizofreniforme.

PÓS-HIPNÓTICA, SUGESTÃO — Sugestão que é feita enquanto o sujeito se encontra em estado hipnótico, mas que deve manter-se depois dele retornar ao estado habitual.

PÓS-IMAGEM — Continuação de uma experiência sensorial após a remoção do estímulo. Na experiência visual, as pós-imagens podem ser positivas ou negativas. Se positivas, elas são aproximadamente do mesmo tom e brilho do estímulo original. Se negativas, são menos saturadas, mais baças e aproximadamente da cor complementar do estímulo original.

POSIÇÃO ESQUIZO-PARANÓIDE — Ver: ESQUIZO-PARANÓIDE, POSIÇÃO.

POTÊNCIA — Poder, particularmente o poder latente. A capacidade de desempenho do ato sexual pelo macho. Na matemática, o produto de um número multiplicado por si mesmo uma ou mais vezes. Na psicologia social, é sinônimo de capacidade ou autoridade para controlar outros, ou seja, de poder social. Na psicologia topológica, é o grau relativo em que uma parte do espaço vital determina o comportamento.

POTENCIALIDADE — Potência latente ou não-desenvolvida. Propriedade atual de uma coisa por meio da qual essa coisa poderá vir a manifestar uma qualidade que não manifesta agora.

PRAGMATISMO — Doutrina filosófica segundo a qual "o significado de qualquer coisa deriva de suas conseqüências práticas" (William James) e de que a ação é o "único teste da verdade" (Charles S. Peirce). Tornou-se um dos movimentos mais poderosos do pensamento norte-americano, com influência decisiva no comportamento individual e social estadunidense. Como Filosofia da Educação, inspirou o Instrumentalismo de John Dewey (*Democracy and Education*, 1916; *Human Nature and Conduct*, 1922). O Pragmatismo-Instrumentalismo não é tanto um novo sistema mas um novo método "para tornar as idéia claras" (Peirce), isto é, não lhe interessa apurar se as teorias são verdadeiras em si mesmas e tão-só se os frutos delas resultantes na vida prática as tornam válidas ou não. Portanto, não cabe pedir às teorias que apresentem *soluções* (tanto mais que se contradizem quase sempre entre elas), mas indiquem um *programa* de trabalho que possa ser adotado na prática. Destacaram-se ainda entre os pragmatistas F. Scott, Schiller, Jorge de Santayana, E. Baumgarten e G. Jacoby.

PRAZER — Estado emocional caracterizado pelo desejo de sua continuidade. Tipo de sensação (ou fusão de sensações) oriunda de órgãos internos, embora difusa e sem localização específica, talvez com substancial contribuição dos órgãos genitais externos, que se caracteriza por sua agradabilidade.

PRAZER, PRINCÍPIO DE — Conceito psicanalítico definido por Sigmund Freud para justificar a sua primeira teoria da personalidade, segundo a qual todo o comportamento humano é basicamente regido pela necessidade urgente de gratificação dos instintos, quer de forma *direta* (matar a fome, por exemplo), quer *alucinatória* (através de fantasias). De acordo com a primeira formulação freudiana, as atividades inconscientes (ou do id) são completamente dominadas por esse princípio: a fantasia não se distingue da realidade e, portanto, a satisfação do prazer pode ser imediata. Mas, com o desenvolvimento do ego, a pessoa torna-se consciente das exigências da realidade (*princípio de realidade*); e, quando se estabelece a instituição moral do superego, a pessoa passa a ter consciência de satisfações ideais. Freud modificaria mais tarde esta teoria (*Para Além do Princípio de Prazer*), substituindo os dois componentes antagônicos por Eros e Tânatos, o instinto de vida e o instinto de morte. (Ver: MORTE, INSTINTO DE)

PRAZER-DOR, PRINCÍPIO DE — Postulado segundo o qual a vida do homem é controlada por dois princípios opostos: o princípio do prazer (ou sua modificação pelo princípio da realidade) e o princípio da dor. O princípio do prazer é manifesto na libido e no instinto de vida; o princípio da dor, no instinto de morte.

PRÉ-ADOLESCÊNCIA — Período do desenvolvimento humano entre os 6 e 10 anos de idade. (Ver: DESENVOLVIMENTO, NÍVEIS DE)

PRECISÃO, ÍNDICE DE — Nome dado à raiz quadrada do coeficiente de precisão. Denota a correlação entre os escores brutos observados e os escores verdadeiros num teste. Distingue-se do coeficiente de fidedignidade, com o qual não deve ser confundido.

PRECISÃO, LEI DA — Lei geral da percepção enunciada pela teoria gestaltista. O percebido (e, por extensão, as recordações e o comportamento, em geral) tende a tornar-se claramente definido — *preciso* — estável, sólido, regular, simétrico, significativo, parcimonioso e bem articulado. Todos estes adjetivos são outros tantos recursos para descrever a propriedade básica atribuída a uma *Gestalt*. Metzger considerou que a *precisão da forma* é o que caracteriza a *Prägnanztendenz*. Ver: PREGNÂNCIA/PSICOLOGIA DA GESTALT)

PRECONCEITO — Atitude ou sentimento que predispõe ou inclina um indivíduo a atuar, pensar, perceber e sentir de um modo que é coerente com um juízo favorável (ou, mais freqüentemente, desfavorável) sobre outra pessoa ou objeto. Recusa em considerar as qualidades próprias de uma pessoa, reagindo a ela de acordo com as qualidades que correta ou erroneamente se atribuem ao seu grupo social: preconceito de classe, de raça, etc.

PRÉ-CONSCIENTE — Material imediatamente acessível à consciência, embora não esteja em determinado momento efetivamente consciente. Zona limítrofe entre a consciência e a inconsciência. O conceito de *inconsciente pessoal*, de Jung, em contraste com um *inconsciente coletivo*, abrange a inconsciência e a pré-consciência.

PREDICATIVO, PENSAMENTO — Modo de atuar como se os objetos fossem idênticos, porque se parecem uns aos outros em algum aspecto importante, isto é, porque manifestam os mesmos predicados. A Psicanálise sustenta que o id pensa predicativamente, pois qualquer objeto que *se pareça* a um falo *é* um falo. Assim, o pensamento predicativo constitui a base do simbolismo.

PREDISPOSIÇÃO — Característica geneticamente determinada que favorece o desenvolvimento ou aquisição de certa qualidade ou traço, especialmente uma doença.

PREDISPOSIÇÃO HEREDITÁRIA, TEORIA DA — Hipótese de que os indivíduos nascem com uma tendência herdada para determinada perturbação fisiológica ou mental (aquilo a que popularmente se dá o nome de tara hereditária, o que é errôneo, pois a maioria dos distúrbios assim designados são congênitos mas não hereditários). O desenvolvimento de um estado patológico dependerá das circunstâncias favoráveis ou desfavoráveis em que se verifique a evolução do indivíduo.

PREFERÊNCIA, MÉTODO DE — Dois estímulos diferentes em apenas uma característica (intensidade, dimensão ou qualidade sensorial) apresentam-se de modo tal que o sujeito (sem anterior treino preferencial) poderá optar por um ou outro.

PREGNÂNCIA (do alemão *Prägnanz*) — Termo usado pela Psicologia Gestaltista. Organização da percepção do objeto pelos nossos sentidos, de modo que a sua forma (*Gestalt*) possua regularidade, simetria e simplicidade (Lei da Boa Figura ou da Boa Forma). Os vocábulos pregnância e pregnante foram adotados no nosso léxico (ver, por exemplo, a Enciclopédia Larousse Cultural), para além do seu contexto especificamente psicológico, na acepção geral de algo que se impõe de maneira intensa à nossa percepção sensorial (visual, auditiva, etc.).

PRÉ-LÓGICO, PENSAMENTO — Modo de pensar que não obedece às regras habituais da lógica, mas, pelo contrário, possui uma espécie de lógica própria. Caracteriza o pensamento infantil, o dos povos primitivos e de certas psicoses. Alguns psicólogos e antropólogos identificam-no com o pensamento mítico das eras primordiais.

PREMÊNCIA — Conceito criado pelo psicólogo Henry Murray para a análise das condições ambientes, em sua teoria do comportamento direcional, fundada em *necessidades psicológicas*, em oposição aos *instintos* freudianos. A essas necessidades chamou Murray *premências,* assim definidas: "Propriedades do meio que facilitam ou dificultam que um indivíduo alcance uma finalidade específica." Da numerosa lista de premências, citamos: afiliação, agressão, aquisição, autonomia, dependência, exibição, nutrimento, oposição, ordem, realização, reconhecimento, rejeição, sexo, etc.

PREPARAÇÃO — Primeira parte de uma ação complexa. A fase do pensamento criador durante a qual o pensador obtém informações, aptidões e técnicas que posteriormente o levarão a apresentar os frutos naquilo que inventar ou criar. As outras fases são: incubação, iluminação e verificação.

PRESBIOFRENIA — Insanidade da velhice, caracterizada por desorientação da memória, embora exista vivacidade mental.

PRESSÃO MENTAL — Tão rápida afluência de idéias que elas se acumulam e não podem ser coerentemente verbalizadas. É, por vezes, um sintoma de condições maníacas, quando uma idéia mal se esboça e já outra acode em seu lugar.

PRESSÃO SANGÜÍNEA — Pressão exercida pelo sangue contra as paredes das artérias. As alterações de pressão sangüínea correlacionam-se com muitas atividades fisiológicas e psicológicas.

PRESSÃO SENSORIAL — Modo específico de sentir, especialmente quando uma força externa é aplicada na superfície cutânea, mas também pode ser provocada por pressões exercidas sobre determinados receptores dos órgãos internos, músculos ou articulações. As sensações cinestésicas são pressões sensoriais. (Ver: CINESTESIA)

PREVISÃO — Declaração sobre um acontecimento ainda não observado, explicando o que acontecerá quando for observado. A previsão subentende considerável soma de conhecimentos factuais pertinentes ao acontecimento inobservado, assim como dos princípios gerais da natureza que nele podem influir.

PREVISÃO, ÍNDICE DE EFICIÊNCIA DA — Também conhecido por Coeficiente de Eficiência da Previsão, é obtido pela fórmula:

$$E = 1 - \sqrt{1 - r^2}$$

em que r é o coeficiente de correlação momento-produto de Pearson. O coeficiente E será tanto mais elevado quanto maior for o valor de r.

PREYER, WILHELM THIERRY — Professor na Universidade de Jena (1869–1893). Fisiólogo considerado o fundador da Psicologia Infantil no século XIX. N. em 4-7-1841 (Moss Side, Inglaterra), m. em 15-7-1897 (Wiesbaden, Alemanha). Bibliografia principal: *Die Seele des Kindes* (1882); *Die Geistige Entwicklung in der ersten Kindheit* (1893); *Zur Psychologie des Schreibens* (1895).

PRIMÁRIO — O que vem primeiro, por ordem lógica, aquilo por onde se começa, o que é básico (por exemplo: ensino primário, instinto primário, etc.). Outros adjetivos derivados do latim *primus* e com freqüente uso na terminologia psicológica: (a) *primitivo:* simples, pertencente a uma fase inicial do desenvolvimento ou evolução (por exemplo: homem primitivo, civilização primitiva); (b) *primo*: primeiro em importância ou qualidade (por exemplo: número primo, matéria-prima); (c) *primordial*: primeiro em ordem de aparecimento ou pertencente às primeiras eras do mundo. Exemplos: como ordem de aparecimento = questão primordial, fator primordial; como pertencente às primeiras eras = horda primordial, imagem primordial. Sin.: Primevo.

PRIMAZIA E RECENTICIDADE, LEI DE — O princípio segundo o qual o aprendiz tende a recordar melhor os itens que foram os primeiros (tiveram primazia) ou os últimos (os mais recentes) numa série.

PRIMORDIAL — Ver: PRIMÁRIO.

PRINCÍPIO — Cânon de procedimento científico, máxima orientadora de conduta. Emprega-se muitas vezes princípio quando a uniformidade descoberta parece não ser ainda suficiente, por alguma razão, para se estabelecer uma *lei*. Em Psicologia, há mais princípios do que leis, embora se empregue mais esta palavra do que aquela.

PRINCÍPIO DE REALIDADE — Segundo a teoria freudiana, é o princípio que rege a atividade do ego e permite à psique fazer a distinção entre o mundo interno e o mundo externo. Tem seus alicerces na percepção sensorial e na motricidade.

PRIVAÇÃO — Em termos gerais, a falta de meios para a satisfação de uma necessidade específica, principalmente no caso de uma falta involuntária. Em termos psicanalíticos, Freud definiu a privação como o estado resultante de ter sido frustrada a satisfação de uma pulsão e Melanie Klein viu na privação o fundamento da posição paranóide, na medida em que os sentimentos de frustração levam a fantasias regressivas, as quais se centralizam retrospectivamente nas frustrações em relação ao seio materno.

PROBABILIDADE — Segundo a posição que se adote, o termo pode designar: 1. Número, no mínimo igual a zero e no máximo igual à unidade, que se associa a um evento aleatório e que se admite ser aproximadamente igual à freqüência relativa com que esse evento ocorrerá. 2. Propriedade matemática de um conjunto que se traduz por uma função do mesmo conjunto, sujeita ao corpo de postulados de Kolmogoroff (abordagem axiomática). 3. Número, no mínimo igual a zero e no máximo à unidade, que se associa a um evento aleatório e que se admite medir o grau de confiança racional que depositamos na realização desse evento.

PROBLEMA NUCLEAR — Ver: NUCLEAR, PROBLEMA.

PROBLEMÁTICA, CRIANÇA — Aquela criança que se conduz de maneira tão diferente dos padrões socialmente aceitáveis que não pode ser orientada pelo senso comum ou pelas técnicas habituais. O mau comportamento é uma característica habitual, mas não implícita. Todas as crianças manifestam problemas de comportamento que têm de ser resolvidos pelos seus responsáveis, mas nem todas as crianças são problemáticas. Estas, de modo geral, terão de recorrer à psicoterapia para averiguação de suas ansiedades e desajustamentos.

PROBLEMÁTICO, COMPORTAMENTO — Tipo de comportamento que desconcerta o observador por suas características anti-sociais ou anormais, criando assim um problema para o protagonista ou para os que vivem no seu meio imediato.

PROCESSO — Alteração ou transformação num objeto ou organismo em que se pode discernir uma qualidade ou direção coerente. Um processo é sempre um fenômeno ativo: algo que está acontecendo. Contrasta com a *estrutura* ou forma de organização daquilo que muda ou se transforma, a qual, entretanto, é relativamente estática, apesar do processo de transformação. A Fisiologia e a Psicologia são, antes de mais, ciências de processos, visto que a atividade e o comportamento constituem suas esferas de ação. Para Edward B. Titchener, o processo é "um conteúdo consciente observado como ocorrência, sem referência ao seu contexto, significado ou valor" (*A Textbook of Psychology*, 1914).

PROCESSO PRIMÁRIO — Na teoria psicanalítica, o processo no Id por meio do qual é obtida a satisfação da libido ou de outros desejos instintivos.

PROCESSO PRIMÁRIO DE PENSAMENTO — Tipo de mentalização *autística* que é característico dos sonhos, psicoses e estágios primitivos da vida, em que os processos de pensamento lógico, a realidade e as restrições de tempo e espaço são ignorados. (Ver: PROCESSO SECUNDÁRIO DE PENSAMENTO)

PROCESSO SECUNDÁRIO — Na teoria psicanalítica, a atividade consciente e racional dirigida para a satisfação de pulsões.

PROCESSO SECUNDÁRIO DE PENSAMENTO — Aqueles aspectos da função do ego que dizem respeito ao juízo racional e avaliação lógica do mundo real e concreto, habilitando assim o indivíduo a adaptar o seu comportamento às exigências da realidade. (Ver: PROCESSO PRIMÁRIO DE PENSAMENTO)

PRODUTO-MOMENTO — Em técnica de correlação, os desvios das médias das variáveis elevadas a uma potência, multiplicadas e somadas.

PRODUTO-MOMENTO, CORRELAÇÃO — A técnica mais usada para a computação do coeficiente de correlação. Símbolo *r*. A fórmula é:

$$r = \sum xy / N\sigma_x \sigma_y \text{ (fórmula de Pearson)}.$$

PROGNÓSTICO — Previsão da duração, curso e resultado de um processo ou atividade: (a) prognóstico clínico (referente à evolução de um estado patológico e seu desfecho); (b) prognóstico escolar (normalmente realizado na base de testes de personalidade e realização), referente à carreira acadêmica de uma pessoa; (c) prognóstico vocacional (também com recurso a diversos testes), referente ao progresso e êxito de uma carreira profissional, etc.

PROGRAMA DE AVALIAÇÃO — Conjunto de medidas destinadas a obter uma avaliação sistemática e contínua dos diversos aspectos da personalidade e do rendimento escolar dos alunos de uma escola.

PROJEÇÃO — Termo usado em muitos contextos psicológicos. No estudo da Percepção refere-se geralmente à localização de um objeto percebido numa distância exterior aos limites do nosso corpo. Na Psicologia Social, é o nome de uma tendência para supor que os outros experimentam as mesmas idéias e sentimentos que alimentamos. Na teoria psicanalítica a projeção designa um dos vários mecanismos de defesa pelo qual o ego se protege da ansiedade, repelindo os seus *maus objetos internos* anteriormente introjetados e *projetando-os* em objetos externos. A ansiedade é assim neutralizada, na medida em que o ego conserva apenas, incorporados, os bons objetos. A personalidade assim formada, ansiosa por conservar em si as boas coisas, desconfiada, ciumenta, poderá, em caso de desequilíbrio emocional, dar origem à esquizo-paranóia.

PROJEÇÃO DO BRINQUEDO — Técnica analítica por meio da qual o paciente (usualmente uma criança), brincando livremente com certos materiais, revela inconscientemente suas atitudes e idéias. Os materiais de emprego mais corrente são uma casa de bonecas, com as bonecas representando figuras humanas, e brinquedos reproduzindo artigos de uso doméstico. O conjunto presta-se à reprodução de situações e pessoas familiares. Mas qualquer outro brinquedo é também uma projeção e poderá ser uma projeção reveladora. (Ver: ANÁLISE INFANTIL)

PROJEÇÃO, TÉCNICA DE — Método de avaliação das características da personalidade e previsão do comportamento humano. Em parte, numa tentativa para evitar as limitações próprias dos depoimentos diretos (entrevistas, questionários, etc.), a criação das técnicas projetivas recebeu grande aceitação na Psicologia Clínica, especialmente na terapia infantil, visto ser nas crianças de pouca idade que aquelas limitações mais se faziam sentir (ver: ANÁLISE INFANTIL). Embora se trate de verdadeiros testes, preferiu-se homologar a designação de *técnica* pelo fato de o seu método ser informal, indireto, com garantias de plena liberdade de resposta, e com interpretações mais subjetivas. E chama-se técnica *projetiva* porque a pessoa, inadvertidamente, projeta os pensamentos, atitudes, preocupações, ansiedades ocultas, etc., na maneira como percebe alguma cena ou situação ambígua. O método é simples: à pessoa apenas se pede que execute tarefas propícias ao livre curso de sua imaginação (fazer desenhos, concluir frases incompletas, contar histórias a propósito de figuras e cenas pictóricas que lhe são apresentadas, ou explicar que espécies de associação foram suscitadas por certos estímulos: borrões de tinta, por exemplo). O princípio subentendido nas técnicas projetivas é que tudo quanto o indivíduo apresentar, seja produto de imaginação ou de organização, revela características importantes e estáveis da sua personalidade. Entre tais técnicas contam-se o Método de Associação de Palavras, o Teste de Apercepção Temática (Murray) e o Teste de Rorschach, porventura o mais famoso de todos. Da conjugação das técnicas psicanalíticas e das projetivas resultou a Técnica do Brinquedo (Play-Technique), largamente empregada na psicoterapia infantil.

PROPENSÃO — Característica hipotética da pessoa ou organismo que a (ou o) inclina a comportar-se em função de certa finalidade. W. McDougall propôs que se substituísse instinto (em virtude de certas implicações desta palavra) por *propensão inata* e R. Cattell propôs o nome de *erg* para a propensão inata, *metaerg* para a adquirida. Sin.: Tendência.

PROPÓSITO — O que deve ser atingido por ação voluntária. Representação consciente ou simbólica do fim em vista. Estado ou ação adequados a um objeto preestabelecido. Freud fez a distinção clara entre o *objeto sexual ou instintivo* (geralmente uma pessoa) e o *propósito sexual ou instintivo*, que é uma atividade que se estende a múltiplas espécies de comportamento sexual, normal ou patológico. Mais tarde, a noção de propósito foi alterada e duas novas formas passaram a ser reconhecidas: o *propósito interno*, que é o estado gratificado do organismo, e o *propósito externo*, que é a atividade conducente a essa gratificação. Por exemplo, no estado de sede, o objeto (incentivo) é a água; o propósito *interno* é o estado dos tecidos propriamente *irrigados*; o propósito *externo* é a ação de beber água. Sinônimos correntes: *finalidade, meta, intento, objetivo,* embora possam, por vezes, expressar ligeiras diferenças ou contrastes.

PROPÓSITO, INIBIÇÃO DE — Em Psicanálise, uma ação característica em que é reprimido o reconhecimento do *impulso*. Exemplo: o prazer da sociabilidade, sem que a pessoa reconheça a existência de um elemento sexual nesse prazer.

PROPRIADO — Segundo Allport, "propriado" é tudo o que pertence ao *proprium*, aqueles aspectos da personalidade que formam coletivamente a individualidade e a unidade interna peculiares de um ser humano. Com o termo "propriado" quis Allport caracterizar um padrão de comportamento em que a pessoa procura realizar os objetivos do seu próprio eu em desenvolvimento, sem esperar que surjam circunstâncias apropriadas ou oportunidades externas, mas criando as condições favoráveis aos seus próprios fins. (Ingl.: *propriate*)

PROPRIOCEPÇÃO — O sentido da posição do corpo e do movimento do corpo e seus membros. A qualquer receptor que medie a propriocepção dá-se o nome de *proprioceptor*. Os principais receptores do sentido proprioceptivo são: (1) os corpúsculos de Pacini, que respondem à pressão de profundidade; (2) os fusos musculares, que respondem à tensão muscular; (3) os órgãos do tendão de Golgi; (4) e os receptores de movimento e equilíbrio no labirinto não-auditivo.

PROPRIUM — Os aspectos da personalidade que, segundo Gordon Allport, formam a unidade integrada que constitui a singularidade do indivíduo e o seu sentido de individualidade. (Ver: PSICOLOGIA DA INDIVIDUALIDADE)

PROTOPÁTICA, SENSIBILIDADE — Ver: EPICRÍTICA.

PROTOPLASMA — Substância semifluida de que se compõem todas as células vivas. Divide-se em nucleoplasma, a substância do núcleo e citoplasma.

PROTÓTIPO — Modelo original a partir do qual se criaram outros modelos. Em Psicologia, padrão determinado para as reações e estímulos conhecidos.

PROVA CLÁSSICA — Ver: PROVA SUBJETIVA.

PROVA OBJETIVA — Ver: TESTE OBJETIVO.

PROVA SUBJETIVA — Prova cujo resultado depende do julgamento subjetivo do avaliador. Sin.: Prova Clássica.

PROXIMAL, ESTÍMULO — Estímulo que atua *diretamente* nos órgãos sensoriais e através de cuja distribuição se pode conhecer o mundo físico distal — o mundo espacial e dos objetos, com suas propriedades. (Ver: DISTAL, ESTÍMULO)

PSICANÁLISE — Termo criado por Sigmund Freud para designar (1) o seu método altamente especializado de psicoterapia intensa e extensa; e (2) o seu sistema dinâmico de psicologia, baseado no estudo teórico das observações decorrentes da análise e investigação empírica das desordens de comportamento e de estrutura do caráter (sobretudo nas neuroses). Como (1) *método psicoterapêutico*, destinado a eliminar repressões e defesas, e, por conseguinte, a libertar energias para uma existência normal e saudável, a psicanálise consiste, fundamentalmente, no emprego conjugado de uma *análise de processo* e de uma *análise de conteúdo*. Pela análise de processo, ela fornece informações sobre as atitudes e os valores subjacentes do comunicador (o analisando); pela análise de conteúdo, ela usa as características superficiais da comunicação interpessoal (analisando-analista) para inferir certas determinantes subjacentes no comportamento manifesto. Para tanto, Freud utilizou, basicamente, as seguintes técnicas: (a) a *livre associação*, inspirada no princípio de associação verbal que Jung desenvolvera; (b) a *interpretação metódica* dos dados livremente comunicados pelo analisando. A livre associação é a técnica destinada a explorar e tornar conscientes os aspectos dinâmicos, psicogenéticos e transferenciais do comportamento patológico e da estrutura da personalidade do analisando. A interpretação metódica dos dados livremente descritos pelo analisando concentrou-se no processo de decifração do significado de sonhos e outros processos inconscientes (lapsos de língua, bloqueios de memória, etc.), cujos símbolos representam desejos, motivações e impulsos reprimidos. Apesar das divergências teóricas entre os psicanalistas pós-freudianos e neofreudianos, as técnicas psicoterapêuticas mantêm-se mais ou menos inalteradas desde o tempo em que Freud as inventou e desenvolveu. Como (2) *teoria dinâmica da personalidade*, o sistema psicanalítico representou uma das maiores revelações ocorridas na psicologia, ombreando apenas com a teoria behaviorista, sua grande competidora entre as escolas psicológicas do século XX. Do ponto de vista histórico, a Psicanálise é divisível em quatro períodos principais: (I) *1885-1900*: colaboração de Freud com Breuer, caracterizado pelas primeiras grandes descobertas, recolhidas da observação clínica e da prática psicoterapêutica, e convertidas nas teorias de motivação inconsciente, repressão, resistência, ansiedade, transferência, etiologia da neurose, etc. Destas teorias, somente a da origem da neurose e da ansiedade neurótica seriam posteriormente sujeitas a revisão e contestação; (II) *1901-1910*: período caracterizado pela consolidação do processo terapêutico (*A Interpretação de Sonhos* marcaria o verdadeiro início da psicanálise como *ciência*) e pela evolução da teoria de que as neuroses eram causadas por traumas sexuais para a teoria da evolução do instinto sexual. Assim, essa primeira teoria do instinto atraiu a atenção de Freud para a evolução biossexual da criança e culminou na definição do *complexo de Édipo* como estágio final dessa evolução; (III) *1910-1920*: Freud amplia consideravelmente o seu campo de interesses e esboça a formulação de uma teoria da personalidade total. O *narcisismo* entra no âmbito das investigações, o que, somado à descoberta de outro importante impulso — a *agressão* — propicia o trabalho de base para uma nova teoria dos instintos, que Freud apresentaria no início do quarto e último período. Entrementes, ocorrem as duas primeiras dissidências de vulto no campo da teoria psicanalítica: as de Adler (*Psicologia Individual*) e Jung (*Psicologia Analítica*), que rejeitam a teoria sexual da neurose e criam suas próprias escolas; (IV) *1920-1939*: apresentação por Freud da nova teoria dos instintos (*Para Além do Princípio de Prazer* marca as novas ampliações teóricas — por exemplo, o conceito de Tânatos ou "instinto de morte"). Este período assistiu a novas cisões (Rank, Ferenczi, Reich e outros) que também contribuíram para novas concepções da prática analítica, como não podia deixar de ser, numa ciência que contava então menos de trinta anos de existência. Após a morte de Freud, acentuaram-se as divergências no tocante aos mecanismos de desenvolvimento ou à conduta da psicanálise como forma de tratamento. O movimento neofreudiano (Karen Horney, Clara Thompson, Harry Stack Sullivan) confere muito maior ênfase à segurança e relações interpessoais, no desenvolvimento da personalidade e acusação das neuroses, do que ao sexo. Entretanto, a técnica psicoterápica de raiz analítica mantém-se quase inalterada em seus fundamentos originais. Para maior esclarecimento de conceitos e princípios citados neste verbete, consultar também os seguintes: ÉDIPO, COMPLEXO DE/FREUD, SIGMUND/LIBIDO/PERSONALIDADE, TEORIA PSICANALÍTICA DA/PRAZER, PRINCÍPIO DE/SEXUALIDADE INFANTIL, TEORIA DA/SONHOS, INTERPRETAÇÃO DE/PSICOLOGIA ANALÍTICA/PSICOLOGIA INDIVIDUAL.

Cronologia do Desenvolvimento da Psicanálise

Ano	*Figura*	*Acontecimento*
1856	FREUD	Nasce em Freiberg (Áustria), em 6 de maio.
1866	LIÉBAULT	Publica em Nancy uma monografia em que considera a sugestionabilidade de pacientes hipnotizados a chave para o êxito do tratamento dos seus sintomas nervosos.
1868	W. STEKEL	Nasce em Viena; seria um dos primeiros discípulos de Freud.
1870	ADLER	Nasce em Viena, em 7 de fevereiro.
1874	FERENCZI	Nasce em Budapeste o que seria um dos pioneiros da psicanálise e um dos colaboradores mais íntimos de Freud.
1875	C. G. JUNG	Nasce em Kesserwill (Suíça), em 26 de julho.
1877	K. ABRAHAM	Nasce em Bremen, em 3 de maio.
1878	CHARCOT	Inicia no hospital da Salpêtrière os seus estudos sobre o hipnotismo aplicado à terapia das doenças mentais.
1880	BREUER	Inicia o tratamento de Anna O.
1882	MELANIE KLEIN	Nasce em Viena, em 30 de março.
1884	BERNHEIM	Publica *Sobre a Sugestão e suas Aplicações à Terapia,* havendo a possibilidade de curar pela hipnose certos tipos de doenças.
1884	OTTO RANK	Nasce em Viena, em 22 de abril.
1885	FREUD	Primeira viagem à França. Estuda com Charcot na Salpêtrière.
1885	K. HORNEY	Nasce em Hamburgo, em 16 de setembro.
1889	FREUD	Segunda viagem à França. Contato com a Escola de Nancy, liderada por Liébault e Bernheim.
1892	H. S. SULLIVAN	Nasce em Norwich (Nova York), em 21 de fevereiro.
1895	BREUER E FREUD	Publicação de *Estudos sobre a Histeria.*

1895	ANNA FREUD	Nasce em 3 de dezembro, em Viena, sendo o sexto filho (terceira filha) de Freud.
1897	FREUD	Inicia uma severa auto-análise, com livre associação e interpretação de sonhos.
1900	FREUD	Publica *A Interpretação de Sonhos*, obra que marca, efetivamente, o início da psicanálise, com suas proposições específicas.
1900	E. FROMM	Nasce em Frankfurt, em 23 de março.
1902	FREUD	Começam as reuniões em sua casa, às quartas-feiras, de médicos simpatizantes das idéias de Freud, sendo Adler e Stekel dos primeiros freqüentadores. É o início da Sociedade Psicanalítica de Viena, ainda não oficializada.
1904	FREUD	Publica *A Psicopatologia da Vida Cotidiana*.
1905	FREUD	Publica *Três Ensaios sobre a Sexualidade*.
1907	JUNG	Começa a freqüentar o círculo freudiano.
1907	ADLER	Publica *Estudos sobre a Inferioridade dos Órgãos*.
1908	—	Congresso de Psicanálise de Nuremberg, com a presença de Freud, Jung, Adler, Stekel, Ferenczi e Karl Abraham. Fundação da Associação Psicanalítica Internacional (IPA).
1909	FREUD E JUNG	Visitam os Estados Unidos para, a convite de Stanley Hall, realizarem uma série de conferências na Universidade Clark. Freud e Jung já se analisam mutuamente, e durante a travessia do Atlântico, continuaram fazendo-o.
1910	FREUD	Com Ferenczi, funda a Associação Internacional de Psicanálise. Jung é escolhido para seu primeiro presidente.
1911	E. JONES	Funda a Associação Psicanalítica Americana, filiada à AIP.
1911	ADLER	Rompe com Freud e cria um novo grupo independente.
1912	STEKEL	Abandona o grupo e cria a sua própria escola, baseada numa técnica mais ativa de análise, precursora da "psicoterapia breve".
1913	JUNG	Profundas divergências com Freud, culminando no seu afastamento final da psicanálise. Dá início à sua própria escola: a de Psicologia Analítica.
1913	FREUD	Publica *Totem e Tabu*.
1914	FREUD	Publica *Uma História do Movimento Psicanalítico*, tentativa de definição de posições, temendo que as sucessivas dissidências desacreditassem o movimento.
1917	JUNG	Publica *Para uma Explicação da Teoria Psicanalítica*, onde justifica as causas de suas divergências com "o venerado mestre Sigmund Freud".
1919	FERENCZI	Publica *Histeria e Patoneurose*.
1921	JUNG	Publicação da sua monumental obra *Tipos Psicológicos*.
1923	FREUD	Publica *O Ego e o Id*.
1924	O. RANK	Publica *O Trauma do Nascimento*.
1924	FERENCZI	Publica *Thalassa. Ensaio sobre a Origem da Genitalidade*.
1924	FERENCZI	Publica *Psicanálise das Origens da Vida Sexual*.
1925	K. ABRAHAM	Faleceu em Berlim. Sua morte prematura foi muito sentida por Freud, que declara: "De todos os que me seguiram, só conheço um (referindo-se a Ferenczi) cujo nome possa ser comparado ao de Abraham." Melanie Klein, Theodor Reik, Edward Glover foram seus alunos na Sociedade Psicanalítica de Berlim, e por ele didaticamente analisados.

1927	Adler	Publica *Teoria e Prática da Psicologia Individual.*
1928	Freud	Publica *Para Além do Princípio de Prazer.*
1929	Rank e Ferenczi	Publicam *O Desenvolvimento da Psicanálise.*
1932	K. Horney	Emigra para os Estados Unidos.
1932	M. Klein	Publica *A Psicanálise da Criança.*
1933	E. Fromm	Emigra para os Estados Unidos.
1933	Ferenczi	Morre em 24 de maio, em Budapeste.
1935	Adler	Emigra para os Estados Unidos. Depois vai residir na Escócia.
1937	Horney	Publica *A Personalidade Neurótica do Nosso Tempo.*
1937	Adler	Falece em 28 de maio, em Aberdeen (Escócia).
1938	Freud	Refugia-se na Inglaterra.
1939	Rank	Falece em 31 de outubro, em Nova York.
1939	Freud	Falece em 23 de setembro, em Londres.
1939	Horney	Publica *Novos Rumos da Psicanálise.*
1941	E. Fromm	Publica *O Medo à Liberdade.*
1946	A. Freud	Publica *O Ego e os Mecanismos de Defesa.*
1947	E. Fromm	Publica *Análise do Homem.*
1947	Sullivan	Publica *Conceitos de Psiquiatria Moderna.*
1952	Horney	Falece em 4 de dezembro, em Nova York.
1953	Sullivan	Publica a *Teoria Interpessoal na Psiquiatria.*
1954	Fromm	Publica *Psicanálise da Sociedade Contemporânea.*
1960	M. Klein	Falece em 22 de setembro, em Londres.
1961	Jung	Falece em 6 de junho, em Küsnacht, perto de Zurique.
1963	J. Lacan	Funda a Escola Freudiana de Paris.
1964	E. Erikson	Publica *Ética e Psicanálise.*
1965	A. Freud	Publica *Infância Normal e Patológica.*
1965	P. Ricoeur	Publica *Freud: Uma Interpretação da Cultura.*
1971	Winnicott	Falece em Londres.
1971	A. Freud	Aos 75 anos de idade, regressa a Viena para presidir ao Congresso da Associação Psicanalítica Internacional. Abandona a Áustria em 1938 na companhia do pai.
1980	A. Freud	Falece em Londres.
1981	Lacan	Falece em Paris.

PSICANÁLISE CLÁSSICA — Setor do movimento psicanalista que se mantém fiel às teorias freudianas originais sobre instintos e libido, não aceitando quaisquer outras explorações teóricas ou métodos práticos senão os utilizados pelo próprio Freud. Sin.: Psicanálise Ortodoxa.

PSICANÁLISE KLEINEANA — Método psicoterápico desenvolvido por Melanie Klein e que pretende respeitar integralmente as técnicas analíticas freudianas ortodoxas embora defenda certos pressupostos teóricos que Freud deixara apenas delineados ou cuja formação ficara insuficientemente corroborada na prática clínica. O método kleineano assenta, fundamentalmente, nos princípios do instinto sexual e da agressão como origem das ansiedades neuróticas, mas desenvolve muito mais do que Freud logrou fazer a teoria do conflito entre os instintos de vida e de morte (Eros e Tânatos). Em torno de Melanie Klein reuniu-se um numeroso grupo de psicólogos clínicos, médicos e psicanalistas — Winnicott, Paula Heimann, W. R. Bion, Susan Isaacs, Joan Riviere, Money-Kyrle e outros — que constituíram a chamada Escola de Londres. A psicanálise kleineana é a que exerce influência na prática psicanalítica brasileira. Uma das importantes contribuições prestadas pela Escola de Londres foi o trabalho desenvolvido no campo da psicoterapia infantil por Melanie Klein e Anna Freud, se bem que tivesse, em certa altura, ocorrido uma divergência entre as duas psicólogas. Klein desviou-se da teoria freudiana no tocante ao desenvolvimento do aparelho mental (id, ego e superego) e originou críticas por parte de Anna Freud. Entretanto, Klein afirmou que a sua teoria da sexualidade infantil apenas discordava da freudiana *numa cronologia de fases*. Freud atribuía o aparecimento de relações objetais completas (isto é, a percepção pela criança de um objeto total e exterior a ela própria) a um período muito mais recente da formação do ego infantil (entre os 3 e 5 anos de idade), sendo o complexo de Édipo o período de transição para a sexualidade adulta, com a subseqüente formação do superego. Melanie Klein *recuou* o início das relações objetais completas, fixando-as no primeiro ano de vida da criança. A primazia do id e concomitantes relações objetais parciais (o seio materno como algo independente e incorporado) duram apenas alguns meses e, a partir do sexto mês, aproximadamente, a criança já manifesta rudimentos de um ego em formação: a percepção do seio como objeto componente de uma entidade externa. O complexo de Édipo seria, portanto, uma manifestação do superego infantil e não a sua fase preparatória. Tais conceitos permitiram antecipar o tratamento das neuroses, que para Freud eram, predominantemente, um problema de terapia *adulta*. (Ver: ANÁLISE INFANTIL)

PSICANÁLISE ORTODOXA — Ver: PSICANÁLISE CLÁSSICA.

PSICANÁLISE RANKIANA — A teoria e prática psicanalíticas desenvolvidas por Otto Rank (1884–1939), austríaco como Freud e Adler. Com W. Reich e S. Ferenczi, fez parte do segundo grupo de desviacionistas que, na década de 1920, abandonou a ortodoxia freudiana. Ver.: NASCIMENTO, TRAUMA DO)

PSICASTENIA — Modalidade neurótica caracterizada por *fobias* (pavores mórbidos ou patológicos), *obsessões* (pensamentos indesejáveis, irracionais e persistentes) e *compulsões* (ações repetitivas e forçadas que o indivíduo desempenha mesmo reconhecendo a natureza irracional das mesmas). As reações psicastênicas podem ocorrer juntas em várias combinações e diversos graus de intensidade mas, nas fobias, a emoção do medo é o elemento dominante; nas obsessões, destaca-se o componente ideacional; e nas compulsões predomina o ato ou o impulso para atuar.

PSICOBIOGRAFIA — Estudo biográfico que atribui significado preponderante ao desenvolvimento psicológico do indivíduo no desenrolar de sua vida íntima e em suas repercussões no relacionamento interpessoal. *Leonardo da Vinci e uma lembrança de sua infância*, de Freud (1910), é considerada a primeira psicobiografia que empregou para sua elaboração os princípios formais da metapsicologia.

PSICODIAGNÓSTICO — Ver: RORSCHACH, PSICODIAGNÓSTICO DE.

PSICODINÂMICA — Estudo das bases motivacionais subjacentes do comportamento. (Ver: PSICOLOGIA DINÂMICA)

PSICODRAMA — Técnica de psicoterapia de grupo criada pelo psiquiatra Jacob L. Moreno. No psicodrama, os pacientes são encorajados a "passar ao ato" (*act out*) seus problemas e fantasias. A representação dramática (teatral) de eventos significativos na vida do indivíduo e de experiências relacionadas com suas dificuldades emocionais é usada como procedimento terapêutico. O paciente pode desempenhar o papel (*role-playing*) dele mesmo num psicodrama com outros pacientes ou terapeutas que interpretam papéis de apoio (*supporting cast*). Em outras ocasiões, o paciente pode ser um mero espectador, enquanto um outro participante desempenha o seu papel. Isto proporciona ao paciente a oportunidade de observar os mecanismos de seu próprio comportamento retratados por outrem. Essa visão indireta do seu eu pode ter o efeito de aumentar a objetividade de suas próprias auto-avaliações. Quase todas as situações vitais podem ser recriadas no palco e os atores (outros terapeutas ou membros do quadro clínico) podem ser dirigidos para se conduzirem da maneira que seja mais benéfica para o paciente. Através do psicodrama, um paciente começa se apercebendo da natureza de seus problemas e fantasias, à medida que os retrata no palco. São incentivadas a aceitação e compreensão emocionais da própria situação vital do paciente e das situações daqueles com quem ele intentara. Os recursos básicos do psicodrama são a *passagem ao ato* e o *desempenho de papel* (derivado, em parte, da concepção junguiana de *persona*).

PSICOFARMACOLOGIA — É o estudo dos efeitos de drogas psicotrópicas sobre o funcionamento psicológico, em seus aspectos bioquímicos, fisiológicos, neurofisiológicos, clínicos, terapêuticos, sociais e epidemiológicos. Ver: PSICOTRÓPICOS

PSICOFÍSICO, MÉTODO — Partindo da teoria das relações entre os atributos físicos dos estímulos e os atributos quantitativos das sensações formuladas por Weber (ver: WEBER, LEI DE), o físico e antropólogo alemão Gustav Theodor Fechner (ver: FECHNER, LEI DE) dedicou-se à criação de um método operacional que lhe permitisse não só a comprovação matemática da lei weberiana mas a sua generalização a todas as relações entre estímulos externos e os processos mentais ou do comportamento. De seu trabalho resultou não só a comprovação de que, dentro de cada modalidade sensorial, existem escalas de intensidade de sensação ("a sensação é proporcional à medida do logaritmo do estímulo"), mas também a certeza de que os métodos de quantificação de estímulos e sensações, a que deu o nome de *psicofísica sensorial*, abriram novos horizontes ao estudo experimental do problema das relações entre o corpo e a mente (do físico e do psíquico). Em 1896, Georg Elias Müller publicava *Zur Psychophysik der Gesichtempfidungen*, onde postulava que "a cada ato consciente corresponde um processo material (psicofísico) que tem nas sensações (ver, ouvir, cheirar) sua variada base". Müller denominou esse postulado o Axioma Psicofísico (*psychophysische Axiome*) e aí estava o ponto de partida para, nos anos seguintes, sob a égide da Sociedade Psicofísica de Munique, se desenvolverem inúmeras correntes e métodos quantitativos, com suas escalas, tabelas, testes laboratoriais desde o isomorfismo do gestaltista W. Köhler até a Teoria dos Níveis Psicofísicos de Metzger. (Ver: MECANISTA, TEORIA/PSICOLOGIA EXPERIMENTAL)

PSICOGÊNESE — Estudo do comportamento e estrutura psíquica do adulto, decorrente da observação dos processos de desenvolvimento infantil. Denominam-se *distúrbios psicogênicos* os que têm origem em problemas e conflitos de ordem psíquica (cf. DISTÚRBIOS SOMATOGÊNICOS).

PSICOGENITAL, DESENVOLVIMENTO — Desenvolvimento psicossexual medido não em termos de potência fisiológica, mas de aptidão para o amor com características adultas.

PSICOLINGÜÍSTICA — O estudo da comunicação humana através da linguagem. A linguagem é parte integrante do comportamento humano, quer como indivíduos ou como membros de um grupo social, não podendo, portanto, deixar de atrair o interesse dos psicólogos. Contudo, o interesse da psicologia da linguagem concentrava-se antes na linguagem como uma das chaves para os processos intelectuais e cognitivos do indivíduo. O desenvolvimento da habilidade lingüística na criança, por exemplo, pode fornecer esclarecimentos sobre o conteúdo da vida mental infantil, enquanto que o estudo de perturbações de linguagem, como a afasia, pode levar a uma compreensão mais profunda das patologias mentais. Esses interesses da psicologia da linguagem mantêm-se, é claro, mas uma nova tendência geral surgiu no começo da década de 1950 — a Psicolingüística — quando os psicólogos começaram estudando a linguagem em si e por si mesma. O interesse recaiu agora sobre o comportamento lingüístico e não sobre o desenvolvimento infantil, a formação de conceitos ou os distúrbios mentais, embora não se discuta a importância das investigações realizadas nessas e outras áreas. Três influências principais se conjugaram na criação da psicolingüística: a *teoria da informação*, a *psicologia da aprendizagem e retenção* e a *lingüística contemporânea*. A teoria da informação forneceu uma útil estrutura analítica, habilitando o psicolingüista a caracterizar o processo de comunicação humana em termos de um canal de comunicação, com uma "fonte" onde a mensagem é gerada e "codificada" e um "destino" onde ela é recebida e "descodificada". Entre outros psicólogos, Charles Osgood, T. A. Sebeok, George A. Miller e S. Saporta têm contribuído para difundir o conhecimento geral sobre a aplicação da Teoria da Informação à linguagem. A segunda influência sobre a psicolingüística proveio dos estudos do processo de aprendizagem. Embora os psicólogos behavioristas sejam desembaraçados no repúdio de conceitos tais como "consciência", eles viram-se forçados a admitir que o comportamento lingüístico não se enquadra facilmente nas mesmas categorias que os demais comportamentos nem pode ser ignorado, se eles desejarem continuar reivindicando a universalidade de suas teorias, as quais, baseadas principalmente em experimentos com animais, são ampliadas aos seres humanos por analogia. Skinner, Mowrer e Osgood aperceberam-se desse dilema e empenharam-se em elaborações de teorias behavioristas capazes de explicar o comportamento lingüístico. A terceira influência proveio da lingüística contemporânea (Jacobson, Chomsky), o que não significa forçosamente que psicólogos e lingüistas aceitem as conclusões uns dos outros (a polêmica entre Skinner e Chomsky e o debate no Centro de Royaumon entre Piaget e Chomsky são exemplos que ficaram famosos).

PSICOLOGIA — A ciência do comportamento humano e animal. O estudo do organismo em toda a sua variedade e complexidade, na medida em que responde ao fluxo e refluxo dos eventos físicos e sociais que formam o meio ambiente. O comportamento é por vezes manifesto, como as manobras de um astronauta no comando de um veículo espacial, ou encoberto, como exemplificado pelas secreções glandulares, tensões musculares ou contrações do estômago. Certos comportamentos podem ser descritos como lógicos, ordenados e construtivos, como o de um cientista empenhado num programa de pesquisa, enquanto que outros comportamentos — o do psicótico, do delinqüente juvenil, do indivíduo ansioso — parecem irracionais, estranhos, insólitos ou ocasionalmente bizarros. Todos os tipos de comportamento, manifesto ou encoberto, simples ou complexo, racional ou irracional são estudados pelos psicólogos. Ao estudar o comportamento humano em suas numerosas manifestações, a Psicologia espera, em última instância, compreender a natureza do homem: seus desejos, esperanças, medos, aptidões e limitações. A Psicologia tenta descobrir por que as pessoas fazem as coisas que fazem; compreender a capacidade humana de adaptação ao seu meio, a natureza da inteligência do homem, as causas originais de seus conflitos internos, o seu comportamento como animal social. Com efeito, poder-se-ia dizer que a Psicologia, em termos gerais, busca uma resposta para a velha interrogação. O que é o Homem?

Muitas ciências e disciplinas estudam o comportamento humano. Antropólogos, historiadores, sociólogos, cientistas políticos, economistas, etc., também procuram conhecer a natureza do homem; e, neste sentido, a Psicologia é apenas uma entre muitas *ciências do comportamento*. Cada uma dessas disciplinas focaliza certos aspectos do comportamento humano: a sociologia, a conduta institucional e grupal; a antropologia, as raças e culturas primitivas; a economia, o comportamento que leva à produção e consumo de bens e serviços. A Psicologia enfatiza o estudo do *indivíduo*. Isto não significa que os psicólogos nunca estudem as pessoas em grupos ou não estejam interessados no comportamento político ou econômico. Significa, outrossim, que para a Psicologia o *indivíduo é a unidade de estudo*, quer o indivíduo esteja só quer em grupo. Existe, no entanto, considerável colaboração e intercâmbio entre as ciências do comportamento. Elas não são rivais nem concorrentes, mas estão todas empenhadas em desvendar o mistério do homem, cada uma à luz de seus interesses e pontos de vista especiais. Basicamente, a finalidade da Psicologia é a de qualquer outra ciência: ser capaz de fazer predições exatas sobre os fenômenos que aborda. Como a chave para predizer o comportamento, os fenômenos da Psicologia, reside na descoberta das *condições antecedentes* que deram origem ao comportamento, o psicólogo tenta apurar essas condições mediante o emprego de dois métodos básicos:

o método experimental e o *método de observação naturalista*. Ambos estes procedimentos assentam, em última análise, na *observação*. No primeiro, o método experimental, o psicólogo manipula ativamente as condições antecedentes e observa as variações paralelas ou concomitantes no comportamento. No segundo, o método de observação naturalista, o psicólogo observa as diferenças de comportamento, tal como existem na natureza e se relacionam com as condições antecedentes. As observações psicológicas não são as observações casuais, incidentais, da vida cotidiana, mas, pelo contrário, são cuidadosamente planejadas para fornecer informações específicas e significativas. Em contraste com o observador casual, o psicólogo está *pronto* para observar e é um observador *treinado*. A sua atitude é *objetiva* e cuida de *registrar* suas observações, quando estas ocorrem, para não ser vítima de erros da sua própria memória. Finalmente, registra tanto os casos positivos como os *negativos*, ou fracassos, algo que um observador tendencioso raramente faz.

PSICOLOGIA ANALÍTICA — O sistema psicanalítico fundado por Carl Gustav Jung. A Psicologia Analítica teve por modelo, originalmente, a psicanálise freudiana. Entretanto, quase desde o início, Jung começou se desviando de Freud e o rompimento final ocorreu em 1912, com a publicação de *A Psicologia do Inconsciente*, onde Jung apresentou a sua nova interpretação da libido. Para Jung, a libido é a energia geral da vida, ou "impulso vital", e essa energia primordial não se manifesta, necessariamente, como impulso sexual (como Freud propôs). Pode apresentar-se ora como energia sexual, ora como uma forma criativa ou artística de comportamento, ou como uma luta pela superioridade, ainda em outro contexto. O processo psicológico mediante o qual a energia libidinal se transforma em atividades culturais é o *símbolo*. Os símbolos emergem na parte inconsciente da psique. Alguns deles pertencem ao *inconsciente coletivo* e primitivo que o homem moderno herdou de seus ancestrais. Outros pertencem ao *inconsciente pessoal* ou individual, que se desenvolve a partir da repressão do passado do indivíduo. Aos símbolos primordiais deu Jung o nome de *arquétipos* e são universais. Alguns dos símbolos arquetípicos mais comuns são a Mãe, o Herói, o Dilúvio e a Cruz, que vamos encontrar repetidamente nos mitos e na literatura do mundo. Ao terem acesso à consciência, tornam-se uma poderosa força orientadora do comportamento humano, sobretudo em seus aspectos éticos e religiosos. Jung também enfatizou a natureza bipolar da mente. A mais conhecida dessas dimensões é a polaridade *introversão-extroversão*, ou os pólos da personalidade egodirigidos e alterdirigidos. Os extrovertidos são aqueles indivíduos cujas personalidades são dirigidas de acordo com imperativos sociais: os homens de ação, em vez dos homens de pensamento, cujos valores são encontrados em objetos e outras pessoas, em vez da própria psique. Os introvertidos, por outro lado, são os indivíduos que encontram valor em suas próprias idéias e sentimentos, sendo propensos a evitar o mundo da ação e as questões sociais. Jung também propôs quatro espécies de atividade mental que constituíam dois pares de opostos: *pensar e sentir, perceber e intuir*. Combinando os quatro tipos principais de pensamento com a extroversão e a introversão, Jung desenvolveu uma teoria em torno dos oito tipos básicos de indivíduos. A dimensão de *masculinidade-feminilidade* da psique é uma outra e importante oposição bipolar, definida por Jung através dos conceitos de *animus* e *anima*. Ao tratar seus pacientes, Jung tentava trazer à consciência o aspecto reprimido da psique. Assim, no tratamento de homens, era possível ganhar acesso ao inconsciente feminino e seus aspectos artísticos, intuitivos, utilizados no enriquecimento da vida do indivíduo. O sistema terapêutico de Jung, tal como o de Freud, consistia no uso da livre associação e da interpretação de sonhos. Contudo, Jung utilizou a análise de sonhos para compreender os problemas correntes e as aspirações futuras do indivíduo, em vez de a usar unicamente como base para compreender o papel da experiência pretérita como causa das dificuldades psíquicas. Por outras palavras, enquanto a Psicanálise se baseia no teor *infantil* da psique (traumas sexuais infantis, gênese sexual infantil da neurose, implicações psíquicas do ajustamento da criança, etc.), a Psicologia Analítica baseia-se no teor *adulto* da psique. Jung também enfatizou uma forma de terapia mais ativa que a de Freud, não hesitando em intervir com interpretações e sugestões. Finalmente, enfatizou a natureza essencialmente religiosa do homem. Em vez do caráter *desintegrador* da teoria sexual freudiana, assente em bases biológicas e mecanicistas, a teoria junguiana, embora aceitando alguns postulados psicanalíticos fundamentais (teoria da repressão, concepção básica do inconsciente e seus componentes libidinais), adicionou-lhes uma dimensão histórica e social *integradora* (representações coletivas, hábitos espirituais e culturais) que influenciou não só as atuais correntes culturalistas e humanistas como um grande número de psicanalistas neofreudianos. (Ver: PERSONALIDADE, TIPOS DE)

PSICOLOGIA ANIMAL — Estudo do comportamento dos animais; em especial, o estudo comparativo das diferentes espécies animais. Em muitos desses estudos, a finalidade é derivar princípios psicológicos gerais suscetíveis de aplicação também aos seres humanos.

PSICOLOGIA APLICADA — O ramo da psicologia que utiliza os princípios e descobertas da psicologia para fins e situações práticas da vida cotidiana. A psicologia aplicada pode evocar princípios e descobertas da psicologia teórica ou pode conduzir seus próprios programas de pesquisa. As descobertas em domínios práticos são adicionados então ao acervo geral de conhecimentos psicológicos. Assim, a psicologia aplicada e a psicologia teórica são complementares, cada uma contribuindo para a outra.

PSICOLOGIA CIENTÍFICA — Qualquer sistema de psicologia ou conjunto de fatos psicológicos que se baseie no *método científico* de investigação e interpretação. Dá-se o nome de método científico ao conjunto de técnicas empregadas pelo cientista em busca de conhecimento. Essas técnicas derivam da *observação naturalista* (isto é, a observação, registro e interpretação objetiva dos fatos, tal como se apresentam naturalmente) ou da *experimentação* (isto é, a manipulação do meio, de uma forma ou de outra, para se conseguir melhor compreensão das condições antecedentes que originaram os fenômenos).

PSICOLOGIA CLÍNICA — O ramo da Psicologia que tem por finalidade básica o desenvolvimento e a aplicação das técnicas de diagnóstico e psicoterapêuticas para a identificação e tratamento de distúrbios do comportamento. Entre essas técnicas — usualmente designadas pelo nome de *método clínico* — salientam-se as *entrevistas*, os *testes*, as *técnicas projetivas* e a *observação diagnóstica*.

PSICOLOGIA COMPARATIVA — Ramo da Psicologia que investiga as diferenças de comportamento entre as várias espécies animais, ou entre diferentes raças humanas, ou ainda entre diversos estágios da evolução do homem, de um ponto de vista comparativo. Sin.: Psicologia Comparada.

PSICOLOGIA DA CIÊNCIA CULTURAL — Movimento psicológico iniciado na Alemanha por Eduard Spranger. Na realidade, constitui mais um método inspirado no estruturalismo de Dilthey do que uma teoria psicológica propriamente dita. Rejeita o conceito segundo o qual o objeto de estudo da Psicologia tem uma finalidade *explicativa*, como nas ciências naturais (na Física, por exemplo), e postula o seu caráter *interpretativo*, como nas ciências sociais (na História, por exemplo). A Psicologia é o produto da inter-relação de atos e motivações originados numa *imanência do consciente*; é a realidade e presença dessa consciência em formas vitais, não cabendo explicá-la, mas compreendê-la em suas características exatas (cf. H. Gruhle, *Verstehende Psychologie*, 1956), tanto as normais como as patológicas.

PSICOLOGIA DAS MULTIDÕES — Subdivisão da Psicologia Social que se dedica ao estudo do comportamento dos agregados humanos desprovidos de organização social permanente: as massas, multidões, turbas, comícios, etc.; de suas motivações conscientes e inconscientes, emotividade, sugestionabilidade, instintos gregários e outros elementos de sua estrutura psicológica. Foi Gustave Le Bon quem, numa obra pioneira (*Psicologia das Multidões*), criou a expressão *multidões psicológicas* (*foules psychologiques*) para designar "as reuniões de indivíduos capazes de reações psicológicas comuns, *muito diferentes* dos sentimentos e idéias característicos de cada um dos seus componentes, individualmente considerados". Sublinhou ainda Le Bon que a multidão psicológica não implica a existência necessária de um aglomerado físico de pessoas e que a condição essencial "é a orientação dos sentimentos de muitos numa direção única e a conseqüente formação de um tipo de mente unitária coletiva". Martin Conway (*The Crowd in Peace and War*) trouxe novos progressos à Psicologia das multidões, analisando o comportamento de dois tipos distintos — a multidão (gregária, anônima, irresponsável, instintiva) e o público (societário, responsável, consciente). Citem-se ainda, entre as mais importantes obras de Psicologia das Multidões, *Psychological Interpretation of Society*, de M. M. Davis; *Dynamic Psychology*, de R. S. Woodworth; *Instincts of the Herd in Peace and War*, de W. Trotter; *The Group Mind*, de W. McDougall; *The Great Society*, de G. Wallas; *Psychology of Suggestion*, de H. Sidis; *Psicologia da Sociedade*, de M. Ginsberg; *Der Mensch als soziales und personales Wesen*, de G. Wurzbacher, além das contribuições behavioristas de Riesman, Allport, Newcomb, Köning, Berkowitz e muitos outros. Sin.: Psicologia das Massas. (Ver: PSICOLOGIA SOCIAL)

PSICOLOGIA DIFERENCIAL — O ramo da Psicologia que investiga diferenças individuais, suas causas, conseqüências e magnitude entre grupos.

PSICOLOGIA DINÂMICA — Qualquer sistema de Psicologia, como a *teoria de campo* ou a *psicanálise*, que enfatize a investigação de relações de causa-e-efeito nos motivos e impulsos. O psicólogo alemão Hans Thomae enunciou uma *teoria dinâmica da personalidade* nos seguintes termos: "A atividade mental é determinada pela dinâmica da personalidade (a que chamou *estrutura dinâmica do caráter*), em suas constantes trocas de energia, em lugar das relações fixas entre as estruturas anatômicas do cérebro. Distingue-se da psicologia de profundidade, na medida em que esta sustenta que só os processos inconscientes têm efeitos dinâmicos... quando, de fato, as influências externas e orgânicas afetam igualmente os padrões de estímulos recebidos, num intercâmbio constante entre a pessoa e o meio" (cf. *Das Wesen der menschl. Antriebstruktur*, 1944).

PSICOLOGIA DO ATO — A escola de Psicologia fundada por Franz Brentano (1838-1917), cujos princípios incluíram idéias que seriam fundamentais em escolas subseqüentes e tão díspares quanto o funcionalismo, o gestaltismo e o behaviorismo. A psicologia do ato opôs-se ao estruturalismo ou psicologia do conteúdo. Para os estruturalistas, os processos mentais são conteúdos — ao ver uma cor, a experiência consciente da cor é conteúdo e o adequado objeto de estudo da psicologia. Para os psicólogos do ato, os processos de ver, ouvir, julgar, desejar, etc., são *atos* — isto é, processos conscientes envolvidos na cognição (sentir e perceber), na conação (querer, desejar, esforçar-se) e no sentimento (amar, odiar) — não conteúdos, e são o objeto adequado de estudo da psicologia. Os atos levam a conteúdos, mas o conteúdo, em si, é físico, não psicológico. A ênfase dada à intencionalidade dos fenômenos psíquicos (*mente em ação*) torna a psicologia do ato uma precursora do funcionalismo e quando McDougall traduziu do alemão a palavra *Akt* como *behavior*, definiu a psicologia como ciência do comportamento, quase uma década antes de Watson lançar as bases do behaviorismo. Para estudar os processos como atos, os psicólogos do ato empregavam a observação fenomenológica, em contraste com Wundt e Titchener, que utilizavam a introspecção. Külpe, Ward, Stout e McDougall foram psicólogos que receberam grande influência de Brentano em suas respectivas formulações teóricas. E é interessante assinalar que Freud assistiu às aulas de Brentano em Viena.

PSICOLOGIA DO DESENVOLVIMENTO — O ramo da Psicologia que estuda os processos de crescimento pré-natal e pós-natal, assim como a maturação do comportamento. A Psicologia do Desenvolvimento está interessada nas várias fases ou estágios do desenvolvimento, nos princípios e leis que regem o amadurecimento e nos efeitos de experiências iniciais sobre o curso posterior do desenvolvimento. Foi diretamente inspirada nos estudos e investigações sobre a origem e evolução do Homem (Darwin) e nela se destacam atualmente duas correntes importantes: a Psicologia da Aprendizagem e do Desenvolvimento Cognitivo, e a Psicologia do Desenvolvimento Filoontogenético.

PSICOLOGIA DO EGO — A corrente psicanalítica que, em conseqüência da emigração dos seus principais promotores, Heinz Hartmann, Ernst Kris e Rudolf Loewenstein, logrou seu maior desenvolvimento nos Estados Unidos, a ponto de ser apelidada de "escola americana de psicanálise". Ela propôs a descrição e a investigação psicanalítica da internalização das relações interpessoais, assim como dos efeitos organizadores das relações do objeto humano internalizado sobre a estrutura da psique. Além dos seus iniciadores acima citados, a Psicologia do Ego está particularmente associada à obra de Edith Jacobson, Heinz Kohut, Margaret Mahler e René Spitz nos Estados Unidos, e de Hanna Segal, Wilfred R. Bion e William Fairbairn na Inglaterra.

PSICOLOGIA DO EU — Qualquer sistema psicológico que sustente ser o Eu o fato central da Psicologia e que todo o comportamento deve ser interpretado em referência ao Eu. As mais importantes teorias do Eu em circulação corrente no campo da Psicologia são as de Carl Rogers, Gardner Murphy e Abraham Maslow. (Ver: TERAPIA CENTRADA NO CLIENTE; PSICOLOGIA DO SER; SÍNTESE DA PERSONALIDADE)

PSICOLOGIA DO SER — O sistema psicológico proposto e elaborado por Abraham Maslow. O próprio Maslow considerou o seu sistema uma "psicologia da saúde mental", tendo como finalidade o ajustamento final e total da personalidade. Esse ajustamento inclui: (1) a percepção eficiente da realidade; (2) relações confortáveis com a realidade; (3) aceitação do Eu sem preocupações reais; (4) espontaneidade e naturalidade de comportamento (capacidade de *individuação*); (5) motivação vocacionalmente positiva; (6) atividade mais centrada no problema do que egocêntrica; (7) flexibilidade de comportamento e (8) o *eu aberto*. Estas são as características de uma personalidade bem integrada, opondo-se aos padrões de comportamento defensivo, neurótico ou psicótico. Segundo Maslow, a pessoa com um conceito saudável de Eu está isenta de ansiedade, é escassa em repressão e tem uma necessidade mínima de mecanismos de defesa; suas motivações são em nível consciente. Influenciado pelas teorias holísticas de Goldstein, pelos teóricos do Eu e pela psicologia fenomenológica, Maslow incutiu ao seu sistema um cunho marcadamente humanista. Do ponto de vista psicoterapêutico, o seu conceito de saúde mental está recebendo hoje uma atenção crescente. Considerou ele o indivíduo mentalmente saudável aquele que tem (a) percepções acuradas, (b) pensamento objetivo e orientado para o problema, (c) emoções livre e adequadamente expressas, (d) comportamento racional e (e) boa introvisão. (Ver: PSICOLOGIA HUMANISTA)

PSICOLOGIA ECOLÓGICA — Um dos ramos mais recentes da Psicologia Experimental, iniciado e desenvolvido por Roger G. Barker (n. 1903), professor nas universidades de Stanford (onde colaborou com Kurt Lewin na publicação de um estudo clássico sobre frustração e regressão em crianças), Harvard, Clark e Kansas. Barker e seu colega Herbert Wright estabeleceram em 1947 a *Midwest Psychological Field Station*, em Oskaloosa (Kansas) e grande parte do seu trabalho, que é uma combinação e ampliação natural dos interesses de Lewin e Brunswick, resultou dos estudos de "ecologia social" realizados nessa Estação. A Psicologia Ecológica integra os métodos e conceitos relacionados com o meio ecológico do comportamento humano molar e molecular. Considera-se meio ecológico tudo o que é constituído pelo contexto objetivo, perceptivo, do comportamento, os "cenários" da vida real em que as pessoas se comportam, o mundo tal como a pessoa o percebe e é por ele afetada (cf. R. G. Barker, *Ecological Psychology*, 1968).

PSICOLOGIA EDUCACIONAL — Ramo da Psicologia Aplicada que estuda as leis fundamentais do comportamento humano e sua aplicação na esfera da educação. Escreve G. Lester

Anderson (*Nature and Methods of Educational Psychology*, 1959): "A Psicologia Educacional é um domínio de estudo, uma área de conhecimento, um conjunto de leis e princípios, desde um setor do conhecimento a um processo social, um quadro de instrumentos e técnicas e um campo de pesquisas. Tais informações, conhecimentos, princípios e metodologia constituem as substâncias da Psicologia Educacional, fornecem base para a teoria educacional e para a prática educativa." M. R. Trabue chama à educação *a arte de orientar a experiência* e Charles E. Skinner (*Educational Psychology*, 1959) considera finalidades da Psicologia Educacional o estudo da personalidade e dos problemas de ajustamento da criança, do seu crescimento e desenvolvimento mental, das condições de desenvolvimento emocional e social: atitudes, interesses, valores e motivações; e, finalmente, os processos de educação formal, sua avaliação e medição, investigação das potencialidades da criança, inteligência, aptidões e aprendizagem.

PSICOLOGIA EMPÍRICA — Qualquer sistema psicológico que enfatize a dependência dos fatos. (Ver: PSICOLOGIA DO ATO)

PSICOLOGIA E-R — Um ponto de vista segundo o qual a tarefa da Psicologia consiste em descobrir as relações funcionais entre estímulos e respostas, isto é, como um organismo se comporta quando é estimulado desta ou daquela maneira. O processo mental não é necessariamente negado, mas a ênfase deslocou-se para a relação dinâmica entre o meio e a reação resultante. Assim, a Psicologia E-R tende para estar associada aos modelos behavioristas e periferísticos, situando o controle do comportamento, principalmente, no estímulo e nos mecanismos sensoriais afetados pelo estímulo. (Ver: BEHAVIORISMO)

PSICOLOGIA ESTATÍSTICA — O ramo da Psicologia que utiliza técnicas e modelos estatísticos para derivar construtos explicativos. Um dos primeiros exemplos desta técnica foi o emprego da fórmula $R = k \log t$ de Ebbinghaus: a retenção mnemônica é uma função do logaritmo do tempo.

PSICOLOGIA ESTRUTURAL — Ver: ESTRUTURALISMO.

PSICOLOGIA EXISTENCIAL — A escola de Psicologia que teve como pioneiros Wundt e Titchener e sustentou que o objeto de estudo da Psicologia era o conteúdo consciente da mente, a ser investigado pelo método de introspecção. Para uma descrição mais detalhada da escola, ver: ESTRUTURALISMO. Sin.: Psicologia Estrutural.

PSICOLOGIA EXISTENCIALISTA — Sistema psicológico que sustenta como objeto de estudo da Psicologia a consciência, os sentimentos e as experiências do homem, relacionados com a sua existência no mundo e entre homens. A sua finalidade é descobrir a força, tema ou tendência básica, na vida humana, que forneça a chave para a compreensão da natureza humana em sua integralidade. Os seus temas mais freqüentes são as relações homem-a-homem (como na obra de todos os filósofos e escritores existencialistas: Kierkegaard, Martin Buber, Heidegger e Jean-Paul Sartre), liberdade e responsabilidade, escala individual de valores, significado da vida, sofrimento, ansiedade e morte. O método é fenomenológico — inspirado nas doutrinas de Husserl e, mais recentemente, de Maurice Merleau-Ponty, com duas obras fundamentais que se revestem de interesse para a Psicologia: *A Estrutura do Conhecimento* (1942) e *A Fenomenologia da Percepção* (1945). A Psicologia Existencialista atraiu o interesse de muitos psicólogos contemporâneos de renome, especialmente interessados em problemas de orientação pedagógica, aconselhamento e psicologia clínica. Entre as figuras de maior destaque no movimento conhecido como Terceira Força em Psicologia (eqüidistante da Psicanálise e do Behaviorismo), são nítidas as influências recebidas do existencialismo e da fenomenologia: Rollo May, Abraham Maslow, Carl Rogers, F. J. Buytendijk, Stephen Strasser, Van Lennep e outros. No campo psicoterápico a maioria dos existencialistas recebeu não só a influência de Karl Jaspers mas também a do criador da *Daseinsanalyse*, Ludwig Binswanger; originalmente freudiano, Binswanger foi influenciado pela filosofia de Heidegger e criou um método próprio de análise que classificou como "pesquisa psiquiátrico-fenomenológica". Hoje, os seus seguidores estão fundamentalmente interessados numa pesquisa objetiva, exata e integrada na corrente principal da Psicologia, na condição de que o objeto dessa pesquisa possa ser previamente sujeito a um estudo fenomenológico.

PSICOLOGIA EXPERIMENTAL — Investigação de fenômenos psicológicos por métodos experimentais e descrição sistemática dos resultados obtidos por meio desse método. É arbitrária a limitação da psicologia experimental às pesquisas em laboratório.

PSICOLOGIA FISIOLÓGICA — O ramo da Psicologia que estuda as relações entre o sistema nervoso, os receptores e as glândulas endócrinas, por uma parte, e os processos mentais e comportamentais, por outra parte.

PSICOLOGIA FORENSE — Subdivisão da Psicologia que trata do comportamento de pessoas normais em seus contatos com a lei, os tribunais e os procedimentos judiciais. Em particular, investiga a natureza e características de um depoimento em prova testemunhal e sua idoneidade.

PSICOLOGIA FUNCIONAL — Ver: FUNCIONALISMO.

PSICOLOGIA GENÉTICA — Estudo dos fenômenos genéticos de acordo com a origem e desenvolvimento, quer no indivíduo e suas funções mentais, quer na espécie. Tendo tomado por base os trabalhos estatísticos sobre parentesco de Francis Galton (*The History of Twins*, 1875, e *Natural Inheritance,* 1889, entre outros), os estudos de Henry Goddard sobre *The Kallikak Family* (1913) e o constitucionalismo de Ernest Kretschmer (*Geniale Menschen*, 1929; *Körperbau und Charakter*, 1921), o psicólogo e pedagogo alemão Gerhard Pfahlers propôs a teoria da continuidade genética do caráter (*Erbcharakter-kunde*), exposta e desenvolvida em sua obra *Vererbung als Schicksal* (1932): os fenômenos psicológicos são o produto de leis herdadas e atávicas, as quais influem na ocorrência e no desenvolvimento das funções psicológicas do indivíduo e, concomitantemente, nas de sua filiação grupal. O esquema geral da teoria de Pfahlers obedece à teoria dos *arquétipos* junguianos.

PSICOLOGIA DA GESTALT — A escola ou posição sistemática segundo a qual o comportamento e a experiência, estudados como todos, constituem o objeto da Psicologia. É admissível um certo grau de análise, mas deve ser da variedade fenomenológica, uma vez que a análise molecular ou elementar destruiria a qualidade unitária daquilo que está sendo analisado. Analogamente, a experiência consciente não pode ser resolvida, de um modo significativo, em elementos estruturalistas, assim como não pode o comportamento ser reduzido a combinações de reflexos ou respostas condicionadas e continuar retendo sua unicidade e significação total. Os psicólogos gestaltistas também se opõem ao tratamento do sistema nervoso como uma estrutura estática, mecânica, somente capaz de responder fragmentariamente aos sucessivos estímulos. Pelo contrário, o córtex cerebral é concebido como algo análogo a um campo de força, o qual está em equilíbrio ativo e em que cada estímulo afetará o campo todo. Além disso, os eventos corticais são isomórficos com os eventos externos, ou seja, existe uma correspondência ponto-por-ponto entre os eventos corticais e os objetos no meio circundante, mas essa correspondência não representa uma identidade. Uns e outros estão relacionados da mesma forma que um mapa rodoviário está relacionado com as rodovias de uma região. O mapa distorce a paisagem e as curvas da estrada são atenuadas ou eliminadas por uma questão de simplicidade, mas as relações essenciais permanecem válidas. Como teoria de organização da forma, o gestaltismo teve suas origens remotas em Platão e Aristóteles, que distinguiram claramente entre soma aditiva e totalidade constitutiva estrutural; suas origens mais próximas no conceito dinâmico de forma dos clássicos alemães (Goethe e Schiller); e seus antecedentes imediatos na psicologia experimentalista de Wundt, na fenomenologia de Husserl (cujos conceitos de imagem resultante, momento figural e síntese criadora exerceram notória influência na teoria da Gestalt) e na psicologia óptica de Ernst Mach. Os principais expoentes da Escola Gestaltista foram *Max Wertheimer, Wolfgang Köhler* e *Kurt Koffka*. As mais importantes e conhecidas contribuições da Psicologia da Gestalt deram-se no campo da percepção e da aprendizagem. O conceito perceptual de figura-fundo e as leis da organização em formas perceptivas são contribuições desta Escola. Coube a Wertheimer enunciar a Lei Básica da Organização da Percepção: "Não é possível distinguir um objeto como um todo mediante a soma das percepções de suas várias partes componentes, sendo ainda necessário considerar um conjunto de fatores que caracterizam as relações entre todas as partes do objeto." Partindo dessa lei básica, foram então elaboradas as várias leis da organização primitiva da percepção, um conjunto de fatores que afeta os padrões de estímulo e resposta perceptiva: (1) *Área* — quanto menor for uma região limitada (ou fechada pelo seu contorno), melhor será percebida como "figura"; (2) *Vizinhança* — quanto menor for o intervalo entre os pontos percebidos, tanto maior será a tendência para agrupar esses pontos, como se fossem uma unidade (percebida como um todo ou conjunto); (3) *Semelhança* — Se duas coisas são semelhantes, a tendência é para percebê-las como pertencentes ao mesmo grupo (juntas); (4) *Destino Comum* — Se as coisas se movem juntas, ao mesmo tempo e na mesma direção, agrupamo-las como uma unidade; (5) *Conjunto* — Um observador que veja as coisas agrupadas de certa maneira, continuará disposto a vê-las sempre da mesma maneira, ainda que as condições tenham lentamente mudado, enquanto o agrupamento original não deixar de ser o mais apropriado; (6) *Direção* — Se um padrão segue na mesma direção do outro, os dois padrões serão agrupados (como, por exemplo, quando duas linhas se interceptam para formar quatro segmentos; (7) *Fechamento* — Quanto mais percebido, estável, equilibrado e fechado for um grupo de padrões, melhor será percebido como uma "boa figura" ou "boa forma" (conceito de *Prägnanz*); (8) *Hábito* — As coisas são agrupadas juntas se as virmos habitualmente nesse agrupamento; (9) *Boa continuidade* — a combinação de "figura" e "fundo" que apresentar menos alterações ou interrupções em linhas retas, curvas ou contornos suaves, será a melhor percebida. No campo da aprendizagem, os psicólogos gestaltistas destacaram-se por seus estudos de introvisão (*insight*) em símios e pela ampliação de suas teorias ao pensamento produtivo em sujeitos humanos. A Escola Gestaltista exerceu marcada influência em muitos psicólogos de renome: *Kurt Lewin* procurou acrescentar aos princípios da Gestalt uma psicologia da motivação; enquanto os fundadores da psicologia da Gestalt se concentravam nos processos cognitivos, como aprendizagem, pensamento, inteligência e percepção, Lewin interessou-se, sobretudo, pela aplicação dos princípios da autodistribuição dinâmica de forças, reestruturação do campo e introvisão à personalidade e processos sociais. As teorias da aprendizagem de *Tolman* também foram influenciadas pelo pensamento gestaltista; e a psicologia organísmica de *Jacob Kantor* foi uma séria tentativa de integração do gestaltismo com o behaviorismo. Finalmente, a psicologia holística de *Goldstein* foi buscar no gestaltismo seu fundamento teórico.

Cronologia do Desenvolvimento da Psicologia da Gestalt

Ano	Figura	Acontecimento
1885	E. Mach	Propõe o conceito de percepção da forma.
1890	Ehrenfels	Enuncia o conceito de *Gestalqualität*.
1904	Wertheimer	Doutora-se em Würzburg, com Külpe.
1908	Koffka	Doutora-se em Berlim, com Stumpf.
1909	Köhler	Doutora-se em Berlim, com Stumpf.
1910	Wertheimer	Inicia o estudo da percepção do movimento em Frankfurt, tendo como sujeitos experimentais Koffka, Köhler e a esposa de Koffka.
1912	Wertheimer	Publica um artigo, "Estudos Experimentais na Visão do Movimento", onde apresenta o *phi-fenômeno*, início oficial do gestaltismo.
1913	Köhler	Vai para Tenerife, nas ilhas Canárias, estudar o comportamento dos grandes símios (os monos) e aí permanece até 1920.
1914	K. Lewin	Doutora-se em Berlim.
1915	D. Katz	Introduz a idéia de "figura e fundo".
1917	Köhler	Publica, desde Tenerife, as conclusões das suas pesquisas com monos, apresentando o conceito de *einsicht* (a palavra alemã equivalente ao inglês *insight*, traduzível por introvisão) como forma de aprendizagem, no livro *A Mentalidade dos Monos*.
1920	Köhler	Regressa à Alemanha e publica "*Gestalten" Físicas em Repouso e em Estado Estacionário*, livro em que apresenta a filosofia da *Gestalt*, sustentando que o mundo físico também é constituído de *isomorfismo* (a correspondência entre *gestalten* físicas, fisiológicas e fenomenológicas).
1921	Koffka	Publica *O Crescimento Mental*, um estudo de psicologia infantil.
1921	Wertheimer	De mãos dadas com Köhler e Koffka, apoiados por um psicopatologista, Gruhle, e um neurologista, Goldstein, fundam *Psychologische Forschung*, uma revista que existiria até 1938 como porta-voz oficial do gestaltismo.
1924	Koffka	Abandona a Alemanha e fixa-se nos Estados Unidos.
1925	Köhler	Vai aos Estados Unidos e realiza conferências nas Universidades Clark e de Harvard, apresentando o gestaltismo aos ímpios.
1929	Köhler	Publica em inglês uma exposição sistemática do gestaltismo, *Psicologia da "Gestalt"*, considerada a melhor exposição do movimento.
1932	K. Lewin	Abandona a Alemanha e fixa-se nos Estados Unidos, levando já uma extensa bagagem de pesquisas sobre a memória e o dinamismo do espaço psíquico, filiadas à escola gestaltista.
1933	Wertheimer	Cabe-lhe a vez de abandonar também a Alemanha e fixar-se nos Estados Unidos. Os quatro grandes nomes do gestaltismo eram todos judeus e as perseguições nazistas foram o motivo da mudança, não só deles mas de outros grandes nomes da Psicologia e Psicanálise centro-européias.
1934	Köhler	É o último a abandonar a Alemanha e a fixar residência nos Estados Unidos, onde se atualiza nos progressos de neurofisiologia e desenvolve uma série de experimentos em que procura relacionar os processos perceptivos com as funções corticais.

1935	KOFFKA	Publica a mais completa exposição do movimento gestaltista: *Princípios de Psicologia da "Gestalt"* (escrito em inglês).
1935	HARTMANN	Publica nos Estados Unidos uma exposição histórica, sistemática e crítica do gestaltismo: *Psicologia da "Gestalt"*.
1935	K. LEWIN	Publica o primeiro dos seus dois livros em que é exposta a Teoria de Campo: *Uma Teoria Dinâmica da Personalidade*.
1936	K. LEWIN	Publica o seu segundo livro teórico: *Princípios de Psicologia Topológica*.
1937	GUILLAUME	Na França, publica *A Psicologia da Forma*. É a introdução do sistema gestaltista na França.
1938	W. D. ELLIS	Publica uma coletânea de artigos de experimentos gestaltistas. *A Source-book of Gestalt Psychology*, que ratifica o *status* científico do movimento.
1948	K. LEWIN	Publica *Problemas de Dinâmica de Grupo*.
1951	K. LEWIN	Edição póstuma de uma coletânea de artigos teóricos e experimentais, intitulada *Teoria de Campo e Ciência Social* (na tradução da Editora Pioneira).
1956	KÖHLER	Galardoado com o prêmio da APA reservado a psicólogos que, por seu brilhante trabalho experimental e teórico, deram uma contribuição destacada ao desenvolvimento da Psicologia.
1959	WERTHEIMER	Edição póstuma de *Pensamento Produtivo*.
1961	M. HENLE	Publica uma coletânea de artigos gestaltistas: *Documentos da Psicologia da "Gestalt"*.

PSICOLOGIA HOLÍSTICA — A marca particular de psicologia organísmica criada e desenvolvida por Kurt Goldstein. O organismo normal é estruturado mas flexível, capaz de adequar a sua conduta às necessidades da situação de estímulo em curso. A conduta só pode ser entendida como parte de uma unidade orgânica e o seu significado só pode avaliar-se como contribuição para as metas que o organismo vai fixando. Para Goldstein, a meta do organismo é unitária. É a *individuação*. Um organismo impulsionado sexualmente para o coito realiza-se no coito, um faminto na comida; mas a auto-realização do ser humano adulto é complexa e expressa-se em numerosos atos dirigidos de um modo menos orgânico. Goldstein acredita que o organismo fortemente *individuado* (plenamente organizado em seu eu) é capaz de escolher, até certo ponto, um ambiente favorável, ou manipular um desfavorável. De modo que não é vítima de forças cegas nem um joguete em situações-estímulo fortuitas. Mas nenhum organismo está isolado dos efeitos do meio ambiente; logo, deve chegar a um acordo com o seu ambiente. É através da aceitação daquelas condições ambientais que não podem ser evitadas ou mudadas que o organismo pode continuar firme em seu intuito de realizar-se e alcançar a plena individuação.

PSICOLOGIA HÓRMICA — Sistema de psicologia proposto por William McDougall, cuja pressuposição fundamental é que o comportamento se caracteriza pela *intenção* ou *impulso voluntário* na busca de objetivos. Basicamente, o comportamento intencional é motivado por propensões que são instintos ou sentimentos. Os instintos são propensões inatas, como a fuga, a curiosidade, a pugnacidade, a reprodução, a aquisição e a auto-afirmação. Todos os instintos podem ser descritos em função de três atributos fundamentais: o *cognitivo*, o *afetivo* e o *conativo*. Quer dizer, todos os instintos têm um componente sensorial, um emocional e um motivacional. Os instintos podem se modificar em sentimentos, como amor, ciúme ou patriotismo, que são combinações de instintos e, através da experiência, associam-se a complexas situações de estímulo. A psicologia hórmica (do grego horme = esforço intencional, deliberado) de McDougall foi muito popular entre psicólogos, antropólogos e sociólogos da década de 1920, que consideravam os sistemas estruturalista e behaviorista estéreis, de um ponto de vista dinâmico. O compêndio de introdução da psicologia hórmica teve 14 edições em menos de uma década. Entretanto, quando o instinto perdeu prestígio, sob o ataque concentrado dos behavioristas, o sistema de McDougall perdeu rapidamente terreno.

PSICOLOGIA HUMANISTA — Movimento de protesto que faz uma crítica vigorosa às duas correntes psicológicas dominantes da Psicologia: a behaviorista, "com suas tendências mecanicistas, reducionistas e elementaristas", e a psicanalítica, que "estuda somente indivíduos perturbados: neuróticos e psicóticos" (Duane Schultz, em *História da Psicologia Moderna*, 1975). Os membros desse movimento consideram que: (a) o behaviorismo, na medida em que enfatiza exclusivamente o comportamento manifesto, tende a desumanizar o homem, a reduzi-lo, segundo James Bugental (1967), a "um rato branco maior ou a um computador mais lento". Eles afirmam que a imagem do homem proposta pela orientação estímulo-reação oferece, na melhor das hipóteses, um quadro incompleto da natureza humana e, na pior, um quadro totalmente inexato. Em suma, "o behaviorismo não se defronta com o que há de único no homem, aquelas qualidades eminentemente subjetivas que o diferenciam do animal de laboratório"; (b) a psicanálise, na medida em que estuda apenas indivíduos perturbados, não pode chegar a conhecer as qualidades e características positivas do homem. Abraham Maslow (ver *verbete*) afirmou que a psicologia "tem ignorado atributos tais como a alegria, a satisfação, a generosidade e o êxtase", concentrando-se apenas no "lado sombrio, no aspecto 'doente' do homem". Acrescenta Maslow: "O estudo de indivíduos deficientes, imaturos e patológicos só pode produzir uma psicologia mutilada e uma filosofia frustrada."

Foi para contestar essa "psicologia mutilada" que os principais representantes da Psicologia Humanista, Abraham Maslow, Kurt Goldstein, Carl Rogers, Gardner Murphy, James Bugental e Charlotte Bühler, propuseram uma alternativa que constituísse uma Terceira Força na Psicologia. Seu objetivo final seria "a preparação de uma completa descrição do que significa estar vivo como ser humano, [a qual] inclui necessariamente um inventário da dotação inata do homem; suas potencialidades de sentimento, de pensamento e de ação; seu crescimento, evolução e declínio; sua interação com várias condições ambientais; a gama completa de experiências que lhe são possíveis e o seu lugar significativo no universo" (James Bugental, no discurso que fez ao assumir o cargo de primeiro presidente da Associação Americana de Psicologia Humanista (1962), em Duane Schultz, (*op. cit.*). Em outras palavras, os psicólogos humanistas reconheceram a raiz biológica das potencialidades da natureza humana, mas defenderam a idéia de que é na cultura e na própria vida que a pessoa desenvolve, se tiver vontade e responsabilidade, todo o potencial que lhe é inerente; faz-se a si mesma, se "individualiza", se define como ser humano auto-realizado. (Ver: INDIVIDUAÇÃO).

PSICOLOGIA INDIVIDUAL — Sistema de Psicologia fundado por Alfred Adler, cuja finalidade é a compreensão, prevenção e tratamento de desordens mentais. Um dos primeiros adeptos de Freud, Adler insatisfez-se com a ênfase dada por aquele à sexualidade no desenvolvimento da personalidade e das neuroses; preferiu destacar a fraqueza e impotência da infância, que levam a sentimentos de inferioridade e, em casos graves, a um *complexo de inferioridade*. Os sentimentos de inferioridade são muito agravados se a criança tem uma inferioridade orgânica real ou imaginária, se for membro do sexo feminino ou pertencer a um grupo minoritário ou subcultura social. Esses sentimentos agravados de inferioridade levam a *atividades compensatórias* e a um *estilo de vida* caracterizado pelos esforços ativos para superar a situação menos de inferioridade por uma situação mais de superioridade. O comportamento compensatório é suscetível de acarretar "supercompensações", com tentativas no sentido de dominar outros, de gerar hostilidade em relação aos competidores, e de desenvolver atitudes associais ou anti-sociais, como as que caracterizam o indivíduo criminoso, delinqüente ou ensimesmado. Os indivíduos que sofrem de excessivos sentimentos de inferioridade também são impelidos por uma noção exagerada de seu próprio valor, a qual assume a forma de uma ficção orientadora irracional que passa a dominar o estilo de vida. O grande abismo entre a realidade da vida do indivíduo e a ficção idealizada gera ansiedade, novas lutas e mais supercompensação, produzindo-se destarte um círculo vicioso. Adler deu grande ênfase à constelação familiar como principal fator no desenvolvimento do estilo de vida. O filho mais velho é particularmente vulnerável ao desenvolvimento de sentimentos de inferioridade se aparecer outra criança na família que o destrone de sua posição de proeminência. A mãe, que ocupa a posição crítica como primeiro contato social que a criança experimenta, deve estar atenta para evitar a rejeição inadvertida ou consciente do filho mais velho em favor do caçula. É igualmente importante que ela evite o excesso de mimo, impedindo assim que a criança desenvolva um espírito independente e autoconfiante. Ao tratar um paciente, Adler procurava primeiro determinar o estilo de vida do indivíduo, as causas de sua desorientação, e descobrir em que momento o paciente começou tentando dominar outras pessoas, em vez de controlar os seus sentimentos de inferioridade de um modo socialmente construtivo. De considerável importância para se chegar a um diagnóstico são as recordações remotas do indivíduo, que revelam as primeiras tentativas para resolver problemas. Adler também aceitou a análise de sonhos mas, ao contrário de Freud, não enfatizou a natureza sexual do conteúdo onírico; pelo contrário, interpretou-o como outro exemplo das tentativas de solução de problemas por parte do indivíduo. Adler empenhou-se em ajudar o paciente a conscientizar seu estilo de vida equivocado e a procurar ajustamentos socialmente satisfatórios nos aspectos conjugal, vocacional e social da existência. O sistema de Psicologia Individual tornou-se muito popular imediatamente após a sua fundação e Adler atraiu numerosos adeptos que o ajudaram a estabelecer centros, em várias partes do mundo, para a prática da Psicologia Individual. Com sua morte, o sistema sofreu um eclipse, causado pela sombra cada vez mais extensa da psicanálise freudiana. Mas os conceitos adlerianos de formação da personalidade, causação das neuroses, e a teoria e prática terapêuticas conheceram uma ressurreição em anos mais recentes e encontram-se com freqüência crescente na literatura sobre esses assuntos.

PSICOLOGIA DA INDIVIDUALIDADE — Designação dada à teoria da personalidade formulada e desenvolvida por Gordon W. Allport. O conceito básico de personalidade foi definido como a "organização dinâmica daqueles sistemas psicofísicos que determinam, dentro do indivíduo, o seu comportamento e pensamento característicos". Por organização dinâmica entende Allport que a personalidade humana é uma organização em desenvolvimento e mudança de hábitos, atitudes e traços. A escolha do termo "psicofísico" para caracterizar sistemas de personalidade reconhece o fato de que tanto os processos físicos como os mentais devem ser levados em conta. Allport acredita que os sistemas motivacionais são funcionalmente autônomos, isto é, não dependem de condições antecedentes de que promanem. Assim, um bom artífice continuará fabricando excelentes peças de mobiliário, mesmo que a sua renda já não dependa disso. Do mesmo modo, um homem de negócios pode acumular uma fortuna, não porque precise dela, mas porque a sua motivação para fazê-lo tornou-se habitual e independente das necessidades que originalmente o estimularam a conquistar sua segurança econômica. A importância da *autonomia funcional*, no sistema de Allport, é esta: divorciou o seu sistema dos fatores históricos e genéticos na explicação do comportamento presente. Em vez dos psicanalistas, que procuram as causas do comportamento no passado, Allport busca-as no presente. Allport favorece o *traço* como o melhor e mais válido conceito para o estudo da personalidade. Os traços são sistemas que têm a capacidade de tornar uma variedade de estímulos funcionalmente equivalentes e de iniciar e guiar o comportamento. Assim, o indivíduo com preconceitos reagirá a *todos* os membros de um grupo minoritário (estímulos) como se eles fossem idênticos (funcionalmente equivalentes) quando, de fato, não são. Além disso, podemos esperar que esse indivíduo reaja sempre de um modo aproximadamente idêntico. Assim, os traços são semelhantes a hábitos.

Alguns traços são primordialmente individuais, ou traços que são mais ou menos específicos a um dado indivíduo. Por outro lado, os traços comuns são os que se encontram, até certo ponto, em todos o indivíduos, como sociabilidade ou dominação, e que, portanto, possibilitam a medição. Contudo, a personalidade não é uma simples coleção de traços. No sistema de Allport é central o conceito de *proprium*, que inclui o que a psicologia tradicional incluiu em termos tais como *eu, ego* e *estilo de vida*. Da maior importância é o conceito afim de *esforço propriado (propriate striving)*, que se refere ao comportamento motivado — fundamental para o eu ou *proprium*. O esforço propriado inclui todas as formas de comportamento que tentam realizar as potencialidades do eu, as metas da vida, a luta pela realização de ideais. O sistema de Allport é caracterizado pela ênfase sobre a motivação da abundância, em oposição à motivação de deficiência. Sublinha a busca de novos horizontes pelo homem, sempre avançando e tornando-se algo novo em contraste com os sistemas que caracterizam o homem como um ser em busca de equilíbrio ou homeostase. O sistema também pode ser caracterizado por seu apoio em fatores sociais (em oposição aos biológicos, embora estes não sejam excluídos). Finalmente, é um sistema que tende a enfatizar o indivíduo como um todo ou eu, em vez de uma congregação de partes ou mecanismos. A teoria de Allport vem exercendo reconhecida influência, a par das analíticas, fenomenológicas e existencialistas, na estruturação da chamada Terceira Força da Psicologia — a Humanística — que abrange as contribuições de Maslow, Rogers e outros.

PSICOLOGIA INDUSTRIAL — O ramo da Psicologia que se ocupa da aplicação de métodos e descobertas da psicologia à solução de problemas industriais. As áreas de interesse são: as práticas de emprego e admissão de pessoal; as condições de trabalho, fadiga, moral e eficiência; as recompensas de trabalho; as relações entre operários e entre estes e seus superiores funcionais. Em sua acepção mais ampla, a psicologia industrial inclui as áreas da empresa, da publicidade e dos serviços militares.

PSICOLOGIA INFANTIL — O ramo da Psicologia que se ocupa do desenvolvimento dos processos mentais e comportamentais do indivíduo, desde o nascimento até a maturidade. Segundo Paul H. Mussen (*O Desenvolvimento Psicológico da Criança*), a moderna Psicologia Infantil tem duas finalidades amplas e interligadas, a saber: a primeira é *descrever* tão completa e rigorosamente quanto possível as funções psicológicas infantis em diferentes idades e descobrir as características das transformações que se verificam nessas funções, à medida que os anos se acumulam. A segunda pretende *explicar* as mudanças de idade tal como se refletem no comportamento — ou seja, descobrir os processos subentendidos nessas mudanças.

PSICOLOGIA INTENCIONAL — A doutrina segundo a qual o comportamento se distingue da mudança puramente mecânica ou da atividade fisiológica pela *intencionalidade*. Numerosas correntes psicológicas são basicamente intencionais, por vezes sem enfatizar esse fato: as psicologias *dinâmica* e de *profundidade*, o *existencialismo* (mas não a psicologia existencial), o *voluntarismo* e algumas variedades de *neobehaviorismo*. (Ver, principalmente: BEHAVIORISMO INTENCIONAL e HÓRMICA, TEORIA)

PSICOLOGIA INTERCONDUTISTA — Sistema de Psicologia que destaca a interação entre o organismo e o meio. O objeto de estudo da Psicologia é o *evento* (perceber, aprender, discriminar, etc.), o qual é estudado em função da história de suas relações com estímulos e com outros eventos. A psicologia organísmica de Jacob R. Kantor, apresentava inicialmente em 1924 (*Princípios de Psicologia*) e depois em 1933 (*Perspectiva Geral da Ciência da Psicologia*), é considerada uma das mais importantes representantes do intercondutismo. Kantor realizou uma tentativa séria de integração do gestaltismo com o behaviorismo, uma vez que o princípio intercondutista reconhece a unidade formal de todas as respostas orgânicas, mas sem deixar de enfatizar o objetivismo. Kantor sustentou que os organismos vivos não são, exatamente, objetos ou coisas. Vivem em processo de adaptação ao meio ambiente, pela interação ou *interconduta*, que compreende todos os atos do organismo, físicos e mentais. O organismo responde aos estímulos e pode armazenar energia. Os seus atos principais servem para a "manutenção" do indivíduo. Os organismos psicológicos são, simultaneamente, físicos e biológicos. Foi a postura metodológica anti-reducionista, a concepção do organismo como uma entidade que atua sempre como um todo, a teoria da interação organismo-ambiente, que situou Jacob Kantor muito perto das posições de Goldstein e Lewin, ao mesmo tempo que reconhecia ser útil uma "psicologia fisiológica autêntica".

PSICOLOGIA ORGANÍSMICA — O ponto de vista sustentado por psicólogos como K. Goldstein (psicologia holística), J. Kantor (psicologia intercondutista) e R. Wheeler, na medida em que todos eles têm como denominador comum ser a Psicologia o estudo do organismo biológico. As distinções mente-corpo são tipicamente rejeitadas ou ignoradas. A abordagem geral assemelha-se à da escola gestaltista, uma vez que os psicólogos organísmicos não favorecem a análise reducionista mas tendem, pelo contrário, a estudar o comportamento como molar. Goldstein enunciou o ponto de vista organísmico nestes termos: "Tomem-se os princípios gestaltistas do estudo da percepção e apliquem-se ao estudo do indivíduo total."

PSICOLOGIA PERSONALISTA — Baseado na Filosofia de Leibniz e de Renouvier, William Stern (ver: PESSOA) formulou a doutrina psicológica da *neutralidade da pessoa no mundo*. Todas as atividades psicológicas e físicas constituem um *ato de pessoa* ou estão radicadas na estrutura e disposição da pessoa. O mundo está em plano secundário, afirma Stern (*Person und Sache, System des kritik. Psychol.*, 3 vols., 1906-1924), e é um absurdo considerar os fenômenos fisiológicos e psicológicos abstraindo da pessoa, que é o fato fundamental e suficiente da existência. Não se confunda a Psicologia Personalista com a Psicologia da Personalidade: a primeira, de que se trata aqui, é a Psicologia estudada segundo um determinado ponto de vista; a segunda, refere-se usualmente a uma divisão da Psicologia que engloba várias escolas e métodos.

PSICOLOGIA RACIONAL — Sistema psicológico inteiramente baseado no pressuposto de que todos os fenômenos mentais são manifestações de uma alma imaterial e imortal. Portanto, a sistematização dos fatos empíricos desenvolve-se sempre a partir de uma base filosófica ou teológica. É habitual designar-se a Psicologia Racional como Psicologia Filosófica, esquecendo o fato de que as escolas psicológicas baseadas no pressuposto de que todos os fenômenos mentais são manifestações de um corpo material também têm suas bases na Filosofia. Neutra, a esse respeito, é a Psicologia Empírica ou Científica.

PSICOLOGIA SENSORIAL — Divisão da Psicologia que estuda as reações psíquicas do homem aos fenômenos físicos por ele observados e absorvidos através de órgãos sensoriais (visão, audição, tato, cinestesia, olfato, etc.) e cujos mecanismos constituem a fisiologia dos sentidos.

PSICOLOGIA SOCIAL — O ramo da Psicologia que estuda os processos psicológicos que ocorrem em grupos. Ocupa-se da interação comportamental dos indivíduos, dentro de um grupo, e da interação entre grupos. O psicólogo social destaca aqueles conceitos que derivam do estudo do comportamento individual, ao passo que o sociólogo tende a enfatizar conceitos derivados do estudo de instituições e grupos. Existe um livre intercâmbio de problemas e conceitos entre sociólogos, psicólogos sociais e antropólogos sociais. Os grandes progressos realizados no domínio da psicologia social, graças aos trabalhos pioneiros de dinâmica de grupo de Kurt Lewin, Roethlisberger, Lippitt, Cartwright, Sears e outros, e de comportamento psicossocial — Allport, Newcomb, Hofstäter, McClelland, Riesman, Duverger, etc., converteram este setor da psicologia num dos mais importantes do estudo do comportamento.

PSICOLOGIA SUBJETIVA — Qualquer das correntes psicológicas que se concentre no estudo exclusivo dos dados privados ou inerentes a um só indivíduo — os dados da *instrospecção*. Está no extremo oposto da Psicologia do Comportamento (Behaviorismo).

PSICOLOGIA TOPOLÓGICA — Um sistema descritivo da psicologia empregado por Kurt Lewin para descrever o comportamento no espaço vital. (Ver: TEORIA DO CAMPO)

PSICOLOGIA VOLUNTARISTA — Ver: VOLUNTARISMO.

PSICOMETRIA — Ciência que tem por objeto estabelecer e aplicar processos de estudo quantitativo dos fenômenos psíquicos. Em sentido mais restrito, designa a própria medição de tais fenômenos.

PSICONEURAL, PARALELISMO — Doutrina segundo a qual a todos os eventos mentais ou conscientes corresponde uma atividade neural.

PSICONEUROSE — Ver: NEUROSE.

PSICOPATIA — Qualquer perturbação mental específica. Instabilidade emocional que torna o indivíduo incapaz de restringir ou controlar certos impulsos anti-sociais, mas sem que possa diagnosticar-se um estado caracterizadamente patológico.

PSICOPATOLOGIA — Estudo sistemático das condições psicológicas em indivíduos anormais. Rigorosamente falando, a Psicopatologia é um ramo da ciência psicológica que deve ser diferenciado da Psicologia Clínica e da Psiquiatria, que são tecnologias.

PSICOSE — Um grave distúrbio mental caracterizado pela desorganização dos processos de pensamento, perturbações na emocionalidade, desorientação quanto ao tempo, espaço e pessoa; em alguns casos, alucinações e delírios. As psicoses *funcionais* (ou seja, com um agente causal de origem psicológica, não orgânica) são dos seguintes tipos específicos:

Esquizofrenia   *Estado Paranóide*   *Maníaco-Depressivo*   *Involutivo*

Simples   *Catatônica*

Paranóide   *Hebefrênica*

PSICOSE AFETIVA — Reação psicótica que se caracteriza principalmente por graves transtornos emocionais, como os que ocorrem na reação maníaco-depressiva.

PSICOSE AGUDA — Definida como uma súbita e séria desorganização do ser psíquico, a psicose aguda ocasiona a perturbação das faculdades de relacionamento, a perda de contato com a realidade e a ausência de crítica em face da patologia. Ao grupo das psicoses agudas pertencem os acessos maníacos, os acessos melancólicos, os acessos delirantes agudos e os transtornos confuso-oníricos. Dado o caráter agudo dessas perturbações, elas oferecem sempre uma perspectiva de reversibilidade.

PSICOSE ALCOÓLICA — Grave perturbação mental (a distinguir da intoxicação, mais ou menos freqüente) devida ao excesso alcoólico, com inflamação aguda do cérebro ou lesão crônica dos tecidos cerebrais. As formas agudas são as *alucinações alcoólicas* ou *delirium tremens*; as formas crônicas são a *demência alcoólica* ou *psicose de Korsakov*, acompanhada ou não de outros processos psicóticos.

PSICOSE ORGÂNICA — Grave doença mental atribuída a uma lesão estrutural do cérebro. Muitos investigadores sustentam que todas as perturbações mentais são devidas a alterações na estrutura cerebral. Mas a designação de psicose orgânica deve ser reservada para aquela que apresenta provas empíricas de que a lesão cerebral realmente ocorreu; por exemplo, no caso de haver paresia.

PSICOSE SENIL — Distúrbio crônico nas pessoas de idade avançada com lesão dos tecidos cerebrais, caracterizado por demência, perda de memória, irritabilidade, teimosia, etc.

PSICOSSOMÁTICA, CORRELAÇÃO — Relação mútua entre os fenômenos psíquicos (normais, anormais ou patológicos) e os estados corporais (somáticos). Alguns autores pretendem que o fenômeno descrito por essa correlação é, inerente e distintamente, psíquico *e* somático (dualismo), ao passo que outros reclamam a falsidade da distinção tradicional e afirmam que o fenômeno manifesta uma unidade psicossomática (monismo).

PSICOSSOMÁTICO, DISTÚRBIO — Um distúrbio que é causado por uma combinação de fatores orgânicos e psicológicos. Nas perturbações de natureza psicossomática, podem ocorrer mudanças de tecido, como no caso das úlceras gástricas. Certos distúrbios psicossomáticos, como as reações alérgicas, são claramente desencadeadas pela invasão de proteínas estranhas ao corpo. Contudo, o estado psicológico do paciente influi imenso no modo como reage a essas substâncias. Em outros casos, como nas enxaquecas hemicranianas, pode haver uma predisposição hereditária, mas o padrão típico de personalidade do intelectual esforçado e rígido, na terceira ou quarta década da vida, também está claramente relacionado com a freqüência e a severidade dos ataques. Os distúrbios psicossomáticos devem distinguir-se das reações de conversão, uma forma de histeria. Nas reações de conversão, não existe alteração de tecidos, como nos distúrbios psicossomáticos. Além disso, os sintomas nestes últimos não estão lógica ou simbolicamente relacionados com o conflito psíquico nem aliviam o estado de ansiedade e tensão, como ocorre nas reações de conversão. A especialidade médica que diagnostica e trata os distúrbios psicossomáticos recebeu o nome de Medicina Psicossomática ou Integral.

PSICOTÉCNICOS, MÉTODOS — Expressão em desuso que antigamente designava a aplicação de princípios psicológicos, sobretudo dos testes e medidas, no controle do comportamento para fins práticos da vida cotidiana. Atualmente, prefere-se usar a expressão *Métodos de Psicologia Aplicada*.

PSICOTERAPIA — A aplicação de técnicas especializadas ao tratamento de distúrbios mentais ou aos problemas de ajustamento cotidiano. O termo inclui técnicas correntemente empregadas por especialistas de várias formações teóricas, entre as quais se destacam: (1) a *psicanálise* — quer em sua forma clássica, iniciada por Freud, quer em todas as demais formas dela derivadas, segundo os conceitos freudianos que tenham sido modificados ou abandonados pelos psicanalistas de outras correntes: Jung, Adler, Rank, neofreudianos, etc.; (2) a *terapia centrada no cliente*; (3) a *terapia gestaltista* e (4) as técnicas psicoterápicas baseadas na teoria da aprendizagem e no condicionamento e designadas pelo nome geral de *terapia do comportamento*. O problema da escassez de psicoterapeutas adequadamente treinados ocasionou um certo número de inovações. Uma delas foi a limitação do tempo em que o paciente pode ver o seu terapeuta e constitui a base da chamada *psicoterapia breve*. Entretanto, a resposta mais efetiva ao problema da escassez de especialistas e da extensão ilimitada da psicoterapia individual foi o tratamento em grupo. Entre as técnicas mais comuns de *terapia de grupo*, contam-se (1) o *psicodrama*, (2) o *grupo de sensibilidade* (*sensitivity training*), (3) o *grupo de encontro*, (4) o *grupo de diagnóstico* (*T group*), (5) a *terapia de família* e (6) a *terapia de comunidade*. No tratamento infantil um dos métodos mais freqüentemente usados é a *terapia de brinquedo* (ou *ludoterapia*). Os progressos realizados no tratamento médico dos distúrbios mentais têm sido notórios, em anos recentes, e muitos pacientes têm se tornado suscetíveis de controle e reabilitação psicológicos em resultados da administração de drogas; os tranqüilizantes, sobretudo, estão entre os avanços farmacológicos mais eficazes no alívio de sintomas e como coadjuvantes da psicoterapia. (Ver: principalmente: ANÁLISE INFANTIL/GESTALT, PSICOTERAPIA DA/GRUPO, TERAPIA DE/PSICANÁLISE/PSICODRAMA/PSICOTERAPIA CENTRADA NO CLIENTE/PSICOTERAPIA DO COMPORTAMENTO/PSICOTERAPIA DE APOIO)

PSICOTERAPIA BREVE — Uma forma de psicoterapia cujo objetivo é produzir mudanças terapêuticas num curto prazo de tempo (geralmente, não mais de vinte sessões). A psicoterapia breve é, de um modo geral, ativa e dirigida para objetivos específicos e limitados, e para sintomas que foram claramente definidos.

PSICOTERAPIA CENTRADA NO CLIENTE — Sistema psicoterápico criado e desenvolvido por Carl Rogers. Baseia-se num ponto de vista fenomenológico e na confiança em que o indivíduo possui em si a capacidade de *auto-realização*. A finalidade terapêutica é libertar o paciente de ameaças e conflitos, permitindo que ocorra o crescimento. A ênfase incide sobre as diferenças entre o eu percebido do cliente e o seu comportamento. Quando o indivíduo começa a perceber-se com um comportamento que é coerente com os seus conceitos de eu, também começa a sentir-se mais seguro e mais adequado. Na terapia, se um cliente está cônscio de comunicar um sentimento que está realmente experimentando, diz-se que o seu comportamento se tornou congruente (*princípio de congruência*). O cliente deve ser capaz de enfrentar a incongruência entre a sua consciência e a sua experiência, para que a sua comunicação de experiências reais seja feita de um modo plenamente cônscio e não distorcido pelos mecanismos de defesa usados para proteger o indivíduo contra a ameaça de discrepância entre o eu percebido e o comportamento. O cliente é o *centro* do processo terapêutico. A atitude do terapeuta é tolerante e acolhedora, a fim de reduzir a ameaça ao mínimo. O terapeuta não é coercivo nem autoritário. As atitudes do terapeuta são mais importantes do que as suas técnicas. O paciente goza de completa liberdade para discutir aquelas facetas dos seus problemas ou da sua personalidade que desejar, e o terapeuta procura compreender e visualizar o mundo da mesma forma que o paciente o entende e vê. A isso foi dado por Rogers o nome de *quadro interno de referência*. O clima da situação terapêutica é de importância vital e caracteriza-se pela sinceridade, cordialidade e aceitação do cliente pelo terapeuta, que o respeita como ser humano. A relação terapêutica é de maior importância que a direção que as discussões possam tomar. Quando as percepções do cliente sobre si mesmo como pessoa tornam-se mais diferenciadas, ocorrem mudanças de comportamento nas direções socialmente desejáveis. O cliente possui a capacidade de crescimento positivo e o clima da situação terapêutica permite que tal crescimento ocorra. Uma grande parte da responsabilidade pelo progresso da terapia recai sobre o próprio cliente. É ele quem tem o problema e proporciona-se-lhe um clima conducente à solução do problema ou resolução do conflito. As tendências de crescimento positivo do indivíduo são aquelas de que depende a ocorrência de mudanças no comportamento. Vários teóricos do eu desenvolveram procedimentos terapêuticos semelhantes, na medida em que o princípio básico de todos eles é a *auto-realização* (ou *individuação*). Maslow, por exemplo, combinou o princípio da auto-realização com o seu conceito de necessidades humanas básicas. Sin.: *Terapia Fenomenológica, Terapia Não-Diretiva*. (Ver: PSICOLOGIA DO EU/PSICOLOGIA DO SER)

PSICOTERAPIA DE APOIO — Uma forma de terapia em que o terapeuta, pelo encorajamento, exortação, sugestão e estímulo de confiança, tenta fortalecer o funcionamento do ego do paciente, sobretudo durante os períodos mais penosos no curso de uma psicoterapia de profundidade. A psicoterapia de apoio recorre, principalmente, à manipulação do meio cultural do paciente, para que lhe sejam propiciados aqueles fatores necessários à satisfação de suas necessidades e cuja ausência é uma das causas que precipita a sintomatologia neurótica ou a anormalidade de comportamento.

PSICOTERAPIA DO COMPORTAMENTO — A aplicação de técnicas de tratamento de distúrbios de comportamento baseada em procedimentos científicos. Coube a Skinner iniciar o ataque às hipóteses da psicoterapia dinâmica, com sua ênfase em conflitos internos, processos patológicos subjacentes tais como repressão, inibição, etc. O chamado comportamento neurótico é concebido como uma conduta desajustada que se adquiriu através de um processo de condicionamento e que pode ser modificado mediante certas técnicas de laboratório de eficácia demonstrada. Não existe complexo, nem doença, e o tratamento é inteiramente dirigido para *o comportamento* do indivíduo. Esta posição está em flagrante contraste com a psicoterapia dinâmica, que realça concepções como a introvisão, a eliminação da repressão e os processos inconscientes. A terapia do comportamento rejeita, portanto, as teorias dinâmicas tradicionais da personalidade, considerando essas concepções desnecessárias à modificação da conduta. O problema do tratamento consiste em alterar o ambiente reforçador, de modo que os comportamentos adequados sejam mantidos, novos comportamentos eficazes sejam aprendidos e os comportamentos inadequados sejam extintos. A psicoterapia do comportamento consiste, pois, na aplicação dos princípios de aprendizagem ao tratamento da conduta desordenada. O contra-condicionamento, a inibição de resposta, o condicionamento operante com reforço positivo, o condicionamento de evitação e a extinção têm sido alguns dos procedimentos adotados para modificação da conduta desajustada.

PSICOTRÓPICOS — Substâncias químicas naturais ou sintéticas que induzem modificações psíquicas (tropismos). O álcool, a nicotina, o café, os medicamentos psiquiátricos, as drogas como a heroína, a cocaína, o haxixe, a maconha, o LSD, etc., são substâncias psicotrópicas. Como agentes farmacológicos de uso psiquiátrico, podem-se distinguir cinco grupos de psicotrópicos: os neurolépticos ou grandes tranqüilizantes; os sedativos ansiolíticos ou tranqüilizantes menores; os antidepressivos ou estimulantes timolépticos; os psicoestimulantes ou estimulantes do sistema nervoso central; os agentes antimaníacos (lítio) e os agentes alucinógenos ou psicodélicos.

PSIQUE — Historicamente, a personificação do princípio de vida entre os gregos. Logo, reveste-se de significado mais amplo do que *mente* (a *mens* latina que corresponde ao *nomos* grego). O termo goza de grande predileção entre os psicanalistas e sugere, embora não implique, um dualismo que teria seu símbolo mitológico no amor de Eros e Psiquê. Se quisermos separar a conotação psicanalítica das restantes atividades psicológicas, será aconselhável deixar apenas psique para a Psicanálise, reservando *mente* para o resto.

PSIQUIATRIA — A especialidade médica que se dedica ao estudo, diagnóstico, tratamento e prevenção de transtornos mentais e emocionais.

PSÍQUICO, DETERMINISMO — Postulado segundo o qual todas as ações têm motivos antecedentes, conscientes ou inconscientes. Muitos autores psicanalistas só empregam *determinismo psíquico* em relação aos motivos inconscientes.

PSÍQUICO, SISTEMA — Qualquer porção organizada da personalidade total, dotada de propriedades dinâmicas distintas. Disposição para reagir de um determinado modo aos aspectos relativamente amplos e internamente coerentes do campo psíquico.

PUBERDADE — O período relativamente curto de mudanças fisiológicas durante o qual os órgãos sexuais tornam-se maduros. Para as meninas, esse período não dura mais de seis meses, habitualmente; para os rapazes, pode durar dois anos ou mais. A puberdade fornece a base para a adolescência, mas não é seu sinônimo (ver: ADOLESCÊNCIA). Os dois períodos iniciam-se aproximadamente ao mesmo tempo, mas a adolescência dura mais de 8 a 9 anos, em média. Quase todos os povos primitivos têm uma espécie ou outra de "ritos da puberdade", cerimônias em que se dá público reconhecimento das mudanças fisiológicas que permitem a um jovem ingressar desde então no mundo dos homens (ou a uma jovem ser considerada mulher). Tais ritos, filtrados pela tradição cultural judeu-cristã, ainda estão presentes hoje em cerimônias religiosas como a primeira comunhão e o *Bar Mitzvah*.

PULSÃO — O termo alemão empregado por Freud, *Trieb*, tem sido traduzido ora por instinto (provavelmente por influência do *instinct*, adotado pela Edição Standard inglesa) ora por pulsão, que é o termo preferido (*pulsion*) pelos tradutores franceses da obra de Freud e por todos os autores de língua francesa que se dedicam ao estudo e interpretação da teoria freudiana, como Lacan, Laplanche e muitos outros.

Em Freud, *Instinkt* designa um comportamento animal determinado pela hereditariedade, característico da espécie, pré-formado em seu desenvolvimento e adaptado ao seu objeto. (Ver: INSTINTO) Portanto, é preferível traduzir *Trieb* por pulsão em referência à teoria freudiana, a qual acrescentou à disposição biológica o requisito da irredutibilidade da pulsão a componentes mais simples, como se depreende, por exemplo, de um ensaio de 1915, "As Pulsões e Suas Vicissitudes" (Vol. IV da Edição Standard). Nesse ensaio Freud formou a sua *primeira teoria das pulsões*, em que afirma que as pulsões sexuais se opõem às pulsões de autoconservação ou do Ego. Mais tarde, em *Para Além do Princípio de Prazer* (1920) e *O Ego e o Id* (1923), Freud postulou a sua *segunda teoria das pulsões*, na qual Eros (pulsão de vida, amor e autopreservação) opõe-se a Tânatos (pulsão de morte, de agressão, de autodestruição). Essa oposição salienta, portanto, uma distinção clara entre a pulsão em sua acepção comportamentalista — adaptável às circunstâncias, flexível em grau suficiente para que as reações se amoldem às necessidades de ajustamento do Ego — e as pulsões emocionais e motivacionais — inflexíveis, irracionais e inconscientes, que Freud atribui ao Id. (Ver: EROS, TÂNATOS)

PULSÃO DE MORTE — Ver: TÂNATOS.

PULSÃO DE VIDA — Ver: EROS.

PUNIÇÃO, NECESSIDADE DE — Do ponto de vista psicanalítico, é uma exigência interna em certos indivíduos que procuram situações penosas ou humilhantes e nelas se comprazem. A necessidade de punição é uma conseqüência do sentimento de culpa. Ela pode acabar por dominar o indivíduo de tal maneira, que ele será capaz de cometer um delito real só para justificar esse sentimento que o aflige e obter o alívio de uma expiação.

Q, REPARTIÇÃO — Um questionário de personalidade em que o sujeito reparte um grande número de enunciados ou declarações, impressos em cartões; as várias pilhas assim formadas representam o grau em que ele acredita que esses enunciados ou declarações lhe são aplicáveis. Dado que o sujeito só pode incluir um número preestabelecido de cartões em cada pilha, a repartição Q figura entre os inventários de escolha forçada. Este questionário também é conhecido pela sua designação inglesa: *Q-Sort*.

Q, TÉCNICA — Segundo Cattell, uma matriz de correlação pode ser obtida por vários tipos de coleta de dados. O primeiro e mais conhecido consiste em correlacionar os escores de um grande número de indivíduos, em relação a um conjunto de variáveis, tomada duas a duas (Técnica R). Outra alternativa consiste em correlacionar os escores de um grande número de variáveis, em relação a um grande número de pessoas, tomadas duas a duas (Técnica Q). Ambas as técnicas se referem à coleta de dados numa única ocasião. Existem outras variantes menos utilizadas, a saber: Técnica P, Técnica O, Técnica S e Técnica T. A Técnica Q tem sido usada para obter uma medida de semelhança entre um grupo de pessoas e ainda para a determinação de tipos psicológicos.

QUADRIGÊMEOS — Ver: ENCÉFALO.

QUALE (Plural: QUALIA) — Qualquer fragmento de experiência tal como é, sem qualquer referência ao seu contexto, relações ou significado. Pode-se considerar a descrição dos qualia elementares como tarefa primordial da Psicologia Estrutural; e a negação da existência dos qualia constitui a tese fundamental da Psicologia Gestaltista e da Teoria de Campo.

QUALIDADE — Categoria filosófica que define um aspecto da experiência diferente de todos os outros na *espécie* e que serve, portanto, para distinguir ou identificar essa experiência. Neste sentido, é uma categoria que não pode ser expressa numericamente (oposto de quantidade) nem é suscetível de variações de intensidade, extensão ou grau.

QUALIDADE, COMPLEXO DE — Amálgama de idéias e fragmentos de idéias sem lógica aparente ou relação com a realidade. Encontra-se em alguns sonhos e na linguagem dos esquizofrênicos.

QUANTUM — Quantidade distinta e específica. A unidade elementar de energia, de acordo com a teoria dos quanta. Em Psicofísica, dá-se o nome de método quântico ao aumento de um estímulo-padrão por meio de quantidades fixas e muito discretas (quanta), sem intervalo de tempo entre elas. O método parte da hipótese de que as mudanças de sensação ou reação sensorial ocorrem em sucessivas fases separáveis, mas quase imperceptíveis, isto é, a experiência sensorial não forma um *continuum*.

QUARTIL — Cada um dos valores da variável que dividem uma distribuição de freqüência em quatro partes iguais. Usualmente simbolizados por Q1, Q2 e Q3, são idênticos às seguintes separatrizes:

$Q1 = P25$
$Q2 = P50 = D5 = $ mediana
$Q3 = P75$

Não devem ser confundidos com os quatro *quartos* da distribuição.

QUASE-ESCALA — Escala estabelecida de acordo com a técnica de análise hierárquica de Guttman, mas cujo coeficiente de reprodutibilidade não atinja um valor crítico (0,90) que delimite escalas perfeitas, embora deva possuir elevada precisão (pelo menos, 0,84).

QUESITO — O mesmo que item ou questão de um teste, inventário ou formulário.

QUESTÃO DE ANALOGIA — Tipo de questão no qual, dados dois conceitos que apresentam entre si uma certa relação, o testando deve indicar qual o conceito que apresenta a mesma relação com outro conceito dado. É muito usado em testes ônibus ou de compreensão verbal, mas as analogias podem ser verbais, numéricas, figurativas, etc.

QUESTÃO DE ASSOCIAÇÃO — Tipo de item no qual a tarefa consiste em associar cada elemento de uma lista ao elemento correspondente de uma outra lista. Sin.: Questão de Correspondência ou Questão de Acabamento.

QUESTÃO CERTO-ERRADO — Tipo de questão em que o testando deve indicar se uma afirmação é falsa ou verdadeira. Pela ampla margem que dá ao acerto por acaso (probabilidade igual a 0,50), este tipo de item é desaconselhado pelos especialistas.

QUESTÃO DE COMPLETAMENTO — Tipo de questão em que se deve indicar, de alguma forma a coisa, objeto ou palavra que completa um todo que apresenta lacunas. Sin.: Questão de Lacuna.

QUESTÃO DE EVOCAÇÃO — Questão, usada em testes de conhecimentos, na qual o testando deve fornecer a resposta certa trazendo a informação de sua memória, isto é, evocando-a.

QUESTÃO DE MÚLTIPLA ESCOLHA — Questão em que o testando deve assinalar uma dentre quatro ou mais alternativas ou opções propostas. A resposta assinalada pode ser a certa ou a melhor dentre as apresentadas.

QUESTÃO DE ORDENAÇÃO — Tipo de questão na qual o testando deve ordenar, segundo um certo critério proposto, os elementos de uma série, dados em ordem arbitrária.

QUESTÃO DE RESPOSTA FORÇADA — Geralmente utilizado em inventários de interesse ou de personalidade, este tipo de questão exige que o testando indique uma ou mais afirmativas dentre as que lhes são apresentadas. Existe grande variedade de itens de escolha forçada; por exemplo, indicar a coisa que mais e a que menos lhe agrada; indicar a que mais e a que menos se aplica a determinada pessoa, etc. As questões de escolha forçada visam diminuir os efeitos da variável de conveniência social. Sin.: Item de Escolha Forçada.

QUESTIONÁRIO — Uma das técnicas de avaliação e diagnóstico da personalidade usada na Psicologia Clínica. Este tipo de teste emprega, fundamentalmente, as seguintes técnicas: coloca-se o sujeito diante de uma série de enunciados e pede-se-lhe que indique (a) se as afirmações neles contidas são *verdadeiras* ou *falsas* a respeito dele próprio; (b) se pode ou não decidir se elas são verdadeiras ou falsas; (c) se não sabe se são verdadeiras ou falsas; (d) se concorda ou discorda totalmente das afirmações enunciadas; (e) em que medida concorda ou discorda parcialmente das afirmações enunciadas; (f) se considera *mais* verdadeira a afirmação de uma série de pares, em que o outro componente do par será, *forçosamente,* a afirmação *menos* verdadeira. O teste abrangido por (a) a (c) pertence à categoria dos *Questionários Compostos de Itens Verdadeiros-Falsos* e existem centenas para fins clínicos, destinados a adolescentes e adultos. O número de itens por teste pode também variar imenso. Por exemplo, o *Inventário Multifásico de Personalidade,* construído na Universidade do Minnesota e de grande aplicação em muitos países, contém 550 itens do tipo "Verdadeiro-Falso" e requer entre 45 minutos e 2 horas para ser completamente preenchido pelo sujeito. Os testes abrangidos por (d) e (f) são designados por *Escalas de Concordância*; a concordância é indicada por comprovação numa escala graduada para mostrar até que ponto uma afirmação é verdadeira para o sujeito (grau de concordância). Por exemplo: "Nunca", "Raramente", "Às vezes", "Freqüentemente", "Sempre". Os testes abrangidos por (g) são designados por *Questionários Compostos de Itens de Escolha Forçada* e as alternativas são, em geral, dispostas de maneira que as declarações do sujeito sejam igualmente positivas ou negativas. Existem ainda algumas *escalas de controle* destinadas a fornecer informações sobre se um indivíduo está deliberadamente tentando falsificar as suas respostas ou evitando, de um modo consciente ou inconsciente, revelar ao examinador a sua psicopatologia. Sin.: Inventário.

QUESTIONÁRIO DE 16 FATORES DE PERSONALIDADE — Inventário de personalidade elaborado pela equipe chefiada por Raymond B. Cattell, destinado à mensuração de 16 fatores da personalidade descobertos por meio do método de análise fatorial. A adaptação brasileira foi realizada pelas psicólogas Eugênia de Morais Andrade e Dulce de Godoy Alvez, com normas obtidas no Estado de São Paulo.

QUESTIONÁRIO DE INTERESSES — Instrumento de medida destinado a avaliar o interesse do testando em relação a determinados assuntos, tarefas ou atividades. Geralmente utilizado para fins de orientação educacional ou profissional.

QUI — A letra grega χ usada em fórmulas estatísticas. Uma das mais conhecidas é a fórmula, correntemente usada em psicologia, do qui-quadrado:

$$\chi^2 = \frac{\sum (f_o - f_e)^2}{f_e}.$$

QUIASMA — Local em que os dois nervos ópticos se juntam e divergem de novo. As fibras das metades nasais das duas retinas cruzam-se sobre o esfenóide, antes de subirem para os hemisférios cerebrais.

QUOCIENTE CONCEITUAL — Relação da idade "conceitual" determinada por testes de raciocínio com a idade de "vocabulário", avaliada por um teste de sinônimos. Abreviatura: Q.C. (Shipley, 1940).

QUOCIENTE DE INTELIGÊNCIA — Ver: INTELIGÊNCIA, QUOCIENTE DE.

QUOCIENTE DE LEITURA — Medida do ritmo da aprendizagem infantil da leitura. Calcula-se dividindo a idade de leitura, determinada por um teste padronizado de leitura, pela idade cronológica.

QUOCIENTE DE RAPIDEZ NO CANCELAMENTO — Utilizado em certos tipos de testes de aptidão para trabalhos burocráticos, é o número de elementos assinalados (certos ou errados) em relação ao total apresentado.

RAÇA — Subdivisão da espécie humana que se distingue por uma ancestralidade comum e pela maior freqüência, dentro do grupo, de um número considerável de características físicas herdadas, sobretudo características visíveis. Deve-se sublinhar a *maior freqüência* em vez de presença ou ausência de tais características, visto que todos os traços físicos ocorrem em todas as populações e não existe uma população tribal ou nacional suficientemente homogênea para poder considerar-se raça pura, no tocante a uma ancestralidade sem mistura.

RACIOCÍNIO — Forma de pensamento que encontra expressão mais completa nas formas lógicas (quer as conclusões sejam válidas ou não). A pessoa que raciocina está habitualmente cônscia de que um juízo (a condução) depende de outros juízos (as premissas), formulados de acordo com princípios gerais.

RACIONAL — Tudo o que diz respeito aos processos superiores do pensamento, especialmente ao raciocínio. Tudo o que é baseado, justificado ou demonstrável pelo raciocínio correto. Indivíduo que é mais influenciado pela razão do que pela emoção.

RACIONAL, APRENDIZAGEM — Aprendizagem que inclui a compreensão adequada dos fatos em suas relações significativas.

RACIONALIZAÇÃO — De um modo geral, o processo de ordenar ou interpretar *racionalmente* o que antes era apenas vaga intuição. Em Psicanálise, é o nome dado a um dos *mecanismos de defesa*, pelo qual as ocorrências suscitadas ou motivadas por impulsos irracionais são explicadas como decorrentes de circunstâncias válidas ou processos lógicos do pensamento. Mesmo quando tais processos constituem forças motivadoras importantes, o indivíduo trata-os como se fossem o único fator etiológico, de modo a permanecer alheado das forças emocionais interiores que contribuem para o resultado final. Convém assinalar que a racionalização não é obrigatoriamente patológica (neurótica). Pode ser um processo de reforço do comportamento gerado pelos compromissos morais do código cultural, que considera coincidentes a moralidade (o Bem) e a razão (o Certo), os valores do livre-arbítrio e da responsabilidade individual. O comportamento irracional ou socialmente inaceitável deve derivar, portanto, de uma vontade maligna ou perversa. Tais ameaças ao prestígio, amor-próprio e bem-estar pessoal e social devem ser negadas ou rechaçadas, e uma das reações de defesa é a racionalização. (Ver: DEFESA, MECANISMOS DE)

RAMÓN Y CAJAL, SANTIAGO — Neurólogo espanhol. Professor em Barcelona e Madri. Estudou a estrutura celular dos tecidos neurovegetativos (natureza dos neurônios). Prêmio Nobel de 1906. N. em 1-5-1852 (Petilla de Aragón) e m. em 17-10-1934 (Madri).

RANK, OTTO — Discípulo de Freud e um dos propulsores do movimento psicanalítico. Divergiu posteriormente de alguns conceitos básicos freudianos e estabeleceu o seu próprio método analítico. Rank atribuiu considerável importância às motivações positivas dos seus pacientes. As diferenças teóricas em relação à ortodoxia freudiana foram extensas. Rank colocava o terapeuta num papel mais personalizado e acreditava que ele devia evitar a imposição de seus próprios valores ao paciente. Enfatizou a importância do crescimento e desenvolvimento infantis no estabelecimento de sentimentos de independência e segurança na idade adulta. Na terapia, era partidário da criação de limites, dentro dos quais o paciente devia funcionar. A imposição de limites ao comportamento do paciente ajudava-o a adquirir sentimentos de segurança. Rank insistia em afirmar que existe um grande poder terapêutico na própria relação paciente-analista; assim, a personalidade e atitude do terapeuta tornaram-se de interesse central. Rank foi editor da Revista *Imago*. Nasceu em Viena (22-5-1854) e morreu em Nova York (31-10-1939). Bibliografia principal: *Der Künstler* (1907), *Das Inzest-Motiv* (1912), *Das Trauma der Geburt* (1924). (Ver: NASCIMENTO, TRAUMA DO)

RAZÃO — Faculdade que habilita o homem a combinar conceitos e proposições, a formular os princípios do conhecimento *a priori*, a explicar ou justificar logicamente uma crença ou um ato e sua motivação. (Ver: RACIONALISMO)

RAZÃO CRÍTICA — É a razão entre a estimativa do parâmetro desvio-padrão da distribuição amostral do respectivo estimador.

REABILITAÇÃO — Restauração de um estado físico, mental, vocacional ou social satisfatório, após uma lesão física ou mental impeditiva de atividades normais. Pode decorrer paralelamente e desempenhar um papel na terapêutica física ou psicológica, mas tem finalidade distinta. Também não se confunde com a reeducação, na medida em que a reabilitação pretende propiciar um retorno ao estado prévio e a reeducação pretende, em face de uma função perdida, reintegrar o indivíduo através da adaptação a outra atividade compatível.

REAÇÃO — Resposta a um estímulo. Um padrão de comportamento que constitui uma síndroma patológica ou um tipo de personalidade. Uma atitude ou resposta, como um voto popular, indicando uma *reação* contra um partido ou governante no poder.

REAÇÃO B, TESTE DE — Em experimentos de tempo de reação, um teste em que o sujeito é solicitado a discriminar ou optar entre dois estímulos.

REAÇÃO C — Reação do embrião humano ao estímulo externo, em que o corpo assume a forma de um C.

REAÇÃO CABAL, TEORIA DA — Doutrina segundo a qual as reações em maior conformidade com as condições objetivas e intraorgânicas conduzem a uma descarga mais completa de tensão, se deparam com menos obstáculos e, portanto, são as que têm maiores possibilidades de serem repetidas e aprendidas.

REAÇÃO DIFERENCIADA — Reação (ou resposta) que é provocada unicamente por um estímulo, entre vários estímulos semelhantes.

REAÇÃO, FORMAÇÃO DE — Ver: FORMAÇÃO DE REAÇÃO.

REAÇÃO, FUNÇÃO DE — Ação orgânica de adaptação que é desenvolvida em correspondência com a função de estímulo em prévios eventos intercomportamentais.

REAÇÃO, LIMIAR DE — Valor mínimo da *variável de estado* que provocará uma reação, isto é, de todas as condições internas e externas que determinam conjuntamente a reação. (Ver: ESTADO, VARIÁVEL DE)

REAÇÃO, PROBABILIDADE DE — Freqüência relativa com que uma reação ocorre, comparada com o número de oportunidades oferecidas para a sua ocorrência. A R_p constitui a variável dependente na teoria da probabilidade de comportamento.

REAÇÃO DE REFERÊNCIA — Posição ocupada por uma reação na dimensão calculada entre um estímulo distal e um estímulo proximal.

REAÇÃO, SISTEMA DE — Conjunto de estruturas sensoriais, neurais, musculares e glandulares que são coordenadas para efetuar uma reação específica. O complexo de circuitos neuromusculares que ativa o organismo e o prepara para uma reação (ou resposta).

REAÇÃO TERAPÊUTICA NEGATIVA — O fenômeno foi descrito por Freud como uma reação "invertida", quando o doente prefere sua doença à cura: "O que predomina nessas pessoas não é a vontade de se curar, mas a necessidade de continuar doente." Trata-se, para Freud, da expressão de um sentimento de culpa que encontra sua satisfação no estado de doente e busca sua punição no sofrimento.

REAÇÃO, VARIÁVEL DE — Variável dependente em todas as observações psicológicas: a que muda em conseqüência de qualquer espécie de alteração nas variáveis orgânicas ou ambientes. De modo geral, a variável R é muito complexa.

REALIDADE — Totalidade de objetos materiais (objetos que têm massa, coisas diretamente mensuráveis em segundos, centímetros ou gramas). Totalidade de condições impostas pelo mundo externo à atividade de um organismo, incluindo fatores impalpáveis e teoricamente concebidos, como a força da gravidade, raios cósmicos, etc. A questão de saber se os objetos meramente pensados (acreditar na existência de fantasmas por exemplo) fazem ou não parte da realidade é um problema metafísico a que a ciência se mantém alheia.

REALIDADE, NÍVEL DE — Uma propriedade dos fatos psicológicos. Segundo K. Lewin, as diferenças no nível ou grau de realidade podem ser coordenadas com uma dimensão especial do espaço vital. Os níveis mais irreais mostram maior fluidez. A estrutura de um nível mais real depende menos da vontade da pessoa. O grau em que o espaço vital está estruturado na dimensão realidade-irrealidade depende do caráter específico. Por exemplo, a idade da pessoa e a situação do momento.

REALISMO — Tendência das pessoas ingênuas, especialmente as crianças, para aceitarem suas próprias percepções como a apreensão correta do modo como as coisas realmente são (definição de J. Piaget, *Psicologia da Inteligência*). Do ponto de vista filosófico, são várias as doutrinas que afirmam a existência independente dos objetos — isto é, sua existência não está dependente do sujeito.

REALIZAÇÃO — Capacidade de execução de um esforço que leve à concretização de um determinado fim. A tarefa realizada, o objetivo alcançado. Um nível especial de êxito na aprendizagem de uma tarefa ou um certo nível de proficiência no trabalho escolar. A realização educacional ou acadêmica é um nível especificado de proficiência avaliado pelos professores, por testes padronizados ou por uma combinação de ambos. O Teste de Apercepção Temática inclui *motivo de realização* entre os seus itens. Nos testes de realização acadêmica emprega-se uma escala semelhante à Binet, em que o QI é substituído pelo QR (quociente de realização), numa proporção entre idade educacional e idade mental. Utilizando o TAT, David McClelland desenvolveu técnicas quantitativas bastante idôneas para medir motivos tão complexos quanto a *necessidade de realização* ("*need of achievement*") de sociedades e grupos culturais, tendo manipulado experimentalmente essa motivação.

REALIZAÇÃO, MOTIVO DE — A tendência para lutar pelo sucesso ou obtenção de um fim desejado. O envolvimento do ego do indivíduo numa tarefa. A expectativa de êxito numa dada tarefa, conforme é revelada pelas respostas do sujeito em testes de fantasia. Para Murray, o autor do Teste de Apercepção Temática, é o motivo para superar obstáculos ou esforçar-se por fazer depressa e bem coisas que são difíceis. Sin.: Necessidade de Realização.

REALIZAÇÃO, PREVISÃO DE — Segundo Erik Erikson, é uma das dimensões requeridas para o desenvolvimento de um sentido adequado de identidade pessoal. A persistência e a integração do esforço com a expectativa de que os esforços do indivíduo serão fecundos são fatores essenciais no estabelecimento de uma *identidade ocupacional*. A expectativa de não-realização resulta no que Erikson designou por "paralisia funcional". (Ver: PERSONALIDADE, DESENVOLVIMENTO PSICOSSOCIAL DA)

RECAPITULAÇÃO, LEI DA — Doutrina segundo a qual o indivíduo, em seu desenvolvimento pessoal, atravessa uma série de estágios que representam fases do desenvolvimento evolucionário da espécie. Pensou-se outrora que o princípio era válido e demonstrável, pelo que se converteu na base das finalidades educativas. Sua validade atual é discutível (especialmente no que diz respeito às tendências do comportamento), embora conserve ainda algum valor para a Embriologia. A doutrina foi enunciada na famosa sentença: "A Ontogenia recapitula a Filogenia."

RECENTICIDADE, LEI DA — Princípio segundo o qual uma pessoa tem mais possibilidades de recordar, na presença de um determinado evento, um outro, que lhe esteja associado e seja recente no tempo, do que um mais remoto no tempo. Tudo o mais sendo igual, o que é aprendido é recordado na proporção de sua recenticidade.

RECEPTIVO, CARÁTER — Segundo Erich Fromm (*Análise do Homem*, 1963), a pessoa com orientação receptiva é aquela que acha estar "a fonte de todo o bem fora de si mesma e crê que o único modo de obter o que quer — seja algo material, amor, conhecimentos ou prazer — é recebê-lo daquela fonte exterior. Nessa orientação, o problema do amor é quase que exclusivamente o de ser amado e não o de amar". É, portanto, uma pessoa passiva em relação ao seu meio, que encontra gratificação no que lhe é dado e "sente-se perdida quando só, porque acha não ser capaz de fazer coisa alguma sem auxílio".

RECEPTOR — Célula especializada e altamente sensível a uma forma específica de estímulo físico. Quando estimulada, dá início à atividade neural, através de um impulso transmitido a um nervo aferente. Os receptores (ou órgãos sensoriais) são classificados de acordo com a modalidade sensorial (visão, audição, tato, etc.) ou como exteroceptores, interoceptores e proprioceptores.

RECESSIVA, CARACTERÍSTICA — Traço que caracteriza aquele gene que só produzirá efeito observável num novo ser se o outro componente do par genético também for recessivo. Gene que permanece latente ou subordinado se o outro componente do par genético for dominante. Chama-se recessivo, também, o caráter observável que se desenvolve a partir de dois genes recessivos.

RECÍPROCA, INIBIÇÃO — Incapacidade de recordar um ou outro de dois fatos associados, em virtude de sua interferência recíproca.

RECIPROCIDADE, PRINCÍPIO DE — Generalização teórica segundo a qual uma reação é influenciada pelo produto da duração e intensidade do estímulo, independentemente da amplitude de uma ou outra. (Ver: BUNSEN-ROSCOE, LEI DE)

RECOMPENSA — Estímulo que produz satisfação ou um objeto-estímulo que é obtido após o desempenho bem-sucedido de uma tarefa. Por exemplo, numa experiência de motivação ou aprendizagem (um pombo numa caixa Skinner), a ração de milho que o animal obtém quando empurra a alavanca certa é a recompensa. Está confirmado em todas as experiências de condicionamento que a ação recompensada tem probabilidades estatísticas de ser repetida e aprendida. Alguns autores preferem *reforço* a recompensa, considerando que o segundo termo pode ter implicações antropomórficas ou mentalistas. Mas tal implicação carece de fundamentos etimológicos e, além disso, há a necessidade de emprego de ambos os termos: reforço, no seu significado original do condicionamento clássico; recompensa, no condicionamento instrumental.

RECOMPENSA, EXPECTATIVA DE — Processo suscitado num animal quando percebe as circunstâncias que estão regularmente associadas a determinada recompensa. A expectativa manifesta-se através de um comportamento de busca quando a recompensa é mantida em suspenso por algum tempo.

RECOMPENSA INTRÍNSECA — Tipo de recompensa tão intimamente associada ao bom desempenho de uma tarefa, que o sujeito não pode separar ou distinguir uma coisa da outra: a conclusão da tarefa da recompensa que lhe está vinculada.

RECOMPENSA NEGATIVA — Estímulo insatisfatório que resulta do malogro ou insucesso no desempenho de uma tarefa. É quase sinônimo de *punição*, mas *recompensa negativa* é preferível para descrições experimentais, em contextos mais específicos.

RECOMPENSA POSITIVA — Expressão usada para realçar significativamente o contraste com a recompensa negativa. Quando se menciona apenas *recompensa*, deve considerar-se implicitamente positiva.

RECOMPENSA PRIMÁRIA — Objeto-estímulo que é satisfatório para um animal sem que tenha de aprender a gostar dele, isto é, um estímulo cuja satisfação é inata. Nos trabalhos experimentais, comida, bebida e objetos sexuais são os mais empregados como recompensas primárias.

RECOMPENSA SECUNDÁRIA — Recompensa que se converteu em fonte de satisfação através da aprendizagem, em associação com outro objeto ou situação de estímulo que é satisfatório.

RECONHECIMENTO — Nos estudos sobre recordação, o reconhecimento revela a percepção acompanhada de uma sensação de familiaridade. Pode ser testado, pedindo-se a uma pessoa que identifique os objetos familiares colocados ao acaso e dispersos entre outros objetos muito semelhantes, mas novos.

RECORDAÇÃO — Nome dado ao surto espontâneo ou forçado de um traço da memória. A recordação de materiais verbais pode ser testada, pedindo-se à pessoa para citar ou recitar os itens que aprendeu antes.

RECORDAÇÃO ENCOBRIDORA — Lembranças fragmentárias da infância que, embora tenham superado as forças repressivas do ego, são, à semelhança dos sonhos, condensadas, simbólicas, e revelam o deslocamento do objeto real da memória. Em inglês, *screen memory* (literalmente, *memória-tela*).

RECORDAÇÃO VINCULADA — Efeito secundário de uma determinada experiência pretérita, que não está agora presente como *imagem* ou *idéia*, mas altera, entretanto, o conhecimento direto e consciente da pessoa em relação aos objetos reais. Propriedade de uma *percepção* que não é diretamente imputável à experiência sensorial imediata.

RECORDAR — Processo pelo qual se produz uma representação de experiências passadas.

RECUPERAÇÃO — Retorno de um organismo (ou de um órgão) ao seu estado normal, após uma perturbação funcional ou a reativação por um estímulo. Denomina-se *recuperação espon-*

tânea a recorrência de uma resposta que fora extinta há algum tempo. Pavlov comprovou a recuperação espontânea após uma série de provas de extinção, quando a variável dependente era o montante de salivação, e concluiu que tal processo é característico do comportamento aprendido após uma série de provas de extinção e, depois, um repouso. Para Hull, a recuperação espontânea está relacionada com o conceito de inibição: a inibição da resposta acumula-se com o não-reforço das respostas condicionadas e dissipa-se com o repouso. Assim, se o estímulo condicionado não for encontrado por algum tempo, a inibição diminuirá e a resposta pode ocorrer de novo à apresentação do apropriado estímulo condicionado. A natureza precisa da recuperação espontânea depende da força da resposta condicionada, do número de provas de extinção, do espaçamento entre as provas de extinção e do número de vezes que a extinção e o recondicionamento já ocorreram antes. (Ver: EXTINÇÃO)

REDUÇÃO — Diminuição hipotética de um impulso, necessidade ou tensão. Os dados empíricos que levam à inferência de uma redução no impulso, necessidade ou tensão são, por vezes, tão vagos que não é possível afirmar se se trata de três processos diferentes ou de apenas um.

REDUTIVA, INTERPRETAÇÃO — Ver: ANÁLISE REDUTIVA.

REEDUCAÇÃO — Recuperação de uma função perdida através de treino apropriado. A eliminação de certos hábitos ou atitudes e substituição por outros social e profissionalmente mais adequados. Processo de aprendizagem e ensino destinado a reabilitar uma pessoa, após uma doença, lesão incapacitadora, período de delinqüência ou crime, de modo a reintegrá-la funcionalmente na sociedade.

REFERÊNCIA, QUADRO DE — Sistema de padrões ou valores característico de toda e qualquer espécie de comportamento e que, de modo usualmente implícito, exerce o controle de uma ação ou a expressão de uma idéia, atitude ou crença, dentro dos limites da experiência individual.

REFERENCIAL, IDÉIA — Idéia que um indivíduo se faz de que as outras pessoas pensam e agem de certo modo com o intuito exclusivo de lhe fornecerem alguma indicação. Usualmente, trata-se de uma projeção dos próprios pensamentos do indivíduo. Assim, um homem com desejos homossexuais inconscientes pensará que as ações e palavras de outras pessoas "se referem" a ele como homossexual.

REFLEXO — Reação muito simples em que não existe qualquer elemento da escolha ou premeditação, nem qualquer variação, a não ser na intensidade ou tempo. Salvo no caso de se mencionar reflexo *adquirido* ou reflexo *condicionado*, significa sempre um comportamento específico e inato, comprovadamente inaprendido e observável em todos os indivíduos de uma espécie. (Ver: CONDICIONADO, REFLEXO)

REFLEXO, ARCO — Unidade teórica de funcionamento do sistema nervoso, assim como o neurônio é a unidade da estrutura nervosa. Esquematicamente, o arco reflexo consta de um receptor que, excitado por um estímulo, transmite essa excitação a um nervo efetor, através de um neurônio. Na realidade, este arco esquemático não existe, pois se verifica sempre a intervenção de vários neurônios.

REFLEXOLOGIA — Nome dado à escola russa de fisiologia objetiva que teve como seus iniciadores e epígonos Ivã Sechenov (1829–1905), Ivã Pavlov (1849–1936) e Vladimir Bechterev (1857–1927). A reflexologia foi definida como a doutrina psicofísica segundo a qual todo o comportamento pode ser explicado em função de reflexos e combinações de reflexos, especialmente os *condicionados*. Entretanto, Pavlov manter-se-ia obstinadamente limitado à fisiologia (seu objetivo declarado era o estudo do sistema nervoso e não a proposição de alguma nova teoria psicológica aplicável à aprendizagem, à pedagogia e muito menos à psicoterapia), ao passo que Bechterev propôs generalizações suscetíveis de aplicação a uma psicologia objetiva, fundamentada no *comportamento* e não na fisiologia do sistema nervoso. Bechterev reconheceu rapidamente a importância das descobertas de Pavlov e viu nelas o meio adequado de converter a psicologia fisiológica de Wundt numa ciência verdadeiramente objetiva. Manteve o paralelismo psicofísico e o princípio de objetivação fisiológica da experiência subjetiva mas abandonou a introspecção. É sobejamente conhecido o profundo efeito que a reflexologia russa exerceu sobre a evolução do behaviorismo norte-americano.

Cronologia da Evolução da Reflexologia Russa

Ano	Figura	Acontecimento
1863	SECHENOV	Divulgação de "Reflexos do Cérebro", primeiro manifesto de uma perspectiva naturalista no estudo da vida psíquica na Rússia. Censurado por muito tempo por ser uma tese radicalmente antiespiritualista.
1873	SECHENOV	Publicação de *Quem Deve Estudar os Problemas da Psicologia e Como?*
1878	SECHENOV	Publicação de *Elementos do Pensamento*.
1886	BECHTEREV	Funda o primeiro laboratório russo de psicofisiologia.
1891	PAVLOV	Nomeado professor de Fisiologia da Academia Militar de Medicina de S. Petersburgo.
1893	BECHTEREV	Ingressa na mesma Academia.
1895	BECHTEREV	Funda em S. Petersburgo o segundo laboratório de psicofisiologia.
1896	BECHTEREV	Funda a Sociedade de Psicologia Normal e Anormal.
1901	PAVLOV	Lança a expressão *reflexo condicionado* ou, mais apropriadamente, *reflexo condicional*, na tradução liberal do russo *óuslovny*, que foi, de fato, a designação original dada ao fenômeno.
1903	PAVLOV	Nomeado diretor do Instituto de Fisiologia da Academia de Ciências da Rússia, onde trabalharia até morrer.
1904	PAVLOV	Recebe o Prêmio Nobel de Fisiologia e Medicina.
	BECHTEREV	Escreve um artigo onde expõe suas primeiras idéias pessoais sobre a Psicologia. Título: "A Psicologia Objetiva e sua Matéria Específica."
1905	BECHTEREV	Nomeado diretor da Academia Militar de Medicina de S. Petersburgo.
1907	BECHTEREV	Publica o primeiro de uma série de três volumes subordinados ao título geral de *Psicologia Objetiva*.
1915	KORNILOV	Nomeado primeiro assistente do Instituto de Psicologia de Moscou.
1917	BECHTEREV	Publica os *Princípios Gerais de Reflexologia Humana*.
1921	BECHTEREV	Publica a *Reflexologia Coletiva*.
1922	KORNILOV	Publica o *Estudo das Reações Humanas ou Reactologia*.
1923	PAVLOV	Cria o termo *neurose experimental*.
1924	PAVLOV	Nomeado diretor do Instituto de Psicologia de Moscou.
1926	PAVLOV	Publica *Reflexos Condicionados*, obra baseada num curso administrado no ano anterior na Academia Militar. É a sua maior sistematização sobre os reflexos condicionados.
	KORNILOV	Publica *Compêndio de Psicologia do Ponto de Vista do Materialismo Dialético*.
1927	BECHTEREV	Morre em Leningrado, a 24 de dezembro.

1929	Pavlov	Visita os Estados Unidos para o 9º Congresso Internacional de Psicologia.
1930	Lênin	Publica *Apontamentos Filosóficos,* que marca o início do declínio da Psicologia soviética.
1936	—	É proibido o uso de testes. Eclipse da psicometria.
	Pavlov	Morre em Leningrado, a 27 de fevereiro.
1940	Rubenstein	Publica *Fundamentos de Psicologia Geral,* em consonância com a filosofia marxista-leninista.
1947	Rubenstein	Começa a ser duramente criticado por suas atitudes antipavlovianas.
1950	—	Seminário de estudos sobre a obra de Pavlov. Início da "repavlovinização" da Psicologia soviética.
1955	—	Após um hiato de quarenta anos, entra em circulação uma revista especializada: *Problemas de Psicologia.*
1957	—	Fundada a Sociedade de Psicólogos da U.R.S.S.
1959	Makarenko	Publica *Um Guia para os Pais,* baseado em suas investigações sobre desenvolvimento e socialização da personalidade.
1960	Maiorov	Publica os primeiros trabalhos sobre o descondicionamento dos reflexos suscetíveis de conter uma carga neurotizante, lançando as bases do método psicoterápico da *reflexoterapia.*

REFLEXO PATELAR — Extensão automática da perna produzida por uma percussão seca logo abaixo da rótula.

REFLEXOTERAPIA — Método psicoterápico baseado no *descondicionamento* dos reflexos suscetíveis de conter uma *carga neurotizante.* Tomando como ponto de partida o condicionamento psicofísico de Pavlov e a Reflexologia de Bechterev, vários psicólogos contemporâneos, entre os quais Maiorov, admitiram a possibilidade de cura da neurose através de um descondicionamento (pelo repouso, pela hipnose), seguido de um novo condicionamento que permite ao paciente reformular seu comportamento sociocultural, de forma a não progredir, a regredir ou a eliminar a situação neurótica. Em vez da Psicanálise e da terapia de grupo, que recorrem ao diálogo e à interação para a recuperação do equilíbrio psíquico, a reflexoterapia utiliza o monólogo para a eliminação da sobrecarga emocional.

REFORÇO — Em termos gerais, qualquer fortalecimento de uma resposta (ou reação) a um estímulo pela atividade simultânea de um segundo processo expiatório — o reforço. Este facilita a resposta ao estímulo original. O princípio de reforço tem larga aplicação em todos os experimentos de condicionamento, sendo a ocorrência natural ou experimental numa apresentação do ENC a par do EC. Na teoria da aprendizagem, reforço é definido como uma das muitas maneiras em que o indivíduo ou o seu meio pode ser manipulado numa situação de aprendizagem. Numerosas coisas podem ser consideradas positiva ou negativamente reforçadoras: comida, água, companhia, choque elétrico, medo e redução de medo estão entre os fatores que possuem propriedades reforçadoras. Alguns autores argumentam que o reforço é uma "variável de desempenho", não uma "variável de aprendizagem".

REFORÇO NEGATIVO — Método de treino de um sujeito experimental para *não* reagir de determinada maneira, dando-lhe um estímulo punitivo ou que lhe aumente a tensão.

REFORÇO PRIMÁRIO — Apresentação de uma situação de estímulo que reforça ou recompensa qualquer sujeito experimental de uma dada espécie, sem necessidade de treino prévio.

No condicionamento clássico, supunha-se sempre que o estímulo não-condicionado era o estímulo inato a uma atividade reflexa e, portanto, primária. Com a ampliação do paradigma, as associações aprendidas de estímulo-resposta tomaram freqüentemente o lugar dos reflexos.

REFORÇO, PROGRAMA DE — O ritmo em que a aprendizagem ocorre e o que é aprendido são funções do programa de reforços empregados. O modo mais simples e mais rápido de estabelecer um dado padrão de resposta é reforçá-la cada vez que ocorre. Entretanto, está demonstrado que a aprendizagem pode ocorrer, em certas condições, com apenas alguns e infreqüentes reforços, por exemplo, a cada dois ou três ensaios numa seqüência de aprendizagem. Skinner mostrou que a aprendizagem pode se desenvolver num rato quando apenas 1/192 das respostas são reforçadas. Skinner e Ferster (*Schedules of Reinforcement*, 1957) indicaram quatro variedades básicas de programa de reforço: o *intervalo fixo*, o *intervalo variável*, a *razão fixa* e a *razão variável*. No programa de intervalo fixo o reforço é administrado depois de um intervalo de tempo estabelecido sem considerar o ritmo de resposta do organismo. No programa de intervalo variável, o reforço é dado dentro de um certo período de tempo, mas fazendo variar os intervalos entre reforços. No programa de razão fixa, o reforço é administrado após um número previamente determinado de respostas (todas as respostas, todas as terceiras respostas, etc.). Quando as respostas são reforçadas aleatoriamente, em torno de alguma razão média, diz-se que o organismo opera segundo um programa de razão variável.

REFORÇO SECUNDÁRIO — Qualquer estado de reforço ou recompensa que derive sua eficácia de um processo anterior de aprendizagem ou condicionamento. Sin.: Reforço Condicionado.

REFRAÇÃO — Mudança na direção de propagação de uma onda (luminosa, sonora, etc.), ao passar de um meio para outro de diferente densidade. Não confundir com o fenômeno de reflexão. Denomina-se *erro de refração* o defeito de focalização da imagem óptica na retina, em virtude de alguma irregularidade no globo ocular ou nas características da córnea, no cristalino ou dos humores oculares (Ver: OLHO). Tais erros podem ser parcialmente corrigidos por lentes. *Índice de refração* é o número que expressa a curvatura de um raio de luz ao passar de um meio transparente para outro, e *ângulo de refração* é o ângulo entre o percurso efetuado pelo raio luminoso e a perpendicular à superfície onde o raio transitou de meio.

REGIÃO — Na Psicologia Topológica, é o nome dado a qualquer parte distinta do espaço vital. As regiões psicológicas são definidas pelas atividades presentes ou previstas, em vez das áreas espaciais objetivas em que essas atividades ocorrem. Por exemplo, uma criança que usa o pátio de sua casa como palco para um brinquedo, está na "região do brinquedo" e não na região do pátio. As regiões são separadas por fronteiras. Quando uma pessoa muda de atividade, move-se de uma região para outra, cruzando uma fronteira. (Ver: PSICOLOGIA TOPOLÓGICA)

REGIÃO PSICOLÓGICA — Ver: ESPAÇO VITAL E REGIÃO.

REGRA BÁSICA — É o requerimento fundamental, na situação analítica, de que o analisando comunique, sem reservas nem prévia seleção, tudo o que lhe acudir à mente em determinado período. Sin.: Livre Associação.

REGRESSÃO — Retorno de um padrão organizado de comportamento e mentalização, próprio de uma fase posterior do desenvolvimento, a um padrão organizado de comportamento e mentalização decorrente de uma fase anterior do desenvolvimento — processo que freqüentemente serve como mecanismo de defesa.

REGRESSÃO, COEFICIENTE DE — O coeficiente de qualquer variável preditora numa equação de regressão. Pode ser simbolizado por $bx_0 x_1$ (pesos b) ou por $\beta x_0 x_1$ (pesos beta), segundo os escores estejam expressos na forma de resultados brutos ou de desvios reduzidos.

REGRESSÃO, COEFICIENTE PARCIAL DE — Coeficiente de uma das variáveis preditoras numa equação de regressão. É obtido anulando-se ou neutralizando-se a contribuição das outras variáveis. Usualmente é simbolizado por $bx_0 x_1 . x_2 ... x_n$ ou por $\beta x_0 x_1 . x_2 ... x_n$, segundo os escores se expressem em resultados brutos ou desvios reduzidos.

REGRESSÃO, EQUAÇÃO DE — Equação utilizada para obter os valores de uma variável x_0 a partir dos valores de uma só variável x_1 ou de duas ou mais variáveis $x_1, x_2, x_3, ... x_n$. Usualmente, a equação é de forma linear e os coeficientes das variáveis preditoras são obtidos pelo método dos mínimos quadrados.

REGRESSÃO ESPONTÂNEA — Revivência espontânea, no indicativo presente, de um episódio específico da vida premeditada do indivíduo quando, sob hipnose, lhe é sugerido que tem *agora* a idade em que o episódio ocorreu.

REGRESSÃO, NEUROSE DE — Neurose caracterizada pela primitivização do comportamento ou pelo retorno a padrões de conduta mais apropriados a uma idade mais recuada.

REICH, WILHELM — Médico e psicanalista austríaco (n. 24-3-1897, em Dobrzynica; m. 3-11-1957, em Lewisburg, Estados Unidos), naturalizado americano em 1938. Em 1919 foi para Viena estudar medicina, manifestando desde logo seu interesse pela psiquiatria. Um ano após sua chegada à capital austríaca, ainda estudante e com pouco mais de 20 anos de idade, Reich já era membro da Sociedade Psicanalítica de Viena e um psicanalista no exercício da sua profissão, tratando pacientes que lhe eram enviados por Sigmund Freud, além de publicar quatro ensaios de psicanálise e sexologia. De 1924 a 1930, foi o diretor do Seminário de Terapia Psicanalítica, no qual se discutiam problemas práticos de tratamento. Três dos seus ensaios sobre técnica analítica foram incluídos por Robert Fliess em *The Psychoanalytic Reader,* que ainda hoje é leitura recomendada para estudantes em institutos de psicanálise. Em 1927, Reich procurou ser analisado por Freud, que recusou tratá-lo. No mesmo ano, publica-se a primeira versão do livro de Reich, *A Função do Orgasmo*. No ano seguinte, Reich adere ao Partido Comunista austríaco. Com quatro outros psicanalistas e três obstetras, funda a Sociedade Socialista para Aconselhamento sobre Sexo e Pesquisa Sexológica. Visita a Rússia em 1929 e sua obra *Materialismo e Psicanálise Dialética* é publicada em Moscou. No ano seguinte, muda-se para Berlim e funda a Associação Alemã para a Política Sexual Proletária, cujos objetivos incluíam a abolição de leis contra o aborto, a homossexualidade e a divulgação de informações sobre o controle da natalidade. Em 1933, é publicada a primeira versão de *Análise do Caráter*, ao mesmo tempo que Reich é expulso do Partido Comunista alemão. Em 1934, Reich vê-se igualmente expulso da Associação Psicanalítica Internacional após 14 anos de dissidências frontais com a ortodoxia freudiana. Em 1936 sai *A Revolução Sexual*, obra em que Reich propõe uma regulamentação social da vida sexual do homem como terapêutica para a "doença psíquica da massa". Radicou-se nos Estados Unidos em 1938, exercendo a prática terapêutica com êxito, fundando revistas especializadas e criando uma fundação para a divulgação de suas idéias após sua morte. Os últimos anos da vida de Reich foram muito atribulados, com julgamentos, prisões e, inclusive, um internamento como "paranóico" numa penitenciária onde, entretanto, o deram como "legalmente são e competente". Após sua dissidência com a psicanálise freudiana (Reich fez parte do segundo grupo desviacionista, como Otto Rank e Ferenczi), concentrou suas investigações no problema biológico das energias instintivas, tentando ir muito mais fundo que os processos inconscientes anunciados por Freud. A esse nível infra-inconsciente da energia vital daria Reich o nome de *orgone*. Por outro lado, levou a teoria da sexualidade aos seus últimos limites. Para Reich, a potência sexual é um critério de saúde mental e a sexualidade o principal fator de estruturação e integração da personalidade. Ao enfatizar a causação social da neurose, Reich viria a influir nas teorias neofreudianas de Fromm e Horney sobre a relação entre a função sociológica e a formação do caráter. Embora não tenha subordinado a estrutura da personalidade ao sistema econômico-social no mesmo grau em que Abraham Kardiner o faria, as teorias reichianas sobre a influência socioeconômica na formação da personalidade constituem, segundo Marcuse, a mais importante experiência crítica no domínio da saúde mental e da neurose.

REINTEGRAÇÃO — A presença, na consciência, de um elemento de um todo que tende para servir de *revivência imaginária* de outros elementos ou do todo. A reintegração total corresponde à recordação de todos os detalhes. Basicamente, o princípio de reintegração está presente no condicionamento clássico e na lei gestaltista da boa contigüidade.

REJEIÇÃO — Nas relações interpessoais é o processo pelo qual se considera alguém uma pessoa destituída de valor, incompatível com determinada categoria ou inadmissível como objeto de sentimentos de afinidade ou vinculação. A rejeição raramente é absoluta ou como tal reconhecida, manifestando-se antes de maneira indireta: críticas excessivas à pessoa rejeitada, comparações tendenciosas, falta de atenção pela presença ou palavras da outra pessoa e outras demonstrações de hostilidade.

RELATIVISMO — Princípio geral de que qualquer experiência está de tal modo relacionada com outras experiências (ou destas dependente) que a sua verdadeira natureza só pode ser entendida se essas outras experiências também forem levadas em conta. Ou, em acepção mais ampla (incluindo a epistemológica), a inexistência de conceitos, valores ou experiências absolutos, pois cada aspecto dos mesmos está inevitavelmente relacionado com todos os demais aspectos. A teoria da Gestalt é uma forma de relativismo. A Lei de Fechner (ou Weber-Fechner, se quiser) tem sido freqüentemente mencionada como a lei da relatividade, embora se trate de um caso muito especializado de relativismo. No domínio da Sociologia e das ciências políticas, o relativismo é a teoria segundo a qual os fenômenos sociais (e político-sociais), quer se trate de costumes, moral ou instituições, têm de ser entendidos em relação aos valores adotados por determinada sociedade (cf. Arnold Brecht, *Teoria Política*, 2 vols. 1965).

RELATIVISTA, ATITUDE — Posição ou convicção segundo a qual a verdade sobre qualquer coisa depende sempre do seu contexto e as normas de conduta são sempre relativas ao tempo, cultura, valores morais e circunstâncias históricas, jamais baseadas num padrão absoluto. É a atitude oposta ao absolutismo.

RELAXAÇÃO — Regresso de um músculo ao seu comprimento normal ou habitual, após uma contração. Atenuação ou descarga da *tensão mental*, isto é, a redução e os processos que a isso conduzem, de um estado de ansiedade, medo, cólera ou qualquer reação emocional excessivamente violenta. Técnica usada na psicoterapia para manter o paciente à vontade durante a sessão, especialmente por meio de uma harmonização do comportamento do terapeuta com as motivações dominantes daquele.

REM (abrev. inglesa de *Rapid Eye Movement*) — Pequenos movimentos dos olhos de uma pessoa adormecida que ocorrem durante o sono paradoxal e o sonho.

REMINISCÊNCIA — Recordação de uma antiga experiência, em especial sua recordação relativamente vaga ou deformada pelo tempo numa atitude de fruição dessa lembrança. A noção de reminiscência foi introduzida por Freud na psicopatologia em 1893 com a "Comunicação preliminar" de Freud e Breuer: "O histérico sofre sobretudo de reminiscências." Esta frase, que associa histeria e reminiscência, constituiu uma ruptura com a psicopatologia anterior e o anúncio de abertura de um novo campo de reflexões que culminou na psicanálise.

REMITÊNCIA — Diminuição dos sintomas de uma doença.

RENASCIMENTO, FANTASIA DO — Representação simbólica do nascimento, geralmente nos sonhos (por exemplo, a pessoa vê-se emergindo das águas).

RENSCH, BERNARD — Professor em Praga e Münster (1947). Autor de diversos trabalhos sobre a estrutura neural e a percepção sensorial, sobretudo no domínio da Psicologia Animal. Bibliografia principal: *Psychische Komponenten der Sinnesorgane. Eine Psychophysische Hypothese*. 1952; *Homo Sapiens. Vom Tier zum Halbgott*, 1959.

RENÚNCIA — Em Psicanálise, é a recusa do ego em satisfazer as exigências do id, por não estarem de acordo com o princípio da realidade, ou as solicitações do superego. No primeiro caso, o id poderia exigir o prazer de flutuar no ar, saltando de uma janela, o que o ego tem de recusar, ciente das conseqüências reais desse impulso. No segundo caso, o superego poderia solicitar uma perfeição de conduta inteiramente irrealista, que o ego também tem de rejeitar.

REORGANIZAÇÃO, PRINCÍPIO DE — Na teoria da Gestalt, é a generalização de que, em nova aprendizagem ou na percepção, existe uma alteração de toda a estrutura das *Gestalten* recordadas. Presumivelmente, os novos elementos adicionados às antigas estruturas cognitivas resultam em desequilíbrio. A reorganização conseqüente procura realizar um novo estado de equilíbrio, com um mínimo de distorção na estrutura prévia.

REPARAÇÃO — Melanie Klein descreveu a noção de reparação como uma forma de sublimação da posição depressiva (*ver* DEPRESSIVA, POSIÇÃO), a qual se exprime através da tendência para reparar o mal que foi cometido contra objetos bons.

REPETIÇÃO, COMPULSÃO DE — A necessidade irresistível, inerente ao inconsciente, de repetir consecutivamente atos ou comportamentos idênticos.

REPRESENTAÇÃO — Ato de substituir ou simbolizar alguma coisa. A palavra é muito usada na psicanálise, a qual pressupõe que muitas de nossas lembranças, sonhos e percepções representam realmente pulsões inconscientes ou experiências reprimidas. A palavra também é usada na psicologia da percepção para indicar o fato de que o processo psicológico não reflete o mundo externo mas apenas uma representação do mesmo.

REPRESENTAÇÃO COLETIVA — Expressão proposta por Émile Durkheim (*Les Formes élémentaires de la vie religieuse*, 1912) para designar aquela parte de experiência individual que é comum a vários indivíduos e se atribui à participação destes num grupo social bem definido. A religião, por exemplo, é uma *representação coletiva*. C. G. Jung baseou-se neste conceito do sociólogo francês para definir sua concepção de *idéias coletivas*.

REPRESENTAÇÃO, TEORIA DA — Princípio segundo o qual o processo psíquico, sobretudo a percepção sensorial, é meramente um correlato, um representante, do mundo externo. Serviu de base à teoria isomórfica de W. Köhler (*Gleichgestaltheittheorie*).

REPRESENTAR — Substituir algo. Apresentar-se como símbolo de algo. Em termos especificamente psicanalíticos, *interpretar* uma atividade ou experiência psíquica, ou um conteúdo mental, reapresentando-o simbolicamente com a finalidade de justificar ou de aliviar uma ansiedade provocada por essa atividade, experiência ou conteúdo reprimido. A representação é típica de muitos jogos e brinquedos infantis de *faz-de-conta*.

REPRESSÃO — Exclusão de conteúdos psíquicos de determinada natureza da esfera consciente, mediante processos de que o indivíduo não tem conhecimento direto. A exclusão inclui diversos recursos: (a) impedir que esses conteúdos psíquicos penetrem no consciente; (b) expulsá-los do consciente; (c) obstar continuamente a que, uma vez expulsos, retornem ao consciente. É um conceito *central* da Psicanálise e de todas as psicologias de profundidade que derivaram dela. Segundo Freud, que foi o primeiro a descobrir o papel da repressão na gênese da neurose, a "repressão é a rejeição involuntária de um impulso sexual ou agressivo que se esforça por penetrar ou penetrou no consciente" e "o processo mental que resulta do conflito entre o princípio do prazer e o princípio da realidade", quando os impulsos e desejos determinados pelo instinto estão em conflito com os padrões de conduta moral. Daí resulta que os conteúdos psíquicos empurrados para o inconsciente, embora reprimidos, mantêm-se ativos, em seu contínuo esforço de reingresso na consciência; essa luta determina uma grande parte do comportamento pessoal e é a causa de sintomas neuróticos os mais diversos. Temos, pois, que: (1)

A repressão é um *mecanismo de defesa* contra a ansiedade e a culpa geradas por impulsos sexuais ou agressivos; (2) A repressão é realizada pela *instituição de censura* do ego, ou superego, (3) As atividades ou conteúdos mentais reprimidos do consciente mantêm-se no inconsciente (id) e, não podendo vencer o princípio da realidade, logram manifestar-se no consciente através de representações simbólicas: sonhos, divagações, etc., que são as únicas formas aceitáveis pelo ego. Temos ainda vários tipos de repressão para designar o caso de (a) *repressão primordial*, quando se trata de impedir a *primeira* entrada, no ego, de conteúdos do id; o caso de (b) *repressão primária*, quando se trata de expulsar do consciente um conteúdo do id que aí tenha penetrado; e impedir a sua reentrada é o caso de (c) ou *repressão secundária*. Quando a exclusão é *voluntária*, tem o nome de *supressão*.

REPRIMIDO, RETORNO DO — Processo pelo qual os elementos reprimidos, conservados no inconsciente, tendem a reaparecer na consciência ou no comportamento por intermédio de formações mais ou menos irreconhecíveis, derivadas do inconsciente, como os lapsos e os atos falhos.

REPRODUÇÃO — Possuir uma *imagem* que copia alguma coisa ou executar uma resposta previamente aprendida (por exemplo, repetir uma série de palavras). Nos testes de reprodução, o sujeito deve duplicar, oral ou graficamente, um padrão de comportamento anteriormente memorizado, servindo o resultado para calcular a sua capacidade de decorar e reproduzir.

REPRODUTIVA, FACILITAÇÃO — Incremento na capacidade de reprodução do material aprendido, em resultado de outra atividade interposta entre a aprendizagem e os períodos de reprodução.

REPRODUTIVA, INIBIÇÃO — Decréscimo da capacidade de reprodução devido a uma atividade interveniente entre a aprendizagem e os períodos de reprodução. É o inverso da facilitação reprodutiva.

REPRODUTIVA, TENDÊNCIA — Expressão de todos os fatores que, somados, aumentam a probabilidade de concretização de uma determinada resposta. Associação, impressão e perseveração são alguns dos fatores componentes dessa tendência.

REPUGNÂNCIA — Atitude emocional caracterizada por desagrado e oposição. Sin.: Antipatia.

REPULSA — Atitude emocional caracterizada por desagrado e evitação. *Repulsivo* e *repelente* são sinônimos.

RESIDUAL, PARCELA — O que resta após o desempenho de certas operações ou a consumação de certos acontecimentos. Diferença entre um valor observado e um calculado.

RESÍDUO — O mesmo que parcela residual. Vestígio ou *engrama* deixado em conseqüência de qualquer experiência.

RESIGNAÇÃO — Atitude emocional expressa na cessação de resposta ativa a uma situação que previamente se tentou alterar sem êxito. Estado de aquiescência ou submissão. Renúncia voluntária a uma posição anteriormente ocupada. Karen Horney definiu dois tipos de resignação: (1) *Dinâmica*, em que a resignação provocada por uma situação desfavorável não impede uma atitude de vigilância para as oportunidades de se provocar uma reviravolta na situação; (2) *Neurótica*, solução importante para os conflitos internos, em que a pessoa se afasta de tudo o que envolva tomar conhecimento desses conflitos. A resignação neurótica, por sua vez, divide-se em (a) *resignação persistente*, principalmente caracterizada pela inércia; (b) *vida superficial*, caracterizada por uma hiperatividade compulsiva, cujo objetivo é furtar-se a encarar o conflito e (c) *rebeldia neurótica*, em que se registra uma persistente resistência ativa à aceitação do *tem de ser*. Essa resistência pode ser dirigida contra as figuras de autoridade, normas e regulamentos externos, ou contra o próprio, em atitude de permanente insatisfação com tudo o que fizer ou pensar (cf. *A Personalidade Neurótica do Nosso Tempo*).

RESISTÊNCIA — Em Psicanálise, a oposição a qualquer tentativa de revelação de um conteúdo inconsciente. A maior ou menor intensidade da luta travada pelo paciente contra o analista, que *ameaça* pôr a descoberto esse conteúdo oculto, constitui sempre uma medida da força repressora, isto é, da resistência.

RESISTÊNCIA CONSCIENTE — Em psicoterapia, é a retenção intencional de informações por parte de um paciente, causada pela vergonha, medo de rejeição, temor de perder a consideração do analista, etc. Aceita-se que, subentendida na resistência consciente, haja sempre motivos inconscientes.

RESPOSTA — Qualquer processo muscular ou glandular desencadeado por um *estímulo*. O que se diz ou escreve, quando solicitado pela pergunta de um teste ou um questionário. Qualquer *comportamento* (ou um determinado comportamento), quer manifesto ou encoberto. À semelhança de *reação*, o termo *resposta* é muito genérico e um dos mais usados em psicologia. De um modo geral, considera-se que a tarefa primordial da psicologia, como ciência do comportamento, é o estudo das condições que determinam uma dada resposta, isto é, o processo orgânico que se manifesta em conseqüência de uma estimulação. (Ver: PSICOLOGIA E-R)

RESPOSTA, APRENDIZAGEM DE — A aprendizagem em que a meta é alcançada mediante realização de certas respostas, em oposição à aprendizagem que é primordialmente cognitiva ou que envolve a aprendizagem da locação da meta no espaço.

RESPOSTA, ATITUDE DE — Nos experimentos de tempo de reação, a disposição do indivíduo para responder logo que o estímulo é dado. A atenção está concentrada mais na musculatura do que no estímulo. É o oposto da Atitude de Estímulo.

RESPOSTA, DISPERSÃO DA — Uma série de respostas dispersas ou ao acaso que são dadas pelo organismo quando contrariado ou frustrado nas tentativas para alcançar um objetivo ou meta.

RESPOSTA, GENERALIZAÇÃO DA — O princípio segundo o qual, quando um sujeito foi condicionado para um certo estímulo, torna-se eficaz na produção de respostas semelhantes.

RESPOSTA, INTENSIDADE DE — A dimensão da magnitude ou amplitude de uma resposta. Num experimento de condicionamento salivar, o número de gotas de saliva segregadas pelo animal seria a medida da intensidade de resposta.

RESPOSTA, REGIME DE — O número de respostas que ocorrem por unidade de tempo. O regime de resposta é uma importante medida de aprendizagem no condicionamento operante.

RESSONÂNCIA ÍNTIMA, TIPO DE (TRI) — Segundo Rorschach, a relação existente entre o número de respostas cinestésicas (K) e a soma das respostas-cor. Essa relação e as suas interferências determinam a atitude fundamental da personalidade em face de si mesma (Ego), do mundo exterior e do meio circundante. Para Rorschach, o TRI condiciona o caráter e até a forma de neurose, reflete todas as ligações funcionais profundas e possui, portanto um valor caracterológico. Os TRI são quatro, a saber: (1) *Extratensivo* — indivíduo impulsivo, sugestionável, egocêntrico, de caráter instável e hiperemotivo. (2) *Introversivo* — reflexivo, reservado, contemplativo do seu mundo interior imaginário, suscetível de obsessões e fobias, realidade exterior em segundo plano. (3) *Coartado* — nenhum dos componentes assume expressão suficiente; bloqueio da expressão afetiva, o critério de contato é racional, indivíduo intolerante às tensões fisiológicas e psicológicas. (4) *Ambigual* — os dois componentes K e C manifestam-se em grau idêntico. Indivíduos de espírito aberto, que sabem explorar as riquezas do mundo exterior e exercem com flexibilidade o controle da exteriorização das descargas afetivas. (Ver: RORSCHACH, PSICODIAGNÓSTICO DE)

RESSONÂNCIA, TEORIA DA — Ver: AUDITIVAS, TEORIAS.

RESSURREIÇÃO — Ato de reviver uma emoção ou idéia que estava enterrada no inconsciente.

RESTRITIVA, AÇÃO — Toda e qualquer ação que impeça ou dificulte a atividade de um organismo, mediante barreiras ou obstáculos físicos, que atuem em sentido inverso ao da atividade pretendida.

RESTRITIVA, FORÇA — Expressão usada na Psicologia Gestaltista para designar uma tendência psíquica que procura manter os fenômenos psíquicos separados uns dos outros, impedindo a formação de uma Gestalt.

RESULTADO — Fenômeno que se segue à ocorrência de qualquer outro fenômeno e que, sem a ocorrência deste, não poderia acontecer. Sin.: Conseqüência.

RETARDAÇÃO — Inferioridade mental de características benignas. Lenta evolução mental.

RETENÇÃO — Na Psicologia da Aprendizagem, é o nome dado ao fato de um organismo, tendo aprendido a desempenhar determinado ato, ser capaz de continuar desempenhando esse ato *depois* de um intervalo de tempo em que tal desempenho não ocorreu; ou o grau em que as várias parcelas de um desempenho complexo podem voltar a manifestar-se após um intervalo. As operações de medição de aprendizagem e retenção são praticamente idênticas, distinguindo-se apenas pelo fato de a aprendizagem ser medida após um intervalo mais curto do que o da retenção. A finalidade da medição de aprendizagem é averiguar as condições necessárias para que se estabeleça um determinado resultado; a medida de retenção tem por objetivo averiguar a manutenção desse mesmo resultado. Existem numerosos métodos de teste e medição da capacidade de retenção: testes de sugestão (*soprar* uma parte da resposta para provocar o restante), de recordação, reconhecimento, reconstrução, coordenação de parcelas separadamente recordadas, mnemônicos, etc.

RETENÇÃO, CURVA DE — Curva que tem a medida de recordar no eixo vertical e o tempo decorrido desde a aprendizagem no eixo horizontal. A curva pode assumir várias formas.

RETENÇÃO SELETIVA — Capacidade de recordar idéias ou acontecimentos de uma determinada classe melhor do que outros.

RETESTE, MÉTODO DO — Uma das técnicas empíricas para estimar a fidedignidade de um teste. Alguns designam por *coeficiente de estabilidade* o que se obtém relacionando os resultados de duas aplicações sucessivas do teste, separadas por um intervalo adequado.

RETINA — Ver: OLHO.

RETROALIMENTAÇÃO — Num sistema mecânico ou eletrônico, é um meio de regular a entrada ou alimentação (*input*) ligando-a à saída ou produção (*output*). Assim, um regulador numa máquina a vapor ou um termostato doméstico controlam a produção reagindo negativamente a qualquer aumento da mesma. Em neurologia, os impulsos aferentes dos receptores proprioceptivos que dão origem a movimentos motores. A retroalimentação de tais receptores é importante, segundo se acredita, nas reações de visar, apreender e colocar. Na psicologia sensorial, é o relato sensorial do resultado somático de um comportamento; por exemplo, o relato cinestésico que indica a velocidade e amplitude de um movimento ou a dor que sobrevém ao contato com um objeto quente. Na psicologia social, o relatório perceptual direto do resultado do comportamento de uma pessoa em relação a outras. Retroalimentação é a tradução do termo inglês *feedback*.

RETROATIVA, ASSOCIAÇÃO — Ligação entre um item e qualquer dos itens que o precederam num teste de aprendizagem. Por exemplo, numa série de itens *a, b, c*, é a associação entre *c* e *a* ou *b*.

RETROCESSO — Fazer face a uma situação presente, mas insatisfatória, mediante um tipo de comportamento que satisfazia num período anterior do comportamento. Muitos psicólogos preferem usar este termo para evitar as implicações psicanalíticas da *regressão*.

RETROSPEÇÃO — Atividade que consiste em passar sistematicamente revista a uma experiência, logo após a sua ocorrência, fazendo o seu exame e relato verbal, quer para a própria pessoa como para outros. Alguns autores consideram a análise retrospectiva a única forma possível de introspeção.

REVERSÃO DE AFETO — Transferência de um afeto de determinada qualidade para um afeto de teor oposto. A *reversão* também é usada freqüentemente para descrever a conversão de um modo ativo em passivo e vice-versa.

REVERSIBILIDADE — Propriedade de uma seqüência que pode ser acompanhada em ordem inversa. É a característica que distingue uma seqüência de pensamento de uma série estímulo-reação.

RÉVÉSZ, GÉZA — Discípulo de G. E. Müller e Husserl. Professor em Budapeste (1919). Suas investigações realizaram-se no domínio da Psicologia Experimental. Fundou o primeiro instituto húngaro de Psicologia. Transferiu-se, em 1921, para Amsterdã, onde fundou também um instituto de Psicologia, e lecionou na respectiva universidade (1932). Fundador e editor das *Acta Psychologica* e da Revista Holandesa de Psicologia. N. em 9-12-1878 (Siófok, Hungria) e m. em 19-8-1955 (Amsterdã). Bibliografia principal: *Zur Grundlegung der Ton-Psychologie* (1913), posteriormente reeditada (1943) com o título de *Musik-Psychologie; Psychology and Art of the Blind* (1950); *Talent und Genie* (1952); *Revision der Gestalt-Psychologie* (1953).

RHINE, JOSEPH BANKS — Psicólogo norte-americano, diretor do Laboratório de Parapsicologia da Universidade de Duke. Investigou por métodos empíricos, especialmente estatísticos, diversos problemas da Parapsicologia. Bibliografia principal: *Extra-Sensorial Perception* (1934), *New Horizons of the Soul* (1938), *O Alcance da Mente Humana* (1950), *Parapsychology* (1961), em colaboração com J. G. Pratt.

RICCO, LEI DE — Na Percepção Sensorial, é o princípio psicofísico descrito como *efeito cumulativo espacial*: para qualquer período de tempo ou qualquer duração temporal, quanto maior for a área de um foco de luz, mais fácil será vê-la. Portanto, o limiar diminui à medida que o foco de luz aumenta. A relação IA = C, sendo I a intensidade, A área e C uma constante, é válida para áreas retinianas até cerca de 1 grau. Assim, o efeito da luz sobre a retina acumula-se em toda a área (para o efeito cumulativo temporal, ver: BUNSEN-ROSCOE, LEI DE).

RIESMAN, DAVID — Professor de Sociologia em Buffalo, Chicago (1949) e Harvard (1958). Autor de importantes trabalhos de Sociologia e Psicologia Social, entre os quais se destacou uma notável contribuição para o estudo do caráter norte-americano. Bibliografia principal: *Civil Liberties* (1942), *The Lonely Crowd* (1950), *Faces in the Crowd* (1952), *Individualism Reconsidered* (1954).

RITMO ALFA — A forma mais comum de onda do eletroencefalograma proveniente do córtex adulto. As oscilações são uniformes, regulares, e, quando o sujeito está em repouso, não excedem 8-12 por segundo. Sin.: Ritmo de Berger e Onda Alfa.

RITUAL — Sistema de ritos e cerimônias a serem desempenhados regularmente e revestidos de um significado especial, religioso ou outro. Por exemplo: os rituais de iniciação em sociedades primitivas e sociedades secretas. A ordem e o modo de se fazer o treino de uma criança (hábitos de higiene pessoal, hábitos alimentares, etc.), segundo um padrão de *rotina* que os pais consideram inviolável. O comportamento, sem sentido e repetido, que faz parte das reações obsessivo-compulsivas.

ROGERS, CARL RANSOM — Influente e iconoclasta psicólogo norte-americano (1902–1987) que na década de 1940 rompeu com a psicanálise clássica com o intuito de defender o papel do paciente como participante ativo no tratamento. Sua formação acadêmica foi obtida na Universidade do Wisconsin, no Seminário Teológico da União e no Departamento de Ciências Pedagógicas da Universidade de Colúmbia, onde se interessou pela Psicologia Clínica. O seu mestrado em Psicologia foi-lhe concedido em 1928 e o doutorado em 1931, ambos na Universidade de Colúmbia. O seu primeiro cargo importante como profissional foi no Centro de Orientação de Rochester, em Nova York, onde compilou e desenvolveu o material para *O Tratamento Clínico da Criança-Problema* (1939). Em 1940 transferiu-se para a Universidade Estadual de Ohio, onde escreveu sua influente obra *Psicoterapia e Consulta Psicológica* (1942). Três anos depois, Rogers aceitou um cargo docente na Universidade de Chicago, onde passou a ser o diretor do Centro de Aconselhamento Psicológico. Em 1946, foi eleito presidente da APA. Em 1957, voltou a lecionar na Universidade de Wisconsin, onde iniciara sua carreira de estudante. Rogers foi um dos pioneiros no uso de grupos de encontro e, na década de 1960, juntou-se a vários colegas (Maslow, Rollo May, Goldstein, Gardner Murphy) para desenvolver a PSICOLOGIA HUMANISTA (ver). Suas principais obras, além das já citadas, são: *Terapia Centrada no Cliente* (1951), *Grupos de Encontro* (1957) e *Tornar-se Pessoa* (1961), talvez um de seus livros mais divulgados em todo o mundo. (Ver: TERAPIA CENTRADA NO CLIENTE)

ROHRACHER, HUBERT — Filósofo e psicólogo austríaco. Professor em Innsbruck (1932) e Viena (1942). Além de numerosos trabalhos muito difundidos de Psicologia Geral e de pesquisas sobre o caráter, Rohracher realizou diversas pesquisas fisiológicas, é um dos representantes do Naturalismo Científico em Psicologia. Bibliografia principal: *Persönlichkeit u.Schicksal* (1926); *Theorie des Willens auf experimenteller Grundlage* (1932); *Kleine Charakter Kunde* (1934); *Lehrbuch der experimentellen Psychologie* (1963).

ROMANCE FAMILIAR — Freud chamou romance familiar à fantasia consciente, mais tarde recalcada, em que a criança imagina ter sido adotada pelo casal com quem vive (seus pais), ou ser fruto de uma relação extraconjugal da mãe. São vários os objetivos dessa ficção: vingança contra os pais frustradores, rivalidade com o genitor do mesmo sexo, eliminação da concorrência com irmãos e irmãs.

ROMBERG, SINTOMA DE — É o sinal de grave lesão no sistema nervoso (especialmente na coluna posterior da medula espinal): a pessoa cai ou oscila excessivamente quando está de pés juntos e com os olhos fechados. Mas também pode ser de origem funcional ou histérica.

RORSCHACH, HERMANN — Médico psiquiatra suíço (1884–1922). Efetuou seus estudos em Neuenburgo, Zurique, Berna e Berlim, formando-se em 1910, ano em que desposou uma colega russa que logo se transformou em sua colaboradora. Médico-assistente no asilo psiquiátrico de Münsterlingen e, em seguida, no de Münsingen. Em 1913, é convidado a ocupar o cargo de diretor clínico numa casa de saúde particular de Moscou, onde permaneceu um ano, logo regressando à Suíça. Em 1914-1915, exerceu suas funções de médico na clínica psiquiátrica de Waldau para, em seguida, ir desempenhá-las no Asilo Herisau, onde à morte o surpreendeu prematuramente, aos 38 anos de idade, vítima de uma crise de apendicite aguda, agravada por peritonite. Criador de um método de psicodiagnóstico através de uma técnica projetiva — o chamado teste dos borrões de tinta para interpretação de formas perceptuais fortuitas — seu trabalho (fruto de pesquisas iniciadas em 1911, mas só publicado em 1921, sob o título de *Psychodiagnostik*) é ainda hoje considerado um clássico no gênero.

RORSCHACH, PSICODIAGNÓSTICO DE — Uma das técnicas projetivas de avaliação da personalidade mais divulgadas e utilizadas na psicologia clínica. Foi elaborada e sistematizada pelo psiquiatra suíço Hermann Rorschach como meio de psicodiagnóstico. Consiste na apresentação ao sujeito de 10 pranchas contendo borrões de tinta bissimétricos. Cinco dos borrões são em branco-e-preto, com várias zonas matizadas (graduações de cinzento); dois contêm preto, branco e cores em várias quantidades; três são de diversas cores. As pranchas são apresentadas ao sujeito em posição e seqüência prescritas e pergunta-se-lhe: "A que é que se parece? O que é que isto poderia ser?" As respostas são categorizadas e avaliadas de acordo com fatores tais como o montante de movimento visto, o conteúdo do borrão, respostas à cor, forma, tonalidade e originalidade. As respostas à cor são indicativas da vida emocional e impulsiva do sujeito. A forma e a localização constituem importantes índices da apercepção global do indivíduo ou abordagem do seu mundo. O movimento é indicativo de introversão. As respostas originais indicam inteligência, embora as respostas bizarras possam ser indicadoras de perturbação mental. O número de proporções também é calculado e avaliado para se obter os escores do Rorschach. Os dados finais obtidos constituem um *diagnóstico* da personalidade como um todo. Mas cada categoria de resposta também é suscetível de refletir a ação de determinados traços da personalidade — razão por que o teste se emprega igualmente no *prognóstico* psiquiátrico. (Ver: PROJEÇÃO, TÉCNICA DE)

Quadro dos Símbolos e Fórmulas Utilizados no Psicodiagnóstico de Rorschach

R	Número total de respostas.
T. lat.	Tempo de latência ou de reação: o tempo decorrido entre a apresentação da prancha e a primeira resposta.
T. lat. méd.	Tempo de latência ou de reação média: o tempo de latência nas 10 pranchas dividido por 10 (ou 10 — o número de pranchas recusadas).
T./pl. (T./pr.)	Tempo por prancha: tempo de passagem de cada prancha.
T. t.	Tempo total: tempo total da passagem da prova (não incluído o questionário).
T./rep. (T./resp.)	Tempo por resposta: tempo total/número de respostas.

Posição da prancha, viragens, rotações

$\wedge$	Posição direita.
$\vee$	Posição invertida (180°).
$<$	Posição lateral esquerda (90°).
$>$	Posição lateral direita (90°).
G	Resposta global.
G%	$100 \times \Sigma\, G/R$.
DG, DdG, DblG (DbrG)	Resposta global a partir de um D, Dd ou Dbl. Estas respostas são contadas como G.
D	Resposta de grande detalhe; cf. lista dos D.
D%	$100 \times \Sigma\, D/R$.
DdD, DblD (DbrD)	Resposta de grande detalhe a partir de um Dd ou Dbl. Estas respostas são contadas como D.
Dd	Resposta-pequeno detalhe.
Dd%	$100 \times \Sigma\, Dd/R$.
Dbl (Dbr)	Grande detalhe branco.

Ddbl (Ddbr)	Pequeno detalhe branco.
Dbl% (Dbr%)	100 (Σ Dbl/R + Σ Ddbl/R).
Do	Detalhe oligofrênico ou inibitório.
Do%	100 x Σ Do/R.
Z	Coeficiente de organização, segundo Beck.
T.A.	Tipo de apreensão; fórmula que exprime o número relativo dos diferentes modos de apreensão (os elementos que excedem a norma são sublinhados, os que lhe são inferiores são sobrelinhados).
Sucessão (Suc.)	Ordem na qual se sucedem os diferentes modos de apreensão em cada prancha.
F	Resposta determinada unicamente pela forma do borrão.
F +	Boa forma.
F −	Má forma.
F ±	Forma indeterminada.
F + %	Percentagem de boas formas em relação ao total de respostas-forma (Σ F): F + % = 100 (F + 0,5 F ±)/Σ F
F%	Percentagem de respostas-forma em relação ao total de respostas (R): $F\% = \dfrac{100 \times \Sigma F}{R}$
K	Cinestesia humana.
kan	Cinestesia animal.
kob	Cinestesia de objeto.
kp	Cinestesia humana vista num Dd ou fragmento de forma humana vista em movimento.
Σ k	Cinestesias menores: Σ kan + Σ kob + Σ kp.
C	Resposta-cor pura: valor de 1,5 na Σ C.
CF	Resposta cor-forma: valor de 1 na Σ C.
FC	Resposta forma-cor: valor de 0,5 na Σ C.
′	O sinal ′ atribuído a C indica a utilização do preto, cinzento e branco como cor de superfície. Segundo a importância relativa de C′ e de F, temos três tipos de respostas: C′, C′F e FC′. As C′,C′F e FC′ são incluídas na Σ C. Os seus valores são análogos aos de C, Cf e FC.
Σ C	Total de respostas-cor: 1,5 C + 1 CF + 0,5 FC.
Cn	Denominação cor.
E	Resposta tonalidade pura. Valor de 1,5 na Σ E.
EF	Resposta tonalidade-forma. Valor de 1 na Σ E.
FE	Resposta forma-tonalidade. Valor de 0,5 na Σ E.
Σ E	Total de respostas-tonalidade: 1,5 E + 1 EF + 0,5 FE.
Clob (Cles)	Resposta claro-escuro pura.
ClobF (ClesF)	Resposta claro-escuro forma.
FClob (FCles)	Resposta forma claro-escuro. As respostas que comportam Clob não entram em fórmula alguma.
T. R. I.	Tipo de ressonância íntima: fórmula que exprime a relação entre as cinestesias humanas e as respostas-cor. T. R. I.: x K/ y Σ C.
Extratensivo puro:	o K para y Σ C.
Extratensivo misto:	x K < y Σ C.
Introversivo puro:	x K para o Σ C.
Introversivo misto:	x K > y Σ C.

	Ambígual: $x\,K = y\,\Sigma\,C$.
	Coartado: $o\,K = o\,C$.
F.c.	Fórmula que exprime a relação entre as cinestesias não-humanas e as respostas-tonalidade:
	F. C. = (kan + kob = kp)/ Σ E
RC%	Relação do número de respostas dadas nas pranchas VIII, IX e X com o número total de respostas:
	RC% = 100 x $\dfrac{\text{Número de respostas VIII + IX + X}}{R}$
A	Resposta animal.
Ad	Resposta de detalhe animal.
A%	Percentagem de respostas animais em relação ao número total de respostas:
	A% = 100 x $\dfrac{A + Ad}{R}$
H	Resposta humana.
Hd	Resposta de detalhe humano.
H%	Percentagem de respostas humanas em relação ao número total de respostas:
	H% = 100 x $\dfrac{H + Hd}{R}$
Ban	Resposta banal.
Ban%	Percentagem de respostas banais em relação ao número total de respostas:
	Ban% = 100 x $\dfrac{Ban}{R}$
Orig. (Or.)	Resposta original.
Viv.	Tipo de vivência.
Pais.	Paisagem.

ROSENZWEIG, TESTE DE — Teste projetivo destinado a avaliar a natureza e direção dos impulsos agressivos resultantes da frustração. Também conhecido pelo nome de *Teste G-F (Gravura-Frustração)*, é apresentado num caderno que contém cenas comuns da vida cotidiana (por exemplo, uma pessoa é despertada, de madrugada, pela campainha do telefone). Há sempre dois personagens, um que fala e outro que replica. Cabe ao examinando completar as respostas que julga terem sido dadas pelo personagem que reage à frustração. O teste é apurado mediante um complexo sistema de cotação, no qual se distinguem respostas intrapunitivas, extrapunitivas e impunitivas, por um lado, e obstáculo-dominantes, necessidade-persistentes e ego-defensivas, por outro lado. A adaptação brasileira foi recentemente editada, tendo a sua elaboração e padronização sido efetuada pela psicóloga Eva Nick.

ROSTAN, TIPOS DE PERSONALIDADE DE — Ver: (PERSONALIDADE, TIPOS DE).

ROTAÇÃO DOS EIXOS — Em análise fatorial, é o nome dado à fase do processo em que os eixos de referência da configuração vetorial são submetidos a uma rotação, quer no sentido dos ponteiros do relógio, quer no sentido inverso. A rotação pode ser efetuada mediante procedimentos gráficos ou analíticos e de acordo com diversos critérios, dos quais o mais conhecido é o da estrutura simples de Thurstone.

RUBIN, FIGURA DE — Famosa figura ambígua em que tanto se pode distinguir um vaso no meio do quadro (vaso branco contra fundo escuro), como dois rostos de perfil, voltados um

para o outro (figuras escuras) e separados por um fundo branco. É o fenômeno da bilateralidade dos contornos e arestas de objetos definidos, explicado por Donald O. Hebb como um caso de *seqüência fásica* da percepção sensorial (cf. Julian Hochberg, *Percepção*, 1966).

RUBINSTEIN, SERGEI L. — Psicólogo e pedagogo soviético. Professor da Universidade de Moscou. Realizou importantes trabalhos nos domínios da Psicologia Experimental, nomeadamente sobre os fenômenos da fala e da memória. N. em 19-6-1889 (Odessa); m. em janeiro de 1960 (Moscou). Bibliografia principal: *Fundamentos da Psicologia Geral; Ser e Consciência; Princípios e Rumos da Psicologia* (1959).

SABOTAGEM MASOQUISTA — Em Psicanálise, toda e qualquer ação francamente destrutiva ou deliberadamente obstrutiva que tenha por motivo subjacente provocar uma punição sobre o próprio indivíduo que a pratica.

SACIEDADE — Plena gratificação de um apetite ou, mais genericamente, de uma necessidade ou desejo. Estado do organismo quando o objeto necessitado é fornecido de modo tão completo que o apetite ou desejo se extingue em conseqüência da gratificação obtida. Estado de relativa insensibilidade à estimulação que se segue a uma série de estímulos intimamente relacionados.

SADISMO — Prática psicopatológica que consiste em maltratar uma pessoa com requintes de perversidade. Tal prática foi descrita em novelas da autoria do Marquês de Sade (1740–1814), de quem recebeu o nome. As tendências sádicas podem estar associadas à satisfação sexual, a vivências fantásticas ou a atitudes sociais (vingança, humilhação, exploração) que frustrem ou impeçam os desejos de outras pessoas, substituindo ou reforçando a dor física que lhes é infligida. Em Psicanálise, as manifestações sádicas são consideradas conseqüências do ressentimento infantil pelas punições e outros atos de repressão ou retaliação que a criança sofreu durante o treino da higiene pessoal, criação de hábitos alimentares, etc. Assim, o *sadismo oral*, caracterizado pela propensão para morder e destruir com os dentes, teria base psicogenética na frustração infantil decorrente do desmame; e o *sadismo anal*, na repressão, pelos pais, das manifestações de indisciplina defecatória do estágio anal.

SADISMO INVERTIDO — Repressão ativa de fortes tendências sádicas. Manifesta-se no medo e vergonha de qualquer expressão consciente de hostilidade e agressividade, e tem por conseqüência, no comportamento, uma atitude de desânimo e inércia.

SADOMASOQUISMO — Tendência simultânea para o sadismo e o masoquismo. Desvio sexual em que a excitação erótica está vinculada à inflação (sadismo) ou sofrimento (masoquismo) de dor, comumente considerado perversão. Segundo a teoria psicanalítica da sexualidade infantil, a atividade sadomasoquista é característica das tendências destrutivas da criança frustrada em sua excitação e (ou) satisfação erótica, durante os estágios oral e anal do seu desenvolvimento psíquico.

SANDER, FIGURA DE — Ilusão óptica construída da seguinte maneira: dois paralelogramos contínuos, de diferentes dimensões, dentro dos quais existem duas diagonais de comprimento idêntico. A diagonal do paralelogramo maior parece ser maior.

SANDER, FRIEDRICH — Professor em Leipzig (1925), Gieszen (1929), Jena (1933), Berlim (1949) e Bonn (1954-1960). Co-fundador da segunda escola de Leipzig, com Spranger, Volkelt, F. Krueger, O. Klemm e outros, que formulou a teoria psicológica estruturalista. Sander efetuou a conjugação da filogênese e da ontogênese com os princípios da *atualgênese*. Bibliografia principal: *Experimentelle Ergebnisse der Gestalt-Ps.*, 1928; *Structure, totality of experience and Gestalt*, 1930; *Funktionale Strucktur, Erlebnisganzheit und Gestalt*, 1942; *Personales Sein und Test-Ps.*, 1954; *Ganzheits-Psychologie*, 1962 (em colaboração com Volkelt). (Ver: ESTRUTURALISMO/SANDER, FIGURA DE)

SANGÜÍNEO, TEMPERAMENTO — Classificação muito antiga da personalidade, caracterizada pelo ardor, otimismo, fogosidade e entusiasmo. Supunha-se que o sangue era a causa desse tipo de comportamento.

SARTRE, JEAN-PAUL — Principal iniciador do Existencialismo francês. (Ver: PSICOLOGIA EXISTENCIALISTA)

SATISFAÇÃO — Estado de um organismo quando as tendências dominantes da motivação atingiram seu objetivo ou finalidade. Edward L. Thorndike, em *The Psychology of Wants, Interests and Attitudes* (1935), define satisfação como "o estado que o animal nada faz por evitar, freqüentemente fazendo coisas que o mantenham ou renovem".

SAÚDE MENTAL — Estado relativamente constante da pessoa emocionalmente bem ajustada, com gosto pela vida, capacidade comprovada de auto-realização e de autocrítica objetiva. É um estado positivo e não a mera ausência de distúrbios mentais. Para os teóricos do Eu (Rogers, Maslow, Murphy), o princípio básico da saúde mental é o de *auto-realização* (Rogers) ou *individuação* (Maslow). A psicoterapia é um procedimento para a satisfação sistemática de necessidades, a fim de permitir a individuação do paciente. A personalidade *saudável*, dotada de autonomia individual e de autodireção, tem um forte sentido de identidade pessoal, mas também é capaz de experiências "místicas" ou "oceânicas", em que o indivíduo se identifica com outras pessoas, a ponto de parecer fundir-se com toda a humanidade ou até mesmo com toda a natureza. Tem uma percepção eficiente da realidade (distinção entre o espúrio e o real, o falso e o autêntico, o desonesto e o honesto) e uma qualidade de "desprendimento", definida como a capacidade de concentração, abstração produtiva e aptidão para estar só sem desconforto. A ansiedade e a insatisfação resultam de discrepâncias entre o conceito de Eu real e de Eu ideal da pessoa. A congruência entre esses dois conceitos é uma das mais importantes condições de bem-estar e felicidade pessoal e uma das metas da psicologia do Ser como método de correção da personalidade. (Ver: PSICOLOGIA DO SER)

SAWREY, CAIXA DE — Também chamada "Caixa de Conflito". Dispositivo experimental criado pelo psicólogo americano James M. Sawrey para estudar com animais (habitualmente ratos) os processos de frustração e conflito. É constante de uma caixa retangular cujo piso está formado por uma grelha de latão eletrificada, dividida em três partes. Em cada extremidade da caixa existe uma plataforma — uma com alimento e outra com água. As partes mais próximas da comida e da água têm uma carga elétrica. O animal é colocado na seção do meio (parte segura) e para obter ou o alimento, numa extremidade, ou a água, na outra extremidade, deverá atravessar as seções eletrificadas da grelha. Criam-se desta forma situações de conflito do tipo abordagem-evitação e evitação-evitação, que permitem investigar as alterações do comportamento psicológico (frustração, depressão) e mesmo certos fatores deletérios para a saúde física dos sujeitos (desenvolvimento de úlceras, por exemplo), decorrentes do confronto com um conflito insolúvel.

SCHULTZ, JOHANNES HEINRICH — Psiquiatra e neurólogo berlinense. Deu grandes contribuições à Psicologia Clínica e psicoterapia, sobretudo através do método de treino autógeno. Bibliografia principal: *Die seelische Krankenbehandlung* (*Psychotherapie*), 1918; *Das Au-

togene Training (1932); *Bionome Psychotherapie* (1951); *Geschlecht, Liebe, Ehe* (1951); *Arzt und Neurose* (1953); *Praktischer Arzt und Psychotherapie* (1953); *Hypnose-Technik* (1959).

SCHULTZ-HENCKE, HARALD — Psicoterapeuta e psicólogo de Profundidade. Um dos principais representantes alemães da Neopsicanálise. N. em 18-8-1892 (Berlim); m. em 23-5-1953 (Berlim). Bibliografia principal: *Der gehemmte Mensch, Entwurf eines Lehrbuches der Neo-Psychoanalyse* (1947); *Lehrbuch der Traumanalyse* (1949); *Lehrbuch der analytischen Psychotherapie* (1951); *Das Problem der Schizophrenie, Analytische Psychotherapie und Psychose* (1952). (Ver: NEOPSICANÁLISE)

SCORE (ingl.) — Ver ESCORE.

SECCIONAMENTO, MÉTODO DE — É uma das várias técnicas empíricas usualmente utilizadas para estimar a fidedignidade de um teste. Também conhecido pelo nome de *método das metades*, consiste em dividir o teste ao meio segundo um determinado critério (itens pares e ímpares, por exemplo) e correlacionar os subescores assim obtidos. Este coeficiente é depois "corrigido", mediante o emprego da fórmula de Spearman-Brown. (Ver: SPEARMAN-BROWN, FÓRMULA DE)

SECREÇÃO — Produção e descarga, por um órgão ou tecido, de uma substância fisiologicamente ativa.

SEDUÇÃO, TEORIA DA — No começo de sua carreira como psicanalista, Freud apresentou, entre 1895 e 1897, uma teoria da sedução como modelo metapsicológico que conferia base etiológica à recordação de cenas de sedução no surgimento das neuroses. A teoria acabou sendo abandonada e as cenas de sedução foram colocadas entre as fantasias originárias. (Ver: CENA PRIMORDIAL, FANTASIAS ORIGINÁRIAS)

SEGREGAÇÃO — Destaque de um grupo de fenômenos psicológicos dos fenômenos adjacentes e sua organização em grupo distinto e coerentemente formado. O conceito provém da Psicologia da Gestalt e do estudo das relações figura-fundo, mas foi generalizado a todo e qualquer fenômeno psicológico.

SEGURANÇA — Estado em que a satisfação de necessidades e desejos se encontra garantida. Atitude complexa de autodomínio, sangue-frio, presença de espírito e confiança nos próprios recursos, aliada à certeza de se pertencer a um grupo social valorizado.

SEGURANÇA, DISPOSITIVO DE — Segundo Karen Horney (*A Personalidade Neurótica do Nosso Tempo*), é um expediente por cujo intermédio um neurótico tenta fazer frente à hostilidade do seu meio ambiente, procurando meios indiretos que o protejam de qualquer ameaça.

SEGURANÇA EMOCIONAL — Estado em que a pessoa sente garantida a satisfação de suas necessidades emocionais, especialmente da sua necessidade de ser amada.

SELEÇÃO — Escolha de um item para inclusão num grupo, classe ou categoria; ou a emergência de certos itens, pertencentes a um grupo distinto, em conseqüência da aplicação de um determinado critério ou princípio operacional.

SELEÇÃO, MÉTODO DE — Método em que o sujeito escolhe, entre diversos estímulos, aquele que julga ser igual ao estímulo-padrão.

SELEÇÃO PROFISSIONAL — Escolha, entre os candidatos a um cargo, daqueles que têm maiores probabilidades de se ajustar aos requisitos dele.

SELETIVA, INATENÇÃO — Respostas perceptuais que não são guiadas pelos aspectos percebidos do meio circundante. (Ver: PERCEPTUAL, DEFESA; PERCEPÇÃO SUBLIMINAR)

SELETIVA, RESPOSTA — Uma resposta que foi diferenciada de um certo número de possíveis respostas alternativas. (Ver: TESTE DE RESPOSTA SELETIVA)

SEMÂNTICA — Ciência que estuda o significado evolutivo das palavras e outros símbolos que servem à comunicação humana. Conjunto de regras que descreve o modo como os sinais (ou signos) se relacionam com os objetos. Sin.: Semiótica e Semiologia.

SEMÂNTICA, TERAPIA — Método de tratamento que procura aperfeiçoar o ajustamento psicológico mediante a correção das interpretações defeituosas de palavras com elevado teor emocional. Segundo a teoria semiótica, os conteúdos psíquicos só são conhecidos através do sistema de comunicação (fala) e do significado ou interpretação que se inculca às palavras (hermenêutica). Se houver um defeito hermenêutico, este se refletirá inevitavelmente no comportamento. Ch. Morris (*Foundations of the Theory of Signs*, 1938) foi o responsável pelo grande incremento dado, nos Estados Unidos, à terapia semântica, que dividiu em três categorias de interpretação da comunicação entre o paciente e o psicoterapeuta: pragmática, sintática e semiótica (cf. Ch. Osgood, *Measurement of Meaning*, 1958; R. Carnap, *Introduction to Semantics*, 1948; Ch. Morris, *Signs, Language and Behavior*, 1946; W. Stegmüller, *Das Warheitsproblem und die Idee der Semantik*, 1957).

SEMÂNTICO, ACONSELHAMENTO — Método de orientação pedagógica e psicoterapêutica baseado no pressuposto de que os problemas de ajustamento são causados por dificuldades na interpretação de significados.

SEMÂNTICO, CONDICIONAMENTO — O condicionamento de uma palavra (estímulo condicionado) ao objeto que ela simboliza (estímulo não-condicionado).

SEMÂNTICO, DIFERENCIAL — Técnica desenvolvida por Charles Osgood, na Universidade do Illinois, que permite analisar quantitativamente a carga emocional, isto é, o valor conotativo de diferentes estímulos (conceitos, sons, etc.). Permite apurar, num "espaço semântico", o valor afetivo que o indivíduo atribui a um estímulo qualquer. Com o auxílio de cerca de 20 escalas cuidadosamente selecionadas (belo/feio, alegre/triste, sensual/austero, etc.), uma amostra representativa da população indica a direção da carga emocional (positiva/negativa) associada ao estímulo, assim como a intensidade da sua reação (muito, pouco, etc.).

SEMANTOGÊNICO, DISTÚRBIO — Perturbação definida por A. Tarski (*Der Warheitsbegriff in den formalisierten Sprachen*, 1936) como o desajustamento de personalidade resultante de uma persistente compreensão defeituosa do significado de palavras de elevado teor emocional. (Ver: SEMÂNTICA, TERAPIA)

SEMELHANÇA — Correspondência entre vários dados ou elementos, num aspecto determinável. A propriedade de dois ou mais dados que possuem algumas características exatamente idênticas, mas não todas. Sin.: Identidade Parcial. Na Psicologia da Gestalt, a semelhança é uma das leis básicas da organização das formas perceptuais: "Se duas coisas são semelhantes, tendemos a percebê-las como pertencentes ao mesmo conjunto."

SEMIOLOGIA — No domínio da Medicina, é o estudo sistemático dos sintomas de doenças específicas. Sin.: Sintomatologia. Para as demais acepções do termo, ver: SEMÂNTICA.

SEMIOPATIA — Termo criado por T. Burrow para designar o uso indiscriminado ou patológico dos símbolos. A terapia semiótica procura corrigir a interpretação defeituosa de símbolos a que o indivíduo atribuiu elevada carga emocional, ajudando-o a reinterpretá-los em bases racionais.

SEMIÓTICA — Ver: SEMÂNTICA.

SENILIDADE — A velhice. Perda de funções mentais e físicas por causa da avançada idade. Sin.: Senescência.

SENILISMO — Manifestações somáticas ou de comportamento próprias da senilidade, mas que se registram em idade em que não se justificam ainda, razão por que se lhe dá habitualmente o nome de *senilidade prematura*.

SENSAÇÃO — Processo elementar de sentir, considerado em termos abstratos, sem prévia análise ou interpretação do estímulo responsável pela experiência.

SENSAÇÃO, ENERGIA ESPECÍFICA DA — Teoria de que a qualidade sensorial é, primordialmente, função do mecanismo sensorial e relativamente independente do estímulo. Por exemplo, um estímulo quente, aplicado num órgão receptor para frio, provoca frio e não calor.

SENSAÇÃO MÁXIMA — Intensidade de uma sensação que não sofre qualquer incremento, mesmo que se aumente o estímulo.

SENSIBILIDADE — Capacidade de sentir em geral ou de modo particular; por exemplo, sensibilidade visual. Sin.: Receptividade. Suscetibilidade aos Sentimentos e Emoções. Sensitividade (pouco usado).

SENSÍVEL — Qualidade que caracteriza o objeto capaz de ser apreendido, no todo ou em parte, pelos sentidos em virtude de sua intensidade ou situação acima do limiar da percepção.

SENSORIAIS, ÓRGÃOS — Ver: SENTIDOS.

SENSORIAL — Características de um órgão dos sentidos e suas atividades. (Ver: PERCEPÇÃO SENSORIAL)

SENSORIAL, CAMPO — Conjunto de estímulos que afetam um órgão receptor em determinado momento. O conjunto de coisas que afetam a *totalidade* das experiências pessoais, através dos sentidos, em dado momento, chama-se campo perceptual.

SENSORIAL, CONDICIONAMENTO — Apresentação simultânea, ou em rápida seqüência, de dois estímulos (por exemplo, uma luz e um som), às vezes suficientes para que um estímulo possa ser substituído pelo outro na indução de uma resposta (reação) específica. (Ver: CONDICIONAMENTO)

SENSORIAL, DISCRIMINAÇÃO — Reação às diferenças nos dados sensoriais ou nos estímulos perceptuais.

SENSORIAL, DISTÂNCIA — Intervalo que separa dois dados sensoriais, em dada dimensão de sensação. Pode expressar qualidade, intensidade, duração, ordem temporal ou espacial, tal como seja *diretamente* apreendida.

SENSORIAL, ILUSÃO — Apreensão errônea de um objeto, diretamente causada pelo mecanismo sensorial ou pelas relações inerentes à situação objetal. Sin.: Ilusão Perceptual.

SENSORIAL, IMPRESSÃO = DADO SENSORIAL — O fato inferido de que as áreas sensoriais do cérebro ou, de modo geral, os mecanismos sensoriais (receptores, nervos aferentes e áreas de projeção sensorial) foram estimulados por um específico processo receptor. Os behavioristas preferem usar esta designação em vez de *sensação*, que consideram metafisicamente discutível.

SENSORIAL, NERVO — Nervo que liga um órgão receptor com a medula ou o cérebro. Em alguns casos, o terminal periférico do nervo sensorial é o proprioceptor.

SENSORIAL, PRÉ-CONDICIONAMENTO — Dispositivo experimental em que dois estímulos (entre os quais não há generalização de estímulo) são apresentados repetida e consecutivamente, após o que o animal é condicionado para reagir de modo específico ao segundo. O pré-condicionamento sensorial manifesta-se se o primeiro estímulo provocar a reação condicionada. (Ver: CONDICIONAMENTO)

SENSUALIDADE — Gratificação obtida através da estimulação dos sentidos, especialmente dos *inferiores*. Emprega-se sobretudo em relação à gratificação sexual (voluptuosidade). Não confundir com SENSUALISMO (Ver).

SENSUALISMO — Doutrina formulada por Locke (*Ensaio sobre o Entendimento Humano*, 1690), segundo a qual todas as idéias resultam de experiências externas (sensações). Tudo o mais são *imagens* e *reflexões* que se combinam a partir dessas experiências iniciais. O empirismo de Locke baseou-se neste axioma sensualista: *nihil est in intellectu quod prius non fuerit in sensu* (nada existe no intelecto que não tenha estado previamente nos sentidos).

SENTENÇAS INCOMPLETAS, TESTES DAS — Testes projetivos que consistem em solicitar do sujeito que complete uma lista previamente selecionada de frases inacabadas, por exemplo: "Eu gosto de..." Essas frases incompletas podem dirigir o sujeito para associações relacionadas com temas pertinentes à sua personalidade.

SENTIDOS — Conjunto de órgãos cuja estimulação dá início ao processo interno de percepção sensorial. Consiste nos terminais dos nervos aferentes (condutores) e nos agrupamentos de células, associadas a esses terminais, que se especializam na recepção de uma forma específica de energia estimulante. As várias especializações constituem as *modalidades sensoriais* divididas em três grupos: I. SENTIDOS DE DISTÂNCIA: (a) *Visão*, (b) *Audição*. II. SENTIDO DA PELE: (c) *Tato*, (d) *Temperatura* e (e) os sentidos químicos do *paladar* e *olfato*. III. SENTIDOS DE PROFUNDIDADE: (f) *Cinestesia* (posição e movimento dos músculos e articulações), (g) *Equilíbrio* (sentido vestibular) e (h) *Estabilidade Interna* (equilíbrio e sensações dos órgãos internos). (Ver: PERCEPÇÃO SENSORIAL e cada SENTIDO, separadamente)

SENTIMENTALISMO — Emoção superficial e débil, sem causa justificável. Excesso de emoção ou sentimento como motivo de prazer (sentimentalismo deriva de *sentimental*, não de sentimento, sendo aconselhável manter a distinção).

SENTIMENTO — Disposição complexa da pessoa, predominantemente inata e afetiva, com referência a um dado objeto (outra pessoa, coisa ou idéia abstrata), a qual converte esse objeto naquilo que é para a pessoa. O sentimento é simultaneamente identificado pelo objeto e por certas relações entre a pessoa e esse objeto. Tais relações implicam, além do afeto central, a influência de elementos mentais (ou psíquicos) consentâneos com as emoções englobadas nesse afeto.

SENTIMENTO, TEORIA TRIDIMENSIONAL DO — Teoria proposta por Wundt segundo a qual um sentimento ou afeto possui três dimensões: prazer-desprazer, excitação-quiescência, tensão-relaxação.

SENTIR — Receber impressões sensoriais de um objeto ou situação. Tocar e explorar um objeto com a superfície do corpo, especialmente os dedos. Experimentar um estado corporal genérico: sentir-se bem, sentir frio, sentir uma dor, associado a emoções, valências ou afetos. (Ver: SENTIDOS)

SEQÜÊNCIA — Sucessão de coisas uma após outra, por ordem de seu aparecimento ou ocorrência. Nos testes de Rorschach, é a ordem em que o sujeito responde à totalidade, contornos, detalhes e mínimos detalhes nos borrões de tinta.

SEQÜÊNCIA EMOCIONAL, TEORIA DA — Procurando solucionar definitivamente a questão das relações entre a experiência emocional e a expressão corporal, que ficara em parte por resolver nas teorias James-Lange e Cannon-Bard (ver), a psicóloga Magda Arnold salientou que as hipóteses anteriores davam maior ênfase à segunda parte da seqüência (emoção-expressão) e desprezavam o seu componente inicial: a percepção. Nem todas as percepções redundam em reação emocional, pelo que tem de haver um mecanismo que avalie a situação. M. Arnold (*Emotion and Personality*, 1960) sugeriu a seguinte seqüência: (1) *Percepção* — recepção neutra de estímulos externos; (2) *Avaliação* — apreciação e triagem dos estímulos como bons ou maus, benéficos ou nocivos; (3) *Emoção* — tendência favorável aos estímulos bons e oposta aos que se julgam maus: (4) *Expressão* — padrão de alterações fisiológicas organizadas no sentido de aproximação ou evitação, distinto para cada emoção; (5) *Ação* — aproximação ou evitação.

SÉRIE, EFEITO DA POSIÇÃO NA — É a influência que a posição de um determinado item exerce sobre a correta aprendizagem de uma série de itens. (Ver: LEI DA SÉRIE)

SÉRIE, LEI DA — Lei estabelecida por Paul Kammerer, de Viena, segundo a qual as experiências humanas mostram tendência para ocorrer em série, em lugar de se apresentarem simultaneamente. A lei baseou-se na observação do comportamento de sujeitos durante a execução de testes de aprendizagem, tendo-se verificado que, em face de um grupo de estímulos, as reações (ou respostas) obedeciam a uma ordem exatamente prescrita, ou seja, ocorriam de acordo com uma série integrada de atos. A partir desta lei, estabeleceram-se vários *métodos de aprendizagem em série,* também designados por *associação em série* e *comportamento em cadeia*.

SET (ingl.) — Ver: DISPOSIÇÃO.

SEXO — Caracterização do organismo com base nos órgãos de reprodução e diferenças anatômicas entre macho e fêmea. Quanto aos órgãos de reprodução, a distinção baseia-se entre os organismos que contêm células espérmicas (homem) e células ovulares (mulher). (Ver: SEXUAL)

SEXUAL — Tudo o que diz respeito às funções reprodutoras da espécie. À parte o seu significado geral, sexo e sexual estão implícitos numa série de outros termos amplamente usados em Psicologia: (a) *erótico* — relativo às sensações, motivos e sentimentos inspirados pelo impulso sexual; nesta acepção, também se emprega a expressão psicossexual, significando a conjugação da atividade ou comportamento sexual com os sentimentos eróticos; (b) *amoroso* — relativo à prática amorosa quando o comportamento sexual está envolvido; (c) *libidinal* — relativo às funções do comportamento e à experiência sexual que lhes estiver associada; é termo largamente usado em comportamento e à experiência sexual que lhes estiver associada; é termo largamente usado em Psicanálise (ver: LIBIDO); (d) *sensual* — relativo à gratificação sexual ou à tendência para uma excessiva preocupação com o sexo (para outros significados, ver: SENSUALIDADE E SENSUALISMO).

SEXUAL, ANOMALIA — Comportamento na esfera sexual que se desvia do normal, mas não é necessariamente considerado patológico. O termo para as anomalias patológicas (quer sejam socialmente condenáveis ou não) é *perversão* e, por vezes, *inversão*. (Ver: PERVERSÃO)

SEXUAL, IDENTIDADE — Segundo Erik Erikson, é uma das dimensões requeridas para o desenvolvimento adequado da identidade pessoal. Um papel sexual apropriado consiste no indivíduo ver-se totalmente masculino ou totalmente feminino e sentir-se à vontade em seus contatos com os membros de ambos os sexos contribui de forma decisiva para o seu sentido de identidade. Uma identidade sexual inadequada resulta naquilo a que Erikson chamou "difusão bissexual". (Ver: PERSONALIDADE, DESENVOLVIMENTO PSICOSSOCIAL DA)

SEXUALIDADE INFANTIL, TEORIA DA — Segundo a teoria psicanalítica freudiana, a criança tem, desde que nasce, capacidade para as experiências sexuais, que se refletem em seu comportamento consciente ou inconsciente. O modo como a energia sexual — a *libido* — se desenvolve na criança (quer normal, quer bloqueada e desviada para canais patológicos) é de grande significado no desenvolvimento total do indivíduo e em sua capacidade de ajustamento aos problemas da vida. Em seu estágio inicial, a libido caracteriza-se por seu *polimorfismo perverso* visto fixar-se, sucessivamente, em diversas partes do corpo. A primeira fonte de satisfação infantil localiza-se na *região oral*, isto é, o prazer psicossexual é obtido nas atividades de mamar (sucção), mastigar, morder. O desmame interfere depois com essa fonte de satisfação e a libido infantil é então dirigida para nova região erógena — o ânus — e o prazer é obtido através da defecação e manipulação das fezes. Diz-se que a sexualidade infantil evoluiu do estágio de *erotismo oral* para o de *erotismo anal*. Este último acabará sendo frustrado pelo treino de higiene íntima e a criança progride para o estágio de *erotismo fálico*, em que a satisfação da energia sexual deriva da masturbação. Segue-se um *período de latência*, em que a sexualidade é totalmente reprimida, após o que o indivíduo atinge a maturidade — *estágio genital* — em que a gratificação sexual será obtida através da união heterossexual própria do adulto. Podem ocorrer "fixações" em qualquer desses estágios psicossexuais, aceitando-se até a possibilidade de que o adulto maduro e razoavelmente bem ajustado tenha sempre alguns vestígios de imaturidade decorrentes do seu desenvolvimento sexual infantil. Contudo, as fixações notoriamente "anormais" resultam numa estrutura de caráter fragilmente desenvolvida. No decurso do seu desenvolvimento psicossexual, a criança também busca um objeto externo para satisfazer seus desejos eróticos e, em virtude da proximidade e ternura parental, o objeto escolhido é a mãe (ou o pai, isto é, sempre o indivíduo do sexo oposto ao da criança). No rapaz, esse complexo de desejos recebeu o nome de *Complexo de Édipo;* na menina, *Complexo de Electra*. Como a criança teme a retaliação por parte da mãe (ou pai), em virtude de seus desejos "incestuosos", acaba por reprimi-los e uma parcela considerável da energia libidinal é dirigida para a *socialização*. O início desta fase do desenvolvimento assinala o fim do período infantil e o começo do já citado período de latência, que dura até a puberdade. Com o início da puberdade, é atingida a sexualidade genital adulta. Os dissidentes freudianos (Jung, Adler e Rank) e os psicanalistas neofreudianos não atribuíram à sexualidade infantil o mesmo importante papel que Freud lhe deu na gênese da neurose. (Ver: PSICANÁLISE)

SHELDON, TIPOS DE PERSONALIDADE DE — Ver: PERSONALIDADE, TIPOS DE.

SIGNIFICADO — Esta palavra tem referências tanto na esfera da psicologia da comunicação humana quanto na lingüística. As últimas, que foram exaustivamente analisadas por Ogden e Richards (*O Significado do Significado,* Zahar, 1972), dizem respeito à relação entre a palavra e o objeto designado; as primeiras referem-se especialmente à conotação verbal, às associações intersensoriais e às contrações da aplicação verbal. Além disso, o significado pressupõe um sujeito consciente, para quem os elementos de um sistema fechado possuem um significado fixo, ao passo que os de um sistema aberto são dinâmicos.

SIGNIFICÂNCIA ESTATÍSTICA — Uma prova de significância é o mesmo que uma prova de hipótese estatística. Usa-se o termo porque, em geral, o resultado da prova de hipótese exprime-se no fato da diferença entre um valor amostral e o correspondente valor populacional ser ou não ser significante; isto é, se o valor da variável aleatória for elemento da região crítica pré-estabelecida, dir-se-á ser um valor significante.

SIMBIOSE — Em Psicanálise, a incorporação de um sintoma no ego, de modo que passa a constituir parte integrante da personalidade; por exemplo, o delírio de grandeza. Para Erich Fromm (*Análise do Homem*), a simbiose é uma condição em que a pessoa depende de outras, não para um esforço mútuo de colaboração, mas para a satisfação de necessidades neuróticas.

SÍMBOLO — Sinal, signo ou marca, num sistema de *relações significativas*, cujas aplicações e operações são governadas por leis e convenções: por exemplo, os símbolos algébricos, lingüísticos, aritméticos, diagramáticos, etc. Representação na realidade externa de um processo mental, de uma imagem ou idéia. Jung (*Symbolik des Geistes*, 1949) fez a diferenciação entre símbolo e signo: "Toda a concepção que interpreta a expressão simbólica como expressão análoga ou abreviada de uma coisa conhecida é semiótica, quer dizer, é tratada à maneira de um signo. Uma concepção que interprete a expressão simbólica como a melhor expressão de uma coisa relativamente desconhecida e que não pode, portanto, ser mais clara ou caracterizadamente representada, é simbólica." Em Psicanálise, a doutrina do símbolo é central. A análise psicanalítica é, essencialmente, uma análise de símbolos, como se demonstra na interpretação dos sonhos. Para Freud, símbolo era, simplesmente, uma idéia na área consciente da psique (isto é, uma idéia de que a pessoa estava consciente), que tomava o lugar de um processo mental no inconsciente. A idéia consciente converte-se no objeto da motivação instintiva da idéia inconsciente, sem que a pessoa se dê conta do deslocamento ou substituição. Quando descrito como *desejo* o símbolo inclui não só a idéia mas também o motivo instintivo que a acompanha. Freud considerou o motivo instintivo uma manifestação da libido, e o fato de ser necessária a substituição da realidade por um símbolo é atribuído ao conflito ou repressão. O símbolo pode ser conceptualizado, como nas imagens oníricas, ou objetivado, quer em sintomas corporais, quer no comportamento manifesto, quer em objetos externos que, por associação com um desejo instintivo ou por semelhança formal, passam a representar o objeto primordial: por exemplo, uma caneta como símbolo fálico. (Ver: MITO)

SIMPÁTICO, SISTEMA NERVOSO — Ver: SISTEMA NERVOSO VEGETATIVO.

SINAL = SIGNO — Ver: SÍMBOLO.

SINAPSE — Relação de contato entre os neurônios em cadeia. (Ver: NEURÔNIO)

SINCRONICIDADE — Na teoria junguiana, designa a coincidência significativa de dois eventos, um interior e psíquico, e o outro exterior e físico. Marie-Louise von Franz sublinha, em *Adivinhação e Sincronicidade* (Cultrix, 1985), que para o modo sincronístico de pensar é essencial observar ambas as áreas da realidade, a física e a psíquica, "e assinalar que no momento em que tivemos tais e tais pensamentos ou tais e tais sonhos — que seriam os eventos psicológicos — aconteceram tais e tais eventos físicos exteriores, ou seja, havia um complexo de eventos físicos e psicológicos coincidentes".

SÍNDROME — Padrão de sintomas relacionados entre si que caracteriza determinado distúrbio ou doença. Qualquer desses sintomas pode estar igualmente presente em outras doenças; é a combinação — o síndrome — que diferencia uma doença das restantes. Dá-se igualmente o nome de síndrome a um aglomerado ou organização de traços da personalidade ou outros padrões de comportamento. Var.: *Síndroma* (fem.)

SÍNDROME DA INCOMPETÊNCIA CEREBRAL PROGRESSIVA — Síndrome que se caracteriza pela capacidade decrescente de adaptação, crescente perda de memória e de apreensão cognitiva, e indícios cada vez mais acentuados de patologia cerebral (degeneração cerebral senil e arteriosclerótica). Esses defeitos podem se desenvolver de forma lenta e insidiosa, mas o seu curso é um permanente declínio ao longo de anos ou mesmo de décadas, até se atingir um nível de existência quase vegetativo, com o comportamento reduzido a pouco mais do que alguns atos e frases estereotipados.

SÍNDROME DE DOWN — Grave condição congênita, caracterizada por crânio chato, olhos fendidos obliquamente, dedos afilados e língua fissurada, acompanhada de deficiência mental crônica, em nível de imbecilidade ou idiotia. Sin.: Mongolismo. (Ver: CEREBRAL CRÔNICO, TRANSTORNO)

SÍNTESE — Fusão ou integração de dados ou partes componentes, de modo a formarem um todo em que as partes deixam de poder identificar-se.

SÍNTESE CRIADORA, PRINCÍPIO DA — Doutrina proposta por W. Wundt de que a combinação dos processos mentais engendra processos que não se encontram numa simples soma. Assim, certos elementos que não são espaciais em si podem engendrar uma noção consciente de espaço. A teoria Gestalt encontrou nesta hipótese uma de suas premissas.

SÍNTESE DA PERSONALIDADE, TEORIA DA — Tentativa realizada por Gardner Murphy (n. 1895) de sintetizar todos os conceitos de personalidade numa *abordagem biossocial* que abrange o organismo biológico, a personalidade individual, a sociedade, o meio físico, a natureza do campo onde ocorrem as transações entre o organismo e o meio, e os estágios de desenvolvimento da personalidade. Murphy manifesta uma extraordinária seletividade crítica em sua proposição e a sua capacidade de síntese está bem representada na definição de Eu, inexcedível em sua brevidade e simplicidade: "O indivíduo tal como é conhecido ao indivíduo." Um dos conceitos mais divulgados de Murphy é o de *canalização*. Existe uma certa semelhança com a autonomia funcional de Allport; a palavra de Murphy refere-se à tendência dos indivíduos para satisfazerem seus impulsos de modos muito particulares, por exemplo, o impulso de fome pode ser sempre satisfeito comendo um prato alemão ou um gênero especial de comida alemã, quando qualquer alimento satisfaria também a necessidade biológica. A canalização de Murphy não requer que a atividade seja empreendida pela mera atividade, mas é algo como se a autonomia funcional de Allport desequilibrasse a balança motivacional em favor de um modo preferido de redução da necessidade.

SINTÁTICA, FUNÇÃO — Aquela função do ego que favorece e concorre para a combinação entre conceitos, idéias e outros fenômenos mentais, num todo organizado, racional e logicamente coerente.

SINTOMA — Evento ou ocorrência que prenuncia a existência de outro evento ou ocorrência. Em especial, algo que indica a presença atual ou próxima futura de um estado patológico.

SINTOMA, FORMAÇÃO DE — Processo de criação de um complexo fenômeno mental ou comportamental que representa um compromisso entre um impulso, sentimento ou idéia inconsciente, que procura expressão, e as defesas do ego que se lhe opõem e procuram eliminá-lo.

SISTEMA — Conjunto de relações ordenadas e persistentes entre as partes de um todo, a fim de desempenharem uma função determinada. No contexto científico, dá-se o nome de sistema a um grupo de conceitos que servem de base para a organização dos dados de uma ciência.

SISTEMA DINÂMICO — Conjunto de relações entre as partes de um todo que determina o padrão de troca de energia entre essas partes sem alteração do padrão dentro das amplas variações do nível de energia.

SISTEMA LÍMBICO — Conjunto de estruturas interligadas no cérebro, incluindo o hipotálamo e algumas partes primitivas do cérebro relacionadas com o olfato, o comportamento alimentar e a emoção.

SISTEMA NERVOSO — Conjunto de órgãos do corpo formados de tecido nervoso. Está dividido de acordo com (A) um *esquema estrutural* ou (B) um *esquema funcional*. O esquema estrutural (ou anatômico) compõe-se de: (1) O SISTEMA NERVOSO CENTRAL, formado pelo *encéfalo* e a *medula espinal*; (2) O SISTEMA NERVOSO PERIFÉRICO, formado por todas as estruturas nervosas *distais*, em relação ao sistema central. O esquema funcional compõe-se de: (1) O SISTEMA NERVOSO AUTÔNOMO (ou da vida vegetativa), que inerva os *músculos macios,* as *glândulas exócrinas* e algumas *endócrinas*, regulando autonomamente os processos homeostáticos vitais e as alterações fisiológicas que acompanham as emoções. Está por sua vez dividido no *sistema simpático* (ou toracolombar) e no *sistema parassimpático* (craniossacral), que atuam em sentidos mais ou menos opostos, recebendo a maioria dos órgãos uma inervação de ambas essas subdivisões; (2) O SISTEMA SOMÁTICO, formado por todas as estruturas nervosas não incluídas no Sistema Autônomo, especialmente os nervos sensoriais e a irrigação nervosa dos músculos esqueletais.

SISTEMA ORGANÍSMICO — Raymond H. Wheeler (1892–1961) desenvolveu uma espécie de sistema gestaltista "americanizado". A sua formalização, pelo menos num nível programático, de princípios gestaltistas básicos foi de um âmbito muito mais amplo que os esforços comparáveis dos principais proponentes alemães, cujo trabalho permaneceu mais próximo das demonstrações originais no campo da percepção visual. Köhler relacionou os princípios psicológicos da Gestalt com a física; Wheeler tentou relacioná-los com a biologia. Sua referência particular foi à disciplina da embriologia experimental, onde os princípios de campo encontram a sua maior utilidade biológica. As leis dinâmicas que Wheeler formulou para o seu sistema organísmico, ou holístico, gravitavam em torno do conceito básico de todo; esses princípios tratam diretamente das funções dos todos e podem resumir-se da seguinte maneira: Os todos são mais do que a soma de suas partes; os todos determinam as propriedades e atividades das partes, os todos funcionam como todos (ajustando-se aos distúrbios e respondendo às transações de energia); e as partes emergem dos todos, não o inverso. Um princípio adicional envolve a *lei da ação mínima*: "Energia mínima será despendida quando comportamentos alternativos estão ao alcance do organismo." O sistema organísmico de Wheeler foi exposto em seu trabalho mais representativo: *Science of Psychology*, publicado em 1940.

SITUAÇÃO — Complexo de objetos-estímulo que pode revestir-se de significação especial para o organismo. A situação abrange as coisas e os eventos, sendo por isso um conceito mais amplo do que circunstância. Contudo, situação e circunstância assemelham-se no fato de serem noções *temporárias*, distinguindo-se ambas, portanto, da noção de *meio*, que é permanente.

SITUAÇÃO PADRONIZADA — Situação de teste (ver: TESTE) em que o mesmo processo ou técnica é usado para todas as pessoas ou sujeitos experimentais. Por outras palavras, as instruções, a ordem de apresentação dos itens e as respostas feitas pelo examinador são tão semelhantes quanto possível de um sujeito para o seguinte.

SKINNER, B. FREDERIC — Psicólogo norte-americano (1904–1990). Foi educado no Colégio Hamilton e na Universidade de Harvard, onde se doutorou em 1931. Foi bolsista de pesquisa do Conselho Nacional de Pesquisa dos Estados Unidos, bolsista da Fundação Guggenheim e professor das universidades de Minnesota, Indiana e Harvard, onde lecionou psicologia desde 1948. Skinner recusou admitir qualquer conceito de comportamento implícito ou mesmo qualquer construto hipotético. Utilizando uma definição estritamente operacionalizada de reforço (tudo é reforçador se aumentar a probabilidade de uma resposta precedente), criou um behaviorismo descritivo extremamente poderoso e puro, que hoje conta com uma grande massa de adeptos em todo o mundo ocidental. Skinner mantém-se fiel a um modelo estritamente E-R, razão pela qual se opôs aos processos mediatórios de Tolman e Hull. Suas principais obras são: *The Behavior of Organisms* (1938); *Science and Human Behavior* (1953); *Verbal Behavior* (1957); *Schedules of Reinforcement* (1957, em colab. com C. B. Ferster); *Cumulative Record* (1959-61); *Beyond Freedom and Dignity* (1971), além do seu famoso romance didático em torno de uma comunidade utópica, *Walden Two* (1948). (Ver: CONDICIONAMENTO OPERANTE)

SKINNER, CAIXA DE — Gaiola dotada com um ou mais dispositivos cuja manipulação correta permite ao animal sair da gaiola ou alguma outra recompensa. O mecanismo pelo qual a recompensa é obtida pode ser uma alavanca que é preciso empurrar, um botão que é preciso apertar com o bico, uma argola para puxar, etc., dependendo da conformação anatômica e dos hábitos do animal experimental. A *caixa* foi o principal instrumento de que B. F. Skinner se utilizou para suas inúmeras experiências, que culminaram no método de *condicionamento operante*. (Ver: CONDICIONAMENTO OPERANTE)

SOCIAL, CLASSE — Divisão de uma sociedade, formada de pessoas que têm certas características sociais comuns, as quais as qualificam para participar em termos aproximadamente iguais com outros membros do grupo em importantes relações sociais, assim como para limitar (mas não proibir) muitas espécies de interação social com os membros de outros grupos. As classes são formadas, usualmente, com base numa combinação de critérios de educação, tradição, família, fatores vocacionais; sistemas de valores, etc., mas, atualmente, baseiam-se, sobretudo, na riqueza.

SOCIAL, COMPORTAMENTO — Tipo de comportamento influenciado pela presença e comportamento de outras pessoas ou controlado pelas normas vigentes na sociedade organizada.

SOCIAL, CONSCIÊNCIA — Conhecimento objetivo de que certas experiências sociais influem ou interessam a cada indivíduo. Sensibilidade individual às necessidades e aspirações da coletividade.

SOCIAL, INTERAÇÃO — Estimulação mútua das pessoas que formam um grupo social e as reações daí resultantes. Modificação mútua do comportamento dos indivíduos.

SOCIAL, SITUAÇÃO — A parte do meio psicológico que, em qualquer momento dado, é formada pelas pessoas e suas relações mútuas.

SOCIALIZAÇÃO — Processo por cujo intermédio uma criança adquire sensibilidade aos estímulos sociais, às pressões e obrigações da vida no grupo social, e aprende a comportar-se como os outros membros de sua cultura. É um dos fatores mais importantes na aquisição de uma personalidade. Em Psicanálise, considera-se a socialização um dos fatores básicos na formação do ego.

SOCIEDADE — Organização e estrutura do complexo de grupos sociais que em seu conjunto, formam a humanidade como um todo. Ordem social, em contraste com a individual, em cujo seio a pessoa vive. Essa ordem implica certo grau de organização, interação e cooperação permanentes ou continuamente existentes. *Sociedade* distingue-se de *cultura* na medida em que a primeira enfatiza a organização e estrutura do complexo social e a segunda os seus hábitos, funções e comportamentos.

SOCIEDADE, CONCEITO ORGÂNICO DE — Ponto de vista que compara a sociedade com um organismo biológico ou a considera realmente um organismo. Pressupõe a interdependência de todos os componentes da sociedade, dela resultando elevado grau de organização total.

SOCIOGRAMA — Mapa ou diagrama mostrando as interações reais, ou certas espécies desejáveis ou aceitáveis de interação, entre os componentes individuais de um grupo social. Originalmente, o sociograma referia-se a um mapa de relações de atração e antagonismo reveladas por um teste sociométrico, mas o seu âmbito foi ampliado, de modo a servir para outras espécies de relação. (Ver: SOCIOMETRIA)

SOCIOMETRIA — Estudo quantitativo das propriedades psicológicas das populações, de acordo com a teoria e os métodos desenvolvidos por Jacob L. Moreno (*The Sociometry Reader,* 1961), especialmente a técnica experimental do *teste sociométrico* e os resultados obtidos por sua aplicação. Segundo Moreno, as propriedades psicológicas consistem no que os membros do grupo percebem, pensam e sentem a respeito dos demais componentes. Inicialmente, o teste limita-se à indicação das pessoas que, diante de uma série de qualificações padronizadas, eram apontadas pelo sujeito como simpáticos ou antipáticos. Atualmente, essa técnica de *preferência social* está ampliada ao estudo quantitativo de outros aspectos das relações grupais (cf. Morris Ginsberg, *Psicologia da Sociedade,* 1966).

SOLUÇÃO PRINCIPAL — Segundo Karen Horney, é a tendência para reprimir uma das tendências neuróticas fundamentais — avançar na direção de outra pessoa, investir contra ela ou recuar para longe dela — a fim de resolver um conflito.

SOM — Energia propagada em ondas longitudinais num meio elástico. Se as ondas sonoras tiverem freqüência e intensidade apropriadas à espécie, constituem o estímulo físico para a audição. Em termos psicológicos, é o dado ou experiência sensorial que depende do funcionamento do aparelho auditivo, ao receber o impacto dessas ondas. (Ver: AUDITIVO, APARELHO)

SOMA — O corpo como um todo orgânico. Tudo o que é parte integrante do corpo, excluindo as funções mentais, chama-se *somático*. Incluindo as funções mentais, o termo é *psicossomático*.

SOMÁTICA, COMPLACÊNCIA — Participação do soma (ou corpo) na produção de sintomas neuróticos, sobretudo de natureza histérica, em colaboração com a psique.

SOMÁTICA, PSICOSE — Tipo de perturbação mental marcada por ilusões sobre a constituição do corpo; por exemplo, acreditar que é de vidro. Esta psicose ficou imortalizada numa das *Novelas Ejemplares*, de Cervantes: *El Licenciado Vidriera*.

SOMÁTICO, HERMAFRODITISMO — União anatômica dos órgãos sexuais masculino e feminino num só indivíduo.

SOMATIZAÇÃO — Conversão de experiências mentais em sintomas físicos.

SOMATÓRIO, HIPÓTESE DO — Expressão usada pelos psicólogos gestaltistas para caracterizarem a opinião de que os todos podem ser formados pela soma das partes, em contraste com a própria teoria Gestalt, segundo a qual os elementos que se tornam parte de um todo perdem sua identidade distinta.

SOMBRA — Denominação dada por Jung ao *alter ego*. Quando os seres humanos defrontam o inconsciente, deparam-se com o que Jung denominou *a sombra*. Ernst Aepply assim a descreveu: "A sombra contém os aspectos não-desenvolvidos da nossa personalidade, as possibilidades, capacidades e intenções da alma. É, por assim dizer, a nossa irmã no escuro."

SOMESTESIA — Conjunto de sensações somáticas (corporais), tanto externas (contato) como internas.

SONAMBULISMO — Caminhar e realizar outras atividades complexas durante o sono. O sonambulismo *artificial* é aquele em que o sujeito adormecido executa essas mesmas atividades, mas sob mando hipnótico.

SONHO — Seqüência mais ou menos coerente de imagens que ocorre durante o sono. Na obra fundadora da Psicanálise, *A Interpretação dos Sonhos* (1900), Freud afirmou que o sonho é o "guardião do sono" e "a estrada real que leva ao conhecimento do inconsciente na vida psíquica".

SONHO ARTIFICIAL — Argumento voluntariamente inventado para imitar o conteúdo de um sonho.

SONHO, CONTEÚDO DO — As idéias, imagens e ocorrências do sonho, tal como são relatadas pelo paciente, constituem o *conteúdo manifesto* do sonho. O seu significado subjacente — *o conteúdo latente* — é formado pelos desejos reprimidos, que só indiretamente se expressam no conteúdo manifesto. Em conjunto, constituem o conteúdo do sonho.

SONHO DE ANGÚSTIA — Um sonho que contém tamanha carga de angústia que, na maioria das vezes, o sonhante só pode escapar-lhe ao despertar. Freud analisou longamente vários sonhos de angústia em "Dora" (1905), *Delírios e sonhos na* Gradiva *de W. Jensen* (1909), "O caso do pequeno Hans" (1909) e com maior minúcia de detalhes em "O Homem dos Lobos" (1918). Apesar de algumas revisões introduzidas em sua teoria dos sonhos, Freud manteve em relação aos sonhos de angústia o princípio enunciado em 1900, em *A Interpretação dos Sonhos*, segundo o qual, se o conteúdo manifesto do sonho é angustiante, o seu conteúdo latente é da ordem de uma realização de desejo. São sonhos "típicos" de angústia, os "sonhos de exame", os "sonhos de luto", os "sonhos de nudez", os "sonhos de castigo" os "sonhos de morte de pessoas queridas".

SONHO, DETERMINANTE DO — Qualquer fator no ambiente que desempenhe um papel na causação de um determinado sonho e lhe confere um sabor particular.

SONHO MOLHADO — Expressão popular para a *emissão noturna*.

SONHOS, INTERPRETAÇÃO DE — O processo de decifrar o significado de um sonho, criado e desenvolvido por Freud como uma das técnicas básicas da Psicanálise. O procedimento empregado consiste em favorecer a livre associação, pelo analisando, em torno do conteúdo onírico até que a sua natureza de desejo reprimido se torne evidente. É feito considerável uso da interpretação de símbolos oníricos. Alguns desses símbolos são tidos por universais e imediatamente interpretáveis (objetos pontiagudos como símbolos fálicos, água corrente como símbolo de nascimento, etc.). Muitos outros símbolos são peculiares ao indivíduo que sonhou e devem ser interpretados mediante o processo de livre associação.

SONHO, TRABALHO DO — O processo de adaptação de desejos inconscientes ou reprimidos a uma forma aceitável, para que possam exprimir-se no consciente. As maneiras mais importantes de transformação obtêm-se (a) por *condensação*, que abrevia o sono manifesto e torna o seu conteúdo menos rico; (b) por *deslocamento*, que torna os elementos latentes mais distantes ou converte-os em símbolos; e (c) por *elaboração secundária,* que acrescenta detalhes ao sonho, tornando-o mais coerente e alterando a sua forma.

SONO — Estado especial do organismo, caracterizado por inatividade, relativa consciência reduzida e escassa reação aos estímulos externos.

SONO PARADOXAL — Um estado do organismo em que a atividade do cérebro é semelhante à do estado vígil, mas os músculos estão extremamente relaxados; também conhecido como sono REM porque é acompanhado pelos rápidos movimentos oculares que caracterizam a atividade onírica.

SONO PARCIAL — Aquele em que uma parte da psique está desperta, por exemplo, na hipnose.

SPEARMAN, CHARLES EDWARD — Psicólogo inglês (1863–1945), considerado o pai da Análise Fatorial. Devemos-lhe a famosa teoria dos dois fatores e a interpretação do fator G pelas leis da noegênese. Foi severamente criticado por G. Thomson e L. L. Thurstone, mas a sua obra inspirou o teste das matrizes progressivas, de Raven, e o teste dos Dominós, de Anstey. Tendo nascido na Inglaterra, foi estudar em Leipzig, onde recebeu forte influência da psicologia de Wundt, Mueller e Kulpe. Lecionou Filosofia e Psicologia na Universidade de Londres e foi membro da Sociedade Britânica de Psicologia. Entre seus discípulos mais famosos contam-se *Sir* Cyril Burt, Holzinger e Yule. Seu livro principal intitula-se *The Abilities of Man. Their Nature and Measurement* (1932).

SPEARMAN-BROWN, FÓRMULA DE — Processo de calcular a fidedignidade de um teste quando alterado pela adição ou subtração de itens da mesma espécie:

$$R_n = \frac{nr_m}{1 + (n-1)r_m}$$

sendo R_n o coeficiente calculado de fidedignidade de um teste de n itens r_m e o coeficiente de fidedignidade obtida no *teste* de m itens.

SPITZ, RENÉ ARPAD — Médico psiquiatra e psicanalista de origem húngara, foi pioneiro na aplicação de métodos de pesquisa aos conceitos psicanalíticos freudianos de desenvolvimento da criança. Emigrou para os Estados Unidos em 1939, onde realizou a maior parte de seus trabalhos sobre a relação primária do bebê com sua mãe. Spitz nasceu em Viena em 1887 e morreu em Denver (Colorado) em 1974.

SPRANGER, EDUARD — Professor em Berlim, Leipzig e Tübingen. Foi adepto do Estruturalismo de Dilthey (de quem foi discípulo) e desenvolveu as bases da Psicologia da Compreensão (*Verstehende Psychologie*). Equacionou então os princípios metodológicos de uma nova doutrina em que a Psicologia era tida como *ciência social* básica, com finalidades muito diversas das ciências naturais. Deu à nova teoria o nome de *Psicologia da Ciência Cultural* (*Geisteswissenschaftliche Psychologie*), fundamentada nos seguintes enunciados: a experiência individual está alicerçada num todo articulado (*Strukturzusammenhang*), artística ou intuitivamente apreendido, a ciência natural explica, a ciência cultural compreende; portanto, é um método *ideográfico* de compreensão dos fenômenos do comportamento humano. N. em 27-6-1882 (Berlim); m. em 17-10-1963 (Tübingen). (Ver: PSICOLOGIA DA CIÊNCIA CULTURAL)

STANFORD-BINET, ESCALA — A idéia das escalas de medição de inteligências, iniciada com a BINET-SIMON (ver), propagou-se com enorme rapidez. A primeira versão não-francesa foi usada nos Estados Unidos em 1912 (da autoria do criminalista Henry Goddard), seguindo-se a versão alemã de 1926 (Stern-Wiegman). Contudo, sendo mais traduções do que versões, não satisfaziam inteiramente às condições sociais e culturais dos países para onde a Binet-Simon era transplantada. A primeira revisão verdadeiramente válida foi realizada nos Estados Unidos pelo psicólogo Lewis M. Terman, da Universidade de Stanford, e recebeu o nome de Escala Stanford-Binet, em homenagem ao criador dos testes de inteligência e à universidade onde Terman realizava os seus trabalhos. Sua publicação original ocorreu em 1916, sendo posteriormente revista em 1937 e atualizada em 1960 pelo próprio Terman, com a colaboração de Maud Merrill. A Stanford-Binet constitui um padrão virtualmente oficial, nos Estados Unidos, para a medição da inteligência. As duas principais diferenças entre a Binet-Simon e a Revisão Stanford-Binet são as seguintes: a escala norte-americana abrange uma gama de *idades mentais* muito mais ampla do que a escala original; e o número de testes é *constante* (seis testes) para cada escala e cada grupo de idades, com arranjos para cada período de dois anos, até a fase superior adulta. Ambos os modelos, porém, *estão padronizados como testes infantis* e constituem, predominantemente, *escalas verbais de inteligência* para as crianças em idade escolar. Entre os testes principais, contam-se: memória para algarismos, frases, desenhos e estórias; definição de palavras; reconhecimento de absurdos; semelhanças e diferenças e aptidão para números. Na Alemanha, a última revisão da Binet-Simon teve lugar em 1959 (efetuada por J. Krammer, *B.-Simon-Krammer Test).* Fato curioso, a própria França *importou* a revisão Stanford-Binet, hoje mais utilizada do que a escala original, o mesmo acontecendo na Alemanha com a versão de E. Probst — *Der Stanford-Intellingz-Test*. Deve-se a René Zazzo, M. Gilly e Verba-Rod a organização de uma nova "escala métrica" da inteligência, inspirada nos moldes da Binet-Simon. Esse teste foi denominado pelos seus autores "Teste de Desenvolvimento Mental" para crianças de 3 a 14 anos, e foi editado na França em 1966.

STEKEL, WILHELM — Psicanalista. Um dos primeiros discípulos e assistentes de Freud. Fundou a sua própria escola, baseado numa tônica mais ativa de análise. Sustentou que todas as neuroses emanam de conflitos mentais. O seu *método ativo de Psicanálise* habilitou-o a obter resultados terapêuticos num período relativamente breve de análise. Foi um dos pioneiros da educação sexual e uma autoridade em interpretação de sonhos, compulsões e obsessões. N. em Viena (1868) e m. em Londres (1940). Principal obra publicada: *Disorders of Instincts and Emotions* (ed. inglesa de 1927).

STERN, WILLIAM — Professor em Hamburgo (1916-1933), de cuja universidade foi co-fundador assim como fundador do respectivo Instituto de Psicologia. Transferiu-se para os Estados Unidos durante o período nazista. Professor da Duke University (1935-1938). Como filósofo, exerceu grande influência na articulação da corrente personalista em que viria a inspirar-se para a definição dos seus conceitos de Psicologia Diferencial e Psicologia Personalista. Também no domínio da Psicologia Infantil exerceu, na Alemanha, papel comparável ao de Binet, na França e de Terman, nos Estados Unidos. N. em 29-4-1871 (Berlim); m. em 27-3-1938 (Durham, EUA). Bibliografia principal: *Zur Psychologie der Aussage* (1902); *Person und Sache* (2 vols.,

1906-1924); *Die Differentielle Psychologie* (1921); *Die Intelligenz der Kinder* (1928); *Psychologie der frühen Kindheit* (1952); *Studien über Personwissenschaft, I* (1930); *All. Psychologie auf personalistischer Grundlage* (1950). (Ver: PSICOLOGIA/PSICOLOGIA PERSONALISTA)

STEVENS, S. S. — Psicólogo experimental norte-americano (Ogden, 1906), discípulo de Boring, desenvolveu o *operacionismo* na Psicologia afirmando que, como qualquer outro conceito científico, um fenômeno psicológico é sinônimo do correspondente conjunto de operações. O operacionismo combinar-se-ia com o behaviorismo para objetivar a psicologia, enunciando tudo em termos CGS. Nas décadas de 1950 e 1960, o operacionismo diferenciou-se em duas fases distintas: o *prescritivo* e — de muito maior interesse para a Psicologia — o *descritivo* ou *metodológico*. Stevens procurou definir o movimento operacionista em psicologia num artigo célebre de 1930. Entretanto, ficou especialmente conhecido por seus trabalhos no campo da Psicofísica e pelo sistema de níveis de medição por ele proposto. (Ver: OPERACIONISMO)

STRESS — Ver: TENSÃO.

STUMPF, CARL — Professor em Würtzburg, Praga, Halle, Munique e Berlim. Em 1889, fundou o Instituto de Psicologia da Universidade de Munique e, em 1893, o da Universidade de Berlim. Foi adepto das teorias de F. Brentano, e seus principais trabalhos desenvolveram-se no domínio da Psicologia Sensorial e da Percepção (sobretudo, a audição). Teve como discípulos Wertheimer, Koffka e Köhler. N. em 21-4-1848 (Wiesenheid); m. em 25-6-1936 (Berlim). Bibliografia principal: *Ton-Psychologie* (2 vols., 1883-1890); *Erscheinungen u. psychologische Funktionen* (1906); *Erkenntnislehre* (2 vols., 1939-1940).

SUBCONSCIENTE — Em Psicanálise, considera-se subconsciente todo o fenômeno préconsciente ou à margem da consciência, mas capaz de ingressar nesta, por ser uma categoria mental que não está sistematicamente sujeita à repressão, como o inconsciente. De qualquer modo, o termo é ambíguo e a sua definição terá forçosamente de sofrer do mesmo defeito.

SUBJETIVA, FASE — Na Psicologia analítica e em Psicanálise denomina-se *fase subjetiva* a base interpretativa da apreensão de um sonho ou fantasia em que as pessoas ou circunstâncias são referidas a fatores inteiramente próprios da psique, isto é, sem qualquer ligação com objetos reais. A *imago* é um produto da fase subjetiva, na medida em que representa a imagem psíquica de um objeto real mais ou menos remoto, quer dizer, de uma anterior fase objetiva.

SUBJETIVO — O que somente existe em virtude de uma experiência psíquica ou mental da pessoa ou *sujeito*. O que é intrinsecamente inacessível à observação de mais de uma pessoa e caracteriza, portanto, a experiência exclusiva de uma pessoa. *Subjetivo* e *sujeito* são antônimos de *objetivo* e *objeto*.

SUBLIMAÇÃO — Em Psicanálise, processo inconsciente em que o impulso sexual é canalizado para atividades não-sexuais — motivações artísticas, lúdicas, etc. —, assim compensando a anterior tendência da libido.

SUBLIMINAR — Abaixo do limiar da percepção. O termo é freqüentemente empregado em associação com a aquisição de um hábito de que a própria aprendizagem não tem consciência. Por exemplo, a publicidade subliminar, utilizada em *flashes* rapidíssimos durante a projeção de estímulos principais no cinema e na TV.

SUBLIMINAR, ESTÍMULO — Qualquer estímulo situado abaixo do limiar. Contudo, a estimulação subliminar pode algumas vezes exercer efeito indireto.

SUGESTÃO — Processo pelo qual uma pessoa, sem discutir, dar ordens ou coagir, induz diretamente outra pessoa a atuar de certo modo ou aceitar certa opinião. Em psicoterapia, a sugestão é um recurso empregado para atenuar a ansiedade do paciente.

SUGESTÃO PÓS-HIPNÓTICA — Ordem específica, dada ao paciente durante a hipnose, para ser obedecida depois de ter cessado o estado hipnótico.

SUICÍDIO — Émile Durkheim, em seu estudo clássico sobre o tema, definiu suicídio como "todo o caso de morte que resulta direta ou indiretamente de um ato positivo ou negativo, praticado pela própria vítima, sabedora de que devia produzir esse resultado". De etiologia muito variada e complexa, o suicídio inscreve-se, do ponto de vista psicanalítico, no quadro das depressões e melancolias.

SULLIVAN, HARRY STACK — Psiquiatra e psicanalista norte-americano (1892–1949), uma das mais importantes figuras do movimento neopsicanalista contemporâneo. Reviu os conceitos fundamentais da análise freudiana (relações mãe-filho, empatia, libido, etc.) e estudou o desenvolvimento seletivo em todos os níveis socioculturais. Bibliografia principal: *Conceptions of Modern Psychiatry* (1947), *Interpersonal Theory of Psychiatry* (1953). (Ver: INTERPESSOAL, TEORIA)

SUPERCOMPENSAÇÃO — Conceito criado por Alfred Adler. É o ressarcimento exagerado de uma inferioridade orgânica, de natureza congênita, ou de uma inadequação sentida, esforçando-se por obter superioridade na mesma área de atividade em que a inferioridade era sentida.

SUPEREGO — Na estrutura teórica da personalidade, descrita por Freud, o superego é a mais recente formação ou componente do sistema de energias mentais e foi correlacionado com o declínio e dissolução do complexo de Édipo. A noção de superego foi inspirada nos estudos de introjeção de Sandor Ferenczi (a progressiva introjeção pela criança dos eventos em seu meio vital) e suas relações com o desenvolvimento de uma instituição moral a partir do ego. O superego é o representante de uma *natureza superior* no eu (Freud), atuando no sentido de evitar punições por transgressões morais ou de fomentar a realização de ideais moralmente aceitos. Assim, tanto pode reprimir e criticar as idéias, impulsos e sentimentos inconscientes que afetam o comportamento moral e judicativo da personalidade (atividade essa a que se dá, usualmente, o nome de *consciência*) como pode apoiar a realização de uma *natureza superior* (ego ideal). Assim, os três componentes básicos do sistema encontram-se permanentemente empenhados numa interação que "é uma batalha constante: o id em busca de sua satisfação irracional; o ego procurando ajustar as exigências e impulsos do id ao mundo da realidade e o superego tentando reprimir ou apoiar o impulso que for moral e socialmente reprovável ou louvável". Escreve Freud: "O superego não é apenas o depositário das anteriores opções objetais e representa também uma enérgica formação de reação contra essas opções. Sua relação com o ego não se limita ao preceito: 'Você *deve ser* tal e tal (ego ideal)', mas também abrange a proibição: 'Você *não deve ser* como tal e tal (*consciência*)...'" (cf. "O Ego e o Id"). "Tal e tal" representam, evidentemente, os padrões morais e sociais introjetados (os pais ou suas figuras substitutivas). (Ver: EGO IDEAL)

SUPERFICIAL, TRAÇO — Ver: PERSONALIDADE, TRAÇOS DE.

SUPERVISÃO — O tratamento psicanalítico de um paciente por um profissional que está em formação analítica e cujos métodos terapêuticos estão sob a supervisão de um analista experiente e preparado para exercer essa função de controle.

SUPRALIMINAR — Toda a percepção acima do limiar ou DAP.

SUPRA-RENAIS, CÁPSULAS — Glândulas endócrinas, situadas acima dos rins, que segregam *adrenalina* ou *epinefrina*. A adrenalina é hormônio derivado da etilamina, cuja missão é estimular o sistema nervoso simpático e manter a pressão arterial em determinado nível.

SUPRESSÃO — Exclusão consciente de idéias e emoções indesejáveis do âmbito da atividade mental. Para Freud, a força supressora provém do ego ideal e o conflito entre essa força e as idéias rejeitadas ocorre no ego. A supressão distingue-se da *repressão* porque esta não é consciente.

SUPRESSORA, VARIÁVEL — Nome dado a uma variável que embora possua correlação nula ou negativa com o critério, contribui para aumentar a correlação entre o critério e uma variável compósita de que faz parte.

SURDEZ — Incapacidade auditiva, mesmo com o auxílio de dispositivo áudio, para as necessidades correntes da vida. Pode ser de origem congênita (hereditária ou por lesão pré-natal) ou adquirida (por doença ou acidente).

SURDEZ ORGÂNICA — Incapacidade auditiva resultante de defeito estrutural no ouvido, no mecanismo neuro-auditivo e na área cortical da audição.

SURDEZ PSÍQUICA — Incapacidade auditiva devida a um distúrbio do mecanismo do ouvido ou de suas ligações nervosas, sem alteração conhecida ou permanente na estrutura. Exemplo: a surdez histérica. Sin.: Surdez Funcional.

SURTO — Termo psicoterápico para designar uma manifestação relativamente súbita de novas e mais construtivas atitudes, após um período de resistências. Em Psicanálise, designa especialmente a irrupção de sintomas neuróticos, em virtude de uma repressão dos impulsos por um mecanismo de defesa.

TABELA DE DUPLA ENTRADA — Tabela em cujo corpo se encontram os elementos que são referidos, simultaneamente, a dois números diferentes: um, localizado numa coluna (vertical); outro, localizado numa linha (horizontal). São usadas, de um modo geral, para economizar espaço e facilitar o manuseio por parte do leitor.

TABELA DE EXPECTÂNCIA — Uma tabela que, para diferentes resultados nos testes de aptidão, dá a probabilidade de êxito no critério; ou, então, o número ou percentagem de indivíduos que se situam em diferentes classes, quanto ao critério escolhido. Sin.: Tabela de Esperança.

TABU — Solene interdição social do cometimento de certos atos ou do uso de certas palavras. Originalmente, havia sanções rituais e religiosas para a violação. Hoje, o termo é geralmente usado no sentido de qualquer proibição social com fundamentos irracionais e penalidades drásticas. (Ver: INCESTO, TABU CONTRA O)

TABULEIRO DE TESTES — Um dos aparelhos usados para os testes de discriminação de formas e coordenação olho-mão. O tabuleiro possui uma série de receptáculos de diversos formatos, e o sujeito tem de colocar vários sólidos nesses receptáculos, discriminando o mais depressa possível quais os que se ajustam exatamente ao formato de cada receptáculo. É uma variante dos chamados testes de mosaico.

TALÂMICA, TEORIA — Teoria da emoção e alteração fisiológica formulada por Walter B. Cannon e P. Bard (por isso conhecida também como Teoria Cannon-Bard), segundo a qual os impulsos sensoriais recebidos pelo organismo passam pelo tálamo, situado na base do encéfalo e contíguo ao hipotálamo. Durante o trânsito talâmico, as *mensagens* que aí passam recebem uma *carga emocional*. Normalmente, o córtex inibe essa reação emocional no tálamo, mas, se o não fizer, então a emoção é descarregada. Esta descarga consiste no movimento simultâneo de escoamento emocional do tálamo para o córtex (experiência emocional consciente) e para o corpo (expressão visceral e muscular da emoção). Esta teoria veio opor-se criticamente à Teoria James-Lange.

TÁLAMO — Porção de massa cinzenta situada na base dos ventrículos laterais do encéfalo, acreditando-se que seja o centro para a percepção crua da dor e para as qualidades eficazes das sensações.

TALENTO — Grau muito elevado de capacidade ou aptidão. (Ver: CAPACIDADE)

TALIÃO — Em Psicanálise, o princípio de retribuição no comportamento intrapsíquico. O id exige a retribuição (em forma simbólica) da atividade repressiva. O medo taliônico é um sintoma neurótico, caracterizado pelo temor inconsciente de retaliação por uma ofensa cometida, o qual se manifesta em representações simbólicas, como o medo de castração — reminiscência dos desejos edipais inconscientes.

TÂNATOS — A personificação grega da morte. De acordo com a teoria final de Freud, Tânatos representa o conjunto de pulsões agressivas que operam no ego com a finalidade de destruir a vida. Essa pulsão de negação e de *regresso ao estado inorgânico* manifesta-se através da *compulsão de repetição* (o paciente em tratamento psicanalítico, em vez de recordar acontecimentos recalcados, *repete-os* em sua vida corrente, causando a si próprio grande sofrimento) do ciclo de vida normal, cujo término é a morte. A dualidade entre o ego ou pulsão de morte (Tânatos) e o id (pulsões sexuais) ou pulsão de vida (Eros), foi a cúpula de uma lenta e, por vezes, hesitante evolução da teoria freudiana das pulsões, como base dos conflitos emocionais que são gerados no indivíduo em resultado de *finalidades opostas* dessas forças primitivas e antagônicas. Freud começou por estabelecer a dicotomia entre pulsões de autoconservação e pulsões sexuais; depois, diferenciou entre as pulsões do ego e as pulsões sexuais, até que, não vendo plenamente corroboradas essas distinções, acabou definindo "as duas pulsões básicas de todo o comportamento humano" em *Para Além do Princípio de Prazer* (1920), concepção que atingiu plena elaboração três anos depois, com a publicação de *O Ego e o Id* (1923). Freud deixou bem claro que suas conclusões sobre Eros e Tânatos tinham caráter essencialmente clínico. Em *Para Além do Princípio de Prazer*, assinala que a origem do seu conceito de pulsão de morte se deve à análise dos sonhos de pacientes que sofriam de neuroses traumáticas e, em *Novas Conferências Introdutórias Sobre Psicanálise* (1932-37), afirma que manteve a hipótese de uma pulsão geral de agressão e destruição no homem "em virtude de considerações a que foi levado ao estudar a importância dos fenômenos de sadismo e masoquismo". Atualmente, o conceito dualista Eros e Tânatos é considerado o alicerce fundamental da Psicologia, com importantes implicações para o estudo da própria sociedade, na medida em que a expressão psicológica da pulsão de vida é o amor, as tendências construtivas e o comportamento cooperativo do homem, o impulso essencial de união (*Eros é a força que une*, dizem poetas e psicanalistas); ao passo que a pulsão de morte, se expressa nas tendências negativistas e destrutivas, no ódio e na aversão ao estabelecimento de boas relações, sejam elas intrapsíquicas ou sociais (cf. a Introdução do dr. Gregory Zilboorg à Editora Bantam de *Beyond the Pleasure Principle*, (1963); Paula Heimann, *Notas Sobre a Teoria das Pulsões de Vida e Morte*, 1952; R. E. Money-Kyrle, *Sobre a Pulsão de Morte*, 1958; H. Marcuse, *Eros e a Civilização*, 1968. Desde uma perspectiva lacaniana, Noga Wine, *Pulsão e Inconsciente*, 1922. (Ver: EROS; PULSÃO)

TAQUICARDIA — O pulsar anormalmente rápido do coração.

TAQUISTOSCÓPIO — Instrumento para apresentar estímulos visuais por períodos muito breves de tempo, usualmente tão breves que a aparição e a desaparição parecem instantâneas.

TAT — Ver: APERCEPÇÃO TEMÁTICA, TESTE DE.

TATO — Ver: SENTIDOS CUTÂNEOS.

TECIDO NERVOSO — Totalidade das células chamadas neurônios, com uma história comum de desenvolvimento e funções especializadas: (1) Serem afetadas por certas formas de energia física ou estímulos (função sensorial ou receptora); (2) Transmitirem a transformação de energia para outras partes do corpo (função transmissora e integradora); (3) Excitarem as alterações nas relações internas ou externas do corpo, através da atividade muscular e glandular (função excitativa). (Ver: SISTEMA NERVOSO)

TÉCNICA DO BRINQUEDO — Método de análise infantil criado por Melanie Klein (*Play-Technique*). (Ver: ANÁLISE INFANTIL)

TÉCNICA R — Método clássico de análise fatorial, usado quando se tem os valores de uma série de provas efetuadas por uma série de indivíduos, podendo-se partir das correlações entre pares de provas.

TELA — Em Psicanálise, tudo o que atua como cobertura ou mascaramento de uma emoção ou sentimento real. Por exemplo, uma pessoa que simboliza outra, num sonho, impedindo o sonhador de se aperceber do objeto real de seus sentimentos oníricos. (Ver: TELA, MEMÓRIA DE)

TELA, MEMÓRIA DE — Retenção de um ou mais incidentes triviais da infância, em virtude de sua associação com uma idéia emocionalmente importante, que ajudam a conservar reprimida. Exemplo: a recordação de um passeio agradável, que ajuda a reprimir o reconhecimento de que a infância foi predominantemente infeliz.

TELEOLOGIA — Doutrina que considera todos os atos e fenômenos vitais, incluindo os de natureza mental, como sendo determinados por um propósito ou finalidade, para o qual se dirigem inexoravelmente. Por outras palavras, o propósito, ou finalidade última, tem influência causal nos eventos *atuais*. (Ver: PSICOLOGIA INTENCIONALISTA)

TELEONÔMICO — Padrão de comportamento que, segundo Gordon W. Allport (*Studies in Expressive Movement*, 1933), é função de um propósito evidente ou inferido. Por exemplo, a desobediência de uma criança pode ser teleonômicamente classificada como um comportamento destinado a atrair a atenção.

TELEPATIA — Transferência de pensamentos e emoções de pessoa para pessoa, sem o emprego dos sentidos conhecidos.

TELOS — Originalmente, palavra grega com o significado de anel, círculo ou elo. A filosofia ocidental incutiu-lhe o sentido de finalidade, propósito, alvo e complexão. (Ver: MANDALA)

TEMPERAMENTO — Disposição individual para reagir a estímulos emotivos. Supõe-se que o temperamento é uma correlação das alterações metabólicas e químicas nos tecidos, especialmente nos endócrinos.

TEMPO, PERSPECTIVA DE — Segundo Erik Erikson, é uma das dimensões requeridas para o desenvolvimento de um sentido adequado de identidade pessoal. Uma perspectiva temporal inadequada pode levar um jovem a exigir ação imediata e prontas soluções para os problemas da vida. Por outro lado, a inconsciência das limitações temporais é suscetível de levá-lo à procrastinação perpétua, na esperança de que o próprio tempo acabe resolvendo os seus problemas. O sentido de identidade pessoal requer que o indivíduo mantenha uma noção de continuidade do eu, apesar das mudanças que ocorrem com o tempo. O indivíduo deve dizer: "Embora eu costumasse ser dessa maneira, seja esta a maneira como sou agora e espero mudar no futuro, eu ainda sou a mesma pessoa e os outros continuam percebendo-me como a mesma pessoa." (Ver: PERSONALIDADE, DESENVOLVIMENTO PSICOSSOCIAL DA)

TENDÊNCIA — Ver: DISPOSIÇÃO.

TENDENCIOSIDADE — Ver: VIÉS.

TENSÃO — Em fisiologia, estiramento a que um músculo, tendão ou qualquer outro tecido orgânico é forçado por uma contração, em qualquer momento dado. Sensação que acompanha o esforço muscular. Na psicologia do comportamento, o estado emocional que resulta da insatisfação de necessidades ou do bloqueio de uma atividade dirigida no sentido da realização de um propósito inadiável. Neste sentido, é lícito dizer que um indivíduo se comporta sob tensão emocional. São sinônimos ou quase sinônimos: *pressão* e o inglês *stress*. Para a definição psicanalítica ver IMPULSO.

TEORIA DINÂMICA — Teoria formulada por Wolfgang Köhler, segundo a qual a ação do cérebro é caracterizada por constantes mudanças de energia, não existindo uma correspondência fixa ponto a ponto entre os acontecimentos no córtex cerebral e os estímulos ambientais. (Ver: EQUILÍBRIO DINÂMICO)

TEORIA DO CAMPO — Um ponto de vista sistemático, em psicologia, desenvolvido por Kurt Lewin, colaborador de Wertheimer e Köhler na Universidade de Berlim. Lewin estava profundamente descontente com a psicologia associacionista e estruturalista tradicional e foi atraído pelas concepções da Psicologia da Gestalt. Entretanto, achou que os vincados interesses de Wertheimer e Koffka pela teoria da percepção e de Köhler pela teoria cerebral eram insuficientes para desenvolver um sistema capaz de levar em conta os fatores motivacionais do comportamento. Portanto, a teoria do campo pode ser considerada uma parente próxima da psicologia gestaltista mas, além disso, um sistema em que os fatores sociais e motivacionais são considerados de importância suprema. O campo psicológico é o *espaço vital* do indivíduo ou o espaço que contém o indivíduo e seu meio ambiente. Psicologicamente o meio ambiente só é o meio ambiente quando assim percebido pelo indivíduo em relação às suas necessidades, metas e propósitos. Portanto, a sua percepção é altamente seletiva. Alguns objetos e pessoas são ignorados, outros considerados de pouca importância e ainda outros de grande importância. Se um objeto é importante para o indivíduo, terá *valência* positiva, será atraente; se tem valência negativa, o objeto será evitado pelo indivíduo, se possível. O indivíduo é representado no espaço vital como dirigindo-se ou afastando-se dos objetos por meio de *vetores*. Um vetor tende a produzir um movimento de aproximação ou distanciamento de objetos e pessoas mas, por vezes, é impedido por uma *barreira*, sobretudo quando em situação de conflito. Lewin utilizou princípios rudimentares da topologia para elaborar o mapa do espaço vital — no qual se mostra o indivíduo, suas metas e os caminhos para atingir essas metas. A análise vetorial foi incluída no sistema a fim de representar necessidades, motivos, tensões ou, de um modo geral, os estados motivacionais. O emprego por Lewin da matemática topológica e da análise vetorial tem sido motivo de controvérsia. Contudo, a sua obra e a de seus colaboradores e associados sobre problemas tais como nível de aspiração, comportamento regressivo nas barreiras, atmosferas democráticas *versus* autoritárias e tensões associadas a tarefas interrompidas, têm sido comprovadamente provocantes para os psicólogos de toda e qualquer bandeira teórica.

TEORIA DO CONSTRUTO PESSOAL — Conjugando o modelo matemático e a utilização de testes, G. A. Kelly elaborou e publicou em 1955 um método objetivo para avaliar a estrutura e as diferenças de personalidade. O postulado fundamental da Teoria do Construto Pessoal é que "os processos de uma pessoa são psicologicamente canalizados pela maneira como ela prevê os acontecimentos". Assim, o comportamento humano é basicamente "antecipatório" e não "reativo", e o homem atua à semelhança de um preditor; não é prisioneiro do seu meio nem vítima da sua biografia, não é impelido por estímulos externos nem apetites internos. O homem é, essencialmente, um "cientista", empenhado numa tarefa de "predição", isto é, numa previsão do futuro mediante a construção de uma estrutura conceptual que se baseia, bipolarmente, numa categorização de semelhanças e diferenças percebidas no meio ambiente. Para corroborar experimentalmente a sua teoria, Kelly criou a técnica de *repertory grid testing*, depois aperfeiçoada por Bannister e Landfield. Runkel e Damrin, em 1961, utilizaram essa técnica para estudar o modo como os estudantes de ciências pedagógicas e da educação aprendem as matérias do curso.

TEORIA DOS OBJETOS — Ver: OBJETOS, TEORIA DOS.

TERAPÊUTICA — Ramo da ciência que se ocupa do tratamento de doenças e distúrbios orgânicos.

TERAPIA — Tratamento cuja finalidade é curar ou aliviar um estado deteriorado, para que o funcionamento normal do organismo se restabeleça.

TERAPIA CENTRADA NO CLIENTE — Sistema psicoterápico baseado no pressuposto de que o cliente ou sujeito está na melhor posição para resolver os seus próprios problemas, desde que o terapeuta possa estabelecer uma atmosfera acolhedora e tolerante em que o cliente se sinta com inteira liberdade de discutir seus problemas e obter uma introvisão dos mesmos. Na terapia centrada no cliente, o terapeuta assume um papel não-diretivo; não interpreta nem intervém, a não ser para encorajar ou repetir, ocasionalmente, as observações do próprio cliente, para fins de aclaração e ênfase. As bases teóricas da terapia centrada no cliente foram fornecidas pela teoria da personalidade enunciada por Carl Rogers, uma das mais influentes teorias do Eu da psicologia contemporânea. A suposição de que o indivíduo pode chegar a compreender-se a si mesmo decorre da convicção de Rogers de que as experiências e simbolizações distorcidas da experiência são a causa de desajustamento. Ordinariamente, podemos ignorar algumas experiências e aceitar outras, que acreditamos serem significantes, uma parte do eu. Mas algumas experiências não são ignoradas nem plenamente integradas. Pelo contrário, são distorcidas ou negadas. As experiências distorcidas ou negadas resultam em estados de conflito, sentimentos de ansiedade, um eu dividido. A personalidade deixa de crescer e desenvolver-se, de um modo saudável, até que o conflito seja resolvido. Rogers é francamente otimista sobre a natureza humana. Acredita que o impulso mais básico é o de realização, manutenção e valorização do eu. Desde que se lhe proporcionem condições e oportunidades para tal, o indivíduo desenvolver-se-á de um modo adaptável e progressivo. Contudo, muitos valores e atitudes não são o resultado de experiências próprias e diretas do indivíduo; foram introjetadas dos pais, professores e colegas, e receberam uma simbolização distorcida, com a conseqüente integração inadequada no eu. Por conseguinte, muitos indivíduos tornam-se divididos, infelizes e incapazes de realizar plenamente suas potencialidades. O processo de terapia centrada no cliente (também chamado *aconselhamento não-diretivo*) habilita o indivíduo a descobrir os seus verdadeiros sentimentos de auto-estima positiva.

TERAPIA COGNITIVA — Técnica terapêutica de inspiração behaviorista que se baseia na exposição gradual do paciente a situações geradoras de ansiedade e na prevenção de respostas rituais.

TERMAN, LEWIS — Psicólogo norte-americano, autor da revisão Stanford (1916) da escala métrica para a medição da inteligência. Contou com a colaboração da psicóloga Maud Merrill para as revisões de 1937 e 1960, motivo pelo qual a sua escala também é conhecida pelo nome de revisão Terman–Merrill, ou Escala de Inteligência Terman-Merrill. Devem-se ainda a Terman duas obras pioneiras: *Genetic Studies of Genius* (*Estudos genéticos do gênio*) e *Stanford Gifted Child Study* (pesquisa sobre a criança bem-dotada, também levada a efeito na Universidade de Stanford).

TERMAN-MERRILL, TESTES — As mais recentes escalas de testes individuais desenvolvidas a partir da Binet-Simon e da revisão de Stanford. Lewis M. Terman foi o criador da escala original Stanford-Binet, em 1916, e teve como sua colaboradora, na revisão de 1937, a psicóloga Maud Merrill, a quem caberia preparar a atualização de 1960. No fundo os testes Terman-Merrill não passam de ampliações nas duas extremidades da Stanford-Binet, tendo como característica mais saliente, no entanto, a provisão de duas escalas alternativas, mutuamente equivalentes. (Ver: STANFORD-BINET, ESCALA)

TERMINAL, ÓRGÃO — Receptor sensorial, constituído pela parte inicial do neurônio aferente e o mecanismo não-neural respectivo (se houver), cabendo-lhe dar início a um impulso nervoso: a retina, as papilas gustativas, etc. Também se dá o nome de órgãos terminais às extremidades *distais* de qualquer neurônio periférico, seja aferente ou eferente.

TERMINOLOGIA — Palavras técnicas ou a maneira especial como as palavras são usadas por determinado grupo ou indivíduo, especialmente num ramo da ciência ou nos ensinamentos de um representante desse ramo. Por exemplo, *terminologia psicanalítica, terminologia freudiana, terminologia junguiana,* etc.

TERROR NOTURNO — Pesadelo do qual a pessoa que sonha (usualmente uma criança) desperta, mas o terror continua. Com freqüência, a pessoa não se lembra do teor do sonho nem da causa do terror.

TERTIUM COMPARATIONIS — Qualidade comum de duas coisas em comparação mútua; por exemplo, o *formato* de uma lâmpada elétrica é como o de uma pêra.

TESTE — Anglicismo. O verbo inglês *to test* significa "examinar", "comprovar"; e o substantivo *test* significa "exame" ou "prova". Numa acepção ampla, "teste" pode referir-se a qualquer processo de avaliação. Num sentido mais estrito, refere-se a provas de julgamento objetivo, cuja precisão e validade são passíveis de averiguação e determinação, em bases psicométricas seguras. O termo é, por vezes, impropriamente usado para designar uma questão de prova. Em Psicologia, teste significa uma prova crítica de aptidões e capacidades de ordem mental ou psicomotora, suscetível de ser quantificada. Trata-se de um método padronizado de exame a que um indivíduo ou grupo é submetido. Pretende-se medir o grau em que determinadas características mentais ou comportamentos se situam em relação a um grupo ou população, atribuindo-se-lhes valores numéricos em termos de uma unidade ou padrão previamente estabelecidos.

TESTE, ADEQUAÇÃO DE UM — Qualidade de um teste que consiste em atender satisfatoriamente aos requisitos desejáveis, especialmente no que diz respeito ao nível de dificuldade em relação à capacidade do grupo a que se destina.

TESTE BICAUDAL — Prova estatística de hipóteses que utiliza uma região crítica bicaudal, ou seja, quando, na distribuição amostral empregada, os valores que levam à rejeição da hipótese estão situados tanto na cauda inferior como na superior. Opõe-se ao teste unicaudal. Sin.: Teste Bilateral.

TESTE COLETIVO — Teste que pode ser aplicado simultaneamente a vários indivíduos, ou seja, um teste cuja aplicação é possível tanto individualmente como em grupo.

TESTE DAS FRASES INCOMPLETAS — Tipo de teste projetivo que consiste em solicitar ao examinando que complete uma lista previamente selecionada de frases inacabadas. Exemplos: "Eu gosto de...", "Fico irritado com...", "Estou pensando em...". Outras frases incompletas podem dirigir o examinando para associações relacionadas com um tema específico.

TESTE DE APERCEPÇÃO TEMÁTICA (TAT) — Técnica projetiva de avaliação da personalidade, criada pelo psicólogo norte-americano Henry A. Murray (n. 1893). O TAT foi publicado em 1943 e consta de uma série de 19 quadros suficientemente vagos para que a imaginação do sujeito possa manifestar-se enquanto procede à narração de histórias sugeridas pela sucessão de figuras. Os *temas* atribuídos pelos sujeitos aos acontecimentos em que a figura principal dos quadros toma parte revelam as necessidades e motivações que os dominam, isto é, "revelam qual seria o tema de suas próprias ações nas circunstâncias apercebidas nos quadros". Por conseguinte, os temas apercebidos pelos sujeitos, no comportamento dos quadros-estímulo, *são os que se revestem de importância* para a própria vida daqueles. O TAT vem sendo utilizado nos mais diversos campos da Psicologia Experimental, da Psicometria e da Psicoterapia. David McClelland utiliza-o no estudo da motivação humana, desenvolvendo técnicas quantitativas para medir motivos tão complexos quanto a "necessidade de realização" e a "necessidade de filiação grupal". Melanie Klein combinou o TAT com o método psicanalítico para criar a ludoterapia.

TESTE DE APROVEITAMENTO ESCOLAR — Prova destinada a aferir a aprendizagem escolar. São sinônimos: *Teste de conhecimentos, teste de escolaridade, teste de rendimento.*

TESTE DE APTIDÃO — Teste destinado a diagnosticar ou a prognosticar a capacidade do examinando na realização de uma dada atividade, presente ou futura, independentemente, na medida do possível, do treinamento a que o examinando tenha sido antes submetido.

TESTE DE ATITUDES — Mais correntemente designado por Escala de Atitudes. É um instrumento que tem por objetivo avaliar as opiniões e predisposições de uma pessoa em relação a certo assunto, a outra pessoa ou a determinado objeto. As escalas de atitudes podem ser elaboradas pelos métodos preconizados por Thurstone, Likert e Gutmann.

TESTE DE DIAGNÓSTICO — Teste que é utilizado, principalmente, para identificar proficiências ou deficiências no testando ou testandos.

TESTE DE DIFICULDADE — Teste em que os itens são ordenados pela sua dificuldade crescente, dos mais fáceis para os mais difíceis, e cujo tempo de aplicação permite, praticamente, que todos os testandos possam terminá-lo (i.e., que tenham tempo para examinar todos os itens do teste). Opõe-se ao *Teste de Rapidez.*

TESTE DE EXECUÇÃO — Um teste cuja realização exige reações manuais e motoras, manipulação de objetos ou de aparelhagens e equipamentos, além de lápis e papel.

TESTE DE FRANCFORT — Bateria de testes de desenvolvimento cognitivo e crítico para utilização em crianças em idade escolar, encomendado pelo Instituto de Investigação Pedagógica de Francfort (Alemanha), em 1954, a diversos psicólogos: Anger, Barbmann, Fisch, Krüger e outros. É um teste de administração grupal.

TESTE DE INTELIGÊNCIA — Prova que se destina a avaliar o nível mental ou a inteligência geral do testando. Trata-se, em geral, de testes ônibus mas também pode compor-se de itens similares, como no caso do Teste de Matrizes Progressivas, de Raven, e do Teste de Dominós, de Anstey. Usualmente, um teste de inteligência é elaborado de forma a permanecer relativamente livre de influências culturais.

TESTE DE LÁPIS E PAPEL — Prova para cuja execução se necessita apenas de lápis e papel, dispensando o emprego de aparelhagem ou equipamentos especiais.

TESTE DE PERSONALIDADE — Todo e qualquer teste que procure examinar os aspectos não-cognitivos da personalidade do testando. Geralmente, são apresentados sob a forma de *inventários* ou de *provas expressivas* e (ou) *projetivas.*

TESTE DE PROGNÓSTICO — Um teste que é utilizado, principalmente, para predizer o êxito ou o grau relativo de êxito do testando em determinado campo de atividade.

TESTE DE RAPIDEZ — Um teste que se propõe avaliar o número de itens, geralmente de conteúdo similar e consistindo em tarefas relativamente fáceis, que o testando é capaz de resolver num período de tempo determinado. Também se refere a testes compostos de itens de dificuldade crescente, quando aplicados em tempo suficientemente exíguo para que pouquíssimos testandos possam terminá-los. Neste caso, o resultado do teste depende, de forma acentuada, da rapidez de execução. (Ver: TESTE DE DIFICULDADE)

TESTE DE RESPOSTA SELETIVA — Uma prova em que os problemas ou as questões são apresentados com várias alternativas; o sujeito é solicitado a selecionar a alternativa correta. A *prova de múltipla escolha* é um exemplo de aplicação do teste de resposta seletiva.

TESTE DOS MOSAICOS — Teste construído por Margaret Lovenfeld. Consiste numa série de triângulos e paralelogramos de diferentes cores, sendo a criança solicitada a formar padrões regulares com eles. Um padrão totalmente desintegrado revela uma grave desorganização, pelo menos temporária, ou talvez a existência de um defeito mental.

TESTE INDIVIDUAL — Teste que só pode ser aplicado isoladamente ao testando, isto é, uma prova cuja aplicação só é possível a uma pessoa de cada vez.

TESTE NÃO-VERBAL — O teste que, apesar de possuir instruções verbais, (a) não exige, por parte do testando, o conhecimento de leitura e escrita, compondo-se de itens figurativos, ou

(b) possui instruções verbais que devem ser lidas pelo sujeito, mas sendo a resposta dada por uma simples cruz ou marca; neste caso, os itens também são figurativos. Existem ainda alguns testes não-verbais em que as instruções são dadas por mímica. (Ver: TESTE VERBAL)

TESTE OBJETIVO — Prova cujo resultado é avaliado independentemente do julgamento subjetivo do avaliador. Usa-se, geralmente, a expressão "teste psicométrico" ou apenas "teste" para designá-lo, reservando-se a palavra "técnica" para designar as provas projetivas ou expressivas, de julgamento não-objetivo. Entretanto, é aconselhável evitar a expressão "teste psicométrico", substituindo-a por teste objetivo.

TESTE ÔNIBUS — Um teste que apresenta itens muito variados quanto à forma e ao conteúdo, apresentados numa única seqüência, e que é corrigido de molde a resultar num único escore numérico.

TESTE PADRONIZADO — Um teste elaborado de acordo com certas técnicas que visam dar-lhe as desejadas qualidades de precisão e validade, bem como a permitir a comparação válida do resultado de um testando com os de um ou mais grupos de referência, para os quais se obtêm as normas necessárias.

TESTE PROJETIVO — Um tipo de teste que, apresentando ao testando material não inteiramente definido ou estruturado, como, por exemplo, borrões de tinta (Rorschach), estímulos gráficos (Wartegg) ou fotografias (Teste de Apercepção Temática), dele exige alguma resposta livre, a qual será posteriormente analisada e interpretada. Parte-se do princípio de que o indivíduo *projeta* certas características básicas da sua personalidade na interpretação dos estímulos deliberadamente ambíguos.

TESTE UNICAUDAL — Prova estatística de hipóteses que utiliza uma região crítica unicaudal, ou seja, quando, na distribuição amostral empregada, os valores que levam à rejeição da hipótese situam-se ou na cauda inferior ou na cauda superior, mas não em ambas ao mesmo tempo. Sin.: *Teste Unilateral* (Ver: TESTE BICAUDAL)

TESTE VERBAL — Todo e qualquer teste que se componha exclusivamente de itens verbais, tanto no que se refere às instruções como às questões propriamente ditas. (Ver: TESTE NÃO-VERBAL)

TETRONAGEM, ESCALA DE — Escala para normas de testes psicológicos elaborada na França pela Sra. Weinberg. É uma escala de categorias, cuja unidade é o tetron (do grego "tetra" = quatro), ou seja, um quarto do desvio-padrão da distribuição. Cada categoria possui a mesma amplitude. As categorias são de dois tipos: positivas e negativas, havendo ainda uma categoria média nula. A escala caracteriza-se pelo fato de ser aberta, isto é, o número de categorias é variável, de acordo com a forma da distribuição dos resultados, o que se explica pela natureza da transformação efetuada (transformação linear).

T-GROUP (ingl.) — Abreviatura da expressão *Training Group*. Trata-se de uma das técnicas de terapia de grupo. Um pequeno grupo de pessoas reúne-se com a presença de um *monitor* de dinâmica de grupo. O grupo analisa o seu funcionamento com a "ajuda" desse monitor, o qual não dá conselhos nem ensinamentos. Simplesmente, ele informa o grupo sobre a maneira como ele percebe a situação e o seu desenvolvimento. A tradução mais corrente da expressão inglesa é *Grupo de Diagnóstico*.

THOMSON, GODFREY H. — Professor de Pedagogia da Universidade de Edinburgh (Escócia). Publicou em 1938 *The Factorial Analysis of Human Ability* (A Análise Fatorial da Aptidão Humana), obra em que expôs a teoria da amostragem que se opõe à teoria dos dois fatores de Charles Spearman. Segundo essa teoria, cada teste recorre a uma amostra de associações que a mente pode fornecer. Algumas dessas associações são comuns a dois testes e são causas da sua correlação. Ignora-se de que constam essas associações mas, com muita probabilidade, elas estão ligadas aos neurônios, extremamente abundantes num cérebro normal.

THORNDIKE, EDWARD L. — Psicólogo norte-americano (n. 31-8-1874, em Wiliamsburg; m. 10-7-1949, em Montrose). Estudou na Universidade Wesleyana, Connecticut, em Harvard e Colúmbia. Toda a sua carreira profissional decorreu no *Teacher's College* da Universidade de Colúmbia, exceto um ano que passou na *Western Reserve* (1898-1899). Famoso por suas pesquisas pioneiras de aprendizagem animal e de psicologia educacional. O seu interesse pela aprendizagem animal culminou na célebre teoria de *aprendizagem por ensaio-e-erro*. Também é reconhecido como pioneiro no desenvolvimento das medidas mentais, pela sua compilação das palavras que ocorrem mais freqüentemente na língua inglesa, e pelo seu monumental trabalho em três volumes, *Psicologia Educacional* (1913-1914), obra em que aplicou seus vastos conhecimentos dos princípios de aprendizagem aos problemas da psicologia da educação. Entre outros importantes livros citem-se: *Animal Intelligence* (1911), *The Psychology of Learning* (1914), *The Measurement of Intelligence* (1926), *The Fundamentals of Learning* (1932), *An Experimental Study of Rewards* (1933), *The Psychology of Wants, Interests and Attitudes* (1935) e *Human Nature and the Social Order* (1940). (Ver: ENSAIO-E-ERRO, APRENDIZAGEM POR)

THORNDIKE, ROBERT L. — Psicólogo norte-americano que se destacou por numerosos estudos sobre os aspectos psicométricos dos testes, incluindo três importantes livros: *Measurement and Evaluation in Psychology and Education* (3ª edição, 1969), em colaboração com Elizabeth Hagen; *Personnel Selection* (1949) e *10 000 Careers* (1953).

THURSTONE, LOUIS L. — Psicólogo norte-americano (1887–1955). Thurstone foi educado nas universidades Cornell e de Chicago, sendo esta última a sede de toda a sua carreira profissional, exceto durante oito anos que passou no Instituto de Tecnologia Carnegie. Thurstone celebrizou-se por seu trabalho pioneiro na área dos testes de inteligência, através do uso da análise fatorial múltipla. Suas principais obras, começando com *The Nature of Intelligence* (1924) e terminando com *Multiple Factor Analysis* (1947), refletem os seus interesses no desenvolvimento de uma abordagem quantitativa da investigação das aptidões mentais. Outras importantes obras foram *Measurement of Attitudes* (1929), *Primary Mental Abilities* (1938), em colaboração com Thelma Gwynne Thurstone, sua esposa e colega de profissão, e *Factorial Studies of Intelligence* (1941). Thurstone é também reconhecido por suas pesquisas que resultaram na construção de uma Escala de Atitudes, no desenvolvimento de curvas de aprendizagem racional e na lei do julgamento comparativo em psicofísica.

TIPO — Padrão de qualidade que pode distinguir-se de outros padrões e serve de modelo ou exemplar na atribuição dos indivíduos a uma classe ou grupo. Padrão que define uma categoria. Todos os componentes de uma classe ou categoria considerados como representantes das qualidades que definem coletivamente o grupo. Este é um significado freqüente nas tipologias. (Ver: PERSONALIDADE, TIPOS DE / PERSONALIDADE, TRAÇOS DE)

TIPO IDEAL — Um construto mental livremente criado pelo psicólogo social, em sua pesquisa, para tentar ordenar a "realidade", isolando e articulando os elementos de um fenômeno psicossocial periódico num sistema de relações internamente coeso.

TIPOLOGIA — O estudo de tipos. Um sistema usado para classificação de indivíduos segundo certos critérios constitucionais ou psicológicos. (Ver: PERSONALIDADE, TIPOS DE)

TIPO PENSAMENTO — Juntamente com o tipo pensamento, forma o par de tipos racionais na tipologia de Jung.

TIPO PÍCNICO — Um dos tipos constitucionais no sistema de Kretschmer. (Ver: PERSONALIDADE, TIPOS DE)

TIPO RACIONAL — Ver: FUNCIONAIS, TIPOS.

TIPO REGRESSIVO — Um dos tipos constitucionais descritos por N. Lewis que, no aspecto psicológico, se distingue por sua tendência para a esquizofrenia. As pessoas deste tipo são comparáveis ao tipo astênico na tipologia de Kretschmer.

TIPO REVERSIVO — Segundo Karl Abraham pertencem a este tipo as pessoas com tendência para agir de modo contrário ao normal em seu meio. Podem expressar opiniões contrárias, embora saibam que carecem de fundamento lógico.

TIPOS PSICOLÓGICOS — Ver: PERSONALIDADE, TIPOS DE.

TIQUE — Trejeito involuntário, quase sempre psicogênico.

TIREÓIDE, GLÂNDULA — Glândula endócrina situada de ambos os lados da traquéia e cujas secreções são de grande importância para o crescimento e no controle do índice metabólico.

TITCHENER, EDWARD B. — Psicólogo norte-americano, discípulo e seguidor de Wundt, o fundador do ponto de vista estruturalista em psicologia. A sua mais importante obra foram os manuais de Psicologia Experimental, publicados entre 1901 e 1905, nos quais descreveu a técnica de análise introspectiva — a técnica fundamental dos estruturalistas — e os resultados que obteve com o emprego da introspecção. O seu *Compêndio de Psicologia*, de 1910, também é considerado uma declaração definitiva da sua posição teórica. As perspectivas de Titchener eram inteiramente alemãs. Considerava as obras de Wundt da máxima importância e consumiu largo tempo traduzindo-as para o inglês. A sua relutância em mostrar flexibilidade em sua atitude, face aos novos desenvolvimentos da Psicologia, serviu para limitar o crescimento do estruturalismo e acabou resultando em seu colapso como escola.

Sinopse Biográfica de Edward B. Titchener

Ano	Acontecimento
1867	Nasce em 11 de janeiro em Chichester (Inglaterra).
1886	Matricula-se na Universidade de Oxford para estudar Filosofia.
1890	Viaja para a Alemanha e estuda em Leipzig com Wundt.
1892	Obtém com Wundt o doutorado de Filosofia. Decide transferir-se para os Estados Unidos e, neste mesmo ano, assume o cargo de professor na Universidade Cornell, não mais voltando à Europa.
1896	Publica *Noções Gerais de Psicologia*.
1898	Publica a *Cartilha de Psicologia*.
1901	Inicia a publicação de numerosos manuais de psicologia experimental; cada manual era acompanhado de um guia prático para o professor. Trava uma longa polêmica com Baldwin sobre tempos de reação. A atitude virulenta de Baldwin em suas críticas leva Titchener a demitir-se da Associação Psicológica Americana.
1904	Cria a sua própria sociedade, um grupo fechado e reduzido que se compunha, predominantemente, de seus próprios alunos. Quis chamar-lhe o "Clube Fechner", mas os demais membros não concordaram e a sociedade só veio a ter um nome oficial após a morte de Titchener.
1910	Publica o *Compêndio de Psicologia*.
1912	Inicia um tratado mais sistemático, que foi publicado numa série de quatro artigos no *American Journal of Psychology*.
1927	Morre em Nova York (Ithaca), em 3 de agosto.
1929	H. P. Weld publica em livro os artigos do *AJP*.

TOLERÂNCIA — Atitude que concede liberdade de iniciativa, de escolha e expressão a outra pessoa, por respeito à sua personalidade. A atitude tolerante difere da indulgência (embora o comportamento manifesto possa aparentar semelhança) e da negligência. É a atitude oposta ao autoritarismo, prepotência e rigor punitivo.

TOLMAN, EDWARD C. — Psicólogo americano (1886–1959). Fez sua educação universitária no Instituto de Tecnologia de Massachusetts e em Harvard, onde se doutorou em 1915. Lecionou nas Universidades do Noroeste e da Califórnia, onde passou a maior parte de sua carreira. Em 1937 foi presidente da APA. Um dos mais destacados membros do movimento neobehaviorista, Tolman ficou sobretudo conhecido pela sua teoria sistemática da aprendizagem, que é um misto de behaviorismo e de psicologia da Gestalt. Seus principais livros são: *Purposive Behavior in Animals and Men* (1932) e *Drives Toward War* (1942), além do volume de *Collected Papers* (1951), uma compilação de seus artigos e ensaios em várias revistas especializadas. (Ver: BEHAVIORISMO INTENCIONAL)

TOM — Um som cujo estímulo físico consiste em vibração regular ou *periódica*, num meio elástico. Distingue-se de *ruído*, porque este é um som cujo estímulo físico é irregular e não-periódico. Os tons simples ou puros ouvem-se quando o estímulo é uma onda sinusoidal e os tons compostos são ouvidos quando a onda tem uma forma complexa, mas ainda periódica, repetindo-se em intervalos regulares. Na música ocidental, o tom completo e uniformemente temperado é de 1/6 de oitava. Chama-se *tonalidade* aquele atributo de intensidade (diapasão) pelo qual um tom soa mais estreitamente relacionado com a sua oitava do que, por exemplo, com o seu tom adjacente na escala musical.

TOPOGRAFIA — Levantamento gráfico de regiões ou sistemas em que os processos psíquicos atuam ou interatuam. Em Psicanálise, distinguem-se três regiões: consciente, inconsciente e pré-consciente. A divisão em *id, ego* e *superego* também é topográfica, embora baseada em classificação diferente. Uma área topográfica define-se pela natureza e situação relativa dos processos nela abrangidos, embora um dado processo possa cruzar de uma para outra área. Uma área ou região pode ter várias sub-regiões. Por exemplo, alguns psicanalistas consideram o pré-consciente uma sub-região do consciente. Coube a Freud definir o conceito de topografia psíquica, embora outras escolas também adotem modelos topográficos em suas fórmulas de análise.

TOPOLOGIA — Um ramo da matemática que se ocupa das transformações no espaço. Kurt Lewin adotou alguns dos princípios da topologia para a sua Teoria do Campo.

TOTEM — Animal, vivo ou morto, ou qualquer objeto, planta ou mineral que se acredita possuir relações de sangue com o clã ou tribo que o totem simboliza. Em Psicologia, denomina-se *estágio totêmico*, a fase de evolução mental em que os totens são adotados como patronos dos clãs e objetos de culto. Em Psicanálise, caberia a Freud introduzir o termo no contexto sexual, como sinônimo de veneração por parte de um sexo, de um objeto simbólico do sexo oposto. Constitui um clássico da literatura psicanalítica o livro de Freud intitulado *Totem e Tabu*.

TOXICOMANIA — Recurso contínuo aos efeitos de narcóticos resultando na necessidade de doses progressivamente mais fortes, a fim de se obterem os efeitos desejados, tanto de natureza fisiológica como psicológica. A fase em que os tecidos não exigem o aumento de doses chama-se *habituação tóxica*.

TRAÇO — Ver: PERSONALIDADE, TRAÇOS DE.

TRANSAÇÃO — Evento psicológico em que todas as partes ou aspectos do acontecimento concreto derivam sua existência e natureza da participação ativa no acontecimento.

TRANSFERÊNCIA — Atitudes, sentimentos e fantasias que um paciente experimenta, na situação analítica, em relação ao seu médico, muitas das quais emergem, de modo aparentemente irracional, de suas próprias necessidades inconscientes e conflitos psicológicos, em vez das circunstâncias reais de suas relações com o analista. Por exemplo, o paciente pode atribuir, inconscientemente, características de seu pai, mãe, irmãos, etc., ao analista, enquanto este representará qualquer dessas pessoas em relação ao paciente.

Ferenczi assinalou a diferença entre transferências e *insight* (ver): "O termo transferência criado por Freud deve ser conservado para designar especificamente os *insights* que se manifestam no decorrer da análise e que visam a pessoa do médico, em virtude de sua excepcional importância prática. O termo *insight* convém a todos os outros casos que envolvam o mesmo mecanismo."

TRANSFERÊNCIA, RESISTÊNCIA NA — Em Psicanálise, é a repressão de algumas das manifestações de afeto transferidas durante a situação analítica. O analisando transfere para o analista as atitudes anteriormente associadas; por exemplo, com o pai, algumas das quais ainda são inaceitáveis e têm de ser reprimidas. Uma mulher pode mostrar ciúme do analista, mas reprimir quaisquer impulsos sexuais diretos para com ele, como *imago* paterna.

TRANSFORMAÇÃO — Mutação para o oposto. A teoria da transformação ou *transformismo* é uma doutrina biológica segundo a qual uma espécie, com o decorrer do tempo, pode transformar-se em outra espécie radicalmente distinta.

TRANSFORMAÇÃO LINEAR — Transformação de uma variável em outra pelo uso de uma função linear, ou seja, uma função do tipo:

$Y = A + BX$. (Ver: TRANSFORMAÇÃO NÃO-LINEAR)

TRANSFORMAÇÃO NÃO-LINEAR — Transformação de uma variável em outra pelo uso de funções não-lineares, ou seja, funções do tipo:

$Y = A + BX^2$, $Y = A + B^x$, $Y = A + X^B$, $Y = X^{1/2}$, etc.

TRANSMISSÃO — Na teoria da comunicação, é o processo pelo qual uma mensagem transforma a energia potencial em energia útil ou efetiva.

TRAUMA — Literalmente, uma lesão. Na terminologia psicanalítica significa uma lesão provocada na psique em resultado de uma experiência que pode ter sido agradável ou desagradável em si mesma. (Ver: NASCIMENTO, TRAUMA DO)

TRAUMÁTICA, CENA — Experiência que uma pessoa quer esquecer, porque a recordação de seu papel ou sua participação nessa experiência lhe fere o amor-próprio ou é contrária ao seu sistema de valores.

TRAUMÁTICA, NEUROSE — Neurose (especialmente nos casos de histeria e ansiedade), precipitada por um trauma psíquico ou somático em que os sintomas estão intimamente relacionados com o trauma original.

TRAUMÁTICA, PSICOSE — Distúrbio mental resultante de uma lesão cerebral que produz sintomas psicóticos. Distinguem-se três formas: o delírio traumático, a constituição traumática (em que se verifica uma alteração gradual na compleição do paciente) e o enfraquecimento mental pós-traumático.

TREINO DE TOALETE — O ensino, a uma criança, dos hábitos de higiene íntima peculiares em sua cultura, especialmente no que diz respeito à urinação e defecação. A excessiva severidade no treino envolve, ao que parece, efeitos desastrosos no desenvolvimento da criança.

TRIAL-AND-ERROR (ingl.) — Ver: ENSAIO-E-ERRO, APRENDIZAGEM POR.

TROFOTRÓPICO, SISTEMA — Ver: ERGOTRÓFICO, SISTEMA.

TUDO OU NADA, LEI DE — Princípio segundo o qual um neurônio reage com a intensidade máxima ou não reage, independentemente da intensidade do estímulo ou outra excitação. Em Psicanálise, é o princípio de que as *reações instintivas* não são graduadas em sua intensidade, manifestando-se sempre em sua força total.

UNIVERSALISMO — Tendência para definir os padrões éticos e sociais em termos completamente genéricos, sem atender à natureza dos indivíduos nem às circunstâncias (cf. Talcot Parsons, *The Structure of Social Action*, 1937).

UNIVERSO — Ver: POPULAÇÃO.

USO, LEI DO — Hipótese de que, tudo o mais sendo igual, uma função é facilitada pelo fato de ser usada ou exercida com assiduidade, e enfraquecida quando em desuso. Sin.: Lei do Exercício, Lei da Freqüência.

UTILIDADE — Preparação de um órgão ou processo para funcionar de modo a garantir a sobrevivência biológica ou o ajustamento psicológico de um organismo. Em relação a um *teste*, a utilidade é uma medida composta que abrange validade, idoneidade, pertinência, economia e aceitabilidade.

UTILITARISMO — Doutrina filosófica que faz da utilidade prática o critério de valor. Está associado às chamadas escolas inglesas: Hobbes, Locke, Hume, Stuart Mill e Spencer, entre outros.

V

VALÊNCIA — Propriedade de um *objeto ou região no espaço vital* pelo qual o objeto é desejado (valência positiva) ou rejeitado (valência negativa) (cf. Kurt Lewin, *Principles of Topological Psychology*, 1936). Na acepção de finalidade objetal, valência significa as qualidades ou propriedades atraentes do objeto, ação ou idéia. Sin.: Catexe. (Ver: ESPAÇO VITAL)

VALIDAÇÃO CRUZADA — Técnica na qual a amostra de validação é subdividida em duas subamostras aleatórias, em cada uma das quais se calculam os coeficientes de correlação entre a variável (ou variáveis) e o critério. Uma vez escolhidos os itens ou testes capazes de diferenciar subgrupos com diferentes resultados no critério, calcula-se, separadamente, os coeficientes de correlação entre esses itens ou testes e o critério dado, para cada uma das subamostras em que não se fez o estudo preliminar. Esta técnica serve para descartar itens ou testes que apenas apresentam uma correlação espúria com o critério.

VALIDADE — Qualidade de estar fundamentado na verdade, nos fatos ou na lei. Atributo de um argumento que está em conformidade com as leis da lógica. Em psicometria, é a propriedade de todo e qualquer processo de medição ou teste mas, em especial, do instrumento de teste, garantindo que os escores obtidos medem corretamente a variável que se pretendia medir com esse instrumento. A validade é estabelecida mediante a correlação dos resultados do teste com um critério exterior ou medida independente. É sempre relativa à medição de uma determinada variável, pois não existe o que se possa chamar validade geral ou absoluta; o que se determina é um grau de validade. E esta não tem qualquer outro significado além do decorrente das operações pelas quais é determinada. Em *Standards for Educational and Psychological Testes and Manuals* (1966), a Associação Psicológica Americana subdividiu o domínio da validade em três aspectos fundamentais: validade de conteúdo, validade relacionada com um critério e validade de construto.

VALIDADE APARENTE — A impressão subjetiva que um instrumento de medida, especialmente um teste psicológico, causa ao testando ou ao leigo usuário do mesmo.

VALIDADE, COEFICIENTE DE — Nome dado ao coeficiente de correlação ou associação entre os resultados de um teste ou instrumento de medição e a posição dos testandos numa outra variável (ou atributo) tomada como critério.

VALIDADE CONCORRENTE — Ver: VALIDADE DE PREDIÇÃO.

VALIDADE DE CONCEITO — Ver: VALIDADE DE CONSTRUTO.

VALIDADE DE CONSTRUTO — A validade que é aferida investigando-se que qualidades são medidas por um teste, ou seja, averiguando-se até que ponto certos conceitos explanatórios ou construtos explicam o desempenho no teste. Sin.: Validade de Conceito.

VALIDADE DE CONTEÚDO — A validade que é demonstrada quando se mostra até que ponto o conteúdo de um teste expõe as situações de classe ou os assuntos a cujo respeito serão extraídas conclusões. A validade de conteúdo é especialmente importante para os testes de conhecimentos, medições de desempenho e medições de comportamento social ou de comportamento bem ajustado, tendo por base as observações feitas em situações escolhidas. O conteúdo de um teste deve espelhar o universo pressuposto de tarefas, condições ou processos.

VALIDADE DE PREDIÇÃO — As normas elaboradas em 1954 pela APA estabeleceram uma distinção entre *validade de predição*, ou seja, o grau em que o teste permite o prognóstico de um critério, e a *validade concorrente*, ou seja, a capacidade discriminativa de um teste em relação a determinados subgrupos organizados de acordo com o critério. Em 1966, tanto a validade de predição quanto a validade concorrente foram englobadas na validade relacionada com um critério.

VALIDADE DE UMA QUESTÃO — A validade referente a um item de teste; mais usualmente diz respeito à correlação desse item com um critério. Quando o critério é o próprio teste, usa-se a expressão *validade interna* (ou intrínseca); quando se adota qualquer outro critério temos a *validade externa* (ou extrínseca). Alguns autores utilizam a expressão "poder discriminativo" para designar a validade interna da questão ou do item.

VALIDADE ECOLÓGICA — Conceito definido por Egon Brunswick (*The Conceptual Framework of Psychology*, 1952) como uma relação estabelecida (dentro de um determinado hábitat ou conjunto de circunstâncias ambientes) entre um impacto sensorial proximal e uma variável distal em ambiente mais remoto, de modo que a presença do estímulo proximal implica uma forte probabilidade de que o estímulo distal atuará, e vice-versa. Se, por exemplo, existe uma pequena imagem na retina (estímulo proximal), é provável que exista um objeto no meio circundante (estímulo distal) de algum modo semelhante a essa imagem.

VALIDADE RELACIONADA COM UM CRITÉRIO — A validade que se demonstra mediante a comparação dos resultados do teste com uma ou mais variáveis externas. Engloba a validade de predição e a validade concorrente. A comparação pode ser efetuada mediante o uso de tabelas de expectância ou, o que é mais comum, pelo emprego de algumas técnicas de correlação que permitam associar os resultados do teste a uma medição adequada do critério.

VALOR — Termo que possui inúmeros significados, de acordo com o contexto em que seja usado: (1) Conceito abstrato, por vezes meramente implícito, que define, em relação a um indivíduo ou a uma unidade social, quais são as finalidades desejáveis ou os meios aconselháveis e apropriados para atingir essas finalidades. Esse conceito abstrato de *valia* não é o resultado de uma avaliação do próprio indivíduo, mas o produto social que lhe foi imposto e que ele só lentamente *internaliza*, isto é, usa e aceita como seu critério pessoal de valor; (2) A valia ou excelência ou o grau de valia, que se atribui a um objeto, uma atividade ou uma classe de objetos ou atividades. Embora atribuído a uma dessas entidades como algo externo e objetivo, o valor não é delas função intrínseca, e sim função da transação valorativa. *Valência* é a consubstanciação específica de um valor, numa dada situação concreta. (3) (Ver: PONTO)

VALOR, ANÁLISE DE — Variedade da análise de conteúdo em que se efetua a tabulação de todas as expressões referentes a certo valor, que ocorre, por exemplo, num trecho literário, num texto publicitário, etc. A classificação realiza-se mediante consulta a uma tabela padronizada (*check list*) de valores, a qual contém ainda as instruções para atribuição de um determinado valor. Por exemplo, ao classificarem-se os valores para que se apela num anúncio que diga "Restaura o vigor da juventude", a tabulação seria feita na rubrica *Atrativo sexual*. Uma dada expressão pode ser classificada em mais de uma rubrica.

VALOR DE DIFERENCIAÇÃO — O caráter mais ou menos satisfatório da curva de repartição obtida na padronização de um teste (curva normal).

VALORES, ESCALA DE — Número atribuído a um objeto (perceptual ou conceptual), ou a um evento, de acordo com uma regra operacional — com uma escala.

VANDALISMO — Destruição maldosa da propriedade, que não se tem o direito de danificar. O vandalismo sexual é a destruição compulsiva de tudo o que represente o sexo em pinturas, quadros, etc.

VANTAGEM PARANÓSICA — Nome dado à gratificação primária e direta obtida pelo indivíduo doente (exemplo: a pessoa doente não precisa trabalhar). *Vantagem epinósica* é a gratificação recebida de uma doença psiconeurótica, secundária à doença original. Assim, uma pessoa que sofre, pela privação dos cuidados que caracterizavam suas relações infantis com a mãe, poderá reaver essas relações (e sua gratificação) adoecendo.

VARIABILIDADE INTERINDIVIDUAL — A dispersão dos valores, medida em relação ao promédio, de uma variável, quando o seu conjunto se estabelece a partir de medições numa amostra ou população de indivíduos.

VARIABILIDADE INTRA-INDIVIDUAL — A dispersão dos valores, medida em relação ao promédio, de uma variável, quando o seu conjunto se estabelece a partir de medições num único indivíduo.

VARIÂNCIA — O conjunto de valores de uma variável. A variância de uma variável, sobre o seu conjunto de valores, é a média aritmética dos quadrados dos desvios desses valores, em relação à média aritmética nesse conjunto. À sua raiz quadrada positiva dá-se o nome de desvio-padrão.

VARIÁVEL — Quantidade que pode aumentar ou diminuir, continuamente ou não, sem qualquer outra mudança essencial. Por exemplo, a área cutânea estimulada, a intensidade do estímulo, o número de respostas corretas a um teste, o tempo que se levou a responder, etc. Nestes exemplos, as variáveis são a área e não a pele, a intensidade e não o estímulo, o número e não as respostas corretas, o tempo e não a reação. A variável é sempre uma abstração: a quantidade.

VARIÁVEL ALEATÓRIA — Toda e qualquer variável cujos valores decorrem de um processo aleatório.

VARIÁVEL CONTÍNUA — A variável que não apresenta pontos de descontinuidade, podendo assumir qualquer valor em determinados intervalos.

VARIÁVEL DE CONVENIÊNCIA SOCIAL — Variável que interfere nas respostas de um sujeito às questões de um inventário de personalidade. Refere-se à tendência para escolher aquelas respostas que, aos olhos do sujeito, são socialmente mais aceitáveis. Para combater os seus efeitos, muitos psicólogos utilizam a técnica de escolha forçada entre duas ou mais alternativas *igualmente desejáveis*, do ponto de vista social.

VARIÁVEL DEPENDENTE — Variável cujas mudanças são tratadas como conseqüências das mudanças numa ou mais variáveis distintas, coletivamente denominadas *variável independente*. Em Psicologia, o valor dependente medido é sempre a reação (ou resposta).

VARIÁVEL DESCONTÍNUA — A variável que apresenta, em todo o intervalo finito do seu domínio, um número finito de descontinuidade em determinados pontos. É o oposto da variável contínua.

VARIÁVEL HIPOTÉTICA — Expressão, em forma condensada, das relações entre as condições experimentais de controle e a variável dependente. A variável hipotética não tem outras propriedades senão as dos dados empíricos, de que é uma abstração. A gravitação, por exemplo, é uma variável hipotética que intervém no processo, entre uma variável independente e uma dependente, isto é, entre um estímulo e uma reação. Por si mesma, a gravitação não é uma causa nem uma entidade; é simplesmente o fato de que os corpos se movimentam no sentido uns dos outros.

VARIÁVEL INDEPENDENTE — Variável cujas mudanças são tratadas como não dependendo das mudanças em outra variável especificada. Variável que é manipulada numa experiência para observar que espécie de efeitos as mudanças nessa variável provocam nas variáveis que dependem dela. As investigações psicológicas operam com duas espécies de variáveis independentes: (a) as *variáveis E* (estímulos: condições ambientes, sejam físicas ou sociais) e (b) as *variáveis O* (características de um organismo ou pessoal). A variável dependente, em Psicologia, é sempre uma reação (ou resposta). Os estudos com variáveis E, como variável independente, dão-nos a Psicologia Experimental; os estudos com variáveis O, a Psicologia Diferencial.

VARÓLIO, PONTE DE — Ver: ENCÉFALO.

VASOMOTOR — Sistema nervoso que controla as contrações e dilatações dos vasos sangüíneos.

VEGETATIVO, SISTEMA NERVOSO — Ver: SISTEMA NERVOSO.

VERDE — Tonalidade cromática que é atributo das sensações visuais tipicamente provocadas pela estimulação da retina normal, com a radiação do comprimento de onda de 515 milimícrons, aproximadamente.

VERMELHO — Atributo cromático das sensações visuais suscitado pela estimulação do olho humano a uma radiação de onda longa, desde 650 milimícrons até o final do espectro visível.

VERTIGEM — Tontura, perturbação do sentido de equilíbrio, cuja causa habitual é uma superestimulação dos receptores do *sentido estático* nos canais semicirculares.

VESTIBULAR, SENTIDO — Ver: CINESTESIA.

VETOR — Em Teoria do Campo, é um símbolo de motivação ou a representação de uma força que causa locomoção no sentido de aproximação ou de afastamento de um incentivo. Em Estatística, é a representação de um escore por meio de uma linha que tem direção e duração.

VIDA — Propriedade dos animais e das plantas que lhes permite manter a integridade estrutural, graças a uma constante permuta de elementos com os meios circundantes. Embora não haja acordo sobre a definição necessária e suficiente dessa propriedade, vários critérios permitem distinguir o ser vivo do não-vivo, contando-se entre eles as seguintes qualidades: metabolismo, crescimento, reação ao estímulo ou excitação, reprodução.

VIDA, INSTINTO DE — Segundo a Psicanálise, um dos dois instintos (ou categorias de instintos) do id. Inclui todas as tendências integradoras do ser. O desenvolvimento individual é concebido como o resultado das tendências opostas de construção e destruição, do instinto de vida e do instinto de morte. (Ver: EROS)

VIDA, PULSÃO DE — Ver: EROS.

VIENA, ESCOLAS DE — Receberam o nome de "Escolas de Viena" diversas correntes pioneiras na teoria e prática psicológicas. A primeira e a de maior repercussão em todos os setores da psicologia contemporânea foi a Escola Psicanalítica de Freud. A segunda foi a escola de Psicologia Individual, fundada por Adler após seu rompimento com Freud. A terceira escola foi a da psicologia analítico-existencial, iniciada por Viktor Frankl, a qual tentou reunir os métodos psicanalíticos e antropológicos numa nova técnica psicoterapêutica a que seria dado o nome de Análise Existencial. Além destas Escolas, destacou-se ainda o *Círculo de Viena* formado por um grupo de lógicos (Carnap, Neurath, Schlick, e outros), dedicado ao estudo da lógica da ciência e que sustentou como princípios básicos para a criação de uma ciência unificada o empirismo científico e o fisicalismo.

VIÉS — Propriedade de um estimador, definida como o valor algébrico da diferença entre a expectância do estimador e o parâmetro. Designa-se por "viés do entrevistador" aquilo que se introduz nos resultados de um inquérito ou levantamento em virtude de enganos, erros e predisposição pessoal do entrevistador, se a este for facultada certa liberdade de ação. Sin.: Tendenciosidade.

VIGOTSKI, LIEV SEMIÓNOVICH. — Psicólogo e filólogo russo (1896–1934). Dirigiu o Departamento de Educação para Deficientes Físicos e Mentais de Moscou. Autor de vasta obra dedicada a temas como pensamento e linguagem foi, com Luria e Leontiev, um dos cientistas russos mais respeitados no Ocidente por suas pesquisas sobre o desenvolvimento cognitivo da criança. Dois de seus livros estão publicados no Brasil: *Pensamento e Linguagem* (1979) e *A formação social da mente* (1984). Mas o trabalho de Vigotski tem implicações mais amplas para a Psicologia. Considerou ele que o pensamento e a linguagem, que refletem a realidade de um modo diferente da percepção, constituem a chave para se compreender a natureza da consciência humana. As palavras desempenham um papel central não só no desenvolvimento do pensamento, mas também no desenvolvimento histórico da consciência como um todo. Uma palavra é um microcosmo da consciência humana. Assim como o trabalho físico envolve o uso de ferramentas, as atividades mentais implicam o uso de símbolos, primordialmente os símbolos verbais (palavras). No desenvolvimento mental da criança, um papel decisivo é desempenhado pela internalização do comportamento manifesto e, em particular, do diálogo externo transformado em fala e pensamento interiores.

VINCENT, CURVA DE — Método de comparação dos dados de aprendizagem de pessoas que requerem diferentes números de provas ou tempos diferentes para atingirem o mesmo nível de proficiência estipulado. O início e o final da curva de aprendizagem são idênticos, para todos os testados, mas o montante aprendido em qualquer fase da curva poderá diferir.

VÍNCULO — Conexão entre estímulo e reação ou, mais genericamente, entre dois processos psicológicos de qualquer natureza.

VINELAND, ESCALA DE MATURIDADE SOCIAL DE — Escala de classificação de maturidade baseada na presença ou ausência de certos comportamentos cotidianos, que se consideram característicos em determinadas idades.

VISÃO — Ver: VISUAL, APARELHO.

VISUAL, APARELHO — O sistema que serve uma das modalidades sensoriais do organismo humano: a *visão*, que, com a audição, forma os *sentidos de distância*. O aparelho visual compõe-se das seguintes partes: (1) O *dispositivo óptico*, formado pelo padrão luminoso que confronta o olho e se caracteriza pela *intensidade* (montante de energia física existente na luz), *comprimento de onda* luminosa e *pureza* dos comprimentos de onda (ou saturação); (2) O *olho* (ver: OLHO); (3) O *nervo óptico*, feixe de fibras neurais que sai da retina do olho até a área de projeção no córtex, (através de um centro retransmissor chamado *tálamo*); (4) A *área de projeção visual* no cérebro (parte posterior do córtex), que recebe os impulsos visuais provenientes da retina, preservando as relações espaciais; (5) A *área de associação visual* no cérebro, onde a atividade neural se difunde, a partir de (4); finalmente: (6) O *sistema óculo-motor,* conjunto de músculos que coordena os movimentos dos olhos permitindo-lhes que devassem toda a área do dispositivo óptico (cf. J. Hochberg, *Percepção,* 1966). (Ver: PERCEPÇÃO SENSORIAL)

VITAL, ESPAÇO — Ver: ESPAÇO VITAL.

VITAL, MENTIRA — A idéia, por vezes incluída pelo neurótico em seu plano vital, de que fracassará por causas estranhas ao seu controle.

VITAL, OBJETIVO — O propósito, implícito em toda a atividade mas raramente reconhecido, mesmo pelo próprio indivíduo, de atingir um nível de superioridade que o compense pela sua principal inferioridade real ou imaginada (cf. A. Adler, *Psicologia do Indivíduo*). (Ver: INFERIORIDADE, COMPLEXO DE)

VITAL, PLANO — Conjunto de defesas, segundo A. Adler (*Psicologia do Indivíduo*), por meio do qual uma pessoa impede que a sua pretensa superioridade venha a ser posta em xeque pela dura prova da realidade. (Ver: INFERIORIDADE, COMPLEXO DE)

VIZINHANÇA — Uma das leis de organização da forma, segundo a escola gestaltista.

VOCABULÁRIO, TESTES DE — Conjunto de itens destinados a medir o número de palavras que uma pessoa entende ou é capaz de usar em determinadas condições. São usados muitos critérios de compreensão ou uso vocabular: reconhecimento das palavras num contexto, capacidade de definição e de emprego de uma frase, etc. Alguns testes, como os que formam a bateria Anger e Bargmann (*Frankfurter Wortschatztests*) incluem uma lista de 100 palavras para vários níveis de entendimento.

VOLIÇÃO — Literalmente, *querer, desejar, ter a intenção* (do latim *volo,* prs. ind. do verbo *velle*). Designa um impulso consciente que leva a personalidade a pensar e realizar uma ação, para obter determinado fim. Manifesta-se, primordialmente, através da intenção e da decisão. (Ver: VOLUNTARISMO e VONTADE)

VOLUNTARISMO — Partindo das bases metafísicas implantadas pelos filósofos da Vontade (Fichte, Schopenhauer, E. von Hartmann) para quem a volição era a causa primária e eficiente que dinamiza todo o processo mental e faz do mundo uma representação do nosso pensamento, Wundt formulou os princípios de uma Psicologia Voluntarista, em termos experimentais: a vida psíquica não é determinada nem exclusiva nem totalmente por mudanças mecânicas ou atividades fisiológicas, mas, predominantemente, por um atributo inerente à própria psique, a volição, cujos impulsos ditam o rumo do pensamento, o atualizam através dos mecanismos de apercepção, e determinam o comportamento que irá influir no curso dos acontecimentos (cf. W. Keller, *Psychologie u. Philosophie des Wollens,* 1954).

VONTADE — Reserva de energia psíquica de que a consciência dispõe. Não constitui um fenômeno especificamente psíquico, pois essa reserva é obtida ainda pela participação de fatores sociais, culturais e de educação. A vontade é, portanto, uma disposição da personalidade para a ação, *mas não* o impulso que desencadeia a ação. (Ver: VOLIÇÃO)

VOYEURISMO — Forma de perversão sexual em que, para a obtenção de gozo, o indivíduo vê outros, sem ser visto, despindo-se ou praticando atos sexuais.

WALLON, TESTES INFANTIS DE — Conjunto de testes para o diagnóstico e desenvolvimento da personalidade infantil, criado por Henri Wallon, professor de Psicologia do Collège de France (*Les Origines de la Pensée chez l'enfant,* 1963).

WARTEGG, TESTE DE (WZT) — Elaborado e publicado originalmente em 1939, o *Wartegg-Zeichen-Test* baseia-se na hipótese de que, nesta técnica projetiva, certas condições estimuladoras precisas visam o equilíbrio mensurável das funções de impulsão e sensibilidade. A técnica inspira-se nos fundamentos teóricos da grafologia, nas teorias gestaltista e estruturalista. Apresenta-se ao testando oito campos delimitados, contendo cada um deles um elemento inicial de pregnância arquetípica, com a instrução de continuar o estímulo graficamente, produzindo oito desenhos que serão interpretados sob diversos aspectos. De aplicação individual ou coletiva, o teste é apresentado sem limite de tempo, mas a sua duração média não ultrapassa 20 minutos. E. Wartegg aconselha o teste para orientação profissional, orientação educacional, diagnóstico psiquiátrico e diagnóstico genético-dinâmico das neuroses.

WATSON, JOHN BROADUS — Psicólogo norte-americano. Professor da Johns Hopkins University (1908-1920). Rejeitou os métodos psicológicos introspectivos e fundou o Behaviorismo, que constitui uma interpretação mecanicista da vida humana, baseada no condicionamento e na Fisiologia. O sistema behaviorista de Watson combinou o Pragmatismo de William James, o Funcionalismo Psicológico de Dewey, o método experimental de Psicologia Animal de Yerkes e o Condicionamento de Pavlov, e desenvolveu-se a partir de quatro princípios básicos: determinismo, empirismo, reducionismo e ambientalismo. Watson considerou o seu sistema psicológico aquele em que, "dado um estímulo, a Psicologia poderá prever qual é a resposta. Ou, por outro lado, dada a resposta, poderá especificar a natureza do estímulo efetivo". N. em 9-1-1878 (Greenville), m. em 25-9-1958 (Nova York). Bibliografia principal: *Psychology as a Behaviorist Views It* (1913); *Behavior* (1914); *Behaviorism* (1925); *The Battle of Behaviorism* (em colaboração com McDougall, 1928); *Psychological Care of Infant and Child* (1928). (Ver: BEHAVIORISMO)

WEBER, ERNST HEINRICH — Professor de Anatomia (1818) e Fisiologia (1840) na Universidade de Leipzig. Co-fundador da moderna Fisiologia, especialmente da Fisiologia Sensorial e Psicofísica. N. em 24-6-1795 (Wittenberg); m. em 26-1-1878 (Leipzig). Principal obra publicada: *De pulsu, resorptione, auditu et tactu, Annotationes anatomicae et physiologicae* (1834). (Ver: WEBER, LEI DE)

WEBER, LEI DE — Princípio psicofísico enunciado pelo fisiólogo alemão Ernst Heinrich Weber (*De pulsu, resorptione, auditu et tactu, Annotationes anatomicae et physiologicae,* 1834). É uma formulação da relação entre alterações na intensidade do estímulo e a percepção: "Ao observarmos a diferença entre duas grandezas, o que percebemos é a proporção da diferença entre as grandezas comparadas." Por outras palavras, a diferença apenas perceptível da sensação ocorre quando o estímulo é aumentado ou diminuído por certa proporção de si mesmo, sendo tal proporção constante em qualquer sentido determinado. Experiências posteriormente realizadas têm indicado que esta lei só é válida num âmbito médio de amplitude do estímulo (cf. Julian E. Hochberg, *Percepção,* cap. *Leis e Escalas Psicofísicas*). (Ver: FECHNER, LEI DE)

WEBER-FECHNER, LEI DE — Ver: FECHNER, LEI DE.

WECHSLER, DAVID (1896-1981) — Psicólogo-chefe do *Bellevue Psychiatric Hospital* e professor de psicologia médica da Faculdade de Medicina da Universidade de Nova York. Autor das escalas *Wechsler-Bellevue, Wechsler Adult Intelligence Scale* (WAIS), *Wechsler Intelligence Scale for Children* (WISC) e *Wechsler Preschool & Primary Scale of Intelligence* (WPPSI), esta última elaborada em 1967 e destinada a crianças de 4 a 6 e meio anos de idade.

WECHSLER-BELLEVUE, ESCALA — Conjunto padronizado de testes individuais de inteligência, publicado em 1939 por David Wechsler, psicólogo norte-americano que trabalhou no Bellevue Hospital, de Nova York. Oferecia a particularidade de ser *especialmente elaborado para adultos*. A nova escala teve imediata e ampla utilização em virtude do desenvolvimento sem precedentes da Psicologia Clínica, durante a II Guerra Mundial, e dos meios para avaliar a capacidade intelectual em milhões de adultos. A escala Binet-Simon e suas revisões (Stanford, nos Estados Unidos, Krammer, na Alemanha, entre outras), satisfazia às necessidades de instituições ao serviço das crianças, mas não era satisfatória para adultos. Wechsler supriu essa deficiência com a sua *Escala da Inteligência Adulta* (WAIS), de 1955, logo adotada em diversos países europeus (por exemplo, o HAWIE, *Hamburg-Wechsler Intelligenz-Test für Erwachsene,* construído em 1956 pelo psicólogo alemão C. Bondy). Outra diferença, em comparação com a escala Binet-Simon, é que a WAIS tem seus itens, de conteúdo semelhante, agrupados em subtestes e organizados em ordem crescente de dificuldade. A WAIS é geralmente conhecida como uma *escala de pontos*. As respostas de um indivíduo num subteste são comparadas com as de um grupo-padrão de pessoas da mesma idade, fornecendo uma contagem de pontos para esse subteste. Os totais de pontos nos subtestes são também comparados com as normas de idade. Uma contagem comparável ao QI de Binet é obtida pela fixação arbitrária de um QI de 100 para o desempenho médio de qualquer grupo de idades. A WAIS divide os *testes verbais e de desempenho* em subseções separadas do instrumento. Dessa maneira, são obtidos um QI verbal, um QI de desempenho e um QI total. Os testes verbais da escala constam de *vocabulário, informação, compreensão, aritmética, semelhanças e memória para algarismos.* Os testes não-verbais (ou de desempenho) constam de *provas de substituição, acabamento de desenhos, desenhos de blocos, organização de desenhos* e *montagem de objetos.* Wechsler também criou uma *Escala da Inteligência Infantil,* baseada nos mesmos princípios de organização visual e visomotora (para o subteste de desempenho) e de organização cognitiva-intelectiva (para o subteste verbal). É conhecida pela sigla WIIS e foi também adaptada na Alemanha por C. Bondy (o teste HAWIK). Em 1967, Wechsler elaborou a WPPSI (*Wechsler Preschool and Primary Scale of Intelligence*) destinada a crianças de 4 a 6 e meio anos de idade.

WERNER, HEINZ — Professor de Psicologia da Universidade de Hamburgo (1926). Emigrou para os Estados Unidos durante a nazificação da Alemanha e exerceu a cátedra nas universidades de Michigan e Harvard, como professor convidado (1933-36). Em 1947, passou a exercer a cátedra efetiva na Clark University. Autor de importantes estudos de percepção sensorial e psicogenética. Foi um dos pioneiros da Psicologia do Desenvolvimento Comparado. N. em 11-2-1890 e m. em 14-5-1964. Bibliografia principal: *Einführung in die Entwicklungs-Psychologie* (1926); *Perceptual Development* (1957); *Symbol Formation* (1963).

WERTHEIMER, MAX — Fundador da Escola Gestaltista de Psicologia (n. 15-4-1880 em Praga, m. 12-10-1943 em Nova York). Após sua graduação no *Gymnasium* de Praga, Wertheimer estudou Direito durante dois anos, mas abandonou o curso em favor da Filosofia, estudando nas universidades de Praga, Berlim e Würzburg, onde se doutorou. Lecionou em Berlim e Francfort mas abandonou a Alemanha em 1934, em conseqüência da perseguição nazista à intelectualidade judaica. Nos Estados Unidos, associou-se à *New School for Social Research*, de Nova York. Foi em 1910 que ele realizou a descoberta que o levaria a fundar a Psicologia da Gestalt. Tendo notado um estroboscópio na vitrina de uma loja de brinquedos, comprou-o e convenceu-se de que o movimento aparente gerado pela visão sucessiva de uma série de quadros estáticos não podia ser explicada numa base estruturalista. Em colaboração com Köhler e Koffka, desenvolveu e formulou então o sistema gestaltista. Já nos Estados Unidos, Wertheimer interessou-se vivamente pela área do pensamento e isso levou-o à publicação do seu livro clássico, *Productive Thinking* (1945). Nessa obra, ele deplora o tipo rígido e associacionista de aprendizagem, o qual leva ao pensamento cego e improdutivo; e oferece provas de que as crianças podem ser ensinadas a pensar mediante a introvisão (*insight*). (Ver: PSICOLOGIA DA GESTALT)

WIENER, NORBERT — Matemático norte-americano nascido em Colúmbia, Missouri (1894–1964). Uma criança prodígio, terminou sua graduação no *Tuft's College* com 15 anos incompletos e aos 19 anos obtinha o Ph.D. na Universidade de Harvard. Depois de estudar no estrangeiro começou em 1919 a lecionar matemática no Instituto de Tecnologia de Massachusetts, onde foi professor efetivo desde 1932 a 1960. Deu uma brilhante contribuição para a formulação dos princípios da *cibernética* (da palavra grega que significa *homem do leme*), que Wiener criou para descrever o estudo comparativo do controle e sistema de comunicação na mente e sistema nervoso do homem com o de dispositivos mecânicos tais como os computadores e outras máquinas eletrônicas. Foi autor dos seguintes livros: *The Fourier Integral and Certain of Its Applications* (1933); *Cybernetics* (1948); *The Human Use of Human Beings* (1950) e *Ex-Prodigy* (1953), além de muitos ensaios e artigos matemáticos. Os livros de 1948 e 1950 já foram traduzidos no Brasil sob os títulos de *Cibernética* e *Cibernética e Sociedade*, respectivamente. O primeiro (1948) marcou um ponto culminante no curso do pensamento humano no século XX. Segundo o autor, quando escreveu *Cybernetics* defrontou-se com o obstáculo da escassa divulgação das noções de informação estatística e da teoria de controle. Hoje, acrescentava Wiener, os autômatos são uma realidade "e os perigos sociais com eles associados assomaram no horizonte". No tocante ao progresso da psicologia, a explosão tecnológica e, mormente, a cibernética (influências da engenharia e da matemática combinadas), refletiu-se, sobretudo, na área dos *sistemas de processamento de informação*. Tanto Wiener como Von Neumann assinalaram a semelhança lógica entre o homem e o computador; ou seja, a concepção clássica do neurônio humano dizia que ele responde completamente ou não responde coisa alguma (a "lei do tudo ou nada"), tal como o elemento do computador se encontra num estado ou num outro ("ligado-desligado" ou "0–1"). Ainda segundo Wiener, a ninguém pode ser creditado isoladamente o desenvolvimento de uma medida de informação: "Essa idéia ocorreu quase ao mesmo tempo a vários autores, entre os quais, R. A. Fisher, o Dr. Shannon e eu próprio (Wiener)." Entretanto, os historiadores da Psicologia, Melvin Marx e Willian Hillix, assinalam que uma nova escola psicológica está se formando a partir de um núcleo de idéias organizadas em torno de conceitos tais como transmissão de informação, teoria da decisão e da detenção, retroalimentação e simulação das funções humanas por computador. E não pode ser esquecido o papel decisivo que Norbert Wiener teve no estabelecimento das relações entre a tecnologia do computador e esses progressos na teoria psicológica.

WINNICOTT, DONALD WOODS (1896-1971) — Médico pediatra e psicanalista inglês, que deu grande destaque à influência do meio ambiente no desenvolvimento psíquico do ser humano. Também dedicou especial atenção às fases iniciais do "processo de maturação", definido como o processo de formação e evolução das estruturas da personalidade (ego, superego e id). A essas fases iniciais chamou Winnicott o estádio de "dependência absoluta" com relação à mãe (do nascimento até os 6 meses) e o de "dependência relativa" (dos 6 meses aos 2 anos). A psicanálise, afirmava, dispunha de meios para dar plena importância aos fatores externos, tanto bons quanto ruins, e sobretudo ao papel desempenhado pela mãe nessas fases iniciais, quando a criança ainda não estabeleceu uma separação nítida entre o que é e o que não é ela.

Apoiado na obra de Melanie Klein (com quem fez supervisão e manteve uma grande amizade), e de Anna Freud, criou técnicas terapêuticas para os distúrbios psíquicos cuja etiologia se situa nessas duas fases iniciais. Essas técnicas baseiam-se no diálogo gestual e na interpretação das escolhas da criança durante uma série de brincadeiras.

Winnicott presidiu a Sociedade Britânica de Psicanálise (1956-59 e 1965-68) e, embora sua amizade com Melanie Klein fosse duradoura, apesar de algumas divergências teóricas, seu relacionamento pessoal com Anna Freud levou-o a adotar uma posição de neutralidade entre os anafreudianos e kleinianos, e a formar com os que seguiam sua orientação, o chamado *Middle Group* (Grupo do Meio). Ainda estava em plena atividade ao falecer em 1971. Bibliografia principal: *A Criança e seu Mundo* (Zahar, 1982); *O Gesto Espontâneo* (Martins Fontes, 1987); *Textos Selecionados: Da Pediatria à Psicanálise* (Francisco Alves, 1978); *Explorações Psicanalíticas* (Artes Médicas, 1994); *Privação e Delinqüência* (Martins Fontes, 1994); *Tudo Começa em Casa* (Martins Fontes, 1989); *Os Bebês e suas Mães* (Martins Fontes, 1994); *O Brincar e a Realidade* (Imago, 1975); *A Família e o Desenvolvimento do Indivíduo* (Interlivros, 1980); *O Ambiente e os Processos de Maturação* (Artes Médicas, 1990).

WISHFUL THINKING (ingl.). Ver: PENSAMENTO AUTÍSTICO.

WOODWORTH, ROBERT S. — Psicólogo norte-americano (1869-1962), professor da Universidade de Colúmbia. Baseado nas teorias funcionalistas de Dewey, elaborou uma perspectiva dinâmica da motivação, a qual destacou a importância desta para a compreensão do comportamento (um dos seus princípios era que os mecanismos podiam converter-se em impulsos). A principal questão que competia à psicologia resolver não era o que "os homens e os animais fazem e sentem, mas *por que* fazem e sentem de uma forma determinada". Assim, a psicologia não se deve limitar à observação do comportamento mas compete-lhe, sobretudo, estudar a dinâmica do comportamento. Na fórmula behaviorista E-R inseriu a contribuição do organismo, reescrevendo-a como E-O-R (estímulo-organismo-resposta); "O" representa, assim, as forças motivacionais que atuam dentro do organismo. Suas principais obras são: *Dynamic Psychology* (1918); *Psychology* (1925); *Experimental Psychology* (1938); obra que foi depois revista por Harold Schlosberg e durante décadas foi um texto clássico no seu campo, de leitura obrigatória dos psicólogos de todo o mundo, até a sua substituição pelo não menos monumental livro de Charles Osgood, no início da década de 1950; e *Contemporary Schools of Psychology*, uma história da psicologia universalmente lida.

WOODWORTH-MATHEWS, INVENTÁRIO PESSOAL DE — Inventário planejado para rápida investigação dos dados pessoais de crianças e adolescentes suspeitos de neurose. Pede respostas de *sim* ou *não* a perguntas sobre queixas comuns dos neuróticos.

WUNDT, WILHELM — O fundador da psicologia moderna e líder da escola estruturalista. N. em Neckarau (16-8-1832) e m. em Grossbothen (31-8-1920). Filho de um pastor luterano, freqüentou as escolas locais em Baden e, mais tarde, teve como tutor um dos ajudantes de seu pai. Após completar um ano na Universidade de Tübingen, ingressou na de Heidelberg, onde se formou em medicina. Mas os seus interesses voltaram-se para a pesquisa fisiológica e, em virtude de seu profundo interesse nos processos sensoriais, acabou sendo atraído para o campo da psicologia. Em 1875, após um ano em Zurique, Wundt foi para Leipzig, em cuja universidade passou os 46 anos seguintes de sua vida. Foi em Leipzig que fundou o primeiro laboratório experimental de psicologia e treinou muitos dos mais destacados psicólogos do mundo. Wundt era um escritor prolífico, tendo publicado, ao longo de sua carreira, o equivalente a cerca de 54 mil páginas impressas. Escreveu livros nas áreas da psicologia fisiológica, psicologia social, psicologia experimental e filosofia. A maior parte de suas obras importantes foi traduzida para o inglês por E. B. Titchener, o principal expoente da escola estruturalista nos Estados Unidos.

Sinopse Biográfica de Wilhelm Wundt

Ano	Acontecimento
1832	Nasce em Neckarau (16 de agosto), nos arredores de Mannheim, Alemanha. Filho de pastor luterano. Infância solitária, convívio quase exclusivo com adultos. Muito estudo, pouca brincadeira. Mora largo tempo com um vigário, que o entope de "humanidades".
1851	Vai para Tübingen, famoso centro universitário do Sul da Alemanha, com o intuito de estudar medicina. Ali fica um ano, não se dá bem por falta de vocação para a carreira, e resolve dedicar-se à Filosofia.
1852	Insiste na medicina, por razões meramente práticas e econômicas: uma carreira que lhe permita ganhar decentemente a vida. Chega a Heidelberg e matricula-se na Escola Médica.
1856	Vai a Berlim fazer um curso de fisiologia com Johannes Müller, influência decisiva na escolha de sua carreira acadêmica.
1856	Volta a Heidelberg, onde se doutora em medicina, e começa a lecionar Fisiologia como "*dozent*".
1858	Inicia a publicação fragmentada das *Contribuições para a Teoria da Percepção Sensorial:* pesquisas sobre psicofísica, sensação e percepção, de pouco significado para a Psicologia.
1858	Helmholtz chega a Heidelberg e Wundt é nomeado seu assistente. Alguns biógrafos e historiadores atribuem a esse episódio a influência decisiva para os rumos da psicofisiologia. Outros, como Boring e Heidbreder, afirmam que os dois homens mal se falavam.
1861	Interessa-se pela equação pessoal e pretende dar-lhe uma explicação psicofísica. Início das preocupações nitidamente psicológicas. Começa publicando artigos e continuará sendo fenomenalmente prolífico até o fim de sua carreira.
1862	As *Contribuições* saem em forma de livro. Começa administrando um curso de "Psicologia sob o Ponto de Vista da Ciência Natural".
1863	Publica as *Lições de Psicologia Humana e Animal*, baseadas no curso acima. É o primeiro estudo de psicologia comparada.
1867	O curso passa a se chamar "Psicologia Fisiológica".
1871	Helmholtz deixa Heidelberg e vai para Berlim.
1873-74	Publicação dos *Fundamentos da Psicologia Fisiológica*: apresentação sistemática dos princípios, métodos, resultados experimentais e fundamentos teóricos da sua psicologia. Terá seis edições revistas quanto à sistematização teórica e atualizadas quanto aos resultados experimentais. A última edição datou de 1908-11.
1874	Vai para Zurique (Suíça), em cuja universidade assume a cátedra de Lógica Indutiva (curso de Filosofia).

1875	Para sua surpresa, recebe um convite da Universidade de Leipzig para que aí lecione Filosofia, uma das mais importantes cátedras do tempo. Segundo a sua autobiografia, Wundt nunca soube exatamente por que lhe foi feito o convite: talvez o prestígio alcançado com a publicação dos *Fundamentos,* talvez a influência de Fechner ou ainda a do físico Zollner (que tem uma conhecida "ilusão de percepção espacial" com o seu nome), que estava muito impressionado com os trabalhos de Wundt. Seja como for, torna-se professor de Filosofia em Leipzig e aí permanece até o resto da vida. No final desse ano, solicita espaço para demonstrações.
1879	Instala o primeiro laboratório autêntico de pesquisas psicológicas, a que dá o nome de *Psychologische Institut,* iniciado com uma única sala. Aí começam acorrendo psicólogos de todo o mundo e se processam as primeiras pesquisas até 1914, quando as atividades cessam em conseqüência da I Guerra Mundial. Teve como seus mais destacados discípulos: Kraepelin, Külpe, Münsterberg, alemães; Cattell, Stanley Hall, Angell, Scripture, Judd, americanos; Spearman, Titchener, ingleses; Thiéry, Michotte, belgas; Bourdon, francês. Durante os primeiros anos, não teve assistente no Instituto; depois, segundo a *Autobiografia,* James McKenn Cattell, seu aluno, disse: "*Herr* professor, o senhor precisa de um assistente e eu é que o serei." Cattell trabalhou gratuitamente durante algum tempo, até que a universidade forneceu verba para remuneração de um assistente de Wundt.
1881	Funda o primeiro jornal de Psicologia, *Philosophische Studien,* órgão oficial do Instituto.
1896	Publica *Princípios de Psicologia,* resumo mais acessível dos *Fundamentos* e que apresenta a primeira exposição da sua teoria tridimensional das emoções, elaborada a partir de 1893. Terá seis edições revistas e atualizadas e mais quatro reedições.
1900-20	*Volkerpsychologie*: dez maciços volumes de problemas psicológicos não-pesquisáveis em laboratório e que constituem uma espécie de psicologia social baseada em artefatos e produtos institucionais: psicologia da linguagem, da arte, do direito, da religião e da moral. Como todos os outros livros, sofreu numerosas revisões antes da morte de Wundt.
1903	O órgão do Instituto passa a intitular-se *Psychologische Studien,* afirmação final da Psicologia como ciência independente.
1920	Com 88 anos de idade, morre em Grossbothen a 31 de agosto. A *Autobiografia* é publicada no mesmo ano, um detalhe que, como observaram vários historiadores, se ajustava à natureza sistemática de Wundt. Também salientam que a espantosa produtividade dos últimos anos foi reforçada por um presente de Cattell: uma máquina de escrever americana — a mesma em que Cattell batera a sua tese de doutoramento em 1886!

WÜRZBURG, ESCOLA DE — Grupo de psicólogos que, sob a orientação de Oswald Külpe (1862–1915) e tendo entre os seus principais componentes K. Bühler, K. Marbe, A. Messer *et al.*, todos professores na universidade alemã de Würzburg, encontrou provas, por meio da análise introspectiva, da existência de um pensamento sem imagem (*Aufgabe*) e de uma tendência determinante (*determinierende Tendenzen*), que acreditavam não ser composta de imagens nem sensações. Essa tendência era um produto associativo que fora interpretado por Külpe como uma conjugação de pensamento e vontade.

X — Símbolo usado em muitos contextos psicométricos, entre os quais se destacam os seguintes: (1) Ponto médio de um intervalo de classe. (2) Resultado bruto num teste psicológico. (3) No psicodiagnóstico de Rorschach, assinala uma resposta incomum que atribui semelhança com parte de um animal ou ser humano a uma área do borrão de tinta sobre o qual a resposta comum é ver um animal ou ser humano inteiro.

x — Símbolo usado em muitos contextos psicométricos, a saber: (1) Desvio referente à média aritmética. (2) Desvio ou afastamento em relação à média aritmética de uma distribuição de freqüência. (3) Resultado bruto da variável X.

XENOFOBIA — Pavor mórbido do contato com estrangeiros.

XENOGLOSSOFILIA — Distúrbio que leva ao emprego de palavras estranhas e pretensiosas ou de origem estrangeira, quando palavras mais simples no próprio vernáculo poderiam ser melhor usadas.

XENOGLOSSOFOBIA — Medo mórbido dos idiomas estrangeiros.

YERKES-BRIDGES, ESCALA — Uma das primeiras adaptações da escala Binet-Simon às condições norte-americanas, largamente superada pela escala Stanford-Binet. (Ver: STANFORD-BINET, ESCALA)

YERKES-DODSON, LEI — Enunciado da Psicologia do Comportamento, relativo à motivação de aprendizagem: "O nível ótimo de motivação de aprendizagem decresce com o incremento da dificuldade da tarefa a aprender."

YERKES, ROBERT M. — Professor da Universidade de Yale (1924-1944). Dedicou-se, no início de suas investigações, ao estudo da Psicologia Animal. Foi um dos primeiros psicólogos norte-americanos a dedicar-se à elaboração de testes mentais baseados nas experiências de Binet. Durante a I Guerra Mundial empenhou-se num gigantesco trabalho de *engenharia humana*, ao planejar os testes de inteligência a que foram submetidos um milhão e setecentos mil soldados norte-americanos. N. em 26-5-1876 (Breadysville) e m. em 1946. Principal obra publicada: *Mental Tests in the American Army* (em col. com C. S. Joakum, 1920).

YOUNG-HELMHOLTZ, TEORIA DE — Primeira de uma série de teorias psicossensoriais a propor uma explicação para a transformação da energia da luz em impulso nervoso como condição para se perceberem as várias cores. A proposição inicial foi formulada por Thomas Young em 1845, e desenvolvida, em sua forma universalmente aceita, por Hermann von Helmholtz, vinte anos depois (*Hb. der pshysiol. Optik*, 1856-1867, 3 vols.). Foi denominada então a Teoria dos Três Componentes (*Dreikomponententheorie*) e baseava-se no princípio de que existem três espécies de cones receptores no olho, cada uma delas sensível ao máximo a uma determinada região do espectro e produzindo a sensação de um dos tons primários. As três cores primárias são o vermelho, o verde e o azul, constituindo, todas as demais, simples combinações daquelas. Por esta razão, a teoria passou a ser popularmente conhecida nos meios científicos como a "Teoria das Três Cores". (Ver: CORES OPOSTAS, TEORIA DAS)

ZEIGARNIK, EFEITO DE — Conclusão experimental de que os nomes de tarefas que foram interrompidas antes de completadas são melhor recordados do que os nomes de tarefas concluídas.

ZEITGEIST — Vocábulo alemão: *o espírito do tempo*. Complexo de idéias que, numa determinada época e cultura, se apresentam carregadas de forte conteúdo emocional.

ZÖLLNER, ILUSÃO DE — Ilusão de percepção espacial em que duas linhas realmente paralelas parecem divergir quando uma delas é cruzada por uma série de pequenos segmentos de reta inclinados num sentido e a outra por segmentos idênticos mas cruzados na direção oposta. Esta ilusão óptica foi estudada pelo psicofísico alemão Franz Zöllner (1834–1882).

ZONA PRIMACIAL — Área que, em determinado período do desenvolvimento, produz a máxima satisfação libidinal e que, portanto, tende a retirar satisfação de outras zonas para concentrá-la nessa. A ordem típica de primazia é oral, anal, fálica e genital, mas o desenvolvimento pode ser sustado em qualquer desses estágios ou a ele regressar em condições psicopatológicas.

Z-TESTE — Técnica projetiva cujo embasamento teórico é análogo ao do psicodiagnóstico de Rorschach. Em sua forma individual apresenta-se com três pranchas semelhantes aos borrões de tinta de Rorschach; e, em sua forma coletiva, consta de uma série de três diapositivos. Elaborado por H. Zulliger, o seu objetivo inicial era o de permitir a triagem de pessoas desajustadas, num processo de seleção profissional. Atualmente, o próprio autor considera que o seu teste permite chegar a psicodiagnósticos, para os quais recomenda a forma individual de apresentação das pranchas ao sujeito.

ZULLIGER, HANS — Pedagogo e psicólogo alemão (1893), doutor em filosofia *honoris causa* pela Universidade de Berna e doutor em medicina *honoris causa* pela Universidade de Heidelberg. Autor do Z-Teste, entre outras, das obras *Der Zulliger-Tafeln-Test* e *Der Zulliger-Diapositiv-Test*, ambas referentes à técnica projetiva por ele elaborada.

ZURIQUE, ESCOLA DE — Grupo de psicólogos e psiquiatras analíticos que seguem a orientação de C. G. Jung e cujas atividades, após a morte do iniciador, se desenvolvem no Instituto C. G. Jung, fundado, em 1948, na cidade suíça de Zurique.

tel.: 25226368